# 태평광기 19

이 책은 2001년도 한국학술진흥재단의 지원에 의하여 연구되었음.
(KRF-2001-045-A11005)

# 태평광기 19

(宋) 李昉 등 모음
김장환·이민숙 外 옮김

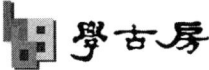

**【일러두기】**

1. 본서는 총 21책으로 구성되어 있는데, 제 1책부터 제 20책까지는 각 책마다 원서의 25권 분량을 수록했으며, 마지막 제 21책에는 「총목」・「편목색인」・「인명색인」・「인용서목색인」과 기타 참고자료를 수록했다.
2. 본서는 汪紹楹 點校本(北京中華書局, 1961) 10책을 저본으로 했다. 이 판본은 台灣 文史哲出版社(1981)에서 5책으로 覆印한 바 있다.
3. 淸代 黃晟의 「重刻太平廣記序」는 본래 저본에는 없지만 보충하여 수록했다.
4. 본서의 번역은 가능한 한 직역을 위주로 하되 직역으로 문맥이 통하지 않을 경우에는 본래 뜻을 벗어나지 않는 범위 내에서 의역을 했다. 그리고 원문에는 없지만 내용 전개상 부연 설명이 필요하다고 판단되는 부분은 [ ] 안에 넣어 보충했다.
5. 본서의 역주는 의미의 전달이 어렵다고 판단되는 경우에 한해 간략하게 달았다.
6. 본서에서 언급되는 인명과 지명・서명 등 고유명사는 모두 우리말 발음으로 표기하고, 각 고사마다 처음에만 ( ) 안에 원문을 넣었다.
7. 본서의 각 고사 처음에 표기되어 있는 숫자는 차례대로 각 권의 순서, 각 권에서의 고사 순서, 전체 고사의 순서를 나타낸다. 예) 5・2(0023) : 제 5권의 2번째 고사로서 『태평광기』 전체로는 제 23조에 해당하는 고사.

# 차례

**권제451 호(狐)5**
  풍개(馮玠)·17
  하란진명(賀蘭進明)·18
  최창(崔昌)·19
  장손갑(長孫甲)·20
  왕로(王老)·22
  유중애(劉衆愛)·23
  왕암(王黯)·26
  원가조(袁嘉祚)·28
  이림보(李林甫)·30
  손증생(孫甑生)·31
  왕선(王璿)·32
  이난(李麐)·33
  이규(李揆)·37
  송부(宋溥)·38
  승안통(僧晏通)·39

**권제452 호(狐)6**
  임씨(任氏)·45
  이장(李萇)·65

**권제453 호(狐)7**
  왕생(王生)·71
  이자량(李自良)·76
  이령서(李令緒)·80
  배소윤(裴少尹)·91

**권제454 호(狐)8**
  장간서(張簡棲)·97
  설기(薛夔)·99
  계진(計眞)·100
  유원정(劉元鼎)·107
  장립본(張立本)·109
  요곤(姚坤)·110
  윤원(尹瑗)·116
  위씨자(韋氏子)·119

**권제455 호(狐)9**
  장직방(張直方)·123
  장근(張謹)·136
  잠규(笘規)·140

호룡(狐龍) · 143
창저민(滄渚民) · 145
민부(民婦) · 146

### 권제456 사(蛇)1

솔연(率然) · 151
사구(蛇丘) · 151
곤륜서북산(崑崙西北山) · 152
녹사(綠蛇) · 152
보원사(報冤蛇) · 153
독사(毒蛇) · 153
종서래사(種黍來蛇) · 154
염사(蚺蛇) · 155
염사담(蚺蛇膽) · 156
계관사(雞冠蛇) · 157
폭신사(爆身蛇) · 157
황령사(黃領蛇) · 158
남사(藍蛇) · 158
파사(巴蛇) · 159
만강사(蠻江蛇) · 159
양두사(兩頭蛇) · 160
안회(顏回) · 160
촉오정(蜀五丁) · 161
소령부인(昭靈夫人) · 162
장관(張寬) · 163
두무(竇武) · 164
초왕영녀(楚王英女) · 164
장승모(張承母) · 166
풍곤(馮緄) · 168
위서(魏舒) · 168

두예(杜預) · 169
오맹(吳猛) · 170
안함(顏含) · 171
사마궤지(司馬軌之) · 171
장구(章苟) · 172
태원사인(太元士人) · 174
모용희(慕容熙) · 175
공도노모(邛都老姥) · 175
천문산(天門山) · 177
흔주자사(忻州刺史) · 179
여간현령(餘干縣令) · 181
왕진처(王眞妻) · 183
주근(朱覲) · 184

### 권제457 사2

몽산(蒙山) · 189
진첨(秦瞻) · 189
광주인(廣州人) · 190
원현영(袁玄瑛) · 191
설중(薛重) · 191
고해(顧楷) · 193
수제가(樹提家) · 194
수양제(隋煬帝) · 195
홍복사(興福寺) · 196
장기사(張騎士) · 197
이숭정(李崇貞) · 199
마령산(馬嶺山) · 200
지상사현자(至相寺賢者) · 201
이림보(李林甫) · 202
위자춘(韋子春) · 204

선주강(宣州江) · 205
이제물(李齊物) · 206
엄정지(嚴挺之) · 208
천보초인(天寶樵人) · 208
무외사(無畏師) · 209
장호(張鎬) · 210
필건태(畢乾泰) · 212
두위(杜暐) · 213
해주렵인(海州獵人) · 215

## 권제458 사3

이주제(李舟弟) · 219
첨생(檐生) · 219
숭산객(嵩山客) · 221
등갑(鄧甲) · 224
소윤(蘇閏) · 228
이주이록사(利州李錄事) · 230
잠로(瞀老) · 231
풍단(馮但) · 233
육소(陸紹) · 233
정휘(鄭翬) · 234
장악자(張蠻子) · 235
선선장(選仙場) · 236
구선산(狗仙山) · 238
이황(李黃) · 240

## 권제459 사4

승령인(僧令因) · 251
위중승자(衛中丞姊) · 252
포주인(蒲州人) · 253

상위빈민(相魏貧民) · 254
번우서생(番禺書生) · 256
비현민(郫縣民) · 257
유소(游邵) · 258
성예(成汭) · 260
손광헌(孫光憲) · 261
주한빈(朱漢賓) · 262
우존절(牛存節) · 263
수청지(水淸池) · 264
왕사동(王思同) · 265
서탄(徐坦) · 267
장씨(張氏) · 269
고수(顧遂) · 270
구당협(瞿塘峽) · 271
근로(靳老) · 272
경환(景煥) · 273
서주인(舒州人) · 275
가담(賈潭) · 276
요경(姚景) · 277
왕임(王稔) · 277
안륙인(安陸人) · 278

## 권제460 금조(禽鳥)1

**봉(鳳)(鸞附)**
전도국(旃塗國) · 283
봉황대(鳳凰臺) · 284
원정견(元庭堅) · 284
수양봉(睢陽鳳) · 285
난(鸞) · 287
**학(鶴)**

서석(徐奭)·288
오정채포자(烏程採捕者)·289
호부령사처(戶部令史妻)·290
배항(裵沆)·293
곡(鵠)·297
소경(蘇瓊)·298
앵무(鸚鵡)·299
장화(張華)·300
앵무구화(鸚鵡救火)·300
설의녀(雪衣女)·301
유잠녀(劉潛女)·303
**응(鷹)**
초문왕(楚文王)·305
유율(劉聿)·306
업군인(鄴郡人)·307
**요(鷂)**
위공자(魏公子)·308
**골(鶻)**
보관사(寶觀寺)·309
낙안전(落鴈殿)·309

**권제461 금조2**
**공작(孔雀)**
교지(交趾)·313
나주(羅州)·314
왕헌(王軒)·315
**연(鳶)**
한연(漢鳶)·316
호연(胡鳶)·317
천세연(千歲鳶)·317

진서(晉瑞)·318
원도강(元道康)·319
범질(范質)·322
**자고(鷓鴣)**
비수(飛數)·323
비남향(飛南向)·323
오초자고(吳楚鷓鴣)·324
**작(鵲)(鴿附)**
지태세(知太歲)·325
장호(張顥)·326
조지국(條支國)·326
여경일(黎景逸)·327
장창기(張昌期)·328
최원처(崔圓妻)·329
건릉(乾陵)·330
합신(鴿信)·331
**계(雞)**
진창보계(陳倉寶雞)·331
초계(楚雞)·333
위녀(衛女)·334
장명계(長鳴雞)·335
침명계(沈鳴雞)·336
손휴(孫休)·337
오청(吳淸)·338
광주자사(廣州刺史)·339
축계공(祝雞公)·339
주종(朱綜)·340
대군정(代郡亭)·341
고억(高嶷)·342
천후(天后)·343

위호(衛鎬)·344
합비부인(合肥富人)·345

## 권제462 금조3
### 아(鵝)(鴨附)
사회(史悝)·349
요략(姚略)·350
아구(鵝溝)·350
조록사(祖錄事)·351
주씨자(周氏子)·352
평고인(平固人)·354
해릉투아(海陵鬪鵝)·355
압(鴨)·356
### 노(鷺)
풍법(馮法)·357
전당사인(錢塘士人)·358
여주백로(黎州白鷺)·358
### 안(鴈)
남인포안(南人捕鴈)·359
해릉인(海陵人)·360
### 구욕(鸜鵒)
구족(勾足)·361
능언(能言)·362
환활(桓豁)·362
광릉소년(廣陵少年)·363
### 작(雀)
작목석혼(雀目夕昏)·364
조오산(弔烏山)·364
양선(楊宣)·365
### 오(烏)

월오대(越烏臺)·366
하잠지(何潛之)·366
오군산(烏君山)·367
위령(魏伶)·372
삼족오(三足烏)·372
이납(李納)·373
여생처(呂生妻)·374
양조(梁祖)·376
### 효(梟)(鴟附)
명효(鳴梟)·377
치(鴟)·378
휴류목야명(鵂鶹目夜明)·379
야행유녀(夜行遊女)·381
양효(䴉梟)·382
장솔갱(張率更)·383
옹주인(雍州人)·383
위전(韋顓)·384

## 권제463 금조4
비연조(飛涎鳥)·389
정위(精衛)·390
인조(仁鳥)·390
적(鸐)·392
한붕(韓朋)·393
대전(帶箭)·394
세조(細鳥)·395
왕모사자(王母使者)·396
원앙(鴛鴦)·397
오색조(五色鳥)·397
신유남자(新喩男子)·398

장씨(張氏)·399
수금조(漱金鳥)·400
추(鶖)·401
영도령(營道令)·402
지연화조(紙鳶化鳥)·403
순(鶉)·403
대문모(戴文謀)·404
서조(瑞鳥)·405
보춘조(報春鳥)·406
관부(冠鳧)·407
진길료(秦吉了)·408
위씨자(韋氏子)·408
조적(鳥賊)·410
조성(鳥省)·410
유경양(劉景陽)·411
식황조(食蝗鳥)·412
노융(盧融)·412
장씨(張氏)·413
왕서(王緒)·414
무공대조(武功大鳥)·415
관단(鸛鶪)·415
토수조(吐綬鳥)·416
두견(杜鵑)·416
문모조(蚊母鳥)·417
동화조(桐花鳥)·418
진랍국대조(眞臘國大鳥)·418
백설(百舌)·419
관(鸛)·420
감충(甘蟲)·421
대승(戴勝)·421

북해대조(北海大鳥)·422
아(亞鳥)·423
선거산이조(仙居山異鳥)·424
앵(鸚)·425

### 권제464 수족(水族)1

동해대어(東海大魚)·429
타어(鼉魚)·429
남해대어(南海大魚)·430
경어(鯨魚)·432
이어(鯉魚)·433
해인어(海人魚)·433
남해대해(南海大蟹)·434
해추(海鰌)·436
악어(鱷魚)·438
오여회어(吳餘鱠魚)·439
석두어(石頭魚)·439
황랍어(黃臘魚)·440
오적어(烏賊魚)·441
횡공어(橫公魚)·442
골뢰(骨雷)·442
팽월(彭蜥)·443
능어(鯪魚)·444
예어(鯢魚)·444
비목어(比目魚)·445
녹자어(鹿子魚)·446
자귀모(子歸母)·446
후이어(鯸鮧魚)·447
즉어(鯽魚)·449
종어(鯾魚)·449

황홍어(黃魟魚) · 450
주준(蟱蠟) · 450
해연(海鷰) · 451
교어(鮫魚) · 452

## 권제465 수족2

봉주어(峰州魚) · 455
해하(海蝦) · 455
와옥자(瓦屋子) · 457
인어(印魚) · 457
석반어(石斑魚) · 458
정어(井魚) · 459
이어(異魚) · 459
방회(螃蜯) · 460
선어(鱓魚) · 460
대모(玳瑁) · 461
해출(海朮) · 462
해경(海鏡) · 463
수모(水母) · 464
해(蟹) · 465
백족해(百足蟹) · 466
당해(螗蟹) · 466
작어(鮨魚) · 467
앵무라(鸚鵡螺) · 467
홍라(紅螺) · 468
앙귀(鴦龜) · 468
예어(鯢魚) · 469
후(鱟) · 470
비어(飛魚) · 471
호해(虎蟹) · 471

호(蠔) · 472
적혼공(赤鯶公) · 473
뇌혈어(雷穴魚) · 473
규미(蚑尾) · 474
우어(牛魚) · 474
추모(䖳蝑) · 475
분부(奔𩶗) · 475
계비(係臂) · 476
계취어(雞嘴魚) · 477
검어(劍魚) · 477
난부어(嬾婦魚) · 478
황작화합(黃雀化蛤) · 478
천우어(天牛魚) · 479

## 권제466 수족3

하곤(夏鯀) · 483
동해인(東海人) · 484
곤명지(昆明池) · 485
서경산(徐景山) · 485
반혜연(潘惠延) · 487
갈현(葛玄) · 488
개상(介象) · 489
용문(龍門) · 489
지중어(池中魚) · 490
통천하(通川河) · 491
행해인(行海人) · 492
음화(陰火) · 493
배주(裴曲) · 493
왕민지(王旻之) · 495
한유(韓愈) · 497

운향민(鄆鄉民) · 499
적령계(赤嶺溪) · 500

### 권제467 수족4

곤(鯀) · 505
환충(桓沖) · 505
이탕(李湯) · 506
제한(齊澣) · 511
자영춘(子英春) · 512
낙수수자(洛水豎子) · 513
조귀(魍鬼) · 514
나주적별(羅州赤鼈) · 515
한순(韓珣) · 516
봉령진(封令楨) · 516
응진관(凝眞觀) · 517
촉강민(蜀江民) · 517
장호자(張胡子) · 518
백군(柏君) · 519
섭랑지(葉朗之) · 519
유종원(柳宗元) · 521
왕요(王瑤) · 524
유기(柳沂) · 526
최절(崔梲) · 527
염인(染人) · 528
해상인(海上人) · 529
법취사승(法聚寺僧) · 530
이연복(李延福) · 531

### 권제468 수족5(水族爲人)

자로(子路) · 535

장수현(長水縣) · 536
고소남자(姑蘇男子) · 537
영강인(永康人) · 539
왕소(王素) · 541
비장방(費長房) · 543
장복(張福) · 543
정초(丁初) · 544
사비(謝非) · 545
고보종(顧保宗) · 547
무창민(武昌民) · 552
과부엄(寡婦嚴) · 553
윤아(尹兒) · 554
광릉왕녀(廣陵王女) · 556
양추노(楊醜奴) · 557
사종(謝宗) · 558

### 권제469 수족6(水族爲人)

장방(張方) · 563
종도(鍾道) · 564
진안민(晉安民) · 565
유만년(劉萬年) · 566
미생량(微生亮) · 567
노당(蘆塘) · 569
팽성남자(彭城男子) · 570
주법공(朱法公) · 571
왕환(王奐) · 573
채흥(蔡興) · 574
이증(李增) · 575
소등(蕭騰) · 576
유진(柳鎭) · 579

수문제(隋文帝) · 581
대흥촌(大興村) · 582
만경피(萬頃陂) · 583
장수국(長鬚國) · 584

## 권제470 수족7(水族爲人)
이훌(李鶻) · 591
사이(謝二) · 592
형주어인(荊州漁人) · 595
유성(劉成) · 597
설이낭(薛二娘) · 599
조평원(趙平原) · 602
고욱(高昱) · 605
승법지(僧法志) · 612

## 권제471 수족8
### 수족위인(水族爲人)
등원좌(鄧元佐) · 617
요씨(姚氏) · 619
송씨(宋氏) · 620
사씨녀(史氏女) · 622
어인(漁人) · 623
### 인화수족(人化水族)
황씨모(黃氏母) · 625
송사종모(宋士宗母) · 625
선건모(宣騫母) · 626
강주인(江州人) · 627
독각(獨角) · 628
설위(薛偉) · 629

## 권제472 수족9
### 귀(龜)
도당씨(陶唐氏) · 639
우(禹) · 639
갈홍(葛洪) · 640
장광정(張廣定) · 641
공현리(贛縣吏) · 642
치세료(郗世了) · 643
맹언휘(孟彥暉) · 643
영릉(營陵) · 644
흥업사(興業寺) · 644
당태종(唐太宗) · 646
유언회(劉彥回) · 646
오흥어자(吳興漁者) · 648
당명황제(唐明皇帝) · 649
영진민(寧晉民) · 651
사론(史論) · 652
서중(徐仲) · 653
고숭문(高崇文) · 654
변하고객(汴河賈客) · 655
남인(南人) · 655
염거경(閻居敬) · 656
지주민(池州民) · 657
이종(李宗) · 658

## 권제473 곤충(昆蟲)1
역사(蝱射) · 663
화선(化蟬) · 664
읍노와(挹怒蛙) · 664
괴재(怪哉) · 665

소충(小蟲)·666
장충(蔣蟲)·667
원객(園客)·669
오의인(烏衣人)·670
주탄급사(朱誕給使)·672
갈휘부(葛輝夫)·674
언정(蝘蜓)·675
육지(肉芝)·675
천세편복(千歲蝙蝠)·676
승촉장(蠅觸帳)·677
창오충(蒼梧蟲)·677
책맹(蚱蜢)·678
시자연(施子然)·680
방기(龐企)·681
섬서(蟾蜍)·682
승사(蠅赦)·684
발요(髮妖)·685
환겸(桓謙)·686
청정(青蜓)·687
주탄(朱誕)·687
백인(白蚓)·688
왕쌍(王雙)·689

**권제474 곤충2**
호충(胡充)·693
노분(盧汾)·693
내군작(來君綽)·696
전병(傳病)·701
등정준(滕庭俊)·703
장사공(張思恭)·707
황(蝗)·708
냉사(冷蛇)·710
이규(李揆)·711
주부충(主簿蟲)·712
주아지(朱牙之)·713
수인(樹蚓)·714
목사고(木師古)·715

**권제475 곤충3**
순우분(淳于棻)·721

# 태평광기 권제451 호(狐) 5

1. 풍 개(馮 玠)
2. 하란진명(賀蘭進明)
3. 최 창(崔 昌)
4. 장손갑(長孫甲)
5. 왕 로(王 老)
6. 유중애(劉衆愛)
7. 왕 암(王 黯)
8. 원가조(袁嘉祚)
9. 이림보(李林甫)
10. 손증생(孫甑生)
11. 왕 선(王 璿)
12. 이 난(李 廱)
13. 이 규(李 揆)
14. 송 부(宋 溥)
15. 승안통(僧晏通)

## 451 · 1(6168)
## 풍 개(馮玠)

당(唐)나라 풍개는 여우에게 홀려 병에 걸렸다. 후에 그의 아버지가 술사 한 명을 불러와 풍개의 병을 고치게 하자 여우요괴가 갑자기 소리 내 울며 풍개에게 말했다.

"원래는 당신과 함께 죽을 때까지 살려고 했는데 이제 술사에게 내몰리게 되었으니 더 이상은 머물 수가 없습니다."

그러면서 하루 종일 눈물을 흘리더니 옷 한 벌을 풍개에게 주며 이렇게 말했다.

"잘 간직하고 계시면서 오래오래 제 생각이나 해 주세요."

풍개는 막 그 옷을 얻었을 적에 집안사람에게 발각될까 두려워 둘둘 말아 책 속에 넣어두고는 병이 다 나아 도성에 과거시험 치르러 갈 때까지 한번도 열어보지 못했다. 그가 급제한 뒤에 집으로 돌아와 비로소 열어보았더니 그것은 그저 종이일 뿐이었다. (『광이기』)

唐馮玠者, 患狐魅疾. 其父後得術士, 療玠疾, 魅忽啼泣謂玠曰: "本圖共終, 今爲術者所迫, 不復得在." 流淚經日, 方贈玠衣一襲云: "善保愛之, 聊爲久念耳." 玠初得, 懼家人見, 悉卷書中, 疾愈, 入京應擧, 未得開視. 及第后, 方還開之, 乃是紙焉. (出『廣異記』)

## 451 · 2(6169)
## 하란진명(賀蘭進明)

당(唐)나라의 하란진명은 여우와 혼인했는데, 매번 명절이 돌아올 때면 여우신부는 늘 도성에 있는 [하란진명의] 집으로 가 안부 인사를 여쭈었으며 선물과 소식을 전해 주기도 했다. 그의 집안사람 중에는 여우신부를 본 사람도 있었는데, 그 모습이 매우 아름다웠다. 5월 5일이 되면 하란진명부터 집안의 하인들까지 모두 [여우신부에게서] 속명선(續命線: 음력 5월 5일에 어린아이에게 오래 살라고 걸어주는 명주실 목걸이)을 받았으나 집안사람들은 불길한 물건이라 생각하여 대부분 그것을 태워버렸다. 그러자 여우가 슬피 울며 말했다.

"이것들은 모두 진짜 물건인데, 어찌하여 태우는 것입니까?"

그 후로 사람들은 그녀에게 받은 물건들을 [버리지 않고] 사용했다.

후에 한 집안사람이 칠배금화경(漆背金花鏡)을 달라고 하자 여우신부는 남의 집에 들어가 거울을 훔친 다음 목에 걸고 담을 따라 걸어 나오다가 주인에게 맞아 죽었다. 그 다음부터 여우요괴가 사라졌다. (『광이기』)

唐賀蘭進明爲狐所婚, 每到時節, 狐新婦恒至京宅, 通('通'字原闕, 據明鈔本補)名起居, 兼持賀遺及問訊('訊'原作'信', 據明鈔本改). 家人或有見者, 狀貌甚美. 至五月五日, 自進明已下, 至其僕隷, 皆有續命, 家人以爲不祥, 多焚其物. 狐悲泣云: "此並眞物, 奈何焚之?" 其後所得, 遂以充用.

後家人有就求漆('漆'原作'膝', 據明鈔本改)背金花鏡者, 入人家偸鏡挂項, 緣牆行. 爲主人家擊殺. 自爾怪絕焉. (出『廣異記』)

## 451·3(6170)
## 최 창(崔 昌)

당(唐)나라 최창이 동경(東京: 洛陽)에 있는 장원에서 글공부를 하고 있을 때 얼굴빛이 이상한 한 아이가 걸어오더니 마당에 섰다. 한참 뒤에 아이는 조금씩 계단을 올라와 최창의 평상 머리에 앉았다. 그러나 최창이 뒤도 돌아보지 않자 아이는 손으로 그의 책을 말아 쥐었다. 최창이 천천히 물었다.

"너는 누구냐? 무슨 짓이 하고 싶어 왔느냐?"

아이가 대답했다.

"저는 글공부를 좋아해서 당신의 학문을 흠모했을 따름입니다."

최창은 아이를 쫓아내지 않았다. 최창이 한번은 아이에게 문장의 뜻을 물어보았는데, 아이의 대답이 매우 조리 있었다.

몇 달 뒤 해질녘에 아이는 갑자기 한 술 취한 노인을 부축해 최창의 처소로 왔는데, 아이가 잠시 나간 사이에 노인은 취중에 사람의 손톱이며 머리카락 등을 토해냈다. 최창은 이를 몹시 꺼림칙하게 여겼다. 그는 본디 날카로운 검 하나를 가지고 있었는데, 그 검으로 노인의 목을 베었더니 한 마리 늙은 여우로 변했다. 잠시 후에 아이가 돌아와 크게 화를 내며 말했다.

"당신은 무슨 까닭에 아무 근거도 없이 내 아버님을 죽였소? 내가 당신을 죽이지 못할 것 같소? 그저 옛 정을 생각해 살려두는 것일 뿐이오."

아이는 마구 욕을 퍼부으며 문을 나서더니, 그 후 발길을 끊었다. (『광이기』)

唐崔昌在東京莊讀書, 有小兒顔色殊異, 來止庭中. 久之, 漸升階, 坐昌牀頭, 昌不之顧. 乃以手卷昌書. 昌徐問: "汝何人斯? 來何所欲?" 小兒云: "本好讀書, 慕君學問爾." 昌不之却. 常問文義, 甚有理.

經數月, 日暮, 忽扶一老人乘醉至昌所, 小兒暫出, 老人醉, 吐人之爪髮等. 昌甚惡之, 昌素有所持利劍, 因斬斷頭, 成一老狐. 頃之, 小兒至, 大怒云: "君何故無狀殺我家長? 我豈不能殺君? 但以舊恩故爾." 大罵出門, 自爾乃絶. (出『廣異記』)

## 451 · 4(6171)
## 장손갑(長孫甲)

당(唐)나라 때 방주(坊州) 중부현령(中部縣令)을 지낸 장손 아무개는 온 집안이 불교를 독실하게 믿었다. 어느 날 재를 올리다가 온 집안 사람들은 문수보살(文殊菩薩)이 오색구름을 타고 태양 옆에서 내려오는 것을 보았다. 문수보살은 눈 깜짝할 사이에 재를 올리던 곳 처마 근처까지 내려왔으나 거기서 꼼짝 않고 멈춰서 있었다. 그러다가 온 식구가 지극정성으로 예를 올리자 한참 만에 땅으로 내려왔다. 장손 아무개의 집에서는 수십 일 동안 문수보살을 공양했는데, 그의 아들만은 속으로 이상하게 여기다가 도성으로 들어가 도사를 모셔온 다음 도술을 부린 끝에 결국 여우를 때려잡았다. 도사는 집안사람들에게 말 한 필과 50만 냥을 바치라고 했다.

그로부터 수십 일이 지난 뒤에 또 다른 보살이 구름을 타고 나타나자 집안사람들은 또 이전처럼 예를 올렸으나 그 아들은 다시 도사를 불러와 지난번과 마찬가지로 도술을 부리게 했다. 10여 일이 다 지나도록 [도술이 아무런 위력을 발휘하지 못하자] 보살이 도사에게 물었다.

"도술이 어떻게 되었느냐?"

도사가 대답했다.

"이미 다 없어졌습니다."

보살이 말했다.

"내가 한 대 때려야겠구나."

그러더니 다시 도사에게 물었다.

"너는 『도경(道經)』을 읽었을 터인데, 그럼 호강자(狐剛子)가 있다는 사실을 알고 있느냐?"

도사가 대답했다.

"알고 있습니다."

보살이 말했다.

"그 호강자가 바로 나다. 나는 신선이 된 지 벌써 3만 년이나 되었다. 너는 도사가 되었으니 청정(清淨)함을 닦는 것이 마땅하거늘, 무엇 때문에 살생을 하는 것이냐? 게다가 나의 자손이 너에게 죽임을 당했으니 내 어찌 너를 살려둘 수 있겠느냐?"

그러더니 몽둥이로 도사를 100대 내려친 다음 장손 아무개에게 이렇게 명령했다.

"내 자손이 예의 없게 당신께 폐를 끼쳤으니, 차마 부끄러워 할 말이 없소. 나는 당신에게 영원히 재난이 일어나지 않게 해 줌으로써 그 은혜에 보답하고자 하오."

호강자는 도사를 돌아보며 말했다.

"저 분께 어서 말과 돈을 돌려드려라."

호강자는 말을 마치고 하늘로 날아 떠나갔다. (『광이기』)

唐坊州中部縣令長孫甲者, 其家篤信佛道. 異日齋次, 擧家見文殊菩薩, 乘五色雲從日邊下. 須臾, 至齋所簷際, 凝然不動. 合家禮敬懇至, 久之乃下. 其家前後供養數十日, 唯其子心疑之, 入京求道士爲設禁, 遂擊殺狐. 令家奉馬一匹, 錢五十千.

後數十日, 復有菩薩乘雲來至, 家人敬禮如故. 其子復延道士, 禁呪如前. 盡十餘日, 菩薩問道士: "法術如何?" 答曰: "已盡." 菩薩云: "當決一頓." 因問道士: "汝讀『道經』, 知有狐剛子否?" 答云: "知之." 菩薩云: "狐剛子者, 卽我是也. 我得仙來, 已三萬歲. 汝爲道士, 當修淸淨, 何事殺生? 且我子孫, 爲汝所殺, 寧宜活汝耶?" 因杖道士一百畢, 謂令曰: "子孫無狀, 至相勞擾, 慙愧何言. 當令君永無災橫, 以此相報." 顧謂道士: "可卽還他馬及錢也." 言訖飛去. (出『廣異記』)

## 451 · 5(6172)
## 왕 로(王 老)

당(唐)나라 때 수양군(睢陽郡)에 있던 송왕(宋王)의 무덤 옆에 늙은 여우가 살고 있었다. 매년 아일(衙日: 唐宋代에 節堂에 모여 제사를 올리던 날을 가리킴. 節堂이란 節度使가 旌節을 보관해 두던 청사를 말함)이 되면 온 읍의 개들이 모두 그 늙은 여우를 찾아가 인사를 드렸는데, 늙은 여우가 무덤 위에 앉아 있으면 개들이 그 아래 줄지어 섰다.

동도(東都: 洛陽)의 왕씨(王氏) 노인에게 요괴를 물어뜯을 줄 아는 개 두 마리가 있었는데, 지금까지 매우 많은 요괴를 잡아 죽였다. 송 땅 사람들이 너도나도 돈을 싸들고 가서 여우 잡는 개를 빌려오려하자 왕씨 노인은 개를 끌고 송 땅으로 들어갔다. 그러나 그 개는 곧장 다른 개들 밑으로 들어가 납작 엎드린 채 꼼짝도 하지 않고 있으면서 송 땅 사람들을 크게 실망시켰다. 지금도 일을 제대로 해내지 못하는 사람이 있으면 '수양의 들 여우를 잡으러 온 개'라고 놀린다. (『광이기』)

唐雎陽郡宋王冢旁有老狐. 每至衙日, 邑中之狗, 悉往朝之. 狐坐冢上, 狗列其下. 東都王老有雙犬能咋魅, 前後殺魅甚多. 宋人相率以財雇犬咋狐, 王老牽犬往. 犬乃巡詣諸犬之下, 伏而不動. 大失宋人之望. 今世人有不了其事者, 相戲云: "取雎陽野狐犬." (出『廣異記』)


451・6(6173)
## 유중애(劉衆愛)

당(唐)나라 유전백(劉全白)이 다음과 같은 이야기를 들려주었다.

그의 유모에게는 유중애라는 아들이 있었는데, 그 아들은 젊었을 때

밤중에 그물을 쳐 길을 막아놓고 멧돼지나 여우, 살쾡이 등을 잡기를 좋아했다. 유전백의 장원은 기산(岐山) 아래에 있었다. 그 후 어느 날 저녁에 유중애는 장원에서 서쪽으로 몇 리 떨어진 곳에 그물을 쳐놓은 다음 자신은 그물 속에 엎드린 채 짐승이 나타나기를 기다리고 있었다. 그는 어두움 속에서 짐승의 발자국 소리가 나자 몰래 엿보았는데, 한 물체가 땅에 엎드려 그물을 쳐다보다가 벌떡 일어나 붉은 치마를 입은 부인으로 둔갑하는 것이었다. 부인은 그물을 피해 걸어가서 유중애 앞에 있는 수레 옆으로 가더니 갑자기 쥐 한 마리를 잡아먹었다. 유중애가 연거푸 소리를 지르자 부인은 황급히 그물 속으로 뛰어들었는데, 유중애는 그 틈을 타 몽둥이로 부인을 때려 죽였다. 그러나 부인은 [다시 짐승의 모습으로 변하지 않은 채] 여전히 사람의 모습을 하고 있었다. 이에 유중애는 도리어 의구심이 생기면서, 혹 정말 사람이 아니었을까 하며 두려워하다가 부인과 그물을 통째로 구마지(漚麻池) 안에 던져버렸다.

유중애는 밤에 집으로 돌아와 부모와 상의를 한 후 날이 밝으면 온 집안이 함께 도망가 숨을 작정이었다. 유중애는 이렇게 혼자 말을 했다.

"산 쥐를 먹는 부인이 어디 있단 말인가? 그건 여우임에 틀림없어!"

그리고는 다시 구마지로 가보았더니 부인이 이미 다시 살아나 있었다. 유중애가 커다란 도끼를 들어 허리 뒷부분을 내리치자 부인은 이윽고 늙은 여우로 변했다. 유중애는 크게 기뻐하며 그 여우를 데리고 마을로 돌아왔다.

그때 한 노승이 그 여우가 아직 죽지 않은 것을 보고는 잘 데려다 키우라고 권고하면서 이렇게 말했다.

"여우 입 속에는 미주(媚珠)가 있는데, 만일 그것을 얻을 수만 있다면 온 세상 사람들의 사랑을 한 몸에 받게 될 것이오."

그는 밧줄로 여우의 네 다리를 묶은 다음 커다란 삼태기를 가져다가 여우 위에 씌웠다. 그런 다음 며칠을 길렀더니 여우는 음식을 먹을 수 있게 되었다. 노승은 주둥이가 좁은 작은 병을 가져다가 주둥이가 땅과 수평이 되도록 묻어놓고, 두 점의 돼지고기를 가져다 구운 다음 병 속에 집어넣었다. 여우는 구운 고기가 먹고 싶었으나 꺼낼 수가 없어 그저 주둥이만 병에 대고 있을 뿐이었다. 노승은 구운 고기가 다 식으면 다시 고기를 집어넣었다. 여우는 한참동안 침을 질질 흘렸는데, 구운 고기가 병에 가득해지자 여우는 구슬을 토해내고 죽었다. 구슬은 모양이 바둑알처럼 생겼으며 둥글고 맑았다. 유중애의 모친은 늘 그 구슬을 몸에 지니고 있었는데, 그녀의 남편은 그녀를 매우 애지중지했다. (『광이기』)

唐劉全白說云: 其乳母子棠愛, 少時, 好夜中將網斷道, 取野猪及狐狸等. 全白莊在岐下. 後一夕, 棠於莊西數里下網, 己伏網中, 以伺其至. 暗中聞物行聲, 覘見一物, 伏地窺網, 因爾起立, 變成緋裙婦人. 行而違網, 至愛前車側, 忽捉一鼠食. 愛連呵之, 婦人忙遽入網, 乃棒之致斃. 而人形不改. 愛反疑懼, 恐或是人, 因和網沒涵麻池中.

夜還與父母議, 及明, 擧家欲潛逃去. 愛竊云: "寧有婦人食生鼠? 此必狐耳!" 復往麻池視之, 見婦人已活. 因以大斧自腰後斫之, 便成老狐. 愛大喜, 將還村中.

有老僧見狐未死, 勸令養之, 云: "狐口中媚珠, 若能得之, 當爲天下所愛." 以繩縛狐四足, 又以大籠罩其上. 養數日, 狐能食. 僧用小瓶口窄者, 埋地中, 令口與地齊, 以兩裁猪肉, 炙於瓶中. 狐愛炙而不能得, 但以口屬瓶. 候炙冷, 復下肉灣. 狐涎沫久之, 炙與瓶滿, 狐乃吐珠而死. 珠狀如碁子, 通圓而潔. 愛母('母'原作'每', 據明鈔本改)帶之, 大爲其夫所貴. (出『廣異記』)

### 451 · 7(6174)
## 왕암(王 黯)

왕암은 최씨(崔氏)와 혼인했다. 당(唐)나라 천보연간(天寶年間: 742~756)에 그의 장인 최사동(崔士同)은 면주자사(沔州刺史)가 되었는데, 왕암은 장인을 따라 강하(江夏)까지 갔다가 여우에게 홀려 강을 건너려하지 않고 크게 소리치며 발광하면서 자꾸만 물로 뛰어들려고 했다. 왕암의 아내와 가족들은 다급하고 두려운 마음에 왕암을 평상 널빤지에 묶어놓았다. 그런데 배가 강 중간에 이르렀을 때 왕암은 갑자기 즐거워하며 웃더니 배가 강기슭에 닿자 이내 크게 기뻐하며 이렇게 말했다.

"나는 본디 여러 아가씨들이 나를 따라 강을 건너지 않을까 걱정했던 것인데, 그들이 지금 면주 성 위에 도착해 있으니 더 이상 걱정할 것이 무엇 있겠소?"

최사동은 임지에 도착하자마자 술사를 수소문했다. 주변에서 면주에 여우를 잘 쏘아 맞추는 사람이 있다고 말하자 최사동은 그 사람을 데려오게 했다. 그 사람은 관부로 들어오더니 당 안 가득 침상과 자리를 가져다 놓게 하고 왕암을 서북쪽 모퉁이에 데려다 놓게 했다. 또 집안사람 수십 명으로 하여금 번갈아가며 지키게 하고 자신은 당 밖에 따로 침상을 준비해둔 다음 활과 화살을 들고 여우를 기다렸다. 삼경이 되었을 때 그가 갑자기 말했다.

"여러분들, 잠 실컷 주무셨습니까? 제가 방금 여우를 쏘아 맞추었으니, 날이 밝거든 가져가십시오."

사람들은 그가 허튼 소리를 한다고 여기면서 그 말을 믿지 않았다. 그런데 날이 밝은 후에 보았더니 창문에 피가 묻어있었다. 사람들이 그 핏자국을 따라가 보았더니 그 핏자국은 커다란 굴속으로 들어가 있었으며 [굴속에 있는] 풀 아래를 보았더니 암 여우 한 마리가 화살이 꽂힌 채 죽어가고 있었다. 왕암의 아내가 여우를 태워 재로 만든 다음 그것을 왕암에게 모두 먹였더니 그때부터 왕암은 다시 정상으로 돌아왔다.

왕암은 후에 원무현승(原武縣丞)이 되었는데, 청사에 있을 때 갑자기 늙은 여우 하녀가 왕암을 찾아와 재배하더니 이렇게 말했다.

"저는 대가(大家)의 유모입니다. 지난날에 아씨께서 억울하게 최씨 댁에 의해 죽임을 당하셨는데, 아씨의 노부모께서는 아직도 아씨를 그리워하며 늘 그 말씀만 하고 계십니다. 그 분들께서는 작은 아씨를 다시 왕랑(王郎: 王黯)께 드려 혼인을 시키고자 지금 저를 보내 그러한 뜻을 전달하고 혼례 올릴 길일을 받아오게 하셨습니다."

왕암은 몹시 두려워 늙은 하녀에게 많은 재물을 주겠다고 약속하면서 일을 좀 해결해 달라고 빌었다. 또 급히 비단 10여 필을 꺼내 큰 길에서 태웠다. 그러자 늙은 하녀는 [자기가 섬기는] 부인에게 이렇게 말했다.

"천하에 잘 생긴 남자가 그리도 많은데, 왕씨네 늙은이를 사위로 삼아 무엇 하시겠습니까?"

늙은 여우하녀는 말을 마치자마자 사라졌다. (『광이기』)

　　王黯者, 結婚崔氏. 唐天寶中, 妻父士同爲沔州刺史, 黯隨至江夏, 爲狐所媚, 不欲渡江, 發狂大叫, 恒欲赴水. 妻屬惶懼, 縛黯著牀櫪上. 舟行半江, 忽爾欣笑, 至岸大喜曰: "本謂諸女郞輩不隨過江, 今在州城上, 復何慮也?"

　　士同蒞官, 便求術士. 左右言州人能射狐者, 士同延至. 入令堂中悉施牀席, 實黯於屋西北隅. 家人數十持更迭守, 已於堂外, 別施一牀, 持弓矢以候狐. 至三夕, 忽云: "諸人得飽睡已否? 適已中狐, 明當取之." 衆以爲狂而未之信. 及明, 見窗中有血. 衆隨血去, 入大坑中, 草下見一牝狐, 帶箭垂死. 黯妻燒狐爲灰, 服之至盡, 自爾得平復.

　　後爲原武縣丞, 在廳事, 忽見老狐奴婢, 詣黯再拜, 云: "是大家阿(明鈔本'阿'作'耆')奶. 往者娘子枉爲崔家殺害, 翁婆追念, 未嘗離口. 今欲將小女更與王郞續親, 故令申意, 兼取吉日成納." 黯甚懼, 許('許'原作'辭', 據明鈔本改)以厚利, 萬計(明鈔本'萬計'作'求其')料理. 遽出羅錦十餘匹, 於通衢焚之. 老奴乃謂其婦云: "天下美丈夫亦復何數, 安用王家老翁爲女壻?" 言訖不見. (出『廣異記』)

# 451·8(6175)
## 원가조(袁嘉祚)

　　당(唐)나라 때 영왕(寧王)의 태부(太傅)를 지낸 원가조는 나이 50에 제과(制科: 唐代 천자가 주관한 임시 과거)에 응해 원현현승(垣縣縣丞)에 제수되었다. 그런데 현승의 관저는 본디 흉가여서 그곳에 머문 사람들은 모두 죽어나갔다. 원가조가 임지에 도착하여 보니 현승의 관저는 전임 현승들이 몇 대에 걸쳐 살지 않은 탓에 집은 다 허물어지고 가시덤불만이 그득했다. 원가조는 가시덤불을 잘라내고 담을 다시 수리한 뒤 청사에 앉았다. 마을의 늙은 관리들은 모두 두려워하며 어서 밖으로 나갈 것을 권했지만 원가조는 말을 듣지 않았다.

밤이 되자 요괴가 나타나 난동을 피웠으나 원가조는 꿈쩍도 하지 않았다. 그가 요괴가 들어가는 곳을 잘 살펴두었다가 날이 밝은 뒤에 파보았더니 여우 한 마리가 그 속에 있었는데, 그것은 늙은 여우였고 그의 새끼들이 수십 마리나 되었다. 원가조가 새끼들을 모조리 삶아 죽이고 다음으로 늙은 여우 차례가 되자 여우가 말했다.

"저의 신령함은 하늘과 통할 수 있으며 길흉화복을 미리 알 수도 있습니다. 저를 놓아주신다면 사람에게 도움을 줄 수 있을 것입니다. 지금 이 관저도 이미 평안해졌으니 저를 놓아 주신들 무슨 해될 것이 있겠습니까?"

원가조가 앞으로 나아가 여우와 이야기를 나누자 여우는 그가 앞으로 맡게 될 관직들을 모두 알려주었다. 여우는 또 이렇게 말했다.

"당신의 귀와 눈이 되어 늘 옆에 있고 싶습니다."

이렇게 해서 원가조는 여우를 놓아주었다. 후에 원가조는 과연 여우의 말대로 임기를 마쳤을 때 곧 다른 곳으로 승진해가게 되었으며 몇 년 뒤에는 관직이 어사(御史)에까지 이르렀다. 그때가 되자 여우는 떠나갔다. (『기문』)

唐寧王傅袁嘉祚, 年五十, 應制授垣縣縣丞. 闕('闕'原作'門', 據明鈔本改)素凶. 爲者盡死. 嘉祚到官, 而丞宅數任無人居. 屋宇摧殘, 荊棘充塞. 嘉祚剪其荊棘, 理其墻垣, 坐廳事中. 邑老吏人皆懼, 勸出, 不可.

旣而魅夜中爲怪, 嘉祚不動. 伺其所入, 明日掘之, 得狐, 狐老矣, 兼子孫數十頭. 嘉祚盡烹之, 次至老狐, 狐乃言曰: "吾神能通天. 預知休咎. 願置我, 我能益於人. 今此宅已安, 捨我何害?" 嘉祚前與之言, 備告其官秩. 又曰: "願爲耳目, 長在左右." 乃免狐. 後祚如狐言, 秩滿果遷. 數年至御史. 狐乃去. (出『紀聞』)

# 451·9(6176)
# 이림보(李林甫)

당(唐)나라의 이림보가 재상의 자리에 있을 때 한번은 퇴조(退朝)하고 돌아와 당 앞에 있는 대청에 앉아 있었는데, 보았더니 마치 소나 말처럼 몸집이 거대하고 윤기가 흐르는 검을 털을 가진 검은 여우 한 마리가 당에서 나와 마당으로 달려간 다음 좌우를 돌아보는 것이었다. 이림보는 활로 쏘아 맞히라고 명했는데, 막 쏘려는 찰나 화살이 채 나가기도 전에 여우는 이미 사라지고 보이지 않았다. 그로부터 며칠 동안 이림보가 매번 낮에 앉아있을 때면 검은 여우 한 마리가 번번이 나타났다. 그 해에 이림보는 가산이 적몰(籍沒)되었다. (『선실지』)

唐李林甫方居相位, 嘗退朝, 坐於堂之前軒, 見一玄狐, 其質甚大, 若牛馬, 而毛色黯黑有光, 自堂中出, 馳至庭, 顧望左右. 林甫命弧矢, 將射之, 未及, 已亡見矣. 自是凡數日, 每晝坐, 輒有一玄狐出焉. 其歲林甫籍沒. (出『宣室志』)

## 손증생(孫甑生)

　당(唐)나라의 도사 손증생은 본래 매 키우는 것을 업으로 삼고 있었다. 그가 어느 날 매를 공중으로 날리자 매는 한 동굴 속으로 들어갔는데, [손증생이 몰래] 보았더니 여우 수십 마리가 책을 읽고 있었으며 한 늙은 여우가 가운데 앉아 차례대로 글을 가리치고 있었다. 손증생은 곧장 안으로 들어가 그 책을 빼앗아 가지고 나왔다.

　이튿날 10여 명의 사람이 금과 비단을 가지고 그를 찾아와 그 책을 팔라고 했는데, 손증생이 싫다고 하자 사람들이 말했다.

　"그대가 그 책을 가져봤자 어떻게 써야 할지도 모를 것이오. 그러나 만일 한 권을 필사(筆寫)한 다음 그 책을 우리에게 넘겨준다면 반드시 그 비법을 전수해 드리겠소."

　손증생은 그 비법을 전수받아 당대 으뜸의 술사가 되었다. 여우가 처음에 손증생에게 다짐하기를, 절대 남에게 보여주어서는 안 되며 만일 약속을 어길 시에는 반드시 비명횡사하게 될 것이라고 했다. 천보연간(天寶年間: 742~756) 말에 현종(玄宗)이 그에게 그 책을 달라고 한사코 강요했는데, 손증생은 끝내 주지 않다가 처형당했다. (『광이기』)


　唐道士孫甑生本以養鷹爲業. 後因放鷹, 入一窟, 見狐數十枚讀書, 有一老狐當中坐, 迭以傳授. 甑生直入, 奪得其書而還.

　明日, 有十餘人持金帛詣門求贖, 甑生不與, 人云: "君得此, 亦不能解用之. 若寫一本見還, 當以口訣相授." 甑生竟傳其法, 爲世術士. 狐初與甑生約, 不得示人, 若違者, 必當非命. 天寶末, 玄宗固就求之, 甄生不與, 竟而伏法. (出『廣異記』)

## 451 · 11(6178)
## 왕 선(王 璿)

당(唐)나라 때 송주자사(宋州刺史)를 지낸 왕선은 젊었을 때 용모가 준수해 암 여우에게 홀리게 되었다. 집안사람들 중에도 그 여우를 본 사람이 있었는데, 여우는 자태가 매우 단정하면서도 고왔으며 마주친 사람이 비록 어린아이라 할지라도 반드시 몸가짐을 정숙히 하고 예를 갖춰 대했다. 여우는 스스로를 '신부(新婦)'라 칭했으며 공손히 대답하는 말에도 매우 조리가 있었다. 이로 인해 사람들은 여우 만나는 것을 즐거워했다. 매번 단오나 다른 명절이 돌아올 때마다 여우는 선물을 보내오면서 이렇게 말했다.

"신부가 아무 낭군, 아무 낭자께 속명(續命: 음력 5월 5일에 어린아이에게 오래 살라고 걸어주는 명주실 목걸이)을 드립니다."

사람들은 모두 웃으면서도 아주 많은 물건을 받았다. 후에 왕선의 관직이 높아지자 여우는 더 이상 오지 않았다. 아마도 누군가의 관록이 너무 높아지면 요망한 짓을 할 수 없기 때문일 것이다. (『광이기』)

唐宋州刺史王璿, 少時儀貌甚美, 爲牝狐所媚. 家人或有見者, 豐姿端麗, 雖童幼遇之者, 必斂容致敬. 自稱'新婦', 祗對皆有理. 由是人樂見之. 每至端午及佳節, 悉有贈儀相送, 云: "新婦上某郎·某娘續命." 衆人笑之, 然所得甚衆. 後璿職高, 狐乃不至. 蓋某祿重, 不能爲怪. (出『廣異記』)

## 451·12(6179)
# 이 난(李 䫨)

　[唐나라] 동평현위(東平縣尉) 이난은 처음으로 관직에 제수되자 동경(東京: 洛陽)에서 임지로 떠났다. 밤에 그는 고성(故城)에 투숙했는데, 객점 안에 호병(胡餠) 파는 것을 업으로 삼고 있는 호인(胡人: 본문에는 '故人'이라 되어있으나 '胡人'의 오기로 보임)이 있었다. 그의 아내 정씨(鄭氏)는 얼굴이 예뻤는데, 이난은 그 얼굴을 보고 반해 그 집에 들어가 묵었던 것이다. 그는 며칠을 계속해서 그 집에 머물다가 만 5천 냥을 주고 호인의 아내를 샀다. 동평현에 도착한 뒤 이난은 정씨를 지극히 총애했다. 그녀는 성품이 나긋나긋하고 애교가 넘쳤으며, 영리했을 뿐 아니라 풍류 또한 즐길 줄 알았다. 그녀는 여자들이 해야 하는 일들도 못하는 것이 없었으며 소리에 특히 뛰어났다. 동평현에 온지 3년 만에 그녀는 아들 하나를 낳았다.

　후에 이난이 조강(租綱: 지방에서 거둔 조세를 도성으로 운반하는 일을 책임지기 위해 편성한 隊伍)에 충원되어 도성으로 들어가게 되자 정씨 역시 그를 따라 함께 돌아갔다. 고성에 이르자 정씨는 많은 마을 사람들을 모아놓고 연회를 열었는데, 10여 일 동안 계속해서 연회를 즐겼다. 이난이 서너 차례 출발할 것을 재촉했으나 정씨는 병을 핑계 삼아 일어나려하지 않았으며 이난 역시 그녀를 어여삐 여겨 그녀의 뜻을 따라주었다. 그렇게 다시 10여 일이 지나자 이난은 하는 수 없이 일을 처리하기 위해 떠나지 않으면 안 되었는데, 성문에 이르자 정씨는 갑자기 배가 아프다고 하면서 말에서 내리더니 마치 바람처럼 빨리 뛰어갔다. 이난이 몇 명의 하인을 데리고 매우 빨리 따라가 보았으나 따라 잡을 수 없었다. 그들은 [정씨를 쫓아] 고성에 들어갔다가 다시 역수촌(易水村)에 들어갔는데, 다리에 힘이 조금씩 빠져나갔으나 이난은 그녀를 놓칠 수가 없어 다시 따라갔다. 거의 그녀를 따라잡을 때 즈음 그녀는 작은 구멍 속으로 들어갔는데, 이난이 큰 소리로 불러보았으나 아무런 대답이 없었다. 이난은 그리움에 사무쳐 슬퍼하면서 말을 하다가도 눈물을 떨구었다. 날이 저물자 마을 사람들은 풀을 가져다 굴 입구를 막아놓았으며 이난은 그들과 함께 다시 객점으로 돌아와 하룻밤 묵었다. 날이 밝은 후에 이난은 다시 굴로 가 그녀를 불렀는데, 아무것도 나타나지 않자 다시 불을 지펴 연기를 피웠다. 그리고 나서 한참이 지나자 마을 사람들은 몇 장 깊이로 땅을 파기 시작했는데, 굴속에 죽은 암 여우 한 마리가 있었다. [여우 옆에는] 마치 허물을 벗은 것처럼 벗어놓은 옷이 있었으며 여우의 발에는 비단버선이 신겨져 있었다. 이난은 오래도록 탄식하다가 여우를 묻어주었다. 이난은 객점으로 돌아온 뒤에 사냥개를 끌고 와 여우가 낳은 아들을 물게 했는데, 아들은 전혀 놀라거나 두려워하지 않았다. 이난은 아들을 데리고 도성으로 들어간 다음 친척 집에 길러달라고 맡겼다.

　　이난은 조세를 도성에 운반하는 일을 마치고 다시 낙양으로 돌아가 소씨(蕭氏)와 혼인했다. 소씨는 늘 이난을 '들 여우 남편'이라고 불렀는데, 이난은 그 말에 전혀 대구하지 않았다. 그러던 어느 날 저녁에 이난이 소씨의 손을 잡고 안방으로 들어가 친밀한 정을 나눌 때 소씨는 다시 그 이야기를 꺼냈다. 그때 당 앞에서 갑자기 사람의 말소리가 들려오자 이난이 물었다.

"이 밤중에 누가 왔소?"

대답소리가 들렸다.

"당신은 정사낭(鄭四娘)을 모르시나요?"

이난은 늘 정씨를 그리워 해오던 터라 그 말을 듣고는 갑자기 기쁜 마음에 펄쩍 뛰어오르며 이렇게 물었다.

"귀신이오? 사람이오?"

정사낭이 대답했다.

"몸은 귀신입니다."

이난은 그녀에게 가까이 가려 했으나 그럴 수가 없었다. 정사낭이 이난에게 말했다.

"사람과 귀신은 서로 길이 다른데, 현부인(賢夫人: 蕭氏)께서는 무엇 때문에 몇 번이나 제 욕을 하신답니까? 게다가 당신은 제가 낳은 아들을 멀리 남의 집에 맡기셨는데, 그 집에서는 모두 여우가 낳은 자식이라 하면서 먹을 것도 입을 것도 주지 않고 있습니다. 당신은 자식이 불쌍하지도 않으십니까? 당신께서 어서 그 아이를 데려다 보살펴 주고 길러주신다면 저는 구천(九泉)에서 아무 여한이 없을 것입니다. 그러나 만일 당신 부인이 또 제 욕을 하고 제 자식 또한 거두어주지 않으신다면 반드시 당신에게 재앙이 내릴 것입니다."

정사낭은 말을 마치고 사라졌으며 소씨는 그때부터 다시는 그 이야기를 꺼내지 못했다. 당나라 천보연간(天寶年間: 742~756) 말에 그 아들은 나이 10여 세였는데, 별 탈 없이 잘 지내고 있었다. (『광이기』)

東平尉李麐初得官, 自東京之任. 夜投故城, 店中有故人賣胡餠爲業. 其妻姓鄭有美色, 李目而悅之, 因宿其舍. 留連數日, 乃以十五千轉索胡婦. 既到東平, 寵遇甚至. 性婉約, 多媚黠風流. 女工之事, 罔不心了, 於音聲特究其妙. 在東平三歲, 有子一人.

其後李充租綱入京, 與鄭同還. 至故城, 大會鄕里飮宴, 累十餘日. 李催發數四, 鄭固稱疾不起, 李亦憐而從之. 又十餘日, 不獲已, 事理須去, 行至郭門, 忽言腹痛, 下馬便走, 勢疾如風. 李與其僕數人極騁, 追不能及. 便入故城, 轉入易水邨, 足力少息, 李不能捨('轉入易水邨足力少息李不能捨'十三字原空闕, 據許本·黃本補), 復逐之. 垂及, 因入小穴, 極聲呼之, 寂無所應. 戀結悽愴, 言發淚下. 會日暮, 村人爲草塞穴口, 還店止宿. 及明, 又往呼之, 無所見, 乃以火燻. 久之, 村人爲掘深數丈, 見牝狐死穴中. 衣服脫卸如蛻('服脫卸如蛻'五字原空闕, 據許本·黃本補), 脚上著錦襪. 李歎息良久, 方埋之. 歸店, 取獵犬噬其子, 子略不('犬噬其子子略不'七字原空闕, 據許本·黃本補)驚怕. 便將入都, 寄親人家養之.

輸納畢, 復還東京, 婚於蕭氏. 蕭氏('東京婚於蕭氏蕭氏'八字原空闕, 據許本·黃本補)常呼李爲'野狐壻', 李初無以答. 一日晚, 李與蕭携手('一日晚李與蕭携手'八字原空闕, 據許本·黃本補)與歸本房狎戲, 復言其事. 忽聞堂前有人聲, 李問: "阿誰夜來?" 答曰('聲李問阿誰夜來答曰'九字原空闕, 據許本·黃本補): "君豈不識鄭四娘耶?" 李素所鍾念, 聞其('聞其'二字原空闕, 據許本·黃本補)言, 遽欣然躍起('欣然躍起'四字原空闕, 據許本·黃本補)問('問'上原有

'然舊狀'三字, 據許本·黃本刪): "鬼乎? 人乎?" 答云: "身即鬼也." 欲('欲'字原空闕, 據許本·黃本補)近之而不能. 四娘('不能四娘'四字原空闕, 據許本·黃本補)因謂李: "人神道殊, 賢夫人何至數相謾罵? 且所生之子, 遠寄人家, 其人皆言狐生, 不給衣食. 豈不念乎? 宜早爲撫育('爲撫育'三字原空闕, 據許本·黃本補)九泉無恨也. 若夫人云云相侮, 又小兒不收, 必將爲君之患." 言畢不見, 蕭遂不復敢說其事. 唐天寶末, 子年十餘, 甚無恙. (出『廣異記』)

## 451·13(6180)
## 이 규(李 揆)

당(唐)나라 때 승상(丞相)을 지냈던 이규는 건원연간(乾元年間: 758~759) 초에 중서사인(中書舍人)이 되었다. 그가 어느 날 퇴조(退朝)하고 집에 돌아와 보았더니 흰 여우 한 마리가 마당에 있는 다듬이돌 위에 서 있었다. 그는 시동(侍童)에게 어서 여우를 쫓아내라고 시켰는데, 그런 뒤에 보았더니 여우는 이미 사라지고 없었다. 그때 이규의 집에 한 객이 와 있었는데, 그 일에 대해 이야기해 주었더니 이렇게 말했다.

"이것은 상서로운 조짐입니다. 감히 경하 드립니다."

다음 날 이규는 과연 예부시랑(禮部侍郎)에 뽑혔다. (『선실지』)

唐丞相李揆, 乾元初, 爲中書舍人. 嘗一日退朝歸, 見一白狐在庭中搗練石上, 命侍童逐之, 已亡見矣. 時有客於揆門者, 因話其事, 客曰: "此祥符也. 某敢賀."

至明日, 果選禮部侍郎. (出『宣室志』)

## 451 · 14(6181)
# 송 부(宋 溥)

송부는 당(唐)나라 대력연간(大曆年間: 766~779)에 장성현위(長城縣尉)로 있었는데, 그가 직접 다음과 같은 이야기를 들려주었다.

그는 어릴 적에 어울려 놀던 무리들과 함께 밤에 들 여우를 잡으러 갔는데, 몇 밤이 지나도록 잡지 못했다. 그 후 어느 날 달 밝은 저녁에 그들은 다시 여우를 잡으러 갔다가 한 귀신이 삿갓을 쓰고 여우 등에 탄 채「독반자(獨盤子)」를 부르고 있는 광경을 보게 되었다. 덫을 놓아 둔 곳에 이르러 여우는 덫 속으로 들어가려 했으나 귀신이 손으로 여우의 얼굴 양 옆을 쥐자 여우는 다시 오던 길로 되돌아갔다. 그와 같은 일이 서너 차례 반복되었다. 그 다음 날 저녁에 송부가 다시 덫을 쳐놓고 살펴보았더니 귀신이 또 여우를 타고 나타났는데, 두 명의 작은 귀신이 앞에서 길을 인도하면서 덫이 놓여져 있는 장소를 왔다 갔다 했다. 송부 등은 결국 한 마리도 잡지 못하고 여우 사냥을 그만 두었다.

또 담중(談衆)이라는 사람 역시 다음과 같은 이야기를 들려주었다.

그는 어릴 적에 덫을 놓은 적이 있었는데, 갑자기 한 노인이 지팡이를 짚고서 그가 올라가 있는 나무 아래로 와 서더니 나무 위에 있는 자가 누구냐며 물었다. 그때 담중은 아직 어렸던 터라 두려움에 몹시 떨었으나 그의 형은 화를 내며 이렇게 노인을 꾸짖었다.

"늙은 들 여우가 어디 감히 이와 같이 구느냐?"

그리고 나서 나무에서 내려와 노인을 쫓았더니 노인은 여우로 둔갑해 달아났다. (『광이기』)

宋溥者, 唐大曆中, 爲長城尉, 自言:

幼時, 與其黨暝扨野狐, 數夜不獲. 後因月夕, 復爲其事, 見一鬼戴笠騎狐, 唱「獨盤子」. 至扨所, 狐欲入扨, 鬼乃以手搭狐頰, 因而復廻. 如是數四. 其後夕, 溥復下扨伺之, 鬼又乘狐, 兩小鬼引前, 往來扱所. 溥等無所獲而止.

有談衆者亦云.

幼時下极, 忽見一老人扶杖至己所止樹下, 仰問樹上是何人物. 衆時尙小, 甚惶懼, 其兄因怒罵云: "老野狐, 何敢如此?" 下樹逐之, 狐遂變走. (出『廣異記』)

## 451・15(6182)
## 승안통(僧晏通)

진주(晉州) 장녕현(長寧縣)에 안통이라는 스님이 두타법(頭陀法: 승려들이 頭陀, 즉 속세의 번뇌를 씻어버리기 위해 반드시 지켜야 하는 법계로, 한적한 곳에 거하면서 걸식해야 하고, 또 白衲衣를 입어야 하는 등 12가지 고행의 항목이 있음)을 수행하고 있었는데, 밤이 되면 반드시 수풀 속에 있는 헤쳐진 무덤을 찾아 가 잠을 자곤 했다. 그는 비록 비바람이 불고 눈서리가 내린다 해도 의지를 바꾸는 법이 없었으며 비록 귀신이나 요괴가 나타난다 해도 마음에 동요되는 바가 없었다.

어느 날 달밤에 그가 길옆에 쌓여있는 해골 옆에 머물고 있을 때 갑자기 여우 요괴가 다리를 비틀거리며 그 쪽으로 다가왔다. 여우는 안통 스님이 나무 그늘 아래 있다는 사실을 전혀 모르고 해골을 가져다 자기 머리 위에 올려놓은 다음 머리를 흔들어 보았는데, 만약 흔들거리다 땅에 떨어지는 해골은 뒤도 돌아보지 않고 [버리고서] 다른 것을 골랐다. 그렇게 채 4~5차례도 안 하고서 여우는 해골 하나를 고르더니 높이 머리 위에 달았다. 여우가 다시 나뭇잎과 풀, 꽃 등을 뜯어다가 자기의 몸을 덮어 가린 다음 몸을 흘깃 둘러보자 그것들은 이미 옷으로 변해있었다. 잠시 후 여우는 부인으로 둔갑해 자태도 아름답게 떠나갔다.

부인으로 변한 여우는 길옆에 서서 행인을 기다렸다. 얼마 있다 급히 말을 몰면서 남쪽에서 오고 있는 행인이 나타났는데, 여우요괴는 멀리서 행인이 오는 소리를 듣더니 길에 서서 슬피 울었다. 행인이 말을 세우고 이유를 묻자 여우요괴가 대답했다.

"저는 가인(歌人)인데 남편을 따라 연주하러 이곳에 들어왔으나 오늘 새벽에 남편은 도적에게 살해되고 재물은 모두 약탈당했습니다. 홀로 이렇게 멀리 떨어져 있으니, 북쪽으로 돌아가고 싶어도 돌아갈 방법이 없습니다. 만일 저를 거두어 주시기만 한다면, 맹세컨대 이 미천한 몸을 다 바쳐 당신의 하녀 노릇을 하겠습니다."

행인은 역정(易定) 땅의 군인이었는데, 말에서 내려 여자를 뚫어지게 바라보다가 그 세련되고 요염한 모습과 간곡한 말솜씨에 반해 수레 뒷자리에 태우고 떠났다. 그때 안통 스님이 급히 튀어나와 말했다.

"저것은 여우 요괴이거늘 그대는 어찌 그리 쉽게 당하시오?"

안통 스님이 석장(錫杖)을 치켜들어 여우의 머리를 쳤더니 그 순간 [여우 머리 위에 올려놓았던] 해골이 땅에 떨어졌고 여우는 원래의 모습으로 변하여 도망쳤다. (『집이기』[『찬이기』])

晉州長寧縣有沙門晏通修頭陀法, 將夜, 則必就叢林亂冢寓宿焉. 雖風雨露雪, 其操不易, 雖魍魅魍魎, 其心不搖.

月夜, 棲於道邊積骸之左, 忽有妖狐踉蹌而至. 初不虞晏通在樹影也, 乃取髑髏安於其首, 遂搖動之, 儻振落者, 卽不再顧, 因別選焉. 不四五, 遂得其一, 岌然而綴. 乃裒擷木葉草花, 障蔽形體, 隨其顧盼, 卽成衣服. 須臾, 化作婦人, 綽約而去.

乃於道右, 以伺行人. 俄有促馬南來者, 妖狐遙聞, 則慟哭于路. 過者駐騎問之, 遂對曰:"我歌人也, 隨夫入奏, 今曉夫爲盜殺, 掠去其財. 伶俜孤遠, 思願北歸, 無由致. 脫能收採, 當誓微軀, 以執婢役." 過者易定軍人也, 卽下馬熟視, 悅其都冶, 詞意叮嚀, 便以後乘挈行焉. 晏通遽出謂曰:"此妖狐也, 君何容易?" 因擧錫杖叩狐腦, 髑髏應手卽墜, 遂復形而竄焉. (出『集異記』, 明鈔本作'出『纂異記』')

# 태평광기 권제452

호(狐) 6

1. 임　씨(任　　氏)
2. 이　장(李　　萇)

## 452·1(6183)
# 임 씨(任 氏)

임씨는 여자 요괴이다. 위사군(韋使君)은 이름이 음(崟)이고 항렬이 아홉 번째로 신안왕(信安王) 이의(李禕)의 외손자였다. 그는 젊어서부터 성격이 호탕했고 술 마시기를 좋아했다. 그에게는 정륙(鄭六)이라는 사촌매부가 있었는데, 그 이름은 잊어버렸다. 그는 어려서 무예를 익혔고 술과 여자도 좋아했지만 가난하여 집도 없이 아내의 친척에게 몸을 기탁하고 있었다. 그는 위음과 서로 뜻이 잘 맞아 어울려 놀러 다녔다.

당(唐)나라 천보(天寶) 9년(750) 여름 6월에 위음과 정자(鄭子: 鄭六)는 함께 장안(長安) 거리를 걷다가 신창리(新昌里)에서 술을 마시려 했다. 그들이 선평리(宣平里) 남쪽에 이르렀을 때 정자는 일이 있다고 말하면서 잠깐 갔다가 술 마시는 곳으로 뒤이어 가겠다고 했다. 위음은 흰 말을 타고 동쪽으로 가고 정자는 나귀를 타고 남쪽으로 갔다. 정자가 승평리(昇平里) 북문(北門)으로 들어갔을 때 우연히 세 부인이 길을 가는 것을 보았는데, 그 중 가운데 있는 흰 옷을 입은 부인의 용모가 매우 아름다웠다. 정자는 그녀를 보고 놀라고 기뻐하며 나귀를 채찍질해서 앞서거니 뒤서거니 하며 말을 건네려고 했지만 감히 그러지 못했다. 흰 옷 입은 부인은 때때로 곁눈질하며 받아줄 뜻이 있는 듯했다. 정자가 그녀를 희롱하며 말했다.

"이렇게 아름다운 부인께서 걸어가시다니 무슨 까닭입니까?"

흰 옷 입은 부인이 웃으며 말했다.

"탈 것이 있는데도 빌려주지 않으니 걸어가지 않으면 어찌 하겠습니까?"

정자가 말했다.

"보잘것없는 탈 것으로 미인의 걸음을 대신하긴 부족하지만 지금 곧 드리겠소. 나는 걸어서 따라가겠소."

그러자 서로 바라보며 크게 웃었다. 함께 가던 부인들도 정자를 유혹하여 곧 친근한 사이가 되었다. 정자가 그들을 따라 동쪽으로 가서 낙유원(樂遊園)에 도착했을 때는 이미 날이 저문 후였다. 그 때 한 저택이 보였는데, 토담에 수레 문이 있었고 건물이 매우 웅장했다. 흰 옷 입은 부인이 들어가다가 돌아보며 말했다.

"조금만 기다리시다 들어오세요."

부인을 따르던 하녀 한 사람이 대문과 가림벽 사이에 있다가 그의 성씨와 항렬을 물었다. 정자가 일러주고는 부인에 대해 묻자 하녀가 대답했다.

"성은 임씨이고 항렬은 스무 번째입니다."

잠시 후에 정자는 인도를 받으며 안으로 들어갔다. 정자가 나귀를 문에 묶어두고 모자를 안장 위에 올려놓자 30여 세 된 부인이 나와 그를 맞이했는데, 그녀는 바로 임씨의 언니였다. 등불을 늘어놓고 음식을 차려놓은 뒤 술잔이 몇 번 오갔을 때 임씨가 화장을 고치고 나오자 그들을 매우 즐겁게 마시며 놀았다. 밤이 깊어 두 사람은 함께 잠을 잤다. 그녀의 고운 자태와 아름다운 살결, 노래하고 웃는 태도, 거동이 모두 아름다워 이 세상 사람이 아닌 것 같았다. 동이 틀 무렵 임씨가 말했다.

"가셔야만 합니다. 저희 자매는 이름이 교방(敎坊)에 올라 있고 남아(南衙: 唐代 궁궐의 호위병을 통칭하여 南衙라고 하는데, 玄宗 때 호위장군인 范安에게 敎坊使를 맡겼기 때문에 당시 사람들은 敎坊이 南衙에 속한다고 여겼음)에 속해 있기 때문에 새벽에 나가야 합니다. 그러니 당신은 이곳에 오래 머물 수가 없습니다."

이에 정자는 후일을 기약하고 떠나갔다.

정자가 길을 나서서 마을 문에 이르렀으나 문이 아직 열려 있지 않았다. 문 옆에는 호인(胡人)이 떡을 파는 가게가 있었는데, 등불을 밝히고 화로에 불을 붙이고 있었다. 정자는 그 발[簾] 아래에 앉아 쉬면서 통행을 알리는 북소리가 울리기를 기다리며 주인과 이야기를 나누었다. 정자는 자신이 잤던 집을 가리키면서 물었다.

"여기에서 동쪽으로 돌아가면 문이 있는 집이 있는데 그 집은 누구의 집이오?"

주인이 말했다.

"그곳은 담이 허물어진 버려진 땅으로 집은 없습니다."

정자가 말했다.

"방금 그곳을 지나왔는데 어찌 집이 없다고 하시오?"

그러면서 그는 주인과 다투었다. 주인이 곧 알아차리고 말했다.

"아! 알겠습니다. 그곳에는 여우 한 마리가 있어서 많은 남자들을 유혹해 함께 잠을 잔다고 합니다. 이미 세 번이나 보았는데 오늘 당신께서도 당하셨군요?"

정자는 얼굴을 붉히고 숨기며 말했다.

"아닙니다."

날이 밝자 정자는 다시 그곳으로 가 보았는데 토담에 수레 문은 그대로였지만 안을 엿보았더니 잡초가 무성한 황폐한 밭이 있을 뿐이었다. 이에 정자는 돌아와서 위음을 만났다. 위음이 정자에게 약속을 저버렸다고 책망했으나 그는 사실대로 말하지 않고 다른 일로 핑계 댔다. 그러나 정자는 그녀의 고운 자태를 생각하며 다시 한번 보기를 바랐으며 마음속에 담아두고 잊어버리지 못했다.

10일쯤 지나 정자가 돌아다니다가 서쪽 시장의 옷가게로 들어갔을 때 언뜻 그녀를 보았는데, 예전의 하녀들도 따르고 있었다. 정자가 급히 임씨를 불렀지만 그녀는 몸을 돌려 군중 속으로 들어가 그를 피했다. 정자가 연이어 임씨를 부르면서 다가가자 그녀는 뒤돌아서서 부채로 자신의 등을 가리며 말했다.

"당신은 다 알고 계시면서 어찌 저를 가까이 하십니까?"

정자가 말했다.

"비록 알고 있다 해도 무슨 걱정이란 말이오?"

그녀가 대답했다.

"그 일이 부끄러워 볼 면목이 없습니다."

정자가 말했다.

"내가 이처럼 간절히 그리워하는데 차마 나를 저버릴 수 있겠소?"

그녀가 대답했다.

"어찌 감히 저버리겠습니까? 당신이 싫어하실까 두려울 뿐입니다."

그러자 정자는 맹세를 하며 더욱 간절히 말했다. 이에 임씨가 눈을 돌리고 부채를 치웠는데, 눈부시게 아름다운 모습은 예전과 같았다. 그녀가 정자에게 말했다.

"인간 세상에 저와 같은 무리는 한둘이 아니지만 당신이 모르고 있을 뿐입니다. 저만 탓하지 마십시오."

정자가 그녀에게 함께 즐거움을 나누길 청하자 그녀가 대답했다.

"무릇 저의 무리들이 사람들에게 거리낌을 당하는 것은 다름이 아니라 사람들을 해치기 때문입니다. 그러나 저는 그렇지 않습니다. 만약 당신께서 저를 싫어하지 않으신다면 평생 동안 모시고 싶습니다."

정자는 허락을 하고 그녀와 함께 살 곳을 상의했다. 임씨가 말했다.

"여기에서 동쪽으로 가면 마룻대 사이에 큰 나무가 자라나는 곳이 있는데, 거리가 조용해서 세들어 살 만합니다. 전에 선평리 남쪽에서 흰 말을 타고 동쪽으로 갔던 사람은 당신 아내의 형제가 아닙니까? 그의 집에는 물건이 많이 있으니 빌려 쓸 수 있을 것입니다."

당시 위음의 백부와 숙부는 사방에서 관직을 맡고 있었기 때문에 세 집안의 물건들을 모두 위음의 집에서 보관하고 있었다. 정자는 그녀의 말대로 그 집을 찾아가서 위음을 만나 물건들을 빌려달라고 했다. 위음이 어디에 쓸 거냐고 묻자 정자가 대답했다.

"새로 미인 한 사람을 얻었는데, 이미 살 집도 세들어 놓았소. 그래서 물건들을 빌려 쓰려는 것이오."

위음이 말했다.

"당신의 모습을 보니 필시 추녀를 얻었을 것이오. 무슨 절세의 미인을 얻었겠소?"

이에 위음은 휘장과 탁자, 자리 등의 물건을 모두 빌려주고 영리한 가동(家僮)에게 그를 따라가서 살펴보게 했다.

잠시 후에 가동이 달려와서 보고했는데, 땀에 흠뻑 젖어 헐떡거렸다. 위음이 그를 맞이하며 물었다.

"있더냐?"

가동이 대답했다.

"있었습니다."

위음이 또 물었다.

"어떻게 생겼느냐?"

가동이 대답했다.

"이상한 일입니다. 천하에 아직 그녀 같은 미인은 보지 못했습니다."

위음은 인척이 많고 일찍부터 거리낌 없이 놀러 다녔기 때문에 미인들을 많이 알고 있었다. 이에 위음이 물었다.

"아무개와 비교해서 누가 더 아름다우냐?"

가동이 말했다.

"비교할 수 없습니다."

위음이 [자신이 알고 있는] 미인 4~5명과 두루 비교하며 물어보자 가동이 모두 말했다.

"비교할 수 없습니다."

당시에 오왕(吳王: 信安王의 조카 李巘)의 여섯 번째 딸인 위음의 처제는 신선처럼 곱고 아름다워 평소 사촌들 중에서 제일이라고 여겨졌다. 위음이 물었다.

"오왕 집의 여섯 번째 딸과 그녀 중 누가 더 아름다우냐?"

가동이 또 대답했다.

"비교할 수 없습니다."

위음은 손뼉을 치면서 크게 놀라며 말했다.

"천하에 어찌 그런 사람이 있단 말이냐?"

그리고는 급히 물을 길어오게 하여 목을 씻고 두건을 쓰고 입술을 바른 뒤 갔다.

위음이 도착했을 때 정자는 마침 외출하고 없었다. 위음이 문으로 들어가 보았더니 어린 하인이 빗자루를 들고 청소하고 있었고 한 하녀가 그 문에 서 있을 뿐 다른 사람은 아무도 보이지 않았다. 위음이 어린 하인에게 물어보았더니 하인이 웃으며 말했다.

"안 계십니다."

위음이 방안을 두루 살펴보았더니 붉은 치마가 문 아래로 나와 있었다. 위음이 다가가서 살펴보았더니 임씨가 문짝 사이에 몸을 숨기고 있었다. 위음이 그녀를 끌어내어 밝은 곳에서 보았더니 전해 들었던 것보다 더 아름다웠다. 위음은 미친 듯이 그녀를 좋아하게 되어 끌어안으며 욕을 보이려 했지만 임씨가 허락하지 않자 힘으로 그녀를 차지하려고 했다. 사태가 위급해지자 임씨가 말했다.

"허락할 테니 조금만 돌아서게 해 주세요."

위음이 그렇게 해주자 임씨는 처음처럼 저항했다. 그렇게 서너 번 반복되자 위음은 힘을 다해 급히 그녀를 안았다. 임씨는 힘이 다 빠져서 비에 젖은 것처럼 땀을 흘렸다. 임씨는 피할 수 없다고 생각하여 몸을 늘어뜨린 채 더 이상 저항하지 않았지만 안색은 비참하게 변해 있었다. 위음이 물었다.

"어째서 기뻐하지 않소?"

임씨가 길게 탄식하며 말했다.

"정륙이 불쌍합니다."

위음이 물었다.

"무슨 말이오?"

임씨가 대답했다.

"정생(鄭生: 鄭六)은 6척의 몸을 가졌으면서도 부인 하나 보살필 수 없는데, 어찌 대장부라 하겠습니까? 게다가 당신은 젊어서부터 사치하면서 미인들을 많이 얻으셨으니 저 같은 미인을 얻는 것은 흔한 일일 것입니다. 그러나 정생은 가난하여 마음에 맞는 사람이 저 뿐입니다. 어찌 넉넉한 사람이 다른 사람의 부족한 것을 빼앗으려 하십니까? 저는 그가 궁핍하여 자립할 수 없음을 불쌍히 여깁니다. 당신의 옷을 입고 당신의 음식을 먹기에 당신에게 얽매어 있을 뿐입니다. 만약 거친 곡식이라고 있었다면 이 지경까지 되지는 않았을 것입니다."

위음은 의협심이 있는 호걸이었기 때문에 그녀의 말을 듣고 급히 그녀를 놓아주고 옷깃을 여미면서 사과했다.

"이러지 않겠소."

잠시 후에 정자가 돌아와서 위음과 서로 마주보고 웃으며 놀았다. 그 때부터 임씨가 필요한 땔나무, 곡식, 생고기는 모두 위음이 보내주었다. 임씨는 때때로 외출을 하기도 했는데, 오고 갈 때는 수레나 가마를 타고 갔으며 일정하게 가는 곳이 없었다. 위음은 날마다 그녀와 놀러 다니며 매우 즐거워했다. 그들은 서로 매우 친해져 못하는 일이 없었지만 음란한 행동은 하지 않았다. 이에 위음은 그녀를 애지중지하여 아끼는 것[원문에는 '怪'라고 되어 있으나 '悋'의 오기로 보임]이 없었으며 먹고 마실 때마다 그녀를 잊어 본 적이 없었다. 임씨는 위음이 자기를 아낀다는 것을 알고 그에게 감사하며 말했다.

"부끄럽게도 저는 당신의 지극한 사랑을 받았습니다. 그러나 저의 보잘것없는 몸으로는 당신의 후한 은혜에 보답하기에 부족합니다. 게다가 정생을 저버릴 수도 없으니 당신을 즐겁게 해 드릴 수가 없습니다. 저는 진(秦) 땅 사람으로 진성(秦城)에서 자랐습니다. 저의 집은 본래 예인(藝人) 집안으로 사촌과 인척 중에 사람들의 총애를 받고 있는 사람이 많습니다. 그래서 장안의 기녀[狹斜: 원래는 좁은 골목을 의미하지만 기녀들이 거처하는 곳을 代稱하기도 함]들과는 모두 잘 알고 지냅니다. 혹시 미인 중에 좋아하지만 얻지 못한 사람이 있다면 당신을 위해 제가 얻어드릴 수 있습니다. 이것으로 당신의 은혜에 보답하고 싶습니다."

그러자 위음이 말했다.

"매우 바라던 바요."

시장에 장십오낭(張十五娘)이라는 옷을 파는 부인이 있었는데, 피부가 맑고 깨끗해서 위음이 항상 좋아하고 있었다. 이에 그가 임씨에게 그녀를 아느냐고 묻자, 임씨가 대답했다.

"그녀는 저의 외사촌 자매여서 쉽게 데려올 수 있습니다."

10여 일이 지나 임씨는 과연 그녀를 데려다 주었는데, 몇 달이 지나자 위음은 그녀에게 싫증이 났다. 임씨가 말했다.

"시장사람을 데려오는 것은 너무 쉬워서 제가 당신을 위해 힘을 다했다고 하기에는 부족합니다. 혹시 깊숙한 곳에 있어 도모하기 힘든 사람이 있다면 한번 말씀해보십시오. 제가 지혜와 힘을 다해보겠습니다."

그러자 위음이 말했다.

"지난 한식일(寒食日)에 친구 두세 명과 천복사(千福寺)에 놀러갔다가 조면(刁緬) 장군이 전당에서 연회를 베푸는 것을 보았소. 생황을 잘 부는 여자가 있었는데, 16세에 두 갈래 머리를 늘어뜨리고 있었소. 아리따운 자태가 매우 고왔는데 그녀를 알고 있소?"

임씨가 말했다.

"그녀는 조장군이 총애하는 하녀인데 그 어미가 바로 저의 외사촌 언니이니 데려올 수 있습니다."

위음이 자리 아래에서 절을 하자 임씨가 허락했다. 이에 임씨는 조장군의 집을 한 달여 동안 드나들었다. 위음이 임씨의 계획을 재촉하며 물었더니 그녀가 두 필의 비단을 뇌물로 줘야한다고 하기에 그는 그녀의 말대로 비단을 주었다. 이틀 후에 임씨와 위음이 식사를 하고 있는데, 조면이 보낸 하인이 검푸른 말을 끌고 와 임씨를 데려갔다. 임씨는 그녀를 부르러 왔다는 말을 듣고 웃으며 위음에게 말했다.

"일이 성사되었습니다."

그에 앞서 임씨는 조장군이 총애하는 하녀를 병에 걸리게 했는데, 하녀는 침을 맞고 약을 먹어도 소용이 없었다. 그래서 하녀의 어머니와 조면은 매우 걱정하며 무당에게 물어보았다. 임씨는 몰래 무당에게 뇌물을 주어 그녀가 사는 곳을 가리키며 그곳으로 가야만 좋다고 말하게 했다. 무당은 하녀의 병을 보고 나서 말했다.

"집에 있는 것은 이롭지 않습니다. 마땅히 동남쪽의 아무 곳에 머물면서 생기를 받아야 합니다."

조면과 하녀의 어머니가 그곳을 자세히 알아보았더니 바로 임씨의 집이 있는 곳이었다. 조면이 [임씨 집에 자기 하녀를] 머물게 해달라고 청하자 임씨는 집이 비좁다는 이유로 사양하는 척하다가 그가 간절히 청하자 허락해주었다. 그래서 조면은 옷과 노리개를 싣고 그녀를 그녀의 어머니와 함께 임씨에게 보냈다. 하녀는 도착하자 병이 나았다. 며칠 지나지 않아 임씨는 몰래 위음을 불러다 그녀와 사통하게 해주었다. 한 달이 지나 그녀가 임신하자 그녀의 어머니는 두려워하여 급히 그녀를 데리고 조면의 집으로 돌아갔다. 그 때문에 둘은 헤어졌다.

어느 날 임씨가 정자에게 말했다.

"당신은 돈 5~6천 냥을 구할 수 있습니까? [구할 수 있다면] 이익을 남겨드리겠습니다."

정자가 말했다.

"구할 수 있소."

그리고는 사람들에게 돈을 빌려 6천 냥을 구했다. 임씨가 말했다.

"시장에서 파는 말 중에 넓적다리에 점이 있는 말이 있거든 사 두십시오."

정자가 시장에 가서 보았더니 과연 말을 끌고 와서 팔려는 사람이 있었는데, 말의 왼쪽 넓적다리에 푸른 점이 있었다. 정자는 그 말을 사서 돌아왔다. 그의 아내와 형제들은 모두 그를 비웃으며 말했다.

"이 말은 버린 물건인데 사다가 어디에 쓰려고 하십니까?"

얼마 지나지 않아 임씨가 말했다.

"그 말을 팔면 3만 냥은 받을 수 있습니다."

이에 정자가 말을 팔러 갔더니 2만 냥을 주겠다는 사람이 있었지만 그는 팔지 않았다. 시장에 있던 사람들이 모두 말했다.

"저 사람은 어찌하여 한사코 비싸게 그 말을 사려 하고 이 사람은 무엇이 아까워 팔지 않지?"

정자가 그 말을 타고 집으로 돌아가자 말을 사려던 사람이 문까지 따라와서는 그 가격을 계속 올려 2만 5천 냥까지 불렀다. 그래도 정자는 팔지 않으며 말했다.

"3만 냥이 아니면 팔지 않겠소."

하지만 그의 아내와 형제들이 모여서 그를 꾸짖자 그는 어쩔 수 없이 결국 3만 전이 못되는 돈을 받고 말을 팔았다. 팔고 나서 말을 산 사람을 몰래 기다렸다가 그 이유를 캐물어 보았더니 다음과 같은 사연이 있었다. 소응현(昭應縣)의 어마(御馬) 중에 넓적다리에 점이 있는 것이 죽은 지 3년이 되었는데, 그 관리는 제때에 장부에서 죽은 말을 삭제하지 않았다. 관부(官府)에서 그 말의 가격을 따져 보았더니 6만 냥이었다. 그래서 설사 반값으로 그 말을 산다 해도 이익이 많이 남게 되는 것이었다. 만약 말의 수를 갖추어 놓는다면 3년간의 꼴값을 모두 관리가 얻게 되는 것이었다. 게다가 그 보상한 값도 적었기 때문에 말을 사게 되었던 것이었다.

임씨는 또 옷이 낡았다며 위음에게 옷을 사달라고 했다. 위음이 채색 비단을 사서 주자 임씨가 받지 않으며 말했다.

"이미 만들어진 옷을 바랍니다."

위음이 장대(張大)라는 시장사람을 불러 임씨를 위해 옷을 사게 하면서 임씨를 만나보고 그녀가 원하는 것을 물어보게 했다. 장대는 임씨를 만나보고 놀라면서 위음에게 말했다.

"이분은 반드시 하늘의 귀한 사람인데 당신이 훔쳐 온 것 같습니다. 인간 세상에 있을 분이 아니니 속히 돌려보내 화를 당하지 않기를 바랍니다."

그녀의 용모가 이처럼 사람의 마음을 움직였다. 결국 임씨는 만들어진 옷을 사서 입고 스스로 바느질을 하지 않았는데, 그 이유를 알 수 없었다.

1년여 후에 정자는 무과(武科)에 응시하여 괴리부(槐里府)의 과의위(果毅尉: 果毅都尉)를 제수 받고 금성현(金城縣)으로 가게 되었다. 당시 정자에게는 처자식이 있어서 비록 낮에는 밖에서 노닐 수 있었지만 밤에는 집에서 자야 했다. 그래서 그는 밤을 임씨와 보낼 수 없음을 매우 한스러워했다. 정자가 부임하러 가게 되자 그는 임씨에게 함께 가자고 했다. 그러나 임씨는 가고 싶지 않다며 말했다.

"한 달 동안 함께 다닌다고 즐겁지는 않을 것입니다. 곡식만 계산해서 주고 가신다면 바르게 살면서 당신이 돌아오기를 기다리겠습니다."

정자가 간절히 청했지만 임씨는 더욱 안 된다고 했다. 이에 정자가 위음에게 도움을 청하자 위음도 다시 임씨에게 권유하며 그 이유를 따져 물었다. 한참 후에 임씨가 말했다.

"어떤 무당이 말하는데 저는 올해에 서쪽으로 가면 이롭지 않다고 했습니다. 그래서 가고 싶지 않습니다."

정자는 사리분별을 못하고 다른 것은 생각하지 않은 채 위음에게 크게 웃으며 말했다.

"이처럼 지혜로운 사람이 요망한 말에 미혹되다니! 어찌 된 일인가?"

그리고는 한사코 청하자 임씨가 말했다.

"만약 무당의 말이 사실로 드러나서 공연히 당신 때문에 죽게 된다면 무슨 이득이 있습니까?"

두 사람이 말했다.

"어찌 그럴 리가 있겠소?"

그리고는 처음처럼 간절히 청하자 임씨는 어쩔 수 없이 결국 가게 되었다. 위음은 말을 빌려주고 임고역(臨皋驛)까지 나와 전송해 준 다음 소매를 흔들며 헤어졌다.

이틀 후에 그들은 마외(馬嵬)에 도착했다. 임씨는 말을 타고 그의 앞에 가고 정자는 나귀를 타고 그녀의 뒤를 따랐다. 하녀들도 따로 탈 것을 타고 그 뒤를 따랐다. 당시에 서문(西門)의 마부는 낙천현(洛川縣)에서 이미 열흘 동안 사냥개를 훈련시키고 있는 중이었는데 마침 길에서 그들을 만나자 푸른 개가 풀 속에서 뛰어나왔다. 정자가 보았더니 임씨는 갑자기 땅에 떨어져 본래의 모습으로 변한 채 남쪽으로 달아났다. 푸른 개가 그녀를 쫓아가자 정자가 따라가며 소리쳤지만 막을 수 없었다. 1리 남짓 가서 임씨는 개에게 잡히고 말았다. 정자는 눈물을 머금고 주머니 속에서 돈을 꺼내 그녀를 사서 묻어주고 나무를 깎아 표지를 만들어주었다. 정자가 돌아와서 그녀의 말을 보았더니 말이 길가에서 풀을 뜯어먹고 있었는데, 그녀의 옷은 안장 위에 모두 놓여 있었고 신발과 버선은 여전히 등자에 걸려 있어 마치 매미가 허물을 벗어놓은 것 같았다. 단지 머리 장식만이 땅에 떨어져 있었는데, 다른 것은 보이지 않았고 하녀들도 사라져 버렸다.

열흘 남짓 지나 정자는 도성으로 돌아왔다. 위음은 그를 보자 기쁘게 맞이하며 말했다.

"임자(任子: 任氏)는 별 탈 없었나?"

정자는 눈물을 흘리며 대답했다.

"죽었네."

위음은 그 말을 듣자 통곡하며 방에서 서로 손을 잡고 슬픔을 나누었다. 그리고 나서 위음이 천천히 무슨 이유로 죽었는지 묻자 정자가 대답했다.

"개에게 해를 당했네."

위음이 말했다.

"개가 아무리 사납기로 어찌 사람을 해칠 수 있단 말인가?"

정자가 대답했다.

"사람이 아니었네."

위음이 놀라 말했다.

"사람이 아니라면 무엇이란 말인가?"

이에 정자가 자초지종을 말해주자 위음은 놀라고 의아해하며 탄식을 그치지 않았다. 다음날 위음은 수레를 준비하게 하여 정자와 함께 마외로 가서 무덤을 파내 시체를 보고는 길게 통곡한 뒤 돌아왔다. 지난 일을 돌이켜 생각해보면 임씨는 단지 옷을 스스로 해 입지 않았던 것만 사람과 매우 달랐다. 그 후 정자는 총감사(總監使)가 되어 집이 매우 부유해졌고 10여 필의 말도 길렀다. 그는 65세에 죽었다.

대력연간(大曆年間: 766~779)에 심기제(沈旣濟)는 종릉현(鍾陵縣)에 살고 있었는데, 일찍이 위음과 교유하여 여러 번 그 일에 대해 들었기에 가장 상세히 알고 있었다. 후에 위음은 전중시어사(殿中侍御史) 겸 농주자사(隴州刺史)가 되었는데, 결국 임지에서 죽어 돌아오지 못했다. 아! 이물의 마음에도 사람의 도리가 있구나! 폭력 앞에서도 절개를 잃지 않고 따르는 사람을 위해 죽음에 이르렀으니 비록 오늘날의 부인이라도 이만 못한 사람이 있을 것이다. 아쉽게도 정생은 총명한 사람이 아니라 그녀의 용모만을 좋아했을 뿐 그녀의 성정은 살피지 않았다. 만약 학문이 깊은 선비였다면 반드시 변화의 이치를 살피고 신과 인간의 사이를 관찰하여 문장의 아름다움을 드러내고 오묘한 감정을 전했지, 그 자태만을 감상하는 데 그치지 않았을 것이다. 아쉽구나!

건중(建中) 2년(781)에 심기제는 좌습유(左拾遺)로 있다가 금오장군(金吾將軍) 배기(裵冀), 경조소윤(京兆少尹) 손성(孫成), 호부랑중(戶部郎中) 최수(崔需), 우습유(右拾遺) 육순(陸淳)과 함께 동남지방으로 좌천되었는데, 진 땅에서 오(吳) 땅으로 가면서 수로와 육로를 그들과 동행했다. 당시에 전임 습유(拾遺) 주방(朱放)도 여행을 하다가 그들을 따라가게 되었다. 그들은 영수(潁水)를 지나고 회수(淮水)를 건너면서 배를 나란히 한 채 물줄기를 따라갔다. 낮에는 연회를 열고 밤에는 이야기를 나누었는데, 각자 기이한 이야기를 하게 되었다. 그때 여러 군자들은 임씨의 일을 듣고 모두 깊이 감탄하고 놀라며 심기제에게 그 이야기를 전하도록 청했다. 이에 기이한 일을 적어 놓는다. 심기제 지음.

任氏, 女妖也. 有韋使君者, 名崟, 第九, 信安王禕之外孫. 少落拓, 好飮酒. 其從父妹壻曰鄭六, 不記其名. 早習武藝, 亦好酒色, 貧無家, 託身於妻族. 與崟相得, 遊處不間.

唐天寶九年夏六月, 崟與鄭子偕行於長安陌中, 將會飮於新昌里. 至宣平之南, 鄭子辭有故, 請間去, 繼至飮所. 崟乘白馬而東, 鄭子乘驢而南. 入昇平之北門, 偶値三婦人行於道中, 中有白衣者, 容色姝麗. 鄭子見之驚悅, 策其驢, 忽先之, 忽後之, 將挑而未敢. 白衣時時盼睞, 意有所受. 鄭子戲之曰:"美豔若此, 而徒行,何也?"白衣笑曰:"有乘不解相假,不徒行何爲?"鄭子曰:"劣乘不足以代佳人之步,今輒以相奉,某得步從足矣."相視大笑.同行者更相眩誘,稍已狎暱.鄭子隨之,東至樂遊園,已昏黑矣.見一宅,土垣車門,室宇甚嚴.白衣將入,顧曰:"願少踟躕而入."女奴從者一人,留於門屏間,問其姓第.鄭子既告,亦問之.對曰:"姓任氏,第二十."少頃延入,鄭繫驢於門,置帽於鞍,始見婦人年三十餘,與之承迎,卽任氏姊也.列燭置膳,舉酒數觴,任氏更粧而出,酣飲極歡.夜久而寢.其妍姿美質,歌笑態度,舉措皆艷,殆非人世所有.將曉,任氏曰:"可去矣.某兄弟名係教坊,職屬南衙,晨興將出,不可淹留."乃約後期而去.

既行,及里門,門扃未發.門旁有胡人鬻餅之舍,方張燈熾爐.鄭子憩其簾下,坐以候鼓,因與主人言.鄭子指宿所以問曰:"自此東轉,有門者,誰氏之宅?"主人曰:"此隤墉棄地,無第宅也."鄭子曰:"適過之,曷以云無?"與之固爭.主人適悟,乃曰:"吁!我知之矣.此中有一狐,多誘男子偶宿.嘗三見矣,今子亦遇乎?"鄭子赧而隱曰:"無."質明,復視其所,見土垣車門如故,窺其中,皆蓁荒及廢圃耳.既歸,見崟.崟責以失期,鄭子不泄,以他事對.然想其艷冶,願復一見之,心嘗存之不忘.

經十許日,鄭子遊,入西市衣肆,瞥然見之,襄女奴從.鄭子遽呼之,任氏側身周旋於稠人中以避焉.鄭子連呼前迫,方背立,以扇障其後曰:"公知之,何相近焉?"鄭子曰:"雖知之,何患?"對曰:"事可愧恥,難施面目."鄭子曰:"勤想如是,忍相棄乎?"對曰:"安敢棄也?懼公之見惡耳."鄭子發誓,詞旨益切.任氏乃迴眸去扇,光彩艷麗如初.謂鄭子曰:"人間如某之比者非一,公自不識耳.無獨怪也."鄭子請之與敍歡,對曰:"凡某之流,爲人惡忌者,非他,爲其傷人耳.某則不然.若公未見惡,願終已以奉巾櫛."鄭子許與謀棲止.任氏曰:"從此而東,□□陋不(明鈔本此處亦空缺,但無'陋不'二字).□□□□□□□□

□□□□□□□□大樹出於棟間者, 門巷幽靜, 可稅以居. 前時自宣平之南, 乘白馬而東者, 非君妻之昆弟乎? 其家多什器, 可以假用." 是時崟伯叔從役於四方, 三院什器, 皆貯藏之. 鄭子如言訪其舍, 而詣崟假什器. 問其所用, 鄭子曰: "新獲一麗人, 已稅得其舍. 假其以備用." 崟笑曰: "觀子之貌, 必獲詭陋, 何麗之絶也?" 崟乃悉假帷帳榻席之具, 使家僮之惠黠者, 隨以覘之.

俄而奔走返命, 氣吁汗洽. 崟迎問之: "有乎?" 曰: "有('曰有'二字原闕, 據明鈔本補)." 又問: "容若何?" 曰: "奇怪也. 天下未嘗見之矣. 崟姻族廣茂, 且夙從逸遊, 多識美麗. 乃問曰: "孰若某美?" 僮曰: "非其倫也." 崟遍比其佳者四五人, 皆曰: "非其倫." 是時吳王之女有第六者, 則崟之內妹, 穠艷如神仙, 中表素推第一. 崟問曰: "孰與吳王家第六女美?" 又曰: "非其倫也." 崟撫手大駭曰: "天下豈有斯人乎?" 遽命汲水澡頸, 巾首膏脣而往.

旣至, 鄭子適出. 崟入門, 見小僮擁篲方掃, 有一女奴在其門, 他無所見. 徵於小僮, 小僮笑曰: "無之." 崟周視室內, 見紅裳出於戶下. 迫而察焉, 見任氏戢身匿於扇間. 崟引('引'原作'別', 據明鈔本改)出, 就明而觀之, 殆過於所傳矣. 崟愛之發狂, 乃擁而凌之, 不服. 崟以力制之. 方急, 則曰: "服矣, 請少廻旋." 旣從, 則捍禦如初. 如是者數四. 崟乃悉力急持之. 任氏力竭, 汗若濡雨. 自度不免, 乃縱體不復拒抗, 而神色慘變. 崟問曰: "何色之不悅?" 任氏長欷息曰: "鄭六之可哀也." 崟曰: "何謂?" 對曰: "鄭生有六尺之軀, 而不能庇一婦人, 豈丈夫哉? 且公少豪侈, 多獲佳麗, 遇某之比者衆矣. 而鄭生窮賤耳, 所稱愜者, 唯某而已. 忍以有餘之心, 而奪人之不足乎? 哀其窮餒不能自立. 衣公之衣, 食公之食, 故爲公所繫(明鈔本'繫'作'褻')耳. 若糠糗可給, 不當至是." 崟豪俊有義烈, 聞其言, 遽置之, 斂衽而謝曰: "不敢."

俄而鄭子至, 與崟相視咍樂. 自是, 凡任氏之薪粒牲饩, 皆崟給焉. 任氏時有經過,出入或車馬驆步,不常所止。崟日與之遊,甚歡。每相狎暱,無所不至,唯不及亂而已。是以崟愛之重之,無所怪惜,一食一飲,未嘗忘焉。任氏知其愛己,因言以謝曰:"愧公之見愛甚矣。顧以陋質,不足以答厚意。且不能負鄭生,故不得遂公歡。某秦人也,生長秦城,家本伶倫,中表姻族,多為人寵媵。以是長安狹斜,悉與之通。或有姝麗,悅而不得者,為公致之可矣。願持此以報德。"崟曰:"幸甚。"

廛中有鬻衣之婦曰張十五娘者,肌體凝潔,崟常悅之。因問任氏識之乎,對曰:"是某表娣妹,致之易耳。"旬餘,果致之。數月厭罷。任氏曰:"市人易致,不足以展效。或有幽絕之難謀者,試言之,願得盡智力焉。"崟曰:"昨者寒食,與二三子遊於千福寺,見刁將軍緬張樂於殿堂。有善吹笙者,年二八,雙鬟垂耳,嬌姿艷絕,當識之乎?"任氏曰:"此寵奴也。其母即妾之內姊也,求之可也。"崟拜於席下,任氏許之。乃出入刁家月餘。崟促問其計,任氏願得雙縑以為賂,崟依給焉。後二日,任氏與崟方食,而緬使蒼頭控青驪以迓任氏。任氏聞召,笑謂崟曰:"諧矣。"初任氏加寵奴以病,針餌莫減。其母與緬憂之方甚,將徵諸巫。任氏密賂巫者,指其所居,使言從就為吉。及視疾,巫曰:"不利在家,宜出居東南某所,以取生氣。"緬與其母詳其地,則任氏之第在焉。緬遂請居,任氏謬辭以偏狹,勤請而後許。乃輦服玩,并其母偕送于任氏。至則疾愈。未數日,任氏密引崟以通之,經月乃孕,其母懼,遽歸以就緬。由是遂絕。

他日,任氏謂鄭子曰:"公能致錢五六千乎?將為謀利。"鄭子曰:"可。"遂假求於人,獲錢六千。任氏曰:"鬻馬於市者,馬之股有疵,可買以居之。"鄭子如市,果見一人牽馬求售者,青在左股。鄭子買以歸。其妻昆弟皆嗤之曰:"是棄物也,買將何為?"無何,任氏曰:"馬可鬻矣,當獲三萬。"鄭子乃賣之,有酬二萬,鄭子不與。一市盡曰:"彼何苦而貴買,此何愛而不鬻?"鄭子乘之以歸,買者隨至其門,累增其估,至二萬五千也。不與,曰:"非三萬不鬻。"其妻昆弟,聚而詬之,鄭子不獲已, 遂賣, 卒不('卒不'二字原闕, 據明鈔本補)登三萬. 旣而密伺買者, 徵其由. 乃昭應縣之御馬疵股者, 死三歲矣, 斯吏不時除籍. 官徵其估, 計錢六萬. 設其以半買之, 所獲尙多矣. 若有馬以備數, 則三年芻粟之估, 皆吏得之. 且所償蓋寡, 是以買耳.

任氏又以衣服故弊, 乞衣於崟. 崟將買全綵與之, 任氏不欲, 曰: "願得成制者." 崟召市人張大爲買之, 使見任氏, 問所欲. 張大見之, 驚謂崟曰: "此必天人貴戚, 爲郞所竊. 且非人間所宜有者, 願速歸之, 無及於禍." 其容色之動人也如此. 竟買衣之成者, 而不自紉縫也, 不曉其意.

後歲餘, 鄭子武調, 授槐里府果毅尉, 在金城縣. 時鄭子方有妻室, 雖晝遊於外, 而夜寢於內. 多恨不得專其夕. 將之官, 邀與任氏俱去. 任氏不欲往, 曰: "旬月同行, 不足以爲歡. 請計給糧餼, 端居以遲歸." 鄭子懇請, 任氏愈不可. 鄭子乃求崟資助, 崟與更勸勉, 且詰其故. 任氏良久曰: "有巫者言, 某是歲不利西行. 故不欲耳." 鄭子甚惑也, 不思其他, 與崟大笑曰: "明智若此, 而爲妖惑! 何哉?" 固請之, 任氏曰: "儻巫者言可徵, 徒爲公死, 何益?" 二子曰: "豈有斯理乎?" 懇請如初, 任氏不得已, 遂行. 崟以馬借之, 出祖於臨皐, 揮袂別去.

信宿, 至馬嵬. 任氏乘馬居其前, 鄭子乘驢居其後. 女奴別乘, 又在其後. 是時西門圍人敎獵狗於洛川, 已旬日矣. 適値於道, 蒼犬騰出於草間. 鄭子見任氏歘然墜於地, 復本形而南馳. 蒼犬逐之, 鄭子隨走叫呼, 不能止. 里餘, 爲犬所獲. 鄭子銜涕, 出囊中錢, 贖以瘞之, 削木爲記. 廻觀其馬, 囓草於路隅, 衣服悉委於鞍上, 履襪猶懸於鐙間, 若蟬蛻然. 唯首飾墜地, 餘無所見, 女奴亦逝矣.

旬餘, 鄭子還城. 崟見之喜, 迎問曰: "任子無恙乎?" 鄭子泫然對曰: "歿矣." 崟聞之亦慟, 相持於室, 盡哀. 徐問疾故, 答曰: "爲犬所害." 崟曰: "犬雖猛, 安能害人?" 答曰: "非人." 崟駭曰: "非人, 何者?" 鄭子方述本末, 崟驚訝歎息不能已. 明日, 命駕與鄭子俱適馬嵬, 發瘞視之, 長慟而歸. 追思前事, 唯衣不自製, 與人頗異焉. 其後鄭子爲總監使, 家甚富, 有櫪馬十餘匹. 年六十五卒.

　大曆中, 沈旣濟居鍾陵, 嘗與崟遊, 屢言其事, 故最詳悉. 後崟爲殿中侍御史, 兼隴州刺史, 遂歿而不返. 嗟乎! 異物之情也, 有人道('道'字原闕, 據明鈔本補)焉! 遇暴不失節, 徇人以至死, 雖今婦人有不如者矣. 惜鄭生非精人, 徒悅其色而不徵其情性. 向使淵識之士, 必能揉變化之理, 察神人之際, 著文章之美, 傳要妙之情, 不止於賞翫風態而已. 惜哉!

　建中二年, 旣濟自左拾遺與金吾('吾'原作'吳', 據明鈔本改)將軍裴冀・京兆少尹孫成・戶部郞中崔需・右拾遺陸淳, 皆謫('謫'原作'適', 據明鈔本改)居東南, 自秦徂吳, 水陸同道. 時前拾遺朱放, 因旅遊而隨焉. 浮潁涉淮, 方舟沿流, 晝讌夜話, 各徵其異說. 衆君子聞任氏之事, 共深歎駭, 因請旣濟傳之, 以志異云. 沈旣濟撰.

## 452・2(6184)
## 이 장(李 萇)

당(唐)나라 천보연간(天寶年間: 742~755)에 이장은 강주사사(絳州司士)로 있으면서 사호(司戶: 司戶參軍)의 일도 맡게 되었다. 예전부터 전하는 말에 의하면, 그 관서는 본래 불길하여 청사(廳事)에 만약 작은 구멍이 생기면 사호가 반드시 죽었기 때문에 세상 사람들은 모두 그 구멍을 '사호구멍[司戶孔子]'이라고 불렀다. 이장은 관직을 맡은 이래로 그 청사에 머물렀다. 10여 일 뒤에 10여 살 된 아들이 변소에 갔는데,

흰 치마를 입은 부인이 아들의 머리를 잡고 벽을 올라가려고 했다. 사람들이 구해주어 아들은 화를 면할 수 있었는데 부인은 순식간에 사라져 버렸다. 이장이 화를 내며 욕하자 공중에서 기와조각을 던져 그의 손을 맞혔다.

이장의 외사촌동생 최씨(崔氏)는 그 주의 참군(參軍)이었는데, 그날 이장의 집에 와서 말했다.

"이것은 들여우의 짓입니다. 곡옥(曲沃)에는 매와 개를 많이 기르고 있으니 잔뜩 데리고 옵시다."

잠시 후에 또 공중에서 최씨의 술잔 속에 똥을 던졌다. 며칠 후에 개가 오자 이장은 사냥을 나가서 여우 몇 마리를 잡아 처마 위에 매달아 놓았다. 한밤중에 처마 위에서 이사사(李司士: 李萇)를 부르며 말하는 소리가 들렸다.

"이 일은 할미 여우가 한 짓인데, 어찌 저의 어미를 억울하게 죽이려 하십니까? 제가 사사님을 찾아가 술을 마시려고 하니 내일 술상을 준비해 기다려주십시오."

그러자 이장이 말했다.

"내게 마침 술이 있으니 내일 일찍 오시오."

다음날 술상이 마련되자 여우가 왔는데, 그 모습은 보이지 않고 소리만 들렸다. 여우는 이장과 술잔을 주고받았는데, 술잔이 여우에게 가면 술이 싹 비워졌다. 여우는 세 말쯤의 술을 계속해서 마셨지만 이장은 단지 두 되의 술을 마셨을 뿐이었다. 여우가 갑자기 말했다.

"제가 오늘 취해서 실례를 할까 두려우니 사사님은 이제 술자리를 파하시지요. 할미 여우에 대한 일은 걱정하지 마십시오. 내일 그것을 물리칠 수 있는 법술을 보내 드리겠습니다."

다음 날 이장이 관청으로 들어가자 갑자기 처마 위에서 소리가 들렸다.

"법술을 가져가십시오."

곧장 한 두루마리의 종이가 떨어졌는데, 이장이 열어서 보았더니 문서 한 첩이 들어 있었다. 이장은 자리에 등불을 가져오게 하여 자리가 마련되자 부적을 썼다. 이장이 부적을 다 쓰고 나서 문서대로 행했더니 그 요괴는 마침내 나타나지 않았다. (『광이기』)


唐天寶中, 李萇爲絳州司士, 攝司戶事. 舊傳此闕素凶, 廳事若有小孔子出者, 司戶必死, 天下共傳'司戶孔子'. 萇自攝職, 便處此廳. 十餘日, 兒年十餘歲, 如廁, 有白裙婦人持其頭將上牆. 人救獲免, 忽不復見. 萇大怒罵, 空中以瓦擲中萇手. 表弟崔氏, 爲本州參軍('本州參軍'四字原闕, 據黃本補), 是日至萇所, 言: "此野狐耳. 曲沃饒鷹犬, 當大致之" 俄又擲糞於崔杯中. 後數日, 犬至, 萇大獵, 獲狡狐數頭, 懸於簷上. 夜中, 聞簷上呼李司士云:"此是狐婆作祟, 何以枉殺我孃? 兒欲就司士一飮, 明日可具觴相待." 萇云: "己正有酒, 明早來" 及明, 酒具而狐至, 不見形影, 具聞其言. 萇因與交杯, 至狐, 其酒翕然而盡. 狐累飮三斗許, 萇唯飮二升. 忽言云:"今日醉矣, 恐失禮儀, 司士可罷. 狐婆不足憂矣. 明當送法禳之." 翌日, 萇將入衙, 忽聞簷上云:"領取法." 尋有一團紙落, 萇便開視, 中得一帖. 令施燈于('于'原作'心', 據明鈔本改)席, 席後乃書符. 符法甚備, 萇依行之, 其怪遂絶. (出『廣異記』)

# 태평광기 권제 453

호(狐) 7

1. 왕 생(王 生)
2. 이자량(李自良)
3. 이령서(李令緒)
4. 배소윤(裵少尹)

### 453 · 1(6185)
# 왕 생(王 生)

항주(杭州)의 왕생이란 사람은 [唐나라 德宗] 건중연간(建中年間: 780~783) 초에 친척들과 작별하고 도성으로 가면서 가업을 정리했으며, 장차 친지에게 의탁하여 벼슬자리 하나를 구할 작정이었다. 그는 포전현(圃田縣)에 도착하여 샛길로 들어가 외갓집의 옛 장원을 찾아갔다. 날이 저물었을 때 측백나무 숲 속에서 들여우 두 마리가 나무에 기대어 사람처럼 서 있는 것이 보였는데, 여우들은 손에 누런 종이 문서 한 장을 들고 마치 옆에 아무도 없다는 듯이 마음껏 서로 떠들며 웃었다. 왕생은 그들을 꾸짖었지만 그들은 꼼짝도 하지 않았다. 그래서 왕생이 탄궁을 꺼내 시위를 한껏 잡아당겨 쏘아 문서를 들고 있는 여우의 눈을 맞히자, 두 여우는 문서를 떨어뜨린 채 도망갔다. 왕생이 급히 가서 그 문서를 주워서 보았더니 겨우 종이 한두 장이었는데, 글자가 범문(梵文)과 비슷하여 [무슨 내용인지] 알 수 없었다. 왕생은 마침내 그것을 책 보따리에 잘 넣은 뒤 떠났다.

그날 저녁에 왕생은 앞에 있는 객점에 묵으면서 객점 주인과 얘기하며 한창 그 일에 대해 의아해하고 있었다. 그때 불쑥 어떤 사람이 봇짐을 들고 와서 투숙했는데, 그 사람은 눈병이 심하여 견딜 수 없을 지경 같았지만 말은 분명하게 했다. 그 사람은 왕생의 말을 듣더니 말했다.

"참으로 괴이한 일이군요! 그 문서를 한 번 볼 수 있겠소?"

왕생이 막 문서를 꺼내려 할 때, 객점 주인은 눈병 앓고 있는 사람에게 달린 꼬리 하나가 평상 아래로 늘어뜨려져 있는 것을 보고 왕생에게 말했다.

"이 사람은 여우요!"

왕생이 황급히 문서를 품속에 집어넣고 손에 칼을 들고 그 사람을 쫓았더니, 그 사람은 즉시 여우로 변하여 도망갔다. 일경(一更)이 지난 후에 또 어떤 사람이 문을 두드리자, 왕생은 두근거리는 마음으로 이렇게 다짐했다.

"이번에 다시 온다면 반드시 칼과 화살로 네 놈을 대적하리라."

그 사람은 [들어오지 않은 채] 문 너머에서 말했다.

"그대는 나에게 문서를 돌려주지 않았다가 나중에 후회나 하지 마시오!"

그 후로는 더 이상 소식이 없었다. 왕생은 그 문서를 비밀로 하고 단단히 봉해두었다.

왕생은 도성에 도착하여 벼슬을 구하기 위해 찾아뵐 사람을 기다리고 있었는데, 그 기일이 늦춰지자 곧 가업과 전답을 저당 잡히고 가까운 마을에 거처를 정한 뒤 살아갈 궁리를 했다. 한 달 남짓 지났을 때, 어떤 동복 하나가 항주에서 도착하여 상복을 입고 그의 집으로 들어왔는데 손에 부고장을 들고 있었다. 왕생이 그를 맞이하여 물어보았더니, 왕생의 모친이 돌아가신지 이미 며칠 되었다고 했다. 왕생은 그 말을 듣고 통곡했다. 왕생이 편지를 펼쳐보았더니 모친이 직접 쓴 것이었다.

"우리 집안은 본래 진(秦) 땅에서 살았으니 다른 곳에 묻히길 원치 않는다. 지금 강동(江東)의 전답과 가산은 털끝만큼도 없애서는 안 되니, 도성의 가산을 모두 처분하여 장례비용에 쓰도록 하여라. 모든 준비가 끝난 후에 네가 직접 와서 내 영구를 실어가거라."

왕생은 곧장 좋은 값을 기다리지도 않고 전답과 집을 모두 팔아 장례비용을 마련했으며, 장례에 필요한 도거(塗車: 진흙으로 만든 수레. 영구를 보내는 明器)와 추령(芻靈: 제웅. 장례 때 사용하는, 풀을 묶어서 만든 사람이나 말 모양의 인형) 등을 빠짐없이 준비했다. 그리고는 남여(籃舁: 藍輿와 같음. 대나무로 만든 가마)를 타고 동쪽으로 내려가 모친의 상여를 가지러 갔다. 왕생이 양주(揚州)에 도착하여 멀리서 한 배를 바라보았더니, 그 위에 있는 사람들이 모두 즐겁게 웃으며 노래 부르고 있었다. 가까이 다가가서 보았더니 그들은 모두 왕생 집안의 하인들이었다. 왕생은 자기 집에서 그들을 팔아 그들이 지금 다른 집에 속해 있을 것이라고 생각했다. 잠시 후 또 작은 동생과 누이가 발[簾]을 걷고 나왔는데, 모두 채색 비단옷을 입고 웃으며 이야기했다. 왕생이 괴이한 일도 다 있다며 놀라고 있을 때, 하인들이 배 위에서 놀라 소리치며 말했다.

"도련님께서 오셨다! 그런데 옷차림이 왜 저렇게 이상하지?"

왕생이 몰래 사람을 보내 물어보게 했더니, 곧이어 모친이 놀라며 나오는 것이 보였다. 왕생은 황급히 상복과 질(絰: 상복 입을 때 머리에 쓰는 首絰과 허리에 두르는 腰絰)을 벗어던지고 절을 하면서 앞으로 갔다. 모친은 그를 맞이하여 [어찌된 일인지] 물어보고는 놀라며 말했다.

"어떻게 그럴 리가 있겠느냐?"

왕생이 모친이 보내온 유서를 꺼내보았더니 다름 아닌 빈 종이 한 장이었다. 모친이 또 말했다.

"내가 여기에 온 것은, 지난달에 너의 편지를 받았는데 근자에 벼슬을 얻었다고 하면서 나에게 강동의 가산을 모두 팔아 도성으로 들어가 살 계획을 세우라고 했기 때문이다. 이젠 돌아갈 곳도 없다."

그러면서 모친이 왕생이 보냈다는 편지를 꺼냈는데 역시 빈 종이 한 장이었다. 왕생은 마침내 사람을 도성으로 들여보내 준비해둔 장례 도구를 모두 없애라고 했다. 그리고는 남은 돈을 모두 모아 회수(淮水)에서 모친을 모시고 도로 강동으로 떠났다. 그는 가진 것이 옛날의 10분의 1~2도 안 되었기에 겨우 몇 칸짜리 집 한 채를 마련하여 비바람을 가릴 수 있을 뿐이었다.

왕생에게는 헤어진 지 몇 해나 되는 동생이 하나 있었는데, 그 동생이 어느 날 갑자기 오더니 집안이 몰락한 것을 보고는 그 연유를 따져 물었다. 왕생은 자초지종을 자세히 말하고 여우 요괴의 일을 일러주면서 말했다.

"틀림없이 그 일 때문에 화를 당한 것 같다."

동생이 놀라 탄식하자 왕생은 여우 요괴의 문서를 꺼내 보여주었다. 동생은 그 문서를 받자마자 물러나 품속에 넣으면서 말했다.

"오늘에야 내 천서(天書)를 돌려받았구나."

말을 마치고는 한 마리 여우로 변하여 떠났다. (『영괴록』)


杭州有王生者, 建中初, 辭親之上國, 收拾舊業, 將投於親知, 求一官耳. 行至圃田, 下道, 尋訪外家舊莊. 日晚, 栢林中見二野狐倚樹如人立, 手執一黃紙文書, 相對言笑, 旁若無人. 生乃叱之, 不爲變動. 生乃取彈, 因引滿彈之, 且中其執書者之目,二狐遺書而走.王生遽往,得其書,纔一兩紙,文字類梵書而莫究識.遂緘於書袋中而去.

其夕,宿於前店,因話於主人,方訝其事.忽有一人攜裝來宿,眼疾之甚,若不可忍,而語言分明.聞王之言曰:"大是異事!如何得見其書?"王生方將出書,主人見患眼者一尾垂下牀,因謂生曰:"此狐也!"王生遽收書於懷中,以手摸刀逐之,則化爲狐而走.一更後,復有人扣門,王生心動曰:"此度更來,當與刀箭敵汝矣."其人隔門曰:"爾若不還我文書,後無悔也!"自是更無消息.王生祕其書,緘縢甚密.

行至都下,以求官伺謁之事,期方睽緩,即乃典貼舊業田園,卜居近坊,爲生生之計.月餘,有一僮自杭州而至,縗裳入門,手執凶訃.王生迎而問之,則生已丁('明鈔本無'已丁'二字)家難已('已'原作'矣',據明鈔本改)數日.聞之慟哭('之'字·'哭'字原闕,據明鈔本補).生因視其書,則母之手字云:"吾本家秦,不願葬於外地.今江東田地物業,不可分毫破除,但都下之業,可一切處置,以資喪事.備具皆畢,然後自來迎接('接'原作'節',據明鈔本改)."王生乃盡貨田宅,不候善價,得其資,備塗芻之禮,無所欠少.既而復籃舁東下,以迎靈轝.及至揚州,遙見一船子,上有數人,皆喜笑歌唱,漸近視之,則皆王生之家人也.意尚謂其家貨之,今屬他人矣.須臾,又有小弟妹搴簾而出,皆綵服笑語.驚怪之際,則其家人船上驚呼,又曰:"郎君來矣!是何服飾之異也?"王生潛令人問之,乃見('見'原作'聞',據明鈔本改)其母驚出.生遽毀其縗絰,行拜而前.母迎而問之,其母駭曰:"安得此理?"王生乃出母送遺書,乃一張空紙耳.母又曰:"吾所以來此者,前月得汝書云,近得一官,令吾盡貨江東之產,爲入京之計.今無可歸矣."及母出王生所寄之書,又一空紙耳.王生遂發使入京,盡毀其凶喪之具.因鳩集餘資,自淮却扶侍,且往江東.所有十無一二,纔得數間屋,至以庇風雨而已.

有弟一人, 別且數歲, 一旦忽至, 見其家道敗落, 因徵其由. 王生具話本末, 又述妖狐事, 曰: "但應以此爲禍耳." 其弟驚嗟, 因出妖狐之書以示之. 其弟纔執其書, 退而置於懷中, 曰: "今日還我天書." 言畢, 乃化作一狐而去. (出『靈怪錄』)


## 453·2(6186)
# 이자량(李自良)

당(唐)나라의 이자량은 젊었을 때 양하(兩河: 河東道와 河南道) 일대에서 호탕하게 노닐면서 생업은 돌보지 않은 채 매사냥을 좋아하여 늘 가진 재물을 다 털어서 가죽 팔고리[韝: 매 사냥이나 활을 쏠 때 쓰는 가죽으로 만든 팔고리]와 오랏줄 등의 사냥도구를 마련하곤 했다. 마수(馬燧)가 태원(太原)을 진수하고 있을 때 매와 개로 짐승을 사냥하는 데 뛰어난 자를 모집하자, 이자량은 곧장 군문(軍門)을 찾아가 자신을 추천했다. 이자량은 체격이 건장하고 날랬기 때문에 마수는 그를 한 번 보고 마음에 들어 자신의 측근에 두었는데, 매를 호령하여 짐승을 쫓을 때마다 마수의 마음에 흡족하지 않은 적이 없었다. 몇 년 사이에 이자량은 여러 벼슬을 거쳐 아문대장(牙門大將)에 올랐다.

한번은 이자량이 짐승을 사냥하다가 매를 놓아 여우 한 마리를 쫓았는데, 여우가 곧장 옛 무덤 속으로 들어가자 매도 여우를 따라 들어갔다. 이자량도 곧장 말에서 내려 그 여세를 몰아 무덤 속으로 뛰어 들어갔다. 무덤은 깊이가 3장(丈)쯤 되었고 그 속은 촛불을 켜놓은 것처럼 밝았는데, 벽돌 평상 위에 부서진 관이 보였고 또 키가 1척 남짓한 도사

한 명이 두 장의 문서를 들고 관 위에 서 있었다. 이자량은 그 문서를 빼앗은 다음 더 이상 다른 물건이 없자 마침내 매를 팔에 앉히고 무덤을 나왔다. 그때 도사가 따라오며 소리쳤다.

"바라건대 문서를 놓고 가면 틀림없이 후한 보답이 있을 것입니다!"

이자량은 대답하지 않은 채 그 문서를 살펴보았더니 글자가 모두 옛 전서(篆書)여서 아무도 그 내용을 알 수 없었다. 다음날 아침에 풍모가 고상한 도사 한 명이 이자량을 찾아왔다. 이자량이 말했다.

"선사(仙師)는 어디에서 오셨습니까?"

도사가 말했다.

"저는 이 세상 사람이 아닙니다. 장군께서 어제 천부(天符)를 빼앗아 가셨는데 그것은 장군께서 지니고 계실 물건이 아닙니다. 만약 돌려주신다면 반드시 후한 보답을 해드리겠습니다."

이자량이 한사코 주지 않으려 하자, 도사가 주변 사람들을 물리치고 나서 말했다.

"장군께서는 지금 비장(裨將: 副將)일 따름인데, 제가 3년 안에 이곳의 군정(軍政)을 다스릴 수 있게 해드릴 터이니, 이는 장군께서 가장 바라시는 바가 아닙니까?"

이자량이 말했다.

"진실로 그렇게 되기를 바라긴 하지만 그대의 말을 믿을 수 없으니 어쩌시겠소?"

그러자 도사는 훌쩍 몸을 솟구쳐 공중으로 뛰어올라갔다. 잠시 후 선인(仙人)이 진홍색 깃발을 들고 옥동(玉童)과 백학과 함께 공중에서 배회하다가 도사를 영접했다. 얼마 후 도사는 다시 내려와서 이자량에게 말했다.

"이젠 보지 않으셨습니까? 그것이 어찌 헛된 말이겠습니까?"

이자량은 마침내 도사에게 재배하며 문서를 들어 돌려주었다. 도사가 기뻐하며 말했다.

"장군은 과연 복 받은 분이십니다. 내후년 9월 안에 틀림없이 약속드린 대로 될 것입니다."

그때는 [德宗] 정원(貞元) 2년(786)이었다.

정원 4년(788) 가을에 마수가 천자를 배알하러 도성으로 들어갈 때, 태원의 연로한 훈구(勳舊) 대장과 고위 관리 10여 명이 따라갔는데 이자량의 관직이 가장 낮았다. 황상(皇上)이 물었다.

"태원은 나라 북문의 중요한 방진(方鎭)인데 누가 경을 대신할 만하오?"

순간 마수는 정신이 흐릿해지면서 이자량이라는 이름만 기억났으므로 그냥 아뢰었다.

"이자량이면 대신할 만합니다."

황상이 말했다.

"태원의 장교 중에는 당연히 공훈을 세운 연장자가 있을 것이오. 이자량은 후배로서 평소 그 이름을 들어보지 못했으니 경은 다시 잘 생각해보시오."

마수는 갑자기 대답할 바를 알지 못해 다시 말했다.

"신이 지켜본 바로는 이자량이 아니면 대신 할 사람이 없습니다."

이렇게 두세 번 거듭했으나 황상은 윤허하지 않았다. 마수는 나와서 장군들을 보자 무안하여 식은땀이 등을 흠뻑 적셨다. 그는 마음속으로 다음에는 반드시 나이와 덕망이 가장 높은 자를 천거하리라고 다짐했다. 다음날 황상이 다시 물었다.

"대체 누가 경을 대신할 만하오?"

하지만 마수는 이전처럼 정신이 혼미해져서 오직 기억나는 대로 이자량을 천거했다. 그러자 황상이 말했다.

"마땅히 기다렸다가 재상들의 논의를 거쳐 결정하겠소."

다른 날 재상들이 답변하러 들어오자 황상이 물었다.

"마수의 장군 중에서 누가 가장 뛰어나오?"

순간 재상들은 멍해지면서 다른 사람이 생각나지 않아 역시 모두 이자량이라고 대답했다. 그리하여 결국 이자량은 공부상서(工部尚書) 겸 태원절도사(太原節度使)에 임명되었다. (『하동기』)

唐李自良少在兩河間, 落拓不事生業, 好鷹鳥, 常竭囊貨, 爲鞲紲之用. 馬燧之鎭太原也, 募以能鷹犬從禽者, 自良卽詣軍門, 自上陳. 自良質狀驍健, 燧一見悅之, 置於左右, 每呼鷹逐獸, 未嘗不愜心快意焉. 數年之間, 累職至牙門大將.

因從禽, 縱鷹逐一狐, 狐挺入古壙中, 鷹相隨之. 自良卽下馬, 乘勢跳入壙中. 深三丈許, 其間朗明如燭, 見塼塌上有壞棺, 復有一道士長尺餘, 執兩紙文書立於棺上. 自良因掣得文書, 不復有他物矣, 遂臂鷹而出. 道士隨呼曰:"幸留文書, 當有厚報!"自良不應, 乃視之, 其字皆古篆, 人莫之識. 明旦, 有一道士, 儀狀風雅, 詣自良. 自良曰:"仙師何所?"道士曰:"某非世人, 以將軍昨日逼奪天符也, 此非將軍所宜有. 若見還, 必有重報."自良固不與, 道士因屛左右曰:"將軍裨將耳, 某能三年內, 致本軍政, 無乃極所願乎?"自良曰:"誠如此願, 亦未可信, 如何?"道士卽超然奮身, 上騰空中. 俄有仙人絳節, 玉童白鶴, 徘徊空際, 以迎接之. 須臾復下, 謂自良曰: "可不見乎? 此豈是妄言者耶?" 自良遂再拜, 持文書歸之. 道士喜曰: "將軍果有福祚. 後年九月內, 當如約矣." 於時貞元二年也.

至四年秋, 馬燧入覲. 太原耆舊有功大將, 官秩崇高者, 十餘人從焉, 自良職最卑. 上問: "太原北門重鎮, 誰可代卿者?" 燧昏然不省, 唯記自良名氏, 乃奏曰: "李自良可." 上曰: "太原將校, 當有耆舊功勳者. 自良後輩, 素所未聞, 卿更思量." 燧倉卒不知所對, 又曰: "以臣所見, 非自良莫可." 如是者再三, 上亦未之許. 燧出見諸將, 愧汗洽背. 私誓其心, 後必薦其年德最高者. 明日復問: "竟誰可代卿?" 燧依前昏迷, 唯記擧自良. 上曰: "當俟議定於宰相耳." 他日宰相入對, 上問: "馬燧之將孰賢?" 宰相愕然, 不能知其餘, 亦皆以自良對之. 乃拜工部尚書・太原節度使也. (出『河東記』)


## 453・3(6187)
# 이령서(李令緖)


이령서는 병부시랑(兵部侍郎) 이서(李紓)의 사촌형이다. 그의 숙부가 강하현승(江夏縣丞)으로 선발되자 그는 숙부를 뵈러 갔는데, 숙부 댁에 도착하여 한참을 앉아 있을 때 문지기가 알려왔다.

"아무 낭자께서 하인을 보내 말씀을 전하시겠답니다."

그 사람을 불러들여서 보았더니 자태가 아주 고운 하녀였는데, 그녀가 말했다.

"우리 아가씨께서 오라버니와 올케를 찾아뵙고자 하십니다."

마침 이령서가 먼 곳에서 왔으므로 현승의 처도 그녀에게 말을 전하게 했다.

"아가씨에게 우리 조카를 만나러 이곳에 올 수 있는지 여쭤보게."

그리고는 또 말했다.

"동생에게 무슨 맛있는 음식이 있으면 가져오시라 하게."

하녀가 떠난 뒤에 숙부가 이령서에게 말했다.

"너는 알고 있느냐? 나는 한 여우와 알고지낸지 1년이 넘었다."

얼마 후 그 낭자가 하인에게 커다란 식기를 들려 보냈는데, 누런 적삼 입은 노복이 그것을 들고 있었다. 그리고 아까 와서 말을 전하던 하녀도 함께 당도하여 말했다.

"아가씨께서 곧 오실 것입니다."

잠시 후 그 낭자가 사방을 황금 고리로 치장한 수레를 타고 20여 명의 시종을 거느리고 대문에 도착하자, 현승의 처가 나가서 맞이했다. 보았더니 30여 세로 보이는 한 부인이었는데, 쪽진 머리를 두 갈래로 빗어 올렸고 광채가 눈부실 정도였다. 하녀들도 모두 비단옷을 입었고 기이한 향기가 집안에 가득했다. 이령서는 그녀를 피해 방안으로 들어갔다. 그 부인은 당(堂)에 올라 자리에 앉은 후에 현승의 처에게 말했다.

"이령서가 조카라면서 어째서 나오지 않는 것입니까?"

이령서는 그 말을 듣고 마침내 나와서 인사했다. 그러자 현승의 처가 말했다.

"우리 조카는 군자의 기품을 지닌 참 선비이지요."

한참 동안 앉아 있다가 부인이 이령서에게 말했다.

"그대를 보니 아주 온화하고 후덕하니, 마음속에 당연히 사람들을 재난에서 구해주려는 뜻을 품고 있을 게야."

이령서도 [부인이 왜 그런 말을 하는지] 그 까닭을 알고 있었다. 부인은 하루 종일 얘기를 나누고 나서 작별하고 떠났다. 부인은 그 후에도 자주 왔는데, 올 때마다 진수성찬을 차려왔다.

반년쯤 지난 후에 이령서가 동락(東洛: 洛陽)으로 돌아가려 할 때, 그 고모[여기서는 부인을 말함]가 말했다.

"이번에 이 고모가 영서 너의 마음을 파악했다. 고모에게 액운이 있어서 너를 따라 동락으로 가려 하는데 괜찮겠니?"

이령서가 놀라며 말했다.

"저는 행색이 가난하여 수레를 마련하고 싶지만 방법이 없습니다."

고모가 또 말했다.

"단지 허락만 하면 고모 집에서 수레를 빌려주겠다. 고모는 여자 두 명과 예전부터 부리던 하녀 금화(金花)만 데려갈 것이다. 고모의 일은 네가 잘 알고 있을 테니 더 이상 말하지 않겠다. 그저 빈 옷상자 하나만 비워놓았다가 짐꾼에게 명하여 관문이나 나루터나 객점에 도착할 때마다 상자를 약간만 열어주게 하면, 고모가 잠시 쉬었다가 상자를 열고 스스로 나갈 것이다. 어찌 쉬운 일이 아니겠니?"

이령서는 그렇게 하겠다고 허락했다. 출발할 때 옷상자를 열었더니 서너 개의 검은 그림자가 상자 속으로 들어가는 것이 보였는데, 그 후로 들고날 때마다 이전에 한 약속을 어기지 않았다. 동도(東都: 洛陽)에 도착하여 집에 거의 이를 즈음에 이령서가 말했다.

"어느 곳에 모시면 될까요?"

금화가 말했다.

"아가씨는 창고 속을 아주 편안해하십니다."

이령서는 즉시 창고를 깨끗이 청소하고 은밀히 그들을 머물게 했는데, 짐꾼만 그 사실을 알고 있었고 나머지 집안사람들은 아무도 몰랐다. 필요한 것이 생길 때마다 금화가 곧바로 직접 와서 가져갔다. 고모는 가끔 한 번씩 만났는데, 몇 달 후에 이령서에게 말했다.

"이제 액운이 이미 지나갔으니 떠나야겠다."

이령서가 물었다.

"어느 곳으로 가려 하십니까?"

고모가 말했다.

"호선(胡璿)이 예주자사(豫州刺史)에 제수되었는데, 그의 두 딸이 이미 장성했으므로 배필을 찾아주어야 하니, 지금 그를 위해 일을 처리해야겠다."

이령서는 이듬해 과거에 합격하여 [吏部의] 관리 선발에 응하려 했지만, 집이 가난하여 비용을 마련할 방법이 없어서 예주로 떠났다. 예주 경내로 들어섰을 때 [예주자사가 선포한] 방문을 보았더니 이렇게 씌어 있었다.

"나는 혼자 외로이 가문을 이루었고 일가친척도 없으니, 혹시라도 나의 친지라고 핑계 대며 함부로 대접을 요구하는 자가 있으면 즉시 체포하여 보고하라. 반드시 법에 의거하여 판결하겠노라."

왕래하는 상인과 여행객들은 모두들 호사군(胡使君: 胡璿. 使君은 刺史에 대한 존칭)이 청렴결백하여 청탁하는 자들이 아무도 없다는 말을 전했다. 이령서는 그 때문에 걱정하면서 한참 동안 망설이다가 어쩔 수 없이 몰래 예주로 들어갔는데, 어떤 사람이 호사군을 배알하러 왔다가 역시 아무 소득도 없는 것을 보았다. 그런데 이령서가 명함을 전달했더니 호사군은 즉시 그를 맞아들이면서, 만나자마자 옛 친구라도 만난 듯이 몹시 기뻐했다. 호사군이 말했다.

"비록 공을 삼가 만난 적은 없지만, 공이 어려운 처지에 있는 사람들을 구해주려는 마음을 지니고 있다는 것을 알고서, 오래 전부터 그 빛나는 모습을 뵙길 기다렸는데 어찌하여 이렇게 늦게 오셨소이까?"

그리고는 즉시 그에게 객관을 마련해주고 아주 후하게 대접했다. 그러자 온 예주 사람들이 이렇게 말했다.

"사군께서 부임하신 이래로 이런 일은 없었습니다."

이령서는 매일 호사군의 저택에 들어가 연회를 즐겼는데, 단지 시사(時事)만 논할 뿐 다른 일에 대해서는 얘기하지 않았다.

한 달 남짓 지나서 이령서가 작별을 고하자 호선이 말했다.

"곧장 공에게 노자를 마련해줄 것이니, 관리 선발 응시에 필요한 비용으로 쓰도록 하시오."

그리고는 곧바로 현령들을 소집해놓고 말했다.

"나는 본주에 부임한 이후로 한 번도 친지 때문에 그대들을 괴롭힌 적이 없었소. 이령서는 천하의 준재로서 내가 평생 흠모해왔는데, 일전에 삼가 그를 한 번 만나보고는 그가 진정한 장부임을 알게 되어 그 때문에 그를 존경하고 있으니, 여러분들도 반드시 그를 한 번 만나보시오. 지금 그가 관리 선발에 응시하러 가려 하니, 각자 그에게 노자를 마련해주되 부족함이 없도록 하시오."

관리들은 평소에 호사군의 위엄을 두려워하고 있던 터라 현령에서부터 그 이하의 관리들이 모두 최소한 수십 필 이상의 비단을 내놓았다. 그리하여 이령서는 수천 필의 비단을 얻었다. 호사군은 그의 행장을 꾸려주고 또 연회를 열어 그를 송별했다.

이령서가 극문(戟門: 벼슬이 높거나 귀한 집. 옛날 宮門이나 三品 이상의 고관의 집 문 앞에 戟을 세웠음. 여기서는 胡璿의 저택을 말함)을 나서다가 보았더니 따로 문이 하나 있었는데, 그 안에서 금화가 나오며 말했다.

"아가씨께서 산의 정자에서 당신을 뵙고자 하십니다."

이령서가 정자로 들어갔더니 고모가 이미 나와서 얼굴 가득 기쁨을 띠며 말했다.

"혹시 호사군의 두 딸이 시집갈 때까지 기다릴 수 없겠니?"

또 말했다.

"너는 감자(甘子: 柑子. 홍귤)를 사놓고도 이 고모에게 주지 않다니 너무 인색하구나."

이령서가 놀라며 말했다.

"실은 사긴 했습니다만 [보잘 것 없어서] 감히 보내드리지 못했습니다."

고모가 웃으며 말했다.

"그건 농담이야! 네가 산 것은 먹을 만하지 못하다. 고모가 최고 좋은 것을 가지고 있어서 너에게 줄 테니 가져가거라."

그리고는 그것을 가져오게 했는데, 하나같이 모두 주먹만큼 컸다. 작별하고 나서 고모는 다시 이령서를 불러 돌아오게 하여 말했다.

"시국이 한창 어려운 때이니 네가 비단과 짐을 가지고 가다가 도적이라도 만날까 걱정이구나. 이를 어쩌면 좋을까?"

그러면서 말했다.

"잠시 금화를 데려가거라. 급한 일이 생길 때 금화를 떠올리기만 하면 즉시 무사하게 될 것이다."

이령서는 떠난 지 며칠 만에 과연 50여 명의 도적을 만나 겁에 질린 나머지 말에서 떨어졌다. 그때 문득 금화를 생각했더니 곧바로 300여 명의 정예 기병이 나타나 산에서 내려왔는데, 군대의 위용이 매우 성대하고 들고 있는 무기가 번쩍번쩍 빛났다. 기병들이 도적을 모조리 죽이고 나자, 금화는 기병들에게 즉각 물러가라고 명한 뒤 병마를 수습하여 떠났다.

이령서는 도성에 도착할 즈음에 도중의 객점에서 묵었는데, 객점 주인의 딸이 병들어 요괴에게 홀렸다고 했다. 이령서가 주인에게 물었다.

"무슨 병이오?"

객점 주인이 대답했다.

"아마도 요괴에게 홀린 것 같은데 여러 의원과 술사들의 치료를 받았지만 조금도 호전시킬 수 없었소."

이령서가 말했다.

"내가 치료해주면 어떻겠소?"

객점 주인이 정중히 감사하고 딸을 구해달라고 간청하며 말했다.

"딸아이의 병세가 조금이라도 호전되면 그 보답이 적지 않을 것이오!"

이령서가 마침내 금화를 떠올리자 순식간에 그녀가 도착했다. 이령서가 사정을 자세히 말해주자 금화는 딸의 병세를 대강 살펴보고 나서 이내 말했다.

"이건 쉬운 일입니다."

그리고는 마침내 제단 하나를 세우더니 향을 사르고 주문을 외웠다. 잠시 후 몸이 옴투성이인 여우 한 마리가 묶인 채 제단으로 왔다. 금화가 그 여우에게 곤장 100대를 치라고 판결하자 땅에 질펀하게 피가 흘렀다. 마침내 여우를 쫓아냈더니 그 여자는 곧바로 병이 나았다.

도성에 도착한 뒤 금화가 이령서에게 작별을 고하자, 이령서가 말했다.

"멀리까지 날 배웅하느라 고생했는데 따로 줄 만한 것이 없다."

그리고는 이령서는 술과 음식을 차렸는데, 술기운이 오르자 금화에게 말했다.

"이미 허물없는 사이가 되었기에 한 가지 물어볼 말이 있는데 곤란하지 않겠느냐?"

금화가 말했다.

"일이 있으면 말씀만 하십시오."

이령서가 말했다.

"고모 댁 일의 자초지종을 듣고 싶다."

금화가 대답했다.

"아가씨는 본래 아무 태수의 따님으로 그 숙부와 형제분들은 당신과 촌수가 그리 멀지 않습니다. 아가씨는 시집가서 소씨(蘇氏)의 아내가 되셨는데 그만 병에 걸려 죽었습니다. 저 금화는 아가씨가 시집갈 때 몸종으로 따라갔는데 몇 달 후에 저도 죽었기에 아가씨 옆에 있게 되었습니다. 천제께서 아가씨를 천랑장군(天狼將軍)의 부인으로 짝지어주셨기 때문에 아가씨는 신통력을 지니게 되었으며, 저도 천랑장군의 비호를 받고 있습니다. 호사군은 바로 천랑장군의 친조카이십니다. 일전에 치료해준 객점 집 딸에게 씌었던 여우는 천랑장군 문하의 일꾼으로 그런 무리들이 아주 많은데, 저는 그들을 제압할 수 있습니다."

또 말했다.

"당신의 재난을 구해준 정예 기병은 천병(天兵)인데, 제가 그들을 불러오려고만[원문은 '換'이지만 문맥상 '喚'이 타당함] 하면 숫자에는 구애받지 않습니다."

이령서가 감사하며 말했다.

"이제 헤어지면 언제 다시 만날 수 있겠느냐?"

금화가 말했다.

"본래 인연으로 서로 만날 운명은 오늘까지만입니다. 이후로는 인연이 끊어지므로 영원히 이별입니다."

이령서는 한참 동안 슬픔에 잠겨 있다가 금화더러 고모에게 대신 감사드리고 부디 옥체를 잘 보전하시라는 말을 전하게 했다. 이령서는 금화에게 선물을 후하게 주었지만, 금화는 모두 받지 않고 떠났다. 호선은 나중에 여러 주의 자사를 역임한 뒤 죽었다. (『등청이지록』)

李令緒卽兵部侍郞李紓堂兄. 其叔選授江夏縣丞, 令緒因往覲叔, 及至坐久, 門人報云: "某小娘子使家人傳語." 喚入, 見一婢甚有姿態, 云: "娘子參拜兄嫂." 且得令緒遠到, 丞妻亦傳語云: "娘子能來此看兒姪否?" 又云: "妹有何飮食, 可致之." 婢去後, 其叔謂令緒曰: "汝知乎? 吾與一狐知聞逾年矣." 須臾, 使人齎大食器至, 黃衫奴昇. 幷向來傳語('語'字原空闕, 據許本補)婢同到, 云: "娘子續來." 俄頃間, 乘四鐶金飾輦, 僕從二十餘人至門, 丞妻出迎. 見一婦人, 年可三十餘, 雙梳雲髻, 光彩可鑒. 婢等皆以羅綺, 異香滿宅. 令緒避入. 其婦升堂坐訖,謂丞妻曰:"令緒既是子姪,何不出來?"令緒聞之,遂出拜。謂曰:"我姪眞士人君子之風。"坐良久,謂令緒曰:"觀君甚長厚,心懷中應有急難於衆人。"令緒亦知其故。談話盡日辭去。後數來,每至皆有珍饌。

經半年,令緒擬歸東洛,其姑遂言:"此度阿姑得令緒心矣。阿姑緣有厄,擬隨令緒到東洛,可否?"令緒驚云:"行李貧迫,要致車乘,計無所出。"又云:"但許,阿姑家自('自'原作'事',據明鈔本改)假車乘,只將女子兩人,并向來所使婢金花去。阿姑事,令緒應知,不必言也。但空一衣籠,令逐馳家人,每至關津店家,卽略開籠,阿姑暫過歇了,開籠自然出行。豈不易乎?"令緒許諾。及發,開籠,見三四黑影入籠中,出入不失前約。至東都,將到宅,令緒云:"何處可安置?"金花云:"娘子要於倉中甚便。"令緒卽埽灑倉,密爲都置,唯逐馳奴知之,餘家人莫有知者。每有所要,金花卽自來取之。阿姑時時一見,後數月云:"厄已過矣,擬去。"令緒問云:"欲往何處?"阿姑云:"胡璿除豫州刺史,緣二女成長,須有匹配,今與渠處置。"

令緒明年合格,臨欲選,家貧無計,乃往豫州。及入境,見牓云:"我單門孤立,亦無親表,恐有擅託親故,妄索供擬,卽獲時申報,必當科斷。"往來商旅,皆傳胡使君清白,干謁者絕矣。令緒以此懼,進退久之,不獲已,乃潛入豫州,見有人參謁,亦無所得。令緒便投刺,史君卽時引入,一見極喜,如故人。云:"雖未奉見,知公有急難,久佇光儀,來何晚也?"卽授館,供給頗厚。一州云:"自使君到,未曾有如此。"每日入宅歡讌,但論時事,亦不言他。

經月餘,令緒告別,璿云:"卽與處置路糧,充選時之費。"便集縣令曰:"璿自到州,不曾有親故擾。李令緒天下俊秀,某平生永慕('慕'原作'展',據明鈔本改),奉昨一見,知是丈夫,以此重之,諸公合見耳。今請赴選,各須與致糧食,無令輕尠。"官吏素畏其威,自縣令已下,贈絹無數十匹已下者。令緒獲絹千疋,仍備行裝, 又留宴別.

　令緒因出戟門, 見別有一門, 金花自內出云: "娘子在山亭院要相見." 及入, 阿姑已出, 喜盈顔色, 曰: "豈不能待嫁二女?" 又云: "令緒買得甘子, 不與令姑, 太慳也." 令緒驚云: "實買得, 不敢輒送." 笑云: "此戲言耳! 君所買者不堪. 阿姑自有上者, 與令緒將去." 命取之, 一一皆大如拳. 既別, 又喚令緒廻云: "時方艱難, 所將絹帛行李, 恐遇盜賊. 爲之奈何?" 乃曰: "借與金花將去. 但有事急, 一念金花, 卽當無事." 令緒行數日, 果遇盜五十餘人, 令緒恐懼墜馬. 忽思金花, 便見精騎三百餘人, 自山而來, 軍容甚盛, 所持器械, 光可以鑒. 殺賊略盡, 金花命騎士却掣馳, 仍處分兵馬好去.

　欲至京, 路店宿, 其主人女病, 云是妖魅. 令緒問主人曰: "是何疾?" 答云: "似有妖魅, 歷諸醫術, 無能暫愈." 令緒云: "治却何如?" 主人珍重辭謝, 乞相救: "但得校損, 報效不輕!" 遂念金花, 須臾便至. 具陳其事, 略見女之病, 乃云: "易也." 遂結一壇, 焚香爲呪. 俄頃, 有一狐甚疥癩, 縛至壇中. 金花決之一百, 流血遍地. 遂逐之, 其女便愈.

　及到京, 金花辭令緒, 令緒云: "遠勞相送, 無可贈別." 乃致酒饌, 飲酣謂曰: "旣無形跡, 亦有一言, 得無難乎?" 金花曰: "有事但言." 令緒云: "願聞阿姑家事來由也." 對曰: "娘子本某太守女, 其叔父昆弟, 與令緒不遠. 嫁爲蘇氏妻, 遇疾終. 金花是從嫁, 後數月亦卒, 故得在娘子左右. 天帝配娘子爲天狼將軍夫人, 故有神通. 金花亦承阿郎餘蔭. 胡史君卽阿郞親子姪. 昨所治店家女, 其狐是阿郞門側役使, 此輩甚多, 金花能制之." 云: "銳騎救難者, 是天兵, 金花要換, 不復多少." 令緒謝之云: "此何時當再會?" 金花云: "本以姻緣運合, 只到今日. 自此姻緣斷絶, 便當永辭." 令緒惆悵良久, 傳謝阿姑, 千萬珍重. 厚與金花贈遺, 悉不肯受而去. 胡璿後歷數州刺史而卒. (出『騰聽異志錄』)

## 453·4(6188)
## 배소윤(裵少尹)

당(唐)나라 [德宗] 정원연간(貞元年間: 785~804)에 강릉소윤(江陵少尹) 배군(裵君)이 있었는데 그 이름은 잊어버렸다. 배군에게는 10여 살 된 아들이 있었는데, 총명하고 문재(文才)가 있으며 풍모도 준수하여 그는 아들을 몹시 사랑했다. 그런데 나중에 아들이 병에 걸려 열흘 후에 더욱 심해졌는데, 용한 의원과 좋은 약으로도 고칠 수 없었다. 그래서 배군은 도사와 술사(術士)를 구하여 주문으로 병마를 물리침으로써 아들의 고통을 치유하길 바랐다. 그때 어떤 사람이 찾아와 문을 두드렸는데, 스스로 고씨(高氏)라고 하면서 부록술(符籙術: 주문이나 부적으로 액막이를 하는 술법)로 생업을 삼고 있다고 했다. 배군이 즉시 그를 맞아들여 아들을 살펴보게 했더니, 고생(高生: 高氏)이 말했다.

"이 아이는 다른 병에 걸린 것이 아니라 여우 요괴에게 홀렸을 뿐입니다. 하지만 제가 술법으로 고칠 수 있습니다."

배군은 곧장 감사하며 [아들의 병을 고쳐달라고] 간청했다. 고생이 마침내 부록술로 요괴를 불러냈더니, 한 식경(食頃) 뒤에 배군의 아들이 갑자기 일어나 말했다.

"제 병은 이제 나았습니다."

배군은 크게 기뻐하며 고생을 진정한 술사라고 생각했다. 배군은 고생에게 음식을 차려주고 이어서 돈과 비단을 후하게 주며 감사를 표한 뒤 돌려보냈다. 고생이 말했다.

"이후로 날마다 와서 대기하겠습니다."

그리고는 떠났다. 배군의 아들은 다른 병은 나았지만 정신이 온전하지 못하여, 종종 미친 듯이 헛소리를 했으며 간혹 웃거나 울기 시작하면 그칠 수 없었다. 고생이 올 때마다 배군이 그에게 그런 증상을 말하며 고쳐달라고 간청했더니, 고생이 말했다.

"이 아이의 혼령은 이미 요괴에게 묶여 있어서 지금까지 돌아오지 못하고 있습니다. 하지만 열흘이 안 되어 틀림없이 차도가 있을 것이니 걱정하지 마십시오."

배군은 그 말을 믿었다.

며칠 지난 후에 또 왕생(王生)이란 자가 스스로 신부(神符)를 가지고 있어서 주문으로 요괴에 씌인 병을 퇴치할 수 있다고 말하면서 찾아왔다. 배군이 그와 얘기를 나눈 뒤에 그가 배군에게 말했다.

"당신의 사랑하는 아들이 병에 걸려 아직 낫지 않았다고 들었는데, 한 번 살펴보았으면 합니다."

배군이 즉시 왕생에게 아들을 살펴보게 했더니, 왕생이 크게 놀라며 말했다.

"이 도령의 병은 여우에 홀린 것입니다. 속히 치료하지 않으면 틀림없이 더욱 깊어질 것입니다."

배군이 고생의 일을 말해주었더니, 왕생이 웃으며 말했다.

"고생이 여우가 아니라는 것을 어찌 알겠습니까?"

그리고는 앉아서 막 자리를 설치하고 큰소리로 주문을 외우고 있을 때, 고생이 갑자기 도착하여 집안으로 들어오더니 큰소리로 욕하며 말했다.

"이 아이의 병을 이미 고쳐주었는데 어찌하여 또 다른 여우를 집안으로 들여왔소? 이 자가 바로 병을 일으킨 놈이오!"

왕생도 고생이 오는 것을 보고 욕하며 말했다.

"과연 여우 요괴로군! 지금 과연 왔으니 어찌 다른 술법으로 요괴를 불러낼 필요가 있겠는가?"

두 사람은 옥신각신하며 서로 계속해서 욕을 했다.

배군의 집안사람들이 한창 크게 놀라며 기이해하고 있을 때, 갑자기 한 도사가 문에 이르러 은밀히 가동(家僮)에게 말했다.

"배공(裵公: 裵君)의 아들이 여우에게 홀려 병이 들었다고 들었는데, 내가 귀신을 잘 간파하니 너는 내가 들어가 뵙기를 청한다고만 말씀드려라."

가동이 달려가서 배군에게 아뢰자, 배군이 나와서 그간의 일을 말해주었더니 도사가 말했다.

"그건 쉽게 처리할 수 있습니다."

그리고는 들어가서 두 사람을 보았더니, 두 사람이 또 도사를 꾸짖으며 말했다.

"이 자 역시 여우 요괴이다! 어찌하여 도사로 둔갑하여 사람을 홀리느냐?"

도사도 그들에게 욕하며 말했다.

"여우라면 응당 교외 들녘의 무덤 속으로 돌아가야 하거늘 어찌하여 이렇게 사람을 괴롭히느냐?"

이윽고 세 사람은 방문을 닫고 몇 식경 동안 서로 치고받으며 싸웠다. 배군은 더욱 두려웠고 가동도 당황하여 어찌할 방법이 없었다. 저녁 무렵이 되어 쥐 죽은 듯이 아무런 소리가 들리지 않자, 방문을 열어보았더니 여우 3마리가 모두 바닥에 쓰러져 숨을 헐떡인 채 움직이지 못하고 있었다. 배군이 그것들을 모두 때려죽였더니, 아들의 병이 한 달 후에 나았다. (『선실지』)

唐貞元中, 江陵少尹裴君者, 亡其名. 有子十餘歲, 聰敏, 有文學, 風貌明秀, 裴君深念之. 後被病, 旬日益甚, 醫藥無及. 裴君方求道術士, 用呵禁之, 冀瘳其苦. 有叩門者, 自稱高氏子, 以符術爲業. 裴卽延入, 令視其子, 生曰: "此子非他疾, 乃妖狐所爲耳. 然某有術能愈之." 卽謝而祈焉. 生遂以符術考召, 近食頃, 其子忽起曰: "某病今愈." 裴君大喜, 謂高生爲眞術士. 具食飮, 已而厚贈縞帛, 謝遣之. 生曰: "自此當日日來候耳." 遂去. 其子他疾雖愈, 而神魂不足, 往往狂語, 或笑哭不可禁. 高生每至, 裴君卽以此且祈之, 生曰: "此子精魂, 已爲妖魅所繫('繫'原作'擊', 據明鈔本改), 今尙未還耳. 不旬日當間, 幸無以憂." 裴信之.

居數日, 又有王生者, 自言有神符, 能以呵禁除去妖魅疾, 來謁. 裴與語, 謂裴曰: "聞君愛子被病, 且未瘳, 願得一見矣." 裴卽使見其子, 生大驚曰: "此郞君病狐也. 不速治, 當加甚耳." 裴君因話高生, 王笑曰: "安知高生不爲狐?" 乃坐, 方設席爲呵禁, 高生忽至, 旣入大罵曰: "奈何此子病愈, 而乃延一狐於室內耶? 卽爲病者耳!" 王見高來, 又罵曰: "果然妖狐! 今果至, 安用爲他術考召哉?" 二人紛然, 相詬辱不已.

裴氏家方大駭異, 忽有一道士至門, 私謂家僮曰: "聞裴公有子病狐, 吾善視鬼, 汝但告, 請入謁." 家僮馳白裴君, 出話其事, 道士曰: "易與耳." 入見二人, 二人又詬曰: "此亦妖狐! 安得爲道士惑人?" 道士亦罵之曰: "狐當還郊野墟墓中, 何爲撓人乎?" 旣而閉戶相鬪毆, 數食頃, 裴君益恐, 其家僮惶惑, 計無所出. 及暮, 闃然不聞聲, 開視, 三狐皆仆地而喘, 不能動矣. 裴君盡鞭殺之, 其子後旬月乃愈矣. (出『宣室志』)

# 태평광기 권제 454 호(狐) 8

1. 장간서(張簡棲)
2. 설 기(薛 夔)
3. 계 진(計 眞)
4. 유원정(劉元鼎)
5. 장립본(張立本)
6. 요 곤(姚 坤)
7. 윤 원(尹 瑗)
8. 위씨자(韋氏子)

454 · 1(6189)
# 장간서(張簡棲)

　남양(南陽) 사람 장간서는 당(唐)나라 정원연간(貞元年間: 785~804) 말에 서주(徐州)와 사주(泗州) 사이에서 매사냥을 일삼았다. 그 날도 날이 개자마자 매를 풀어놓고 새를 공격했지만 매는 새를 한 마리도 잡지 못한 채 하늘로 높이 솟아올라 그대로 구름 속으로 들어갔다. 장간서는 매가 사라진 곳을 바라보다가 사람들과 함께 길을 나누어 매를 찾아 나섰다. 어느 새 밤이 되어 1경(更) 정도 되었을 때 장간서는 자기도 모르는 사이에 한 오래된 무덤 사이에 이르렀는데, 갑자기 등불빛이 새어나오는 곳이 있어 다가가서 보았더니, 그것은 다름 아닌 무덤 속에서 새어나오는 불빛이었다. 장간서가 앞으로 가서 살펴보았더니 여우가 안석에 기대어서 책을 찾아 읽고 있었고 그 옆으로 쥐 떼가 차 그릇에다 찻물을 붓고 여우에게 과일과 밤을 가져다주었는데, 모두 사람처럼 두 손을 맞잡고 있었다. 장간서가 화를 내며 꾸짖자 여우는 놀라 달아나면서 그 책을 주워 들고 깊숙하고 어두컴컴한 굴속으로 들어가 숨었다. 장간서는 매 모양의 장대를 이용해 책 한 권을 끄집어내서 집으로 돌아왔다. 4경이 되었을 때 집 밖에서 누군가가 책을 달라고 하는 소리가 들렸는데, 나가서 찾아보면 아무 것도 보이지 않았고 날이 밝은 뒤에는 모두 사라지고 없었다. 그 날부터 밤마다 누군가가 찾아와서 계속

책을 달라고 했다. 장간서는 아주 괴이한 생각이 들어 사람들에게 보여줄 요량으로 책을 들고 성안으로 들어갔다. 성에서 약 3~4리 떨어진 곳에 도착했을 때 장간서는 우연히 한 친구를 만났는데, 두 사람이 인사를 하고 난 뒤에 친구가 어디로 가냐고 물었다. 장간서가 책을 꺼내며 여우 이야기를 해주자 앞에 있던 사람 역시 놀라워하며 웃었는데, 장간서에게서 책을 받아들더니 그대로 말을 타고 급히 떠났다. 그는 뒤돌아보면서 장간서에게 이렇게 말했다.

"제게 책을 돌려주어 고맙습니다."

장간서가 급히 뒤쫓아 가자 그 사람은 여우로 변했고 말은 노루로 변했는데, 따라잡을 수 없었다. 하는 수 없이 마차를 돌려 성안으로 들어가 친구의 집을 찾아가보니 친구는 애초에 외출한 적이 없었다고 했다. 장간서는 그제야 여우가 와서 책을 빼앗아 갔음을 알게 되었다. 그 책은 장정이 사람의 서적과 같았고 종이와 먹도 같았으나 모두 호서(狐書)라 알아볼 수 없었다. 장간서는 첫머리의 서너 줄을 초록해두었다가 사람들에게 그것을 보여주었다. 지금 뒤에 이것을 열거해둔다. (문장이 빠져있다.)

南陽張簡棲, 唐貞元末, 於徐·泗間以放鷹爲事. 是日初晴, 鷹擊孥不中, 騰沖入雲路. 簡棲望其蹤, 與徒從分頭逐覓. 俄至夜, 可一更, 不覺至一古墟之中, 忽有火燭之光, 迫而前, 乃一塚穴中光明耳. 前覘之, 見狐憑几, 尋讀冊子, 其旁有群鼠, 益湯茶, 送果栗, 皆人拱手. 簡棲怒呵之, 狐驚走, 收拾冊子, 入深黑穴中藏. 簡棲以鷹竿挑得一冊子, 乃歸. 至四更, 宅外聞人叫索冊子聲, 出覓卽無所見, 至明, 皆失所在. 自此夜夜來索不已. 簡棲深以爲異, 因携冊子入郭, 欲以示人.

往去郭可三四里, 忽逢一知己, 相揖, 問所往. 簡棲乃取冊子, 話狐狀, 前人亦驚笑, 接得冊子, 便鞭馬疾去. 廻顧簡棲曰: "謝以冊子相還." 簡棲逐之轉急, 其人變爲狐, 馬變爲麞, 不可及. 廻車入郭, 訪此宅知己, 元在不出. 方知狐來奪之. 其冊子裝束, 一如人者, 紙墨亦同, 皆狐書, 不可識. 簡棲猶錄得頭邊三數行, 以示人. 今列於後. 缺文.

## 454・2(6190)
## 설 기(薛 夔)

[唐나라] 정원연간(貞元年間: 785~804) 말에 효위장군(驍衛將軍) 설기는 영녕(永寧)의 용흥관(龍興觀) 북쪽에서 기거하고 있었는데, 그곳에는 여우 요괴가 많았다. 여우는 밤이 되면 마음대로 돌아다녔으며 사람을 만나도 전혀 꺼리지 않았다. 설기의 가족들은 놀라 두려워하며 여우를 어떻게 해야 할지 몰랐다. 그러자 어떤 사람이 설기에게 말했다.

"여우 요괴는 사냥개를 가장 두려워합니다. 서쪽 이웃에 사는 이태위(李太尉)의 집에 매와 개가 아주 많은데 날쌘 개와 매를 빌려와 저녁에 여우를 기다려보지 그러십니까?"

설기는 그 말을 옳다고 여겨 곧장 서쪽 이웃의 자제를 찾아가 그 일에 대해서 자세하게 이야기했다. 이씨(李氏: 李太尉)는 그 이야기를 듣고 몹시 기뻐하더니 사냥개 세 마리를 줄에 묶어 빌려 주었다. 그 날 밤 마침 달이 밝게 빛나자 설기는 사냥개를 풀어놓고 가족들과 함께 몰래 지켜보았다. 그랬더니 사냥개들은 모두 재갈이 묶여 있었고, 여우 세 마리가 그 위에 올라탄 채 정원을 달리면서 자기 마음대로 동서남북으로 왔다 갔다 했다. 날이 밝자 사냥개 세 마리는 지쳐서 아무 것도 먹지 않고 잠만 잤다. 해가 지자 여우는 다시 사냥개를 타고 넓은 정원에서 축국(蹴鞠)을 했다. 사냥개가 약간 지체하자 여우는 채찍으로 사냥개를 때렸다. 설기는 어쩔 도리가 없어 결국 다른 곳으로 이사했다. (『집이기』)

貞元末, 驍衛將軍薛夔寓居永寧龍興觀之北, 多妖狐, 夜則縱橫, 逢人不忌. 夔擧家驚恐, 莫知所如. 或謂曰: "妖狐最憚獵犬. 西鄰李太尉第中, 鷹犬頗多, 何不假其駿異者, 向夕以待之?" 夔深以爲然, 卽詣西鄰子弟具述其事. 李氏喜聞, 羈三犬以付焉. 是夕月明, 夔縱犬, 與家人輩密覘之. 見三犬皆被羈靮, 三狐跨之, 奔走庭中, 東西南北, 靡不如意. 及曉, 三犬困殆, 寢而不食. 纔暝, 復爲乘跨, 廣庭蹴鞠. 犬稍留滯, 鞭策備至. 夔無奈何, 竟徙('徙'原作'從', 據明鈔本改)焉. (出『集異記』)

## 454 · 3(6191)
## 계 진(計 眞)

당(唐)나라 원화연간(元和年間: 806~820)에 계진은 청주(靑州)와 제주(齊州) 사이에서 기거하고 있었다. 그가 한번은 서쪽으로 장안(長安)을 유람하다가 섬주(陝州)에 이르렀는데, 그곳의 종사(從事)들과 잘 지냈다. 하루는 계진이 이별을 고하고 떠나려 하자 종사들이 그를 붙잡으며 술을 마시는 바람에 날이 저문 뒤에야 비로소 헤어졌다. 섬주를 떠나 채 10리도 가지 않았을 때 계진이 갑자기 말에서 떨어지자 하인 두 명이 그의 옷 보따리를 가지고 떠났다. 계진이 술에서 깨어났을 때는 이미 날이 어둑어둑했으며 말도 먼저 떠나고 없었다. 계진은 길 왼쪽으로 난 작은 길에 말 오줌이 떨어져 있는 것을 보고 그 길을 따라 말을 찾아 나섰는데, 자신도 모르게 그렇게 몇 리를 갔을 때 갑자기 아주 높은 붉은 대문이 보였고, 홰나무와 버드나무가 빽빽하게 우거져 있었다. 계진은 말과 노복을 모두 잃어버린 뒤라 실의에 차 있었기에 문을 두드려 보았는데, 빗장이 단단하게 채워져 있었다. 한 시동이 나와 살피자 계진이 물었다.

"여기는 뉘 댁이냐?"

하인이 대답했다.

"이외랑(李外郎)의 별장입니다."

계진이 안으로 들어가 이외랑 뵙기를 청하자 시동은 급히 안에 그 사실을 알렸다. 잠시 뒤에 사람을 보내 손님을 안으로 들이고 손님방에서 쉬게 했다. 이에 인도되어 문안으로 들어가보니 그 왼쪽에 아주 깨끗하고 드넓은 손님방이 있었다. 그곳에 쳐져 있는 병풍에는 옛 산수나 유명한 그림, 그리고 경적(經籍)이 그려져 있었으며 깔개와 평상 등은 화려하지는 않았지만 하나같이 깨끗했다. 계진이 한참동안 앉아있자 시동이 나와서 이렇게 말했다.

"주인 나리께서 곧 오실 것입니다."

잠시 뒤에 50세 정도 된, 붉은 인끈에 은 도장을 찬 한 장부가 왔는데, 그 모습이 아주 훤칠했다. 그는 계진과 인사를 나눈 뒤에 자리에 앉았다. 계생(計生: 計眞)이 다음과 같이 이야기했다.

"종사와 친구들이 저를 붙잡는 바람에 함께 술을 마셨는데, 그만 취해서 길에서 잠들었다가 날이 저무는 것도 몰랐습니다. 그 때문에 하인과 말을 모두 잃어버려서 그러니 여기서 하룻밤 묵어가도 되겠습니까?"

그러자 이외랑이 말했다.

"그저 이곳이 좁고 누추하여 귀한 손님을 편안하게 모시지 못할까 걱정이지, 안 될 것이 뭐가 있겠습니까?"

계진이 몹시 고마워하자 이외랑이 또 말했다.

"저도 예전에 촉(蜀) 땅에서 종사로 지낸 적이 있었는데, 종사가 된 지 얼마 지나지 않아 병으로 그만 두고 지금은 돌아와 이곳에서 쉬는 중입니다."

그리하여 계진은 이외랑과 이야기를 나누게 되었는데, 그가 아주 영민하고 박식했기 때문에 계진은 자못 그를 흠모하게 되었다. 또 이외랑은 가동을 시켜 계진의 하인과 말을 찾아보게 했는데, 잠시 뒤에 모두 찾아오자 곧장 집안으로 들이게 했다. 잠시 뒤에 음식을 차려오게 해서 함께 먹고 난 뒤에 다시 술 몇 잔을 마시고 잠이 들었다. 이튿날 계진이 새벽에 일어나서 떠날 것을 고하자 이외랑이 말했다.

"하루 더 머물러 계시면서 담소나 나누었으면 합니다."

계진은 이외랑의 호의에 감격하여 하룻밤 더 머문 뒤에 이튿날 그곳을 떠났다.

도성에 도착하여 머문 지 한달 남짓 되었을 때 어떤 사람이 문을 두드리면서 자칭 진사(進士) 독고소(獨孤沼)라고 했다. 계진이 그를 안으로 청해 함께 이야기를 나누어보았더니, 그는 아주 총명하고 말을 잘 했다. 독고소가 또 말했다.

"저는 섬주에 살고 있습니다. 어제 서쪽에서 오다가 우연히 이외랑의 집을 지나게 되었는데, 그는 당신을 칭찬하느라 여념이 없었습니다. 또한 당신과 혼인을 맺고 싶어 하면서 제게 찾아뵙고 그 뜻을 전하게 하셨는데, 당신 생각은 어떻습니까?"

계진이 기뻐하면서 그렇게 하겠다고 하자 독고소가 말했다.

"저는 지금 섬주로 돌아가야 하니, 당신이 직접 동쪽으로 돌아가서 다시 이외랑을 찾아뵙고 그 뜻에 감사의 인사를 올리는 것이 좋겠습니다."

독고소는 마침내 떠나갔다. 한달 남짓 뒤에 계진은 다시 이외랑의 별장을 찾아갔다. 이외랑은 계진이 오는 것을 보고는 몹시 기뻐했다. 그리하여 계진은 곧장 독고소의 말을 꺼내며 감사의 인사를 올렸다. 그러자 이외랑은 계진을 머물게 하면서 길일을 택해 혼례를 올렸다. 계진의 부인은 아주 아름다웠으며 총명하고 유순했다. 계진은 그곳에서 한달 남짓 머문 뒤에 부인을 데리고 청주와 제주 사이로 돌아왔다. 이때부터 이군(李君: 李外郎)은 계속해서 소식을 전해왔다.

계진은 도교를 신봉하면서 매일 새벽에 일어나 『황정내경경(黃庭內景經: 『太上黃庭內景經』이라고도 하는데, 도가의 양생법에 대해 적혀 있음)』을 읽었는데, 부인 이씨(李氏)는 늘 그것을 말리며 이렇게 말했다.

"당신이 도를 좋아하는 것이 어찌 진(秦)나라 시황(始皇)이나 한(漢)나라 무제(武帝)와 같을 수 있겠습니까? 신선에 들이는 공력 또한 그 누가 시황이나 무제만 하겠습니까? 그 두 사람은 귀한 천자가 되어 온 천하를 다 가지고 있으면서 천하의 재물을 모두 들여 신선이 되려고 했지만, 진시황은 [巡狩나갔다가 도중에] 사구(沙丘)에서 죽었고, 한무제는 죽어서 무릉(茂陵)에 묻혔습니다. 하물며 한낱 평민에 불과한 당신이 어찌 신선 되는 일에 빠질 수 있단 말입니까?"

계진은 부인을 꾸짖고는 끝까지 책을 읽어 나갔다. 그는 속으로 부인이 도에 대해서 알고 있는 사람이라 생각했지 이물이라고는 의심하지 않았다. 1년 남짓 뒤에 계진은 관리 선발에 참여하기 위해 도성으로 가는 길에 가솔들을 데리고 섬주의 교외에 이르렀는데, 이외랑이 딸을 붙잡으며 계진에게 혼자 도성으로 들어가라고 했다. 이듬해 가을 계진이 연주참군(兗州參軍)에 제수되자 부인 이씨도 그를 따라 부임지로 갔다. 그로부터 몇 년 뒤에 계진은 벼슬을 그만두고 제노(齊魯) 일대로 돌아왔다.

다시 10여 년의 세월이 흘러 이씨는 7남 2녀를 두었는데, 재주와 외모가 하나같이 다른 사람들보다 뛰어났다. 또한 이씨의 고운 용모와 단아함도 젊은 시절과 다르지 않았기 때문에 계진은 더욱 더 그녀를 사랑했다. 그런데 그로부터 얼마 지나지 않아 이씨는 병을 얻었는데 병세가 아주 심했다. 계진이 사방을 분주하게 돌아다니며 의원을 모셔오고 무당을 청해 오는 등 갖은 방법을 다 써보았지만 이씨의 병은 끝내 낫지 않았다. 어느 날 아침 이씨는 사람을 물리치더니 계진의 손을 잡고 목이 메도록 울면서 이렇게 말했다.

"소첩은 죽을 때가 되었음을 알고 있습니다. 다만 부끄러움을 무릅쓰고 저의 비밀을 알려드리고자 하니 부디 너그럽게 저의 죄를 용서해주시어 모두 말할 수 있게 해 주십시오."

이씨가 이미 스스로를 주체할 수 없을 정도로 흐느껴 울기 시작하자 계진 또한 흐느껴 울면서 한사코 그녀를 위로했다. 그러자 이씨가 말했다.

"이 말을 하면 바로 당신의 질책을 받겠지만, 아홉 명의 어린 자식들이 아직 세상에 남아있기에 당신에게 누가 될까 걱정되어 이렇게 입을 여는 것입니다. 소첩은 인간 세상의 사람이 아닙니다. 천명에 당신의 짝이 되기로 되어 있어서 이렇게 여우라는 천한 몸으로 20년 동안 당신을 받들게 되었습니다. 그동안 당신에게 털끝만큼의 죄를 지어 이물로서 당신에게 걱정을 끼쳐드리지 않았습니다. 그동안 한 여자로서 마음과 정성을 다해 그대를 모셔왔다고 스스로 생각하지만, 지금 떠나는 마당에 감히 요물의 남아있는 목숨을 당신에게 의탁하고 싶지는 않습니다. 다만 어린 아이들이 눈에 밟히는데, 그들은 모두 이 세상 사람의 후손들입니다. 제가 숨이 끊기면 부디 어린 자식들의 마음을 생각하여 저의 유골을 대하지 못하게 해주십시오. 또한 저의 시신을 온전하게 보존하여 흙 속에 묻어주신다면 그것은 저를 백 번 살려주시는 은혜와 같을 것입니다."

이씨는 이렇게 말하고는 비통해하면서 눈물을 줄줄 흘렸다. 그 말에 계진은 놀라 어리둥절해하면서도 마음이 아프고 목이 메어 차마 말을 할 수 없었다. 두 사람은 그렇게 한참동안 마주 보면서 울었다. 이씨는 이불로 머리를 덮어쓰며 벽을 등지고 누웠는데 한식경 동안 아무 소리도 나지 않았다. 계진이 이불을 열고 보았더니 여우 한 마리가 이불 속에 죽어 있었다. 계진은 더욱 더 슬퍼하며 그녀를 위해 염을 하고 장사를 지내주었는데, 모두 사람의 예법과 똑같이 해주었다. 계진은 곧장 섬주로 가서 이씨의 집을 찾아가 보았지만 텅 빈 무덤에 가시덤불만 덩그러니 있을 뿐 아무 것도 없이 조용했다. 그 모습을 본 계진은 한탄해하면서 집으로 돌아왔다. 그로부터 1년 남짓 뒤에 7남 2녀의 자식들이 차례대로 죽어갔는데, 그 시신들은 모두 사람의 모습을 하고 있었다. 계진은 끝까지 그들을 미워하는 마음이 없었다. (『선실지』)

唐元和中, 有計眞家僑靑齊問. 嘗西遊長安, 至陝, 眞與陝從事善. 是日將告去, 從事留飮酒, 至暮方與別. 及行未十里, 遂兀然墮馬, 而二僕驅其衣囊前去矣. 及眞醉寤, 已曛黑, 馬亦先去. 因顧道左小逕有馬溺, 卽往尋之, 不覺數里, 忽見朱門甚高, 槐柳森然. 眞旣亡僕馬, 悵然, 遂叩其門, 已扃鍵. 有小童出視, 眞卽問曰: "此誰氏居?" 曰: "李外郎別墅." 眞請入謁, 僮遽以告之. 頃之, 令人請客入, 息於賓館. 卽引入門, 其左有賓位甚淸敞. 所設屛障, 皆古山水及名畫圖經籍, 茵榻之類, 率潔而不華. 眞坐久之, 小僮出曰: "主君且至." 俄有一丈夫, 年約五十, 朱紋銀章, 儀狀甚偉. 與生相見, 揖讓而坐. 生因具述: "從事故人, 留飮酒, 道中沈醉, 不覺曛黑. 僕馬俱失, 願寓此一夕可乎?" 李曰: "但慮此卑隘, 不可安貴客, 寧有問耶?" 眞媿謝之, 李又曰: "某嘗從事於蜀, 尋以疾罷去, 今則歸休於是矣." 因與議, 語甚敏博, 眞頗慕之. 又命家僮訪眞僕馬, 俄而皆至, 卽舍之. 旣而設饌共食, 食竟, 飮酒數盃而寐. 明日, 眞晨起告去, 李曰: "願更得一日侍歡笑." 生感其意, 卽留, 明日乃別.

及至京師, 居月餘, 有款其門者, 自稱進士獨孤沼. 眞延坐與語, 甚聰辯. 且謂曰: "某家於陝, 昨西來, 過李外郎, 談君之美不暇. 且欲與君爲姻好, 故令某奉謁, 話此意, 君以爲何如?" 喜而諾之, 沼曰: "某今還陝, 君東歸, 當更訪外郎, 且謝其意也." 遂別去. 後旬月, 生還詣外郎別墅. 李見眞至, 大喜. 生卽話獨孤沼之言, 因謝之. 李遂留生, 卜('卜'原作'十', 據明鈔本改)日就禮. 妻色甚姝, 且聰敏柔婉. 生留旬月, 乃挈妻孥歸靑齊. 自是李君音耗不絶.

生奉道, 每晨起, 閱『黃庭內景經』, 李氏常止之曰: "君好道, 寧如秦皇·漢武乎? 求仙之力, 又孰若秦皇・漢武乎? 彼二人貴爲天子, 富有四海, 竭天下之財以學神仙, 尙崩於沙丘, 葬於茂陵. 況君一布衣, 而乃惑於求仙耶?" 眞叱之, 乃終卷. 意其知道者, 亦不疑爲他類也. 後歲餘, 眞挈家調選, 至陜郊, 李君留其女, 而遣生來京師. 明年秋, 授兗州參軍, 李氏隨之官. 數年罷秩, 歸齊魯.

又十餘年, 李有七子二女, 才質姿貌, 皆居衆人先. 而李容色端麗, 無殊少年時, 生益鍾念之. 無何, 被疾且甚. 生奔走醫巫, 無所不至, 終不愈. 一旦屛人握生手, 嗚咽流涕自言曰: "妾自知死至. 然忍羞以心曲告君, 幸君寬罪有戾, 使得盡言." 已歔欷不自勝, 生亦爲之泣, 固慰之. 乃曰: "一言誠自知受責於君, 顧九稚子猶在, 以爲君累, 尙感一發口. 且妾非人間人. 天命當與君偶, 得以狐狸賤質, 奉箕帚二十年. 未嘗纖芥獲罪, 權(明鈔本'權'作'敢')以他類眙君憂. 一女子血誠, 自謂竭盡, 今日求去, 不敢以妖幻餘氣託君. 念稚弱滿眼, 皆世間人爲嗣續. 及某氣盡, 願少念弱子心, 無以枯骨爲讐. 得全支體, 埋之土中, 乃百生之賜也." 言終又悲慟, 涙百行下. 生驚恍('恍'原作'悅', 據明鈔本改)傷感, 咽不能語. 相對泣良久. 以被蒙首, 背壁臥, 食頃無聲. 生遂發被, 見一狐死被中. 生特感悼之, 爲之斂葬之制, 皆如人禮訖. 生徑至陜, 訪李氏居, 墟墓荊棘, 闃無所見. 惆悵還家, 居歲餘, 七子二女, 相次而卒, 視其骸, 皆人也. 而終無惡心. (出『宣室志』)



454・4(6192)
# 유원정(劉元鼎)

옛말에 따르면, 야호(野狐)는 이름이 '자호(紫狐)'이며 밤에 꼬리를 치면 불이 나온다고 한다. 야호는 요괴로 변할 때 해골을 머리에 이고 북두성(北斗星)에게 절을 올리는데, 이때 해골이 떨어지지 않으면 사람으로 변한다고 한다. 유원정이 채주자사(蔡州刺史)가 되었을 때 채주는 공격을 받은 지 얼마 되지 않아 피폐된 상태였기 때문에 양식창고에는 여우들이 사납게 날뛰었다. 유원정은 하급관리를 시켜 여우를 산채로 잡아오게 한 뒤에 날마다 구장(毬場)에 개를 풀어놓아 여우를 쫓게 하면서 재미로 삼았다. 이렇게 해서 1년 동안 잡아 죽인 여우만 해도 수백 마리나 되었다. 후에 몸에 옴이 난 여우 한 마리를 잡아오자 대 여섯 마리의 개를 풀어놓았는데 개들은 감히 여우를 쫓으려고 하지 않았고 이상하게 그 여우도 달아나지 않았다. 유원정은 이를 몹시 이상하게 여겨 사람을 보내 대장군(大將軍) 집의 사냥개와 또 감군(監軍)들이 자랑하는 커다란 개를 데려 오게 했는데, 개들은 모두 둘러서서 지킬 뿐이었다. 여우는 한참 뒤에 천천히 걸어서 곧장 설청(設廳: 廳舍. 관청의 업무를 보는 곳이나, 唐宋시대에는 주로 군대의 청사로 사용되었음) 위로 올라가더니, 연회석을 뚫고 청사 뒤로 빠져나가 담벼락으로 갔다가 순식간에 온데간데없이 사라졌다. 유원정은 그 이후로 더 이상 여우 잡아오라는 명을 내리지 않았다. 도술 가운데 '천호별행법(天狐別行法)'이란 것이 있다. 천호는 꼬리가 아홉 개이고 황금색이며 일월궁(日月宮)에서 일하는데, 부적을 그려 제사를 지내는 날 음양에 통달할 수 있다고 한다. (『유양잡조』)

舊說, 野狐名'紫狐', 夜擊尾火出, 將爲怪, 必戴髑髏拜北斗, 髑髏不墜, 則化爲人矣. 劉元鼎爲蔡州, 蔡州新破, 食場狐暴. 劉遣吏主('主'原作'生', 據明鈔本改)捕, 日於毬場縱犬, 逐之爲樂. 經年所殺百數. 後獲一疥狐, 縱五六犬, 皆不敢逐,狐亦不走. 劉大異之, 令訪大將家獵狗及監軍亦自誇('誇'原作'跨', 據明鈔本改) 巨犬至, 皆弭環守之. 狐良久緩跡, 直上設廳, 穿臺盤, 出廳後, 及城牆, 俄失所在. 劉自是不復命捕. 道術中有'天狐別行法'. 言天狐九尾, 金色, 役於日月宮. 有符有醮日, 可以洞達陰陽. (出『酉陽雜俎』)


## 454 · 5(6193)
## 장립본(張立本)

당(唐)나라 승상(丞相) 우승유(牛僧孺)가 중서성(中書省)에 있을 때, 초장(草場)을 관리하던 장립본의 딸이 요물에게 홀렸다. 그 요물이 찾아오면 딸은 곧장 짙은 화장에 화려한 옷을 입은 채 방안에서 마치 다른 사람과 웃고 이야기하는 듯 했다. 그러다 요물이 떠나면 미친 듯이 통곡을 하며 계속 울어댔다. 시간이 흐른 뒤에 딸은 늘 자신을 '고시랑(高侍郎)'이라고 했다. 어느 날 딸은 갑자기 이렇게 시를 읊었다.

> 높은 관 쓰고 너른 소매 옷 입고 초(楚)나라 궁중 화장한 채,
> 홀로 대청을 한가로이 거닐면서 서늘한 밤바람을 쐬네.
> 혼자 옥비녀 잡고 섬돌 옆의 대나무 두드리며,
> 맑은 노래 한 곡조 하니 달빛은 서리처럼 차갑기만 하네.

장립본은 딸이 읊는 대로 시를 받아 적었다. 장립본은 법주(法舟) 스님과 친구로 지냈는데, 그가 집으로 찾아오자 딸이 지은 시를 보여주면서 이렇게 말했다.

"제 딸아이는 어려서부터 글을 읽은 적이 없는데, 어떻게 이런 능력이 있는지 모르겠습니다."

그러자 법주 스님은 장립본에게 단약(丹藥) 두 알을 주면서 딸에게 먹이게 했는데, 그로부터 열흘도 지나지 않아 딸의 병이 절로 나았다. 장립본의 딸이 말했다.

"집 뒤에 대나무 숲이 있는데, 시랑 고개(高鍇)의 무덤과 가깝습니다. 그 무덤 안에 여우 굴이 있는데, 그 여우에게 홀렸습니다."

단약을 복용한 뒤로 장립본의 딸이 다시 병이 도졌다는 소문은 듣지 못했다. (『회창해이록』)

唐丞相牛僧孺在中書, 草場官張立本有一女, 爲妖物所魅. 其妖來時, 女卽濃粧盛服, 於閨中, 如與人語笑. 其去, 卽狂呼號泣不已. 久每自稱高侍郎. 一日, 忽吟一首云: "危冠廣袖楚宮粧, 獨步閒廳逐夜凉. 自把玉簪敲砌竹, 淸歌一曲月如霜." 立本乃隨口抄之. 立本與僧法舟爲友, 至其宅, 遂示其詩云: "某女少不曾讀書, 不知因何而能." 舟乃與立本兩粒丹, 令其女服之, 不旬日而疾自愈. 其女說云: "宅後有竹叢, 與高鍇侍郎墓近. 其中有野狐窟穴, 因被其魅." 服丹之後, 不聞其疾再發矣. (出『會昌解頤錄』)

## 454・6(6194)
## 요 곤(姚 坤)

[당나라] 태화연간(太[大]和年間: 827~835)에 요곤이라는 처사(處

士)가 있었는데, 그는 부귀영달을 구하지 않고 늘 낚시나 하면서 유유자적하게 살았다. 그는 동락(東洛: 洛陽) 만안산(萬安山: 일명 大石山·石林山이라고도 하는데, 洛陽의 동남쪽 40리에 위치해 있음) 남쪽에 살면서 금(琴)을 뜯으며 스스로 즐거움을 찾았다. 그의 집 부근에 한 사냥꾼이 살고 있었는데, 그는 그물을 쳐놓고 여우나 토끼 잡는 일을 업으로 삼았다. 요곤은 천성이 어질어서 늘 사냥꾼이 잡은 짐승을 사들여 다시 놓아주었는데, 이렇게 해서 살아난 토끼나 여우만 해도 수백 마리는 되었다. 요곤은 오래 전부터 장원 하나를 가지고 있었는데, 숭산(嵩山)의 보리사(菩提寺)에 저당 잡혀 있었기 때문에 돈을 가지고 가서 되찾으려 했다. 그 장원을 관리하던 혜소(惠沼) 스님은 흉악무도한 짓을 잘했다. 그는 조용하고 으슥한 곳에다 깊이가 몇 장(丈)이나 되는 우물을 파놓고 황정(黃精: 다년생 식물로, 줄기가 1~2척 정도 되는데, 약으로 쓰임. 도가에서는 이것을 복용하면 신선이 될 수 있다고 함) 수백 근을 던져놓은 뒤 사람을 구해다가 복용시키고 어떻게 변화하는지 살펴보고자 했다. 혜소 스님은 곧장 요곤에게 술을 먹여 만취하게 한 뒤에 그를 우물 속으로 던지고는 맷돌로 그 입구를 막아버렸다. 요곤은 술에서 깨어난 뒤 밖으로 뛰어나갈 방법은 없고 배는 고프고 해서 하는 수 없이 황정을 먹었다.

이렇게 며칠 밤낮을 보냈는데, 갑자기 누군가가 우물 입구에서 요곤의 이름을 부르면서 이렇게 말하는 것이었다.

"저는 여우인데 당신께서 저의 자손들을 많이 살려준 것에 감사하는 마음에 당신께 우물 밖으로 나올 수 있는 방법을 가르쳐 드리러 왔습니다. 저는 하늘과 통하는 여우입니다. 처음에는 무덤 속에서 굴을 파고 살았는데, 나중에 위로 난 구멍으로 은하수와 별들을 보고는 흠모하면서 떨치고 날아오를 수 없는 제 몸을 원망했습니다. 이에 온 정신을 모으다 보니 저도 모르게 갑자기 날아서 그곳을 빠져나갔으며, 허공을 밟고 구름을 탄 채 하늘로 올라가 선인들을 뵙고 그들에게 예를 표하게 되었습니다. 당신은 그저 사념을 없애고 정신을 맑게 하여 하늘을 응시하십시오. 만약 제대로만 한다면 한 달도 채 못 되어 저절로 날아서 나갈 것입니다. 비록 그 틈은 아주 좁지만 아무 장애도 되지 않을 것입니다."

요곤이 말했다.

"당신은 어떤 근거로 그런 말을 하는 것이오?"

여우가 말했다.

"당신은 '사람이 정신 집중하면 몸을 날게 할 수 있고, 또한 산을 움직이게 할 수 있다'는 『서승경(西昇經: 도가 경전의 하나)』에 적힌 말도 들어보지 못했습니까? 당신은 힘써 노력해야 할 것입니다."

여우는 이렇게 말하고는 떠나갔다. 요곤이 여우의 말을 믿고 그대로 따라했더니 약 한 달 뒤에 갑자기 맷돌에 난 구멍 사이로 뛰어나올 수 있었다. 그 길로 요곤이 혜소 스님을 찾아갔더니 혜소 스님은 몹시 놀라했다. 혜소 스님이 우물을 살펴보았더니 우물은 자신이 설치해놓은 그대로였다. 혜소 스님이 요곤에게 예로 대하며 어찌된 일인지 캐묻자 요곤이 대답했다.

"그저 우물 속에서 황정을 한 달 동안 복용했더니 몸이 신(神)처럼 가벼워져서 아무 막힘 없이 절로 날아 나올 수 있었습니다."

혜소 스님은 요곤의 말을 옳다고 여기고 제자들을 시켜 자신을 끈에 묶어 우물 아래에 떨어뜨린 뒤 한 달 뒤에 살펴보러 오라고 했다. 제자들이 혜소 스님의 말대로 한달 남짓 뒤에 와서 살펴보았더니 혜소 스님은 우물 안에서 이미 죽어있었다.

요곤이 집으로 돌아온 지 열흘째 되던 날 자칭 '요도(夭桃)'라는 여자가 그를 찾아와서는 이렇게 말했다.

"저는 부잣집 딸인데, 실수로 한 젊은이에게 꼬임을 당해 집을 나왔다가 길을 잃어버려 돌아갈 수 없습니다. 원컨대 그대를 모시게 해주십시오."

요곤은 그녀의 아름다운 용모만 보았었는데, 글을 읽고 시를 짓는 데도 모두 정통한 것을 보고는 더욱 그녀를 아꼈다. 후에 요곤이 황제의 명을 받들게 되자 요도도 함께 데리고 도성으로 들어갔다. 반두관(盤豆館: 唐代의 驛館으로 潼關 밖의 湖城縣에서 서쪽으로 20리 떨어진 곳에 위치해 있는데, 그 명칭은 漢나라 武帝가 이곳을 지나갈 때 그곳의 노인들이 그릇에 콩을 담아 진상한 데서 연유했음)에 도착하자 요도는 즐겁지 않은 듯 붓을 꺼내 죽간에다 다음과 같이 시 한 수를 적었다.

> 얼굴에 화장하고 오래도록 인간 세상에 있었는데,
> 이제 화장 지우려 하니 낯빛이 더욱 슬퍼진다.
> 설령 청구(靑丘: 구미호가 산다는 전설상의 나라이름)에 오늘 밤 이 달이 뜬다 하더라도,
> 다시는 예전의 구름 같은 머리를 비추지는 못하리.

한참동안 요도가 시를 읊고 난 뒤에 요곤도 이 때문에 기분이 좋지 않았는데, 갑자기 조목(曹牧: 牧은 한 州의 장관을 말함)이 보낸 사람

이 장차 배도(裴度)에게 바칠 좋은 개를 끌고서 반두관을 들어섰다. 개는 요도를 보고는 눈을 부라리고 목에 묶인 쇠사슬을 잡아당기면서 섬돌 위로 뛰어 올랐는데, 그 순간 요도가 여우로 변해 개의 등에 올라타 개의 눈을 파냈다. 개는 깜짝 놀라서 울부짖더니 반두관을 빠져나갔고 여우는 형산(荊山)을 향해 달아났다. 요곤이 깜짝 놀라 몇 리를 쫓아가 보았더니 개는 이미 죽어 있었고 여우는 어디로 갔는지 알 수 없었다. 요곤은 비통한 나머지 온종일 한 걸음도 떼 놓을 수 없었다. 밤이 되자 한 노인이 맛좋은 술을 들고 요곤을 찾아와서는 이렇게 말했다.

"저는 옛날부터 그대를 알고 있습니다."

요곤은 술을 마시고 난 뒤에도 끝내 이 사람이 어떻게 자신을 알고 있는지를 몰랐다. 노인은 술을 마시고 나서 길게 읍하더니 떠나가면서 이렇게 말했다.

"그대에게 대한 보답도 이 정도면 충분하고, 제 자손들도 아무 탈 없습니다."

노인이 이렇게 말하고는 사라졌는데, 요곤은 그제야 노인이 여우였음을 알아차렸다. 그 후로는 더 이상 아무 소식도 들리지 않았다. (『전기』)

太和中, 有處士姚坤, 不求榮達, 常以釣漁自適. 居於東洛萬安山南, 以琴尊自怡. 其側有獵人, 常以網取狐兔爲業. 坤性仁, 恒收贖而放之, 如此活者數百. 坤舊有莊, 質於嵩嶺菩提寺, 坤持其價而贖之. 其知莊僧惠沼行兇. 率常於閑處鑿井深數丈, 投以黃精數百斤, 求人試服, 觀其變化. 乃飮坤大醉, 投於井中, 以磑石咽其井.坤及醒,無計躍出,但饑茹黃精而已.

如此數日夜,忽有人於井口召坤姓名,謂坤曰:"我狐也,感君活我子孫不少,故來敎君.我狐之通天者.初穴於塚,因上竅,乃窺天漢星辰,有所慕焉,恨身不能奮飛.遂凝盼注神,忽然不覺飛出,躡虛駕雲,登天漢,見仙官而禮之.君但能澄神泯慮,注盼玄虛.如此精確,不三旬而自飛出.雖竅之至微,無所礙矣."坤曰:"汝何據耶?"狐曰:"君不聞『西昇經』云'神能飛形,亦能移山'?君其努力."言訖而去.坤信其說,依而行之,約一月,忽能跳出於磴孔中.遂見僧,大駭.視其井依然.僧禮坤詰其事,坤告曰:"但於中餌黃精一月,身輕如神,自能飛出,竅所不礙."僧然之,遣弟子,以索墜下,約弟子一月後來窺.弟子如其言,月餘來窺,僧已斃於井耳.

坤歸旬日,有女子自稱'夭桃',詣坤,云:"是富家女,誤爲年少誘出,失蹤不可復返.願持箕帚."坤見其('其'原作'之',據明鈔本改)妖麗冶容,至於篇什書札('書札'原作'等禮',據明鈔本改),俱能精至,坤亦念之.後坤應制,挈夭桃入京.至盤豆館,夭桃不樂,取筆題竹簡,爲詩一首曰:"鉛華久御向人間,欲捨鉛華更慘顏.縱有青丘今夜月,無因重照舊雲鬟."吟諷久之,坤亦矍然.忽有曹牧遣人執良犬,將獻裴度,入館.犬見夭桃,怒目掣鎖,蹲步上階,夭桃亦化爲狐,跳上犬背抉其目.大驚,騰號出館,望荊山而竄.坤大駭,逐之行數里,犬已斃,狐卽不知所之.坤惆悵悲惜,盡日不能前進.及夜,有老人挈美醞詣坤,云:"是舊相識."旣飲,坤終莫能達相識之由.老人飲罷,長揖而去,云:"報君亦足矣,吾孫亦無恙."遂不見.坤方悟狐也.後寂無聞矣.(出『傳記』)

## 윤 원(尹 瑗)

　　윤원은 일찍이 진사(進士) 시험에 응시했다가 낙방하고 태원부(太原府)의 진양현위(晉陽縣尉)가 되었다. 그는 임기를 마치고 관직에서 물러난 뒤 교외의 들판에서 살면서 글을 읽고 문장을 지으면서 유유자적한 생활을 했다. 그러던 어느 날 흰 옷 입은 한 사내가 찾아와 뵙기를 청하면서 스스로 이렇게 말했다.

　　"저는 오흥(吳興) 사람 주씨(朱氏)의 아들로, 어릴 때부터 배우기를 좋아했는데, 삼가 명공(明公)께서 문장에 대한 조예가 있다고 자부하신다는 소문을 들었습니다. 그래서 집사(執事: 尹瑗)께 의문 나는 것을 여쭤보고자 하니 거절하지 말아주십시오."

　　윤원은 곧장 그를 안으로 불러들여 이야기를 나누면서 그의 상황에 대해 물어보았다. 그러자 주씨가 말했다.

　　"저의 집은 남천(嵐川)에 있었으나, 어려서 왕어사(王御史)와 함께 북문(北門)에 갔다가 지금 왕씨(王氏) 집 별장에 기거한 지도 여러 해 되었습니다."

　　그때부터 주씨는 나흘에 한번씩 윤원을 찾아왔다. 주씨는 아주 거침없이 말을 잘 했으며 사용하는 언어도 전아했기 때문에 윤원은 그를 몹시 아껴 이렇게 말했다.

　　"그대는 말도 아주 기민하게 잘하고 품은 뜻도 오묘하여 여러 군(郡)을 돌아다니면서 공후(公侯)의 상객(上客)도 될 만한데, 어찌하여 스스로 곤궁한 생활을 하면서 이런 황량한 숲 속에서 숨어사는가?"

그러자 주생(朱生: 朱氏의 아들)이 대답했다.

"저도 공후를 알현하고 싶지 않은 것은 아니지만, 아침저녁으로 언제 닥칠지 모르는 화가 두려울 뿐입니다."

윤원이 말했다.

"어찌 그런 불길한 말을 하는가?"

그러자 주생이 말했다.

"꿈을 점쳐 보았더니 저는 올해 이후로 죽을 징조가 보입니다."

윤원이 곧장 말로 그를 위로하자 주생(朱生: 朱氏의 아들)은 자못 부끄러워하는 기색을 보였다. 후에 중양절(重陽節)이 되자 어떤 사람이 독한 술 한 병을 윤원에게 주었는데, 때마침 주생이 왔기에 함께 술을 마셨다. 주생은 처음에는 병을 핑계로 술을 마시려 하지 않더니 잠시 뒤에 다시 이렇게 말했다.

"좋은 날에 당신을 만났으니, 어찌 감히 주인의 즐거움을 만끽하지 않을 수 있겠습니까?"

그리고는 곧장 술을 잔에 가득 붓더니 마셨다. 잠시 뒤에 주생은 만취하여 작별을 고하고 갔는데, 수십 보도 채 가지 못하고 갑자기 땅에 고꾸라졌다. 그 순간 주생은 늙은 여우로 변했는데, 술에 취해 꼼짝도 못했기 때문에 윤원은 곧장 여우를 죽여 버렸다. 이에 윤원이 왕어사의 별장을 찾아갔더니, 한 늙은 농부가 이렇게 말했다.

"왕어사는 그의 비장(裨將)과 함께 오래 전에 남천에 수자리 서러 갔다가 여우에게 홀려 병을 얻어 죽었는데, 이미 여러 해 되었습니다. 마을에서 북쪽으로 수십 보 떨어진 곳에 그의 무덤이 있습니다."

윤원은 곧장 하인들을 시켜 왕어사의 무덤을 찾게 했는데, 과연 그곳에 굴이 하나 있었다. 훗날에 윤원은 어사가 되었을 때 몰래 그 이야기를 해주었는데, 당시는 당(唐)나라 태화연간(太[大]和年間: 827~835) 초였다. (『선실지』)

尹瑗者, 嘗擧進士不中第, 爲太原晉陽('太原晉陽'原作'太陽晋原', 據『宣室志』十改)尉. 旣罷秩, 退居郊野, 以文墨自適. 忽一日, 有白衣丈夫來謁, 自稱: "吳興朱氏子, 早歲嗜學, 竊聞明公以文業自負. 願質疑於執事, 無見拒." 瑗卽延入與語, 且徵其說. 云: "家僑嵐川, 早歲與御史王君皆至北門, 今者寓跡於王氏別業累年." 自此每四日輒一來. 甚敏辯縱橫, 詞意典雅, 瑗深愛之, 瑗因謂曰: "吾子機辯玄奧, 可以從郡國之遊, 爲公侯高客, 何乃自取沈滯, 隱跡叢莽?" 生曰: "余非不願謁公侯, 且懼旦夕有不虞之禍." 瑗曰: "何爲發不祥之言乎?" 朱曰: "某自今歲來, 夢卜有窮盡之兆." 瑗卽以詞慰諭之, 生頗有愧色('色'原作'生', 據明鈔本改). 後至重陽日, 有人以濃醞一瓶遺瑗, 朱生亦至, 因以酒飮之. 初詞以疾, 不敢飮, 已而又曰: "佳節相遇, 豈敢不盡主人之歡耶?" 卽引滿而飮. 食頃, 大醉告去, 未行數十步, 忽仆于地. 化爲一老狐, 酪酊不能動矣, 瑗卽殺之, 因訪王御史別墅, 有老農謂瑗曰: "王御史幷之裨將, 往歲戍於嵐川, 爲狐媚病而卒, 已累年矣. 墓於村北數十步." 卽命家僮尋御史墓, 果有穴. 瑗後爲御史, 竊話其事, 時唐太和初也. (出『宣室志』)

454 · 8(6196)
# 위씨자(韋氏子)

   두릉(杜陵)의 위씨의 아들은 한성(韓城)에 살면서, 성 북쪽에서 10리 남짓 떨어진 곳에 별장 한 채를 가지고 있었다. [唐나라] 개성(開成) 10년[개성연간은 실제 836~840까지로, 5년에 불과함] 가을 어느 날 위씨의 아들은 읍안에서 노닐다가 날이 저물었을 때 흰옷 입은 어떤 여자가 표주박 하나를 들고 북쪽에서 오는 것을 보았다. 여자가 위씨의 아들에게 말했다.

   "저는 성 북쪽 마을에 산지 여러 해 되었는데, 집안이 몹시 가난합니다. 오늘 이서(里胥)에게 모욕당하여 관가에 소송하러 가는 길인데, 당신께서 고소장을 써주시면 제가 그것을 가지고 성읍으로 가서 치욕을 씻고자 합니다."

   위씨의 아들은 그렇게 해주겠다고 대답했다. 그러자 여자는 곧장 위씨의 아들에게 절하고 들판에 자리 잡고 앉더니 품속에서 술잔 하나를 꺼내고는 이렇게 말했다.

   "표주박 안에 술이 있으니 당신과 함께 취하도록 마셨으면 합니다."

   그리고는 술을 따라 위씨의 아들에게 한잔 마시게 했다. 위씨의 아들이 막 술잔을 드는데, 마침 한 사냥꾼이 사냥개 여러 마리를 이끌고 말을 탄 채 서쪽에서 오고 있었다. 여자는 멀리서 사냥꾼을 보더니 동쪽으로 수십 보 달아나서 여우로 변했다. 위씨의 아들이 두려움에 떨면서 손에 들고 있는 술잔을 보았더니, 그것은 다름 아닌 해골이었고 술은 소의 오줌 같았다. 이 때문에 위씨의 아들은 열병에 걸렸다가 한달 남짓 뒤에 비로소 나았다. (『선실지』)

　　杜陵韋氏子家于韓城, 有別墅在邑北十餘里. 開成十年秋自邑中遊焉, 日暮, 見一婦人素衣, 挈一瓢, 自北而來. 謂韋曰: "妾居邑北里中有年矣, 家甚貧. 今爲里胥所辱, 將訟于官, 幸吾子紙筆書其事, 妾得以執詣邑, 冀雪其恥." 韋諾之. 婦人卽揖韋坐田野, 衣中出一酒卮曰: "瓢中有酒, 願與吾子盡醉." 於是注酒一飮韋. 韋方擧卮, 會有獵騎從西來, 引數犬. 婦人望見, 卽東走數十步, 化爲一狐. 韋大恐, 視手中卮, 乃一髑髏, 酒若牛溺之狀. 韋因病熱, 月餘方瘳. (出『宣室志』)

# 태평광기 권제 455

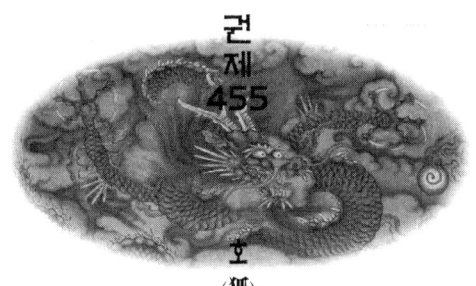

호(狐) 9

1. 장직방(張直方)
2. 장 근(張　謹)
3. 잠 규(岑　規)
4. 호 룡(狐　龍)
5. 창저민(滄渚民)
6. 민 부(民　婦)

## 455 · 1(6197)
## 장직방(張直方)

   당(唐)나라 함통연간(咸通年間: 860~874) 경인년(庚寅年: 870)에 노룡군절도사(盧龍軍節度使) 검교상서(檢校尙書) 겸 좌복야(左僕射) 장직방이 표문(表文)을 올려 궁으로 들어가 황제 알현을 청하자 황제는 우조(優詔: 칭찬과 격려의 뜻이 담긴 조서)를 내려 이를 윤허했다. 장씨 집안은 본디 대대로 연(燕) 땅을 다스려오고 있었는데, 연 땅 백성들은 모두 그들의 은혜에 감복하고 있었다. 장씨 집안은 연대(燕臺: 燕나라 昭王의 黃金臺. 戰國時代 때 燕나라 昭王은 黃金臺를 짓고 천하의 賢士들을 접견했다 함)의 가객(嘉賓)들을 예로써 대해주었고, 역수(易水: 荊軻가 秦나라 始皇을 시해하러 갈 때 燕나라 太子 丹이 이곳에서 餞別宴을 베풀어주었음)의 장사(壯士)들을 어루만져 주었다. 연 땅은 또한 토지가 비옥하고 병사도 많았으나 조정에서는 연 땅의 행정에 관여하지 않은 채 내버려 두고 있었다.

   그러나 장직방이 이곳 일을 맡아보게 된 이래로 호족(豪族) 출신에 다른 주군(州郡)보다 우위를 점하고 있던 그는 백성의 길흉화복을 전혀 염두에 두지 않았다. 그는 집안에 있을 때는 술에 취해있고 들판에 있을 때는 사냥에 빠져 지냈으며, 피관(皮冠: 사냥할 때 쓰던 가죽으로 만든 모자. 여기서는 사냥꾼들을 의미함)들에게 거액의 상금을 마구 하사하고 녹책(綠幘: 옛날 천민이 입던 옷. 여기서는 천한 사람들을 가리킴)들에게 온갖 총애를 다 내렸다. 말년에 이르러 삼군(三軍: 步兵・車兵・騎兵)에서 원성이 들끓자 장직방은 조금씩 불안해졌다. 그의 좌우에는 그를 위해 계책을 내는 사람들이 있었는데, [그들의 말을 따라] 장직방은 온 집안 식구를 데리고 서쪽으로 가 도성에 들어갔다. 의종(懿宗)이 그를 좌무위대장군(左武衛大將軍)에 임명했으나 그는 매를 날리고 황견(黃犬)을 풀어놓은 채 [사냥에만 몰두하면서], 도로를 순찰하고 경비해야 하는 자신의 임무를 직접 수행하지 않았다. 그는 종종 짐승이 다니는 길에 그물을 쳐놓곤 했는데, 그로 인해 개고 돼지고 남아나는 것이 없었다. 또 노비들 중에 조금이라도 마음에 들지 않는 자가 있으면 즉시 죽여 버렸다. 어떤 사람이 말했다.

"도성에서는 맘대로 사람을 죽여서는 안 됩니다."

그러자 장직방의 어머니가 말했다.

"내 아들보다 더 높은 사람이 있단 말이냐?"

그가 얼마나 안하무인이었는지 짐작할 수 있을 것이다. 이 지경이 되자 간관(諫官)들은 줄지어 상소를 올리면서 그를 잡아다 정위(廷尉)에게 넘길 것을 요구했다. 천자는 그를 차마 법으로 다스릴 수 없어 연왕부(燕王府)의 사마(司馬)로 강등시켜 낙양(洛陽)의 군사업무를 분담하게 했다. 그러나 동도(東都: 洛陽)로 간 뒤에도 장직방은 개과천선하지 못하고 더욱 노는 데만 정신을 팔았다. 낙양의 사방 경내에 살고 있던 날짐승과 들짐승들도 모두 그를 알아보고는 반드시 무리지어 길게 울부짖으며 그가 있는 곳을 떠나갔다.

왕지고(王知古)라는 사람은 동제후(東諸侯: 땅을 封해 받은 고관을 가리킴)의 공사(貢士: 지방관이 조정에 천거한 인재)였다. 그는 비록 유학을 조금 배운 적이 있었으나, 춘관(春官: 禮部)에서 주관하는 관리 선발에 번번이 떨어지자 도성을 떠나 산천을 유람하면서 격국(擊鞠)과 술 마시는 것을 업으로 삼으며 마을의 남쪽 북쪽을 한가로이 돌아다니고 있었다. 그 때 어떤 사람이 왕지고를 장직방에게 소개시켜주자 장직방은 그를 안으로 맞아들였는데, 그의 예리한 말솜씨와 풍부한 언사를 보고나서 자기도 모르게 그의 앞으로 다가가게 되었으며 그때부터 날마다 그와 매우 가까이 지내게 되었다. 임진년(壬辰年: 872) 겨울 11월에 왕지고는 아침 일찍 일어났다가 세 얻어 사는 집에 땔나무 하나 없고 근심스런 구름만 눈 앞 가득 깔려있는 것을 보고는 기분이 매우 울적해져서 터덜터덜 걸어 장직방의 저택으로 향했다. 그가 장직방의 집에 도착하고 보니 장직방은 매우 급하게 어디론가 나가려던 참이었다. 장직방은 사냥을 가려다가 왕지고에게 말했다.

"같이 갈 수 있겠는가?"

왕지고가 날씨가 너무 추워 난색을 표하고 있자 장직방이 어린 가동을 돌아보며 말했다.

"검은색 단포(短袍)를 가져오너라."

[가동이 옷을 가져오자] 장직방은 왕지고에게 주며 입으라고 했다. 왕지고는 검은색 단포를 입은 뒤 삼베로 만든 옷을 그 위에 걸쳐 입고 장직방과 나란히 말을 몰아 길을 나섰다.

장하문(長夏門)을 나서자마자 싸리 눈이 조금 내리기 시작하더니 궐새산(闕塞山)에서부터는 마치 빗물이 쏟아 붓듯 큰 눈이 내렸다. 그들은 이수(伊水)를 건너 동남쪽으로 간 뒤 만안산(萬安山) 북쪽 기슭을 올라갔는데, 가는 동안 아주 많은 짐승을 잡았다. [사냥을 마친 뒤] 우상(羽觴: 깃털을 양쪽에 붙인 밑이 뾰족한 술잔)을 기울이며 토끼 어깨 죽지를 구워먹노라니 엄동의 추위도 전혀 느껴지지 않았다. 하늘이 걷히고 눈이 그쳤을 때는 해가 기울 녘이었는데, 그때 갑자기 큰 여우 한 마리가 왕지고의 말 머리 앞을 쌩 하고 지나갔다. 그러자 왕지고는 술기운에 말을 달려 [여우를 쫓아갔는데] 채 몇 리도 못가 결국 여우도 따라잡지도 못하고 자신은 사냥꾼들과 뿔뿔이 흩어지고 말았다. 잠시 후에 까치가 시끄럽게 울고 안개마저 어둡게 깔리는 통에 왕지고는 자신이 어디로 가고 있는지조차 몰랐다. 그는 그저 아득히 들려오는 낙양성(洛陽城)의 저녁종소리를 들으며 오래된 숲길 사이를 왔다 갔다 할 뿐이었다.

　잠시 후 산천이 어두컴컴해 지는 것이 마치 일경(一更: 저녁 7시에서 9시)이 반은 되어가는 듯했다. 왕지고가 멀리 바라보니 아주 밝은 횃불이 보였다. 이에 그는 쌓여있는 눈빛에 의지한 채 그 빛이 보이는 곳으로 갔다. 거기서 다시 10여 리를 가니 나무 가지가 서로 얽혀있는 울창한 수풀이 나왔다. 또 그 가운데 붉은 대문이 활짝 열려 있고 흰색 담이 빙 둘러쳐져 있는 집이 나왔는데, 그 집은 마치 궁궐의 북문에 있는 저택 같았다. 왕지고는 문에 이르러 말에서 내렸다. 그는 그곳에서 서성거리면서 아침이 오기를 기다릴 작정이었는데, 잠시 후 말이 갑자기 고삐를 흔드는 바람에 문지기가 [누군가가 왔음을] 눈치 채고서 문을 사이에 두고 누구냐고 물어왔다. 왕지고가 대답했다.

　"성주(成周)의 공사(貢士)인 태원(太原) 사람 왕지고입니다. 저는 오늘 아침에 공동산(崆峒山) 옛 은신처로 돌아가는 친구가 있어 이수가에서 전별연을 열어주었는데, 이별주를 너무 많이 마셔서 그와 악수를 한 뒤 헤어져 돌아왔습니다. 그런데 말이 냅다 내달리는 통에 도무지 멈추게 할 방도가 없어 그만 길을 잃고 이곳까지 오게 되었습니다. 내일 아침 날이 밝으면 곧 떠날 것이니 너무 나무라지 말아 주십시오."

문지기가 말했다.

"여기는 남해부사(南海副使) 최중승(崔中丞)의 장원입니다. 주인나리께서는 근자에 조서(詔書)를 받고 대궐로 들어가셨고, 도련님께서도 계리(計吏: 회계를 담당하는 관리)를 따라 서쪽으로 세금을 징수하러 나가신 터라 이곳에는 여주인어른밖에 안 계십니다. 그러니 어떻게 오래 머물러 계실 수 있으시겠습니까? 그러나 제가 감히 당신에게 가라마라 할 수는 없으니 안에 들어가 여쭙고 오겠습니다."

왕지고는 비록 두려워하며 안절부절 했으나 속으로 '한밤중인데 가라고 하면 어디로 간단 말인가?'라고 생각하며 두 손을 맞잡고 서서 대답을 기다렸다. 잠시 후 안에서 어떤 사람이 손에 촛불을 들고 나와 문을 열더니 보모(保母)를 인도하여 밖으로 나왔다. 왕지고가 앞으로 나가 절하며 [여기까지 오게 된] 사연을 설명하자 보모가 말했다.

"부인께서 말씀 전하시길, 주인어른과 아들이 모두 집에 없기 때문에 도리상 손님을 맞아들일 수 없으나, 이곳은 외진 곳이라 산과 늪이 바로 옆에 붙어있어 승냥이와 이리가 마구 짖어댑니다. 따라서 만일 당신을 거절한다면 이는 물에 빠진 이를 보고도 구해내지 않는 것과 다름없으니, 청컨대 바깥채에서 하룻밤 묵으시고[본문에는 '請舍外聽'이라 되어 있으나 '請舍外廳'의 오기로 보임] 날이 밝거든 떠나라고 하십니다."

왕지고는 감사를 표한 뒤 보모를 따라 안으로 들어갔다.

그는 겹 문을 통과해 바깥채 옆으로 갔는데, 기둥과 두공(枓栱: 목조 건물의 기둥 위에 기둥을 받치며 장식하기 위에 짜놓은 구조)이 모두 널찍했으며 휘장 또한 매우 화려했다. [휘장 안에는] 은등(銀燈)이 밝혀져 있었고 수놓은 자리가 깔려있었다. 보모는 왕지고에게 자리로 가 앉으라 했다. 술잔이 세 번 돈 뒤에 사방 일장이나 되는 상에 음식을 차려 내왔는데, [아직 태어나지도 않은] 뱃속에 든 표범에 방어 아랫배 살까지, 물과 땅에서 나는 모든 진미는 빠짐없이 갖춰져 있었다. 보모 역시 가끔씩 술과 음식을 권하기도 했다. 식사를 마치자 보모는 왕지고에게 집안 대대로 어떤 관직을 지냈는지, 그리고 친가 외가 인척으로는 누가 있는지 등을 물었다. 왕지고가 일일이 대답하자 보모는 이렇게 말했다.

"수재(秀才: 王知古)님께서는 고관대작 집안의 자제이시며, 금과 옥 같은 모습에 빼어난 풍모를 지니고 계실 뿐 아니라 나이도 젊으시고 품행도 고결하시니, 실로 현숙한 아가씨의 어진 남편감이십니다. 저희 마님께서는 아끼시는 막내 따님이 곧 계년(笄年: 여자가 성년이 되는 사이, 즉 15세를 말함)이 되실 것이기에 매파에게 부탁하시어 좋은 배필을 구하신지 이미 오래되었습니다. 그런데 오늘 저녁에 이렇게 뜻하지 않게 좋은 사람을 만났으니, 반(潘)·양(楊) 두 집안의 화목함을 이제 따를 수 있게 되었으며[晉나라 때 潘岳과 楊仲武는 서로 매우 친밀한 관계였는데, 潘岳의 부친은 楊仲武의 할아버지와 교분이 있었으며 潘岳의 아내는 楊仲武의 고모였다고 함] 봉황의 길한 조짐 또한 여기 있다 하겠습니다. 수재님 생각은 어떠하신지 모르겠군요."

왕지고가 엄숙한 얼굴로 말했다.

"저의 문장은 금성(金聲)에 부끄러우며 재주 또한 옥처럼 매끄럽지도 않습니다[『孟子·萬章下』에 "孔子之謂集大成也者, 集大成者, 金聲而玉振之也"라는 구절이 있는데, 후에 '金聲玉振'은 智德을 겸비하는 것을 의미하는 말로 쓰였음]. 그러니 어찌 장가들 꿈이나 꾸겠습니까? 저는 그저 미천한 제 신분이 걱정스러울 뿐인데, 뜻하지 않게 길을 잃고 헤매던 제가 황공하기 그지없는 총애를 입어 한 밤중에 당신을 만나게 되었으며 노관(魯館: 春秋시대에 魯나라 莊公이 周나라 王姬의 혼사를 주관했는데, 大夫를 파견해 王姬를 魯나라로 모셔온 다음 성 밖에 館을 건축하여 살게 하다가 다시 齊나라로 보내 齊侯와 혼인시켰다 함. 후에 '魯館'은 귀족 여자가 출가할 때에 밖에 머무르던 곳을 가리키는 말로 사용되었음)에서 청아한 음성을 듣고 진대(秦臺: 秦 穆王이 딸 弄玉과 사위 蕭史를 위해 지어준 누대)에서 상서로운 기운을 쐬게 되었습니다. 두 명의 객[劉晨과 阮肇]이 [天台山에 약초 캐러 들어갔다가] 선녀를 만난 것도 이 만은 못 할 것이며 [혼인을 예시해 준다는] 삼성(三星)이 내리 비춘다 해도 이런 일은 성사시키지 못했을 것입니다. 만일 당신네와 같은 명문세가에 몸을 맡기고 좋은 짝까지 맞이할 수 있다면, 제가 평생 뜻하던 바가 모두 여기 있는 것 아니겠습니까?"

보모는 기쁜 마음에 시시덕거리며 안으로 들어가 이와 같은 사실을 아뢰었다. 그런 다음 다시 나와 마님의 명령을 전하며 이렇게 말했다.

"우리 딸아이는 최씨 가문에 태어난 이래로 그 몸가짐이 실로 훌륭했소. 그 아이는 빈번(蘋蘩: 『詩經』「召南」에 「採蘋」과 「採蘩」이 있는데, 그 「採蘩序」에 보면 "夫人이 失職하지 않는 것을 말하고 있다. 夫人은 제사를 모실 수 있기 때문에 失職하지 않는다"라는 구절이 있는데, 후에 제사 의식을 따르는 것, 혹은 아녀자의 직분을 다하는 것을 '蘋蘩'이라 했음)의 경건함을 받들며 금슬(琴瑟: 『詩經』「周南」「關雎」에 "窈窕淑女, 琴瑟友之"라는 구절이 있는데, 후에 부부간의 정이 돈독한 것을 비유할 때 '琴瑟'이라고 했음)의 조화 또한 알고 있소. 나는 오직 막내딸 생각만을 하며 훌륭한 군자에게 시집보내고자 했다오. 그런데 지금 이렇게 외롭고 높으신 분께서 혼사를 허락하여 내 소원이 이루어지게 되었구려. 길도 그리 멀지 않으니 내 곧 도성에 편지를 보내겠소. 백 냥을 예물로 보낸다 해도 도리에 어긋나는 일은 아닐 것이오. 나는 너무나 기쁘고 다행스럽게 생각하며 온 마음을 다해 그대를 기다리고 있겠소."

왕지고는 허리를 굽혀 공경을 표한 뒤 다음과 같이 답했다.

"저는 벌레나 모래와 같은 미천한 사람으로 이름도 없이 스러져갈 것이 뻔했는데, 뜻하지 않게 부귀한 고관대작의 집안에 받아들여졌으니 [내려주신] 깨끗한 물을 받들어 먼지를 깨끗이 씻어버린 것과 마찬가지입니다. [저는 앞으로] 학이 목을 길게 뺀 채 발돋움하듯 또 오리가 종종걸음으로 걸어 다니듯, 당신의 분부만을 기다리고 있겠습니다."

왕지고가 다시 절하자 보모가 그를 놀리며 말했다.

"훗날 화려한 비단 옷이 벗겨지고 거울 달린 화장대가 활짝 열리면, 마치 달무리처럼 아름다운 자태와 구름처럼 자욱한 동방(洞房)을 보게 되실 터인데, 그 때에도 제 생각이 나시겠습니까?"

왕지고가 감사를 표하며 말했다.

"범인이 신선에 접근하여 땅에 있다가 은하수로 올라갔는데, 만일 저를 들어올려 준 사람이 없었다면 어떻게 스스로 중매인 노릇을 할 수 있었겠습니까? 당신의 깊은 마음을 삼가 마음에 새기고 의대에 그것을 기록하여 두었다가 늙을 때까지 늘 그것을 차고 다니며 살 것을 약속하겠습니다."

그리고는 다시 한번 절했다.

그날은 달빛이 마당으로 비춰 내려오는 실로 아름다운 밤이었다. 보모는 왕지고에게 옷을 벗고 쉬라고 했는데, 왕지고가 삼베옷을 벗자 검은 단포가 나왔다. [그것을 본] 보모가 왕지고를 놀리며 말했다.

"학문하는 선비가 뒤 짧은 옷을 입는 법도 있습니까?"

왕지고가 변명하며 말했다.

"이건 제가 잘 어울려 다니던 사람에게서 빌린 것이지 본디 제 것이 아닙니다."

보모가 누구에게서 빌렸냐고 묻자 왕지고가 대답했다.

"노룡군절도사로 있는 복야 장직방에게 빌렸습니다."

보모는 [그 말을 듣더니] 갑자기 깜짝 놀라 소리치다가 땅에 고꾸라졌는데, 낯빛이 죽은 사람모양 회색으로 변해있었다. 보모는 다시 일어난 다음 뒤도 돌아보지 않고 바로 집안으로 들어갔다. [잠시 후] 멀리서 크게 외치는 소리가 들려왔다.

"마님! 일이 다 틀어졌습니다! 여기 머물고 계신 손님은 장직방과 한 패거리입니다!"

다시 부인이 외치는 소리가 들렸다.

"속히 그 놈을 쫓아내 원수를 불러들이는 일이 없도록 하라!"

그러자 하녀들과 하인들이 줄줄이 무리지어 들어왔는데, 손에 커다란 횃불을 들고 흰 몽둥이를 끌면서 계단을 올라왔다. 왕지고는 다급하고 두려운 마음에 마당으로 내려가 사방에 대고 사죄했다. 사방에서 마구

들려오는 욕 소리 속에 왕지고는 가까스로 문 밖으로 빠져나올 수 있었다. 그가 막 문을 나오고 보았더니 이미 문은 닫히고 빗장까지 걸려있었다. 그런데도 시끄러운 소리만은 여전히 들려오고 있었다. 왕지고는 경악한 채 길 옆에 서서 한참동안 탄식했다. 그는 다 허물어진 담장에 숨어 있다가 그 아래에서 말을 찾아내고는 얼른 집어타고 돌아왔다.

왕지고가 멀리 바라보니 마치 벌판이 훨훨 타오르고 있는 듯 커다란 불이 보였다. 이에 그는 말을 몰아 그리로 가 보았는데, 당도해 보았더니 조세를 도성에 들여가는 수레에서 소에게 먹이를 주느라 불을 지핀 것이었다. 그가 사람들에게 그곳이 어디냐고 물어보니 바로 이수 동쪽에 있는 초점(草店)의 남쪽이라고 대답했다. 왕지고는 고삐를 베고 잠시 눈을 붙였는데, 한 식경쯤 지나서 깜짝 놀라 정신을 차리고 나니 마음이 조금 편안해졌다. 이에 그는 다시 채찍을 휘두르며 큰 길을 달려갔다. 성문에 이르러 보았더니 이미 장직방의 기마병 수십 명이 그를 찾아 나와 있었다. 왕지고는 먼 길을 달려 장직방의 저택에 도착했는데, 장직방을 보자 화가 치밀어 말을 할 수 없었다. 장직방이 그를 위로하자 그는 자리에 앉아 간밤에 일어났던 괴이한 일에 대해 이야기했다. 그러자 장직방이 일어나 넓적다리를 치며 말했다.

"산에 사는 요괴야! 나무에 사는 귀신아! 인간 세상에 장직방이 있다는 사실을 너희들도 아느냐?"

장직방은 일단 왕지고를 쉬게 하고나서 무리를 수십 명 더 모았는데, 그들은 하나같이 활쏘기에 능한 자들이었다. 장직방은 그들에게 술과 돼지 다리를 먹인 뒤 왕지고와 함께 남쪽으로 출발했다. 만안산 북쪽에 도착한 뒤 왕지고가 앞장서 길을 인도했는데, 아직 녹지 않은 눈 속에 말 발자국이 선명히 남아있었다. 그들은 곧장 측백나무 숲 아래로 들어갔는데, 도착해 보니 황폐해진 무덤에 비석과 관이 아무렇게나 내버려져 있었고 빽빽한 수풀 사이에 베어놓은 나무와 풀이 남아있었다. 그 사이에 커다란 무덤 10개가 있었는데, 모두가 여우나 토끼의 소굴이었다. 그 아래에 길이 나 있는 것을 보고 장직방은 무리에게 명령을 내려 사방에 그물을 설치한 뒤 활시위를 당긴 채 기다리고 있게 했다. 그런 다음 동굴 안에다 삼을 묶어 [불을 지펴놓고] 가래를 어깨에 맨 채 한편으로는 땅을 파들어 가며 다른 한편으로는 연기를 지폈다. 잠시 후 갑자기 여우 떼가 우르르 튀어나왔는데, 그중에는 머리와 이마를 불에 그슬린 놈도 있었고 그물에 걸린 놈도 있었으며, 화살에 맞은 놈도 있었다. 장직방은 큰 여우 작은 여우 모두 합해서 대략 100여 마리의 여우를 잡은 다음 집으로 돌아왔다. (『삼수소독』)

　唐咸通庚寅歲, 盧龍軍節度使·檢校尙書·左僕射張直方, 抗表請修入覲之禮, 優詔允焉. 先是張氏世蒞燕土, 燕民世服其恩. 禮燕臺之嘉賓, 撫易水之壯士. 地沃兵庶, 朝廷每姑息之.
　洎直方之嗣事也, 出綺紈之中, 據方嶽之上, 未嘗以民間休戚爲意. 而酣酒于室, 淫獸于原, 巨賞狎於皮冠, 厚寵集於綠幘. 暮年而三軍大怨, 直方稍不自安. 左右有爲其計者, 乃盡室西上至京. 懿宗授之左武衛大將軍, 而直方飛蒼走黃, 莫親徼道之職. 往往設罝罘於通道, 則犬彘無遺. 臧獲有不如意者, 立殺之. 或曰:"輦轂之下, 不可專殺." 其母曰:"尙有尊於我子者耶?" 其僭軼可知也. 於是諫官列狀上, 請收付廷尉. 天子不忍寘于法, 乃降爲燕王府司馬, 俾分務洛師焉. 直方至東都, 旣不自新, 而慢遊愈極. 洛陽四旁, 蓻者攫者, 見皆識之, 必群噪長嘷而去.

有王知古者, 東諸侯之貢士也. 雖薄涉儒術, 而數不中春官選, 乃退遊于山川之上, 以擊鞠揮觴爲事, 遨遊於南鄰北里間. 至是有紹介於直方者, 直方延之, 覩其利喙贍辭, 不覺前席, 自是日相狎. 壬辰歲冬十一月, 知古嘗晨興, 僦舍無煙, 愁雲塞望, 悄然弗怡, 乃徒步造直方第. 至則直方急趨. 將出畋也, 謂知古曰: "能相從乎?" 而知古以祁寒有難色, 直方顧卭僮曰: "取短皁袍來." 請知古衣之. 知古乃上加麻衣焉, 遂聯轡而去.

出長夏門則微霰初零, 由闕塞而密雪如注. 乃渡伊水而東南, 踐萬安山之陰麓, 而轟弋之獲甚夥. 傾羽觴, 燒兎肩, 殊不覺有嚴冬意. 及霰開雪霽, 日將夕焉, 忽有封狐突起於知古馬首. 乘酒馳之, 數里不能及. 又與獵徒相失. 須臾, 雀噪煙暝, 莫知所如. 隱隱聞洛城暮鐘, 但彷徨於樵徑古陌之上.

俄而山川暗然, 若一鼓將半. 長望間, 有炬火甚明. 乃依積雪光而赴之. 復若十餘里, 到則喬林交柯. 而朱門中開, 皓壁橫亘, 眞北闕之甲第也. 知古及門下馬, 將徙倚以待旦('旦'原作'且', 據明鈔本改), 無何, 小駟頓轡, 閽者覺之, 隔闔而問阿誰. 知古應曰: "成周貢士太原王知古也. 今旦有友人將歸于崆峒舊隱者, 僕餞之伊水濱, 不勝離觴, 旣摻袂. 馬逸, 復不能止, 失道至此耳. 遲明將去, 幸無見讓." 閽曰: "此乃南海副使崔中丞之莊也. 主父近承天書赴闕, 郎君復隨計吏西征, 此唯閨閫中人耳. 豈可淹久乎? 某不敢去留, 請聞于內." 知古雖忧惕不寧, 自度: '中宵矣, 去將安適?' 乃拱立以俟. 少頃, 有秉蜜炬自內至者, 振管闢扉, 引保母出. 知古前拜, 仍述厥由, 母曰: "夫人傳語, 主與小子皆不在家, 於禮無延客之道, 然僻居與山藪接畛, 豺狼所嘷. 若固相拒, 是見溺而不援也, 請舍外聽, 翌日可去." 知古辭謝, 從保母而入.

過重門, 側聽所, 欒櫨宏敞, 帷幕鮮華. 張銀燈, 設綺席. 命知古座焉. 酒三行,復陳方丈之饌, 豹胎魚腴, 窮水陸之美者. 保母亦時來相勉. 食畢, 保母復問知古世嗣官族, 及内外姻黨. 知古具言之, 乃曰:"秀才軒裳令胄, 金玉奇標, 既富春秋, 又潔操履, 斯實淑媛之賢夫也. 小君以鍾愛稚女將及笄年, 常託媒妁, 爲求佳對久矣. 今夕何夕, 獲遘良人, 潘·楊之睦可遵, 鳳凰之兆斯在, 未知雅抱何如耳."知古斂容曰:"僕文愧金聲, 才非玉潤, 豈室家爲望? 唯泥塗是憂, 不謂寵及迷津, 慶逢子夜, 聆清音於魯館, 逼佳氣於秦臺. 二客遊神, 方茲莫計, 三星委照, 唯恐不揚. 儻獲託彼彊宗, 媵以嘉偶, 則平生所志, 畢在斯乎?" 保母喜, 譃浪而入白. 復出致小君之命曰:"兒自移天崔門, 實秉懿範. 奉蘋蘩之敬, 知琴瑟之和. 唯以稚女是懷, 思配君子. 既辱高義, 乃叶夙心. 上京飛書, 路且不遙. 百兩陳禮, 事亦非僭. 忻慰孔多, 傾矚而已." 知古磬折而答曰:"某虫沙微類, 分及湮淪, 而鐘鼎高門, 忽蒙採拾, 有如白水, 以奉清塵. 鶴企鳧趨, 唯待休旨."知古復拜, 保母戲曰:"他日錦雉之衣欲解, 青鸞之匣全開, 貌如月暈, 室若雲迷, 此際頗相念否?" 知古謝曰:"以凡近仙, 自地登漢, 不有所攣, 孰能自媒? 謹當銘彼襟靈, 志之紳帶, 期於沒齒, 佩以周旋."復拜.

時則月沈當庭, 實爲良夜. 保母請知古脫服以休, 既解疏衣而皁袍見. 保母誚曰:"豈有縫掖之士, 而服短後之衣耶?" 知古謝曰:"此乃假之於與所遊熟者, 固非己有."又問所從, 答曰:"乃盧龍張直方僕射所借耳." 保母忽驚叫仆地, 色如死灰. 既起, 不顧而走入宅. 遙聞大叱曰:"夫人! 差事! 宿客乃張直方之徒也!" 復聞夫人音叱曰:"火急逐出, 無啓寇讎!" 於是婢子小堅輩羣從, 秉猛炬, 曳白梃而登階. 知古佂儜, 趍(明鈔本'趍'作'趨')於庭中, 四顧遜謝. 罵言狎至, 僅得出門. 纔出, 已橫關闔扉. 猶聞詬讟未已. 知古愕立道左, 自歎久之. 將隱頽垣, 乃得馬於其下, 遂馳去.

遙望大火若燎原者. 乃縱轡赴之, 至則輸租車方飯牛附火耳. 詢其所, 則伊水東, 草店之南也. 復枕轡假寐, 食頃而震方洞然, 心思稍安. 乃揚鞭於大道. 比及都門, 已有直方騎數輩來跡矣. 遙至其第, 旣見直方, 而知古憤懣不能言. 直方慰之, 坐定, 知古乃述宵中怪事. 直方起而撫髀曰: "山魖! 木魅! 亦知人間有張直方耶?"

且止知古, 復益其徒數十人, 皆射皮飮羽者. 享以卮酒豚肩, 與知古復南出. 旣至萬安之北, 知古前導, 殘雪中馬跡宛然. 直詣栢林下, 至則碑板廢於荒坎, 樵蘇殘於密林. 中列大塚十餘, 皆狐兎之窟宅. 其下成蹊, 於是直方命四周張羅, 彀弓以待. 內則束薀荷鍤, 且掘且燻. 少頃, 群狐突出, 燋頭爛額者, 罥掛者, 應弦飮羽者. 凡獲狐大小百餘頭以歸. (出『三水小牘』)


455・2(6198)
# 장근(張 謹)

도사 장근은 부적술을 좋아해서 고생스럽게 그것을 배웠으나 아무런 성과가 없었다. 그는 일찍이 이곳저곳을 떠돌다 화음(華陰) 저자거리에 가게 되었는데, 그곳에서 향과(香瓜) 파는 사람을 보고 향과를 사먹었다. 그때 그 옆에 한 노인이 있었는데, 장근이 노인이 몹시 허기져 있음을 눈치 채고 향과를 집어 주자 노인은 연거푸 백여 개의 향과를 먹었다. 장근은 노인이 비범하다는 사실을 알아차리고 더욱 공경을 다해 노인을 받들었다. 노인은 떠나려다가 장근에게 이렇게 말했다.

"나는 토지신이다. 너의 정성이 고마워 그것에 보답하고자 한다."

그러더니 책 한 권을 꺼내며 말했다.

"이것은 여우요괴를 물리칠 수 있는 법술이니, 부지런히 행해보도록 하여라."

장근이 그 법술을 받아드는 순간 노인은 어디론가 사라졌다.

이튿날 그는 근처에 있는 한 현(縣)의 마을에서 묵었는데, 그 집에서 마치 미쳐 날뛰듯 한 여자가 울부짖는 소리가 들려왔다. 장근이 주인에게 [대체 무슨 소리냐고] 묻자 주인이 대답했다.

"집에 딸이 하나 있는데, 근자에 미치광이 병을 얻어 매일 해가 기울 때가 되면 단장을 하고 옷을 차려입은 다음 호랑(胡郞)을 불러오라고 저런 답니다. 우리가 고쳐보지 않은 것이 아니라 어쩔 도리가 없어서 [저렇게 내버려두는] 것입니다."

이에 장근은 즉시 부적을 적어 처마와 문 사이에다 붙여놓았다. 그러자 그날 저녁에 처마 위에서 울며 욕하는 소리가 들려왔다.

"대체 어떤 도사 놈이기에 남의 집안일에 간섭하는 게냐! 속히 떠나지 못할까!"

장근이 화를 내며 꾸짖자 한참 뒤에 다음과 같은 소리가 크게 들려왔다.

"너 때문에 [하는 수 없이] 잠시 떠나겠다."

그러더니 드디어 잠잠해졌다. 장근이 다시 몇 장의 부적을 적어주자 여자의 병이 다 나았다. 이에 주인은 그에게 사례로 수십 필의 비단을 주었다.

장근은 늘 혼자 길을 다녔으나 무거운 짐이 생긴 탓에 시종을 구해야만 했다. 그래서 그는 며칠 간 그곳에 머무르고 있었는데, 갑자기 하인 두 명이 장근을 찾아와 각각의 이름을 '덕아(德兒)'와 '귀보(歸寶)'라고 소개하면서, 자신들은 일찍이 최씨(崔氏)를 섬겼으나 최씨가 관직으로 인해 외지로 나가는 바람에 버림을 받아 지금은 갈 곳이 없어졌으니 이제부터 장근을 옆에서 모시고 싶다고 말했다. 이에 장근은 그들을 받아들였다. 두 하인은 모두 조심스럽고 영리했으며 또한 매우 믿음직했다. 장근은 동쪽을 향해 가다가 책 보따리며 부적술, 그리고 짐과 옷 등을 모두 귀보에게 맡겨 지고가게 했다. 그런데 관문(關門)에 다다를 즈음에 귀보가 갑자기 큰 소리로 욕하며 이렇게 말하는 것이었다.

"나를 하인으로 삼다니, 이는 너의 아비를 부리는 것과 마찬가지 아니냐!"

그리고는 도망쳐버렸다. 장근이 깜짝 놀라 화를 내며 그를 따라가 보았으나 걸음이 바람처럼 빨라 순식간에 사라져버렸다. 얼마 있다가는 덕아 마저 사라졌는데, 그 바람에 그들에게 들렸던 물건들을 모두 잃어버리고 말았다. 당시 진주(秦州)와 농주(隴州) 일대에서는 전쟁이 벌어지고 있었기 때문에 관문의 통행이 매우 엄격하게 규제되어 있었는데, 그로 인해 아무런 신분증명 없이 다니던 객들은 모두 죽임을 당하곤 했다. 장근은 감히 동쪽으로 들어가지 못하고 다시 [전에 묵어갔던] 집으로 돌아갔다. 장근이 자기 사정을 상세히 고했으나 주인은 화내며 말했다.

"어떻게 그런 일이 있을 수 있소? 이는 [지난 번 사례에] 만족하지 못하여 다시 나를 찾아와 괴롭히려는 것일 뿐이오!"

이렇게 해서 장근은 한 농부의 집에 머물었는데, 그 집에서는 그에게 먹을 것을 대주지 않았다. 그러자 한 농사꾼이 그를 불러 함께 일하자고 했고 그는 낮에 밭을 갈고 밤에 쉬며 갖은 고생을 다 하게 되었다. 한번은 장근이 커다란 나무 아래서 쉬다가 위를 올려다보니 위에서 두 아이가 이렇게 말하는 것이었다.

"우리는 덕아와 귀보입니다. 당신이 하인노릇을 해보니 고생스럽지 않더이까?"

또 말했다.

"이 부적술은 우리들의 책이었는데, 잃어버린 지 이미 오래 되었습니다. 오늘 이렇게 다시 찾아 기쁘기 그지없는데, 우리가 어떻게 당신을 무정하게 대할 수 있겠습니까?"

그리고는 보따리를 던져 장근에게 돌려주며 말했다.

"속히 돌아가십시오. 마을 사람들은 당신이 부적 써 주기를 기다리고 있습니다."

두 아이는 큰 소리로 웃으며 떠나갔다. 장근이 보따리를 찾은 뒤에 다시 주인을 찾아갔더니 주인은 그제야 매우 기이한 일도 다 있다고 생각하며 다시 비단 몇 필을 그에게 주었다. 장근은 이렇게 해서 그곳을 떠날 수 있었는데, 그 뒤로 다시는 부적을 쓰지 않았다. (『계신록』)

道士張謹者, 好符法, 學雖苦而無成. 嘗客遊至華陰市, 見賣瓜者, 買而食之. 旁有老父, 謹覺其飢色, 取以遺之, 累食百餘, 謹知其異, 奉之愈敬. 將去, 謂謹曰: "吾土地之神也. 感子之意, 有以相報." 因出一編書曰: "此禁狐魅之術也, 宜勤行之." 謹受之, 父亦不見.

爾日, 宿近縣村中, 聞其家有女子啼呼, 狀若狂者. 以問主人, 對曰: "家有女, 近得狂疾, 每日昃, 輒靚粧盛服, 云召胡郞來. 非不療理, 無如之何也." 謹卽爲書符, 施簷戶間. 是日晩間, 簷上哭泣且罵曰: "何物道士, 預他人家事! 宜急去之!" 謹怒呵之. 良久大言曰: "吾且爲奴去('去'原作'矣', 據明鈔本改)." 遂寂然. 謹復書數符, 病卽都差. 主人遺絹數十疋以謝之.

謹嘗獨行, 旣有重齎, 須得儠力. 停數日, 忽有二奴詣('詣'原作'請', 據明鈔本改)謹, 自稱曰'德兒'・'歸寶', 嘗事崔氏, 崔出官, 因見捨棄, 今無歸矣, 願侍左右. 謹納之. 二奴皆謹願黠利, 尤可憑信. 謹束行, 凡書囊符法, 行李衣服, 皆付歸寶負之. 將及關, 歸寶忽大罵曰: "以我爲奴, 如役汝父!" 因絶走. 謹駭怒逐之, 其行如風, 倏忽不見. 旣而德兒亦不見, 所齎之物, 皆失之矣. 時秦隴用兵, 關禁嚴急, 客行無驗, 皆見刑戮. 旣不敢東度, 復還主人. 具以告之, 主人怒曰: "寧有是事? 是無厭, 復將撓我耳!" 因止於田夫之家, 絶不供給. 遂爲耕夫邀與同作, 晝耕夜息, 疲苦備至. 因憩大樹下, 仰見二兒曰: "吾德兒・歸寶也. 汝之爲奴苦否?" 又曰: "此符法我之書也, 失之已久, 今喜再獲, 吾豈無情於汝乎?" 因擲行李還之曰: "速歸, 鄕人待爾書符也." 卽大笑而去. 景得行李, 復詣主人, 方異之, 更遺絹數疋. 乃得去, 自爾遂絶書符矣. (出『稽神錄』)

## 455・3(6199)
## 잠 규(咎 規)

당(唐)나라 때 장안(長安) 사람 잠규는 모친상을 당한데다가 집에 불까지 나 가산이 다 타버린 바람에 가세가 기울어 매우 빈곤한 지경에 이르렀다. 그에게는 아직 어린 자식이 여섯이나 있었으나 잠규는 생계를 꾸려나갈 방도가 없었다. 그의 아내가 잠규에게 말했다.

"우리가 지금 이렇게 가난해지고 보니, 서로 모여 추위와 배고픔을

겪을 뿐 도무지 살아나갈 길이라곤 보이질 않습니다. 제가 남에게 몸을 팔아 돈을 벌어서 당신과 우리 자식들을 구해보려 하는데, 어떻게 생각하세요?"

잠규가 말했다.

"내가 우연찮게 재산을 다 날리고 오늘날 이렇게 궁색해졌으나 당신에게 그런 짓을 시키는 것만은 차마 못하겠소."

아내가 다시 말했다.

"그렇게 하지 않으면 우리들은 필시 얼어 죽거나 굶어 죽게 될 것입니다."

잠규는 그제야 허락했다.

며칠 뒤 한 노인이 잠규의 집을 찾아오자 잠규는 안으로 맞아들였다. 잠규가 자식들은 추위와 배고픔에 떨고 있으며 아내는 스스로 몸을 팔려는 생각을 하고 있다고 말하자 노인은 오랫동안 가슴아파하더니 잠규에게 이렇게 말했다.

"우리 집안은 대대로 남전산(藍田山) 아래에 살고 있소. 얼마 전에 다른 사람에게서 그대의 집안 형편이며 그대 아내의 생각 등에 대해 들었는데, 지금 또 그대를 만나 이야기를 듣게 되었구려. 내 그대의 아내를 사고 10만 냥을 드리고자 하오."

잠규와 그의 아내는 모두 이를 허락했다. 노인은 이튿날 잠규에게 10만 냥을 주고 잠규의 아내를 데려갔다. [떠나는 길에] 노인이 잠규에게 말했다.

"만일 자식들이 어미를 그리워하거든 언제든지 산 아래로 와 나를 찾으시오. 그러면 만나게 해 줄 것이오."

그러나 다시 3년이 지났을 때 자식들은 모두 죽고 잠규는 다시 가난해져서 장안에서 걸식하게 되었다. 그는 어느 날 갑자기 노인의 말을 기억해내고 남전산으로 가 노인의 집을 찾아갔다. 얼마쯤 가려니 벌판에 절 하나가 나왔는데, 문과 건물이 화려한 것이 마치 귀인의 저택 같았다. 문지기가 그에게 [무슨 일로 왔냐고] 캐물었다. [잠규가 사정을 이야기하자] 노인은 잠규를 안으로 들이라 하고 음식을 차려냈으며 잠규의 아내도 불러내 서로 만나게 해 주었다. 잠규의 아내는 자식들이 모두 죽었다는 이야기를 듣고 대성통곡하다가 기절하고 말았다. 노인은 깜짝 놀라 안으로 뛰어 들어오더니 크게 진노하여 잠규를 죽이려했다. 잠규는 겁에 질려 밖으로 뛰쳐나왔는데, 뒤를 돌아보니 저택은 온데간데없이 사라졌고 자신의 아내는 오래된 무덤 앞에 죽어있었다. 그 무덤 옆에 구멍이 있었는데, 잠규가 산 아래에서부터 무덤을 파들어 가 보았더니 늙은 여우 한 마리가 뛰쳐나왔다. 잠규는 그제야 자기 아내를 사갔던 것이 바로 늙은 여우였음을 깨달았다. (『기사기』)

唐長安咎規因喪母, 又遭火, 焚其家産, 遂貧乏委地. 兒女六人盡孩幼, 規無計撫養. 其妻謂規曰: "今日貧窮如此, 相聚受飢寒, 存活終無路也. 我欲自賣身與人, 求財以濟君及我兒女, 如何?" 規曰: "我偶喪財産, 今日窮厄失計, 敎爾如此, 我實不忍." 妻再言曰: "若不如此, 必盡飢凍死." 規方允之.

數日, 有一老父及門, 規延入. 言及兒女飢凍, 妻欲自賣之意, 老父傷念良久, 乃謂規曰: "我累世家實(明鈔本'家實'作'富家')住藍田下. 適聞人說君家妻意, 今又見君言. 我今欲買君妻, 奉錢十萬." 規與妻皆許之. 老父翌日, 送錢十萬, 便挈規妻去. 仍謂規曰: "或兒女思母之時, 但携至山下訪我. 當令相見."

經三載後, 兒女皆死, 又貧乏, 規乃乞食於長安. 忽一日, 思老父言, 因往藍田下訪之. 俄見一野寺, 門宇華麗, 狀若貴人宅. 守門者詰之. 老父命規入, 設食, 兼出其妻, 與規相見. 其妻聞兒女皆死, 大號泣, 遂氣絶. 其老父驚走入, 且大怒, 擬謀害規. 規亦怯懼走出, 廻顧已失宅所在, 見其妻死於古塚前. 其塚旁有穴, 規乃自山下共發塚, 見一老狐走出. 乃知其妻爲老狐所買耳. (出『奇事記』)

## 455 · 4(6200)
## 호룡(狐 龍)

여산(驪山) 아래에 흰 여우 한 마리가 살고 있었는데, 산 아래 사는 사람들을 놀라게 하고 난동을 피웠으나 제거할 방법이 없었다. 당(唐)나라 건부연간(乾符年間: 874~879)에 흰 여우는 어느 날 갑자기 혼자 온천(溫泉)으로 뛰어 들어 목욕을 했는데, 눈 깜짝할 사이에 구름과 안개가 피어오르고 광풍이 크게 일더니 순간 한 마리 흰 용으로 변해 하늘로 올라갔다. 그 후로 간혹 흐린 날이면 사람들은 종종 흰 용이 산 위로 날아 올라가는 모습을 목격하곤 했다.

이렇게 3년이 지났을 때, 갑자기 한 노인이 나타나 매일 밤 으슥할 무렵이면 산 앞에 서서 울었다. 며칠 뒤에 사람들은 그 모습을 지켜보다가 까닭을 물었다. 그러자 노인이 대답했다.

"나의 호룡이 죽었기에 내가 이렇게 우는 것이라오."

사람들이 물었다.

"어째서 이름이 호룡입니까? 노인장은 또 무슨 까닭에 우는 것입니까?"

노인이 말했다.

"호룡은 여우에서 용이 된 자인데, 그만 3년 만에 죽었소. 나는 바로 호룡의 아들이오."

사람들이 또 물었다.

"여우가 어떻게 용으로 변할 수 있습니까?"

노인이 말했다.

"그 여우는 서방(西方)의 정기(正氣)를 받아 태어났기 때문에 수염이 흰 색이었소. 또 다른 무리들과 어울려 놀지도 않았을 뿐더러 가까운 곳에 살지도 않았다오. 그 여우는 여산 아래에 몸을 의탁하고 지낸지 천여 년이나 되었는데, 후에 우연히 암룡과 교접하게 되었소. 상제께서 그 사실을 알고 명령을 내려 용이 되게 하셨던 것이오. 이는 곧 인간세상에서 범인(凡人)이 성인(聖人)이 된 것과 진배없다오!"

노인은 말을 마치고 사라졌다. (『기사기』)

驪山下有一白狐, 驚撓山下人, 不能去除. 唐乾符中, 忽一日突溫泉自浴, 須臾之間, 雲蒸霧湧, 狂風大起, 化一白龍, 昇天而去. 後或陰暗, 往往有人見白龍飛騰山畔.

如此三年, 忽有一老父, 每臨夜, 卽哭於山前. 數日, 人乃伺而問其故. 老父曰: "我狐龍死, 故哭爾." 人間之: "何以名狐龍? 老父又何哭也?" 老父曰: "狐龍者, 自狐而成龍, 三年而死. 我狐龍之子也." 人又問曰: "狐何能化爲龍?" 老父曰: "此狐也, 禀西方之正氣而生, 胡白色. 不與衆遊, 不與近處. 狐託於驪山下千餘年, 後偶合於雌龍. 上天知之, 遂命爲龍. 亦猶人間自凡而成聖耳!" 言訖而滅. (出『奇事記』)


### 455·5(6201)
## 창저민(滄渚民)

　강남(江南)에는 들여우가 없고 강북(江北)에는 자고(鷓鴣: 꿩 과에 속하는 메추라기처럼 생긴 새)가 없다고 하는데, 그것은 모두 옛말이다. 진(晉: 後晉) 천복연간(天福年間: 936~944) 갑신년(甲辰年: 944)에, 공안현(公安縣) 창저촌(滄渚村)에 사는 신씨(辛氏) 성을 가진 백성 집에서 개가 부인을 쫓아가는 바람에 부인이 나무 위로 올라갔다가 떨어졌는데, 개가 물어뜯어 죽이고서 보았더니 꼬리 길이가 7~8척이나 되는 늙은 여우였다. 그런 즉, 죽으면 머리를 자기 굴이 있던 언덕 쪽으로 놓는다는 요괴가 강남에 없다고 해서는 안 되고 단지 드물다고 해야 할 것이다.

　촉중(蜀中)의 팽산(彭山)·한중(漢中)·공래(邛崍)·촉군(蜀郡) 등 지역에는 여우가 전혀 없고 다만 산에 있는 몇몇 군(郡)에만 종종 나타날 뿐인데, 마을 사람들은 그것을 '야견(野犬)'이라 부른다. 또 허리가 누런 여우, 꼬리가 길고 머리가 검은 여우, 허리 부분이 누렇게 타들어간 색깔의 여우 등이 있는데, 그런 여우가 어쩌다 마을에 나타나 울면 좋지 않은 일이 생긴다. (『북몽쇄언』)


　江南無野狐, 江北無鷓鴣, 舊說也. 晉天福甲辰歲, 公安縣滄渚村民辛家, 犬逐一婦人, 登木而墜, 爲犬嚙死, 乃老狐也, 尾長七八尺. 則正('正'原作'止', 據明鈔本改)之妖, 江南不謂無也, 但稀有耳.

蜀中彭·漢·邛·蜀絶無, 唯山郡往往而有, 里人號爲'野犬'. 更有黃腰, 尾長頭黑, 腰間焦黃, 或於村落鳴, 則有不祥事. (出『北夢瑣言』)

## 455·6(6202)
## 민 부(民 婦)

『세설(世說)』에서 여우는 사람을 홀릴 수 있다고 했는데, 이는 빈 말이 아닌 것 같다. 마을 사람 중에 산 가까이에 집을 짓고 사는 백성이 있었다. 그 백성의 부인이 한번은 혼자 산속에 들어갔는데, 여우 한 마리가 나타나 기쁜 듯 꼬리를 흔들며 성큼성큼 다가오더니 그 부인 옆에서 빙빙 돌면서 정신을 빼며 앞으로 나왔다 뒤로 물러섰다 했다. 하지만 부인은 도무지 여우를 쫓아버릴 수 없었다. [그 후] 그와 같은 일은 늘 일어났다. 어쩌다 부인의 남편이 오게 되는 경우 여우는 멀찍이 달아나 버렸는데, 그러면 활을 쏘아도 맞힐 수 없었다.

어느 날은 그 부인이 시어머니와 함께 산에 들어와 나물을 캐고 있었는데, 여우가 또 몰래 숨어 그녀들을 뒤쫓았다. 수풀 속에서 부인과 시어머니의 거리가 약간 멀리 떨어지자 여우가 풀숲에서 뛰어나와 꼬리를 흔들며 앞으로 다가갔는데, 그 기뻐하는 모습이 마치 집에서 기르는 개 같았다. 부인은 여우를 유인해 앞으로 오게 한 다음 치마폭으로 여우를 싸안고서 시어머니를 불러와 함께 두들겨 팼다. 그리고 난 다음 여우를 짊어 메고 집으로 돌아왔다. 마을 사람들이 다투어 몰려와 여우 구경을 했는데, 사람들이 도착하자 여우는 마치 부끄럽기라도 한 듯 두 눈을 지그시 감았다. 백성은 그 여우를 죽였다. 그것은 비록 사람을 현혹시키는 이물(異物)이기는 하지만 둔갑할 수는 없었으니 임씨(任氏:『太平廣記』권 452에 나오는 沈旣濟의 「任氏傳」을 가리킴)의 이야기가 어찌 허무맹랑하지 않겠는가! (『옥당한화』)

『世說』云, 狐能魅人, 恐不虛矣. 鄕民有居近山林. 民婦嘗獨出於林中, 則有一狐, 忻然搖尾, 款('款'原作數, 據明鈔本改)步循擾('擾'原作優, 據明鈔本改)於婦側, 或前或後. 莫能遣之. 如是者爲常. 或聞丈夫至則遠之, 弦弧不能及矣.

忽一日, 婦與姑同入山掇蔬, 狐亦潛逐之. 婦姑於叢間稍相遠, 狐卽出草中, 搖尾而前, 忻忻然如家犬. 婦乃誘之而前, 以裙裾裹之, 呼其姑共擊之. 昇而還家. 隣里競來觀之, 則瞑其雙目, 如有羞赧之狀. 因斃之. 此雖有魅人之異, 而未能變, 任氏之說, 豈虛也哉! (出『玉堂閒話』)

# 태평광기 권제 456

사(蛇) 1

1. 솔　　연(率　　然)
2. 사　　구(蛇　　丘)
3. 곤륜서북산(崑崙西北山)
4. 녹　　사(綠　　蛇)
5. 보 원 사(報　寃　蛇)
6. 독　　사(毒　　蛇)
7. 종서래사(種黍來蛇)
8. 염　　사(蚺　　蛇)
9. 염 사 담(蚺　蛇　膽)
10. 계 관 사(雞　冠　蛇)
11. 폭 신 사(爆　身　蛇)
12. 황 령 사(黃　領　蛇)
13. 남　　사(藍　　蛇)
14. 파　　사(巴　　蛇)
15. 만 강 사(蠻　江　蛇)
16. 양 두 사(兩　頭　蛇)
17. 안　　회(顔　　回)
18. 촉 오 정(蜀　五　丁)
19. 소령부인(昭靈夫人)
20. 장　　관(張　　寬)
21. 두　　무(竇　　武)
22. 초왕영녀(楚王英女)
23. 장 승 모(張　承　母)
24. 풍　　곤(馮　　緄)
25. 위　　서(魏　　舒)
26. 두　　예(杜　　預)
27. 오　　맹(吳　　猛)
28. 안　　함(顔　　含)
29. 사마궤지(司馬軌之)
30. 장　　구(章　　苟)
31. 태원사인(太元士人)
32. 모 용 희(慕　容　熙)
33. 공도노모(邛都老姥)
34. 천 문 산(天　門　山)
35. 흔주자사(忻州刺史)
36. 여간현령(餘干縣令)
37. 왕 진 처(王　眞　妻)
38. 주　　근(朱　　覲)

## 456・1(6203)
## 솔 연(率 然)

서쪽 산 속에 어떤 뱀이 있는데, 머리와 꼬리의 크기가 비슷하며 다섯 가지 빛깔을 띤다. 그것을 건드리는 사람이나 사물이 머리를 맞추면 꼬리가 공격하고 꼬리를 맞추면 머리가 공격하며 허리를 맞추면 머리와 꼬리가 동시에 공격을 하기 때문에 '솔연'이라고 부른다. 이 뱀은 회계군(會稽郡) 상산현(常山縣)에 가장 많이 산다. 『손자병법(孫子兵法)』에서는 "삼군(三軍: 周代 제후들이 소유했던 上軍・中軍・下軍을 가리킴)을 거느리는 형세가 솔연과 같다"고 했다. (『신이경』)

西方山中有蛇, 頭尾差大, 有色五彩. 人物觸之者, 中頭則尾至, 中尾則頭至, 中腰則頭尾並至, 名曰'率然'. 會稽常山, 最多此蛇. 『孫子兵法』曰: "將之三軍, 勢如率然也." (出『神異經』)


## 456・2(6204)
## 사 구(蛇 丘)

동해(東海)에 사구(蛇丘)가 있는데, 지세가 험하고 대부분 늪지여서 뱀들은 많이 살지만 사람은 살지 않는다. 그곳의 어떤 뱀은 사람의 머리에 뱀의 몸을 하고 있다. (『방중기』)

東海有蛇丘, 地險, 多漸如. 衆蛇居之, 無人民. 蛇或人頭而蛇身. (出『方中記』)


## 456·3(6205)
## 곤륜서북산(崑崙西北山)

곤륜산의 서북쪽에 산이 있는데, 둘레가 3만 리나 된다. 거대한 뱀이 이 산을 세 번 감고 있어서 뱀의 길이는 9만 리나 된다. 뱀은 항상 이 산에 살면서 창해(滄海)의 음식을 먹고 마신다. (『현중기』)

崑崙西北有山, 周廻三萬里. 巨蛇繞之, 得三周, 蛇爲長九萬里. 蛇常居此山, 飮食滄海. (出『玄中記』)


## 456·4(6206)
## 녹 사(綠 蛇)

고저산(顧渚山)의 정석동(頳石洞)에는 길이가 3척 남짓 되는 녹색 뱀이 사는데, 굵기가 새끼손가락만 하다. 그 뱀은 나무 끝에 살기를 좋아해서 띠가 나무줄기와 잎 사이에 묶여 있는 것처럼 보인다. 그 뱀은 독이 없고 사람을 보면 공중으로 날아간다. (『고저산기』)

顧渚山頹石洞, 有綠蛇長可三尺餘, 大類小指. 好棲樹杪, 視之若鞶帶纏於柯葉間. 無螫毒, 見人則空中飛. (出『顧渚山記』)


## 456·5(6207)
## 보원사(報寃蛇)

영남(嶺南)에는 원수를 갚는 뱀이 있는데, 사람들이 그 뱀을 건드리면 3~5리까지 그 사람을 쫓아온다. 만약 뱀 한 마리를 때려죽이면 백 마리의 뱀이 모이는데, 지네를 놓아 막으면 화를 면할 수 있다. (『조야첨재』)

嶺南有報寃蛇, 人觸之, 卽三五里隨身卽至. 若打殺一蛇, 則百蛇相集, 將蜈蚣自防, 乃免. (出『朝野僉載』)


## 456·6(6208)
## 독 사(毒 蛇)

산남(山南)의 오계(五溪: 지명으로 雄溪·樠溪·無溪·酉溪·辰溪라고도 하고 雄溪·蒲溪·酉溪·沅溪·辰溪라고도 함)와 검중(黔中)에는 모두 독사가 사는데, 검은색에 반비(反鼻: 살무사로 코 위에 침이 있음)처럼 생겼고 풀 속에 똬리를 틀고 있으며 이빨은 갈고리처럼 굽어 있다. 그 뱀은 사람과 몇 걸음 떨어진 곳에서 곧장 달려드는데, 쏜 화살처럼 빠르다. 사람을 물면 즉시 죽으며 손을 물면 손을 잘라내고 발을 물면 발을 잘라내야지 그렇지 않으면 온몸이 붓고 썩어 100명 중에 1명도 살아남지 못한다. 그 뱀을 '복사(蝮蛇: 살무사)'라고 한다.

또 황후사(黃喉蛇)가 있는데, 집 위에 살기를 좋아하고 독이 없어 사람을 해치지 않는다. 단지 독사를 잘 잡아먹는데 배부르게 먹고 나서 머리를 곧장 아래로 늘어뜨리고 땅에 침을 떨어뜨리면 땅에서 거품이 올라와 사슬(沙虱: 작고 독이 강한 이)로 변한다. 사슬이 사람 몸에 닿으면 병에 걸린다. 그 뱀의 이마에는 '대왕(大王)'이란 글자가 써 있으며 뱀들의 우두머리이다. 그 뱀은 항상 복사를 잡아먹는다. (『조야첨재』)

山南五溪·黔中, 皆有毒蛇, 烏而反鼻, 蟠於草中, 其牙倒勾. 去人數步, 直來, 疾如激箭. 螫人立死, 中手卽斷手, 中足卽斷足, 不然則全身腫爛, 百無一活, 謂'蝮蛇'也.

有黃喉蛇, 好在舍上, 無毒, 不害人. 唯善食毒蛇, 食飽, 垂頭直下, 滴沫, 地噴起, 變爲沙虱. 中人爲疾. 額上有'大王'字, 衆蛇之長. 常食蝮蛇. (出『朝野僉載』)


## 456 · 7(6209)
## 종서래사(種黍來蛇)

종서래사는 검은 암양의 뿔과 머리카락을 함께 태우면 감히 오지 못한다. (『조야첨재』)

種黍來蛇, 燒殺羊角及頭髮, 則蛇不敢來. (出『朝野僉載』)

## 456·8(6210)
## 염 사(蚺 蛇)

염사(蚺蛇: 이무기) 중에 큰 것의 길이는 5~6장(丈)이고 둘레는 5~6척이다. 그 다음 크기의 것도 길이가 3~4장 이상이며 둘레 역시 길이와 같다. 몸에는 비단 무늬 같은 얼룩무늬가 있다. 마을 사람들이 말했다.

"봄과 여름에 염사는 대부분 산 속에서 사슴을 기다리다가 사슴이 지나가면 입으로 문다. 꼬리부터 삼키는데 머리와 뿔만은 입에 문 채 숲 속으로 깊이 들어가 사슴의 머리를 그대로 둔다. 사슴이 썩어 머리와 뿔이 땅에 떨어지기를 기다렸다가 비로소 사슴의 몸을 삼킨다. 그렇게 하고 나면 염사는 매우 쇠약해지는데, 사슴이 소화된 후에는 튼튼하고 윤이 나서 사슴을 먹지 않은 뱀보다 날쌔고 건강하다."

어떤 사람이 말했다.

"염사는 1년에 사슴 한 마리를 먹는다."

(『영표록이』)

또 일설에 따르면, 염사는 항상 사슴을 삼키는데 사슴이 다 소화되면 나무를 감고서 뼈를 토해낸다고 한다. 상처를 치료할 때 [그것을 먹으면] 기름지고 맛이 좋다. 만약 아녀자의 옷을 염사에게 던지면 똬리를 튼 채 일어나지 않는다. 염사의 쓸개는 매월 상순(上旬)에는 머리 가까이에 있고 중순(中旬)에는 꼬리 가까이에 있다. (『유양잡조』)

蚺蛇, 大者五六丈, 圍五六尺. 以次者亦不下三四丈, 圍亦稱是. 身斑, 文如錦纈. 里人云: "春夏多於山林中等鹿, 鹿過則銜之. 自尾而呑, 唯頭角礙於口外, 卽深入林樹間, 閣其首. 伺鹿壞, 頭角墜地, 鹿身方嚥入腹. 如此後, 蛇極羸弱, 及其鹿消, 壯俊悅澤, 勇健於未食鹿者." 或云: "一年則食一鹿." (出『嶺表錄異』)

又一說, 蚺蛇常呑鹿, 鹿消盡, 乃繞樹出骨. 養瘡時, 肪腴甚美. 或以婦人衣投之, 則蟠而不起. 其膽上旬近頭, 中旬近尾. (出『酉陽雜俎』)

## 456 · 9(6211)
# 염사담(蚺蛇膽)

천주(泉州)와 건주(建州)에서는 염사의 쓸개를 바친다. 5월 5일에 쓸개를 꺼내는데, 거리가 5~6척되는 두 기둥에 뱀의 머리와 꼬리를 묶어놓고[원문은 '擊'이라 되어 있으나 문맥상 '繫'의 오기로 보임] 몽둥이로 배 아래를 왔다갔다 두들기면 쓸개가 모인다. 그때 칼로 갈라 꺼낸다. 약을 발라 놓아주면 죽지 않는다. 다시 쓸개를 꺼낼 때 갈비 아래에 흔적이 있는 것이 보이면 놓아준다. (『조야첨재』)

泉建州進蚺蛇膽. 五月五日取時膽, 兩柱相去五六尺, 擊蛇頭尾, 以杖於腹卜來去扣之, 膽卽聚. 以刀刲取, 藥封放之, 不死. 復更取, 看肋下有痕, 卽放. (出『

朝野僉載』)

## 456・10(6212)
## 계관사(雞冠蛇)

계관사는 머리에 수탉처럼 벼슬이 있다. 계관사의 길이는 1척 남짓이고 둘레는 몇 촌인데 사람이 물리면 반드시 죽는다. 회계산(會稽山) 아래에 그 뱀이 산다. (『녹이기』)

雞冠蛇, 頭如雄雞有冠. 身長尺餘, 圍可數寸, 中人必死. 會稽山下有之. (出『錄異記』)

## 456・11(6213)
## 폭신사(爆身蛇)

폭신사는 길이가 1~2척이고 몸이 회색이다. 폭신사는 사람이 걷는 소리를 들으면 숲 속에서 날아 나오는데, 그 모습이 마치 마른 나뭇가지가 휙 날아와서 사람을 때리는 것 같다. 그 뱀에 물린 사람은 모두 죽는다. (『녹이기』)

爆身蛇, 長一二尺, 形如灰色. 聞人行聲, 林中飛出, 狀若枯枝, 橫來擊人. 中者皆死. (出『錄異記』)


## 456 · 12(6214)
## 황령사(黃領蛇)

황령사는 길이가 1~2척이고 몸이 황금색이며 돌 틈에 산다. 황령사는 비가 오려 할 때 소 울음소리를 낸다. 사람이 물리면 또한 죽는다. 사명산(四明山)에 그 뱀이 산다. (『녹이기』)

黃領蛇, 長一二尺, 色如黃金, 居石縫中. 欲雨之時, 作牛吼聲. 中人亦死. 四明山有之. (出『錄異記』)


## 456 · 13(6215)
## 남 사(藍 蛇)

남사는 머리에 독이 있으며 꼬리로 그 독을 해독할 수 있다. 남사는 오주(梧州) 진가동(陳家洞)에서 난다. 남방 사람들은 그 머리로 독약을 만드는데 그것을 '남약(藍藥)'이라 부른다. 약을 먹은 사람은 즉시 죽는데 꼬리를 가져가 먹으면 해독된다. (『유양잡조』)

藍蛇, 首有大毒, 尾能解毒. 出梧州陳家洞. 南人以首合毒藥, 謂之'藍藥'. 藥人立死, 取尾服('服'原作'脂', 據明鈔本改), 反解毒藥. (出『酉陽雜俎』)

## 456·14(6216)
## 파 사(巴 蛇)

파사는 코끼리를 잡아먹는데, 3년 후에 그 뼈를 토해낸다. 그 뱀을 먹으면 심장병과 복통이 없어진다. (『박물지』)

巴蛇食象, 三歲而出其骨. 食之無心腹之疾. (出『博物志』)

## 456·15(6217)
## 만강사(蠻江蛇)

다음은 남안(南安)의 만강사에 대한 이야기이다. 5~6월이 되면 커다란 뱀이 강을 떠 내려와 언덕으로 올라가는데, 머리가 모자처럼 생겼다. 수만 마리의 뱀이 그 뱀을 쫓아 월왕성(越王城)으로 들어간다. (『유양잡조』)

南安蠻江蛇. 到五六月, 有巨蛇泛流登岸, 首如張帽. 萬萬蛇隨之, 入越王城. (出『酉陽雜俎』)

## 456 · 16(6218)
## 양두사(兩頭蛇)

소주(韶州)에는 양두사가 많이 있는데 개밋둑을 만들어 물을 피한다. 개밋둑이란 개미가 흙은 쌓아 만든 두둑이다. 창오(蒼梧)에도 양두사가 많은데 그 길이는 1~2척에 불과하다. 어떤 사람이 말하길, 양두사는 지렁이가 변한 것이라고 한다. (『영남이물지』)


韶州多兩頭蛇, 爲蟻封以避水. 蟻封者, 蟻子聚土爲臺也. 蒼梧亦多兩頭蛇, 長不過一二尺. 或云, 蚯蚓所化. (出『嶺南異物志』)


## 456 · 17(6219)
## 안 회(顔 回)

안회와 자로(子路)가 공자의 문 앞에 함께 앉아 있는데, 어떤 귀신이 공자를 만나보러 왔다. 귀신은 눈이 태양처럼 이글거렸고 체격이 매우 우람했다. 자로는 혼비백산하여 입을 다문 채 아무 말도 하지 못했다. 그러자 안연(顔淵: 顔回)이 신발을 신고 검을 들고서 앞으로 나와 귀신의 허리를 꽉 껴안았다. 이에 귀신이 뱀으로 변하자 안연은 뱀을 베어버렸다. 공자가 나와서 보고 탄식하며 말했다.

"용감한 사람은 두려워하지 않고 지혜로운 사람은 미혹되지 않는다. 지혜로운 사람은 용감하지 않고 용감한 사람이 반드시 지혜로운 것은 아니다."

(『소설』)


顏回・子路共坐於夫子之門, 有鬼魅求見孔子. 其目若合日, 其狀('狀'原作 '時', 據明鈔本改) 甚偉. 子路失魄, 口噤不得言. 顏淵乃納履杖劍前, 捲握其腰. 於是形化成蛇, 卽斬之. 孔子出觀, 歎曰: "勇者不懼, 智者不惑. 智者不勇, 勇者不必有智." (出『小說』)


## 456・18(6220)
## 촉오정(蜀五丁)

주(周)나라 현왕(顯王) 32년(기원전 337)에 촉(蜀)나라에서 진(秦)나라에 사자를 보내 알현하게 했다. 진나라 혜왕(惠王)이 촉왕(蜀王)에게 미녀를 여러 차례 바쳤기 때문에 촉왕은 감사의 표시로 혜왕을 알현하게 한 것이었다. 혜왕은 촉왕이 미녀를 좋아한다는 것을 알고 다섯 딸을 촉에 시집보내기로 했다. 촉에서는 다섯 장정을 보내 맞이하게 했다. 그들은 돌아오다가 재동(梓潼)에 이르렀을 때 뱀 한 마리가 구멍 속으로 들어가는 것을 보았다. 한 사람이 뱀의 꼬리를 잡아당겼지만 끌려나오지 않았다. 이에 다섯 사람이 서로 도와 크게 소리치며 뱀을 잡아당기자 산이 무너지면서 다섯 장정과 진왕의 다섯 딸이 깔려 죽었다. 산도 다섯 봉우리로 나누어졌는데 그 위에 평평한 돌이 놓여졌다. 촉왕은 애통해하며 산에 올라 그 산을 '오녀총산(五女塚山)'이라고 이름 붙이고 평평한 돌 위에 '망부후(望婦候)'라고 새기게 했으며 '사처대(思妻臺)'를 짓게 했다. 지금은 그 산을 '오정총(五丁塚)'이라고도 부른다. (『화양국지』)

周顯王三十二年, 蜀使使朝秦. 秦惠王數以美女進蜀王, 感之故朝. 惠王知蜀王好色, 許嫁五女於蜀. 蜀遣五丁迎之. 還到梓潼, 見一蛇入穴中. 一人攬其尾, 拽之不禁. 至五人相助, 大呼拔蛇, 山崩, 同時壓殺五丁及秦五女. 而山分爲五嶺, 直上有平石. 蜀王痛悼('悼'原作'復', 據明鈔本改)乃登之, 因命曰'五女塚山', 於平石上爲'望婦候', 作'思妻臺'. 今其山或名'五丁塚' (出『華陽國志』)


## 456 · 19(6221)
## 소령부인(昭靈夫人)

소황현(小黃縣)은 송(宋)나라 때의 황향(黃鄕)이다. 패공(沛公: 漢高祖 劉邦)이 병사를 일으켜 들에서 전쟁할 적에 그의 모친이 황향에서 죽었다. 천하를 평정한 뒤 패공은 사자를 보내 재궁(梓宮: 관)을 가지고 가 어두운 벌판에서 혼을 부르게 했다. 그러자 붉은 뱀 한 마리가 물에서 스스로 몸을 씻고 재궁으로 들어왔다. 뱀이 목욕한 곳에 머리카락이 떨어져 있었기에 '소령부인'이라는 시호를 내렸다. (진류 『풍속전』)

小黃縣者, 宋地黃鄕也. 沛公起兵野戰, 喪皇妣于黃鄕. 天下平定, 乃使使者以梓宮招魂幽野. 於是有丹蛇在水, 自灑濯, 入于梓宮. 其浴處有遺髮, 故謚曰'昭靈夫人'. (出陳留『風俗傳』)


## 456 · 20(6222)
## 장 관(張 寬)

한(漢)나라 무제(武帝) 때 장관은 양주자사(揚州刺史)를 지냈다. 이에 앞서 두 노인이 땅과 산을 다투다가 양주에 와서 그 경계를 놓고 소송했으나 몇 년이 지나도록 판결이 나지 않았다. 장관이 일을 맡게 되자 노인들이 다시 왔다. 장관은 두 노인의 형상을 보고 사람이 아닌 것 같아 병졸들에게 창을 들고 노인들을 데리고 들어오게 했다. 장관이 두 노인에게 물었다.

"너희들은 무슨 요괴냐?"

노인들이 달아나는 것을 보고 장관이 그들을 치라고 했더니 두 마리 뱀으로 변했다. (『수신기』)


漢武帝時, 張寬爲揚州刺史. 先是有老翁二人爭地山, 詣州訟疆界, 連年不決. 寬視事復來, 寬窺二翁形狀非人, 令卒持戟將入. 問: "汝何等精?" 翁走, 寬呵格之, 化爲二蛇. (出『搜神記』)

## 456 · 21(6223)
## 두 무(竇 武)

후한(後漢) 때 두무의 어머니가 두무를 낳으면서 뱀 한 마리를 함께 낳았는데 뱀은 들로 보내주었다. 후에 어머니가 죽어 장사를 지내고 아직 관을 묻지 않았을 때, 큰 뱀이 풀 속에서 나와 곧바로 장지로 가더니 머리로 관을 치고 피눈물을 흘리며 머리를 쳐들었다 구부렸다 하면서 꿈틀대는 모습이 마치 슬피 우는 것 같았다. 얼마 후에 그 뱀은 떠나갔다. 당시 사람들은 두씨(竇氏: 竇武)에게 상서로운 일이 생길 것을 알았다. (『수신기』)

後漢竇武母産武而幷産一蛇, 送之野中. 後母卒, 及葬未窆, 有大蛇捧草而出, 徑至喪所, 以頭擊柩, 涕血皆流, 俯仰詰屈, 若哀泣之容. 有頃而去. 時人知爲竇氏之祥. (出『搜神記』)


## 456 · 22(6224)
## 초왕영녀(楚王英女)

노소천(魯少千)이라는 사람은 선인(仙人)의 부적을 얻었다. 초왕(楚王)은 막내딸 영(英)이 요괴에게 홀려 병이 들자 노소천을 청해왔다. 노소천이 아직 몇 십 리를 못 미쳐서 묵고 있었는데, 밤에 어떤 사람이 별개거(鼈蓋車: 鼈甲車로 영구차)를 타고 수천 명의 기병을 거느리고 와서 자칭 백경(伯敬)이라고 말하며 노소천을 기다렸다고 했다. 그는 노소천을 안으로 청하여 몇 통의 술과 몇 상의 음식을 차려 놓았다. 그는 떠나가면서 노소천에게 말했다.

"초왕의 딸이 병든 것은 제가 한 짓입니다. 당신께서 저를 위해 만약 그냥 돌아가 주신다면 제가 감사의 표시로 20만 냥을 드리겠습니다."

노소천은 돈을 받고 돌아가는 척하다가 다른 길로 초나라에 가서 초왕의 딸의 병을 고쳤다.

초왕의 딸의 방 앞에서 누군가가 문을 밀었는데, 단지 "노소천이 너의 아비를 속였다"라는 소리만 들렸다. 그러고 나서 바람이 서북쪽으로 가는 소리가 들리기에 보았더니 그곳에 한 동이 가득 피가 있었다. 초왕의 딸은 기절했다가 한밤중에야 깨어났다. 초왕이 사람을 시켜 바람이 간 곳을 찾아보게 했더니 성의 서북쪽에서 길이가 몇 장(丈)인 죽은 뱀 한 마리를 발견했다. 그 옆에는 작은 뱀 수천 마리가 엎드려 죽어 있었다. 후에 군현(郡縣)에 조서가 내려와 그 달 그 날에 대사농(大司農)이 돈 20만 냥을 잃어버렸고 태관(太官)이 몇 개의 상을 잃어버렸다고 했다. 노소천이 돈을 싣고 상소문을 써서 자세히 그 일을 아뢰었더니 천자(天子)가 기이하게 여겼다. (『열이전』)


魯少千者得仙人符, 楚王少女英爲魅所病, 請少千. 少千未至數十里, 止宿, 夜有乘鼈蓋車, 從數千騎來, 自稱伯敬, 候少千. 遂請內酒數榼, 肴餕數案. 臨別言: "楚王女病, 是吾所爲. 君若相爲一還, 我謝君二十萬." 千受錢, 卽爲還, 從他道詣楚, 爲治之.

於女舍前, 有排戶者, 但聞云: "少千欺汝翁." 遂有風聲西北去, 視處有血滿盆. 女遂絶氣, 夜半乃蘇. 王使人尋風, 於城西北得一死蛇, 長數丈. 小蛇千百, 伏死其旁. 後詔下郡縣, 以其日月, 大司農失錢二十萬, 太官失案數具. 少千載錢上書, 具陳說, 天子異之. (出『列異傳』)

## 456 · 23(6225)
## 장승모(張承母)

장승의 어머니 손씨(孫氏)가 장승을 가졌을 때 빠른 배를 타고 강가에서 놀고 있었는데, 갑자기 길이가 3장(丈)이나 되는 흰 뱀이 배 안으로 뛰어 들어왔다. 어머니가 기원하며 말했다.

"당신이 상서로운 영물이라면 나를 물지 마시오."

그리고는 상자에 넣어 가지고 돌아와 방안에 놓아두었다. 하룻밤이 지난 뒤에 보았더니 뱀이 사라져 보이지 않자 어머니는 탄식하며 아쉬워했다. 이웃사람들이 말했다.

"어젯밤에 장씨(張氏) 집에서 흰 학 한 마리가 깃을 세우고 구름 속으로 날아가는 것을 보았습니다."

장승의 어머니에게 그 일을 알리자, 그녀는 점쟁이를 불러 점을 쳤다. 점쟁이가 말했다.

"이것은 상서로운 일입니다. 뱀과 학은 장수하는 동물이고 방에서 나와 구름 속으로 들어간 것은 낮은 자리에서 높은 자리로 올라가는 형상입니다. 옛날에 오왕(吳王) 합려(闔閭)가 그 누이를 장사지낼 때 미인들과 명검, 보물 등을 함께 순장하여 강남(江南)의 재물을 다 썼습니다.

17년이 못되어 채색 구름이 계곡을 덮고 미녀들이 길가에서 노닐었으며 흰 학이 숲 속에서 날아오르고 흰 호랑이가 산기슭에서 울부짖었는데, 이것들은 모두 옛날의 정령이었습니다. 이것들이 지금 세상에 나왔으니 당신의 자손은 그 지위가 신하들 중 가장 높은 벼슬에 올라 강남에서 명성을 떨칠 것입니다. 만약 아들을 낳거든 이것으로 이름을 지으십시오."

어머니는 장승을 낳자 아명을 '백학(白鶴)'이라고 했다. 나중에 장승은 장소(張昭)를 낳았는데[『三國志』「吳書·張昭傳」에는 張承이 張昭의 아들로 되어 있음]. 장소는 지위가 승상(丞相)까지 올랐으며 보오장군(輔吳將軍)이 되었다. 그는 90세가 넘게 살았으니 이는 뱀과 학의 상서로움이다. (왕자년 『습유기』)


張承之母孫氏懷承之時, 乘輕舟遊於江浦之際, 忽有白蛇長三丈, 騰入舟中. 母呪曰: "君爲吉祥, 勿毒噬我." 乃篋而將還, 置諸房內. 一宿視之, 不復見蛇, 嗟而惜之. 隣人相謂曰: "昨見張家有一白鶴, 聳翮凌雲." 以告承母, 使筮之. 卜人曰: "此吉祥也. 蛇鶴延年之物, 從室入雲, 自卑升高之象. 昔吳王闔閭葬其妹, 殉以美女, 名劍寶物, 窮江南之富. 未及十七年, 雕雲覆於溪谷, 美女遊於街上, 白鶴翔於林中, 白虎嘯於山側, 皆是昔之精靈. 今出世, 當使子孫位超臣極, 擅名江表. 若生子, 可以爲名." 及生承, 名'白鶴'. 承生昭, 位至丞相, 爲輔吳將軍. 年踰九十, 蛇鶴之祥也. (出王子年『拾遺記』)

## 456 · 24(6226)
## 풍 곤(馮 緄)

거기장군(車騎將軍) 풍곤은 파군(巴郡) 사람으로 의랑(議郎)을 지낼 적에 인끈 상자를 열었는데, 길이가 3척인 붉은 뱀 두 마리가 각각 남쪽과 북쪽으로 도망쳤다. 풍곤이 크게 근심하고 두려워했더니 점쟁이가 말했다.

"이것은 상서로운 일입니다. 후에 당신은 변장(邊將)이 되고 동(東)자가 들어간 관직에 임명될 것입니다."

5년 뒤에 풍곤은 과연 대장군(大將軍)이 되었고 얼마 지나지 않아 요동태수(遼東太守)에 임명되었다. (『풍속통』)

車騎將軍巴郡馮緄爲議郎, 發綬笥, 有二赤蛇可長三尺, 分南北走. 大用憂怖, 卜云: "此吉祥也. 君後當爲邊將, 以東爲名." 復五年, 果爲大將軍, 尋拜遼東太守. (出『風俗通』)


## 456 · 25(6227)
## 위 서(魏 舒)

진(晉)나라 함녕연간(咸寧年間: 275~279)에 위서는 사도(司徒)를 지냈다. 관부에 길이가 10장(丈)이나 되는 뱀 두 마리가 있었는데, 청사의 평평하고 넓은 용마루 위에 살았다. 뱀이 그 곳에 산지 몇 년이 되었지만 사람들은 알지 못했고 단지 관부에서는 여러 차례 어린아이와 닭, 개 같은 것들이 없어지는 것을 괴이하게 여겼다. 후에 뱀 한 마리가 밤에 나와 기둥 옆을 지나가다가 칼에 상처를 입고 용마루로 올라가지 못하자 그제서야 사람들은 알아차렸다. 사람들은 수백 명의 무리를 모아 함께 한참 동안 공격한 후에야 뱀들을 죽일 수 있었다. 뱀이 살았던 곳을 보았더니 뼈들이 처마 사이에 가득했다. 이에 관부를 허물고 다시 지었다. (『수신기』)

晉咸寧中, 魏舒爲司徒. 府中有蛇二, 其長十丈, 屋廳事平脊之上. 止之數年, 而人不知, 但怪府中數失小兒及雞犬之屬. 後一蛇夜出, 經柱側, 傷於刃, 病不能登, 於是覺之. 發徒數百, 共攻擊移時, 然得殺之. 視所居, 骨骸盈宇之間. 於是毀府舍, 更立之. (出『搜神記』)

## 456·26(6228)
## 두 예(杜 預)

두예가 형주자사(荊州刺史)가 되어 양양(襄陽)을 진수할 적에 연회에 참석했다가 매우 취했는데, 그는 서재 문을 닫고 혼자 잠을 자면서 사람들에게 가까이 오지 못하도록 했다. 그 후에 두예가 또 취하게 되었는데, 밖에서 들어보니 서재 안에서 토하는 소리가 매우 고통스러워 두려워하지 않을 수 없었다. 한 말단관리가 몰래 문을 열고 보았더니 침대 위에서 큰 뱀 한 마리가 침대 옆에 머리를 드리우고 토하고 있을 뿐 사람은 보이지 않았다. 말단관리가 나와서 몰래 그 사실을 말해주었다. (『유씨소설』)

杜預爲荊州刺史, 鎭襄陽時, 有讌集, 大醉, 閉齋獨眠, 不聽人前. 後嘗醉, 外聞('聞'原作'有', 據明鈔本改)齋中嘔吐, 其聲甚苦, 莫不悚慄. 有一小吏, 私開戶看之, 正見牀上一大蛇, 垂頭牀邊吐, 都不見人. 出密道如此. (出『劉氏小說』)

## 456・27(6229)
## 오 맹(吳 猛)

[晉나라] 영가연간(永嘉年間: 307~312) 말에 예장(豫章)에서는 길이가 10여 장(丈)이나 되는 큰 뱀이 길을 막고 있다가 지나가는 사람이 있으면 잡아 삼켰는데, 잡아먹힌 사람이 이미 수백 명이나 되었다. 도사 오맹과 그의 제자가 뱀을 죽였다. 오맹이 말했다.
"이 뱀은 촉(蜀) 땅의 정령인데 뱀이 죽었으니 촉 땅의 도적도 평정될 것이다."
얼마 지나지 않아 과연 두도(杜弢)가 멸망했다. (『예장기』)

永嘉末, 豫章有大蛇, 長十餘丈, 斷道, 經過者, 蛇輒吸取之, 吞噬已百數. 道士吳猛與弟子殺蛇. 猛曰: "此是蜀精, 蛇死而蜀賊當平." 旣而果杜弢滅也. (出『豫章記』)

### 456 · 28(6230)
## 안 함(顔 含)

진(晉)나라 때 안함의 형수가 병이 들었는데, 염사(髥蛇: 蚺蛇)의 쓸개가 필요했으나 구하지 못했다. 안함이 여러 날 근심하고 있었는데, 어떤 동자가 푸른 주머니를 가지고 와서 안함에게 주었다. 안함이 열어보았더니 바로 뱀의 쓸개였다. 동자는 푸른 까마귀로 변해 날아갔다. (『진중흥서』)

晉顔含嫂病, 須髥蛇膽, 不能得. 含憂歎累日, 有一童子持靑囊授含. 含視, 乃蛇膽也. 童子化爲靑鳥飛去. (出『晉中興書』)

### 456 · 29(6231)
## 사마궤지(司馬軌之)

사마궤지는 자(字)가 도원(道援)이며 꿩사냥을 잘했다. [東晉] 태원연간(太元年間: 376~396)에 사마궤지가 장끼를 미끼로 삼아 햇빛 가리개 아래에 두었는데, 장끼가 울자 들꿩도 따라 울었다. 사마궤지가 시험 삼아 장끼를 따라 운 꿩을 찾아보게 했더니 머리와 날개는 이미 꿩으로 변했지만 몸의 반은 여전히 뱀이었다. 진(晉)나라 조정의 무기창고 안에 갑자기 꿩이 나타나자 당시 사람들 중에 어떤 사람들이 괴이하다고 말했다. 그러자 장사공(張司空)이 말했다.

"이 꿩은 뱀이 변한 것이오."

이에 사람을 시켜 무기창고를 뒤지게 했더니 과연 뱀 허물이 나왔다. (『이원』)

또 태원연간(太元年間: 376~396)에 어떤 여남(汝南) 사람이 산에 들어갔다가 대나무 한 그루를 보았는데, 중간은 뱀의 모습으로 이미 변해 있었고 윗가지와 잎은 대나무 그대로였다. 오군(吳郡) 동려(桐廬) 사람이 한번은 남은 대나무를 베고 나서 하룻밤이 지난 후 보았더니 대나무가 꿩으로 변해 있었는데, 머리와 목은 모두 변했으나 몸은 아직 변하지 않은 상태였다. 이 또한 대나무가 뱀으로 변한 것이었다. (『이원』)

司馬軌之字道援, 善射雉. 太元中, 將媒下彀, 此媒雉, 野雉亦應. 試令尋覓所應者, 頭翅已成雉, 半身故是蛇. 晉中朝武庫內, 忽有雉, 時人或謂爲怪. 張司空云: "此蛇所化耳." 卽使搜庫中, 果得蛇蛻. (出『異苑』)

又太元中, 汝南人入山, 見一竹, 中蛇形已成, 上枝葉如故. 吳郡桐廬('郡桐廬'原作'都相慮', 據『異苑』三改)人嘗伐餘遺竹, 一宿, 見竿爲雉, 頭頸盡就, 身猶未變化. 亦竹爲蛇之化. (出『異苑』)

## 456・30(6232)
## 장구(章苟)

오흥(吳興) 사람 장구는 밭을 갈 때 밥을 줄풀 속에 두었는데, 매번 저녁이 되어 밥을 먹으려고 하면 밥이 없어지는 일이 한두 번이 아니었다. 후에 장구가 엿보았더니 큰 뱀 한 마리가 밥을 훔쳐 먹기에 쫓아가서 작은 창으로 뱀을 찔렀다. 뱀이 도망가자 장구가 쫓아갔는데, 뱀은 구멍에 이르러 우는 소리를 내며 말했다.

"나를 찔러 상처를 입히다니!"

또 뇌공(雷公)에게 부탁하여 벼락을 내리게 해서 죽이겠다고 말했다. 잠시 뒤에 비가 내리고 천둥이 치더니 벼락이 장구의 머리 위에서 맴돌았다. 이에 장구는 펄쩍 뛰며 마구 욕했다.

"하늘이 나를 빈궁하게 해서 나는 힘을 다해 밭을 갈았다. 뱀이 와서 밥을 훔쳐 먹어 그 죄가 뱀에게 있는데, 어찌 오히려 나에게 벼락을 치느냐? 정말 무지한 뇌공이구나! 뇌공이 만약 온다면 내가 작은 창으로 너의 배를 찌르겠다!"

잠시 후에 비구름이 점차 걷히더니 벼락이 뱀 구멍 안으로 들어갔는데, 죽은 뱀이 수십 마리나 되었다. (『수신기』)

吳興章苟於田中耕, 以飯置菰裏, 每晚取食, 飯亦已盡, 如此非一. 後伺之, 見一大蛇偸食, 苟逐以鍛叉之, 蛇走, 苟逐之, 至一穴, 但聞啼聲云: "斫傷我矣!" 或言付雷公, 令霹靂殺. 須臾, 雷雨, 霹靂覆苟上. 苟乃跳梁大罵曰: "天使我貧窮, 展力耕墾. 蛇來偸食, 罪當在蛇, 反更霹靂我耶? 乃是無知雷公! 雷公若來, 吾當以鍛斫汝腹!" 須臾, 雲雨漸散, 轉霹靂於蛇穴中, 蛇死者數十. (出『搜神記』)

## 456 · 31(6233)
## 태원사인(太元士人)

    진(晉: 東晉)나라 태원연간(太元年間: 376~396)에 한 선비가 딸을 이웃 마을에 시집보내려고 했다. 혼례날이 되자 신랑 집에서 사람을 보내 신부를 맞으러 왔고 신부 집에서도 예절에 맞게 잘 보내면서 여동생에게 그녀를 배웅하게 했다. 신랑 집에 도착해 보니 겹겹이 세워진 문과 누각이 왕후(王侯)의 집과 같았다. 복도의 기둥 아래에는 등불이 켜져 있었는데, 한 하녀가 짙게 화장을 하고 지키고 있었으며 뒷방의 휘장도 매우 아름다웠다. 밤이 되자 신부는 유모를 안고 흐느끼기만 할 뿐 말을 하지 못했다. 유모가 휘장 안에 숨어서 손으로 몰래 만져 보았더니 몇 아름의 기둥만한 뱀 한 마리가 발끝에서 머리까지 그녀를 감고 있었다. 유모가 놀라 뛰쳐나와 보았더니 기둥 아래에서 등불을 지키던 하녀는 모두 작은 뱀이었고 등불은 바로 뱀의 눈이었다. (『속수신기』)

    晉太元中, 士人有嫁女於近村者. 至時, 夫家遣人來迎, 女家好發遣, 又令女弟送之. 旣至, 重門累閣, 擬於王侯. 廊柱下有燈火, 一婢子嚴粧直守, 後房帷帳甚美. 至夜, 女抱乳母涕泣, 而口不得言. 乳母密於帳中, 以手潛摸之, 得一蛇, 如數圍柱, 纏其女, 從足至頭. 乳母驚走出, 柱下守燈婢子, 悉是小蛇, 燈火是蛇眼. (出『續搜神記』)

456 · 32(6234)
## 모용희(慕容熙)

서진(西晉) 말 모용희의 광시(光始) 3년(403)에 모용희가 놀러나갔다가 돌아오는데, 성 남쪽에 있던 버드나무가 사람처럼 부르며 말했다.
"대왕님께서는 멈추십시오."
모용희는 그 일을 꺼림칙하게 여겨 그 나무를 베어버렸는데, 나무 아래에는 길이가 1장(丈)인 뱀이 있었다. 광시 6년(406)에 모용희는 풍발(馮跋)에게 멸망당했다. (『광고금오행기』)

西晉末, 慕容熙光始三年, 熙出遊還, 城南有柳樹如人呼曰: "大王止." 熙惡之, 伐其樹, 下有蛇, 長一丈. 至六年, 熙爲馮政(按『晉書』載記, '政'當作'跋')所滅. (出『廣古今五行記』)


456 · 33(6235)
## 공도노모(邛都老姥)

익주(益州) 공도현(邛都縣)에 집이 가난한 한 할머니가 혼자 살고 있었는데, 매번 밥을 먹을 때마다 머리 위에 뿔이 난 작은 뱀이 쟁반 사이에 있기에 할머니는 뱀을 가엽게 여겨 먹을 것을 주었다. 후에 뱀은 점점 자라나 1장(丈) 남짓까지 커졌다. 현령에게는 말이 있었는데, 갑자기 그 뱀에게 잡아먹혔다. 현령이 크게 화를 내며 할머니를 잡아오자 할머니가 말했다.

"뱀은 침상 밑에 있습니다."

현령이 사람을 시켜 파보게 했는데, 깊이 파들어 갔지만 아무 것도 보이지 않았다. 이에 현령이 할머니를 죽였는데, 현령의 꿈속에 뱀이 나타나 말했다.

"어찌해서 나의 어머니를 죽였느냐? 당장 복수하겠다!"

그때부터 항상 비바람 소리가 들렸다. 30일째 되던 날 밤에 백성들이 모두 놀라 서로 말했다.

"당신은 어째서 머리에 물고기를 이고 있소?"

만나는 사람마다 모두 이렇게 말했다. 그날 밤에 사방 40리에 이르는 곳이 성과 함께 모두 잠겨 호수가 되었다. 민간에서는 그 호수를 '공하(邛河)' 또는 '공지(邛池)'라고 불렀다. 그 할머니의 옛 집터만 잠기지 않아 지금까지도 남아 있다. 어부들은 물고기를 잡을 때면 반드시 그곳에 머물러 하룻밤을 보낸다. 또 말하기를, 그곳은 물이 맑아 그 밑에 있는 성곽과 누대가 분명히 보인다고 한다. (『궁신비원』)

益州邛都縣有老姥家貧孤獨, 每食, 輒有小蛇, 頭上有角, 在牀之間, 姥憐而飼之. 後漸漸長大丈餘. 縣令有馬, 忽被蛇吸之, 令因大怒, 收姥, 姥云: "在牀下." 遂令人發掘, 愈深而無所見. 縣令乃殺姥, 其蛇因夢於令曰: "何故殺我母? 當報仇耳!" 自此每常聞風雨之聲. 三十日, 是夕, 百姓咸驚相謂曰: "汝頭何得戴魚?" 相逢皆如此言. 是夜, 方四十里, 與城一時俱陷爲湖. 土人謂之'邛河', 亦邛池. 其母之故宅基獨不沒, 至今猶存. 魚人採捕, 必止宿. 又言此水淸, 其底猶見城郭樓檻宛然矣. (出『窮神祕苑』)

## 456 · 34(6236)
## 천문산(天門山)

천문산의 봉우리는 대부분 험준하고 벼랑과 계곡이 구불구불하게 이어져 있다. 큰 벼랑은 수천 길에 이르는데, 초목이 서로 이어져 있고 구름과 안개로 덮여 있다. 그 아래로 매우 작은 길이 나 있는데, 지나가던 사람들은 신선이 승천하는 것처럼 갑자기 날아올라 숲 위로 나왔다가 결국 세상과의 인연을 끊었다. 그와 같은 사람이 점점 많아져 셀 수 없게 되자 남북을 왕래하던 사람들은 그곳을 '선곡(仙谷)'이라 불렀다. 당시에 도를 즐기던 사람들이 천리가 멀다하지 않고 와서 벼랑 옆에서 목욕재개하고 신선이 되길 기다리며 그 숲 아래에 있으면 날아가지 않는 사람이 없었다. 어느 날 밤에 지혜가 뛰어난 사람이 다른 사람들에게 말했다.

"이는 필시 요괴의 짓이지 선도(仙道)가 아닙니다."

그리고는 돌을 몸에 매달고 개 한 마리를 데리고서 그 골짜기로 들어갔는데, 개 또한 날아가버렸다. 그래서 요괴가 사악한 기운으로 사람들을 잡아먹는다는 것을 알았다. 이에 그 사람은 산과 가까운 마을에 사람을 보내 젊은이 수백 명을 모아서 무기를 잡고 큰 몽둥이를 들게 했다. 그는 먼저 불을 놓아 풀을 태우고 대나무와 나무를 베어낸 뒤 산기슭에서 보았더니 길이가 수십 장(丈)이나 되는 한 물체가 멀리 보였는데, 어렴풋이 꿈틀꿈틀 거리며 머리를 드리운 채 아래를 바라보고 있었다. 점점 다가오기에 보았더니 바로 큰 구렁이였다. 이에 젊은이들에게 북을 치며 화살을 쏘게 한 뒤에 칼로 베고 찌르게 했다. 구렁이는 입을 1척 남짓 벌리고 여전히 사람들을 해치려고 했지만 힘이 사람들에게 미치지 못하여 한참 뒤에 죽었다. 구렁이가 잡아먹은 사람과 다른 짐승의 뼈가 좌우에 언덕처럼 쌓여 있었다.

또 어떤 사람이 길을 가다가 깊은 계곡에 떨어졌는데 나갈 길이 없었다. 굶주림에 거의 죽을 지경이 되었을 때 좌우에 아주 많은 거북과 뱀이 보였는데, 그것들은 아침저녁으로 목을 길게 빼고 동쪽을 향하고 있었다. 이에 그 사람이 땅에 엎드려 그대로 따라 해보았더니 더 이상 배가 고프지 않았다. 몸도 더욱 가벼워져 절벽과 언덕도 오를 수 있었다. 몇 년 후에 그는 시험 삼아 몸을 움츠렸다가 팔을 뻗었더니 마침내 계곡 위를 뛰어넘어 집으로 돌아올 수 있었다. 그는 기쁘고 즐거운 얼굴빛에 이전보다 더욱 총명하고 지혜로워졌다. 그러나 집으로 돌아온 뒤 곡식과 맛있는 음식을 먹었더니 100여 일 후에 예전의 모습으로 돌아왔다. (『박물지』)

天門山, 山多峻秀, 巖谷逶邐. 有大巖壁直上數千仞, 草木交連, 雲霧擁蔽. 其下有逕途微細, 行人往, 忽然上飛而出林表, 若昇仙, 遂絶世. 如此者漸不可勝紀, 往來南北, 號爲'仙谷'. 時有樂於道者, 不遠千里而來, 洗浴巖畔, 以來昇仙, 在('在'字原闕, 據明鈔本補)此林下, 無不飛去. 會一夕, 有智能者謂他人曰: "此必妖怪, 非是仙道." 因以石自繫, 而牽一犬入其谷, 犬復飛去. 然知是妖邪之氣以噏之. 乃遣近山鄕里, 募年少者數百人, 執兵器, 持大棒. 而先縱火燒其草, 及伐竹木, 至山畔觀之, 遙見一物, 長數十丈, 高下隱隱, 垂頭下望. 及更漸逼, 乃一大蟒蛇. 於是命少年鼓躍擊射, 然後斫刺. 而口張尺餘, 尙欲害人, 力不加衆, 久乃卒. 其所呑人骨與他獸之骸, 積('積'原作'稍', 據明鈔本改)在左右如阜焉.

又有人出行, 墜深泉澗者, 無出路. 飢餓分死, 左右見龜蛇甚多, 朝暮引頸向東方. 人因伏地學之, 遂不復飢. 體加輕便, 能登巖岸. 數年後, 試竦身擧臂, 遂超出澗上, 卽得還家. 顏色悅懌, 頗更點慧勝故. 還食穀, 啖滋味, 百餘日中, 復其本質. (出『博物志』)


456 · 35(6237)
## 흔주자사(忻州刺史)

당(唐)나라 때 흔주자사는 오랫동안 비어 있던 자리로 전후로 임명된 사람들이 대부분 죽었기에 고종(高宗) 때에는 금오랑장(金吾郞將)에게 시험삼아 그 관직을 맡겼다. 금오랑장이 임지에 도착하여 밤에 혼자 관청에서 자고 있었는데, 이경(二更)이 지났을 때 처마 밖에서 검은색 물체가 보였다. 그 물체는 큰 배처럼 생겼는데 두 눈 사이의 거리가 몇 장(丈)이나 되었다. 자사가 어떤 신이냐고 묻자 그 물체가 대답했다.

"저는 큰 뱀입니다."

자사가 뱀에게 모습을 바꾼 뒤 이야기를 나누자고 하자 뱀은 결국 사람의 모습으로 변해 관청으로 왔다. 이에 자사가 물었다.

"어찌해서 사람을 죽였느냐?"

뱀이 대답했다.

"처음부터 죽일 마음은 없었습니다. 손님들이 스스로 두려워서 죽은 것입니다."

또 물었다.

"너는 죽일 마음이 없다면 어찌해서 자주 모습을 드러내느냐?"

뱀이 대답했다.

"저에게 답답한 일이 있어 모름지기 부주(府主: 刺史)와 상의하려고 했습니다."

자사가 물었다.

"어떤 답답한 일이 있느냐?"

뱀이 대답했다.

"예전에 제가 어렸을 때 옛 무덤 속에 들어갔는데, 그 후로 몸이 점점 커져 나올 수가 없었습니다. 여우·토끼·삵쾡이와 오소리 등이 간혹 무덤으로 들어와야만 잡아먹을 수 있었습니다. 지금 흙 속에 오래 있으면서 죽으려 해도 죽을 수 없기에 사군(使君: 刺史)에게 도움을 청하는 것입니다."

자사가 물었다.

"만약 그러하다면 무덤을 파서 꺼내주는 건 어떠냐?"

뱀이 말했다.

"저는 구불구불한 몸의 길이가 이미 10여 리나 되기 때문에 만약 파내려고 하신다면 성읍(城邑)이 모두 무너질 것입니다. 지금 성의 동쪽에 왕촌(王村)이 있고 왕촌 서쪽에 개오동나무가 있습니다. 사군께서 그 나무에 제사를 지내신 뒤 사람들에게 나무 밑을 2장정도 파게 하신다면 그 안에 쇠함이 있을 것입니다. 쇠함을 열면 저는 나올 수 있습니다."

말을 마치자 인사를 하고 떠나갔다. 날이 밝자 자사는 뱀의 말대로 그곳에 가서 땅을 파 쇠함을 얻었다. 자사가 관청으로 돌아와 쇠함을 열었더니 푸른 용이 함 속에서 하늘로 날아올라 곧장 가서 뱀을 죽였는데, 뱀의 머리와 꼬리가 끊어져 토막났다. 뱀이 죽자 괴이한 일도 사라졌다. (『광이기』)

唐忻州刺史是天荒闕, 前後歷任多死, 高宗時, 有金吾郞將來試此官. 旣至, 夜獨宿廳中, 二更後, 見簷外有物黑色. 狀如大船, 兩目相去數丈. 刺史問爲何神, 答云: "我是大蛇也." 刺史令其改貌相與語, 蛇遂化作人形, 來至廳中. 乃問: "何故殺人?" 蛇云: "初無殺心. 其客自懼而死爾." 又問: "汝無殺心, 何故數見形軀?" 曰: "我有屈滯, 當須府主謀之." 問: "有何屈?" 曰: "昔我幼時, 曾入古冢, 爾來形體漸大, 求出不得. 狐兎狸狢等, 或時入冢, 方得食之. 今長在土中, 求死不得, 故求於使君爾." 問: "若然者, 當掘出之, 如何?" 蛇云: "我逶迤已十餘里, 若欲發掘, 城邑俱陷. 今城東有王村, 村西有楸樹. 使君可設齋戒, 人掘樹深二丈, 中有鐵函. 開函視之, 我當得出." 言畢辭去. 及明, 如言往掘, 得函. 歸廳開之, 有靑龍從函中飛上天, 逕往殺蛇, 首尾中分. 蛇旣獲死, 其怪絶矣. (出『廣異記』)


## 456·36(6238)
## 여간현령(餘干縣令)

파양군(鄱陽郡)의 여간현령 직은 관직을 맡은 사람들이 며칠 만에 번번이 죽었기 때문에 나중에는 관직을 맡으려는 사람이 없어 관청이 결국 황폐해졌다. [唐나라 玄宗] 선천년(先天年: 712)에 어떤 선비가 집이 가난하여 현령 직을 맡으러 왔다. 그가 임지에 도착하자 관리들은 그를 별채에 머물게 했다. 이에 현령은 옛 관청을 고치고 잡초를 자르게 했으며 담장과 처마를 보수하게 했다. 밤에 현령은 혼자 당(堂)에 있으면서 등불을 켜고 기다렸다. 이경(二更) 후에 세 말들이 흰 주머니 같은 물체가 침상 앞으로 굴러 오더니 곧장 탁자 위로 뛰어올랐다. 현령은 두려운 기색 없이 손으로 천천히 물체를 만졌는데, 정말로 물이 담긴 가죽 주머니였다. 이에 현령이 말했다.

"나를 위해 등잔을 서쪽 모퉁이로 옮겨줄 수 있겠느냐?"

말을 마치자 등잔은 이미 서쪽 모퉁이로 옮겨져 있었다. 현령이 또 말했다.

"네가 나를 위해 안마를 해주겠느냐?"

주머니가 현령의 몸 위에서 구르니 매우 편안하고 시원했다. 현령이 또 농담으로 말했다.

"나의 침상을 공중에 띄울 수 있겠느냐?"

잠시 후에 침상이 이미 공중에 떠 있었다. 현령이 말하면 뜻대로 되지 않는 것이 없었다.

날이 밝자 물체는 뛰어 떠나갔다. 현령이 찾아보았더니 그 물체는 관청 연못 옆에서 마침내 사라졌다. 다음날 물체가 사라진 곳을 살펴보았더니 개밋굴 같은 작은 구멍이 있었다. 그 구멍을 1장(丈)쯤 파들어 갔더니 구멍이 점차 커지면서 둘레가 3척 남짓 되었고 깊이는 헤아릴 수 없었다. 현령은 가마솥과 땔나무를 많이 준비하게 하고 연못물을 길어다 끓여 구멍에 부었다. 100곡(斛) 남짓 붓자 구멍 속에서 천둥소리가 나고 땅이 흔들렸다. 다시 100곡의 끓는 물을 붓자 조용해져서 아무런 소리도 나지 않았다. 이에 힘을 합쳐 몇 장을 파 들어가자 길이가 100여 척이나 되는 커다란 뱀 한 마리가 나왔고 그 옆에는 작은 뱀 수만 마리가 모두 구멍 속에서 죽어 있었다. 현령은 커다란 뱀으로 육포를 만들어 현의 사람들에게 나누어주었다. 그 후로 여간현은 마침내 평안해졌다. (『광이기』)

　鄱陽餘干縣令, 到官數日輒死, 後無就職者, 宅遂荒. 先天中, 有士人家貧, 來爲之. 旣至, 吏人請令居別廨中. 令因使治故宅, 剪薙榛草, 完葺牆宇. 令獨處其堂, 夜列燭伺之. 二更後, 有一物如三斗白囊, 跳轉而來牀前, 直躍升几上. 令無懼色, 徐以手倀觸之, 眞是韋囊而盛水也. 乃謂曰: "爲吾徙燈直西南隅?" 言訖而燈已在西南隅. 又謂曰: "汝可爲我按摩?" 囊轉側身上, 而甚便暢. 又戲之曰: "能使我牀居空中否?" 須臾, 已在空中. 所言無不如意.

　將曙, 乃躍去. 令尋之, 至舍池旁遂滅. 明日, 於滅處視之, 見一穴, 纔如蟻孔, 掘之, 長丈許而孔轉大, 圍三尺餘, 深不可測. 令乃敕令多具鼎鑊樵薪, 悉汲池水爲湯, 灌之. 可百餘斛, 穴中雷鳴, 地爲震動. 又灌百斛, 乃怗然無聲. 因倂力掘之, 數丈. 得一大蛇, 長百餘尺, 旁小者巨萬計, 皆倂命穴中. 令取大者脯之, 頒賜縣中. 後遂平吉. (出『廣異記』)

## 456・37(6239)
## 왕진처(王眞妻)

화음현령(華陰縣令) 왕진의 아내 조씨(趙氏)는 연(燕) 땅 부자의 딸로 용모가 아름다웠는데, 젊어서 왕진에게 시집갔다. 그녀는 왕진을 따라 임지로 갔는데, 최근 반 년 동안 난데없이 한 젊은이가 매번 왕진이 나갈 때를 기다렸다가 조씨의 침실로 갔다. 빈번하게 왕래하게 되자 젊은이는 조씨를 유혹하여 그녀와 사통했다. 어느 날 갑자기 왕진은 밖에서 돌아왔다가 젊은이가 조씨와 함께 자리에 앉아 술을 마시며 즐겁게 웃고 있는 것을 보고 매우 경악했다. 조씨는 자기도 모르게 땅에 넘어져 기절했고 젊은이는 한 마리 큰 뱀으로 변하여 달아났다. 이에 왕진이 하녀에게 조씨의 겨드랑이를 부축해 일어나게 하자 잠시 후 조씨도 한 마리 뱀으로 변하여 함께 달아났다. 왕진이 쫓아가 보았더니 그녀는 앞서 도망간 뱀을 따라 함께 화산(華山)으로 들어가더니 한참 후에 사라졌다. (『소상록』)


華陰縣令王眞妻趙氏者, 燕中富人之女也, 美容貌, 少適王眞. 洎隨之任, 近半年, 忽有一少年, 每伺眞出, 卽輒至趙氏寢室. 旣頻往來, 因戲誘趙氏私之. 忽一日, 王眞自外入, 乃見此少年與趙氏同席, 飮酎歡笑, 甚大驚訝. 趙氏不覺自仆氣絶, 其少年化一大蛇, 奔突而去. 眞乃令侍婢扶腋起之, 俄而趙氏亦化一蛇, 奔突俱去. 王眞遂逐之, 見隨前出者俱入華山, 久之不見. (出『瀟湘錄』)


## 456・38(6240)
# 주 근(朱 覲)

주근은 진주(陳州)・채주(蔡州) 지방의 협사로 여남(汝南)에 놀러 갔다가 객점에서 묵게 되었다. 당시 객점 주인 등전빈(鄧全賓)에게는 딸이 있었는데, 자태와 용모가 단아하고 아름다웠으나 항상 요괴에게 홀려 있었다. 온갖 치료를 다 해보았지만 그녀의 병을 낫게 할 수 없었다. 주근이 한번은 친구와 술을 마시고 밤에 돌아오다가 정원에서 쉬고 있었는데, 이경(二更)이 되자 매우 곱고 깨끗한 흰 옷을 입은 사람이 등전빈 딸의 방안으로 들어가는 것이었다. 잠시 후에 방안에서 매우 즐겁게 담소하는 소리가 들리기에 주근은 잠을 자지 않고 어두운 곳에서 활과 화살을 들고 그가 나오기를 기다렸다. 닭이 울자 딸이 한 젊은이를 배웅하러 나오는 것이 보였다. 주근이 활을 쏘자 젊은이는 화살을 맞은 채 도망갔고 주근이 다시 쏘았더니 젊은이의 종적이 사라졌다. 새벽녘에 주근이 등전빈에게 그 사실을 알리자 등전빈은 주근과 함께 핏자국을 찾았는데, 핏자국은 집에서 5리쯤 떨어진 곳에 있는 큰 고목(枯木)의 구멍 속으로 들어갔다. 사람들에게 고목을 베게 했더니 과연 눈빛처럼 하얀 뱀 한 마리가 있었는데, 길이는 1장(丈) 남짓이었고 몸에 두 발의 화살을 맞고 죽어 있었다. 그 후로 딸은 예전처럼 돌아왔고 등전빈은 마침내 딸을 주근에게 시집보냈다. (『집이기』)

朱覲者, 陳蔡遊俠之士也. 旅遊于汝南, 栖逆旅. 時主人鄧全賓家有女, 姿容端麗, 常爲鬼魅之幻惑. 凡所醫療, 莫能愈之. 覲時過友人飮, 夜艾方歸, 乃憩歇於庭, 至二更, 見一人着白衣, 衣甚鮮潔, 而入全賓女房中. 逡巡, 聞房內語笑甚歡, 不成寢, 執弓矢於黑處, 以伺其出. 候至雞鳴, 見女送一少年而出. 覲射之, 旣中而走, 覲復射之, 而失其跡. 曉乃聞之全賓, 遂與覲尋血跡, 出宅可五里已來, 其跡入一大枯樹孔中. 令人伐之, 果見一蛇, 雪色, 長丈餘, 身帶二箭而死. 女子自此如故, 全賓遂以女妻覲. (出『集異記』)

# 태평광기 권제 457

사

2

1. 몽　　산(蒙　　山)
2. 진　　첨(秦　　瞻)
3. 광 주 인(廣 州 人)
4. 원 현 영(袁 玄 瑛)
5. 설　　중(薛　　重)
6. 고　　해(顧　　楷)
7. 수 제 가(樹 提 家)
8. 수 양 제(隋 煬 帝)
9. 흥 복 사(興 福 寺)
10. 장 기 사(張 騎 士)
11. 이 숭 정(李 崇 貞)
12. 마 령 산(馬 嶺 山)
13. 지상사현자(至相寺賢者)
14. 이 림 보(李 林 甫)
15. 위 자 춘(韋 子 春)
16. 선 주 강(宣 州 江)
17. 이 제 물(李 齊 物)
18. 엄 정 지(嚴 挺 之)
19. 천보초인(天寶樵人)
20. 무 외 사(無 畏 師)
21. 장　　호(張　　鎬)
22. 필 건 태(畢 乾 泰)
23. 두　　위(杜　　暐)
24. 해주렵인(海州獵人)

### 457·1(6241)
## 몽 산(蒙 山)

노국(魯國) 비현(費縣)의 몽산 위에 허물어진 지 오래된 절이 있었다. 백성들이 그곳에 불당을 세우려고 했더니 길이가 수십 장(丈)이나 되는 거대한 뱀이 나와 사람들을 놀라게 하는 바람에 불당을 안치하지 못했다. (『이원』)

魯國費縣蒙山上有寺廢久. 民欲架堂者, 輒大蛇數十丈長, 出來驚人, 故莫得安焉. (出『異苑』)

### 457·2(6242)
## 진 첨(秦 瞻)

진첨은 곡아현(曲阿縣) 팽성(彭星)의 교외에서 살았는데, 어느 날 갑자기 뱀 같은 물체가 불쑥 그의 뇌 속으로 들어왔다. 뱀은 왔을 때 먼저 냄새를 맡더니 곧장 그의 코를 통해 들어가 머릿속에 똬리를 틀었다. 그러자 진첨은 싸늘한 냉기가 느껴졌으며, 그의 뇌 속에서 쩝쩝 하고 뭔가를 먹는 소리가 들렸다. 뱀이 며칠 만에 밖으로 나갔다가 금세 다시

오자, 진첨이 수건을 꺼내 입과 코를 급히 막았더니 뱀이 들어갈 수 없었다. 몇 년 동안 진첨은 별다른 일이 없었으나 단지 머리만 무거울 뿐이었다. (『광고금오행기』)

秦瞻居曲河(明鈔本'河'作'阿')彭星野, 忽有物如蛇, 突入其腦中. 蛇來, 先聞臭氣, 便從鼻入, 盤其頭中. 覺泓泓冷, 聞其腦間, 食聲咂咂. 數日出去, 尋復來, 取手巾, 急縛口鼻, 故不得入. 積年無他, 唯患頭重. (出『廣古今五行記』)

## 457・3(6243)
## 광주인(廣州人)

광주 사람 세 명이 함께 산속에서 나무를 하다가 문득 보았더니, 돌둥지 안에 됫박만한 크기의 알 3개가 있었다. 그래서 그것을 가져다가 삶았는데, 물이 막 뜨거워지려고 할 때 숲속에서 비바람 치는 듯한 소리가 들렸다. 잠시 후 굵기가 10아름이나 되고 길이가 4~5장(丈)쯤 되는 뱀 한 마리가 곧장 오더니 끓는 물 속에서 알을 물고 갔다. 세 사람은 얼마 후 모두 죽었다. (『속수신기』)

廣州人共在山中伐木, 忽見石窠中有三卵, 大如升. 便取煮之, 湯始熱, 便聞林中如風雨聲. 須臾, 有一蛇大十圍, 長四五丈, 徑來, 於湯中銜卵去. 三人無幾皆死. (出『續搜神記』)

## 457·4(6244)
## 원현영(袁玄瑛)

오흥태수(吳興太守) 원현영이 관직에 부임하게 되었을 때, 점쟁이를 찾아가서 길흉에 대해 물었더니 점쟁이가 말했다.

"점괘에 따르면, 부임하시면 틀림없이 붉은 뱀이 요사스런 짓을 할 것이지만 죽여서는 안 됩니다."

원현영이 부임한 뒤, 과연 붉은 뱀이 동호부(銅虎符: 청동으로 만든 호랑이 모양의 兵符)를 담아놓은 돌 함 위에 똬리를 틀고 있자 그는 그것을 죽이라고 명했다. 그 후 원현영은 과연 반적(叛賊) 서복(徐馥)에게 살해당했다. (『광고금오행기』)

吳興太守('守'原作'平', 據明鈔本改)袁玄瑛當之官, 往日者問吉凶, 曰: "法, 至官當有赤蛇爲妖, 不可殺." 至, 果有赤蛇在銅虎符石函上蟠, 玄瑛命殺之. 其後果爲賊徐馥所害也. (出『廣古今五行記』)


## 457·5(6245)
## 설 중(薛 重)

회계군(會稽郡)의 관리인 운현(鄆縣) 사람 설중이 휴가를 얻어 집으로 돌아갔는데, 밤에 집에 도착해서 보았더니 문이 잠겨 있고 부인의 침상 위에서 어떤 사내가 코골며 자는 소리가 들렸다. 설중이 부인을 불렀더니 부인이 한참 만에 침상에서 나와 문을 열어주었다. 설중은 칼을 들고 부인을 맞이하며 물었다.

"침상 위에서 취해 자고 있는 사람은 누구요?"

부인은 경악하며 정말 아무도 없다고 한사코 해명했다. 설중의 집에는 문이 하나뿐이었으므로, 그는 집으로 들어가서 곧바로 부인을 가둬놓고 수색했지만 아무도 보이지 않았으며, 다만 뱀 한 마리가 침상 다리에 숨어서 술 냄새를 풍기고 있었다. 설중은 그 뱀을 잘라 토막 내서 뒷도랑에 던져 버렸다. 그런데 며칠 있다가 부인이 죽었다. 또 며칠 후 설중도 죽었다가 나중에 홀연히 살아나서 다음과 같은 이야기를 해주었다.

그가 막 죽었을 때 어떤 사람이 그에게 족쇄와 수갑을 채워 한 곳으로 데려가자, 어떤 관원이 물었다.

"왜 사람을 죽였느냐?"

설중이 말했다.

"그런 흉악한 짓은 절대 하지 않았습니다."

관원이 말했다.

"너는 죽이지 않았다고 말하지만, 그렇다면 근자에 토막 내서 뒷도랑에 던진 것은 대체 무엇이란 말이냐?"

설중이 말했다.

"뱀을 죽였을 뿐입니다."

부군(府君)이 깜짝 놀라 깨달으며 말했다.

"내가 그 놈을 신으로 만들어주었더니 감히 다른 사람의 부인과 간음하고 게다가 무고까지 하다니!"

부군이 좌우 부하에게 그 자를 잡아오라고 명하자, 관리가 한 사람을 데려왔는데 그는 위가 평평한 두건[平巾幘]을 쓰고 있었다. 부군은 그에게 간음한 죄를 자세히 심문하고 나서 하옥시키라고 명했다. 설중은 관아에서 즉시 이끌려나와 순식간에 자기 집으로 돌아왔다. (『광고금오행기』)

會稽郡吏鄮縣薛重得假還家. 夜至家, 戶閉, 聞婦牀上有丈夫眠聲. 喚婦, 久從牀上出來('來'原作'未', 據明鈔本改)開戶. 持刀便逆問婦曰: "牀上醉人是誰?" 婦大驚愕, 因且苦自申明, 實無人. 重家唯有一戶, 旣入, 便閉婦索, 了無所見, 見一蛇隱在牀脚, 酒醉臭. 重斫蛇寸斷, 擲於後溝, 經日而婦死. 數日, 重又死, 後忽然而生, 說: 始死, 有人桎梏之, 將到一處, 有官寮問曰: "何以殺人?" 重曰: "實不行兇." 曰: "爾云不殺者, 近寸斷擲著後溝, 此是何物?" 重曰: "正殺蛇耳." 府君愕然有悟曰: "我當用爲神, 而敢淫人婦, 又訟人!" 敕左右持來, 吏將一人, 著平巾幘. 具詰其淫妄之罪, 命付獄. 重爲官司便遣將出, 重倐忽而還. (出 『廣古今五行記』)


## 457·6(6246)
## 고 해(顧 楷)

[南朝] 진(陳)나라 때 오흥(吳興) 사람 고해는 밭에 있는 뽕나무에 올라가 뽕잎을 따다가 커다란 오색 뱀이 작은 구멍으로 들어가는 것을 보았다. 그 후로 3척 내지 5척 가량 되는 뱀들이 차례대로 따라 들어갔

는데 대략 수백 마리는 되었다. 고해는 급히 뽕나무에서 내려와 뱀들이 들어간 곳을 살펴보았지만 아무런 구멍도 보이지 않았다. 고해는 날이 저문 뒤에 집으로 돌아왔는데, 갑자기 벙어리가 되어 다시는 말을 할 수 없게 되었다. (『광고금오행기』)

陳時吳興顧楷在田上樹取桑葉, 見五色大蛇入一小穴. 其後蛇相次, 或三尺五尺次第相隨, 略有數百. 楷急下樹, 看所入之處, 了不見有孔. 日暮還家, 楷病口啞, 不復得語. (出『廣古今五行記』)

## 457・7(6247)
## 수제가(樹提家)

수(隋)나라 때 강주(絳州) 하현(夏縣) 사람 수제의 집에서 새로 집을 지어 이사하려고 했는데, 느닷없이 무수한 뱀이 집안에서 문밖으로 기어 나와 누에발 위의 누에처럼 빽빽하게 온 땅을 뒤덮었다. 그때 지나가던 어떤 손님이 말했다.

"나는 부적으로 이것들을 진압하는 법을 알고 있소."

그리고는 복숭아나무 가지 4개를 가져와 부적을 쓴 다음 집의 사방 둘레에 부적을 못 박았다. 뱀들이 점점 물러가자 부적도 그것을 따라 옮겼다. 뱀들이 당(堂)의 한가운데로 들어갔는데, 그곳에 동이 주둥이만 한 크기의 구멍 하나가 있었다. 뱀들이 그 구멍으로 모두 들어가자, 손님은 끓는 물 100곡(斛)을 부어넣게 했다. 하룻밤 지난 후에 가래로 그곳을 몇 척 깊이까지 파보았더니, 오래된 동전 20만 관(貫: 1貫은 천 냥)이 나왔다. 그 동전들은 너무 오래되어 삭았기 때문에 수제는 그것으로 새 동전을 주조하여 마침내 거부가 되었다. 그 뱀은 바로 옛 동전의 정령이었던 것이다. (『조야첨재』)

隋絳州夏縣樹提家, 新造宅, 欲移入, 忽有蛇無數, 從室中流出門外, 其稠如箔上蠶, 蓋地皆遍. 時有行客云: "解符鎭." 取桃枝四枚書符, 遶宅四面釘之. 蛇漸退, 符亦移就之. 蛇入堂中心, 有一孔, 大如盆口. 蛇入並盡, 命煎湯一百斛灌之, 經宿, 以鍬掘之, 深數尺, 得古銅錢二十萬貫. 因陳破, 鑄新錢, 遂巨富. 蛇乃是古銅之精. (出 『朝野僉載』)

## 457・8(6248)
## 수양제(隋煬帝)

『수신기(搜神記)』에서는 "뱀이 천 년 묵으면 몸을 잘랐다가 다시 붙인다"라고 했으며, 『회남자(淮南子)』에서는 "신사(神蛇)는 자기 몸을 스스로 잘랐다가 스스로 다시 붙인다"라고 했다. 그래서 수(隋)나라 양제(煬帝)는 영남(嶺南)으로 사람을 파견했는데, 그 사람은 온 바다와 산을 뒤진 끝에 그런 뱀 서너 마리를 찾아가지고 낙하(洛下: 洛陽)로 왔다. 잡은 뱀은 길이가 3척쯤 되고 검노란 색이었으며, 머리에 비단무늬가 있고 몸 전체가 황금빛처럼 보였으며, 사람에게는 독을 뿜을 수 없고 고기를 먹을 줄 알았다. 만약 그 뱀의 몸을 스스로 자르게 하고 싶을 경우, 먼저 그것을 건드려 화를 내게 한 다음 그 분노를 발설하지 못하게 하면 스스로 자기 몸을 서너 토막으로 자른다. 잘라진 곳은 칼로 벤 것 같은데, 그 살과 뼈의 결에서 역시 피가 나왔다. 하지만 한참 후에 화가 가라앉으면 서너 토막 난 몸이 점점 서로 다가가 이어져서 이전처럼 회복되는데, 마치 [처음부터] 잘리지 않은 것처럼 보였다. 수나라의 저작랑(著作郞) 등륭(鄧隆)이 말했다.

"이것은 영사(靈蛇)와 같은 것으로, 반드시 천 년을 묵지 않아도 스스로 몸을 자를 수 있다."

(『궁신비원』)

『搜神記』: "蛇千年則斷復續." 『淮南子』云: "神蛇自斷其身而自相續." 隋煬帝遣人於嶺南, 邊海窮山, 求此蛇數四, 而至洛下. 所得之者, 長可三尺, 而色黃黑, 其頭錦文, 全似金色, 不能毒人, 解食肉. 若欲令自斷其身者, 則先觸之令怒, 使不任其憤毒, 則自斷爲三四. 其斷之處, 如刀截焉, 見其皮骨文理, 亦有血焉. 然久怒定, 則三四斷稍稍自相就而連續, 體復如故, 亦似不相斷. 隋著作郞鄧隆云: "此靈蛇一類, 自斷, 不必千歲也." (出『窮神祕苑』)

## 457 · 9(6249)
## 홍복사(興福寺)

장안(長安)의 홍복사에 있는 십광불원(十光佛院)은 건물이 매우 웅장하고 화려한데, 수(隋)나라 때 지은 것이라고 했다. [唐나라 太宗] 정관연간(貞觀年間: 627~649)에 그 절의 스님들은 그것의 연대가 너무 오래되어서 무너질까봐 걱정한 끝에 곧장 경비를 마련하고 공사를 계획하여 신축하려고 했다. 그래서 장차 그것을 철거하려고 문을 열고 보았더니, 수만 마리의 뱀이 바닥에서 서로 이어져 쌓아놓은 것처럼 빙 둘러 똬리를 튼 채 마치 먹이를 삼키려는 듯이 머리를 흔들며 입을 쫙 벌리고 있었다. 스님들은 너무 놀라면서 하늘이 [사람들의] 고된 일을 불쌍히 여긴 나머지 일부러 그런 신령한 변화를 빌어 보여주었다고 생각하여, 마침내 그 불원을 감히 허물지 못했다. (『선실지』)

長安興福寺有十光佛院, 其院宇極壯麗, 云是隋所制. 貞觀中, 寺僧以其年紀綿遠, 慮有摧圮, 卽經費計工, 且欲新其土木, 乃將毁撤, 旣啓戶, 見有蛇萬數, 連貫在地, 蛇蟠遶如積, 搖首呿喙, 若呑噬之狀. 寺僧大懼, 以爲天憫重勞, 故假靈變, 於是不敢除毁. (出『宣室志』)

### 457 · 10(6250)
### 장기사(張騎士)

장기사라는 사람이 스스로 다음과 같은 이야기를 했다.

그는 어렸을 때 영공(英公) 이적(李勣)을 따라 바다를 건너다가 10여 일간 풍랑을 만나 몇 만 리를 갔는지 알 수 없었다. 바람이 잠잠해지고 파도가 일지 않았을 때 갑자기 시커먼 물체 두 개가 나타났는데, 그 머리는 뱀처럼 생겼고 크기는 거대한 배만했으며 길이는 아무리 바라봐도 끝이 없었다. 잠시 후 그 괴물은 배 있는 곳으로 오더니 함께 머리를 배에 올려놓고 옆으로 밀었는데 그 빠르기가 바람 같았다. 배에 탄 사람들은 두려움에 떨며 어떻게 대항해야 할지 몰랐으며, 이미 괴물에게 잡아먹힐 것이라고 단정하고 오직 염불하며 빨리 죽게 해달라고 빌었다. 한참 후에 한 산에 도착했는데, 그곳에는 부서진 배들이 산처럼 쌓여 있었다. 그들은 각자 저 배에 탔던 사람들이 모두 그 괴물에게 잡아먹힌 것이라고 생각했다. 잠시 후 바람이 몹시 급하게 불기에 머리를 돌려 배 뒤를 보았더니, 다른 뱀 세 마리가 뒤쫓아 왔는데 마치 먹이를 다투는 듯한 모습이었다. 그러자 이전의 뱀 두 마리가 배를 놓고 몸을 돌려 그 세 마리의 뱀과 모래 위에서 싸우다가 각자 외딴 섬으로 꿈틀거리며 기어갔다. 그때 배에 탄 사람들은 바람을 타고 돛을 올려 마침내 화를 면할 수 있었다. 며칠 후에 그들은 또 한 산에 도착했는데, 멀리 연기가 보이자 사람이 사는 곳이라고 생각했다. 그래서 돛을 내리고 해안으로 올라가 [어떤 한 사람이 다른] 두 사람과 함께 갔더니 굉장히 큰 문이 있자 마침내 다가가서 빗장을 두드렸다. 그러자 키가 몇 장(丈)이나 되고 온몸에 흰 털이 나 있는 어떤 사람이 나오더니 두 사람을 보자마자 잡아먹었다. 나머지 한 사람이 황급히 도망쳐 배 있는 곳에 이르러 겨우 배에 오른 뒤, 미처 배가 떠나기도 전에 흰 털 난 사람이 달려와 배를 잡아끌었다. 배에 탄 사람들은 각자 활로 쏘고 칼로 베면서 마구 칼을 휘두른 연후에야 비로소 풀려났다. 그들이 해안에서 1리쯤 떨어졌을 때, 해안에 이미 수십 명이 와서 손을 내지르며 크게 소리쳤다. 그들은 다시 바람을 따라 대엿새를 표류한 끝에 저 멀리 섬이 보이자 그곳에 배를 대고 주민에게 [여기가 어디냐고] 물었더니, 그곳은 청원현(淸遠縣)의 경계로 남해군(南海郡)에 속한다고 했다. (『광이기』)

　　張騎士者, 自云: 幼時隨英公李勣渡海, 遇風十餘日, 不知行幾萬里. 風靜不波, 忽見二物黑色, 頭狀類蛇, 大如巨船, 其長望而不極. 須臾, 至船所, 皆以頭遶(明鈔本'遶'作'搭')船橫推, 其疾如風. 舟人惶懼, 不知所抗, 已分爲所啖食, 唯念佛求速死耳. 久之, 到一山, 破船如積. 各自念云, 彼人皆爲此物所食. 須臾, 風勢甚急, 顧視船後, 復有三蛇, 追逐亦至, 意如爭食之狀. 二蛇放船, 廻與三蛇鬪於沙上, 各相蜿蟺於孤島焉. 舟人因是乘風擧帆, 遂得免難. 後數日, 復至一山, 遙見煙火, 謂是人境. 落帆登岸('岸'原作'陵', 據明鈔本改), 與二人同行, 門戶甚大, 遂前款關. 有人長數丈, 通身生白毛, 出見二人, 食之. 一人遽走至船所, 纔上船, 未及開, 白毛之士走來牽攬. 船人人各執弓刀斫射之, 累揮數刀, 然後見釋. 離岸一里許, 岸上已有數十頭, 戟手大呼. 因又隨風飄帆五六日, 遙見海島, 泊舟問人, 云是淸遠縣界, 屬南海. (出『廣異記』)

## 457·11(6251)
## 이숭정(李崇貞)

　　[唐나라] 고종(高宗) 광택년(光宅年: 684)에 이숭정은 익주장사(益州長史)에 임명되었다. 청사 앞의 감자(柑子: 홍귤)나무에 계란만한 열매 하나가 열려 있었는데, 아주 늦게 익었으며 바늘처럼 작은 구멍이 희미하게 뚫려 있었다. 관리들은 모두 그 열매를 이상하게 여겨 조정에 진상하려고 하다가 시간이 지나버려 그만 두었다. 그래서 그것을 잘라보

앉더니 붉은 얼룩무늬 뱀이 나왔는데 길이가 1척 남짓 되었다. 이숭정은 나중에 결국 죄를 지어 죽임을 당했다. (『광고금오행기』)

또, 연주(連州)에 있는 한 감자나무에서 4월에 주먹만한 크기의 열매가 열렸는데, 그것을 잘라보았더니 머리 둘 달린 뱀이 있었다. (『광고금오행기』)

高宗光宅中, 李崇貞任盆州長史. 廳前柑子樹有一子如雞子, 晚熟, 微有小孔如針. 群官咸異之, 方欲將進, 久而乃罷. 因剖之, 得一赤斑蛇, 長尺餘. 崇貞後竟以罪死. (出『廣古今五行記』)

又, 連州見一柑樹, 四月中, 有子如拳大, 剖之, 有兩頭蛇. (出『廣古今五行記』)

## 457・12(6252)
## 마령산(馬嶺山)

[唐나라 玄宗] 개원(開元) 4년(716) 6월에 침주(郴州)의 마령산 기슭에 6~7척쯤 되는 백사 한 마리와 1장(丈) 남짓 되는 흑사 한 마리가 있었다. 얼마 후 두 뱀이 싸웠는데, 백사가 흑사를 집어삼켜 흑사의 굵은 몸뚱이 부분까지 들어갔을 때, 백사의 입과 목구멍 양쪽이 모두 터지면서 피가 마구 쏟아졌다. 흑사는 머리가 들어간 상태에서 백사의 옆구리를 물어뜯어 구멍을 내고는 머리를 밖으로 2척 남짓 내밀었다. 그러더니 잠시 후 두 뱀이 모두 죽었다. 그로부터 10여 일 후에 큰 비가 내려 계곡물이 갑자가 불어나 500여 가구가 떠내려가고 300여 명이 실종

되었다. (『조야첨재』)

　　開元四年六月, 郴州馬嶺山側有白蛇長六七尺, 黑蛇長丈餘. 須臾, 二蛇鬪, 白者呑黑蛇, 到齆處, 口兩唫皆裂, 血流滂沛. 黑蛇頭入, 嚙白蛇肋上作孔, 頭出二尺餘. 俄而兩蛇並死. 後十餘日, 大雨, 山水暴漲, 漂破五百餘家, 失三百餘人. (出『朝野僉載』)


457 · 13(6253)
# 지상사현자(至相寺賢者)

　　장안(長安)의 지상사에 어떤 현자가 있었는데, 그는 10여 살 때부터 줄곧 서쪽 선원(禪院)에서 수도했다. 그 선원에 있는 불당의 좌대 아래에는 예전부터 뱀 한 마리가 살았는데, 현자가 처음 수도할 때는 뱀의 굵기가 한 아름이었지만 40여 년이 지난 후에는 불당의 기둥만큼이나 굵어졌다. 현자와 뱀은 서로 만나더라도 싫어하지 않았다. [唐나라 玄宗] 개원연간(開元年間: 713~741)에 현자는 밤중에 예불하러 불당으로 갔는데, 불당 안에 등불이 없었지만 밝은 빛이 불당에 가득했기에 마음속으로 매우 이상해했다. 이어서 현자는 뱀이 나온 곳에서 직경 1촌짜리 구슬을 얻었다. 그는 [그 구슬을 가지고] 시장으로 가서 값을 높이 부르면서 그것을 알아보는 사람을 만나길 바랐다. 며칠 후 어떤 호인(胡人)이 흥정하면서 딱 100만 냥을 내놓자 현자가 말했다.

　　"이 야광주는 값을 매길 수 없는 보물인데 어찌하여 그런 가격을 제

시하시오?"

호인이 말했다.

"방주(蚌珠: 眞珠)라면 귀하겠지만 이것은 사주(蛇珠)이니 많이 받아야 1000관(貫: 100만 냥)이오."

현자는 탄복하고 마침내 [그 구슬을 호인에게] 팔았다. (『광이기』)

長安至相寺有賢者, 自十餘歲, 便在西禪院修道. 院中佛堂座下, 恒有一蛇, 賢者初修道時, 蛇大一圍, 及後四十餘年, 蛇如堂柱. 人('人'原作'大', 據明鈔本改)蛇雖相見, 而不能相惡. 開元中, 賢者夜中至佛堂禮拜, 堂中無燈, 而光粲滿堂, 心甚怪之. 因於蛇出之處, 得徑寸珠. 至市高擧價, 冀其識者. 數日, 有胡人交市, 定還百萬, 賢者曰: "此夜光珠, 當無價, 何以如此酬直?" 胡云: "蚌珠則貴, 此乃蛇珠, 多至千貫." 賢者歎服, 遂賣焉. (出『廣異記』)

## 457 · 14(6254)
## 이림보(李林甫)

이림보의 집은 바로 옛날 이정(李靖: 唐初의 名將으로 본명은 藥師, 시호는 景武)의 집이었다. 홍사(泓師)라는 사람은 [唐나라] 예종(睿宗) 때 도술로 이름이 알려져 있었는데, 그가 한번은 그 집을 지나가면서 사람들에게 말했다.

"후대 사람 가운데 이 집에서 살 수 있는 자는 말할 수 없을 정도로 귀해질 것이오."

그 후로 오랫동안 그 집에 사람이 살지 않았다. [玄宗] 개원연간(開元年間: 713~741) 초에 이림보가 봉어(奉御: 殿中省에 소속된 尚食·尚藥·尚衣·尚舍·尚乘·尚輦 6국의 장관) 벼슬을 하게 되어 마침내 그 집에 살게 되었다. 어떤 사람이 홍사에게 그 사실을 알려주자 홍사가 말했다.

"신기하구나! 나의 예언이 과연 징험되었소. 19년 동안 재상의 지위에 있으면서 천하에 부귀와 권세로 이름날 자가 바로 그 사람이오. 그렇지만 나는 그가 중문(中門)을 고쳤다가 화가 미치게 될까봐 걱정이오."

이림보는 과연 현종(玄宗)의 재상이 되었지만, 권세와 부귀를 믿고 전횡하여 오랫동안 사람들의 원망의 대상이 되었다. 그의 말년에 어떤 사람이 아주 크고 좋은 말을 바쳤는데, 중문이 약간 낮아서 말을 타고 지나다닐 수 없자 마침내 중문을 고쳐짓기로 했다. 그런데 중문의 처마를 헐고 났더니 난데없이 수천수만 마리의 뱀이 기와 속에 있었다. 이림보는 그 일을 꺼림칙하게 생각하여 즉시 공사를 그만 두고 더 이상 허물지 않았다. 그 후 얼마 되지 않아서 이림보는 결국 가산을 몰수당하고 말았다. 이림보가 재상을 시작한 때부터 가산을 몰수당한 때까지의 기간은 과연 19년이었다. (『선실지』)


李林甫宅, 卽李靖宅. 有泓師者以道術聞於睿宗時, 嘗與過其宅, 謂人曰: "後之人有能居此者, 貴不可言." 其後久無居人. 開元初, 林甫官爲奉御, 遂從而居焉. 人有告於泓師, 曰: "異乎哉! 吾言果驗('驗'原作'如', 據明鈔本改). 是十有九年居相位, 稱豪貴於天下者, 此('此'原作'一', 據明鈔本改)人也. 雖然, 吾懼其易製中門, 則禍且及矣." 林甫果相玄宗, 恃權貴, 爲人觖望者久之. 及末年, 有人獻良馬, 甚高, 而其門稍庳, 不可乘以過, 遂易而製. 旣毁其簷, 忽有蛇千萬數, 在屋瓦中. 林甫惡之, 卽罷而不能毁焉. 未幾, 林甫竟籍沒. 其始相至籍沒, 果十九年矣. (出『宣室志』)

## 457 · 15(6255)
## 위자춘(韋子春)

임회군(臨淮郡)의 어떤 관정(館亭)이 사수(泗水) 가에 있었다. 그 관정에 있는 커다란 나무는 둘레가 수십 아름이나 되고 우뚝 높이 솟아 있으며 드리운 그늘이 사방 100보에 달했는데, 종종 매서운 바람과 천둥이 저녁에 그 나무속에서 일어났다. 어떤 사람이 멀리서 그 관정을 바라보았더니 두 줄기 광채가 짝을 이루어 오르락내리락하면서 번갯불처럼 환히 빛났는데, 바람이 자고 나면 그 광채도 사라졌다. [唐나라 玄宗] 개원연간(開元年間: 713~741)에 용감하고 힘세기로 소문난 위자춘이란 사람이 마침 임회군에서 유람하고 있었다. 어떤 사람이 그 일을 얘기했더니 위자춘이 말했다.

"내가 한번 살펴봐야겠소."

그리고는 옷 보따리를 들고 그 관정에 머물면서 기다렸다. 그 후 어느 날 저녁에 마침내 거센 바람과 천둥이 땅을 진동하면서 관정의 건물이 뒤흔들리더니, 과연 두 줄기 광채가 나타나 관정을 밝게 비추었다. 이에 위자춘이 옷을 여미고 내려갔더니 갑자기 어떤 물체가 그의 몸을 휘감는 것이 느껴졌는데, 얼음물처럼 차가웠으며 꽉 감고 있어서 풀 수가 없었다. 그가 돌아보았더니 두 노인이 그의 몸 뒤에 있었다. 그래서 즉시 몸에 힘을 넣어 팔을 휘둘렀더니 툭! 하는 소리와 함께 그를 감고 있던 것이 풀어졌다. 위자춘이 관정으로 돌아오고 나서 얼마 되지 않아 비바람이 멈추었고, 관정 안에서 어물전처럼 비린내가 풍겼다. 다음날 살펴보았더니 거대한 뱀 한 마리가 토막 난 채 죽어 있고 땅바닥에 피가 흥건했다. 마을사람들은 함께 구경하러 왔다가 위자춘도 죽었을 것이라고 생각했는데, 그를 보고는 깜짝 놀랐다. 그 후로 그 관정에는 바람과 천둥의 근심이 없어졌다. (『선실지』)

臨淮郡有舘亭, 濱泗水上. 亭有大木, 周數十栱('栱'原作株, 據明鈔本改), 突然勁拔, 陰合百步, 往往有甚風迅雷, 夕發其中. 人望見亭有二光, 對而上下, 赫然若電, 風旣息, 其光亦閉. 開元中, 有韋子春以勇力聞, 會子春客於臨淮. 有人語其事者, 子春曰: "吾能伺之" 於是挈衣橐止於亭中以伺焉. 後一夕, 遂有大風雷震於地, 亭屋搖撼, 果見二光照燿亭宇. 子春乃斂衣而下, 忽覺有物蟠遶其身, 冷如水凍, 束不可解. 廻視, 見二老在其身後. 子春卽奮身揮臂, 騞然有聲, 其縛亦解. 遂歸亭中, 未幾而風雨霽, 聞亭中腥若鮑肆. 明日視之, 見一巨蛇中斷而斃, 血遍其地. 里人相與來觀, 謂子春且死矣, 乃見之, 大驚. 自是其亭無風雷患. (出『宣室志』)

## 457・16(6256)
# 선주강(宣州江)

선주의 작두진(鵲頭鎭)은 [唐나라 玄宗] 천보(天寶) 7년(748)에 강물이 범람하여 30리가 잠겼다. 오(吳) 땅 사람들은 자맥질을 잘했기 때문에 모두들 강물로 들어가서 땔나무를 건져냈다. 강 중류에서 길이가 10여 장(丈)이나 되는 목재 하나가 떠내려 오기에 어떤 자맥질하던 사람이 가서 살펴보았더니 다름 아닌 커다란 뱀이었다. 누런 색깔의 그 뱀은 물에 떠서 강 가운데에서 내려오고 있었다. 자맥질하던 사람이 겁에 질려 돌아가려는 순간에 뱀이 마침내 입을 벌려 그를 물었는데, 뱀이 그 사람을 가로로 입에 문 채 머리를 쳐들자 그 높이가 물에서 몇 척이나 되었다. 그 사람은 여전히 살려달라고 크게 소리쳤지만, 그 광경을 지켜본 사람 중에 감히 그를 구하려는 사람이 없었다. (『기문』)

宣州鵲頭鎭, 天寶七載, 江水盛漲漫三十里. 吳俗善泅, 皆入水接柴木. 江中流有一材下, 長十餘丈, 泅者往觀之, 乃大蛇也. 其色黃, 爲水所浮, 中江而下. 泅者懼而返, 蛇遂開口銜之, 泅者正橫蛇口, 擧其頭, 去水數尺. 泅者猶大呼請救, 觀者莫敢救焉. (出『紀聞』)


## 457·17(6257)
## 이제물(李齊物)

하남윤(河南尹) 이제물은 [唐나라 玄宗] 천보연간(天寶年間: 742~756)에 경릉태수(竟陵太守)로 좌천되었다. 군성(郡城)의 남쪽 누대에서 흰 연기가 피어오를 경우에 자사(刺史)가 태수를 전임시키지 않으면 태수가 곧 죽었는데, 그곳 사람들은 그것으로 늘 점을 치곤 했다. 이제

물은 좌천당하여 마음속으로 몹시 원통해하고 있었는데, 누대에서 갑자기 흰 연기가 피어오르자 버럭 화를 내며 말했다.

"나는 죽음도 두려워하지 않으니 신이 날 어쩌겠느냐!"

그리고는 사람을 시켜 연기가 나오는 곳을 찾아보게 했더니, 그 사람이 말했다.

"흰 연기는 모두 흰 벌레에서 나오는데 아마도 커다란 뱀인 것 같습니다."

이제물이 그곳을 파보게 했더니, 구멍이 점점 커지면서 그 속에 커다란 뱀이 있었는데 몸의 굵기가 큰 항아리만 했다. 이제물은 가마솥에 기름 수십 곡(斛)을 끓여서 펄펄 끓는 기름을 뱀에게 끼얹으라고 명했다. 뱀은 처음에 우레 같은 소리를 질러 성가퀴까지 뒤흔들더니 하루가 지나서야 비로소 죽었다. 그러자 이제물은 사람들에게 뱀이 있던 구멍을 메워버리게 했다. 그 후로 이제물에게 더 이상 별다른 일은 일어나지 않았다. (『광이기』)

河南尹李齊物, 天寶中, 左遷竟陵太守. 郡城南樓有白煙, 刺史不改卽死, 土人以爲常占. 齊物被黜, 意甚恨恨, 樓中忽出白煙, 乃發怒云: "吾不畏死, 神如余何!" 使人尋煙出處, 云: "白煙悉白蟲, 恐是大蛇." 齊物令掘之, 其孔漸大, 中有大蛇, 身如巨甕. 命以鑊煎油數十斛, 沸則灼之. 蛇初雷吼, 城堞震動, 經日方死, 乃使人下塹塞之. 齊物亦更無他. (出『廣異記』)

## 457 · 18(6258)
## 엄정지(嚴挺之)

엄정지가 위주자사(魏州刺史)가 되어 처음 부임했을 때 청사로 나갔더니, 작은 뱀이 문으로 들어와 탁자 있는 곳으로 와서 머리를 탁자에 괴고 있었다. 엄정지는 처음에 무슨 영문인지 몰라 황급히 상아 홀(笏)로 그 뱀의 머리를 짓눌러 바닥으로 내려가게 했다. 그리고는 한창 서서 골똘히 생각하고 있을 때 순식간에 뱀이 부적으로 변했다. 엄정지는 술사(術士)가 한 짓이라고 생각하여 한 동안 수색했지만 잡지 못하자 그만 두었다. (『광이기』)

嚴挺之爲魏州刺史, 初到官, 臨廳事, 有小蛇從門入, 至案所, 以頭枕案. 挺之初不達, 遽持牙笏, 壓其頭下地. 正立凝想, 頃之, 蛇化成一符. 挺之意是術士所爲, 尋索無獲而止. (出『廣異記』)


## 457 · 19(6259)
## 천보초인(天寶樵人)

[唐나라 玄宗] 천보연간(天寶年間: 742~756)에 어떤 나무꾼이 산에 들어가 취해 누워 있다가 뱀에게 잡아먹혔다. 그 사람은 약간 정신을 차리고 났을 때 이상하게도 몸이 흔들리고 눈을 떠서 봐도 아무 것도 보이지 않자 비로소 뱀에게 잡아먹혔다는 것을 알았다. 그래서 그는 나

무 베는 칼로 뱀의 배를 가르고 밖으로 나왔는데, 어지럽고 혼미하더니 한참 후에야 비로소 제정신으로 돌아왔다. 그 사람은 그 후로 몸 절반의 피부가 벗겨져 백풍(白風: 白癜風. 白斑[癜]症)에 걸린 것 같았다. (『광이기』)

天寶中, 有樵人入山醉臥, 爲蛇所呑. 其人微醒, 怪身動搖, 開視不得, 方知爲物所呑. 因以樵刀畫腹, 得出之, 眩然迷悶, 久之方悟. 其人自爾半身皮脫, 如白風狀. (出『廣異記』)


## 457・20(6260)
## 무외사(無畏師)

[唐나라 玄宗] 천보연간(天寶年間: 742~756)에 무외사가 낙양(洛陽)에 있었는데, 그때 모습이 몹시 괴이하고 키가 1장(丈)도 넘으며 둘레가 50척이나 되고 아주 우람해 보이는 거대한 뱀이 나타났다. 그 뱀이 휘감은 채 산 아래에서 나오자 낙양의 백성들이 모두 보았다. 그러자 무외사가 말했다.

"나중에 이 뱀이 낙수(洛水)를 터서 낙양성을 잠기게 할 것이다."

그리고는 즉시 불경의 뜻을 아주 정심하게 강설했더니, 저녁에 이르러 뱀이 바람과 이슬을 몰고 와서 마치 귀 기울여 듣는 듯했다. 그러자 무외사가 뱀을 꾸짖으며 말했다.

"너는 뱀이니 진실로 너에게 편안한 장소인 깊은 산속에서 살아야 하거늘, 어찌하여 장차 세상에 함부로 독을 퍼뜨리려 하느냐? 속히 떠나 산 사람을 근심하게 만들지 마라."

그 뱀은 무외사의 말을 듣고 마침내 땅에 엎드려 마치 부끄러운 기색을 띠는 듯하더니 금세 죽어버렸다. 그 후에 안록산(安祿山)이 낙양을 점거하여 궁궐과 종묘를 모두 훼손했으니, 과연 낙수를 터서 낙양성을 잠기게 할 것이라는 무외사의 말이 징험된 것이었다. (『선실지』)

天寶中, 無畏師在洛, 是時有巨('巨'原作'目', 據明鈔本改)蛇, 狀甚異, 高丈餘, 圍五十尺, 魁魁若. 盤遶出於山下, 洛民咸見之. 於是無畏曰: "後此蛇決水瀦洛城." 卽說佛書義甚精, 蛇至夕, 則駕風霑來, 若傾聽狀. 無畏乃責('責'原作'憤', 據明鈔本改)之曰: "爾蛇也, 營居深山中, 固安其所, 何爲將欲肆毒於世? 卽速去, 無患生人." 其蛇聞之, 遂俯于地, 若有慚色, 須臾而死焉. 其後祿山據洛陽, 盡毁宮廟, 果無畏所謂決洛水瀦城之應. (出『宣室志』)

## 457 · 21(6261)
## 장 호(張 鎬)

홍주성(洪州城)은 [漢나라] 마원(馬援)이 축조한 이후로 더 이상 보수하지 않았는데, 전하는 말에 따르면 그것을 보수하는 자는 반드시 죽는다고 했다. [唐나라 代宗] 영태연간(永泰年間: 765~766)에 도독(都督) 장호는 아무런 의심 없이 그 성을 보수했는데, 갑자기 성의 서북쪽 모퉁이에서 커다란 구덩이 하나가 발견되었다. 구덩이 안에서 흰 뱀과 검은 뱀 두 마리가 보였는데, 머리는 소와 비슷하고 몸은 커다란 항아리만 했으며 길이는 60여 척이나 되었다. 두 뱀은 구덩이 안에서 꿈틀거렸고 그 나머지 작은 뱀은 셀 수 없을 정도로 많았다. 군사들이 황급히 그 사실을 장호에게 아뢰자, 장호는 뱀들을 구덩이 밖으로 내몰아 대나무로 그 머리를 묶어 끌어오라고 명했다. 두 뱀은 처음에 눈도 뜨지 못한 채 끌려나왔다. 작은 뱀은 아주 많았는데, 어떤 군사가 작은 뱀 10여 마리를 해쳤다. 하지만 작은 뱀도 굵기가 물그릇만 했다. 두 뱀은 서로 뒤따라 서유정(徐孺亭) 아래의 방생지(放生池) 안으로 들어갔는데, 연못 물의 깊이가 몇 장(丈)이나 되었다. [두 뱀이 방생지로 들어가자 그 안에 있던] 거북들이 모두 도망쳐 나와 연못 둑 위로 올라와서 사람들에게 잡혔으며, 물고기들도 아가미를 뻘떡거리며 물 밖으로 나오더니 모두 곧 죽었다. 그로부터 7일 후에 장호가 죽었으며, 판관(判官) 정종(鄭從)과 남창현령(南昌縣令) 마교(馬皎) 두 사람도 잇따라 죽었다. ([『광이기』])

洪州城自馬璦置立後, 不復修革, 相傳云, 修者必死. 永泰中, 都督張鎬修之不疑, 忽城西北隅遇一大坎. 坎中見二蛇, 一白一黑, 頭類牛, 形如巨甕, 長六十餘尺. 蜿蟺在坑中, 其餘小蛇不可勝數. 遽以白鎬, 鎬命逐之出, 乃以竹篾縛其頭, 牽之. 蛇初不開目, 隨牽而出. 小蛇甚多, 軍人或有傷其小者十餘頭. 然猶大如飲椀. 二蛇相隨入徐孺亭下放生池中, 池水深數丈. 其龜皆走出上岸, 爲人所獲, 魚亦鼓鰓出水, 須臾皆死. 後七日, 鎬薨, 判官鄭從·南昌令馬皎, 二子相繼而卒. (原闕出處, 明鈔本作'出『廣異記』')

## 457 · 22(6262)
## 필건태(畢乾泰)

　　당(唐)나라 때 좌보궐(左補闕) 필건태는 영주(瀛州) 임구(任丘) 사람이다. 부모님이 50세 되었을 때 그는 미리 가묘(假墓)를 만들어놓았다. 그 후 부친이 85세가 되자 또 관을 만들었는데, 관이 조금 높고 크다 보니 가묘가 작은 것이 마음에 들지 않아서 다시 벽돌 2만 개를 더 쌓기로 했다. 이윽고 가묘를 열고 증축하려고 했는데 그 안에 무수한 뱀이 들어 있었다. 그 때는 정월이라 아직 추웠으므로 뱀들이 동면중이어서 아직 움직이지 않았다. 필건태는 한 빈 우물 속에 뱀을 던져 넣었는데 우물에 뱀이 다 들어가지 않을 정도로 많았다. 그 뱀은 황금빛이었다. 필건태는 노복과 함께 가묘을 열고 난 후 얼마 되지 않아 병들어 죽었으며, 한 달 남짓 지나서 그의 부모도 함께 죽었다. 이는 가묘를 열 때 적당한 곳을 찾지 못했기 때문이다. (『조야첨재』)

　　唐左補闕畢乾泰, 瀛州任丘人. 父母年五十, 自營生藏訖. 至父年八十五, 又自造棺, 稍高大, 嫌藏小, 更加磚二萬口. 開藏欲修之, 有蛇無數. 時正月尙寒, 蟄未能動. 取蛇投一空井中, 仍受蛇不盡. 其蛇金色. 泰自與奴開之, 尋病而卒, 月餘, 父母俱亡. 此開之不得其所也. (出『朝野僉載』)

## 457・23(6263)
## 두 위(杜 暐)

　[唐나라 때] 전중시어사(殿中侍御史) 두위가 일찍이 영외(嶺外: 嶺南)에 사신으로 나간 적이 있었는데, 강주(康州)에 이르렀을 때 역참의 기병이 멈추고자 하면서 두위에게 아뢰었다.
　"독물을 피하도록 하십시오."
　그래서 두위가 보았더니, 몇 장(丈)이나 되는 커다란 뱀이 길을 가로질러 남쪽에서 나왔으며 현무(玄武: 거북)가 그 뒤를 쫓고 있었다. 길 남쪽에 커다란 소나무가 있었는데, 뱀이 그 나무의 높은 가지로 올라가 휘감더니 머리를 늘어뜨리고 현무를 내려다보았다. 현무가 나무 아래에서 코를 쳐들더니 콧속에서 두 줄기 푸른 연기를 뿜어 곧장 뱀의 머리를 맞히자, 뱀은 결국 몸이 찢어져 죽으면서 나무 아래로 떨어졌다. 또 쟁(箏)만한 크기의 지네도 보였다.
　우숙(牛肅: 『紀聞』의 撰者)이 일찍이 그 일을 가지고 강주사마(康州司馬) 적공(狄公)에게 물었더니 적공이 말했다.
　"옛날 천보(天寶) 4년(745)에 광주부(廣州府)에서 해일이 일어났을 때 죽은 지네 한 마리가 떠내려 왔는데, 그 다리 하나를 잘랐더니 고기가 120근이나 되었소. 또 광주의 시장으로 갔더니, 어떤 사람이 대바구니에 머리 둘 달린 뱀을 담아서 사람들을 모아놓고 말하길, '여러분은 머리 둘 달린 뱀을 아시오? 여러분이 본 머리 둘 달린 뱀은 그 머리가 함께 나온 것일 테지만, 지금 내가 가지고 있는 것은 그것과 달라 앞과 꼬리[원문은 '蛇'라 되어 있지만 문맥상 '尾'의 오기로 보임]에 각각 머리가 하나씩 달려 있으니, 한번 구경해 보시겠소?'라고 했소. 시장 사람들이 보여 달라고 하자 그 사람이 마침내 그 뱀을 꺼냈소. 그 뱀은 길이가 2척이었고 앞과 꼬리에 머리가 달려 있었소. 시장 사람들 중에 어떤 광대는 늘 뱀 부리는 기술로 먹고살았는데, 여러 뱀을 만질 때마다 그 독을 두려워하지 않았소. 광대는 머리 둘 달린 뱀을 보고 손으로 집다가 뱀에게 손을 물려 아프다고 하면서 뱀을 땅에 던졌소. 그는 물린 곳에 약을 발랐지만 낫지 않았소. 급기야 물린 곳이 부어올라 점점 퍼지더니 금세 온몸을 덮었소. 광대가 죽자 그 몸이 마침내 크게 부풀더니 뼈와 살이 모두 물로 변하여 몸이 마치 물을 담아놓은 부대처럼 되었소. 잠시 후 물이 터져 빠져나가자 형체가 완전히 사라졌소. 그 사이에 [처음 뱀을 가져왔던] 사람과 머리 둘 달린 뱀은 어디론가 사라져버렸소."

(『기문』)

殿中侍御史杜曄嘗使嶺外, 至康州, 驛騎思止('止'原作'上', 據明鈔本改), 白曰: "請避毒物." 於是見大蛇截道南出, 長數丈, 玄武後追之. 道南有大松樹, 蛇昇高枝盤繞, 垂頭下視玄武. 玄武自樹下仰其鼻, 鼻中出兩道碧煙, 直衝蛇頭, 蛇遂裂而死, 墜於樹下. 又見蜈蚣大如箏('箏'字原空闕, 據明鈔本補).

牛肅曾以其事問康州司馬狄公, 狄公曰: "昔天寶四載, 廣府因海潮, 漂一蜈蚣, 死, 剖其一爪, 則得肉百二十斤. 至廣州市, 有人籠盛兩頭蛇, 集人衆中言: '汝識二首蛇乎? 汝見二首蛇, 則其首並出, 吾今異於是, 首蛇各一頭, 欲見之乎?' 市人請見之, 乃出其蛇. 蛇長二尺, 頭在首尾. 市人伶者, 常以弄蛇爲業, 每執諸蛇, 不避毒害. 見兩頭蛇, 則以手執之, 蛇螫其手, 伶者言痛, 棄蛇於地. 加藥焉, 不愈. 其囓處腫, 遂浸淫, 俄而遍身. 伶者死, 身遂洪大, 其骨肉皆化爲水, 身如貯水囊. 有頃水潰, 遂化盡. 人與兩頭蛇失所在."(出『紀聞』)

## 457 · 24(6264)
## 해주렵인(海州獵人)

　해주의 어떤 사람은 사냥을 해서 먹고살았는데, 한번은 동해의 한 산속에서 사슴을 사냥하고 있을 때 갑자기 뱀 한 마리가 나타났다. 그 뱀은 검은 색에 크기는 이어진 산봉우리만 하고 길이는 거의 10장(丈)이나 되었으며 태양처럼 이글거리는 두 눈을 한 채 바다에서 올라왔다. 그 사람은 뱀을 보고 겁에 질려 죽음을 면치 못하리라 생각하며 땅에 엎드려 부처님을 찾았다. 뱀은 그 사람이 있는 곳으로 와서 입으로 그 사람과 활과 화살을 물고 바다를 건너가더니, 저 멀리 보이는 한 산에 이르러 높은 바위 위에 그 사람을 올려놓았다. 잠시 후 또 다른 뱀 한 마리가 남쪽에서 와서 그 산에 이르렀는데, 그 모습은 이전의 뱀과 비슷했지만 그보다 배나 컸다. 두 뱀은 산 아래에서 서로 싸웠는데, 처음에는 몸으로 상대방을 휘감더니 한참 후에는 입으로 서로를 물어뜯었다. 사냥꾼은 작은 뱀이 자기에게 도움을 청하려 했다는 것을 알아차리고 곧장 독약을 화살에 발라 큰 뱀을 쏘려고 했다. 큰 뱀은 이전에 한 쪽 눈을 다친 상태였다. 그래서 사냥꾼은 나머지 한 쪽 눈을 쏘아 연달아 몇 발을 명중시켰다. 한참 후에 큰 뱀은 마침내 죽어 땅바닥에 쓰러졌다. 작은 뱀은 머리부터 꼬리까지 온통 찢겨져 있었지만, 커다란 진주와 슬슬(瑟瑟: 寶玉의 일종) 등 몇 말을 물고 와서 사냥꾼에게 주고 그를 본래 있던 곳으로 돌려보내주었다. (『광이기』)

　海州人以射獵爲事, 曾於東海山中射鹿, 忽見一蛇. 黑色, 大如連山, 長近十丈, 兩目成日, 自海而上. 人見蛇驚懼, 知('知'原作'如', 據明鈔本改)不免死, 因伏('伏'原作'仗', 據明鈔本改)念佛. 蛇至人所, 以口銜人及其弓矢, 渡海而去, 遙至一山, 置人於高巖之上. 俄而復有一蛇自南來, 至山所, 狀類先蛇而大倍之. 兩蛇相與鬪于山下, 初以身相蜿蟺, 久之, 口相噬. 射士知其求己助, 乃傅藥矢, 欲射之. 大蛇先患一目. 人乃復射其目, 數矢累中. 久之, 大蛇遂死, 倒地上. 小蛇首尾俱碎, 乃銜大眞珠・瑟瑟等數斗, 送人歸至本所也. (出『廣異記』)

# 태평광기 권제458 사(蛇) 3

1. 이 주 제(李 舟 弟)
2. 첨   생(檐   生)
3. 숭 산 객(嵩 山 客)
4. 등   갑(鄧   甲)
5. 소   윤(蘇   閏)
6. 이주이녹사(利州李錄事)
7. 잠   로(笘   老)
8. 풍   단(馮   但)
9. 육   쇼(陸   紹)
10. 정   휘(鄭   翬)
11. 장 악 자(張 蛋 子)
12. 선 선 장(選 仙 場)
13. 구 선 산(狗 仙 山)
14. 이   황(李   黃)

## 458・1(6265)
## 이주제(李舟弟)

이주의 동생은 풍을 앓고 있었는데, 어떤 사람이 뱀술을 마시면 치료할 수 있다고 했다. 그리하여 곧장 검은 뱀을 구해다가 산 채로 독 안에 넣고 누룩을 함께 넣어두었더니 며칠동안 뱀의 울음소리가 끊이지 않았다. 술이 다 익자 향기가 아주 진하게 났다. 술을 잔에 가득 채워 마신 순간 이주의 동생은 물로 변했으며, 머리카락만 남아 있었다. (『국사보』)

李舟之弟患風, 或說蛇酒可療, 乃求黑蛇. 生覆甕中, 加之麴糱, 數日, 蛇聲不絶. 及熟, 香氣酷烈. 引滿而飮, 須臾, 悉化爲水, 唯毛髮存之. (出『國史補』)


## 458・2(6266)
## 첨 생(檐 生)

옛날에 어떤 서생이 길에서 작은 뱀 한 마리를 보고는 데려다 길렀는데, 몇 달 사이에 점점 자라 커졌다. 서생은 늘 직접 뱀을 지고 다니면서 '첨생(檐生)'이라 불렀는데, 후에 지고 다닐 수 없게 되자 뱀을 범현(范縣)의 동쪽에 있는 커다란 못에 놓아주었다.

40여 년 뒤에 그 뱀이 엎어진 배처럼 커지자 사람들은 그 뱀을 '신망(神蟒)'이라 불렀다. 그 못을 지나가는 사람은 반드시 이 뱀에게 잡혀 먹였다. 그때 서생은 이미 나이가 들었다. 한번은 그가 이 못 가를 지나가게 되었는데, 어떤 사람이 그에게 이렇게 말했다.

　"저 못 안에는 사람을 잡아먹는 큰 뱀이 있으니 당신은 저곳으로 가서는 안 되오."

　그때는 엄동설한이었기 때문에 서생은 이렇게 생각했다.

　"뱀은 겨울이면 동면에 들어가니, 사람을 잡아먹을 리가 없다."

　그리고는 그 못을 지나갔다. 그가 20리 남짓 갔을 때 뱀 한 마리가 갑자기 뒤쫓아 왔는데, 서생은 여전히 그 생김새를 알아보고는 멀리서 이렇게 말했다.

　"너는 내가 기르던 첨생이 아니더냐?"

　뱀은 곧바로 머리를 숙이더니 한참 뒤에야 비로소 떠나갔다. 그가 범현으로 돌아오자 현령은 그에게 뱀에게 물려 죽지 않은 까닭을 물으면서 수상쩍은 생각이 들어 그를 감옥에 잡아 가두고 사형에 처하라고 판결 내렸다. 서생은 속으로 분해하며 이렇게 말했다.

　"첨생! 내가 너를 길러주었는데 너는 도리어 나를 사지로 몰아넣었으니, 이 어찌 심하지 않은가!"

　그 날 밤에 뱀이 온 현을 공격하여 호수로 만들어 버렸는데, 오직 감옥만은 잠기지 않아 서생은 죽음을 면할 수 있었다.

　[唐나라] 천보연간(天寶年間: 742~756) 말에 독고섬(獨孤暹)이란 사람의 외숙이 범현령이 되었다. 3월 3일에 그는 식구들과 함께 호수에서 배를 타고 있었는데, 까닭 없이 배가 뒤집히는 바람에 식구들이 하마

터면 빠져 죽을 뻔한 것이 몇 번이었다. (『광이기』)

　　昔有書生, 路逢小蛇, 因而收養, 數月漸大. 書生每自檐之, 號曰'檐生', 其後不可檐負, 放之范縣東大澤中.

　　四十餘年, 其蛇如覆舟, 號爲'神蟒'. 人往於澤中者, 必被吞食. 書生時以老邁, 途經此澤畔, 人謂曰: "中有大蛇食人, 君宜無往." 時盛冬寒甚, 書生謂: "冬月蛇藏, 無此理." 遂過大澤. 行二十里餘, 忽有蛇逐, 書生尙識其形色, 遙謂之曰: "爾非我檐生乎?" 蛇便低頭, 良久方去. 廻至范縣, 縣令問其見蛇不死, 以爲異, 繫之獄中, 斷刑當死. 書生私忿曰: "檐生! 養汝翻令我死, 不亦劇哉!" 其夜, 蛇遂攻陷一縣爲湖, 獨獄不陷, 書生獲免.

　　天寶末, 獨孤暹者, 其舅爲范令. 三月三日, 與家人於湖中泛舟, 無故覆沒, 家人幾死者數四也. (出『廣異記』)


## 458 · 3(6267)
## 숭산객(嵩山客)

　　[唐나라] 원화연간(元和年間: 806~820) 초에 숭산에 5~6명의 객이 있었는데, 모두 산에서 묵으면서 학업을 닦는 사람들이었다. 초가을에 이들은 이제탑(二帝塔: 李帝는 黃帝와 炎帝 또는 堯와 舜임금을 가리킴) 아래에서 더위를 피하고 있었다. 해질 무렵 그들은 탑 아래에서 길이가 몇 장이나 되는 큰 뱀이 탑의 몸을 두른 채 똬리를 틀고 있는 것을 보았는데, 땅에서 십 몇 장이나 떨어져 있는 것을 보고는 모두 깜

짝 놀라 멍하게 쳐다보고만 있었다. 그 가운데 한 객이 말했다.

"반찬거리로 주방에다 가져다줍시다."

그러자 모두들 그의 말에 찬성했는데, 그 중에 활 솜씨가 빼어난 객도 있었다. 한 사람이 이렇게 말했다.

"큰 뱀 가운데 간혹 용신(龍神)이 있는데, 죽였다가 도리어 화를 당할까 걱정이오. 내일 점심으로 꼭 이것까지 잡아먹어야겠소? 그만두는 것만 못하오."

그러나 여러 객들이 의논하여 결정한 사항이라 그는 더 이상 막을 수 없었다. 활 솜씨가 빼어난 사람이 화살 한 발을 쏘아 바로 뱀을 명중시켰다. 다시 한발을 더 쏘아 뱀이 똬리를 풀고 땅에 떨어지자 사람들이 함께 몰려가 뱀을 죽여버렸다. 객들은 식사 준비를 하느라 바빴는데, 칼을 들고 고기를 자르는 사람이 있는가 하면 절에 들어가 땔감과 숯, 소금과 술을 구해오는 사람도 있었다. 뱀을 잡지 말자고 했던 사람은 즐겁지 않은 얼굴로 마침내 그들과 작별하고 돌아갔다. 그가 절을 떠나 몇 리 갔을 때 하늘빛은 이미 어두컴컴해졌는데, 갑자기 하늘에서 천둥이 치기 시작했다. 객들 가운데 거처로 돌아간 사람도 있었지만 몇 명은 여전히 탑 아래에 있었다. 순식간에 구름과 안개가 크게 일어나면서 사방이 어두컴컴해지더니 비와 우박이 쏟아 붓는 듯 했고, 회오리바람이 사방에서 몰려왔다. 나무가 부러지고 돌이 튀었으며, 성난 듯이 천둥이 치고 우박이 떨어지면서 산천이 크게 흔들렸다. 탑 아래에 있던 몇몇 사람은 모두 그 자리에서 벼락을 맞고 죽었으며, 거처로 먼저 돌아갔던 사람들도 길에서 벼락을 맞고 죽었다. 뱀을 죽이지 말자고 했던 그 객은 미처 산 속의 거처에 이르지도 못한 채 빈 절로 들어가 문을 닫아걸었는데, 천둥과 번개가 자신을 따라 들어오려 하자 몹시 두려움에 떨었다. 객이 스스로 생각해보니 자신은 그들과 함께 뱀을 죽이지 않았는데도 해를 당할 판이었다. 이에 그는 큰소리로 말했다.

"저는 다른 사람들과 함께 그 뱀을 죽이지 않았으니, 지혜로우신 천지신명께서는 무고하게 함부로 벌주어서는 안 됩니다! 부디 상세히 살펴주십시오!"

객이 이렇게 말하자 천둥과 번개가 함께 사라지고 비바람도 멈추었다. 이렇게 해서 그 객만 홀로 살아남게 되었다. (『원화기』)

元和初, 嵩山有五六客, 皆寄山習業者也. 初秋, 避熱於二帝塔下. 日晚, 於塔下見一大蛇長數丈, 蟠繞塔心, 去地('繞塔心去地'五字原作'駭而觀之', 據明鈔本改)十數丈, 衆駭而觀之. 一客曰: "可充脯食之廚." 咸和之, 中一客善射. 或曰: "大者或龍神, 殺之恐爲禍也. 晝脯之膳, 豈在此乎? 不如勿爲." 諸客決議, 不可復止. 善射發一箭, 便中. 再箭, 蛇蟠解墜地, 衆共殺之. 諸客各務庖事, 操刀割割者, 或有入寺求柴炭鹽酤者. 其勸不取者, 色不樂, 遂辭而歸. 其去寺數里, 時天色已陰, 天雷忽起. 其中亦有各歸者, 而數客猶在塔下. 須臾, 雲霧大合, 遠近晦冥, 雨雹如瀉, 飄風四捲. 折木走石, 雷電激怒, 山川震蕩. 數人皆震死於塔下. 有先歸者, 路亦死. 其一客不欲殺者, 未到山居, 投一空蘭若, 闔門, 雷電隨客入, 大懼. 自省且非同謀, 令其見害. 乃大言曰: "某不與諸人共殺此蛇, 神理聰明, 不可濫罰無辜! 幸宜詳審!" 言訖, 雷霆倂收, 風雨消歇. 此客獨存. (出『原化記』)

## 등 갑(鄧 甲)

[唐나라] 보력연간(寶曆年間: 825~826)에 등갑은 모산도사(茅山道士: 茅山은 일명 句曲山이라고도 함. 漢나라 때 茅盈이 그의 동생 茅衷, 茅固와 함께 이곳 산에서 得道했기 때문에 세상에서는 그들을 三茅君이라 불렀음) 초암(峭巖)을 섬겼다. 초암은 득도한 진정한 도사로, 약으로 깨진 기왓장과 자갈을 변화시킬 수 있었고 부적으로 귀신을 부를 수 있었다. 등갑은 아주 간절한 마음으로 정성을 다해 도를 닦느라 힘든 것도 느끼지 못했으며, 밤에는 적게 자고 낮에도 편안하게 침상에 있지 않았다. 초암 역시 그를 동정하여 약술을 가르쳐 주었지만 등갑은 끝내 성공하지 못했으며, 부적 쓰는 법도 가르쳐 주었지만 결국 아무런 징험도 얻지 못했다. 그러자 도사가 말했다.

"너는 이 두 가지 분야에는 연분이 없는 것 같으니, 억지로 배우려고 하지 마라. 내 너에게 금천지사술(禁天地蛇術: 방사들이 부리는 壓勝術의 하나인데, 여기서는 주문을 외어 뱀을 자유자재로 다룰 수 있는 술법을 말함)을 가르쳐줄 것인데, 천하의 사람들 가운데 오직 너만이 이 술법을 가지게 될 것이다."

등갑은 금천지사술을 터득하고 난 뒤에 집으로 돌아오는 길에 오강(烏江)에 이르렀는데 마침 회계현령(會稽縣令)이 독사에게 발을 물려 고통으로 울부짖는 소리에 마을 전체가 떠들썩했다. 술법을 쓸 줄 안다는 사람들도 모두 손을 놓고 있었기 때문에 등갑이 대신 치료하게 되었다. 등갑이 먼저 부적으로 그 가슴을 덮자 고통이 곧장 멎었다. 등갑이 말했다.

"반드시 현령의 발을 물었던 그 뱀을 불러들여 독을 거두어가게 해야 합니다. 그렇지 않으면 발을 베어내야 할 것입니다. 그 뱀은 사람들이 자기를 잡을까봐 틀림없이 몇 리는 달아났을 것입니다."

등갑은 마침내 뽕나무 숲 속에 제단을 세우고 그 주위로 4장 되는 곳에 단소(丹素: 붉은 글씨로 符籙을 그려놓은 흰 비단)를 쭉 둘러놓은 뒤 곧장 부록을 날려 보내 10리 안에 있는 뱀을 모두 불렀다. 그러자 얼마 지나지 않아 뱀들이 몰려와 제단 위에 쌓였는데, 그 높이가 1장 남짓 되었으며 몇 만 마리나 되는지 알 수 없을 정도였다. 그 뒤에 길이가 3장이나 되고 물통만큼이나 커다란 뱀 네 마리가 나타나 뱀 무더기 위에 똬리를 틀었다. 그 순간 100여 걸음 안에 있던 초목들은 한 여름인데도 불구하고 모두 누렇게 시들어 떨어졌다. 등갑은 곧장 맨발로 제단의 가장자리를 잡고 올라가 뱀 무더기 위에 앉아서 푸른 죽장(竹杖)으로 커다란 네 뱀의 대가리를 두드리면서 이렇게 말했다.

"너희들을 보내 오주(五主: 東·西·南·北·中 五方의 뱀을 다스리는 관리)로 삼고 그 경계 안에 있는 뱀을 다스리게 했더니 너희들은 어찌하여 독으로 사람에게 해치는 것이냐? 사람을 문 놈은 여기 남고, 아닌 놈들은 어서 떠나거라!"

등갑이 내려오자 뱀 더미가 무너지면서 큰 뱀들이 먼저 떠났고 그 뒤를 따라서 작은 뱀들도 떠나갔는데, 모두 다 가고 나자 작은 뱀 한 마리만이 남았다. 작은 뱀은 흙빛에 젓가락처럼 생겼으며 길이는 1척 남짓 되었는데, 부끄러운 기색을 띤 채 가지 않고 있었다. 등갑은 현령을 들고 오게 해서 다리를 뻗게 한 뒤에 뱀을 꾸짖으며 그 독을 다시 빨아들이라고 했다. 뱀은 처음에는 몸을 폈다 움츠렸다 하면서 난처해했는데, 등갑이 다시 꾸짖자 무엇인가가 오므라뜨린 것처럼 겨우 몇 촌(寸) 길이로 작아지면서 또 기름 같은 것이 등에서 흘러나왔다. 이에 뱀은 어쩔 수 없이 입을 벌리고 현령의 상처를 빨기 시작했는데, 그 순간 현령은 머리 속에서 침 같은 물건이 빠져나가는 것을 느꼈다. 뱀은 마침내 가죽이 찢어지면서 물로 변했으며 등뼈만이 땅에 남아 있었다. 이렇게 해서 현령은 더 이상 아프지 않게 되자 등갑에게 금과 비단을 후하게 내렸다.

당시 유양(維揚: 揚州)에 필생(畢生)이라는 사람이 있었는데, 그는 늘 뱀 천 마리를 부리면서 날마다 저자거리에서 공연을 벌여 마침내 많은 재산을 모으고 큰 저택을 지었다. 필생이 죽자 그의 아들은 그 집을 팔려고 했는데, 뱀을 처치할 방법이 없어 금과 비단을 주고 등갑을 불러들였다. 등갑은 그곳에 도착하여 필생의 아들에게 부적 하나를 주고 나서 그 뱀들을 담 밖으로 날려 보냈는데, 이렇게 해서 필생의 아들은 겨우 집을 팔 수 있었다.

후에 등갑은 부량현(浮梁縣)에 갔는데, 그때는 바로 봄이 다가올 때였다. 그곳에 있는 모든 차밭에는 독사가 살고 있었기 때문에 사람들은 감히 차를 마시려[原文에는 '掇'로 되어 있으나, '啜'의 誤記로 보임]하지도 않았고, 또 그 차를 마시고 죽은 사람도 이미 수십 명이나 되었다. 마을 사람들은 등갑이 신묘한 술법을 가지고 있는 것을 알고는 돈과 비단을 거두어 주면서 그 해악을 없애달라고 했다. 등갑은 제단을 세우고 왕뱀을 불러들였다. 그러자 곧 사람의 넓적다리만하고 길이가 1장 남짓 되는 한 커다란 뱀이 오색 비늘을 번쩍이면서 나타났는데, 그 뒤를 따르는 뱀만도 만 마리는 넘었다. 그 큰 뱀은 혼자서 제단위로 올라가 등갑과 그 술법을 겨루기 시작했다. 뱀은 점점 몸을 꼿꼿이 세워 대가리를 몇 척이나 높이 쳐들면서 등갑의 머리보다 높이 올라가려고 했다. 등갑이 지팡이로 자신의 모자를 걸어 위로 올리자 뱀의 대가리는 결국 지쳐서 등갑의 모자보다 높이 올라갈 수 없었다. 뱀은 곧장 넘어져서 물로 변했고 나머지 뱀들도 모두 죽었다. 만약 뱀의 대가리가 등갑보다 높이 올라갔더라면 등갑이 물로 변했을 것이다. 그 날 이후 부량현의 차밭에는 더 이상 독사가 보이지 않았다.

등갑은 후에 모산(茅山)에 들어가 살면서 도를 익혔는데, 지금까지도 여전히 그곳에 살아있다. (『전기』)

寶曆中, 鄧甲者, 事茅山道士峭巖. 峭巖者, 眞有道之士, 藥變瓦礫, 符召鬼神. 甲精懇虔誠, 不覺勞苦, 夕少安睡, 晝不安牀. 峭巖亦念之, 敎其藥, 終不成, 受其符, 竟無應. 道士曰: "汝於此二般無分, 不可强學. 授之禁天地蛇術, 寰宇之內, 唯一人而已."

甲得而歸焉, 至烏江, 忽遇會稽宰遭毒蛇螫其足, 號楚之聲, 驚動閭里. 凡有術者, 皆不能禁, 甲因爲治之. 先以符保其心, 痛立止. 甲曰: "須召得本色蛇, 使收其毒. 不然者, 足將刖矣. 是蛇疑人禁之, 應走數里." 遂立壇於桑林中, 廣四丈, 以丹素周之, 乃飛篆字, 召十里內蛇. 不移時而至, 堆之壇上, 高丈餘, 不知幾萬條耳. 後四大蛇, 各長三丈, 偉如汲桶, 蟠其堆上. 時百餘步草木, 盛夏盡皆黃落. 甲乃跣足攀緣, 上其蛇堆之上, 以靑篠敲四大蛇腦曰: "遣汝作五主, 掌界內之蛇, 焉得使毒害人? 是者卽住, 非者卽去!" 甲却下, 蛇堆崩倒, 大蛇先去, 小者繼往, 以至於盡, 只有一小蛇. 土色肖筯, 其長尺餘, 懵然不去. 甲令舁宰來, 垂足, 叱蛇收其毒. 蛇初展縮難之, 甲又叱之, 如有物促之, 只可長數寸耳, 有膏流出其背. 不得已而張口, 向瘡吸之, 宰覺其腦內, 有物如針走下. 蛇遂裂皮成水, 只有脊骨在地. 宰遂無苦, 厚遺之金帛.

時維揚有畢生, 有常弄蛇千條, 日戲於闤闠, 遂大有資産, 而建大第. 及卒, 其子鬻其第, 無奈其蛇, 因以金帛召甲. 甲至, 與一符, 飛其蛇過城垣之外, 始貨得宅.

甲後至浮梁縣, 時逼春. 凡是('凡是'原作'風有', 據明鈔本改)茶園之內, 素有蛇毒, 人不敢採其茗, 斃者已數十人. 邑人知甲之神術, 斂金帛, 令去其害. 甲立壇, 召蛇王. 有一大蛇如股, 長丈餘, 煥然錦色, 其從者萬條. 而大者獨登壇, 與甲較其術. 蛇漸立, 首隆數尺, 欲過甲之首. 甲以杖上拄其帽而高焉, 蛇首竟困, 不能逾甲之帽. 蛇乃踣爲水, 餘蛇皆斃. 儻若蛇首逾甲, 卽甲爲水焉. 從此茗園遂絶其毒匭.

甲後居茅山學道, 至今猶在焉. (出『傳奇』)

## 458 · 5(6269)
## 소 윤(蘇 閏)

민간에 전해오는 말에 따르면 한 노파가 영진(嬴秦: 秦始皇) 때 일찍이 이상하게 생긴 물고기 한 마리를 잡았다가 강주(康州) 열성(悅城)의 강에 놓아주었다고 한다. 후에 그 물고기는 점점 자라서 용처럼 커졌다. 노파가 강에서 물을 긷고 빨래를 할 때마다 용이 그 주위에 와서 놀았는데, 이는 일상적인 일이 되었다. 하루는 노파가 물고기를 손질하고 있을 때 용이 또 왔기에 칼로 장난치다가 그만 실수로 용의 꼬리를 잘라 버렸다. 노파가 죽고 난 뒤에 용은 모래와 돌을 모아 그녀의 무덤 위에 쌓아 주었다. 사람들은 그 용을 '굴미(掘尾)'라고 부르며 노파를 위해 사당을 세워 준 지 천여 년이나 되었다.

[唐나라] 태화연간(太[大]和年間: 827~835) 말에 사당을 관리하던 어떤 사람이 그 일을 신비화시켜 사람들을 미혹할 생각에 작은 뱀 한 무더기를 가져다가 주술을 건 뒤 사당 아래에 숨겨놓고, 용의 새끼라고 하면서 구령에 따라 술을 마시게 했다. 그는 그것들을 수건 상자 안에 넣어서 저자거리에 들고 나갔다. 월(越) 땅 사람들은 괴이한 것을 좋아했기 때문에 다투어 재물을 그것들에게 던졌는데, 그러면 사당을 관리하던 사람이 번번이 그 반을 거두어갔다.

개성연간(開成年間: 836~840) 초에 창주(滄州)의 옛 장수 소윤이 그곳 자사(刺史)가 되었는데, 그는 그 일이 거짓임을 알고도 재물이 탐이 나서 더욱 그 일을 신비화시켰다. 소윤은 이렇게 해서 모은 황금과 비단으로 불사나 관사를 수리하는 데 사용했다. 다른 날 한 군리(軍吏)가 뱀에게 물리자 소윤은 치료해주기는커녕 곧장 그에게 의관을 정제하게 해서 사당 안의 노파에게 달려가 아뢰게 했다. 뱀에게 물린 사람이 그로부터 얼마 지나지 않아 죽자 소윤은 이렇게 말했다.

"신령을 업신여겨 벌을 받은 것이다."

어리석은 백성들은 그 일을 떠벌리며 더욱 굳게 그것을 믿었다.

일찍이 어떤 사람이 그 뱀 가운데 한 마리를 불에 구운 다음에 감추어 놓았다. 그 이후로 사당 안에 뱀이 더욱 더 많아졌으며, 지금까지도 여전히 많다. (『영남이물지』)

俗傳有媼嫗者, 嬴秦時, 嘗得異魚, 放於康州悅城江中. 後稍大如龍. 嫗汲澣於江, 龍輒來嫗邊, 率爲常. 他日, 嫗治魚, 龍又來, 以刀戲之, 誤斷其尾. 嫗死, 龍擁沙石, 墳其墓上. 人呼爲'掘尾', 爲立祠宇千餘年.

太和末, 有職祠者, 欲神其事, 以惑人, 取群小蛇, 術禁之, 藏祠下, 目爲龍子, 遵令飮酒(明鈔本'無遵令飮酒'四字). 置巾箱中, 持詣城市. 越人好鬼怪, 爭遺之, 職祠者輒收其半.

開成初, 滄州故將蘇閏爲刺史, 心知其非, 且利其財, 益神之. 得金帛, 用修佛寺官舍. 他日軍吏爲蛇囓, 閏不使治, 乃整簪笏, 命走語嫗. 所囓者俄頃死, 乃云: "慢神罰也." 愚民遽唱其事, 信之益堅.

嘗有殺其一蛇, 乾於火, 藏之. 已而祠中蛇逾多, 迄今猶然. (出『嶺南異物志』)

## 458・6(6270)
## 이주이록사(利州李錄事)

[唐나라] 개성연간(開成年間: 836~840)에 농서(隴西) 사람 이생은 이주록사참군(利州錄事參軍)으로 있으면서 관사에서 살았다. 한번은 새벽에 일어나서 보았더니 정원에 수백 마리의 뱀이 있었다. 이생은 크게 두려워하면서 뱀을 모두 들판 밖으로 내다버리라고 했는데, 이튿날 아침에도 뱀 떼가 정원에 모여 들었다. 이생은 더욱 더 두렵기도 하고 괴이하기도 해서 다시 내다버리라고 명했다. 그 이튿날에 뱀 떼가 다시 온 것을 본 이생은 깜짝 놀라 이렇게 말했다.

"하늘이 장차 내게 벌을 내리는 것인가?"

그는 한참동안이나 조심스런 낯빛을 했다. 그로부터 열흘 남짓 뒤에 이생의 장물죄가 자사(刺史)에게 알려졌다. 자사는 관리를 그의 집으로 보내 그의 죄를 심문하고 또 그 일을 천자에게 알리려고 했다. 이생은 두렵고 놀란 나머지 안절부절못하다가 결국 정원수에 목을 매달아 숨이 끊겨 죽었다. 이생에게는 부인이 있었는데, 그녀는 이생이 제 명에 죽지 못한 것을 슬퍼하다가 역시 목매달아 죽었다. 이에 두려움에 떨기 시작한 가동들 가운데 우물에 몸을 던진 자만해도 몇 명이나 되었으니, 과연 뱀이 나타난 불길한 징조에 부합한 것이다. 자사는 바로 이행추(李行樞)였다. (『선실지』)

開成中, 有隴西李生, 爲利州錄事參軍, 居於官舍中. 嘗曉起, 見蛇數百在庭. 生大懼, 盡命棄於郊野外, 其明旦, 群蛇又集於庭. 生益懼之, 且異也, 亦命棄去. 後一日, 群蛇又至, 李生驚曰: "豈天將禍我乎?" 戚其容者且久. 後旬餘, 生以贓罪聞於刺史. 遣吏至門, 將按其罪, 且聞於天子. 生惶駭, 無以自安, 縊於庭樹, 絶脰而死. 生有妻, 感生不得其死, 亦自縊焉. 於是其家僮震慴, 委身於井者且數輩, 果符蛇見之禍. 刺史卽李行樞也. (出『宣室志』)


## 458·7(6271)
# 잠 로(笒 老)

장수사(長壽寺)의 노승 변(辯䚮)이 다음과 같은 이야기를 해주었다. 그가 다른 날 형산(衡山)에 있을 때 어떤 마을 사람이 독사에게 물려 순식간에 죽었는데, 머리카락이 모두 빠지고 몸이 1척 남짓 부어올랐다.

그러자 그의 아들이 말했다.

"잠씨 노인이 아직 살아있다면 걱정할 필요 없다."

그리고는 곧장 잠씨 노인을 모셔왔다. 잠씨 노인은 재를 시신 주위에 빙 둘러놓더니 사방의 문을 열면서 먼저 이렇게 말했다.

"만약 뱀의 독이 다리 부분에서 몸속으로 들어갔다면 살려낼 수 없소."

그리고는 답보(踏步: 도교에서 법사들이 하늘에 기도를 하거나 술법을 부릴 때 사용하는 보법으로, 북두칠성의 모양에 따라 걸었음)하고 양손을 꼭 잡은 채 한참동안 있었지만 뱀은 오지 않았다. 잠씨 노인은 크게 화를 내면서 밥 몇 되를 가지고 오더니 뱀의 모양을 빚고 난 뒤에 욕을 하기 시작했다. 그러자 밥으로 만든 뱀이 갑자기 꿈틀대며 문 밖으로 나가더니 잠시 뒤에 다른 뱀 한 마리를 데리고 왔는데, 그 뱀은 죽은 사람의 머리로 들어가 곧장 그대로 상처 난 곳까지 갔다. 그러자 시신의 붓기가 점점 빠졌고 뱀은 도리어 작아져서 죽었는데, 그로 인해 마을 사람은 마침내 살아났다. (『유양잡조』)

長壽老僧甞言: 他時在衡山, 村人爲毒蛇所噬, 須臾而死, 髮解, 腫起尺餘. 其子曰: "昝老若在, 當勿慮." 遂迎昝至. 乃以灰圍其屍, 開四門, 先曰: "若從足入, 則不救矣." 遂踏步握固, 久而蛇不至. 昝大怒, 乃取飯數升, 擣蛇形詛之. 忽蠕動出門, 有頃, 飯蛇引一蛇, 從死者頭入, 徑及其瘡. 屍漸低, 蛇縮而死, 村人遂活. (出『酉陽雜俎』)

458 · 8(6272)
## 풍 단(馮 但)

풍단은 늘 병을 앓고 있었는데, 한 의원이 뱀술을 담궈 복용하라고 시켰다. 처음에 뱀술을 한 독 복용하자 병세가 반으로 줄어들었다. 그리하여 다시 집안사람들을 시켜 뜰 안의 뱀 한 마리를 잡아 독 안에 넣고 7일 동안 봉해두게 했다. [7일 뒤에] 독의 뚜껑을 열었더니 뱀이 밖으로 뛰어나와 대가리를 1척 남짓 들고 문을 나가더니 온데간데없이 사라졌다. 뱀이 지나간 곳에는 땅이 몇 촌(寸)이나 솟아 있었다. (『유양잡조』)

馮但者, 常有疾, 醫令浸蛇酒服之. 初服一甕, 于疾減半. 又令家人園中執一蛇, 投甕中, 封閉七日. 及開, 蛇躍出, 擧首尺餘, 出門, 因失所在. 其過跡, 地墳起數寸. (出『酉陽雜俎』)


458 · 9(6273)
## 육 소(陸 紹)

낭중(郎中) 육소가 다음과 같은 이야기를 해주었다.

그의 기억에 따르면 어떤 사람이 뱀으로 술을 담그느라 전후로 수십 마리의 뱀을 죽였다. 하루는 직접 독에 가서 술을 살피는데, 어떤 물체가 독 안에서 뛰어나와 그의 코를 물어뜯는 바람에 코가 떨어져 나갈 것 같았다. 그 물체를 살펴보았더니 그것은 다름 아닌 뱀의 해골이었다.

그 사람의 코에 상처가 나서 살이 떨어져 나갔는데, 그 코는 마치 칼로 잘라낸 것 같았다. (『유양잡조』)

郞中陸紹言: 嘗記一人浸蛇酒, 前後殺蛇數十頭. 一日, 自臨甕窺酒, 有物跳出, 嚙其鼻將落. 視之, 乃蛇頭骨也. 因瘡毁, 其鼻如削焉. (出『酉陽雜俎』)

## 458 · 10(6274)
## 정 휘(鄭 翬)

진사(進士) 정휘가 다음과 같은 이야기를 해주었다.

그의 집은 고우(高郵)에 있었는데, 외사촌 노씨(盧氏)의 장원이 물 가까이에 있었다. 노씨의 이웃 몇몇 집에서 함께 백사 한 마리를 잡았는데, 그로부터 얼마 되지 않아 갑자기 벼락이 치고 비가 내리더니 홍수가 났다. 그로 인해 그 몇 집들은 흔적도 없이 물 속으로 사라졌는데, 한 가운데에 위치해있던 노씨의 저택만은 아무 탈이 없었다. (『인화록』)

進士鄭翬說: 家在高郵, 有親表盧氏莊近水. 其隣人數家共殺一白蛇, 未久, 忽大震電雨, 發洪. 數家陷溺無遺, 唯盧宅當中, 一家無恙. (出『因話錄』)

## 458 · 11(6275)
## 장악자(張蛋子)

재동현(梓潼縣)에 장악자의 사당이 있는데, 그곳은 다름 아닌 오정(五丁: 전설에 나오는 5명의 力士로 하늘이 蜀王을 위해 이들 力士를 내었다고 함. 蜀王은 이들 力士에게 秦王이 바친 5명의 미녀를 데려오게 했는데, 가는 길에 커다란 뱀 한 마리가 산으로 들어가는 것을 보고 함께 힘을 합쳐 산에서 뱀을 꺼냈다고 함. 뱀을 산에서 뽑아내는 바람에 산이 무너져 내렸으며 5명의 미녀도 모두 돌로 변했다고 함)이 뱀을 뽑아낸 곳이다. 또 어떤 사람은 수주(巂州)에 사는 장생(張生)이 기르던 뱀을 위해 이 사당을 지었다고도 한다. 당시 사람들은 장악자의 신이 아주 영험했다고 생각했다.

위촉(僞蜀: 前蜀) 왕건(王建)의 세자 왕원응(王元膺)은 총명하고 사리에 통달했으며 활 솜씨와 말 타는 솜씨도 다른 사람들보다 월등히 뛰어났다. 그런데 그는 이가 늘 입 밖으로 나와 있어 자주 소매로 입을 가리고 있었기에 좌우의 시종들도 감히 그를 쳐다보지 못했다. 그는 뱀의 눈에 피부가 검었으며 흉악하고 저속했을 뿐 아니라 밤새 잠을 자지 않았는데, 결국에는 반역을 도모하다가 처형당했다. 그가 처형되던 날 밤에 재동현의 사당지기는 여러 차례 장악자의 질책을 받았는데, 장악자는 이렇게 말했다.

"내가 오랫동안 사천(四川)에 있다가 지금에야 비로소 돌아왔는데, 어찌하여 사당이 이처럼 황폐하고 더러워졌느냐?"

이로 인해 촉나라 사람들은 왕원응이 사당 내에 있던 뱀의 정령이었음을 알게 되었다. (『북몽쇄언』)

梓潼縣張惡子神, 乃五丁拔蛇之所也. 或云, 雟州張生所養之蛇, 因而祠. 時人謂爲張惡子, 其神甚靈.

僞蜀王建世子名元膺, 聰明博達, 騎射絶倫. 牙齒常露, 多以袖掩口, 左右不敢仰視. 蛇眼而黑色, 兇惡鄙褻, 通夜不寐, 竟以作逆伏誅. 就誅之夕, 梓潼廟祝, 亦爲惡子所責, 言: "我久在川, 今始方歸, 何以致廟宇荒穢如是耶?" 由是蜀人乃知元膺爲廟蛇之精矣. (出『北夢瑣言』)

# 458 · 12(6276)
## 선선장(選仙場)

남중(南中)에 선선장이 있는데, 가파른 벼랑 아래에 위치해 있었다. 그 꼭대기에 동굴이 하나 있는데, 전하는 말에 따르면 그곳은 신선이 사는 굴이라고 한다. 매년 중원절(中元節: 백중날. 음력 7월 15일)이 되면 사람을 한 명씩 뽑아 승천시켰다. 도를 배우는 사람들은 그 동굴 아래에 제단을 쌓아두었는데, 그때가 되면 원근에서 의관을 갖추고 모두 이곳에 모여 들었다. 제사 의식을 갖추고 제단을 쌓은 뒤 재를 올리면서 향을 사르고 하늘에 축수했다. 그로부터 7일 뒤에 사람들은 도와 덕이 가장 높은 사람을 골라 지성으로 깨끗하게 씻겨서 단정하게 제단 위에 세워두었다. 나머지 사람들은 서로의 소매를 잡고 악수하면서 작별한 뒤 그곳에서 물러나 멀리서 머리가 땅에 닿도록 절을 하며 바라보았다. 그

때 오색의 상스러운 구름이 천천히 동굴 문에서 내려와 제단에 이르면 도가 높은 사람은 움직이지도 않고 합장한 채 오색구름을 타고 하늘로 올라갔다. 이를 구경하던 사람들은 모두 눈물을 흘리며 부러워하면서 동굴 입구를 바라보고 예를 올렸다. 이렇게 신선이 된 사람이 매년 한두 명씩은 되었다.

이듬해 도가 높은 한 사람이 선발되었는데, 어느 날 스님이 된 종형이 무도산(武都山)에서 그와 작별 인사하러 찾아왔다. 스님은 품속에서 웅황(雄黃) 한 근 남짓을 꺼내 그에게 주면서 이렇게 말했다.

"도가에서는 오직 이 약만을 중시하니, 몰래 허리춤에 넣어두되 삼가 잃어버려서는 안 되네."

도가 높은 사람은 몹시 좋아하면서 그것을 품에 넣고 제단 위로 올라갔는데, 예정된 시간이 되자 과연 구름을 타고 올라갔다. 그로부터 열흘 남짓 뒤에 사람들은 산과 바위에서 악취가 심하게 나는 것을 느꼈다. 며칠 뒤에 한 사냥꾼이 바위 옆을 타고 그 동굴에 올라가 보았더니, 커다란 이무기 한 마리가 부패된 채 동굴 안에 있었다. 또 동굴 앞뒤로 신선이 되어 올라갔던 사람들의 유골이 커다란 구멍 속에 산처럼 쌓여 있었다. 아마도 오색구름은 이무기가 품어낸 독기이고 이무기는 늘 그 독기를 이용해 무지한 도사들을 빨아들여 배를 채웠던 것 같다. 슬프다! (『옥당한화』)

南中有選仙場, 場在峭崖之下. 其絶頂有洞穴, 相傳爲神仙之窟宅也. 每年中元日, 拔一人上昇. 學道者築壇于下, 至時, 則遠近冠帔, 咸萃於斯. 備科儀, 設齋醮, 焚香祝數. 七日而後, 衆推一人道德最高者, 嚴潔至誠, 端簡立于壇上. 餘人皆摻袂別而退, 遙頂禮顧望之. 于時有五色祥雲, 徐自洞門而下, 至於壇場, 其道高者, 冠衣不動, 合雙掌, 蹋五雲而上昇. 觀者靡不涕泗健羨, 望洞門而作禮. 如是者年一兩人.

次年有道高者合選, 忽有中表聞一比丘, 自武都山往與訣別. 比丘懷雄黃一斤許, 贈之曰: "道中唯重此藥, 請密寘于腰腹之間, 愼勿('勿'原作'失', 據明鈔本改)遺失之." 道高者甚喜, 遂懷而昇壇, 至時, 果蹋雲而上. 後旬餘, 大覺山巖臭穢. 數日後, 有獵人, 自巖旁攀緣造其洞, 見有大蟒蛇, 腐爛其間. 前後上昇者骸骨, 山積于巨穴之間. 蓋五色雲者, 蟒之毒氣, 常呼吸此無知道士充其腹. 哀哉!
(出『玉堂閒話』)

## 458 · 13(6277)
## 구선산(狗仙山)

파종(巴寶) 경내에는 낭떠러지가 많아 물귀신이건 나무귀신이건 없는 귀신이 없다. 그곳 백성들은 주로 산골짜기에 살면서 사냥으로 생계를 꾸려나갔다. 산의 깊고 빈곳에 한 동굴이 있었는데, 사람들은 그 동굴이 어디로 나 있는지 알지 못했다. 사냥꾼들이 이곳에 개를 풀어놓으면 아무리 불러도 뒤를 돌아보지 않고 눈을 부릅뜬 채 꼬리를 흔들면서 동굴만 쳐다 보았다. 그때 오색구름이 아래로 드리워지면서 사냥개들을 데리고 동굴로 올라갔다. 그런데 이와 같은 일이 매년 있어 왔기 때문에 도를 좋아하는 사람들은 그 산을 '구선산(狗仙山)'이라 불렀다. 우연히 한 지혜로운 사람이 있어 유독 그 말을 믿지 않더니 결국에는 개 한 마리를 끌고 활을 가지고서 그곳으로 갔다. 그는 그곳에 도착하자 튼튼한 줄로 개의 허리를 묶은 뒤에 그 줄을 다시 아름드리나무에다 묶고 나서 몸을 피한 채 지켜보았다. 오색구름이 아래로 내려왔지만 개는 몸이 묶여 있어서 구름을 따라가지 못하고 서너 차례 으르렁 짖었다. 잠시 뒤에 한 물체가 나타났는데, 머리는 독 만했으며 두 눈은 번개 같았다. 물체는 비늘에서 광채를 내며 온 계곡을 써늘하게 비추더니 점점 몸을 늘어뜨리고 동굴 안에서 나와 개를 바라보았다. 사냥꾼은 독을 화살에다 발라 그대로 쏘았다. 뱀은 화살을 맞은 뒤에 더 이상 보이지 않았는데, 그로부터 열흘 정도 뒤에 온 산에서 악취가 풍겼다. 사냥꾼이 곧장 산 정상에서 자신의 몸을 줄로 묶은 다음 내려가서 보았더니 커다란 이무기 한 마리가 부패된 상태로 바위 사이에 있었다. 구선산의 일은 절대 존재하는 일이 아니다. (『옥당한화』)

巴賨之境, 地多巖崖, 水怪木怪, 無所不有. 民居溪壑, 以弋獵爲生涯. 嵌空之所, 有一洞穴, 居人不能測其所往. 獵師縱犬於此, 則多呼之不廻, 瞪目搖尾, 瞻其崖穴. 于時有彩雲垂下, 迎獵犬而昇洞. 如是者年年有之, 好道者呼爲'狗仙山'. 偶有智者, 獨不信之, 遂絏一犬, 挾弦弧往之. 至則以麤紃系其犬腰, 繫于拱木, 然後退身而觀之. 及彩雲下, 犬縈身而不能隨去, 嘷叫者數四. 旋見有物, 頭大如甕, 雙目如電('電'原作'龜', 據明鈔本改). 鱗甲光明, 冷照溪谷, 漸垂身出洞中觀其犬. 獵師毒其矢而射之. 旣中, 不復再見, 頃經旬日, 臭穢滿山. 獵師乃自山頂, 縋索下觀, 見一大蟒, 腐爛于巖間. 狗仙山之事, 永無有之. (出『玉堂閒話』)

## 이 황(李 黃)

　[唐나라] 원화(元和) 2년(807)에 농서(隴西) 사람 이황은 염철사(鹽鐵使) 이손(李遜)의 조카였다. 관리 선발을 기다리던 차에 이황은 한가한 틈을 타서 장안(長安)의 동시(東市)에 갔다. 언뜻 소 수레 한 대가 보였는데, 시녀 몇 명이 그 위에서 물건을 사고 있었다. 이황은 몰래 수레 안을 보다가 흰옷 입은 예쁜 여자를 보게 되었는데, 몸이 가냘프고 맵시가 있는 것이 절세가인이었다. 이자(李子: 李黃)가 누구냐고 물어보았더니 시녀가 대답했다.

　"저희 아씨께서는 지금 홀로 되셨는데 원씨(袁氏) 집안의 따님이십니다. 이전에 이씨 집안에 시집갔는데, 지금은 이씨를 위해 상복을 입고 계십니다. 이제 상복을 벗을 때가 다 되어 이렇게 물건을 사러 나온 것입니다."

　그 말에 이황은 또 이렇게 물었다.

　"다시 다른 사람에게 재가하실 뜻이 있습니까?"

　그러자 시녀가 웃으면서 말했다.

　"그것은 잘 모르겠습니다."

　이자가 곧장 돈과 비단을 꺼내 비단을 사주자 시녀들이 이렇게 말을 전해왔다.

　"잠시 돈을 빌려 비단을 산 것으로 하지요. 저희들을 따라 장엄사(莊嚴寺) 왼쪽에 있는 집으로 오시면 당신에게 돈을 돌려드릴 테니, 그러면 결코 빚지지 않는 것이지요."

이자는 몹시 기뻐했다.

그때 이미 날이 저물었기 때문에 이자는 소 수레를 따라 갔는데, 밤이 된 뒤에야 겨우 한 곳에 도착했다. 소 수레가 중문 안으로 들어가자 흰옷 입은 여자가 수레에서 내렸고 시녀들은 휘장으로 그녀를 가린 채 안으로 데리고 들어갔다. 이자가 말에서 내리자 갑자기 한 심부름꾼이 평상을 들고 나오더니 이렇게 말했다.

"잠시 앉아 계시지요."

자리를 잡고 앉자 시녀가 말했다.

"낭군께서 이 밤에 무슨 시간이 있어 돈을 받아 가시겠습니까? 그렇지 않다면 이곳에 찾아가실 집이 있는 것입니까? 그렇다면 일단 그곳에 가셨다가 내일 새벽에 오셔도 늦지 않을 것입니다."

이자가 말했다.

"지금 돈 받을 생각도 없지만 그렇다고 달리 머물 곳도 없는데, 어찌 이렇게 야박하게 구십니까?"

시녀는 들어갔다가 다시 나오더니 이렇게 말했다.

"찾아갈 곳이 없다면 이곳에 머문들 안 될 것이 뭐가 있겠습니까? 그저 이곳이 누추하다고 비웃지나 마십시오."

잠시 뒤에 시녀가 말했다.

"낭군께서는 안으로 드시지요."

이자가 옷을 단정히 하고 안으로 들어가서 보았더니, 푸른 색 옷을 입은 한 여랑(女郞)이 뜰에 서서 그를 맞이하며 말했다.

"흰옷 입은 여자의 이모입니다."

그들이 뜰에 자리를 잡고 앉자 잠시 뒤에 흰옷 입은 여자가 나왔는데,

흰 치마에서는 빛이 났고 얼굴은 흰 달빛처럼 희었으며 기품이 고아하고 말씨가 단아한 것이 신선과 다르지 않았다. 흰옷 입은 여자가 대충 인사를 나누고는 다시 휑하니 안으로 들어가 버리자, 여자의 이모가 앉아서 대신 인사했다.

"인정을 베풀어 여러 채색 비단을 사 주셨는데, 근자에 사왔던 것들은 모두 이만 못했습니다. 그런데 빌려주신 돈은 모두 얼마나 됩니까? 몹시 부끄럽군요."

이자가 말했다.

"드린 비단은 몹시 조악한 것으로 아름다운 부인의 옷을 만들기에도 부족한 것들인데, 어찌 감히 값을 따지겠습니까?"

그러자 여자의 이모가 말했다.

"그 아이는 너무나 보잘 것 없어서 군자의 부인이 되기에는 부족합니다. 게다가 저희는 가난하여 30관의 빚이 있습니다. 그래도 낭군께서 저 아이를 버리시지 않겠다면 곁에서 시중이라도 들기를 원할 것입니다."

이자는 기뻐하면서 이모의 곁에 앉아 절을 하고 그 일에 대해 생각해 보았다. 이자는 본디 그곳에서 가까운 곳에 가게를 하나 가지고 있었는데, 먼저 사람을 보내 돈 30관을 가져오게 하자 곧바로 돈이 도착했다. 그때 대청의 서쪽 쪽문이 삐꺽! 하고 열리는데, 온갖 음식이 다 준비되어 있었으며 모두들 서쪽 채에 와 있었다. 여자의 이모는 이자를 데리고 안으로 들어가 앉았는데, 안을 살펴보았더니 사방이 휘황찬란했다. 잠시 뒤에 여랑이 들어오자 이모는 여자에게 앉으라고 했다. 여자는 이모에게 절을 올린 다음에 앉았다. 예닐곱 사람이 함께 식사를 하고 난 뒤에 술을 가져오게 해서 즐겁게 마셨다. 이자는 그대로 3일 동안 머물면서 아주 즐겁게 술을 마시고 놀았다. 나흘째 되던 날 여자의 이모가 말했다.

"상서(尙書)께서 늦게 돌아왔다고 나무라실까 걱정되니, 이낭군께서는 잠시 돌아가시지요. 훗날 우리가 왕래하는데 무슨 어려움이 있겠습니까?"

이자 역시 돌아가고 싶은 생각에 이모의 명을 받들고 절을 올린 뒤에 작별인사를 하고 그곳을 나왔다. 이자가 말에 오르자 그의 하인은 이자에게서 비릿한 이상한 냄새가 나는 것을 느꼈다. 이자가 마침내 집에 돌아오자 상서가 물었다.

"어디에 갔기에 며칠 동안 보이지 않았느냐?"

그 말에 이자는 다른 핑계를 대며 대답했다. 이자는 갑자기 몸이 무겁고 머리가 어지러운 것을 느껴 이불을 피게 하고는 잠을 잤다.

이자는 그 전에 정씨(鄭氏)의 딸과 혼인했는데, 정씨가 옆에서 이렇게 말했다.

"당신의 전임이 성사되어 어제 이부(吏部)에 가서 절차를 밟았어야 했는데, 당신을 찾지 못해 두 오라버니께 부탁하여 대신 일을 처리해두었습니다."

이자는 부끄러움과 동시에 고마움을 표현했다. 잠시 뒤에 처남이 와서 어디에 갔었냐고 꾸짖었다. 그러나 이자는 어지러움을 느껴 자신도 모르게 두서없이 대답하다가 부인에게 이렇게 말했다.

"내 일어나지 못할 것 같소."

이자는 입으로는 말을 하고 있었지만 이불 속의 몸은 없어져 가는 것 같았다. 부인이 이불을 들쳐 보았더니 그저 물만 있고 몸 가운데 머리만이 남아 있었다. 가족들이 몹시 놀라 두려움에 떨면서 그를 따라 나갔던 하인을 불러 어찌된 영문인지 물어보았더니, 하인이 자세하게 말해주었다. 하인의 말에 따라 그 오래된 저택을 찾아가 보았더니 그곳은 다름 아닌 빈 정원이었다. 정원 안에는 조협나무 한 그루가 있었는데, 나무 위에 15만 관, 나무 아래에 15만 관이 있을 뿐 나머지는 아무 것도 보이지 않았다. 그곳에 사는 사람들에게 물어보았더니 이렇게 대답했다.

"종종 커다란 백사 한 마리만이 나무 아래에 있을 뿐 다른 것은 없습니다."

원씨라고 했던 것은 아마도 빈 정원[空園]을 성으로 삼은 것 같다.

또 다른 이야기가 있다. [唐나라] 원화연간(元和年間: 806~820)에 봉상절도사(鳳翔節度使) 이청(李聽)의 조카 이관(李琯)이 금오참군(金吾參軍)으로 있었다. 그는 영녕리(永寧里) 밖으로 나가 노닐다가 안화문(安化門) 밖에까지 가게 되었는데, 그곳에서 온통 은으로 장식을 한 화려한 수레를 만났다. 흰 소가 수레를 끌고 있었으며 따르는 하녀 두 명도 모두 백마를 타고 있었는데, 그녀들은 흰옷을 걸치고 있었고 용모가 아주 예뻤다. 이관은 귀족자제라 행동이 단정치 못했기에 곧장 수레를 따라갔다. 날이 저물 무렵 두 하녀가 말했다.

"낭군께서는 귀인이시니 미인들만 만났을 것입니다. 저희들은 모두 천한데다가 보잘 것 없는 신분이니 나리의 호의를 감당할 수 있는 사람이 아닙니다. 그러나 수레 안에 계시는 아씨만은 마음에 두셔도 될 것입니다."

이관이 하녀들에게 부탁하자 그녀들은 말을 타고 수레 곁으로 가더니 뒤돌아보면서 말했다.

"저희들이 방금 아뢰어 두었으니, 낭군께서는 놓치지 마시고 따라오기나 하십시오."

이관은 그녀들을 따라갔는데, 길 가득 기이한 향기가 났다. 날이 저문 뒤 봉성원(奉誠園)에 도착했을 때 두 하녀가 말했다.

"아씨께서는 이곳의 동쪽에 머물고 계신데, 지금 먼저 들어가셨습니다. 낭군께서 잠시 이곳을 둘러보고 계시면 저희들이 곧 맞이하러 나오겠습니다."

수레가 안으로 들어가고 난 뒤에 이관은 길옆에다 말을 멈춰 세웠다. 한참 뒤에 한 하녀가 문 밖으로 나와 손을 흔들었다. 이관은 곧장 말에서 내려 대청으로 들어가 있었는데, 마치 인간 세상의 것이 아닌 것 같은 아름다운 향기만이 콧속으로 들어왔다. 이관은 마침내 하인과 말을 안읍리(安邑里)로 들여보내 그곳에 머물게 했다. 황혼 뒤에야 비로소 한 여자가 나왔는데, 흰옷을 입고 있었고 16~17세 정도 되어 보였으며 아리따운 자태는 마치 신선 같았다. 이관은 그 기쁜 마음을 도무지 형용할 길이 없었다.

집 밖으로 나와서 보았더니 하인과 말이 이미 문밖에 와 있었다. 이관은 마침내 그녀와 이별하고 집으로 돌아왔는데, 집에 도착하자마자 바로 머리가 아파 왔다. 잠시 뒤에 통증이 더 심해지더니 결국 진시(辰時)와 사시(巳時) 사이에 머리가 터져 죽고 말았다. 가족이 하인에게 어찌된 영문인지 묻자 하인은 어제 밤에 갔던 곳을 자세하게 일러주면서 이렇게 말했다.

"낭군께서 기이한 향기를 많이 맡았다고 했는데, 저희들이 맡아보았더니 뱀 비린내만 나서 가까이 갈 수 없었습니다."

가족들은 억울하기도 하고 놀랍기도 해서 급히 하인에게 명을 내려 어제 밤에 머물렀던 곳을 확인해보게 했는데, 그저 마른 홰나무 안에 커다란 뱀이 똬리를 튼 흔적만이 있을 뿐이었다. 그리하여 나무를 자르고 그 밑을 파 보았더니 큰 뱀은 이미 어디론가 사라지고 없었고, 그저 작은 뱀 몇 마리만이 있었는데, 모두 흰 뱀이었다. 그리하여 하인들은 뱀을 모두 죽이고 돌아왔다. (『박이지』)

元和二年, 隴西李黃, 鹽鐵使遜之猶子也. 因調選次, 乘暇於長安東市. 瞥('瞥'原作'者', 據明鈔本改)見一犢車, 侍婢數人於車中貨易. 李潛目車中, 因見白衣之姝, 綽約有絕代之色. 李子求問, 侍者曰: "娘子孀居, 袁氏之女. 前事李家, 今身依李之服. 方除服('除服'原作'外除', 據明鈔本改), 所以市此耳." 又詢: "可能再從人乎?" 乃笑曰: "不知." 李子乃出與錢('錢'字原空闕, 據明鈔本補)帛, 貨諸錦繡, 婢輩遂傳言云: "且貸錢買之. 請隨到莊嚴寺左側宅中, 相還不負('負'原作'晚', 據明鈔本改)." 李子悅.

時('時'字原闕, 據明鈔本補)已晚, 遂逐犢車而行, 礙夜方至所止. 犢車入中門, 白衣姝一人下車, 侍者以帷擁之而入. 李下馬, 俄見一使者將榻而出, 云: "且坐." 坐畢, 侍者云: "今夜郎君豈暇領錢乎? 不然, 此有主人否? 且歸主人, 明晨不晚也." 李子曰: "迺今無交錢之志, 然此亦無主人, 何見隔之甚也?" 侍者入, 復出曰: "若無主人, 此豈不可? 但勿以疏漏爲誚也." 俄而侍者云: "屈郎君." 李子整衣而入, 見靑服老女郎立於庭, 相見曰: "白衣之姨也." 中庭坐, 少頃, 白衣方出, 素裙粲然, 凝質皎若, 辭氣閑雅, 神仙不殊, 略序款曲, 翩然却入. 姨坐謝曰: "垂情與貨諸彩色, 比日來市者, 皆不如之. 然所假如(明鈔本'所假如作其價幾')何? 深憂愧." 李子曰: "綵帛麤繆, 不足以奉佳人服飾, 何敢('敢'原作'苦',

據明鈔本改)指價乎?"答曰:"渠淺陋, 不足侍君子巾櫛. 然貧居有三十千債負. 郎君儻不棄, 則願侍左右矣." 李子悅, 拜於侍側, 俯而圖之. 李子有貨易所, 先在近, 遂命所使取錢三十千, 須臾而至. 堂西間門, 劃然而開, 飯食畢備, 皆在西間. 姨遂延李子入坐, 轉盼炫煥. 女郎旋至, 命坐. 拜姨而坐. 六七人具飯, 食畢, 命酒歡飲. 一住三日, 飲樂無所不至. 第四日, 姨云:"李郎君且歸, 恐尙書怪遲, 後往來亦何難也?"李亦有歸志, 承命拜辭而出. 上馬, 僕人覺李子有腥臊氣異常. 遂歸宅, 問:"何處許日不見?"以他語對. 遂覺身重頭旋, 命被而寢.

先是婚鄭氏女, 在側云:"足下調官已成, 昨日過官, 覓公不得, 某('某'原作'其', 據明鈔本改)二兄替過官, 已了." 李答以愧佩之辭. 俄而鄭兄至, 責以所往行. 李已漸覺恍惚, 祇對失次, 謂妻曰:"吾不起矣." 口雖語, 但覺被底身漸消盡. 揭被而視, 空注水而已, 唯有頭存. 家大驚懾, 呼從出之僕考之, 具言其事. 及去尋舊宅所, 乃空園. 有一皁莢樹, 樹上有十五千, 樹下有十五千, 餘了無所見. 問彼處人云:"往往有巨白蛇在樹下, 便無別物." 姓袁者, 蓋以空園爲姓耳.

復一說. 元和中, 鳳翔節度李聽, 從子琯, 任金吾參軍. 自永寧里出遊, 及安化門外, 乃遇一車子, 通以銀裝, 頗極鮮麗. 駕以白牛, 從二女奴, 皆乘白馬, 衣服皆素, 而姿容婉媚. 琯貴家子, 不知檢束, 卽隨之, 將暮焉, 二女奴曰:"郎君貴人, 所見莫非麗質. 某皆賤質, 又麤陋, 不敢當公子厚意. 然車中幸有姝麗, 誠可留意也." 琯遂求女奴, 乃馳馬傍車, 笑而廻曰:"郎君但隨行, 勿捨去, 某適已言矣." 琯旣隨之, 聞其異香盈路. 日暮, 及奉誠園, 二女奴曰:"娘子住此之東, 今先去矣. 郎君且此廻翔, 某卽出奉迎耳." 車子旣入, 琯乃駐馬於路側. 良久, 見一婢出門招手, 琯乃下馬, 入座於廳中, 但聞名香入鼻, 似非人世所有. 琯遂令人馬入安邑里寄宿. 黃昏後, 方見一女子, 素衣, 年十六七, 姿艷若神仙. 琯自喜之心, 所不能諭.

及出, 已見人馬在門外. 遂別而歸, 纔及家, 便覺腦疼. 斯須益甚, 至辰巳間, 腦裂而卒. 其家詢問奴僕, 昨夜所歷之處, 從者具述其事, 云:"郎君頗聞異香, 某輩所聞, 但蛇臊不可近." 擧家寃駭, 遽命僕人, 於昨夜所止之處復驗之, 但見枯槐樹中, 有大蛇蟠屈之跡. 乃伐其樹, 發掘, 已失大蛇, 但有小蛇數條, 盡白. 皆殺之而歸. (出『博異志』)

# 태평광기 권제 459 사(蛇) 4

1. 승령인(僧令因)
2. 위중승자(衛中丞姊)
3. 포주인(蒲州人)
4. 상위빈민(相魏貧民)
5. 번우서생(番禺書生)
6. 비현민(郫縣民)
7. 유 쇼(游 邵)
8. 성 예(成 汭)
9. 손광헌(孫光憲)
10. 주한빈(朱漢賓)
11. 우존절(牛存節)
12. 수청지(水淸池)
13. 왕사동(王思同)
14. 서 탄(徐 坦)
15. 장 씨(張 氏)
16. 고 수(顧 遂)
17. 구당협(瞿塘峽)
18. 근 로(斳 老)
19. 경 환(景 煥)
20. 서주인(舒州人)
21. 가 담(賈 潭)
22. 요 경(姚 景)
23. 왕 임(王 稔)
24. 안륙인(安陸人)

## 459 · 1(6279)
## 승령인(僧令因)

영인 스님은 자오곡(子午谷)으로 해서 산을 지나 금주(金州)로 가다가 앞서 가고 있던 대나무 가마 한 대를 보게 되었는데, 하녀가 상복을 입고 가마를 따르고 있었다. 그러나 며칠이 지나도록 가마에 탄 사람이 도통 보이지 않자 영인 스님은 급히 주렴을 걷고 그 안을 들여다보았는데, 가마 안에 사람 머리에 뱀 몸뚱이를 한 매우 거대한 부인이 한 명 앉아 있는 것을 보고 그는 몹시 놀랐다. 부인이 말했다.

"불행히도 저는 죄업(罪業)이 무거워 몸이 갑자기 변하고 말았는데, 상인(上人: 스님에 대한 존칭)께서는 어찌하여 안을 들여다보십니까?"

영인 스님이 부인의 하인에게 [어디로 가느냐고] 묻자 하인이 이렇게 대답했다.

"진령(秦嶺) 위로 모셔다 드리려고 합니다."

영인 스님은 부인을 위해 공덕을 빌어 주었다. 부인을 진령에 데려다 주었더니 부인은 [사람의] 머리마저 없어진 채 수풀 속으로 들어갔다. (『문기록』)

僧令因者, 於子午谷過山, 往金州, 見一竹輿先行, 有女僕服縗從之. 數日, 終不見其人, 令因乃急引簾窺之, 乃一婦, 人首而蛇身甚偉, 令因甚驚. 婦人曰:

"不幸業重, 身忽變化, 上人何乃窺之?" 問其僕, 曰: "欲送秦嶺之上." 令因遂與誦功德. 送及秦嶺, 亦不見婦人之首, 而入林中矣. (出『聞奇錄』)

## 459・2(6280)
## 위중승자(衛中丞姊)

어사중승(御史中丞) 위공(衛公)에게는 누이가 하나 있었는데, 성질이 드세고 표독스러워서 때려죽인 하녀만도 매우 많았다. 그러던 어느 날 그 누이가 갑자기 열병을 얻어 6~7일간 앓더니 이렇게 말했다.

"다시는 사람을 보지 않겠다."

그리고는 늘 밀폐된 방에서 혼자 지냈는데, 안으로 들어가려는 사람이 있으면 반드시 욕을 퍼부으며 마구 성을 냈다.

10여 일이 지났을 때 갑자기 방 안에서 스윽! 스윽! 하는 소리가 들려왔다. 사람들이 몰래 가서 엿보려고 당(堂) 위로 올라갔더니 곧바로 비린내와 독 기운이 풍겨왔으며 문을 열고 보았더니 그녀는 이미 1장 남짓 되는 붉은 반점이 찍힌 커다란 뱀으로 변해있었다. 그녀의 의복과 손톱, 머리카락 등은 침상 이불 위에 어지러이 늘어져있었다. 뱀이 눈을 부릅뜨고 사람들을 따라가자 온 집안사람들은 모두 놀라 자빠졌다. 사람들은 그 뱀을 벌판으로 보내주었다. 아마도 천성이 포악했던 탓에 그렇게 되었을 것이다. (『원화기』)

御史中丞衛公有姊, 爲性剛戾毒惡, 婢僕鞭笞多死. 忽得熱疾六七日, 自云:

"不復見人." 常獨閉室, 而欲至者, 必嗔喝呵怒.

　　經十餘日, 忽聞屋中窸窣有聲. 潛來窺之, 昇堂, 便覺腥臊毒氣, 開牖, 已見變爲一大蛇, 長丈餘, 作赤斑色. 衣服·爪·髮, 散在牀褥. 其蛇怒目逐人, 一家驚駭. 衆共送之於野. 蓋性暴虐所致也. (出『原化記』)


## 459·3(6281)
## 포주인(蒲州人)

　　포주에 사는 어떤 사람이 우물을 만들려고 땅을 팠는데, 1장 남짓 파 들어 갔을 때 네모난 돌에 부딪혔으나 아직 샘물은 터지지 않았다. 이에 그는 돌을 들어내고 다시 땅을 파려다가 갑자기 깊은 구덩이 속으로 떨어지고 말았다. 속에는 동면 중인 뱀들이 있었는데 그 모습이 마치 엎어져있는 배 같았다. [그곳에 있는 뱀은] 작은 뱀도 보통 뱀의 크기와 비슷했다. 그 사람은 처음에 너무나 놀라고 두려워했으나 시간이 오래 지나자 조금씩 익숙해졌다. 그는 배가 고파도 먹을 것이 없었는데, 뱀들이 공기를 들이 마시기에 따라해 보았더니 더 이상 배가 고프지 않았다.

　　그렇게 몇 달이 지났을 때 우레 치는 소리가 났다. 우레가 한번 내리치자 뱀들은 머리를 치켜들더니 잠시 후에는 모두 움직이기 시작했다. 또 얼마 있다가 뱀들은 어디론가 흩어져 갔는데, 큰 뱀이 먼저 떠나자 나머지 뱀들도 차례차례 따라 나갔다. 그러다가 뱀 한 마리가 다시 안으로 들어왔는데, 그는 뱀이 자기를 해치지 않을 것임을 알고 앞으로 나아가 뱀의 목을 끌어안았다. 그러자 뱀은 곧장 떠나갔다. 뱀들은 백도(白

道: 綏遠省 歸綏縣 북쪽에 위치한 地名으로 일명 白道川이라고도 함)를 따라 10리 길을 갔는데, 앞에 봉화(烽火)가 있는 것을 보고는 그 사람을 땅에 내려놓고 떠나갔다. 그가 앞으로 가 봉화를 지키는 사람에게 물어 보았더니 그곳은 평주(平州)라고 대답했다. (『광이기』)

　蒲州人穿地作井, 坎深丈餘, 遇一方石而不及泉. 欲去石更鑿, 忽墮深坑. 蟄蛇如覆舟. 小者與凡蛇等. 其人初甚驚懼, 久之稍熟. 飢無所食, 其蛇吸氣, 因亦効之, 遂不復飢.
　積累月, 聞雷聲. 初一聲, 蛇乃起首, 須臾悉動. 頃之散去, 大者前去, 相次出. 復入, 人知不害己, 乃前抱其項. 蛇遂徑去. 緣上白道, 如行十里, 前有烽火, 乃致人於地而去. 人往借問烽者, 云是平州也. (出『廣異記』)

## 459 · 4(6282)
## 상위빈민(相魏貧民)

　상위(相魏)에 한 가난한 백성이 살고 있었는데, 황무지를 일구다가 커다란 뱀 한 마리가 나오자 바로 괭이로 때려죽였다. 얼마 있다가 그는 또 커다란 구멍 하나를 발견했는데, 구멍 속에 또 10여 마리의 작은 뱀이 있는 것을 보고 모두 죽인 다음 땅에 묻고는 집으로 돌아왔다.
　이튿날 어떤 사람이 고소장을 써 가지고와 따지며 말했다.
　"저 놈에게 내 집안 식구가 애 어른 할 것 없이 모조리 죽임을 당해 밭 안에 매장되었습니다."

관가에서 그 백성을 체포한 다음 심문했으나 그는 전혀 죄를 인정하지 않았다. 이에 관리가 밭으로 가 확인해 보았더니 구덩이 하나가 나왔는데, 그 안에 모두 10여 구의 시체가 들어있었다. 그러나 그 백성은 계속해서 어제 자기가 10여 마리의 뱀을 때려죽인 다음 이곳에 묻었을 뿐 사람을 죽인 일은 절대 없는데 대체 이런 변고가 왜 생겨났는지 알 수 없으며, 만일 이 일로 인해 자신이 사형을 당하게 된다면 정말이지 너무나 억울하다고 말했다. 관리는 그 사건이 미심쩍어 고소한 사람을 조사해보려고 했는데, 아무리 찾아도 보이지 않았다. 이에 관리는 명령을 내려 다시금 밭에 가보게 했는데, 방금 전에 확인해 보았던 어제 시체를 묻었다는 곳에는 10여 마리의 죽은 뱀만 있었을 뿐 사람의 시체는 사라지고 없었다. 그 백성은 이렇게 해서 화를 면할 수 있었다. (『원화기』)


　相魏有貧民, 劚園荒地, 見一大蛇, 钁而殺之. 尋見一大穴, 穴中十餘小蛇, 又復殺而埋之, 旣畢歸家.
　明日, 有人持狀訴論云: "被殺一家大小, 埋在園中." 官捕獲此人訊問, 了然不伏. 於園中驗之, 得一坑者, 共十餘人. 但言昨打殺者十餘條蛇, 埋之於此, 並不殺人, 不知此禍何('何'原作'而', 據明鈔本改)來, 若爲就決, 實爲大枉. 官疑之, 勘本告者, 尋覓無人. 又令重就園, 檢驗昨所埋之處, 但見十餘死蛇, 不復見人. 乃得免焉. (出『原化記』)

459 · 5(6283)
## 번우서생(番禺書生)

한 서생이 번우 지방을 유랑하면서 여러 군(郡)을 두루 돌아다녔는데, 한번은 산 속을 지나가다가 마치 연기처럼 생긴 1장도 넘는 구름기둥을 보게 되었다. 마을 사람이 말했다.

"저것은 언덕 위에 사는 뱀이 코끼리를 삼키는 것입니다."

그 사람은 말을 마치고 온 마을에 그 소식을 알렸다. 마을 사람들이 북을 울리고 소리를 질러대자 뱀은 뒤로 물러나더니 바위계곡 속으로 들어갔다. 밤이 지나가자 마을 사람들은 각자 병과 항아리를 들고 나타났다. 서생이 보았더니 거기에 코끼리 한 마리가 서 있었는데, 살과 뼈가 모두 물로 변해 있었다. 마을 사람들은 바늘로 코끼리를 찔러 흐르는 물을 받았다. 마을 사람이 말했다.

"바다를 건널 때 이 물을 배 안에 두면 교룡을 물리칠 수 있습니다."

또 어떤 관리는 남중(南中)에서 커다란 뱀 한 마리를 보았는데, 길이가 몇 장이나 되고 굵기도 1척 5촌은 되어 보였다. 그 뱀의 뱃속에 마치 나무토막처럼 생긴 물체가 들어있었는데, 뱀이 나무 한 그루를 쭉 훑어 내려가며 잎을 뜯어먹자 뱃속에 있던 물체가 점차 소화되기 시작해 나중엔 아무것도 남지 않았다. 마을 사람이 말했다.

"뱀이 사슴을 삼키고 나서 저 나무의 잎을 먹으면 소화시킬 수 있습니다."

관리는 시종에게 시켜 그 나뭇잎을 따서 잘 간직하게 했다. 집으로 돌아온 뒤에 그는 소화가 잘 되지 않고 배가 더부룩해서 그 잎을 꺼내

국을 끓여 마셨는데, 밤이 다 지나고 정오가 되도록 기침을 안 하기에 이불을 걷고 보았더니 앙상한 뼈만 남아있을 뿐 나머지 몸은 모두 물로 변해 있었다. (『문기록』)

有書生遊番禺, 歷諸郡, 經山中, 見有氣高丈餘, 如煙. 鄕人曰:"此岡子蛇吞象也." 遂告鄕里. 振鼓叫噪, 而蛇退入一巖谷中. 經宵, 鄕里人各持瓴甕往. 見一象尙立, 而肌骨皆化爲水. 遂針破, 取其水. 里人云:"此過海置舟中, 辟去蛟龍."

又有官人於南中見一大蛇, 長數丈, 徑可一尺五寸. 腹內有物, 如椓橜之類, 沿一樹食其葉, 腹中之物, 漸消無所有. 而里人云:"此蛇呑鹿, 此木葉能消之." 遂令從者採其葉收之. 歸後, 或食不消, 腹脹, 乃取其葉作湯飮之, 經宵, 及午不報, 及撤被視之, 唯殘枯骸, 餘化爲水矣. (出『聞奇錄』)

## 459 · 6(6284)
## 비현민(郫縣民)

비현에 사는 어떤 백성이 남쪽 성곽의 도랑 가에서 길이가 1척 남짓 되는 작은 뱀 한 마리를 잡았다. 그는 뱀의 배를 갈라 오장(五臟)을 꺼낸 다음 둥글게 말아 꼬치에 끼워 불 위에 올려놓고 며칠 동안 불에 그슬렸다. 그 백성에게는 이제 겨우 몇 살밖에 안 된 아이가 있었는데, 갑자기 온 몸이 시뻘겋게 부어오르고 피부에 물집이 생겨 터졌다. 아이는 이렇게 혼자 말을 했다.

"네가 아무 이유 없이 나를 죽이고 배 속의 위장을 잘라내 불 위에 올려놓았으니, 나도 너의 아들로 하여금 그와 같은 고통을 맛보게 하는 것이다."

백성의 집에서는 그 말을 듣고 깜짝 놀라하며 뱀을 불에서 꺼내고 대나무 꼬치도 빼낸 다음 몸 위에 물을 뿌려주고 향을 사르며 사죄의 제사를 올렸다. 그리고 나서 원래 있던 곳으로 돌려보내자 뱀은 한참 있다가 꿈틀거리며 떠나갔으며 그 후 아들의 병도 다 나았다. (『녹이기』)

郼縣有民於南郭渠邊得一小蛇, 長尺餘. 刳剔五臟, 盤而串之, 置于火, 焙之數日. 民家孩子數歲, 忽遍身腫赤, 皮膚炮破. 因自語曰: "汝家無狀殺我, 刳剔腹中胃, 置於火上, 且令汝兒知此痛苦." 民家聞之驚異, 取蛇拔去剗竹, 以水灑之, 焚香祈謝. 送於舊所, 良久, 蜿蜒而去, 兒亦平愈焉. (出『錄異記』)

## 459·7(6285)
## 유 소(游 邵)

여주(汝州) 노산현(魯山縣)의 관할 지역은 본디 위(魏)나라 때의 서광주(西廣州)이다. 지금은 자성(子城) 동남쪽에 요괴를 모신 사당이 있는데, 그 앞에 있는 마당은 너비가 수백 보에 이른다. 마을 노인들이 전하는 말에 따르면 옛날에 그곳은 커다란 격구장(擊毬場)이었다고 한다. 정문 좌우에 각각 20아름이나 되는 홰나무 두 그루가 있는데, 가지가 무성히 드리워져 있다. 그 나무 역시 그때 심은 것이라고 한다.

[唐나라] 중화연간(中和年間: 881~884) 초에 동하(東夏)에서 분쟁이 일어나자 군읍(郡邑)이 소란스러워졌다. 자사(刺史) 유소는 허주(許州)의 장수였다. 그가 관할 현에 명령을 내려 나무를 베어 목책을 만들고 스스로를 굳게 지키라 하자 비록 뽕나무나 산뽕나무, 가래나무나 개오동나무와 같은 것들이라 할지라도 남아나는 것이 거의 없을 지경이 되었다. 사람들은 그 두 그루의 홰나무도 베려했는데, 그날 저녁에 커다란 뱀이 나무 위에 올라가 벼락같은 소리를 내며 눈에서 유성 같은 빛을 쏘았다. 그때 진장(鎭將) 이번(李璠)이 그 일을 주관하고 있었는데, 이번은 무인(武人)이었던지라 [나무 위에 나타난 뱀 이야기를] 듣고 요괴라고 여기며 사람들을 이끌고 가 직접 나무를 베어버렸다. 도끼를 내리치자 홰나무에서 비 오듯 피가 흘러내렸으며 비린내가 사람을 엄습해왔다. 그러자 이번도 마음이 움직여 나무 베기를 그만 두었다. 두 그루의 홰나무는 지금까지도 남아 있다. ([『삼수소독』])

汝州魯山縣所治, 卽元魏時西廣州也. 今子城東南有妖神祠, 其前庭廣袤數百步. 古老云, 當時大毬場也. 正門左右雙槐各二十圍, 枝榦扶疎. 亦云當時植焉.
至中和初歲, 釁起東夏, 郡邑騷然. 刺史游邵, 許將也. 令屬縣伐木爲柵以自固, 雖桑柘梓楩, 靡有孑遺. 將伐雙槐, 其夕, 有巨蟒蟠于上, 聲若震霆, 目若飛星. 鎭將李璠主其事, 璠武人也, 聞之以爲妖, 且率徒親斬之. 下斧而流血雨迸, 腥氣薄人. 亦心動而止. 雙槐至今尙存. (原闕出處, 明鈔本作'出『三水小牘』')

## 성 예(成 汭)

　형주절도사(荊州節度使) 성예는 채주(蔡州)의 군대를 거느리고 강릉(江陵)을 수비하다가 절도사 장귀(張瓌)에게 모함 당하자 자신의 본영(本營)을 버리고 자귀(秭歸)로 도망갔다. 그러던 어느 날 밤 그는 커다란 뱀에게 몸이 칭칭 감겨 거의 죽을 지경이 되었다. 그가 뱀에게 말했다.

　"만일 내가 너에게 잘못한 게 있다면 죽이건 살리건 네 맘대로 해라."

　얼마 있다가 뱀은 도망갔다.

　그 후 그는 백성들을 불러 모으고 병사를 훈련시켜 다시 저궁(渚宮)을 진수하게 되었다. 또 얼마 있다가 절모(節旄: 황제가 使者에게 符信으로 주는 旗)를 받아들고 피폐해진 군대를 어루만져주었으며 그들의 정신을 고무시킴으로써 다스려 나갔다. 그가 처음 부임해왔을 때 그곳에 거주하던 집은 17가호밖에 남아있지 않았으나 말년에 이르러서는 만호에 이르렀다. 그는 부지런히 황제를 모시고 나라를 섬겼으며 상업을 일으키고 농사에 힘썼으니, 족히 칭찬할 만하다. 조정에서는 '북한남곽(北韓南郭)'이라고 불렀다(韓은 華州의 韓建을 가리킨다. 성예의 본디 성은 郭이었는데, 나중에 지금의 성[成]으로 바꿨다). (『북몽쇄언』)

　荊州節度使成汭領蔡州軍, 戌江陵, 爲節度使張瓌謀害之, 遂棄本都, 奔於秭歸. 一夜爲巨蛇繞身, 幾至于殞. 乃曰: "苟有所負, 死生唯命." 逡巡, 蛇亦亡去.

遷後招緝戶口, 訓練士卒, 移鎭渚宮. 尋受節旄, 撫綏凋殘, 勵精爲理. 初年, 居民唯一十七家, 末年至萬戶. 勤王奉國, 通商務農, 有足稱焉. 朝廷號'北韓南郭'(韓卽華州韓建. 成初姓郭, 後歸本姓). (出『北夢瑣言』)

## 459·9(6287)
## 손광헌(孫光憲)

[『北夢瑣言』의 저자] 손광헌은 서곡(敍谷)을 지나던 차에 신산(神山)에서 묵은 일이 있었는데, 보았더니 봉우리 위에 있는 판잣집 안에 나무뿌리로 커다란 살무사를 만들어 놓고 그 앞에 향(香)과 등불을 진열해 놓고 있었다. 이에 손광헌은 객점 노인장에서 그 이유를 물으며 말했다.

"저게 대체 무슨 신이오?"

노인장이 말했다.

"[唐나라] 광화연간(光化年間: 898~901)에 양수량(楊守亮)이 보(襃) 땅을 진수하던 때의 일입니다. 커다란 뱀 한 마리가 이 산봉우리 길로 올라왔는데, 키가 7~8척이나 되어서 꼬리이고 어디이고 머리가 어디인지 조차 알 수 없었으며 사방에 셀 수 없이 많은 작은 뱀들이 그 뱀을 호위하고 있었습니다. 그 큰 뱀이 한번 기어갈 때마다 숲 속의 나무들이 다 부러졌는데, 거의 보름이 되어서야 산을 다 지나갔지만 그 바람에 사람들 다니는 길이 모두 막혀버리고 말았습니다. 그 후 사람들은 혹 뱀독이 남아있지 않을까 걱정스러워 풀을 모아다 놓고 길 한 옆에서 태운 연후에야 지나가곤 했습니다."

이듬해 양수량은 주살 당했다. (『북몽쇄언』)

孫光憲曾行次敍谷, 宿於神山, 見嶺上板屋中, 以木根爲巨虺, 前列香燈. 因詰店叟: "彼何神也?" 叟曰: "光化中, 楊守亮鎭褒日. 有一蛇橫此嶺路, 高七八尺, 莫知其首尾, 四面小蛇翼之無數. 每一拖身, 卽林木摧折, 殆旬牛方過盡, 阻絶行旅. 因聚草焚燎路隅, 慮其遺毒, 然後方行." 明年, 楊伏誅. (出『北夢瑣言』)


## 459 · 10(6288)
## 주한빈(朱漢賓)

[五代] 양(梁: 後梁) 정명연간(貞明年間: 915~920)에 주한빈이 안록(安祿)을 진수하던 초기에 있었던 일이다. 어느 날 동이 막 터서 사물이 겨우 보이기 시작할 무렵에 난데없이 커다란 뱀 한 마리가 성의 서남쪽에 나타났다. 뱀은 머리로 커다란 성을 베고 꼬리는 성의 해자(垓字) 남쪽 기슭에 있는 토지묘(土地廟)에 늘어뜨리고 있었는데, 그 머리는 대략 다섯 말이 들어가는 그릇만 했으며 두 눈은 번갯불 같았다. 뱀은 커다란 입을 쫙 벌리고서 성을 내려다보았다. 뱀의 몸길이는 백 척도 넘었으며 굵기는 몇 아름이나 되었는데, 그 몸은 양마성(羊馬城: 성 밖으로 십 보 떨어진 垓字 안에 쌓은 작은 성)과 성지(城池) 위에 걸쳐져 있었으며 나머지 부분은 사당 담장 안에 똬리를 튼 채로 있었다. 성에서 숙식하던 한 군교(軍校)는 갑자기 그 뱀과 마주치자 크게 비명을 지르

며 혼이 빠져 달아났다. 온 주의 사람들은 그 뱀으로 인해 골치를 앓으며 두려워했으나 그 뱀이 대체 무엇 때문에 나타났는지 알 길이 없었다. 이듬해에 회수(淮水) 일대의 도적 떼가 불시에 습격하여 성을 포위하고 공격했는데, 며칠이 지나도록 함락시키지 못하자 그냥 돌아갔으니 [뱀이 나타났던 것은] 혹 천지신명이 내린 예시가 아니었겠는가? (『옥당한화』)

梁貞明中, 朱漢賓鎭安祿之初. 忽一日, 曙色纔辨, 有大蛇見於城之西南. 首枕大城, 尾拖於壕南岸土地廟中, 其魁可大如五斗器, 雙目如電. 呀巨吻, 以瞰于城. 其身不翅百尺, 粗可數圍, 跨于羊馬之堞, 兼壕池之上, 其餘尙蟠於廟垣之內. 有宿城軍校, 卒然遇之, 大呼一聲, 失魂而逝. 一州惱懼, 莫知其由. 來年, 淮寇非時而至, 圍城攻討, 數日不破而返, 豈神祇之先告歟? (出『玉堂閒話』)

## 459·11(6289)
## 우존절(牛存節)

양(梁: 後梁)의 우존절이 운주(鄆州)를 진수할 때에 자성(子城: 本城 옆의 작은 성) 서남쪽 모퉁이에 저택 한 채를 지으려고 대대적인 공사를 벌였다. 담장을 쌓으려고 땅을 팠을 때 뱀 굴 하나가 나왔는데, 그 속에 크고 작은 뱀들이 셀 수 없을 만큼 많이 들어있었다. 우존절은 뱀들을 모조리 죽인 다음 들판으로 싣고 가라고 명했는데, 수레 수십 대가 동원되고서야 겨우 다 실어 나를 수 있었다. 그때 어떤 사람이 이렇게 말했다.

"이곳은 뱀의 소굴입니다."

그 해에 우존절은 등창이나 죽었다. (『옥당한화』)

梁牛存節鎭鄆州, 於子城西南角大興一第. 因板築穿地, 得蛇一穴, 大小無數. 存節命殺之, 載于野外, 十數車載之方盡. 時有人云: "此蛇藪也." 是歲, 存節疽背而薨. (出『玉堂閒話』)


## 459 · 12(6290)
# 수청지(水淸池)

태원군(太原郡)에 속해 있는 읍 안에 수청지라는 곳이 있었는데, 태원군 관부에서 기우제를 지내고 용에게 제물을 던져주는 곳이 바로 그곳이었다. 후당(後唐)의 장종(莊宗)은 하남(河南)으로 넘어가기 전에 태원군으로 가 수렵을 한 일이 있었는데, 수청지에 장막을 쳐놓고 휴식의 장소로 삼았다. 그때 커다란 뱀 몇 마리가 구멍 안에서 나와 못 속으로 들어가는 것이 보였다. 한참 뒤에 붉은 색과 흰 색을 띤 뱀 한 마리가 나타났는데, 멀리서 보니 굵기가 4척도 넘어보였고 길이 또한 그에 상응했다. 수렵을 따라온 사졸들은 일제히 활을 당겨 연거푸 화살을 쏘아 그 뱀을 죽였다. 그러자 사방의 산에서 불길이 활활 타올랐으며 못 안의 물고기와 자라들이 모두 죽어 물 위로 떠올랐다. 사냥꾼들은 함께 물고기와 자라의 배를 가르고 껍질을 벗겨내 먹었는데, 고기가 아주 맛있었다. 장종은 얼마 후 그와 같은 사실을 알게 되었다. 그때 아첨하던 사람이 양(梁)나라를 물리칠 징조라고 말하자 오대산(五臺山) 스님이 이렇게 말했다.

"대왕께서는 속히 강을 건너 양나라와 결전을 하셔야 합니다. 장차 양이 강성해진다 한들 능히 오래갈 수 있겠습니까?"

이것은 [漢나라 高祖가] 흰 뱀을 베어버린 것과 같은 종류의 일이었다[高祖는 흰 뱀을 베어죽인 다음 부절에 달아 旗를 붉게 물들였는데, 이는 火德으로 나라가 일어날 징조였다 함]. (『북몽쇄언』)

太原屬邑有水淸池, 本府祈禱雨澤及投龍之所也. 後唐莊宗末('末'原作'未', 據明鈔本改) 過河南時('時'原作'獵', 據明鈔本改), 就郡('就郡'原作'射都', 據明鈔本改) 捕獵, 就池卓帳, 爲憩宿之所. 忽見巨蛇數頭自洞穴中出, 皆入池中. 良久, 有一蛇紅白色, 遙見可圍四尺以來, 其長稱是. 獵卒齊彀弩連發, 射之而斃. 四山火光, 池中魚鼈咸死, 浮在水上. 獵夫輩共剚剝食之, 其肉甚美. 莊宗尋知之 于時諂事者, 以爲剋梁之兆, 有五臺僧曰: "吾王宜速過河決戰. 將來梁祚, 其能久乎?" 此亦斷白蛇之類也. (出『北夢瑣言』)

## 459・13(6291)
## 왕사동(王思同)

후당(後唐) 소제(少帝: 閔帝 李從厚를 가리킴) 때 청태왕(淸泰王: 後唐 末帝 李從珂)이 기양(岐陽)에서 기병하자 조정에서는 서경유수

(西京留守) 왕사동에게 조서를 내려 황제의 친위병을 거느리고 가 토벌할 것을 명했다. 왕사동의 부대가 서쪽으로 출발하고 얼마 지나지 않아 바로 적진을 향해 거리를 좁혀가고 있다는 소식이 들려오자 도성을 지키고 있던 관료들은 날마다 서쪽에 있는 누대에 올라 승전보가 전해지길 학수고대했다. 그러던 어느 날 한 관리는 난간에 기대어 서쪽을 바라보다가 양마성(羊馬城: 성 밖으로 십 보 떨어진 垓字 안에 쌓은 작은 성) 위에 뱀 두 마리가 머리를 각각 동쪽과 서쪽으로 향하고 있는 것을 보고 시종들에게 시켜 탄환을 쏘아 뱀에게 겁을 주게 했다. 그때 어떤 사람이 탄환을 쏘아 동쪽을 향하고 있던 뱀의 머리를 맞추자 뱀은 꿈틀거리며 담장 밑으로 떨어지더니 온 몸이 뻣뻣해진 채 움직이지 않았다. 관리가 사람을 시켜 살펴보게 했더니 뱀은 이미 죽어있었다. 서쪽을 향하고 있던 뱀은 천천히 굴속으로 들어갔다. 식자(識者)들은 사사로이 이렇게 의론했다.

"노왕(潞王: 淸泰王. 後唐 明宗이 그를 양자로 삼고 潞王에 봉했으나 그는 閔帝를 시해하고 왕위에 올라 後唐 末帝가 되었음)은 을사년(乙巳年: 885) 생인데, 군대의 원수인 왕공(王公: 王思同) 역시 을사년 생이니 모두 뱀 상을 가졌다 할 수 있소. 그런데 지금 동쪽에 있는 뱀이 머리에 탄환을 맞고 죽었으니, 이 어찌 왕공의 군대에게 불리한 것이 아니겠소?"

그로부터 채 열흘도 지나지 않았을 때 여러 장수들이 조정을 배반하고 노왕에게 투항했으며 왕사동의 심복 도장(都將)인 왕언휘 이하 모든 수하들 역시 기양성(岐陽城)에 항복했다. 왕사동은 혼자 말을 타고 도망쳤으나 결국 조정의 일을 하다가 죽임을 당했다. 그러니 뱀이 죽은 징조가 정확하다 아니할 수 있겠는가?(『왕씨견문』)

後唐少帝朝, 淸泰王起于岐陽, 朝廷詔西京留守王思同統禁旅征之. 王師西出之後, 尋聞劉鄩, 雍京僚屬日登西樓, 望其捷書. 忽一日, 官僚凭檻西向, 見羊馬城上有二大蛇, 東西以首相向, 爲從者輩遙擲彈丸以警之. 于時一人擲中東蛇之腦, 蜿蜒然墮于牆下, 挺然不動. 使人視之, 已卒矣. 其西蛇徐徐入于穴隙之間. 識者竊議之曰: "潞王乙巳生, 統帥王公亦乙巳生, 俱爲蛇相. 今東蛇中腦而卒, 豈非王師不利乎?" 未逾旬日, 群帥叛歸潞王, 思同腹心都將王彦暉已下, 並投岐城納款. 同單馬而遯, 竟沒于王事焉. 蛇亡之兆, 得不明乎? (出『王氏見聞』)

## 459 · 14(6292)
## 서 탄(徐 坦)

[後唐] 청태연간(淸泰年間: 934~936) 말에 서탄이라는 사람은 진사과(進士科)에 응시했다 낙방하자 남쪽으로 가 저궁(渚宮)을 유람했다. 그는 다시 협주(峽州)로 가 옛 친구를 찾아가려던 길에 부퇴산(富堆山) 아래에 이르렀는데, 그곳에 오래된 객점이 하나 있기에 그날 밤 서탄은 그곳에서 묵었다. 서탄이 금 타기와 책읽기를 끝냈을 때 갑자기 비쩍 마른 나무꾼 한 명이 나타났는데, 매우 슬픈 듯한 표정을 짓고 있었다. 서탄이 그 이유를 묻자 나무꾼은 눈시울을 적시며 이렇게 대답했다.

"저는 이 산에 살고 있는 사람으로 성은 이(李)이고 이름은 고죽(孤

竹)입니다. 제 아내는 오래 전에 중병을 얻어 1년이 넘도록 낫지 않고 있습니다. 저는 얼마전 산에 들어가 나무하다가 이틀 밤을 집에 돌아가지 못했는데, 아내의 몸이 갑자기 변하여 사람들을 두려움에 떨게 만들었다 합니다. 아내는 이웃 아주머니께 이렇게 말했습니다. '제 몸이 이미 변했으니 저 대신 남편에게 알려주세요.' 제가 집으로 돌아가자 아내는 제게 이렇게 말했습니다. '저도 더 이상은 어쩔 수가 없었어요. 아직 제 시신만은 남아있으니 청컨대 이웃에게 부탁해 저를 들어다가 산 어귀에 놓아주게만 해 주세요.' 저는 아내의 말대로 시신을 그곳에다 가져다 놓았습니다. 잠시 후 갑자기 커다란 비바람소리가 들려오자 사람들은 모두 두려움에 떨었습니다. 아내가 또 말했습니다. '때가 되었으니 속히 돌아가세요. 절대 고개를 돌려서는 안 됩니다.' 그리고는 가슴 아파하며 떠나갔습니다. 얼마 있다 보았더니 온 산 가득 셀 수 없이 많은 거대한 뱀들이 나타나 다투어 아내에게로 모여들었습니다. 그러자 아내는 침상에서 내려와 몸을 폈다 다시 구부리더니 어느새 왕뱀으로 변해 뭇 뱀들과 나란히 떠나갔는데, 커다란 돌 위에 머리를 부딪치자 머리가 산산이 조각나 땅에 떨어졌습니다."

지금까지도 뱀의 후손인 이씨(李氏)가 남아있다. (『옥당한화』)

淸泰末, 有徐坦應進士擧, 下第, 南遊渚宮. 因之峽州, 尋訪故舊, 旅次富堆山下, 有古店, 是夜憩. 琴書訖, 忽見一樵夫形貌枯瘠, 似有哀慘之容. 坦遂詰其由, 樵夫濡睫而答曰: "某比是此山居人, 姓李名孤竹. 有妻先遘沈疴, 歷年不愈. 昨因入山採木, 經再宿未返, 其妻身形忽變, 恐人驚悸. 謂隣母曰: '我之身已變矣, 請爲報夫知之.' 及歸語曰: '我已弗堪也. 唯尸在焉, 請君託鄰人昇我, 置在山口爲幸.' 如其言, 遷至於彼. 逡巡, 忽聞如大風雨聲, 衆人皆懼之. 又言曰: '至時速廻. 愼勿返顧.' 遂敍訣別之恨. 俄見群山中, 有大蛇無數, 競湊其妻. 妻遂下牀, 伸而復屈, 化爲一蟒, 與群蛇相接而去, 仍於大石上捽其首, 迸碎在地." 至今有蛇種李氏在焉. (出『玉堂閒話』)


## 459 · 15(6293)
## 장 씨(張 氏)

　왕촉(王蜀: 前蜀) 때에 판관(判官) 두씨(杜氏)의 아내 장씨는 학자 집안 자제였다. 그녀는 두씨와 함께 산 수십 년 동안 아들 하나를 나아 기르고 60이 넘어서 죽었다. [그녀가 죽은 뒤] 집에서 염을 마치고 수십 일이 지난 뒤에 야외에 묻으려고 관을 옮기려는데 관이 움직이는 것이 느껴졌다. 이에 사람들은 그녀가 다시 살아났나보다 생각하며 관을 부수고 살펴보았는데, 그녀는 커다란 뱀으로 변해 꿈틀거리고 있었으며 살과 뼈는 모두 흩어져 있었다. 잠시 후 뱀은 천천히 수풀 속으로 들어갔다.
　또 흥원(興元) 정명사(靜明寺)에 왕삼고(王三姑)라는 비구니가 있었는데, 그녀 역시 관 속에서 커다란 뱀으로 변했다. 두씨의 아내는 만년에 남편을 공경하지 않았다. 남편이 늙고 병들어 보고 듣는 것이며 걸어다니는 것 그 어느 것 하나도 마음대로 할 수 없게 되자 장씨는 남편을 마치 개나 돼지 보듯 쳐다봤으며 결국 추위와 굶주림에 떨다 죽게 만들었다. 사람들은 그녀가 뱀으로 변한 것은 인과응보였다고 생각했다. (『옥당한화』)

王蜀時, 杜判官妻張氏, 士流之子. 與杜齊體數十年, 誕育一子, 壽過六旬而殂歿. 泊殯于家, 累旬後, 方窆于外, 啓攢之際, 覺其秘器搖動. 謂其還魂, 剖而視之, 見化作大蛇, 蟠蜿屈曲, 骨肉奔散. 俄頃, 徐徐入林莽而去.

又興元靜明寺尼曰王三姑, 亦於棺中化爲大蛇. 其杜妻, 卽晚年不敬其夫. 老病視聽步履, 皆不任持, 張氏顧之若犬彘, 凍餒而卒. 人以爲化蛇其應也. (出『玉堂閒話』)

## 459・16(6294)
## 고 수(顧 遂)

낭중(郎中) 고수가 다음과 같은 비밀 이야기를 들려주었다.

그의 조상 중에 일찍이 공안현령(公安縣令)을 지냈던 사람이 있는데, 관직을 마친 뒤 현 옆에 있는 형강(荊江) 가에 잠시 기거했다. 그곳은 사면이 온통 나무와 억새 숲이었다. 그는 달밤에 잠이 오지 않아 천천히 걸어 문밖을 나섰다가 서까래만한 크기의 기다란 물체가 땅에 가로놓여 있는 것을 보고는 빗장인가 생각하고 발을 들어 차보았다. 그랬더니 그 물체가 곧바로 일어나 그를 가슴과 등에서부터 허리 아래까지 몇 십 번이나 칭칭 감았다. 그는 땅에 고꾸라진 채 의식을 잃었다. 그의 집안사람들은 밤이 깊도록 그가 돌아오지 않는 것을 이상하게 여겨 사람을 내보내 찾아보게 했는데, [찾아내고 보았더니] 그의 허리 부분이 맑고 투명하게 보였으며 그는 땅에서 이리저리 구르고 있었다. 이에 집안사람이 좀 더 다가가서 보았더니 커다란 뱀이 그의 몸을 칭칭 감고 있었는데, 아무리 풀어보려 해도 도저히 풀 수 없었다. 사람들이 잘 드는 칼을 가져다가 뱀을 베어 몸을 한 토막 한 토막씩 땅에 떨어뜨렸다. 고수의 조상은 몸을 구부린 채 펴지 못했으며 뱀에게 몸이 졸렸던 탓에 숨이 거의 끊어질 지경이었다. 그는 그 일로 인해 말을 할 수 없게 되어 열흘 만에 죽고 말았다. (『옥당한화』)

郎中顧遂嘗密話. 其先人嘗宰公安, 罷秩後, 僑寄于縣側荊江之壖. 四面多林木蘆荻. 月夜未寢, 徐步出門, 見一條物, 巨如椽, 橫於地, 謂是門關, 擧足踢之. 其物應足而起, 自胸背至於腰下, 纏繳數十匝. 仆於地, 憒無所知. 其家訝其深夜不歸, 使人看之, 見腰間皎晶而明, 來往礧於地上. 逼而視之, 見大蛇纏其身, 解之不可. 於是取利刃斷其蛇, 一段段置於地, 彎彎然不展, 繳勒悶絶. 因而失喑, 旬日而卒. (出『玉堂閒話』)


## 459・17(6295)
## 구당협(瞿塘峽)

어떤 사람이 구당협을 유람하고 있었다. 때는 겨울이라 초목이 모두 말라 있었는데, 들판에서 불이 나 산봉우리를 태우자 이 산에서 저 산, 이 계곡에서 저 계곡으로 번져 그 불길이 온 하늘을 벌겋게 비추었다. 그때 벼랑 사이에서 마치 커다란 돌이 떨어지는 것처럼 우르릉 하는 소리가 들렸다. 이에 그 사람이 걸음을 멈추고 엿보았더니 커다란 곳집처럼 둥글게 생긴 물체가 평지까지 굴러 떨어지는 게 보였는데, 어떠한 물체인지는 알 수 없었다. 그 사람이 자세히 살펴보았더니 그것은 바로 뱀이었는데, 뱀의 배를 가르고서 보았더니 뱀이 삼킨 사슴 한 마리가 그때까지 뱃속에 들어있었다. 뱀은 산불이 활활 타오르자 그만 산 밑으로 떨어졌던 것이다. 파사(巴蛇:『山海經』에 나오는 코끼리를 삼킨다는 구렁이)가 코끼리를 삼킨다는 말은 정말로 있을 수 있는 일이다. (『옥당한화』)

有人遊於瞿塘峽. 時冬月, 草木乾枯, 有野火燎其峯巒, 連山跨谷, 紅焰照天. 忽聞巖崖之間, 若大石崩隆, 輷磕然有聲. 遂駐足伺之, 見一物圓如大囷, 硙至平地, 莫知其何物也. 細而看之, 乃是一蛇也, 遂剖而驗之, 乃蛇吞一鹿, 在於腹內. 野火燒然, 墮于山下. 所謂巴蛇吞象, 信而有之. (出『玉堂閒話』)

## 459 · 18(6296)
# 근 로(靳 老)

항주(恒州) 정경현(井陘縣) 풍륭산(豐隆山)의 서북쪽에 기다란 계곡이 있었는데, 독사가 그곳을 차지하고서 사람을 해쳤기에 마을 사람들은 감히 그곳에 가지 못했다. 약초 캐는 사람 근사옹(靳四翁)은 북산(北山)으로 들어갔다가 갑자기 비바람 치는 소리를 들었다. 근사옹이 홀로 우뚝 솟은 바위로 올라가 바라보니 길이가 3장이나 되는 백사(白蛇) 한 마리가 동쪽에서 오더니 급히 나무 위로 올라가 서남쪽 가지 위에 똬리를 틀고 머리를 수그린 채 쉬는 것이었다. 잠시 후에 쟁반만한 크기의 두꺼비처럼 생긴 또 다른 물체가 나타났는데, 불에 그슬린 것 같은 흑갈색을 하고 있었다. 그 물체가 네 다리로 펄쩍펄쩍 뛰어 뱀이 똬리를 틀고 있는 나무 아래로 와서 위를 올려다보자 뱀은 머리를 늘어뜨린 채 죽었다. 이때부터 뱀 요괴가 사라졌다.

예전에 예주(澧州)에 곤계(鵾鷄: 古書에 나오는 목이 길고 주둥이가 붉은 학과 비슷하게 생긴 닭) 새끼가 뱀에게 잡아먹힌 일이 있었는데, 두꺼비처럼 생긴 물체가 흰 연기를 내뿜어 그 연기가 위로 치솟아 올라가자 뱀이 땅에 떨어져 죽었다. 이것이 바로 근로[근사옹]가 보았던 물체가 아니었겠는가? 무릇 독을 가진 물체는 그것을 제어할 수 있는 자가 반드시 존재하는 법이니, 이는 아마도 하늘의 섭리인가 보다. (『북몽쇄언』)

恒州井陘縣豐隆山西北長谷中, 有毒蛇據之, 能傷人, 里民莫敢至其所. 採藥人靳四翁入北山, 忽聞風雨聲. 乃上一孤石望之, 見一條白蛇從東而來, 可長三丈, 急上一樹, 蟠在西南枝上, 垂頭而歇. 須臾, 有一物如盤許大, 似蝦蟆, 色如烟熏, 褐土色. 四足而跳, 至蛇蟠樹下, 仰視, 蛇垂頭而死. 自是蛇妖不作.

前澧州有鵾鷄雛, 爲蛇所呑, 有物如蝦蟆, 吐白氣直衝, 墜而致死. 得非靳老所見之物乎? 凡毒物必有能制者, 殆天意也. (出『北夢瑣言』)


459 · 19(6297)
# 경환(景煥)

경환이 벽주(壁州) 백석현령(白石縣令)으로 있을 때 파령(巴嶺)을 오른 적이 있었는데, 산이 험준했으며 높이 또한 만 길[仞]이나 되었다. 그가 대략 7~8정(程: 한 역참에서 다음 역참에 이르기까지의 거리)을 걸어 옥녀묘(玉女廟)에 도착했을 때 그의 앞에 굵기가 7~8척은 됨직한 커다란 뱀이 가로로 누워있었는데, 그 뱀은 비늘을 부채만한 크기로 펼치고 있었으며 머리와 꼬리는 산 아래까지 늘어뜨리고 있었다. 그때는 오로지 나무 부러지는 소리가 산과 계곡을 뒤흔들 뿐이었다. 동복들은 모두 놀라 다리를 후들후들 떨면서 감히 앞으로 나아가지 못했다. 경환은 하는 수 없이 가던 길을 멈추고 이른 아침이지만 동굴 속에 머물러 있었는데, 높은 곳에 올라가 멀리 바라보았더니 그제야 시야에 뱀의 꼬리가 들어왔다. 경환은 그것이 용이려니 생각했으나, 용이 움직일 때는 반드시 바람과 비가 따르는 법인데 그날은 날씨가 청명한 것으로 미루어 그것은 바로 뱀이었음을 깨달았다. 이로써 배를 삼키는 물고기나 하늘을 가리는 새 등 벌레나 짐승 중에 대단히 큰 것이 정말로 존재한다는 사실을 알 수 있다. (『야인한화』)

景煥爲壁州白石縣令, 行陟巴嶺, 峻險萬仞. 約七八程, 達玉女廟, 或有巨虺橫亘其前, 徑可七八尺, 鱗甲不啻開扇許大, 頭尾垂在山下. 唯聞折木, 震響山谷. 童僕輩盡股慄驚駭, 莫能前進. 於是旦駐山穴, 因登高望之, 竟目方見其尾. 欲謂之龍, 龍之行動, 必有風雨隨之, 其日晴明, 方見是蛇也. 因知呑舟之魚, 翳天之鳥, 虫禽之絶大者, 信有之焉. (出『野人閒話』)

## 서주인(舒州人)

서주의 어떤 사람이 첨산(灊山)에 들어갔다가 커다란 뱀을 보고는 때려 죽였다. 그런 다음 보았더니 다리가 달려있기에 매우 기이하다 생각하여 들쳐 메고 산을 나왔다. 그 사람은 그 뱀을 사람들에게 보여주려고 가다가 길에서 현의 관리 몇 사람과 마주치자 이렇게 말했다.
"내가 죽인 이 뱀은 다리가 네 개 달렸습니다."
그러나 관리들은 그 사람을 보지 못하고서 이렇게 물었다.
"당신은 어디 있소?"
그 사람이 대답했다.
"당신네들 앞에 있는데 왜 보지 못하십니까?"
그리고는 즉시 뱀을 땅에 던지자 그제야 모습이 보였다. 그때부터 그 뱀을 들쳐 맨 사람은 모두 그 모습이 남에게 보이지 않았다. 사람들이 모두 괴이하다 여기자 그 사람은 뱀을 내다 버렸다. 생각건대 그 뱀은 살아있을 적에 스스로 자신의 모습을 감추지 못하고 죽은 후에 사람의 모습을 감춰줄 수 있었던 것 같다. 그 속에는 이루 다 헤아릴 수 없는 오묘한 이치가 숨어있다. (『계신록』)

舒州有人入('入'字原闕, 據明鈔本補)灊山, 見大蛇, 擊殺之. 視之有足, 甚以爲異, 因負之出. 將以示人, 遇縣吏數人於路, 因告之曰: "我殺此蛇而有四足." 吏皆不見, 曰: "爾何在?" 曰: "在爾前, 何故不見?" 卽棄蛇於地, 乃見之. 於是負此蛇者皆不見. 人以爲怪, 乃棄之. 案此蛇生不自隱其形, 死乃能隱人之形. 此理有不可窮者. (出『稽神錄』)

## 459 · 21(6299)
## 가 담(賈 潭)

위오(僞吳: 五代十國 중의 吳越) 때 병부상서(兵部尙書)를 지냈던 가담이 말해주었다.

가담이 잘 알고 지내던 어떤 사람이 영남절도사(嶺南節度使)로 있을 때 됫박만한 크기의 귤 하나를 얻은 일이 있었다. 그 사람은 장차 표문과 함께 그 귤을 진상하려 했는데, 감군중사(監軍中使)가 그것은 예사로운 물건이 아니니 함부로 올려서는 안 된다고 했다. 이에 바늘을 가져다 꼭지 밑을 살짝 찔러보았더니 귤 속에 무엇인가가 꿈틀꿈틀 움직였다. 그 사람은 속을 갈라보라고 명했는데, 보았더니 안에 몇 촌밖에 안 되는 붉은 색의 작은 뱀이 들어있었다. (『계신록』)

僞吳兵部尙書賈潭言: 其所知爲嶺南節度使, 獲一橘, 其大如升. 將表上之, 監軍中使以爲非常物, 不可輕進. 因取針微刺其蒂下, 乃蠕而動. 命破之, 中有小赤蛇長數寸. (出『稽神錄』)

459 · 22(6300)
## 요 경(姚 景)

위오(僞吳: 五代十國 중의 吳越) 때 수주절도사(壽州節度使)를 지낸 요경은 어렸을 적에 호주절도사(濠州節度使) 유금(劉金) 밑에서 마구간 급사(給使) 노릇을 했다. 유금이 어느 날 갑자기 마구간에 들어왔는데, 보았더니 한창 잠을 자고 있는 요경의 얼굴 앞에서 작은 붉은 색 뱀 두 마리가 장난을 치며 요경의 콧구멍 속을 들락날락거리고 있는 것이었다. 한참 뒤에 요경이 잠에서 깨었을 때 뱀은 이미 사라지고 없었다. 유금은 그 일로 인해 요경을 총애하게 되었으며 파격적으로 관직에 발탁함과 동시에 딸을 아내로 주었다. 요경은 마침내 대관(大官)의 자리에까지 올랐다. (『계신록』)


僞吳壽州節度使姚景, 爲兒時, 事濠州節度使劉金, 給使廐中. 金嘗卒行至廐, 見景方寢, 有二小赤蛇戲於景面, 出入兩鼻中. 良久景寤, 蛇乃不見. 金由是驟加寵擢, 妻之以女. 卒至大官. (出『稽神錄』)


459 · 23(6301)
## 왕 임(王 稔)

위오(僞吳: 五代十國 중의 吳越) 때 수주절도사(壽州節度使)를 지낸 왕임은 관직을 마치고 양도(揚都: 揚州)로 돌아가 통군(統軍)이 되었다. 그가 청사에 앉아 객과 더불어 이야기를 나누고 있을 때 갑자기 작은 뱀 한 마리가 지붕에서 뚝 떨어지더니 왕임을 향해 똬리를 틀고 앉았다. 왕임은 그릇을 가져다 덮으라고 시켰는데, 한참 뒤에 그릇을 벗기고 보았더니 한 마리 박쥐로 변해 날아갔다. 그해 왕임은 평장사(平章事)의 직을 더해 받았다. (『계신록』)

僞吳壽州節度使王稔, 罷歸揚都, 爲統軍. 坐廳事, 與客語, 忽有小赤蛇自屋墜地, 向稔而蟠. 稔令以器覆之, 良久發視, 唯一蝙蝠飛去. 其年, 稔加平章事. (出『稽神錄』)


## 459 · 24(6302)
## 안륙인(安陸人)

안륙에 성이 모씨(毛氏)인 사람이 있었는데, 그는 독사를 입에 넣고 술로 삼키는 짓을 잘 했다. 그는 일찍이 제안(齊安)을 유람하다가 예장(豫章)까지 가게 되었는데, 늘 저자거리에서 뱀을 부리면서 걸식하는 것을 업으로 삼았다. 이렇게 10여 년이 지났을 때 파양(鄱陽)에서 온 어떤 땔감 장수가 황배산(黃倍山) 아래에서 묵고 있었는데, 꿈에 한 노인이 나타나 이렇게 말하는 것이었다.

"내 대신 뱀 한 마리를 강서(江西)에서 뱀을 부리고 있는 모생(毛生)에게 가져다주게."

땔감 장수는 예장의 관보문(觀步門)에 도착해 땔나무를 거의 다 팔아가고 있었는데, 회백색 뱀 한 마리가 나타나 배 안에 똬리를 틀고 있었다. 아무리 건드려 봐도 뱀이 꿈쩍도 하지 않자 땔감 장수는 그제야 전에 꾸었던 꿈을 기억해내고는 뱀을 들고 저자거리로 가서 모생을 찾은 다음 그 뱀을 전해주었다. 모생이 그 뱀을 건드리자마자 뱀은 그의 가슴을 물었다. 모생은 기절한 채 땅에 엎어졌다가 죽고 말았는데, 한 식경이 지나자 시체는 곧 부패했으며 뱀은 어디론가 사라졌다. (『계신록』)

 安陸人姓毛, 善食毒蛇, 以酒呑之. 嘗遊齊安, 遂至豫章, 恒弄蛇於市, 以乞丐爲事. 積十餘年, 有賣薪者, 自鄱陽來, 宿黃倍山下, 夢老父云: "爲我寄一蛇與江西弄蛇毛生也." 乃至豫章觀步門賣薪將盡, 有蛇蒼白色, 盤於船中. 觸之不動, 薪者方省向夢, 卽攜之至市, 訪毛生, 因以與之. 毛始欲振撥, 應手囓其乳. 毛失聲頓仆, 遂卒, 食久卽腐壞, 蛇亦不知所在焉. (出『稽神錄』)

# 태평광기 권제 460 금조(禽鳥) 1

### 봉(鳳) (鸞附)
1. 전도국(旃塗國)
2. 봉황대(鳳凰臺)
3. 원정견(元庭堅)
4. 수양봉(睢陽鳳)
5. 난 (鸞)

### 학(鶴)
6. 서석(徐奭)
7. 오정채포자(烏程採捕者)
8. 호부령사처(戶部令史妻)
9. 배항(裴沆)
10. 곡 (鵠)
11. 소경(蘇瓊)
12. 앵무(鸚鵡)

13. 장화(張華)
14. 앵무구화(鸚鵡救火)
15. 설의녀(雪衣女)
16. 유잠녀(劉潛女)

### 응(鷹)
17. 초문왕(楚文王)
18. 유율(劉聿)
19. 업군인(鄴郡人)

### 요(鷂)
20. 위공자(魏公子)

### 골(鶻)
21. 보관사(寶觀寺)
22. 낙안전(落鴈殿)

# 봉(鳳)(鸞附)

## 460·1(6303)
## 전도국(旃塗國)

　　주(周)나라 때 전도국에서 봉황새끼를 바쳤는데, 오색옥(五色玉)으로 장식한 요화거(瑤華車)에 싣고 붉은 코끼리를 몰고 왔다. 봉황이 도성에 도착하자 영금원(靈禽苑)에서 기르면서 경장(瓊漿: 仙人의 음료로 美酒에 비유하기도 함)을 먹이고 운실(雲實: 전설 속의 仙果)을 먹였는데, 그 두 가지 물건은 모두 『상원경방(上元經方)』에 나온다. 봉황이 처음 도착했을 때는 털빛에 아직 무늬가 생기지 않았었는데, 성왕(成王)이 태산(泰山)과 사수산(社首山)에 봉선(封禪)한 후로 무늬가 생기고 빛이 났다. 중국의 날짐승 들짐승들도 더 이상 울지 않고 모두 먼 곳에서 온 신금(神禽: 봉황)에게 복종했다. 성왕이 죽자 봉황은 하늘로 솟구쳐 날아 가버렸다. (『습유록』)


　　周時, 旃塗國獻鳳鶵, 載以瑤華之車, 以五色玉爲飾, 駕以赤象. 至京師, 育於靈禽之苑, 飮以瓊漿, 飴以雲實, 二物皆出『上元經方』. 鳳初至之時, 毛色未彪發, 及成王封泰山, 禪社首之後, 文彩炳燿. 中國飛走之類, 不復喧鳴, 咸服神禽之遠至. 及成王崩, 沖天而去. (出『拾遺錄』)

## 460・2(6304)
## 봉황대(鳳凰臺)

봉황의 뼈는 검은색이며 수컷과 암컷이 아침저녁으로 우는 소리가 각기 다르다. 황제는 악관(樂官)에게 12종류의 피리를 만들고 수컷의 소리와 암컷의 소리를 기록하여 「봉황대」라는 악곡을 만들게 했다. 그 봉황의 다리 아래에는 흰 돌과 같은 물체가 있다. 봉황이 때때로 [음악에 감동하여] 찾아와 의용(儀容)을 정제할 때 머물던 자리를 봐두었다가 3척을 파 들어가면 알처럼 생긴 둥글고 흰 돌이 나온다. 그것을 먹으면 마음과 정신이 편안해진다. (『유양잡조』)

鳳骨黑, 雄雌旦夕鳴各異. 皇帝使伶倫製十二篇, 寫之其雄聲, 其雌音, 樂有「鳳凰臺」. 此鳳脚下物如白石者. 鳳有時來儀, 候其所止處, 掘深三尺, 有圓石如卵, 正白. 服之安心神. (出『酉陽雜俎』)


## 460・3(6305)
## 원정견(元庭堅)

당(唐)나라 때 진왕(陳王)의 친구인 한림학사(翰林學士) 원정견은 예전에 수주참군(遂州參軍)에서 물러난 뒤 수주 경계에 있는 산에서 책을 읽으며 지냈다. 어느 날 갑자기 사람의 몸에 새의 머리를 한 물체가 원정견을 찾아왔는데, 의관이 매우 훌륭했고 수천 마리의 새들이 그것을 따르고 있었다. 그 물체가 말했다.

"나는 새들의 왕입니다. 듣기에 당신이 음률을 좋아하신다고 해서 당신을 뵈러 왔습니다."

그리고는 며칠 밤을 머물면서 원정견에게 음률의 청탁과 문자의 음의(音義)를 가르쳐주었고 아울러 온갖 새의 말까지도 가르쳐주었다. 그 물체는 그렇게 1년 남짓 원정견과 왕래했다. 그 때문에 원정견은 음률을 깨닫고 문자에 뛰어나 당시에 그를 따라올 사람이 없었다. 그는 음양술수에 대해서도 통달하지 않은 것이 없었다. 그는 한림원(翰林院)에 있을 때 『운영(韻英)』 10권을 편찬했는데, 널리 전해지기도 전에 서경(西京: 長安)이 오랑캐 조정에 함락되었고 원정견도 죽었다. (『기문』)

唐翰林學士陳王友元庭堅者, 昔罷遂州參軍, 於州界居山讀書. 忽有人身而鳥首, 來造庭堅, 衣冠甚偉, 衆鳥隨之數千. 而言曰: "吾衆鳥之王也. 聞君子好音律, 故來見君." 因留數夕, 敎庭堅音律淸濁, 文字音義, 兼敎之以百鳥語. 如是來往歲餘. 庭堅由是曉音律, 善文字, 當時莫及. 陰陽術數, 無不通達. 在翰林, 撰『韻英』十卷, 未施行, 而西京陷胡庭, 堅亦卒焉. (出『紀聞』)

## 460 · 4(6306)
## 수양봉(睢陽鳳)

[唐나라] 정원(貞元) 14년(798) 가을에 비둘기나 까치처럼 생긴 푸른색의 이상한 새가 있었는데, 수양(睢陽)의 교외에서 날다가 관목 속

에 머물렀다. 온갖 종류의 새떼들이 모두 각 종류의 새들을 거느리고 그 새의 전후좌우에 줄지어 있으면서 아침저녁으로 각기 벌레와 곡식들을 물고 와 바쳤다. 그 새가 날 때면 다른 새들이 모두 지저귀며 앞에서 길을 인도했고 옆에서 보좌했으며 그 뒤를 에워싸는 것이 마치 앞뒤에서 길을 열고 호위하는 모습 같았다. 그 새가 내려앉으면 다른 새들이 둘러서서 그 새를 향해 있는 것이 비록 신하가 천자를 모시는 예의라 할지라도 그만 못할 것 같았다. 수양 사람들은 모두 들로 나가 구경하면서 그 새를 새들 가운데 신령한 것이라고 여겼으나, 그 모습이 난새나 봉황 같지 않아 더욱 기이하게 여겼다. 당시 이고(李翶)가 수양에 머물고 있었는데, 그가 말했다.

"이 새가 진정한 봉황새이다."

그리고는 「지봉(知鳳)」 한 편을 지어 그 일을 갖추어 기록했다. (『선실지』)

貞元十四年秋, 有異鳥, 其色靑, 狀類鳩鵲, 翔于睢陽之郊, 止叢木中. 有羣鳥千類, 俱率其類, 列于左右前後, 而又朝夕各銜蚕蟲稻梁以獻焉. 是鳥每飛, 則羣鳥咸噪而導其前, 咸翼其旁, 咸擁其後, 若傳喚警衛之狀. 止則環而向焉, 雖人臣侍天子之禮, 無以加矣. 睢陽人咸適野縱觀, 以爲羽族之靈者, 然其狀不類鸞鳳, 由是益奇之. 時李翶客於睢陽, 翶曰: "此眞鳳鳥也." 於是作「知鳳」一章, 備書其事. (出『宣室志』)

## 난(鸞)

요(堯)임금 재위 7년에 난새와 송골매가 해마다 와서 모이고 기린이 소택지에서 노닐었으며 올빼미가 사막으로 도망쳤다. 절지국(折支國)에서 바친 중명조(重明鳥)는 일명 '중정(重睛)'이라고도 하는데, 눈에 눈동자가 두 개 있는 것을 말한다. 중명조는 닭처럼 생겼고 봉황처럼 울었으며 때때로 깃털이 빠질 때면 날갯죽지로 날았다. 사나운 호랑이를 쳐서 물리칠 수 있었으며 요괴도 해를 입힐 수 없었다. 경고(瓊膏: 玉膏로 蓬萊山에서 남)를 먹었으며 일 년에 여러 번 오기도 했고 몇 해 동안 오지 않기도 했다. 절지국 사람들은 문을 쓸고 닦으며 중명조의 둥지를 보존하지 않은 적이 없었다. 절지국 사람들이 나무를 깎거나 황금을 주조해서 그 새의 형상을 만들어 문과 창문 사이에 두면 요괴 무리들이 저절로 물러나 피했다. 지금 사람들도 매년 정월 초하루에 문과 창문 위에 닭의 모양을 깎거나 그려 놓는데, 이것이 바로 그 유풍(遺風)이다. (『습유록』)

堯在位七年, 有鸞鵾歲歲來集, 麒麟遊於澤藪, 鴟梟逃於絶漠. 有折支之國, 獻重明之鳥, 一名'重睛', 言雙睛在目. 狀如鶏, 鳴似鳳, 時解落毛羽, 以肉翮而飛. 能搏逐猛虎, 使妖災不能爲害. 飴以瓊膏, 或一歲數來, 或數歲不至. 國人莫不掃灑門戶, 以留重明之集. 國人或刻木, 或鑄金, 爲此鳥之狀, 置於戶牖之間, 則魑魅醜類, 自然退伏. 今人每歲元日, 刻畫爲鷄於戶牖之上, 此遺像也. (出『拾遺錄』)

# 학(鶴)(鵠附)

## 460 · 6(6308)
## 서 석(徐 奭)

　　진(晉)나라 회제(懷帝) 영가연간(永嘉年間: 307~312)에 서석이 밭일을 하러 나갔다가 자태가 아름답고 피부가 새하얀 한 여인을 만났다. 그녀는 서석에게 와서 말을 걸면서 시 한 수를 읊었다.

　　　옛날에 좋은 소리를 듣고,
　　　오랫동안 마음이 그곳에 머물렀다네.
　　　어찌하여 좋은 사람을 만났는데도,
　　　마음이 아득하여 심란한가?

　　그녀는 서석과 마음이 잘 맞자 기뻐하며 그를 데리고 집으로 들어갔다. 그녀가 차려놓은 음식에는 물고기가 많았다. 서석이 하루가 지나도록 돌아오지 않자 형제들이 그를 찾아 나섰는데, 호숫가로 가서 보았더니 그가 한 여인과 마주 앉아 있었다. 서석의 형이 등나무 지팡이로 여인을 때리자 여인은 흰 학으로 변하여 퍼덕거리며 높이 날아가버렸다. 서석은 정신이 흐리멍텅하다가 1년 남짓 지난 뒤에야 나아졌다. (유경숙 『이원』)

　　晉懷帝永嘉中, 徐奭出行田, 見一女子, 姿色鮮白. 就奭言調, 女因吟曰: "疇昔聆好音, 日月心延佇. 如何遇良人, 中懷邈無緒?" 奭情旣諧, 欣然延至一屋.

女施設飮食而多魚. 遂經日不返, 兄弟追覓, 至湖邊, 見與女相對坐. 兄以藤杖擊女, 卽化成白鶴, 翻然高飛. 奭恍惚年餘乃差. (出劉敬叔『異苑』)


### 460 · 7(6309)
# 오정채포자(烏程採捕者)

　수(隨)나라 양제(煬帝) 대업(大業) 3년(607) 초에 우의(羽儀: 깃털로 장식한 깃발의 일종)를 만들었는데, 깃털의 대부분을 강남(江南)에서 가져오는 바람에 그곳의 깃털을 거의 다 써버렸다. 당시에 호주(湖州) 오정현(烏程縣) 사람은 관부에서 깃털을 공납하라고 하자 산에 들어가 깃털을 구하려고 했다. 그는 높이가 100척이나 되는 큰 나무 위에서 학이 새끼를 키우고 있는 것을 보았다. 그가 새끼들을 잡으려고 했지만 그 아래에는 나뭇가지가 없었고 너무 높아 올라갈 수도 없었기에 도끼를 들고 나무를 베려고 했다. 학은 그가 반드시 깃털을 구하려 한다는 것을 알고 새끼들을 죽일까봐 두려워 결국 입으로 자신의 깃털을 뽑아 아래로 던졌다. 그가 깃털을 주워 살펴보았더니 모두 쓰기에 적당한 것이어서 나무를 베지 않았다. (『오행기』)


　隋煬帝大業三年初造羽儀, 毛氅多出江南, 爲之略盡. 時湖州烏程縣人身被科毛, 入山捕採. 見一大樹高百尺, 其上有鶴巢養子. 人欲取之, 其下無柯, 高不可上, 因操斧伐樹. 鶴知人必取, 恐其殺子, 遂以口拔其毛放下. 人收得之, 皆合時用, 乃不伐樹. (出『五行記』)

## 460 · 8(6310)
## 호부령사처(戶部令史妻)

당(唐)나라 개원연간(開元年間: 713~741)에 호부령사의 부인은 아름다웠는데, 요괴에게 홀렸으나 그 사실을 알지 못했다. 그의 집에는 준마가 있었는데, 항상 두 배의 꼴을 먹였으나 점점 말라갔다. 그래서 호부령사가 이웃집의 호인(胡人)에게 물어보았더니 역시 술사(術士)였던 호인이 웃으며 말했다.

"말은 100리를 달려도 피곤한데 지금 오히려 천 리 남짓을 달리니 어찌 마르지 않겠습니까?"

호부령사가 말했다.

"나는 애초에 [그 말을 타고] 출입한 적이 없고 집에도 그럴 사람이 없는데, 어찌 이런 일이 있겠소?"

호인이 말했다.

"당신이 당직을 나갈 때마다 부인이 밤에 나가는데도 당신이 알지 못할 뿐입니다. 만약 믿지 못하시겠다면 당직을 나갈 때 한 번 돌아와서 살펴보십시오. 그러면 알게 되실 겁니다."

호부령사는 그의 말대로 밤에 돌아와서 다른 곳에 숨어 있었다. 일경(一更)이 되자 부인이 일어나 단장을 하더니 하녀에게 말을 준비하게 하고는 계단에서 말에 올라탔다. 하녀는 빗자루를 타고 뒤따랐는데, 천천히 공중으로 오르더니 더 이상 보이지 않았다. 호부령사는 크게 놀라 날이 밝자 호인을 찾아가서 놀라며 말했다.

"아내가 요괴에게 홀렸다는 것을 믿겠소. 어찌하면 좋겠소?"

호인은 그에게 하룻밤 더 살펴보게 했다.

그날 밤에 호부령사가 당 앞의 천막 속으로 돌아왔는데, 잠시 후에 부인이 다시 돌아와서 하녀에게 어째서 산 사람의 냄새가 나느냐고 물었다. 그리고는 하녀에게 빗자루에 불을 붙이게 하여 집을 두루 살펴보게 했다. 호부령사는 당황하여 당의 큰 항아리 속으로 들어갔다. 잠시 후에 부인이 말을 타고 다시 나가려고 했는데, 하녀는 이미 빗자루를 태워버린 뒤라 다시 탈 만한 것이 없었다. 그러자 부인이 말했다.

"아무거나 타면 되지 꼭 빗자루일 필요가 있겠느냐?"

하녀는 황급히 큰 항아리를 타고 따라갔다. 호부령사는 항아리 속에 있었지만 두려워서 감히 움직이지 못했다. 잠시 후 한 곳에 도착했는데 바로 산꼭대기 숲 속이었다. 그곳엔 휘장과 천막이 쳐져 있고 매우 성대하게 술자리가 마련되어 있었다. 함께 술을 마시는 사람은 7~8명쯤 되었는데 각자 짝이 있었다. 그들은 자리에서 술을 마시면서 매우 친근하게 어울렸으며, 몇 번 술잔이 돌고 난 뒤에야 비로소 헤어졌다. 부인은 말에 올라타고서 하녀에게 아까 타고 왔던 항아리를 타게 했는데, 하녀가 놀라며 말했다.

"항아리 속에 사람이 있어요."

술에 취해 있던 부인이 하녀에게 그를 산 아래로 밀어버리게 하자 하녀 또한 술에 취해 그를 밀어버렸다. 호부령사는 감히 말도 하지 못했다. 이에 하녀는 항아리를 타고 떠났다.

날이 밝았을 때 호부령사가 보았더니 아무도 보이지 않았고 다만 남은 불씨에서 연기가 피어오를 뿐이었다. 이에 그는 지름길을 찾아 수십 리에 이르는 험한 산길을 걸어 산 입구에 도착했다. 그곳 사람들에게 어디냐고 물었더니 낭주(閬州)라고 대답했는데, 도성에서 천여 리나 떨어져 있는 곳이었다. 그는 고생스럽게 구걸하며 한 달여 만에 겨우 집에 도착할 수 있었다. 아내가 그를 보고 놀라며 오랫동안 어디 갔다 왔냐고 묻자 그는 다른 말로 대답했다. 호부령사는 다시 호인을 찾아가 물으며 해결할 수 있는 방법을 청했다. 그러자 호인이 말했다.

"요괴가 이미 모습을 이루었으니 다시 떠날 때를 엿보았다가 재빨리 잡아서 불로 태우면 될 것입니다."

[호부령사가 호인의 말대로 했더니] 공중에서 살려달라는 소리가 들렸고 잠시 후에 푸른 학이 불 속으로 떨어져 타 죽었다. 마침내 부인의 병이 나았다. (『광이기』)

唐開元中, 戶部令史妻有色, 得魅疾, 而不能知之. 家有駿馬, 恒倍芻秣, 而瘦劣愈甚. 以問隣舍胡人, 胡亦術士, 笑云: "馬行百里猶勘, 今反行千里餘, 寧不瘦耶?" 令史言: "初不出入, 家又無人, 曷由至是?" 胡云: "君每入直, 君妻夜出, 君自不知. 若不信, 至入直時, 試還察之. 當知耳." 令史依其言, 夜還, 隱他所. 一更, 妻起靚粧, 令婢鞍馬, 臨階御之. 婢騎掃箒隨後, 冉冉乘空, 不復見. 令史大駭, 明往見胡, 瞿然曰: "魅信之矣. 爲之奈何?" 胡令更一夕伺之.

其夜, 令史歸堂前幕中, 妻頃復還, 問婢何以有生人氣. 令婢('婢'原作'婦', 據明鈔本改)以掃('掃'原作'婢', 據明鈔本改)箒燭火, 遍然堂廡. 令史狼狽入堂大甕中. 須臾, 乘馬復往, 適已燒掃箒, 無復可騎. 妻云: "隨有卽騎, 何必掃箒?" 婢倉卒, 遂騎大甕隨行. 令史在甕中, 懼不敢動. 須臾, 至一處, 是山頂林間. 供帳帘幕, 筵席甚盛. 羣飮者七八輩, 各有匹偶. 座上宴飮, 合昵備至, 數更後方散. 婦人上馬, 令婢騎向甕, 婢驚云: "甕中有人." 婦人乘醉, 令推著山下, 婢亦醉, 推令史出. 令史不敢言. 乃騎甕而去.

令史及明, 都不見人, 但有餘煙燼而已. 乃尋徑路, 崎嶇可數十里方至山口. 問其所, 云是閬州, 去京師千餘里('方至山口問其所云是閬州去京師千餘里'十七字原闕, 據明鈔本補). 行乞辛勤, 月餘, 僅得至舍. 妻見驚問之久('之久'二字原倒置, 據明鈔本改)何所來, 令史以他答. 復往問胡, 求其料理. 胡云: "魅已成, 伺其復去, 可遽縛取, 火以焚之." 聞空中乞命, 頃之, 有蒼鶴墮火中, 焚死. 妻疾遂愈. (出『廣異記』)

## 460・9(6311)
## 배 항(裴 沆)

동주사마(同州司馬) 배항이 일찍이 다음과 같은 말을 해주었다.

그의 재종백(再從伯)이 낙중(洛中: 洛陽)에서 정주(鄭州)로 가다가 길에서 며칠을 보냈다. 어느 날 새벽에 우연히 말에서 내렸는데, 길 왼쪽에서 누군가가 신음하는 소리가 들렸다. 이에 잡초를 헤치고 찾아보았더니 가시나무 덤불 아래에 병든 학 한 마리가 보였다. 그 학은 날개를 늘어뜨리고 주둥이를 숙이고 있었는데, 날개 아래 상처에는 깃털이 없었으며 이상한 소리를 냈다. 그 때 갑자기 흰 옷을 입은 한 노인이 지팡이를 끌며 수십 보를 걸어오더니 말했다.

"이보게 젊은이, 어찌 이 학을 불쌍히 여기지 않는가? 만약 사람의 피를 얻어 한 번만 발라준다면 날 수 있을 것이네."

배씨(裴氏: 裴沆의 再從伯)는 자못 도를 알고 성품도 매우 고상했기 때문에 재빨리 말했다.

"저의 팔을 찔러 피를 얻는 것은 어렵지 않습니다."

그러자 노인이 웃으며 말했다.

"자네의 뜻은 매우 고맙지만 반드시 3세[前生・現生・來生] 모두 사람이어야 그 피가 효험이 있다네. 자네는 전생에 사람이 아니었네. 오직 낙중에 사는 호로생(胡盧生)만이 3세가 사람이라네. 자네의 일이 급하지 않다면 낙중으로 돌아가 호로생에게 부탁할 수 있겠는가?"

배씨는 기쁜 마음으로 길을 되돌아갔다.

이틀 밤이 못 되어 낙중에 도착한 배씨는 곧장 호로생을 방문해 그 일을 모두 말하고 절을 하며 부탁드렸다. 호로생은 조금의 난색도 표하지 않고 보따리를 열어 두 손가락만한 크기의 돌함을 꺼냈다. 그리고는 바늘로 팔을 찌르자 피가 떨어져 돌함에 가득 찼다. 호로생이 돌함을 배씨에게 주면서 말했다.

"많은 말은 마시오."

배씨가 학이 있는 곳에 도착했더니 노인이 이미 와 있었다. 노인이 기뻐하며 말했다.

"진실로 믿을 만한 선비로군."

그리고는 피를 학에게 모두 바르게 하고 다시 배씨를 초대하며 말했다.

"내가 사는 곳이 이곳에서 멀지 않으니 조금 머물다 가게나."

배씨는 노인이 보통사람이 아님을 알고 어르신이라 부르며 그를 따라갔다.

겨우 몇 리를 가자 장원이 나왔는데, 대나무 울타리가 있는 초가집에 정원에는 잡초만 무성했다. 배씨가 매우 목이 말라 노인에게 마실 것을 달라고 하자 노인은 흙 감실 하나를 가리키며 말했다.

"저 안에 마실 것이 조금 있으니 가서 가져오게."

배씨가 감실 안을 보았더니 삿갓 같은 살구 씨 한 쪽이 있었는데, 그 속에 새하얀 색의 음료가 가득했다. 이에 배씨가 그것을 힘껏 들어 마셨더니 다시는 배고프거나 목마르지 않았는데, 음료의 맛은 살구즙 같았다. 배씨는 노인이 은사(隱士)임을 알고 절을 하며 노복이 되기를 청했다. 그러자 노인이 말했다.

"자네는 세상에 약간의 복록이 있기 때문에 나를 따라 여기에 머문다 해도 그 뜻을 끝내 이루지 못할 것이네. 자네의 숙부는 진정 도를 체득한 사람으로 나와 교류한 지 오래되었으나 자네는 알지 못했을 것이네. 지금 한 장의 편지를 자네에게 맡기니 꼭 전하도록 하게."

그리고는 크기가 상자만한 보따리 하나를 싸 주면서 몰래 열어보지 말라고 주의를 주었다. 노인이 다시 배씨를 데리고 학을 보러 갔는데, 학의 상처에는 이미 털이 나 있었다. 노인이 또 배씨에게 말했다.

"자네는 아까 살구즙을 먹었기 때문에 구족(九族: 4대 위의 高祖부터 4대 아래의 玄孫까지를 말함)의 친척들을 조문해야할 정도로 오래 살 것이지만 술과 미색은 경계하게."

배씨는 낙중으로 다시 돌아오다가 길에서 보따리를 열어보려고 했는데, 보따리의 네 모퉁이에서 붉은 뱀이 머리를 내밀자 그만두었다. 그의 숙부가 편지를 받아 열어보았더니 마른 보리밥 같은 것이 1되 남짓 있었다. 후에 그의 숙부는 왕옥산(王屋山)을 유람했는데, 그 후 어디로 갔는지 알 수 없었다. 배씨는 97세까지 살았다. (『유양잡조』)

또 이상공(李相公)이 숭산(嵩山)에 놀러 갔다가 병든 학을 보았는데, 역시 사람의 피가 필요하다고 말했다. 이상공이 옷을 풀어헤치고 살을 찔러 피를 내려고 하자 학이 말했다.

"세상에는 사람들이 매우 적으니 당신도 사람이 아닙니다."

그리고는 그에게 속눈썹을 뽑게 하여 그것을 가지고 동도(東都: 洛陽)로 가서 눈에 대고 비춰보기만 하면 알 수 있다고 했다. 이상공이 가는 도중에 자신을 보았더니 바로 말 머리였다. 동락(東洛: 洛陽)에 도착해서 적지 않은 사람들을 만났지만 모두 온전한 사람이 아니라 개・돼지・나귀・말이었고 한 노인만이 사람이었다. 이상공이 병든 학의 뜻을 말하자 노인은 웃으며 나귀에서 내려 팔을 걷어붙이고 찔러 피를 냈다. 이상공이 피를 얻어 학에게 발라주었더니 즉시 나았다. 학이 감사해하며 말했다.

"당신은 곧 태평성대의 재상이 된 후에 다시 하늘로 올라가게 될 것입니다. 서로 만날 날이 멀지 않았으니 삼가 나태해지지 마십시오."

이상공이 감사해하자 학은 하늘로 솟구쳐 오르더니 떠나갔다. (『일사』)

同州司馬裴沆嘗說: 再從伯自洛中, 將往鄭州, 在路數日. 曉程偶下馬, 覺道左有人呻吟聲. 因披蒿萊尋之, 荊叢下見一病鶴, 垂翼俛咮, 翅下瘡壞無毛, 且異其聲. 忽有老人白衣曳杖, 數十步而至, 謂曰: "郞君少年, 豈解哀此鶴邪? 若得人血一塗, 則能飛矣." 裴頗知道, 性甚高逸, 遽曰: "某請刺此臂血, 不難." 老人笑曰: "君此志甚勁, 然須三世是人, 其血方中. 郞君前生非人. 唯洛中胡盧生, 三世人矣. 郞君此行, 非有急切, 豈能至洛中, 干胡盧生乎?" 裴欣然而返.

未信宿, 至洛, 乃訪胡盧生, 具陳其事, 且拜祈之. 胡盧生初無難易, 開襆, 取一石合, 大若兩指. 授針刺臂, 滴血下滿合. 授裵曰: "無多言也." 及至鶴處, 老人已至. 喜曰: "固是信士." 乃令盡塗其鶴, 復邀裵云: "我所居去此不遠, 可少留也." 裵覺非常人, 以丈人呼之, 因隨行.

纔數里, 至一莊, 竹落草舍, 庭蕪狼藉. 裵渴甚, 求漿, 老人指一土龕: "此中有少漿, 可就取." 裵視龕中, 有一杏核, 一扇如笠, 滿中有漿, 漿色正白. 乃力擧飮之, 不復飢渴, 漿味如杏酪. 裵知隱者, 拜請爲奴僕. 老人曰: "君有世間微祿, 縱住亦不終其志. 賢叔眞有所得, 吾久與之遊, 君自不知. 今有一信, 憑君必達." 因裹一襆物, 大如合, 戒無竊開. 復引裵視鶴, 鶴損處毛已生矣. 又謂裵曰: "君向飮杏漿, 當哭九族親情, 且以酒色誡也." 裵復還洛中, 路閱其所持, 將發之, 襆四角各有赤蛇出頭, 裵乃止. 其叔得信, 卽開之, 有物如乾大麥飯升餘. 其叔後因遊王屋, 不知其終. 裵壽至九十七. (出『酉陽雜俎』)

又李相('相'原作'松', 據明鈔本改)公遊嵩山, 見病鶴, 亦曰須人血. 李公('公'原作'松', 據明鈔本改, 下同)解衣卽刺血, 鶴曰: "世間人至少, 公不是." 乃令拔眼睫, 持往東都, 但映眼照之, 卽知矣. 李公中路自視, 乃馬頭也. 至東洛, 所遇非少, 悉非全人, 皆犬彘驢馬, 一老翁是人. 李公言病鶴之意, 老翁笑, 下驢袒臂刺血. 李公得之, 以塗鶴, 卽愈. 鶴謝曰: "公卽爲明時宰相, 復當上昇. 相見非遙, 愼無解惰." 李公謝, 鶴遂沖天而去. (出『逸史』)


## 460・10(6312)
## 곡(鵠)

고니는 100년을 살면 붉은색이 되고, 500년을 살면 누런색이 되며,

또 500년을 살면 푸른색이 되고, 또 500년을 살면 흰색이 된다. 고니의 수명은 3천 년이다. (『술이기』)

鵠生百年而紅, 五百年而黃, 又五百年而蒼, 又五百年爲白. 壽三千歲矣. (出『述異記』)

## 460·11(6313)
## 소 경(蘇 瓊)

진(晉: 東晉)나라 안제(安帝) 원흥연간(元興年間: 402~404)에 20세가 넘었으나 아직 배필이 없는 사람이 있었는데, 그는 여자를 쳐다보지도 않았고 일찍이 불량한 행동을 한 적도 없었다. 한번은 그 젊은이가 밭일을 하고 있었는데, 매우 아름다운 한 여인이 그에게 말했다.

"듣기에 당신은 스스로 유계(柳季: 柳下惠로 春秋時代 사람임. 그는 여인을 품에 안고 하룻밤을 지내도 마음에 동요가 없었다고 함)와 같은 무리라고 여긴다던데, 설마 뽕나무밭의 기쁨[桑中之歡: 남녀가 밀회하여 사통함]을 느껴보지 못한 것은 아니겠지요?"

그리고는 여인이 노래를 부르자 젊은이는 조금 마음이 흔들렸다. 후에 젊은이는 다시 여인을 만나게 되자 그녀의 성을 물었다. 그녀가 대답했다.

"성은 소씨이고 이름은 경이며 집은 도중(塗中: 지금의 安徽省과 江蘇省 경내에 있는 塗水 유역)에 있습니다."

결국 두 사람은 함께 돌아와 사랑을 나누었다. 그때 사촌 동생이 갑자기 들어와 몽둥이로 여인을 때리자 여인은 흰 암고니로 변했다. (유의경『유명록』)

晉安帝元興中, 一人年出二十, 未婚對, 然目不干色, 曾無穢行. 嘗行田, 見一女甚麗, 謂少年曰: "聞君自以柳季之儔, 亦復有桑中之歡耶?" 女便歌, 少年微有動色. 後復重見之, 少年問姓. 云: "姓蘇名瓊, 家在塗中." 遂要還盡歡. 從弟便突入, 以杖打女, 卽化成雌白鵠. (出劉義慶『幽冥錄』)

## 460·12(6314)
## 앵 무(鸚 鵡)

앵무새는 날 수 있다. 모든 새의 발은 발가락이 앞에 3개 있고 뒤에 하나 있는데, 오직 앵무새만이 4개의 발가락이 가지런히 나누어져 있다. 모든 새는 아래 눈꺼풀이 위를 향하는데, 오직 이 새만이 사람의 눈처럼 두 개의 눈꺼풀을 함께 움직인다. (『유양잡조』)

鸚鵡能飛. 衆鳥趾, 前三後一, 唯鸚鵡四趾齊分. 凡鳥下瞼向上, 獨此鳥兩瞼俱動, 似人目. (出『酉陽雜俎』)

## 460 · 13(6315)
## 장 화(張 華)

장화에게는 흰 앵무새가 있었는데, 장화가 나갔다가 돌아오면 그 새는 번번이 가동(家僮)들의 좋은 점과 나쁜 점을 그에게 말했다. 후에 앵무새가 조용히 아무 말도 하지 않자 장화가 그 이유를 물었더니 새가 말했다.

"항아리 속에 갇혀 있었는데 어찌 알 수 있었겠습니까?"

한번은 공(公: 張華)이 밖에 있으면서 앵무새를 불러오게 했다. 그러자 앵무새가 말했다.

"어젯밤에 악몽을 꾸었으니 문을 나가서는 안 됩니다."

앵무새를 억지로 정원으로 데리고 왔다가 솔개에게 잡혔는데 앵무새에게 솔개의 부리를 쪼게 해서 겨우 화를 면하게 할 수 있었다. (『이원』)

張華有白鸚鵡, 華行還, 鳥輒說僮僕善惡, 後寂無言, 華問其故, 鳥云: "見藏甕中, 何由得知?" 公時在外, 令喚鸚鵡, 鸚鵡曰: "昨夜夢惡, 不宜出戶." 彊之至庭, 爲鴟所攫, 敎其啄鴟喙, 僅而獲免. (出『異苑』)


## 460 · 14(6316)
## 앵무구화(鸚鵡救火)

어떤 앵무새가 다른 산에 날아들자 산 속의 짐승들이 모두 앵무새를 존경했다. 앵무새는 속으로 이곳이 비록 즐겁기는 하나 오래 머물 곳이 못된다고 여기고 바로 떠났다. 며칠 후 산 속에 큰불이 나자 앵무새가 멀리서 보고 곧 물로 들어가 날개를 적신 다음 날아와 그곳에 뿌렸다. 천신(天神)이 말했다.

"너는 비록 [불을 끄려는] 뜻을 가지고 있지만 결국 이런 행동이 어찌 말할 가치가 있겠느냐?"

그러자 앵무새가 대답했다.

"저도 비록 불을 끌 수 없다는 것을 알고 있습니다. 하지만 이 산에 잠시 머문 적이 있었는데, 짐승들이 선량하여 모두 형제 같았습니다. 그래서 차마 [그들이 불에 타 죽는 것을] 볼 수가 없었습니다."

천신은 앵무새의 행동을 가상히 여기고 감동하여 즉시 불을 꺼주었다. (『이원』)

有鸚鵡飛集他山, 山中禽獸輒相貴重. 鸚鵡自念, 雖樂不可久也, 便去. 後數日, 山中大火, 鸚鵡遙見, 便入水濡羽, 飛而灑之. 天神言: "汝雖有志, 意(明鈔本'意'作'竟')何足云也?" 對曰: "雖知不能. 然嘗僑居是山, 禽獸行善, 皆爲兄弟. 不忍見耳." 天神嘉感, 卽爲滅火. (出『異苑』)

## 460・15(6317)
## 설의녀(雪衣女)

[唐나라] 천보연간(天寶年間: 742~755)에 영남(嶺南)에서 흰 앵무

새 한 마리를 바쳐오자 궁중에서 그것을 길렀다. 오랜 세월이 지나자 앵무새는 매우 총명하여 사람의 말을 훤히 알 수 있었다. 황제와 귀비(貴妃: 楊貴妃)는 모두 그 새를 '설의녀'라고 불렀다. 설의녀는 성질이 온순해서 항상 마음대로 먹고 마시며 날아다니고 울게 했지만 가리개와 휘장 사이를 떠나지 않았다. 황제가 설의녀에게 근대 문신(文臣)들의 문장을 읽어주게 하면, 몇 번 읽은 뒤에 바로 암송할 수 있었다. 황제는 비빈들이나 여러 왕들과 박희(博戲: 바둑놀이의 일종)를 하다가 다소 이기지 못할 것 같으면 좌우의 사람들에게 설의녀를 불러오게 했다. 그러면 설의녀는 반드시 바둑판에 날아들어 날개를 퍼덕거려서 판을 어지럽히거나 비빈과 여러 왕들의 손을 쪼아 수를 놓지 못하게 만들었다. 어느 날 아침 설의녀가 귀비의 화장대 위로 날아와서는 말했다.

"제가 어젯밤에 매에게 잡히는 꿈을 꿨는데, 저의 목숨이 여기에서 끝날 것 같습니다."

황제가 귀비를 시켜 설의녀에게 『다심경(多心經)』을 읽어주게 하자 그 후로 설의녀는 익숙하게 외우고서 밤낮을 쉬지 않고 읊었는데, 마치 재난을 두려워하여 기도를 올리는 것 같았다. 황제와 귀비가 별전으로 놀러나가게 되자 귀비는 설의녀를 보련(步輦) 위에 올려놓고 함께 갔다. 별전에 이르러 황제는 따라 온 관리들에게 앞에서 사냥을 하게 했다. 설의녀가 별전의 난간 위에서 놀고 있을 때 순식간에 매가 날아와서 설의녀를 잡아 죽여 버렸다. 황제와 귀비는 한참 동안 탄식하다가 설의녀를 동산에 묻어주게 하고 앵무총(鸚鵡塚)을 세웠다.

개원연간(開元年間: 713~741)에 궁중에 오색 앵무새가 있었는데, 말을 잘 하고 영리했다. 황제가 좌우의 신하들에게 자신의 옷을 잡아당기게 할 때마다 앵무새는 눈을 부릅뜨고 그들을 꾸짖었다. 이에 기왕부(岐王府)의 문학(文學: 文學侍從) 웅연경(熊延景)이「앵무편(鸚鵡篇)」을 지어 올리자 황제는 여러 신하들에게 보여주었다. (『담빈록』)

天寶中, 嶺南獻白鸚鵡, 養之宮中. 歲久, 頗甚聰慧, 洞曉言詞. 上及貴妃, 皆呼爲'雪衣女'. 性旣馴擾, 常縱其飮啄飛鳴, 然不離屛幃間. 上命以近代詞臣篇詠授之, 數遍便可諷誦. 上每與嬪妃及諸王博戲, 上稍不勝, 左右呼雪衣女. 必飛局中, 鼓翼以亂之, 或啄嬪御及諸王手, 使不能爭道. 一旦, 飛於貴妃鏡臺上, 語曰: "雪衣女昨夜夢爲鷙所搏, 將盡於此乎." 上令貴妃授以『多心經』, 自後授記精熟, 晝夜不息, 若懼禍難, 有祈禳者. 上與貴妃出遊別殿, 貴妃置鸚鵡於步輦上, 與之同去. 旣至, 命從官校獵於前, 鸚鵡方嬉戲殿檻上, 瞥有鷹至, 搏之而斃. 上與貴妃, 歎息久之, 遂命瘞於苑中, 立鸚鵡塚.

開元中, 宮中有五色鸚鵡, 能言而惠. 上令左右試牽御衣, 輒瞋目叱之. 岐王文學熊延景, 因獻「鸚鵡篇」, 上以示羣臣焉. (出『譚賓錄』)


## 460 · 16(6318)
## 유잠녀(劉潛女)

농우(隴右)의 백성 유잠은 집이 매우 부유했는데, 갓 성년이 된 매우 아름다운 딸 하나가 있었다. 딸에게 청혼하는 사람들이 줄을 섰지만 그녀의 아버지는 허락하지 않았다. 그 집에는 앵무새 한 마리를 기르고 있었는데, 뛰어나게 말을 잘해 딸은 매일 앵무새와 이야기를 나누었다. 후에 불경(佛經) 한 권을 얻었는데, 앵무새가 불경을 외다가 간혹 틀린 곳이 있으면 딸이 반드시 교정해 주었다. 앵무새가 매번 불경을 욀 때마다 딸은 반드시 향을 피웠다. 어느 날 갑자기 앵무새가 딸에게 말했다.

"내 새장을 열어주고 당신이 여기서 사시오. 나는 날아가야겠소."

딸은 괴이하게 여기며 물었다.

"어째서 그런 말을 하느냐?"

앵무새가 말했다.

"당신은 본래 나와 같은 몸인데, 우연히 유잠의 집에서 태어나게 된 것이오. 지금 본래의 모습으로 돌아가야만 하니 내가 이런 말을 한다고 탓하지 마시오. 사람들은 당신을 알지 못하지만 나는 진실로 당신을 아오."

딸은 놀라 부모에게 그 사실을 알렸다. 그녀의 부모는 새장을 열어 앵무새가 날아가도록 놓아주고 아침저녁으로 딸을 지켜보았다. 3일 뒤에 딸이 이유 없이 죽자 부모는 놀라 울음을 그치지 않았다. 딸을 장사 지내려고 할 때 딸의 시체가 갑자기 흰 앵무새로 변해 날아갔는데, 어디로 갔는지 알 수 없었다. (『대당기사』)

隴右百姓劉潛家大富, 唯有一女, 初笄, 美姿質. 繼有求聘者, 其父未許. 家養一鸚鵡, 能言無比, 此女每日與之言話. 後得佛經一卷, 鸚鵡念之, 或有差誤, 女必證之. 每念此經, 女必焚香. 忽一日, 鸚鵡謂女曰: "開我籠, 爾自居之. 我當飛去." 女怪而問之: "何此言邪?" 鸚鵡曰: "爾本與我身同, 偶託化劉潛之家. 今須却復本族, 無怪我言. 人不識爾, 我固識爾." 其女驚, 白其父母. 父母遂開籠, 放鸚鵡飛去, 曉夕監守其女. 後三日, 女無故而死, 父母驚哭不已. 方欲葬之, 其屍忽爲一白鸚鵡飛去, 不知所之. (出『大唐奇事』)

# 응(鷹)

## 460・17(6319)
## 초문왕(楚文王)

초나라 문왕이 사냥을 좋아하자 어떤 사람이 매 한 마리를 바쳤다. 문왕은 매가 비범한 것을 보고 운몽(雲夢)에서 사냥을 했다. 사냥개와 다른 매들이 다투어 사냥감을 물어뜯고 함께 잡는데도 그 매는 눈을 부릅뜨고 멀리 구름 가만 쳐다보았다. 갑자기 새하얀 한 물체가 나타났는데 그 형태를 분간할 수 없었다. 순간 그 매가 날개를 떨치며 날아올랐는데 번개가 치는 것처럼 번쩍였다. 잠시 후에 깃털이 눈처럼 떨어지고 피가 비처럼 내리더니 큰 까마귀가 땅에 떨어졌다. 그 새의 날개를 재 보았더니 넓이가 수십 리나 되었다. 당시 박식한 사람이 말했다.

"이것은 대붕(大鵬)의 새끼입니다."

(『유명록』)

楚文王好獵, 有人獻一鷹. 王見其殊常, 故爲獵于雲夢. 毛羣羽族, 爭噬共搏, 此鷹瞪目, 遠瞻雲際. 俄有一物鮮白, 不辨其形('形'字原闕, 據『太平御覽』卷九二六補). 鷹便竦羽而升, 矗若飛電. 須臾, 羽墮如雪, 血下如雨, 有大鳥墮地. 度其羽翅, 廣數十里. 時有博物君子曰: "此大鵬鶵也." (出『幽明錄』)

## 460・18(6320)
## 유 율(劉 聿)

　　당(唐)나라 영휘연간(永徽年間: 650~655)에 내주(萊州) 사람 유율은 평소 매 기르기를 좋아하여 지부산(之罘山)의 벼랑에서 스스로 밧줄을 타고 내려가 새끼 매를 잡으려고 했다. 그가 막 둥지에 이르렀을 때 밧줄이 끊어져 나무 가지 사이에 떨어졌는데, 위아래가 모두 절벽이어서 올라갈 수도 내려갈 수도 없는 상황이었다. 어미 매는 사람을 보자 고깃덩이를 물고 감히 둥지로 내려오지 못한 채 고깃덩이를 멀리 내려놓았다. 유율은 고깃덩이를 가져다 새끼 매를 먹이고 남은 것은 자신이 먹었다. 50~60일이 지나 새끼 매가 날 수 있게 되자 유율은 옷을 찢어 매의 다리에 묶었는데, 팔 하나에 옷을 세 번 감아 묶었다. 그리고는 몸을 아래로 던지자 새끼 매가 날아올라 그의 두 팔을 잡아당겼는데, 계곡 밑에 이를 때까지 조금의 상처도 입지 않았다. 이에 유율은 매를 매달고 집으로 돌아왔다.

　　唐永徽中, 萊州人劉聿性好鷹, 遂於之罘山懸崖, 自縋以取鷹鶵. 欲至巢而繩絶, 落於樹歧間, 上下皆壁立, 進退無據. 大鷹見人, 銜肉不敢至巢所, 遙放肉下. 聿接取肉餧鷹鶵, 以外卽自食之. 經五六十日, 鶵能飛, 乃裂裳而繫鷹足, 一臂上繫三聯. 透身而下, 鷹飛, 掣其兩臂, 比至澗底, 一無所傷. 仍繫鷹而歸.

## 업군인(鄴郡人)

설숭(薛嵩)이 위주(魏州)를 진수하고 있을 때 업군 사람 중에 매 기르기를 좋아하는 사람이 있었다. 하루는 어떤 사람이 매를 가지고 와서 업군 사람에게 알리자 그는 결국 그 매를 샀다. 그 매는 매우 비범하고 뛰어났는데, 업군 사람의 집에서 기르는 매가 아주 많았지만 모두 그 매와 비교할 수 없었다. 업군 사람이 항상 팔에 그 매를 올려놓고 놀 때면 그 매는 손을 떠나지 않았다. 후에 동이족(東夷族) 사람이 그 매를 보고 비단 100여 단(段)을 주며 바꾸자고 했다. 그러자 업군 사람이 물었다.

"나는 이 매를 아끼고 있지만 어떤 쓰임새가 있는지는 모릅니다."

그러자 그 사람이 말했다.

"이 매는 해요(海鷂)로 교룡의 해를 물리칠 수 있습니다. 당신이 업성(鄴城) 남쪽에 이 매를 풀어둔다면 그 쓰임새를 볼 수 있을 것입니다."

그 이전에 업성 남쪽 못에 사는 교룡이 항상 사람들에게 해를 끼쳐 업군 백성들이 여러 해 동안 고통받고 있었다. 업군 사람이 그 매를 가지고 가자 그 매가 갑자기 못 속으로 들어가더니 잠시 후에 나왔는데, 작은 교룡 한 마리를 잡아 나온 뒤에 모조리 먹어치웠다. 그로부터 업군 백성들은 교룡의 해에서 벗어날 수 있었다. 그 일을 설숭에게 아뢰자 설숭은 업군 사람에게 그 일을 물어보았다. 결국 업군 사람은 해요를 설숭에게 바쳤다. (『선실지』)

薛嵩鎭魏時, 鄴郡人有好育鷹隼者. 一日, 有人持鷹來告於鄴人, 人遂市之. 其鷹甚神俊. 鄴人家所育鷹隼極多, 皆莫能比. 常臂以玩, 不去手. 後有東夷人見者, 請以繒百餘段爲直. 曰: "吾方念此, 不知其所用." 其人曰: "此海鷂也, 善辟蛟螭患. 君宜於鄴城南放之, 可以見其用矣." 先是鄴城南陂蛟常爲人患, 郡民苦之有年矣. 鄴人遂持往, 海鷂忽投陂水中, 頃之乃出, 得一小蛟, 旣出, 食之且盡. 自是鄴民免其患. 有告於嵩, 乃命鄴人訊其事. 鄴人遂以海鷂獻焉. (出『宣室志』)

# 요(鷂)

## 460 · 20(6322)
## 위공자(魏公子)

[春秋時代] 위나라 공자 무기(无忌)가 한번은 방에서 책을 읽고 있는데, 비둘기 한 마리가 책상 밑으로 날아 들어오자 새매가 쫓아와 비둘기를 죽였다. 무기는 새매의 잔악함에 성내며 나라 안의 새매를 잡아들이게 해서 결국 200여 마리를 잡았다. 무기가 검을 만지며 새장으로 가더니 말했다.

"어제 비둘기를 죽인 놈이 있거든 당장 머리를 숙이고 죄를 인정해라. 그렇지 않은 놈들은 날개를 펼쳐라."

그러자 한 새매가 엎드린 채 움직이지 않았다. (『열이전』)

魏公子无忌曾在室中讀書之際, 有一鳩飛入案下, 鷂逐而殺之. 忌忿其鷙戾('鷙戾'原作'鷙搏', 據明鈔本改), 因令國內捕鷂, 遂得二百餘頭. 忌按劒至籠曰:

"昨殺('殺'原作'搦', 據明鈔本改)鳩者, 當低頭伏罪. 不是者, 可奮翼." 有一鵒俯伏不動. (出『列異傳』)

# 골(鶻)

### 460 · 21(6323)
## 보관사(寶觀寺)

창주(滄州) 동광현(東光縣) 보관사에는 항상 푸른 송골매가 중각(重閣)에 날아들었는데, 그때마다 수천 마리의 비둘기도 날아왔다. 푸른 송골매는 겨울 밤마다 한 마리의 비둘기를 잡아다 발을 따뜻하게 한 뒤에 새벽이 되면 놓아주고 죽이지 않았다. 다른 송골매들은 감히 비둘기를 습격하지 못했다. (『조야첨재』)

滄州東光縣寶觀寺, 常有蒼鶻集重閣, 每有鴿數千. 鶻冬中每夕, 卽取一鴿以暖足, 至曉, 放之而不殺. 自餘鷹鶻, 不敢侵之. (出『朝野僉載』)

### 460 · 22(6324)
## 낙안전(落鴈殿)

당(唐)나라 태종(太宗)은 흰 송골매 한 마리를 기르면서 '장군(將

軍)'이라고 불렀다. 송골매는 새를 잡을 때면 항상 궁전 앞까지 몰고 온 다음 공격해서 죽였기 때문에 그 궁전을 '낙안전'이라고 불렀다. 황제는 항상 송골매 편에 편지를 보냈다. 송골매는 도성에서 동도(東都: 洛陽)까지 가서 위왕(魏王)에게 편지를 전해주고 다시 답장을 가지고 왔는데, 하루에도 몇 번씩 오갈 수 있었다. 이는 또한 육기(陸機)가 기르던 황이(黃耳: 陸機가 기르던 개 이름. 陸機가 도성에 있을 때 오랫동안 집에 연락을 못했는데, 黃耳의 목에 편지를 걸어주자 집에 전해주고 답장을 가지고 왔다고 함)의 무리가 아니겠는가? (『조야첨재』)

唐太宗養一白鶻, 號曰'將軍'. 取鳥, 常驅至於殿前, 然後擊殺, 故名'落鴈殿.' 上恒令送書. 從京至東都與魏王, 仍取報, 日往返數廻. 亦陸機黃耳之徒歟? (出『朝野僉載』)

# 태평광기 권제461 금조 2

### 공작(孔雀)
1. 교 지(交 趾)
2. 나 주(羅 州)
3. 왕 헌(王 軒)

### 연(鸞)
4. 한 연(漢 鸞)
5. 호 연(胡 鸞)
6. 천 세 연(千 歲 鸞)
7. 진 서(晉 瑞)
8. 원 도 강(元 道 康)
9. 범 질(范 質)

### 자고(鷓鴣)
10. 비 수(飛 數)
11. 비 남 향(飛 南 向)
12. 오초자고(吳楚鷓鴣)

### 작(鵲)(鴿附)
13. 지 태 세(知 太 歲)
14. 장 호(張 顥)
15. 조 지 국(條 支 國)
16. 여 경 일(黎 景 逸)
17. 장 창 기(張 昌 期)
18. 최 원 처(崔 圓 妻)
19. 건 릉(乾 陵)
20. 합 신(鴿 信)

### 계(雞)
21. 진창보계(陳倉寶雞)
22. 초 계(楚 雞)
23. 위 녀(衛 女)
24. 장 명 계(長 鳴 雞)
25. 침 명 계(沉 鳴 雞)
26. 손 휴(孫 休)
27. 오 청(吳 清)
28. 광주자사(廣州刺史)
29. 축 계 공(祝 雞 公)
30. 주 종(朱 綜)
31. 대 군 정(代 郡 亭)
32. 고 억(高 嶷)
33. 천 후(天 后)
34. 위 호(衛 鎬)
35. 합비부인(合肥富人)

# 공작(孔雀)

461 · 1(6325)
## 교지(交趾)

    교지군(交趾郡) 사람들은 대부분 공작을 기르는데, 간혹 잡아먹으라고 남에게 보내주기도 하고 죽여서 육포로 만들기도 한다. 그곳 사람들은 또 공작의 새끼를 길러 미끼로 삼아 주변에 그물을 설치해놓고 야생 공작을 잡기도 하는데, 그것이 날아 내려앉기를 기다렸다가 그물을 잡아당겨 덮친다. 그들은 황금빛 비취색 깃털을 뽑아서 부채나 총채를 만든다. 온전한 깃털이 필요할 경우에는 산 채로 그 꽁지를 잘라 지방 특산물을 만든다. 사람들은 이렇게 말한다.

    "공작이 살아 있을 때 깃털을 뽑아야 황금빛 비취색이 바래지 않는다."

(『영표록이』)

    交趾郡人多養孔雀, 或遺人以充口腹, 或殺之以爲脯腊. 人又養其雛爲媒, 旁施網罟, 捕野孔雀, 伺其飛下, 則牽網橫掩之. 採其金翠毛, 裝爲扇拂. 或全株, 生截其尾, 以爲方物. 云: "生取則金翠之色不減耳."（出『嶺表錄異』）

## 461·2(6326)
## 나주(羅州)

　나주(羅州)의 산속에는 공작이 많은데, 수십 마리씩 짝을 지어 떼로 날아다닌다. 암컷은 꽁지가 짧고 황금빛 비취색이 없다. 수컷은 태어난 지 3년이 되면 작은 꽁지가 생겨서 5년이 되면 커다란 꽁지가 되는데, 초봄에 자라났다가 3~4개월 후에 다시 빠져 꽃과 성쇠를 함께 한다. 하지만 공작은 본디 자신의 꽁지를 아끼고 질투가 심하여, 산에 보금자리를 마련하고자 할 때는 반드시 먼저 꽁지를 둘 만한 적당한 곳을 고른 다음에 머문다. 남방 사람들은 공작을 산 채로 잡을 경우 비가 많이 오기를 기다렸다가 가서 사로잡는데, 그때 공작은 꽁지가 비에 젖어 무겁기 때문에 높이 날 수 없다. 사람이 다가가더라도 공작은 자기 꽁지를 너무 아낀 나머지 사람이 손상시킬까봐 두려워서 더 이상 날아오르지 않는다. 아주 오랫동안 길들여진 공작일지라도 아름다운 부인의 좋은 의복과 아이의 색동옷을 보면 반드시 쫓아가서 쪼아댄다. 또 공작은 꽃다운 시절과 아름다운 경치가 펼쳐져 있을 때 관현악기가 연주하는 노래를 들으면 반드시 날개와 꽁지를 펼치고 이리 저리 돌아보며 춤을 추는데 마치 흥겨운 감정이 담겨 있는 것 같다. 산골짜기의 백성들은 공작을 삶아서 먹는데 그 맛이 거위 고기와 같으며 온갖 독을 풀어준다. 사람들이 공작 고기를 먹을 때 다른 약을 함께 먹으면 병을 치료할 수 없다. 공작의 피와 머리는 심한 독을 풀어준다. 남방 사람들은 공작의 알을 얻으면 닭에게 품게 하여 부화시킨다. 공작의 다리는 약간 굽어 있으며, 그 우는 소리는 "도호(都護)!"라고 하는 것 같다. 그 지방 사람들은 공작의 꽁지를 얻으려 할 때 칼을 들고 숨기 적당한 대숲에 숨어 있다가 공작이 지나가기를 기다려 재빨리 그 꽁지를 자르는데, 만약 단번에 자르지 못하여 공작이 머리를 돌려 한 번 뒤돌아보면 황금빛 비취색 꽁지에 더 이상 광채가 생기지 않는다. (『기문』)

羅州山中多孔雀, 群飛者數十爲偶. 雌者尾短, 無金翠. 雄者生三年, 有小尾, 五年成大尾, 始春而生, 三四月後復凋, 與花萼相榮衰. 然自喜其尾而甚妬, 凡欲山棲, 必先擇有置尾之地, 然後止焉. 南人生捕者, 候甚雨, 往擒之, 尾霑而重, 不能高翔. 人雖至, 且愛其尾, 恐人所傷, 不復騫翔也. 雖馴養頗久, 見美婦人好衣裳與童子絲服者, 必逐而啄之. 芳時媚景, 聞管絃笙歌, 必舒張翅尾, 盻睞而舞, 若有意焉. 山谷夷民烹而食之, 味如鵝, 解百毒. 人食其肉, 飮藥不能愈病. 其血與其首, 解大毒. 南人得其卵, 使雞伏之卽成. 其脚稍屈, 其鳴若曰"都護!" 土人取其尾者, 持刀于叢篁可隱之處自蔽, 伺過, 急斷其尾, 若不卽斷, 廻首一顧, 金翠無復光彩. (出『紀聞』)

## 461 · 3(6327)
## 왕 헌(王 軒)

노조(盧肇)가 [渤海의] 남경(南京) 남해부(南海府)에 살고 있을 때, 종사(從事) 왕헌이 공작을 가지고 있는 것을 보았다. 하루는 노복이 왕헌에게 보고했다.

"뱀이 공작을 칭칭 감아 곧 독을 뿜어 죽이려 하고 있습니다."

왕헌이 공작을 구해내게 했지만 부하는 웃으면서 구하지 않았다. 왕헌이 화를 내자 부하가 말했다.

"뱀과 공작이 교미하고 있는데요."

(『기문』)


盧肇住在京南海, 見從事王軒有孔雀. 一日奴告曰: "蛇盤孔雀, 且毒死矣." 軒令救之, 其走卒笑而不救. 軒怒, 卒云: "蛇與孔雀偶." (出『紀聞』)


# 연(鷰)

## 461·4(6328)
## 한 연(漢 鷰)


지푸라기와 진흙으로 둥지를 만들고 자주 울며 몸집이 약간 작은 것은 한연이다. 도승력(陶勝力)이 주를 단 『본초(本草)』에 다음과 같이 기록되어 있다.

"자주색 앞가슴에 몸집이 가볍고 작은 것은 월연(越鷰)이다. 검은 얼룩빼기 앞가슴에 울음소리가 큰 것은 호연(胡鷰)인데, 그것은 둥지를 길게 만들길 좋아한다. 월연은 약으로 쓰이지 못한다. 월연과 한연은 약간만 차이난다."

(『세설』)

蘩泥爲窠, 聲多稍小者漢鷰. 陶勝力注『本草』云: "紫胸輕小者是越鷰. 胸斑黑聲大者是胡鷰, 其作巢喜長. 越鷰不入藥用. 越與漢, 亦小差耳."(出『世說』)


461·5(6329)
## 호연(胡 鷰)

여우와 흰 담비 같은 동물을 제비가 보면 제비의 털이 빠지며, 어떤 제비는 물 밑바닥에 숨기도 한다. 옛 말에 따르면, 제비가 집으로 들어오지 않을 때 오동나무로 남녀 각 한 명씩을 깎아 우물 속에 던지면 제비가 반드시 온다고 한다. 앞가슴에 검은 얼룩이 있고 울음소리가 큰 것을 호연이라 하는데, 그 둥지는 생명주 한 필을 넣을 만큼 넓다. (『유양잡조』)

凡狐白貂鼠之類, 鷰見之則毛脫, 或鷰蟄於水底. 舊說, 鷰不入室, 取桐爲男女各一, 投井中, 燕必來. 胸斑黑聲大, 名胡燕, 其窠有容匹素者. (出『酉陽雜俎』)


461·6(6330)
## 천세연(千歲鷰)

제(齊)·노(魯) 지방에서는 제비를 '을(乙)'이라 부른다. 제비는 둥지를 만들 때 무일(戊日)과 기일(己日)을 피한다. 『현중기(玄中記)』에서는 "천 살 된 제비는 [둥지를 만들 때] 북향으로 문을 낸다"라고 했고, 『술이요(述異要)』에서는 "오백 살 된 제비는 수염이 자란다"라고 했다. (『유양잡조』)

齊·魯之間, 謂鷰爲'乙'. 作巢避戊己. 『玄中記』云: "千歲之鷰戶北向." 『述異要』云: "五百歲鷰生胡髥." (出『酉陽雜俎』)

## 461·7(6331)
# 진 서(晉 瑞)

위(魏)나라가 진(晉)나라에 제위를 선양한 해에 북궐(北闕) 아래에서 새 모양처럼 생긴 흰 빛이 때때로 날아올라 왔다 갔다 했다. 담당 관리가 곧장 황제께 그 사실을 아뢰자 황제는 그물잽이에게 그물을 펼치게 하여 흰 제비 한 마리를 잡았다. 황제는 그것을 신물(神物)이라 여기고 황금 새장에 담아서 궁중에 두었는데 열흘 만에 사라져 버렸다. 논자들은 [그 일에 대해] 이렇게 말했다.

"금덕(金德)의 길조이옵니다. 옛날에 사광(師曠: 春秋時代 晉나라의 음악가. 소리로서 길흉을 점쳤음)이 살던 때에도 흰 제비가 와서 둥지를 틀었사옵니다."

그래서 황제가 『서응도(瑞應圖)』를 조사해보게 했더니 과연 논자가 말한 대로였다. 사광은 [춘추시대] 진(晉)나라 사람이다. 고금의 의론이 서로 부합된 것이다. [本書 권135 제12조 「白燕」에도 같은 고사가 실려 있는데 문장이 약간 다름](『습유록』)

 魏禪晉歲, 北闕下有白光如鳥雀之狀, 時有飛翔去來. 有司卽聞奏, 帝使羅者張之, 得一白鷰. 以爲神物, 以金爲籠, 致於宮內, 旬日不知所在. 論者云: "金德之瑞. 昔師曠時, 有白鷰來巢." 檢『瑞應圖』, 果如所論. 師曠, 晉人也. 古今之議相符焉. (出『拾遺錄』)

## 461·8(6332)
## 원도강(元道康)

 [北朝] 후위(後魏: 北魏)의 원도강은 자(字)가 경이(景怡)이다. 그는 임려산(林慮山)에 살면서 구름이 깃든 심산유곡에 고즈넉한 초가집을 지어놓고 20년도 넘게 인간 세상에 내려오지 않은 채, 영지(靈芝)를 먹으면서 자신의 뜻을 편안히 즐겼다. 고환(高歡: 北齊의 始祖인 神武帝)이 승상(丞相)으로 있을 때, 계속해서 3번이나 그를 초징했으나 그는 나아가지 않았다. 원도강은 시국이 한창 어지러웠기 때문에 초징에 응하려 하지 않았다. 그 후 고양(高洋: 北齊 文宣帝) 때 이르러 다시 그를 초징했지만 역시 나아가지 않았다.

 원도강의 서재에는 늘 제비 한 쌍이 둥지를 틀었는데 해마다 오지 않은 적이 없었다. 원도강은 연달아 초징되었지만 나아가지 않았기 때문에 화를 당할까 두려워서 자신도 모르게 탄식하고 있었다. 그날 밤 가을 달이 휘영청 밝고 맑은 바람이 솨악 불어왔는데, 원도강은 달을 보며 생각에 잠겨 있다가 제비가 자신의 자를 부르며 말하는 소리를 문득 들었다.

"경이! 그대는 본디 담담한 마음을 즐거움으로 삼고 있는데 지금은 어찌하여 깊은 근심에 싸여 있소?"

원도강이 놀라고 기이해하면서 보았더니 다름 아닌 제비였다. 제비가 또 말했다.

"경이! 경이! 종신토록 즐겁게 지내시오."

원도강이 말했다.

"너는 날짐승인데 말을 하는구나. 어찌하여 내 집에 둥지를 틀었느냐?"

제비가 말했다.

"나는 상제님께 죄를 지어 잠시 날짐승이 되었소. 그대가 훌륭한 품덕을 지녔기 때문에 의지하려고 찾아온 것이오."

원도강이 말했다.

"나는 명리를 잊고서 인간 세상에 팔리고 싶지 않기 때문에 문을 잠근 채 도(道)를 함양하고 품덕을 발양하고 있으니 그대가 말한 그대로다."

제비가 말했다.

"해내(海內)에서 은거하는 자들은 모두 명예를 구하고자 할 따름이지만, 그대만은 홀로 도를 알아 시끄러운 속세 밖에 우뚝 서 있으니, 천지신명이 그대를 공경하고 온갖 생령(生靈)이 그대의 품덕에 귀복(歸服)하는 것이오."

또 제비가 말했다.

"나는 내일 낮에 앞 계곡으로 가서 그대에게 보답할 것이오."

이에 원도강은 지팡이를 짚고 남쪽 계곡으로 가서 제비가 오기를 기다렸다. 낮이 되자 제비 두 마리가 북쪽 산봉우리에서 날아와 계곡 아래로 떨어지는 것이 보였는데, 한 마리는 푸른 옷 입은 동자로 변하고 다른 한 마리는 푸른 옷 입은 여자로 변하더니 다가와 원도강에게 말했다.

"지금 우리는 곧 돌아가야 하지만 그대의 운명을 봐주려고 이렇게 사람으로 변하여 찾아왔소. 하지만 달리 작별의 선물은 없소. 그대가 진정한 은거의 뜻을 지니고 있기에 저승에서 가상히 여겨 그대의 수명에 40살을 더해주기로 했으니, 이것으로 보답하려 하오."

말을 마치고는 다시 한 쌍의 제비가 되어 날아갔는데 어디로 갔는지 알 수 없었다. 당시 원도강은 이미 40세였는데 나중에 과연 81세에 죽었다.

後魏元道康字景怡. 居林慮山, 雲棲幽谷, 靜掩衡茅, 不下人間, 踰二十載, 服餌芝木, 以娛其志. 高歡爲丞相, 前後三辟不就. 道康以時方亂, 不欲應之. 至高洋, 又徵, 亦不起.

道康書齋常有雙燕爲巢, 歲歲未嘗不至. 道康以連徵不去, 又('又'原作'有', 據明鈔本改)懼見禍('禍'原作'抑', 據明鈔本改), 不覺嗟吝. 是夕, 秋月朗然, 淸風飇至, 道康向月微思, 忽聞鷰呼康字云: "景怡! 卿本澹然爲樂, 今何愁思之深耶?" 道康驚異, 乃知是燕. 又曰: "景怡! 景怡! 樂以終身." 康曰: "爾爲禽而語, 何巢我屋?" 燕曰: "我爲上帝所罪, 暫爲禽耳. 以卿盛德, 故來相依." 道康曰: "我忘利, 不售人間, 所以閉關服道, 寧昌其德, 爲卿所謂." 燕曰: "海內棲隱, 盡名譽耳, 獨卿知道, 卓然囂外, 所以神祇敬屬, 萬靈歸德." 燕曰: "我來日晝時, 往前溪相報." 道康乃策杖南溪, 以伺其至. 及晝, 見二鶩自北嶺飛來而投澗下, 一化爲靑衣童子, 一化爲靑衣女子, 前來謂道康曰: "今我便歸, 以卿相命, 故來此化. 然無以留別. 卿有隱志, 幽陰見嘉, 卿之壽更四十歲, 以此相報." 言訖, 復爲雙燕飛去, 不知所往. 時道康已年四十, 後果終八十一.

## 461・9(6333)
## 범질(范 質)

한(漢)나라 호부시랑(戶部侍郞) 범질이 다음과 같은 이야기를 했다. 일찍이 제비 한 쌍이 그의 집 처마에 둥지를 틀고 새끼 몇 마리를 길러 이미 먹이를 받아먹을 정도가 되었다. 그런데 암컷 제비가 고양이에게 잡아먹히자 수컷 제비는 슬피 울며 한참 후에 떠나더니, 곧장 다시 다른 암컷 제비와 짝을 이루어 와서 이전처럼 새끼들에게 먹이를 먹여 주었다. 하지만 며칠 안 되어 새끼 제비들이 차례로 땅에 떨어져 데굴데굴 구르다가 죽어버렸다. 그래서 아이들이 새끼 제비의 배를 가르고 살펴보았더니 모이주머니 속에 납가새 열매가 들어 있었다. 이는 아마도 나중에 들어온 암컷 제비가 해친 것 같았다. (『옥당한화』)

漢戶部侍郞范質言: 嘗有燕巢於舍下, 育數雛, 已哺食矣. 其雌者爲猫所搏食之, 雄者啁啾, 久之方去, 卽時又與一燕爲匹而至, 哺雛如故. 不數日, 諸雛相次墮地, 宛轉而殭. 兒童剖腹視之, 則有蒺藜子在嗉中. 蓋爲繼偶者所害. (出『玉堂閒話』)

# 자고(鷓鴣)

## 461 · 10(6334)
## 비 수(飛 數)

자고가 나는 횟수는 달에 따라 늘어난다. 정월 같으면 한 번 날고는 둥지 속에 머물면서 더 이상 일어나 날아오르지 않는다. 12월에는 12번 날아올라 가장 잡기 어렵기 때문에 남방 사람들은 그물을 쳐서 그것을 잡는다. (『유양잡조』)

鷓鴣飛數逐月. 如正月, 一飛而止于窠中, 不復起矣. 十二月十二起, 最難採, 南人設網取之. (出『酉陽雜俎』)

## 461 · 11(6335)
## 비남향(飛南向)

자고(鷓鴣)는 암꿩과 비슷하며, 남쪽으로만 날고 북쪽을 향하지 않는다. 그래서 양부(楊孚)의 『교주이물지(交州異物志)』에서 "암꿩과 비슷하게 생긴 새를 자고라고 하는데, 그 마음은 늘 남방을 그리워하여 북방으로 가려하지 않는다"라고 했다. (『광지』[『광기』])

鷓鴣似雌雉, 飛但南, 不向北. 楊孚『交州異物志』云: "鳥像雌雉, 名鷓鴣, 其

志懷南, 不思北徂."(出『曠志』, 明鈔本作'出『廣記』')

## 461·12(6336)
## 오초자고(吳楚鷓鴣)

　자고는 오(吳)·초(楚) 지방의 들녘에 모두 있는데 영남(嶺南)에 이 새가 특히 많다. 그 고기는 희고 연하며 닭이나 꿩 고기보다 훨씬 맛있는데, 야갈(冶葛: 野葛. 斷腸草)과 버섯 독을 풀 수 있다. 가슴 앞에는 희고 둥근 점이 있고 등 위에는 자주색과 적색의 깃털이 섞여 있는데, 큰 것은 꿩만하고 대부분 짝을 지어 운다.『남월지(南越志)』에서는 "자고는 동쪽과 서쪽으로 선회하며 날지만 날개를 펼치고 날기 시작할 때는 반드시 먼저 남쪽으로 날아오른다. 그 울음소리는 스스로 '사박주(社薄州)'라고 부르는 것 같다"라고 했다. 또『본초(本草)』에서는 "스스로 '구주격책(鉤輈格磔)'이라고 부르는 것 같다"라고 했으며, 이군옥(李群玉)의「산행문자고(山行聞鷓鴣)」시에서는 "막 구불구불 험한 길을 뚫고 나와, 또 '구주격책' 소리를 듣네"라고 했다. (『영남록이』)

　鷓鴣, 吳·楚之野悉有, 嶺南偏多此鳥. 肉白而脆, 遠勝雞雉, 能解冶葛幷菌毒. 臆前有白圓點, 背上間紫赤毛, 其大如野雞, 多對啼.『南越志』云: "鷓鴣雖東西廻翔, 然開翅之始, 必先南翥. 其鳴自呼'社(明鈔本'社'作'杜')薄州'." 又『本草』云: "自呼'鉤輈格磔'." 李群玉「山行聞鷓鴣」詩云: "方穿詰曲崎嶇路, 又聽'鉤輈格磔'聲." (出『嶺南錄異』)

# 작(鵲)

## 461 · 13(6337)
## 지태세(知太歲)

    까치는 태세신(太歲神: 옛 사람들은 땅에 있는 태세신이 하늘의 태세[木星]와 상응하여 움직인다고 생각했는데, 태세신의 방위를 나쁜 방향이라 생각하여 그곳으로 흙을 파고 나무를 잘라 건축 공사하는 것을 금기로 삼았음)이 있는 곳을 안다. 그래서 『박물지(博物志)』에서 "까치집은 태세신을 등지고 있다"라고 했다. 이것은 까치에게 지혜가 있어서가 아니라 자연적인 본능에 따라 그런 것이다. 『회남자(淮南子)』[「人間訓」]에서는 "까치는 어느 해에 바람이 많이 부는지 알고 있으므로 [그때가 되면] 높은 나무를 떠나 곁가지에 둥지를 만든다"라고 했다. (『설문』)

    까치는 둥지를 만들 때 나무 끝에 있는 가지를 취하고 땅에 떨어져 있는 가지는 취하지 않으며, 또 가지를 얽어 만든 둥지에 알을 낳는다. 단옷날 오시(午時)에 그 둥지를 태워 병자에게 뜸을 뜨면 병이 즉시 낫는다. (『유양잡조』)

    鵲知太歲之所在. 『博物志』云: "鵲窠背太歲." 此非才智, 任自然爾. 『淮南子』曰: "鵲識歲多風, 去('去'字原闕, 據明鈔本補)喬木, 巢傍枝." (出『說文』)

    又, 鵲構窠, 取在樹杪枝, 不取墮地者, 又纏枝受卵. 端午日午時, 焚其巢, 灸病者, 疾立愈. (出『酉陽雜俎』)

## 461 · 14(6338)
## 장호(張 顥)

　　[東漢 때] 상산(常山) 사람 장호가 양국(梁國)의 승상으로 있을 때, 어느 날 막 비가 개인 후에 산까치처럼 생긴 어떤 새가 땅으로 떨어졌는데, 한 백성이 그것을 주워들었더니 즉시 하나의 둥근 돌로 변했다. 장호는 망치로 그것을 깨뜨려 황금 인장 하나를 얻었는데, 인장에는 '충효후인(忠孝侯印)'이라 새겨져 있었다. 장호는 그 사실을 황상께 아뢰고 비부(祕府: 궁중 보물창고)에 넣어두었다. 장호는 나중에 벼슬이 태위(太尉)에까지 이르렀다. 그 후 의랑(議郞)인 여남(汝南) 사람 번행이(樊行夷)가 동관(東觀)에서 전적을 교감하다가 표문을 올려 아뢰었다.
　　"요순(堯舜) 시대에 일찍이 충효후라는 관직이 있었는데 지금 하늘에서 그 관인(官印)을 내려주셨으니 그 관직을 다시 설치하는 것이 마땅하옵니다."

　　常山張顥爲梁相, 天新雨後, 有鳥如山鵲, 稍下墮地, 民拾取, 卽化爲一圓石. 顥椎破之, 得一金印, 文曰'忠孝侯印'. 顥以上聞, 藏之祕府. 顥後官至太尉. 後議郎汝南樊行夷校書東觀, 上表言: "堯舜之時, 嘗有此官, 今天降印, 宜應復."


## 461 · 15(6339)
## 조지국(條支國)

　　[東漢] 장제(章帝: 安帝의 오기로 보임. 章帝 때에는 永寧이라는 연

호를 사용하지 않았음) 영녕(永寧) 원년(120)에 조지국(條支國: 條枝 國이라고도 씀. 漢代에 서역에 있던 나라로 지금의 아라비아 지역에 있었음)에서 상서로운 진기한 물건을 바쳐왔는데, 그 중에서 '지작(鴲鵲)' 이라는 이름의 새는 몸집이 7척이나 되고 사람의 말을 알아들었다. 나라가 태평하면 지작이 떼 지어 날아다녔다. 옛날 한(漢)나라 무제(武帝) 때 사방의 이민족이 귀복(歸服)하여 그 새를 바쳤기에 잘 훈련시켰는데, 길하고 즐거운 일이 있으면 날개를 퍼덕이고 날면서 울어댔다. 생각건대, 장주(莊周)가 "조릉(雕陵) 숲의 까치[『莊子』「山木」에 나옴]"라고 한 것이 아마도 그런 종류의 새인 것 같다. (『습유기』)

章帝永寧元年, 條支國有來進異瑞, 有鳥名'鴲鵲', 形高七尺, 解人言. 其國太平, 鴲鵲群翔. 昔漢武時, 四夷賓服, 有致此鵲, 馴善, 有吉樂事, 則鼓翼翔鳴. 按莊周云"雕陵之鵲", 蓋其類也. (出『拾遺記』)

## 461 · 16(6340)
## 여경일(黎景逸)

[唐나라 太宗] 정관연간(貞觀年間: 627~649) 말에 남강(南康)의 여경일이 공청산(空靑山)에서 살았는데, 늘 까치가 그의 처소 옆에 둥지를 틀자 그는 끼니때마다 밥을 먹여주었다. 나중에 이웃에서 베를 잃어버린 사람이 여경일이 훔쳐갔다고 무고하여 그는 남강의 감옥에 갇히게 되었다. 1달이 넘도록 여경일이 완강히 죄를 부인하자 [관부에서]

그를 심문하려 했는데, 그때 예전의 그 까치가 감옥의 문루(門樓)에 내려앉아 여경일을 향하여 기뻐하면서 무슨 말을 전하는 듯한 모습을 지었다. 그날 어떤 사람이 곧 사면령이 내려질 것이라는 말을 전하자, 관부에서 그 소식을 어디서 들었는지 캐물었더니 그 사람이 말했다.

"검은 옷에 흰 옷깃을 두른 사람을 길에서 만났는데, 그가 말해준 것입니다."

사흘 뒤에 과연 사면령이 내려왔다. 여경일은 산으로 돌아가고 나서야 비로소 검은 옷에 흰 옷깃을 두른 사람이 바로 소식을 전해준 까치였음을 알게 되었다. (『조야첨재』)

唐貞觀末, 南康黎景逸居於空靑山, 常有鵲巢其側, 每飯食餧之. 後隣近失布者, 誣景逸盜之, 繫南康獄. 月餘, 劾不承, 欲訊之, 其鵲止於獄樓, 向景逸歡喜, 以傳語之狀. 其日傳有赦, 官司詰其來, 云: "路逢玄衣素衿人所說." 三日而赦果至. 景逸還山, 乃知玄衣素衿者, 鵲之所傳. (出『朝野僉載』)


## 461 · 17(6341)
## 장창기(張昌期)

여주자사(汝州刺史) 장창기는 장역지(張易之)의 동생이다. 그는 황제의 총애를 믿고 부귀를 뽐내면서 관료들을 가혹하게 대했다. 양현(梁縣)의 어떤 사람이 흰 까치가 나타났다고 아뢰자, 장창기는 사호(司戶) 양초옥(楊楚玉)에게 그것을 잡아오게 했다. 양초옥의 부하 중에 70조롱의 새매를 가지고 있는 자가 있었는데, 그 새매의 발톱에 초를 칠해놓았다. 그들이 숲에 이르러 흰 까치를 보았더니 그것을 따르는 다른 까치떼가 있었는데, 다른 까치들은 새매를 보고 뿔뿔이 흩어지고 흰 까치만 남아 있었다. 새매가 몸을 솟구쳐 흰 까치를 잡았지만 흰 까치는 조금도 다친 곳이 없었다. 그리하여 그것을 새장에 담아 장창기에게 보내자, 장창기가 웃으며 말했다.

"이 까치가 그대의 목숨을 대신했소."

양초옥이 머리를 조아리며 말했다.

"이는 하늘이 절 살리신 것입니다. 그렇지 않았다면 강에 몸을 던지고 바다에 뛰어들었지 감히 공을 뵙지 못했을 것입니다."

그리고는 감사의 절을 하고 떠났다. (『조야첨재』)

汝州刺史張昌期, 易之弟也. 恃寵驕貴, 酷暴群僚. 梁縣有人白云, 有白鵲見, 昌期令司戶楊楚玉捕之. 部人有鷂子七十籠矣, 以蠟塗爪. 至林見白鵲, 有群鵲隨之, 見鷂迸散, 唯白者存焉. 鷂竦身取之, 一無損傷. 而籠送之, 昌期笑曰: "此鵲贖君命也." 玉叩頭曰: "此天活玉. 不然, 投河赴海, 不敢見公." 拜謝而去. (出『朝野僉載』)


## 461 · 18(6342)
## 최원처(崔圓妻)

까치둥지 속에는 반드시 마룻대가 있다. 상공(相公) 최원의 부인이 집에 있을 때 자매들과 함께 후원에서 까치가 둥지를 짓는 것을 보았는데, 까치 한 쌍이 함께 붓 대롱만큼 굵고 길이가 1척 남짓 되는 나무 하나를 물고 와서 둥지 속에 놓았다. 하지만 [그녀를 제외한] 다른 사람들은 모두 그것을 보지 못했다. 민간의 말에 따르면, 까치가 상량(上梁)하는 것을 보는 사람은 반드시 귀해진다고 한다. (『유양잡조』)

鵲窠中必有棟. 崔圓相公妻在家時, 與姊妹於後園見一鵲構窠, 共銜一木, 大如筆管, 長尺餘, 安窠中. 衆悉不見. 俗言, 見鵲上梁必貴. (出『酉陽雜俎』)


## 461·19(6343)
## 건릉(乾陵)

[唐나라 代宗] 대력(大曆) 8년(773)에 건릉 상선관(上仙觀)의 존전(尊殿)에서 한 쌍의 까치가 땔나무와 진흙을 물고 와서 [존전의] 무너진 틈 15곳을 메우자, 재상이 표문을 올려 그 일을 축하했다. (『유양잡조』)

大曆八年, 乾陵上仙觀之尊殿, 有雙鵲銜柴及泥, 補葺隙壞十五處, 宰臣表賀之. (出『酉陽雜俎』)

461 · 20(6344)
## 합 신(鴿 信)

대리승(大理丞) 정복례(鄭復禮)가 말했다.

"파사국(波斯國: 페르시아 제국)의 선박에서는 비둘기를 많이 기르는데, 그 비둘기는 수천 리를 비행할 수 있기 때문에 매번 그 중 한 마리를 집으로 보내 평안하다는 소식을 전하곤 한다."

(『유양잡조』)

大理丞鄭復禮言: "波斯舶上多養鴿, 鴿能飛行數千里, 輒放一隻至家, 以爲平安信." (出『酉陽雜俎』)


## 계(雞)

461 · 21(6345)
## 진창보계(陳倉寶雞)

[春秋時代] 진(秦)나라 목공(穆公) 때 진창(陳倉)의 어떤 사람이 땅을 파다가 물체 하나를 얻었는데, 양처럼 생겼으나 양도 아니고 돼지처럼 생겼으나 돼지도 아니었다. 그 사람은 그것을 끌고 가서 목공에게 바치려 했는데, 도중에 만난 두 동자가 그에게 말했다.

"이것은 '온술(媼述)'이라 하는데, 늘 땅속에 살면서 죽은 사람의 뇌를 먹습니다. 만약 이것을 죽이고자 한다면 측백나무를 그 머리에 꽂으십시오."

그러자 온술이 말했다.

"이 두 동자는 '계보(雞寶)'라고 하는데, 수컷을 얻은 자는 군왕이 되고 암컷을 얻은 자는 백작이 됩니다."

진창 사람이 온술을 놓아두고 두 동자를 쫓아가자, 두 동자는 꿩으로 변하여 숲속으로 날아 들어갔다. 진창 사람이 그 사실을 목공에게 아뢰자, 목공이 도형수(徒刑囚)를 보내 대대적으로 사냥한 끝에 과연 그 암컷을 잡았는데, 그것이 다시 돌로 변했다. 목공은 그 돌을 견수(汧水)와 위수(渭水) 사이에 두었다. 문공(文公: 실제로 文公은 穆公 이전 사람이므로 착오가 있는 것으로 보임) 때 이르러 [그것을 위한] 사당을 세우고 '진보(陳寶)'라고 이름 지었다. 나머지 수컷은 남쪽으로 날아가 내려앉았는데, 지금 남양(南陽) 치비현(雉飛縣)이 바로 그곳이다. (『열이전』)

秦穆公時, 陳倉人掘地得物, 若羊非羊, 若猪非猪, 牽以獻穆公, 道逢二童子, 曰: "此爲'媼述', 常在地中, 食死人腦. 若欲殺之, 以柏揷其首." 媼曰: "此二童子名爲'雞寶', 得雄者王, 得雌者伯." 陳倉人捨之, 逐二童子, 二童化爲雉, 飛入於林. 陳倉人告穆公, 發徒大獵, 果得其雌, 又化爲石. 置之汧・渭之間. 至文公立祠, 名'陳寶'. 雄者飛南集, 今南陽雉飛縣, 卽其地也. (出『列異傳』)

## 461 · 22(6346)
## 초 계(楚 雞)

초(楚)나라의 어떤 사람이 꿩을 메고 가고 있었는데, 한 행인이 그에게 물었다.

"무슨 새요?"

꿩을 메고 가던 사람이 속여서 말했다.

"봉황이오."

행인이 말했다.

"나는 봉황이 있다고 들은 지 오래되었는데 오늘에야 진짜로 보게 되었소. 당신은 그것을 팔겠소?"

꿩 주인이 대답했다.

"그러지요."

그래서 천 금에 흥정했으나 팔려고 하지 않자, 그 배를 주겠다고 청했더니 그제야 팔았다. 행인은 그것을 초왕에게 바치려고 했는데 하룻밤을 지나고 나자 새가 죽고 말았다. 행인은 돈을 아까워할 겨를도 없이 오직 초왕에게 바칠 수 없게 된 것만 한탄할 뿐이었다. 나라 사람들은 [그 이야기를] 전하면서 모두들 진짜 봉황은 진귀한 것이므로 왕에게 바치려고 한 것이 마땅하다고 생각했다. 그 소문이 마침내 초왕에게 알려지자, 초왕은 자기에게 바치려고 한 것에 감동하여 그 사람을 불러들여 후한 상을 내렸는데, [그 상금이] 봉황을 산 값의 10배가 넘었다. (『소림』)

楚人有擔山雞者, 路人問曰: "何鳥也?" 擔者欺之曰: "鳳皇也." 路人曰:

"我聞有鳳皇久矣. 今眞見之. 汝賣之乎?" 曰: "然." 乃酬千金, 弗與, 請加倍, 乃與之. 方將獻楚王, 經宿而鳥死. 路人不遑惜其金, 惟恨不得以獻耳. 國人傳之, 咸以爲眞鳳而貴, 宜欲獻之. 遂聞於楚王, 王感其欲獻己也, 召而厚賜之, 過買鳳之直十倍矣. (出『笑林』)

## 461・23(6347)
## 위 녀(衛 女)

「치조비(雉朝飛)」라는 금곡(琴曲)은 위녀의 보모가 지은 것이다. 위후(衛侯)의 딸이 제(齊)나라 태자에게 시집갔는데, 도중에 태자가 죽었다는 소식을 듣고 보모에게 물었다.

"어찌해야 하나요?"

보모가 말했다.

"그래도 가서 상을 치러야 한다."

위녀는 상을 치르고 난 후 돌아가려 하지 않았으며 결국 죽고 말았다. 보모는 후회하며 위녀가 생전에 탔던 금(琴)을 가지고 그녀의 무덤 위에서 탔는데, 그때 갑자기 꿩 두 마리가 함께 무덤 속에서 나왔다. 보모는 암꿩을 어루만지며 말했다.

"네가 정녕 꿩으로 변했단 말이냐?"

말을 채 마치기도 전에 두 마리의 꿩이 함께 날아올라 순식간에 사라져버렸다. 보모가 비통해하면서 금을 타 악곡을 지었기 때문에「치조비」라고 했다. (양웅『금청영』)

「雉朝飛」操者, 衛女傅母所作也. 衛侯女嫁於齊太子, 中道聞太子死, 問傅母曰: "何如?" 傅母曰: "且往赴('赴'原作'當', 據明鈔本改)喪." 喪畢, 不肯歸, 終之以死. 傅母悔之, 取女所自操琴, 於塚上鼓之, 忽有二雉俱出墓中. 傅母撫雌雉曰: "女果爲雉耶?" 言未卒, 俱飛而起, 忽然不見. 傅母悲痛, 授琴作操, 故曰「雉朝飛」. (出楊雄『琴淸英』)

## 461・24(6348)
## 장명계(長鳴雞)

한(漢)나라 성제(成帝) 때 교지군(交址郡)과 월준군(越嶲郡)에서 장명계를 바쳤는데, 그 닭이 새벽을 알리기를 기다렸다가[원문은 '伺晨雞'라 되어 있지만 『西京雜記』에 의거하여 '伺雞晨'으로 고쳐 번역함] 곧장 물시계로 시험해 보았더니 시각에 조금도 차이가 없었다. 그 닭은 길게 울어 한 식경 동안 끊어지지 않았으며, 발톱이 길어서 싸움을 잘했다. (『서경잡기』)

漢成帝時, 交趾・越嶲獻長鳴雞, 伺晨雞, 卽下漏驗之, 晷刻無差. 長鳴一食頃不絶, 長距善鬪. (出『西京雜記』)

## 461 · 25(6349)
## 침명계(沉鳴雞)

[漢나라 獻帝] 건안(建安) 3년(198)에 서도국(胥圖國)에서 침명석계(沉鳴石雞)를 바쳤는데, 그것은 단사(丹砂)처럼 붉은색에 제비만한 크기였다. 그것은 늘 땅속에 있으면서 때에 맞춰 울었는데 그 소리가 멀리까지 분명히 들렸다. 그 나라에서는 그 소리를 들으면 곧장 희생물을 잡아서 제사지냈다. 그 소리가 나는 곳의 땅을 파면 그 닭을 잡을 수 있었다. 만약 천하가 태평하면 그것이 높이 날며 오르락내리락했는데, 사람들은 상서로운 징조라고 생각하여 그것을 '보계(寶雞)'라고도 불렀다. 그 나라에는 닭이 없었는데, 사람들은 땅속에서 나는 그 소리를 듣고 시각을 가늠했다. 어떤 도사가 말했다.

"옛날에 선인(仙人) 상군(相君)이 돌을 캐러 굴속으로 몇 리를 들어가서 단석계(丹石雞)를 얻었는데, 그것을 가루로 빻아 약을 만들었다. 그것을 복용한 사람은 목소리와 기백이 강해지고 하늘보다 뒤에 죽는다."

옛날 한(漢)나라 무제(武帝) 원정(元鼎: 원문은 '寶鼎'이라 되어 있지만 '元鼎'의 오기임. 寶鼎은 三國 吳 末帝 孫皓의 연호[266~269]임) 원년(116)에 사방 여러 나라에서 바친 진기한 보물 중에 호박연(琥珀燕)이 있었는데 그것을 정실(靜室)에 두자 저절로 울고 날았다고 하니, 침명석계도 이러한 류의 것이다. 『낙서(洛書)』에서 "서도국의 보물은 토덕(土德)의 상징이니 위대한 위(魏)나라의 상서로운 징조이다"라고 했다. (왕자년 『습유기』)

建安三年, 胥圖獻沉鳴石雞, 色如丹, 大如燕. 常在地中, 應時而鳴, 聲能遠徹. 其國聞其鳴, 乃殺牲以祀之. 當聲處掘地, 得此雞. 若天下平, 翔飛頡頏, 以爲嘉瑞, 亦謂"寶雞". 其國無雞, 人聽地中, 以候晷刻. 道師云: "昔仙人相君採石, 入穴數里, 得丹石雞, 舂碎爲藥. 服者令人有聲氣, 後天而死." 昔漢武寶鼎元年, 四方貢珍怪, 有琥珀燕, 置之靜室, 自然鳴翔. 此之類也. 『洛書』云: "胥圖之寶, 土德之徵, 大魏嘉瑞焉." (出王子年『拾遺記』)


461 · 26(6350)
## 손 휴(孫 休)

손휴(孫休: 吳나라 景帝)는 꿩 사냥을 좋아했는데, 그 계절이 되면 새벽에 나갔다가 저녁에야 돌아오곤 했다. 신하들이 모두 이를 말리면서 간언했다.

"이것[꿩]은 하찮은 짐승이니 어찌 깊이 탐닉할 가치가 있겠사옵니까?"

그러자 손휴가 대답했다.

"비록 하찮은 짐승이긴 하지만 굳은 절조가 사람보다 낫기 때문에 짐은 그것을 좋아하는 것이오."

(『어림』)


孫休好射雉, 至其時, 則晨往夕返. 群臣莫不上諫曰: "此小物, 何足甚躭?" 答曰: "雖爲小物, 耿介過人, 朕之所以好也." (出『語林』)

## 461 · 27(6351)
## 오 청(吳 淸)

서주(徐州)의 백성 오청은 [東晉 孝武帝] 태원(太元) 5년(380)에 징집되어 출정(出征)했다. 오청은 닭을 잡아 복을 빌면서 삶은 닭 머리를 쟁반에 놓아두었더니 갑자기 닭이 울었는데 그 소리가 아주 길었다. 나중에 적장 소보(邵寶: 『晉書』에는 '邵保'라 되어 있음. 前秦 苻堅의 장수)를 격파하여 소보가 전장(戰場)에서 전사했는데, 당시 시체들이 어지럽게 뒤섞여 있어서 [누가 누군지] 식별할 수 없었다. 오청은 흰 도포를 입은 시체 한 구를 보고 적장이 아닐까 생각하여, 마침내 그 시체를 가져와 수소문하고 조사해보았더니 다름 아닌 소보의 수급(首級)이었다. 그리하여 오청은 그 공으로 청하태수(淸河太守)에 임명되어 병사 신분에서 영광된 지위로 벼락 승진했다. 닭의 해괴한 짓이 도리어 상서로운 징조가 되었던 것이다. (『견이기』)

徐州民吳淸, 以太元五年被差爲征. 民殺雞求福, 煮雞頭在盤中, 忽然而鳴, 其聲甚長. 後破賊帥邵寶, 寶臨陣戰死, 其時僵尸狼籍, 莫之能識. 淸見一人著白袍, 疑是主帥, 遂取以聞推校之, 乃是寶首. 淸以功拜淸河太守, 越自什伍, 遽升榮位. 雞之妖, 更爲吉祥. (出『甄異記』)

## 461·28(6352)
## 광주자사(廣州刺史)

광주자사의 상여가 고향으로 돌아온 뒤, 그의 큰 아들 안길(安吉)이 [南朝 宋 文帝] 원가(元嘉) 3년(426)에 병사하고 그의 둘째 아들도 4년(427)에 병사했다. 그래서 어떤 사람이 [그의 집안사람에게] 수탉 한 마리를 그의 관 속에 넣어두라고 했다. 그 닭은 매일 동틀 무렵이면 관 속에서 3번씩 울곤 했는데, 그 소리가 몹시 비통했으며 닭장 안에서 우는 것과 다름없었다. 그렇게 한 달이 지난 후에야 더 이상 닭 우는 소리가 들리지 않았다.(『제해기』)

廣州刺史喪還, 其大兒安吉, 元嘉三年病死, 第二兒, 四年復病死, 或敎以一雄雞置棺中. 此雞每至天欲曉, 輒在棺裏鳴三聲, 甚悲徹, 不異栖中鳴. 一月日後, 不復聞聲.(出『齊諧記』)


## 461·29(6353)
## 축계공(祝雞公)

축계공은 낙양(洛陽) 사람이다. 그는 시향(尸鄕)의 북산 기슭에 살면서 100여 년 동안 닭을 길렀다. 천여 마리나 되는 닭에게 모두 이름을 붙여주었으며, 저녁에는 나무 위에 홰를 틀게 하고 낮에는 방사(放飼)했다. [어떤 한 마리를] 불러오려고 이름을 부르면 [그 닭이] 즉시 부름에 응하여[원문은 '種別'이라 되어 있지만 『列仙傳』에 의거하여 '依呼'로 고쳐 번역함] 이르렀다. 그는 닭과 달걀을 팔아 천여 만 냥을 벌었지만 어느 날 문득 돈을 놓아두고 떠났다. 그리고는 오(吳) 땅으로 가서 양어장[원문은 '養池魚'라 되어 있지만 『列仙傳』에 의거하여 '養魚池'로 고쳐 번역함]을 만들었다. 그 후 오산(吳山)으로 올라갔는데 닭과 공작 수백 마리가 항상 그의 곁에 머물렀다. (『열선전』)

祝雞公者, 洛陽人也. 居尸鄉北山下, 養雞百餘年. 雞皆有名字, 千餘頭, 暮棲樹下, 晝放散之. 欲取呼名, 卽種別而至. 賣雞及子, 得千餘萬, 輒置錢去. 之吳, 作養池魚. 後登吳山, 雞雀數百, 常出其旁. (出『列仙傳』)

## 461 · 30(6354)
## 주 종(朱 綜)

임회군(臨淮郡)의 주종이 모친상을 당하여 [여막을 지키느라] 늘 밖에서 지냈는데, 하루는 부인이 아프다는 소식을 듣고 집으로 돌아와 부인을 만났더니 부인이 말했다.

"상례(喪禮)는 중요하니 번거롭게 자주 돌아와서는 안 됩니다."

주종이 말했다.

"어머님이 돌아가신 이후로 언제 내가 부인에게 왔었단 말이오?"

부인이 말했다.

"당신은 여러 차례 왔었습니다."

주종은 그것이 [자신을 가장한] 요물이라고 단정하고 부인의 여종에게 요물이 오면 곧바로 문을 잠가서 붙잡으라고 했다. 드디어 요물이 오자 주종이 즉시 달려가서 지켜보니, 요물은 도망갈 수가 없자 갑자기 늙은 흰 수탉으로 변했다. 주종이 조사해보았더니 다름 아닌 집에서 기르던 닭이었다. 그래서 그것을 죽였더니 마침내 그런 일이 일어나지 않았다. (유의경 『유명록』)

臨淮朱綜遭母難, 恒外處住, 內有病, 因見前婦('婦'字原闕, 據明鈔本補), 婦曰: "喪禮之重, 不煩數還." 綜曰: "自荼毒已來, 何時至內?" 婦云: "君來多矣." 綜知是魅, 敕婦婢, 候來, 便卽閉戶執之. 及來, 登往赴視, 此物不得去, 遽變老白雄雞. 推問是家雞. 殺之遂絶. (出劉義慶『幽明錄』)

## 461 · 31(6355)
## 대군정(代郡亭)

대군의 경계에 있는 한 정자에서 늘 괴이한 일이 일어났기 때문에 사람들이 그곳에 머물 수 없었다. 하루는 기운 세고 용감한 어떤 서생이 저물녘에 길을 가다가 그 정자에서 묵으려 했다. 정자 관리가 말리자 서생이 말했다.

"나는 그 요괴를 처치할 수 있소이다."

그리고는 그곳에서 숙식했다. 밤에 서생이 대청 앞에 앉아 있을 때, 손 하나가 불쑥 나와 오공적(五孔笛: 구멍이 5개 있는 피리)을 불었다.

[그 모습을 보고] 서생이 웃으면서 귀신에게 말했다.

"너는 손이 하나뿐이니 어떻게 오공적을 잘 다룰 수 있겠느냐? 내가 네 대신 불어주마."

귀신이 말했다.

"그대는 내 손가락이 적다고 여기시오?"

그리고는 다시 손을 뻗자 즉시 수십 개의 손가락이 나왔다. 서생은 그것을 공격할 수 있다고 생각하여 검을 빼서 내리쳤다. 잡고 보았더니 다름 아닌 늙은 수탉이었다. (『유명록』)

代郡界中一亭, 作怪不可止. 有諸生壯勇者, 暮行, 欲止亭宿. 亭吏止之, 諸生曰: "我自能消此." 乃住宿食. 夜諸生前坐, 出一手, 吹五孔笛. 諸生笑謂鬼曰: "汝止('止'原作'上', 據明鈔本改)有一手, 那得遍笛? 我爲汝吹來." 鬼云: "卿爲我少指耶?" 乃復引手, 卽有數十指出. 諸生知其可擊, 因拔劍砍之. 得老雄雞. (出『幽明錄』)


## 461 · 32(6356)
## 고 억(高 嶷)

당(唐)나라 발해(渤海)의 거부 고억은 갑자기 한 달 넘게 병을 앓다가 그대로 병석에서 죽었는데 심장 위가 여전히 따뜻했다. 그런데 며칠 있다가 그는 살아나서 이렇게 말했다.

"에꾸 눈에 흰 옷 입은 어떤 사람이 고소장을 가지고 저승 관부로 오

더니 내가 그의 처자식을 죽였다고 소송했다. 나는 본래 그 노인을 알지
도 못한다고 대답하자, 저승관리가 '그대의 수명은 아직 다하지 않았으
니 잠시 석방하여 돌려보낸다'라고 했다."

고억은 흰 옷 입은 사람이 바로 집에서 기르던 늙은 에꾸 눈 흰 수탉
임을 마침내 깨닫고 그것을 쏘아죽이게 했더니, 그 후로 요괴가 나타나
지 않았다.

　唐渤海高嶷巨富, 忽患月餘日, 帖然而卒, 心上仍暖. 經日而蘇. 云: "有一白
衣人, 眇目, 把牒冥司, 訟殺其妻子. 嶷對元不識此老人, 冥官云: '君命未盡, 且
放歸.'" 遂悟白衣人乃是家中老瞎麻雞也, 令射殺, 魅遂絶.


## 461·33(6357)
# 천 후(天 后)

　당(唐)나라 [睿宗] 문명년(文明年: 684) 이후에 천하의 여러 주(州)
에서 암탉이 수탉으로 변한 것을 아주 많이 바쳤는데, 간혹 절반은 이미
변했지만 절반은 아직 변하지 않은 것도 있었다. 그것은 바로 칙천무후
(則天武后)가 정식으로 제위에 오를 징조였다.

　唐文明已後, 天下諸州, 進雌雞變爲雄者甚多, 或半已化, 半未化. 乃則天正位
之兆.

## 위 호(衛 鎬)

위호가 현령(縣令)으로 있을 때 현을 순시하다가 마을 사람 왕행(王幸)의 집에 도착하여 그 집에서 언뜻 잠이 들었는데, 꿈속에서 검은 옷 입은 한 부인이 누런 옷 입은 10여 명의 아이를 데리고 나타나 모두 목숨을 살려달고 하면서 재삼 머리를 조아리더니 잠시 후 다시 오는 것이었다. 장호는 [꿈을 깬 뒤] 그 일을 몹시 꺼림칙해하면서 식사를 차려오라고 재촉하여 [얼른 먹고] 계속 길을 가려고 했다. 그때 위호가 가까이 믿는 사람이 알려왔다.

"왕행은 집이 가난하여 음식을 차릴 만한 것이 없습니다. 다만 암탉 한 마리가 달걀을 품어 부화한지 이미 10여 일이 지났는데, 지금 그것을 잡으려 하고 있습니다."

위호는 그제야 검은 옷 입은 부인이 바로 오골계임을 깨닫고서 마침내 그것을 풀어주라고 명했다. 그날 밤에 위호가 다시 꿈을 꾸었더니, 검은 옷 입은 부인이 그에게 감사하고 기뻐하며 떠나갔다. (이상 모두 『조야첨재』)


衛鎬爲縣官, 下縣, 至里人王幸在家, 方假寐, 夢一烏衣婦人引十數小兒, 著黃衣, 咸言乞命, 叩頭再三, 斯須又至. 鎬甚惡其事, 遂催食欲前. 適鎬所親者報曰: "王幸在家窮, 無物設饌. 有一雞, 見抱兒, 已得十餘日, 將欲殺之." 鎬方悟烏衣婦人果烏雞也. 遂命解放. 是夜復夢, 感欣然而去. (並出『朝野僉載』)

## 461 · 35(6359)
## 합비부인(合肥富人)

합비의 부자 유(劉) 아무개는 닭을 즐겨 먹었다. 그는 닭을 잡을 때마다 반드시 먼저 그 두 발을 자른 뒤 나무 궤짝 속에 넣어 피가 다 빠지고 기력이 없어진 다음에 삶았는데, 그렇게 하면 비린내가 없어진다고 생각했다. 그는 나중에 병이 들어 귀밑털에서 종기가 생겼는데, 이미 낫고 난 뒤에 종기자국에서 작은 닭발이 다시 돋아났다. 그는 세수하거나 머리를 빗을 때마다 반드시 그 닭발을 건드려 상처를 냈는데, 그러면 상처에서 즉시 피가 흘러 얼굴을 덮었으며 하루 종일 계속 심하게 아팠다. 이렇게 몇 년 동안 하루도 상처가 나지 않는 날이 없었으며, 결국 그로 인해 죽었다. (『계신록』)

合肥有富人劉某, 好食雞. 每殺雞, 必先刖雙足, 置木櫃中, 血瀝盡力, 乃烹, 以爲去腥氣. 某後病, 生瘡於鬢, 旣愈, 復生小雞足於瘡瘢中. 每巾櫛, 必傷其足, 傷卽流血被面, 痛楚竟日. 如是積歲, 無日不傷, 竟以是卒. (出『稽神錄』)

# 태평광기

권제 462

금조 3

### 아(鵝)(鴨附)
1. 사 회(史 悝)
2. 요 략(姚 略)
3. 아 구(鵝 溝)
4. 조 록 사(祖 錄 事)
5. 주 씨 자(周 氏 子)
6. 평 고 인(平 固 人)
7. 해릉투아(海陵鬪鵝)
8. 압 (鴨)

### 노(鷺)
9. 풍 법(馮 法)
10. 전당사인(錢塘士人)
11. 여주백로(黎州白鷺)

### 안(鴈)
12. 남인포안(南人捕鴈)
13. 해 릉 인(海 陵 人)

### 구욕(鸜鴿)
14. 구 족(勾 足)
15. 능 언(能 言)
16. 환 활(桓 豁)
17. 광릉소년(廣陵少年)

### 작(雀)
18. 작목석혼(雀目夕昏)
19. 조 오 산(弔烏山)
20. 양 선(楊 宣)

### 오(烏)
21. 월 오 대(越 烏 臺)
22. 하 잠 지(何 潛 之)
23. 오 군 산(烏 君 山)
24. 위 령(魏 伶)
25. 삼 족 오(三 足 烏)
26. 이 납(李 納)
27. 여 생 처(呂 生 妻)
28. 양 조(梁 祖)

### 효(梟)(鴟附)
29. 명 효(鳴 梟)
30. 치 (鴟)
31. 휴류목야명(鵂鶹目夜明)
32. 야행유녀(夜行遊女)
33. 양 효(禳 梟)
34. 장 솔 갱(張 率 更)
35. 옹 주 인(雍 州 人)
36. 위 전(韋 顗)

# 아(鵝)

### 462·1(6360)
## 사 회(史 悝)

    진(晉: 東晉)나라 태원연간(太元年間: 376∼396)에 장안군(章安郡) 사회의 집에 아주 잘 우는 얼룩무늬 수컷 거위 한 마리가 있었다. 사회의 딸이 늘 거위를 돌보며 먹이를 주었는데, 거위는 그녀가 주는 먹이가 아니면 아무 것도 먹지 않았다. 순첨(荀僉)은 기어코 거위를 달라고 해서 데려갔는데, 거위가 번번이 먹지 않는 바람에 하는 수 없이 다시 사회에게 돌려주었다. 그로부터 며칠 뒤에 사회가 새벽에 일어나서 보았더니 딸과 거위가 함께 보이지 않았다. 이웃 사람들이 거위가 서쪽으로 갔다고 하는 소리를 듣고 사회는 곧장 거위를 쫓아서 한 물가에 이르렀는데, 딸의 옷가지와 거위의 털만이 물가에 있을 뿐이었다. 그래서 오늘날 이 물을 '아계(鵝溪)'라고 부른다. (『광고금오행기』)

    晉太元中, 章安郡史悝家有駁雄鵝, 善鳴. 悝女常養飼之, 鵝非女不食. 荀僉苦求之, 鵝輒不食, 乃以還悝. 又數日, 晨起, 失女及鵝. 隣家聞鵝向西, 追至一水, 唯見女衣及鵝毛在水邊. 今名此水爲'鵝溪'. (出『廣古今五行記』)

462・2(6361)
## 요 략(姚 略)

[東晉] 의희연간(義熙年間: 405~418)에 강족(羌族)의 군주 요략은 낙양(洛陽)의 도랑을 무너뜨리고 벽돌을 꺼내다가 수컷 거위 한 쌍을 얻었는데, 모두 황금색이었다. 거위가 모가지를 교차하여 길게 울면 그 소리가 구고(九皋: 구불구불한 깊은 연못을 가리키나 여기서는 먼 곳을 가리킴)까지 들렸다. 요략은 거위들을 그 도랑에서 키우게 했다. (『유명록』)

義熙中, 羌主姚略壞洛陽溝, 取磚, 得一雙雄鵝, 並金色. 交頸長鳴, 聲聞九皋. 養之此溝. (出『幽明錄』)


462・3(6362)
## 아 구(鵝 溝)

제남군(濟南郡) 장공성(張公城)의 서북쪽에 거위 도랑이 있다. 남연(南燕: 五胡十六國시대의 하나로, 慕容氏가 세운 나라임) 때 한 어부가 그 물가에서 살았는데, 늘 거위 울음소리가 들렸다. 많은 거위들 중 한 거위에서 아주 맑고 낭랑한 방울 소리가 났다. 거위 떼가 오기를 기다렸다가 보았더니 그 가운데 한 마리가 특히 목이 길었다. 그물을 쳐서 거위를 잡고 보았더니 목에 구리 방울이 은사슬과 함께 묶여 있었는데, 구리 방울 위에 [漢 武帝] '원정(元鼎) 원년(116)'이라는 글자가 약간 도드라져 있었다. (『유양잡조』)

濟南郡張公城西北有鵝溝. 南燕世, 有漁人居水側, 常聽鵝聲. 而衆鵝中有鈴聲甚淸亮. 候之, 見一鵝咽頸極長. 因羅得之, 項上有銅鈴, 綴以銀鏁, 有隱起'元鼎元年'字. (出『酉陽雜俎』)

## 462・4(6363)
## 조록사(祖錄事)

[唐나라] 구시년(久視年: 700)에 월주(越州)에 조씨(祖氏) 성을 가진 한 녹사가 있었는데, 그 이름은 알 수 없다. 어느 날 아침 일찍 그는 집을 나섰다가 어떤 사람이 거위를 메고 시장에 가는 것을 보았는데, 그 거위가 조록사를 보더니 여러 차례 돌아보면서 길게 울어대는 것이었다. 그리하여 조록사는 돈을 주고 그 거위를 사서 절로 데리고 가 풀어놓으며 장생(長生) 거위로 쓰게 했다. 그런데 거위는 끝내 절로 들어가지 않고 조록사의 뒤를 따라 왔는데, 마을을 지나고 저자거리를 지나 사람들이 오밀조밀 모여 있는 곳에 이르기까지 한 걸음도 놓치지 않았다. 조록사는 하는 수 없이 그 거위를 거두어 길렀다. 이 이야기는 좌승상(左丞相) 장석(張錫)이 직접 보고 말해준 것이다. (『조야첨재』)

久視年中, 越州有祖錄事, 不得名. 早出, 見擔鵝向市中者, 鵝見錄事, 頻顧而鳴. 祖乃以錢贖之, 到僧寺, 令放爲長生. 鵝竟不肯入寺, 但走逐祖後, 經坊歷市, 稠人廣衆之處, 一步不放. 祖收養之. 左丞張錫親見說. (出『朝野僉載』)

### 462 · 5(6364)
# 주씨자(周氏子)

　여남(汝南) 주씨의 아들은 오군(吳郡) 사람으로, 그 이름은 알 수 없으나 곤산현(崑山縣)에서 살았다. 그는 [唐나라] 원화연간(元和年間: 806~820)에 명경과(明經科)에 급제하여 관리 선발에 참여했다가 곤산현위(崑山縣尉)에 임명되었다. 그는 임지로 출발하여 마을에서 수십 리 떨어진 곳에 이르러서 한 여관에 묵게 되었다. 밤에 꿈에 흰옷을 입은 아주 수려하게 생긴 사내대장부가 보였는데, 옷깃에 피가 젖어 있는 것이 마치 가슴을 다친 것 같았다. 사내는 절을 하더니 눈물을 흘리면서 주생(周生: 周氏子)에게 이렇게 말했다.
　"저는 임천(林泉)에서 사는 사람인데, 세속을 따르지 않고 제 삶에 만족해하며 살아온 지 여러 해 되었습니다. 오늘 우연히 들판을 지나가다가 불행하게도 당신의 하인들과 부딪쳤는데, 그중 한 사람이 저를 잡아 묶었습니다. 저는 거리낌 없이 살던 사람인지라 사람들에게 사로잡히고 보니 마음이 아주 불쾌했습니다. 또 미친개를 풀어 저의 가슴을 물어뜯게 했는데, 그 분을 이기지 못하겠습니다. 나리께서 저를 불쌍히 여겨 도와주시길 바랍니다. 그렇지 않으면 저는 곧 죽게 될 것입니다."
　주생이 말했다.

"삼가 가르침을 받들겠습니다. 어찌 감히 잊어버리겠습니까?"

주생은 이렇게 말하고 갑자기 잠에서 깨어났는데, 속으로 기이한 일도 다 있다고 생각했다. 이튿날 집에 도착했는데, 그 날 밤 꿈에 다시 흰옷 입은 사람이 나타나 이렇게 말했다.

"제가 전날 나리께 말씀드렸을 때는 다행히 저를 불쌍히 여겨 그렇게 해주마하고 허락하셨는데, 저는 지금도 묶여있습니다. 나리께서 아직도 어진 마음을 바꾸지 않으시고 속히 저를 속박에서 풀어주어 나리 집에 갇히지 않도록 해주신다면 정말 다행이겠습니다."

주생은 곧장 이렇게 물었다.

"그렇다면 그대의 이름을 알려주실 수 있겠습니까?"

그 사람이 말했다.

"저는 새입니다."

그 사람은 말을 다하고는 마침내 떠나갔다. 그 이튿날 주생은 하인들에게 꿈속의 일을 말하며 그런 일이 있는지 물어보았다. 그랬더니 한 하인이 들판을 지나가다가 거위 한 마리를 잡아 삼태기에 넣어 집으로 돌아왔는데, 전날 밤 어떤 개가 거위의 가슴을 물어뜯었다고 했다. 주생은 곧장 그 거위를 놓아주라고 했다. 그 날 밤 꿈에 다시 흰옷 입은 사람이 나타나 감사의 인사를 하고 떠나갔다. (『선실지』)

汝南周氏子, 吳郡人也, 亡其名, 家於崑山縣. 元和中, 以明經上第, 調選, 得尉崑山. 旣之官, 未至邑數十里, 舍於逆旅中. 夜夢一丈夫, 衣白衣儀狀甚秀, 而血濡衣襟, 若傷其臆者. 旣拜而泣謂周生曰: "吾家於林泉者也, 以不尙塵俗, 故得安其所有年矣. 今以偶行田野間, 不幸值君之家僮, 有繫吾者. 吾本逸人也, 旣爲所繫, 心甚不樂. 又縱狂犬噬吾臆, 不勝其慎. 願君子憫而宥之. 不然, 則死在朝夕矣." 周生曰: "謹受敎. 不敢忘?" 言訖忽寤, 心竊異之. 明日, 至其家, 是夕, 又夢白衣來曰: "吾前以事訴君, 幸君憐而諾之, 然今尙爲所繫. 願君不易仁人之心, 疾爲我解其縛, 使不爲君家囚, 幸矣." 周卽問曰: "然則爾之名氏, 可得聞乎?" 其人曰: "我鳥也." 言已遂去. 又明日, 周生乃以夢語家僮, 且以事訊之. 乃家人因適野, 遂獲一鵝, 乃籠歸. 前夕, 有犬傷其臆. 周生卽命放之. 是夕, 又夢白衣人辭謝而去. (出『宣室志』)

## 462 · 6(6365)
# 평고인(平固人)

처주(處州)의 한 평고 사람이 친척집에 갔다가 하룻밤 묵게 되었다. 한밤중에 침실에서 사람들의 말소리가 나기에 천천히 일어나서 들어보았더니, 다름 아닌 거위들의 말소리였다. 한 거위가 이렇게 말했다.

"내일 아침에 주인이 나를 잡아죽일 테니, 아이들을 잘 돌보거라."

거위는 아주 자세하게 일러주었다. 날이 밝은 뒤에 손님이 작별인사를 하고 떠나려하자 주인이 말했다.

"우리 집에 아주 살찐 거위가 있어서 그것을 잡아 그대를 대접하려고 하오."

그리하여 손님은 어제 밤에 자신이 보았던 일을 낱낱이 주인에게 말해주었다. 그때부터 주인의 온 집안 식구들은 더 이상 거위 고기를 먹지 않게 되었으며 그로부터 얼마 지나지 않아 온 마을에서도 거위 고기를 먹지 않게 되었다. (『계신록』)

　處州平固人訪其親家, 因留宿. 夜分, 聞寢室中有人語聲, 徐起聽之, 乃羣鵝. 語曰: "明旦主人將殺我, 善視諸兒." 言之甚悉. 旣明, 客辭去, 主人曰: "我有鵝甚肥, 將以食子." 客具告之. 主人於是擧家不復食鵝, 頃之, 擧鄕不食矣. (出『稽神錄』)

## 462・7(6366)
## 해릉투아(海陵鬪鵝)

　을묘년(乙卯歲: 955)에 해릉군의 서쪽 마을에서 거위 두 마리가 공중에서 싸우다가 한참 뒤에 땅에 떨어졌다. 거위는 크기가 5~6척 정도 되었으며 두 발은 당나귀 발굽 같았다. 마을 사람들 가운데 그 거위를 잡아먹은 이들은 모두 죽었다. 이듬해 병사들이 해릉을 공격하여 함몰시켰다. (『계신록』)

　乙卯歲, 海陵郡西村中有二鵝鬪於空中, 久乃墮地. 其大可五六尺, 雙足如驢蹄. 村人殺而食之者, 皆卒. 明年, 兵陷海陵. (出『稽神錄』)

## 462 · 8(6367)
## 압(鴨)

진(晉)나라 사람 주방(周昉)은 젊었을 때 상인들과 함께 강을 거슬러 가다가 저녁에 궁정묘(宮亭廟: 彭蠡湖 옆의 廬山 아래에 있는 廟) 아래에서 묵게 되었다. 동료들은 서로 이렇게 말했다.

"사당 안에 들어가서 잘 수 있는 사람 있소?"

주방은 담력이 크고 과단성이 있었기 때문에 곧장 사당 안으로 들어가서 밤새 편안하게 잘 잤다. 주방이 새벽에 일어나서 보았더니 사당 안에 머리가 하얗게 센 노인이 있었다. 주방이 그 노인을 잡자 노인은 곧장 수컷 오리로 변했다. 주방이 오리를 잡아 배로 돌아와서 삶아먹으려고 했더니 그 순간 오리가 날아 달아났다. 그 이후로 별다른 탈은 없었다. (『술이기』)

晉周昉少時與商人泝江俱行, 夕止宮亭廟下. 同侶相語: "誰能入廟中宿?" 昉性膽果決, 因上廟宿, 竟夕晏然. 晨起, 廟中見有白頭老翁, 昉遂擒之, 化爲雄鴨. 昉捉還船, 欲烹之, 因而飛去. 後竟無他. (出『述異記』)

# 노(鷺)

## 462 · 9(6368)
## 풍법(馮法)

진(晉: 東晉)나라 건무연간(建武年間: 317~318)에 섬현(剡縣)의 풍법은 장사를 하다가 날이 저물자 물 억새가 핀 못 가에서 묵었는데, 살결이 희고 몸집이 자그마한 한 상복 입은 여자가 나타나서 배에 태워 달라고 했다. 이튿날 아침 배가 출발하려고 하자 여자가 말했다.

"잠시 뭍에 올라가 노자를 가지고 오겠습니다."

여자가 떠나고 난 뒤에 풍법이 보았더니 비단 한 필이 사라지고 없었는데, 잠시 뒤에 여자가 대신 꼴 두 묶음을 가져와 배에다 놓았다. 이렇게 해서 여자는 열 번 뭍에 올라갔고 모두 열 필의 비단이 사라졌다. 풍법은 그 여자가 사람이 아닐 것이라는 의심이 들어 곧장 그녀의 두 발을 묶었다. 그러자 여자가 말했다.

"당신의 비단은 앞에 있는 풀 속에 있습니다."

그리고는 한 마리 커다란 백로로 변했다. 풍법이 백로를 삶아 먹어보았더니 고기 맛이 그다지 좋지 않았다. (『유명록』)


晉建武中, 剡縣馮法作賈, 夕宿荻塘, 見一女子, 著縗服, 白晳, 形狀短小, 求寄載. 明旦, 船欲發, 云: "暫上取行資." 旣去, 法失絹一疋, 女抱二束芻實船中. 如此十上, 失十絹. 法疑非人, 乃縛兩足. 女云: "君絹在前草中." 化形作大白鷺.

烹食之. 肉不甚美. (出『幽明錄』)


## 462 · 10(6369)
## 전당사인(錢塘士人)

　전당(錢塘)에 두씨(杜氏) 성을 가진 한 서생이 있었다. 그가 배를 타고 길을 가려는데, 마침 눈이 펑펑 내리고 날이 저물었다. 그때 한 여자가 소복을 입고 오는 것을 본 두씨는 이렇게 물었다.
　"배 안으로 들어오시지 그러십니까?"
　그리하여 두 사람은 서로 수작을 부렸다. 두씨는 선실 문을 닫고 여자를 배에 태웠는데, 잠시 뒤에 여자가 백로로 변해 날아갔다. 두씨는 이를 몹시 꺼림칙하게 여기더니 곧장 병이 나서 죽었다. (『속수신기』)


　錢塘士人姓杜. 船行, 時大雪日暮. 有女子素衣來, 杜曰: "何不入船?" 遂相調戱. 杜闔船載之, 後成白鷺去. 杜惡之, 便病死也. (出『續搜神記』)


## 462 · 11(6370)
## 여주백로(黎州白鷺)

　여주 통망현(通望縣)에는 매년 초여름이면 백로 한 쌍이 땅에 떨어지곤 했다. 옛 노인들의 말에 따르면, 새 떼가 풍토병을 피해 다른 곳으로 날아갈 때 백로 한 쌍을 남겨 산신(山神)에게 제사 지낸다고 한다. 또 군(郡)의 주장(主將: 大將)이 바뀔 때마다 하루 전날 반드시 백로 한 쌍이 대도하(大渡河: 岷江의 한 지류)에서 주(州)의 성으로 날아들어 선회하다가 머무르다가 3~5일 뒤에 다시 돌아간다고 한다. 그래서 군주(軍州)에서는 그 새를 '선지조(先至鳥)'라고 부르면서 곧장 신임 주장을 맞이하고 전임 주장을 배웅할 준비를 했는데, 한번도 어긋난 적이 없었다. (『여주도경』)

黎州通望縣, 每歲孟夏, 有白鷺鷥一雙墜地. 古老傳云, 衆鳥避瘴, 臨去, 留一鷺祭山神. 又每郡主將有除替, 一日前, 須有白鷺鷥一對, 從大渡河飛往州城, 盤旋栖泊, 三五日却廻. 軍州號爲'先至鳥', 便迎新送故, 更無誤焉. (出『黎州圖經』)

# 안(鴈)

## 462·12(6371)
## 남인포안(南人捕鴈)

기러기는 강이나 호수의 언덕 및 모래톱에서 사는데, 걸핏하면 수백 수천 마리가 모인다. 가장 큰기러기가 중간에 위치해 있으면서 다른 기러기를 시켜 주위를 에워싸고 경계하게 한다. 기러기 사냥을 하는 남쪽 사람들은 날이 컴컴하거나 혹은 달이 뜨지 않을 때를 기다렸다가 질그릇 안에 촛불을 숨겨놓고 몇몇 사람이 몽둥이를 들고 숨죽인 채 몰래 기러기 떼에게 다가간다. 거의 다 접근했을 무렵 약간 촛불을 들었다가 다시 숨긴다. 그러면 기러기 떼가 놀라 소리치고 이때 큰기러기 역시 놀란다. 잠시 뒤에 다시 조용해지면 또 앞으로 다가가서 촛불을 들어올리는데, 그러면 기러기들은 또 놀란다. 이렇게 여러 차례 하다보면 큰기러기가 화가 나서 다른 기러기 떼를 부리로 쫀다. 촛불을 든 사람이 천천히 거리를 좁혀 다가가며 촛불을 들어도 기러기 떼는 쪼이는 것이 두려워 더 이상 꼼짝도 않는다. 이때 촛불을 높이 들면 몽둥이를 든 사람들이 일제히 기러기 떼 속으로 들어가 마구 두들겨서 많은 기러기를 잡는다. 옛날 회남(淮南) 사람인 평사(評事) 장응(張凝)이 이에 대해 이야기 해주었는데, 그도 이렇게 해서 기러기를 직접 잡은 적이 있다. (『옥당한화』)

鴈宿於江湖之岸, 沙渚之中, 動計千百. 大者居其中, 令鴈奴圍而警察. 南人有採捕者, 俟其天色陰暗, 或無月時, 於瓦罐中藏燭, 持棒者數人, 屛氣潛行. 將欲及之, 則略擧燭, 便藏之. 鴈奴驚叫, 大者亦驚. 頃之復定, 又欲前擧燭, 鴈奴又驚. 如是數四, 大者怒啄鴈奴. 秉燭者徐徐逼之, 更擧燭, 則鴈奴懼啄, 不復動矣. 乃高擧其燭, 持棒者齊入羣中, 亂擊之, 所獲甚多. 昔有淮南人張凝評事話之, 此人親曾採捕. (出『玉堂閒話』)

## 462·13(6372)
## 해릉인(海陵人)

해릉현 동쪽에 사는 사람들은 주로 기러기 잡는 것을 생업으로 한다.

이들은 늘 기러기 한 마리를 길러 그것의 깃촉을 잘라낸 뒤에 미끼로 삼는다. 하루는 기러기 떼가 변방을 돌 때 미끼 기러기가 갑자기 사람처럼 이렇게 말했다.

"내가 너에게 돈으로 충분히 보상했으니, 돌아갈 수 있게 나를 놓아다오."

그리고는 하늘로 날아올라 떠나갔다. 그 이후로 그 사람은 더 이상 기러기를 잡지 않았다. (『계신록』)

海陵縣東居人, 多以捕鴈爲業. 恒養一鴈, 去其六翮以爲媒. 一日群鴈廻塞時, 鴈媒忽人語謂主人曰: "我償爾錢足, 放我廻去." 因騰空而去. 此人遂不復捕鴈. (出『稽神錄』)

## 구욕(鸜鵒)

### 462 · 14(6373)
### 구 족(勾 足)

구욕(鸜鵒: 구관조)은 교미할 때 서로 다리를 꼬고 마치 싸우는 것처럼 아주 급하게 울면서 날개를 퍼덕이는데, 그러다 종종 땅에 떨어지기도 한다. 민간에서는 그 꼬인 다리를 가져다가 미약(媚藥: 최음제)으로 만들어 사용한다. (『유양잡조』)

鸛鴿交時, 以足相勾, 促鳴鼓翼如鬪狀, 往往墜地. 俗取其勾足爲魅藥. (出『酉陽雜俎』)

## 462 · 15(6374)
## 능 언(能 言)

전해오는 말에 따르면 구욕(鸜鵒: 구관조)은 불씨를 가져오도록 시킬 수 있으며 앵무새보다 사람의 말을 더 잘 흉내낸다고 한다. 구관조의 눈동자를 가져다가 젖과 함께 갈아서 눈 안에 떨어뜨리면 하늘 밖에 있는 사물도 볼 수 있다. (『유양잡조』)

鸜鵒, 舊言可使取火, 效人言勝鸚鵡. 取其目精, 和人乳硏, 滴眼中, 能見煙霄外物. (出『酉陽雜俎』)

## 462 · 16(6375)
## 환 활(桓 豁)

진(晉: 東晉) 나라의 사공(司空) 환활이 형주(荊州)에 있을 때, 한 참군(參軍)이 5월 5일에 구욕(鸜鵒: 구관조)의 혀를 자르고 말을 가르쳤는데, 하지 못하는 말이 없었다. 후에 구욕은 큰 모임에서 다른 사람들의 말을 모두 흉내 냈는데, 똑같지 않은 바가 없었다. 마침 그 자리에 코맹맹이 소리를 하는 한 참좌(參佐)가 있었는데, 구욕은 머리를 독 안에 처박고 그 소리를 흉내 냈다.

어느 날 한 주전(主典: 집사)이 소고기를 훔치자, 구욕은 곧바로 참군에게 이렇게 말했다.

"신선한 연잎으로 싸서 병풍 뒤에 감춰 두었습니다."

가서 찾아보았더니 과연 그곳에서 고기가 나왔다. 그렇게 해서 고기 훔친 사람을 벌줄 수 있었다. (유의경 『유명록』)

晉司空桓豁之在荊州也, 有參軍, 五月五日, 剪鸜鵒舌敎語, 無所不名. 後於大會, 悉效人語聲, 無不相類. 時有參佐齇鼻, 因內頭甕中效之.

有主典盜牛肉, 乃白參軍: "以新荷裹置屛風後." 搜得. 罰盜得. (出劉義慶『幽明錄』)

## 462・17(6376)
## 광릉소년(廣陵少年)

광릉의 한 젊은이는 구욕(鸜鵒: 구관조) 한 마리를 기르면서 몹시 아꼈다. 구욕을 새장에 넣은 지 80일 만에 죽자 그 사람은 작은 관을 마련하여 구욕을 그 안에 넣고 들판에다 묻으려고 했다. 그런데 성문에 이르렀을 때 문지기가 관을 열고 보았더니 사람 손 하나가 나왔다. 그리하여 그 사람을 붙잡아서 관리에게 넘겼는데, 80일 정도 뒤에 그 손이 다시 죽은 구욕으로 변해 있었기에 그 사람은 풀려 날 수 있었다. (『계신록』)

廣陵有少年畜一鸜鵒, 甚愛之. 籠檻八十日死, 以小棺貯之, 將瘞於野. 至城門, 閽吏發視之, 乃人之一手也. 執而拘諸吏, 凡八十日, 復爲死鸜鵒, 乃獲免. (出『稽神錄』)

# 작(雀)

## 462 · 18(6377)
## 작목석혼(雀目夕昏)

참새는 모두 저녁이 되면 사물을 보지 못한다. 사람 가운데도 날이 저물어 어두컴컴해지면 사물을 보지 못하는 이가 있는데, 그런 사람을 일러 '작맹(雀盲: 참새 눈)'이라고 한다. 올빼미는 밤에는 가는 털까지도 볼 수 있지만 낮에는 언덕이나 산도 보지 못하는데, 이것은 모두 피차간에 본성이 다르기 때문이다. (『감응경』)

雀皆至夕而不見物. 人有至夕昏不見物者, 謂'雀盲'是也. 鴟鸺夜察毫末, 晝瞑目不見丘山, 殊性也. (出『感應經』)

## 462 · 19(6378)
## 조오산(弔烏山)

촉(蜀) 땅에 조오산(弔烏山: 『酉陽雜俎』의 일부 판본에는 '弔鳥山'이라 되어 있음)이 있는데, 꿩과 참새가 조문하러 와서 가장 슬프게 운다. 백성들은 밤에 불을 밝히고 그 광경을 엿보다가 꿩과 참새를 잡는다. 그 가운데 먹지 않아 모이 주머니가 텅 빈 새도 있었는데, 아마도 특히 슬퍼해서 그런 것 같다. 사람들은 그런 꿩과 참새를 의롭다고 생각하여 죽이지 않는다. (『유양잡조』)

蜀弔烏山, 至雉雀來弔, 最悲. 百姓夜燃火, 伺取之. 其無嗉不食, 似特悲者. 以爲義則不殺. (出『酉陽雜俎』)

## 462 · 20(6379)
## 양 선(楊 宣)

양선은 하내태수(河內太守)가 되어 현으로 갈 때 한 떼의 참새가 뽕나무 위에서 울고 있는 것을 보고는 하급관리에게 이렇게 말했다.
"앞에 곡식을 실은 수레가 뒤집혀 있을 것이다."

(『익도기구전』)

楊宣爲河內太守, 行縣, 有群雀鳴桑樹上, 宣謂吏曰: "前有覆車粟." (出『益都耆舊傳』)

# 오(烏)

### 462·21(6380)
## 월오대(越烏臺)

월왕(越王: 句踐)이 귀국할 때 붉은 까마귀가 양쪽에서 왕을 끼고 날아준 덕에 구천은 나라로 들어갈 수 있었다. 구천은 '망오대(望烏臺)'를 세우고 붉은 까마귀의 기이함을 드러냈다. (왕자년『기구전』[『습유록』])

越王入國, 丹烏夾王而飛, 故句踐得入國也. 起'望烏臺', 言烏之異也. (出王子年『耆舊傳』, 明鈔本作'出『拾遺錄』')

### 462·22(6381)
## 하잠지(何潛之)

진(晉)나라 때 영도현령(營道縣令) 하잠지는 현의 경계지역에서 까마귀 한 마리를 얻었는데, 크기가 백로만 했으며 무릎 위와 넓적다리 아래로 자연적으로 생겨난 구리 사슬 모양이 한 줄로 있었다. (『유양잡조』)

晉時營道縣令何潛之於縣界得烏, 大如白鷺, 膝上髀下, 自然有銅環貫之. (出『酉陽雜俎』)

## 462 · 23(6382)
## 오군산(烏君山)

오군산은 건안(建安)의 명산으로, 현에서 서쪽으로 100리 떨어진 곳에 위치해 있다. 근자에 서중산(徐仲山)이라는 도사가 있었는데, 젊어서부터 신선이 되는 데만 뜻을 두고 가난한 가운데서도 굳은 절개를 지켜나갔으며 해가 오래될수록 더욱 힘써 도를 닦았다. 그가 길에서 사람을 만나면 예로써 대했기에 노소를 막론하고 모두 그에게 길을 비켜주었다. 과실이나 열매가 익기 시작하면 바로 제사를 지냈는데, 먼저 하늘에다 바친 다음에 그것을 노인들에게 고루 나누어주었다. 마을 사람 중에 도둑질한 사람이 사형에 처하게 되면 서중산은 관가를 찾아가 기꺼이 그 죄를 대신 덮어쓰고는 이렇게 말했다.

"도둑질한 자는 죽이지 않는 법입니다. 무고하게 사람을 죽이는 것은 차마 견딜 수 없습니다."

서중산이 갓을 벗고 허리띠를 풀며 엄벌을 청하면 담당관리는 망설이다가 결국 도둑을 놓아주었다.

한번은 서중산이 산길을 가다가 폭우를 만났는데, 바람과 천둥 때문에 고생하다가 그만 길을 잃어버리고 말았다. 그때 문득 번개 사이로 관부처럼 생긴 집 한 채가 보이자 그곳으로 들어가 비를 피했다. 문에 들어서자 어떤 비단 옷 입은 사람이 자신을 돌아보기에 서중산이 말했다.

"이 마을에 사는 도사 서중산이 인사 올립니다."

그러자 비단 옷 입은 사람이 말했다.

"감군사자(監門使者) 소형(蕭衡)도 절 올립니다."

서중산이 비바람을 피해 그곳에 오게 된 까닭을 설명하자, 그 사람은 간곡하게 서중산을 안으로 맞아들였다. 서중산이 물었다.

"마을이 생겨난 이래로 산중에 이와 같은 관부는 없었습니다."

감군이 말했다.

"이곳은 신선이 사는 곳이며 저는 감문관(監門官)입니다."

잠시 뒤에 한 여랑이 나타났는데, 양쪽으로 쪽을 지고 붉은 치마에 푸른 무늬가 그려져 있는 비단 저고리를 입고 있었으며, 왼손에는 황금색 자루가 달린 주미(麈尾: 총채)와 깃발을 들고 있었다. 그녀는 다음과 같이 전했다.

"사자께서는 밖에서 누군가와 이야기하시면서 어찌하여 안에다 보고하지 않는 것입니까?"

그러자 감군사자가 대답했다.

"이곳 마을에 사시는 도사 서중산입니다."

잠시 뒤에 또 이렇게 전해왔다.

"선관(仙官)께서 서중산을 안으로 모시라고 합니다."

조금 전에 보았던 여랑이 서중산을 데리고 복도를 통해 안으로 들어갔는데, 당(堂)의 남쪽에 있는 작은 뜰에 이르자 한 대장부가 보였다. 그는 50세 남짓 되어 보였고 피부와 몸 그리고 수염과 머리카락이 모두 희었으며, 사탑뇌관(紗搭腦冠)을 쓰고 백라은루피(白羅銀鏤帔: 흰 비단에 은실로 수놓은 어깨걸이)를 걸치고 있었다. 그가 서중산에게 말했다.

"그대가 다년간 정심(精心)으로 수도하여 세속을 초월했다는 사실을 알고 있소. 내게 도교를 잘 알고 있는 딸이 있는데, 지난 업보로 반드시 그대의 아내가 되어야 하오. 오늘이 바로 길일이오."

서중산은 계단을 내려가 감사의 절을 올린 뒤에 일어나서 부인을 뵐 것을 청했다. 그러자 그 사람이 말리며 이렇게 말했다.

"나는 상처한 지 7년이나 되었소. 내게는 3남 6녀 아홉 명의 자식이 있는데, 그대의 아내가 될 아이는 가장 어린 딸이오."

그리고는 후당(後堂)에서 혼례 올릴 준비를 하라고 시켰다. 잠시 뒤에 술과 음식이 차려져 나오자 그는 서중산과 함께 음식을 먹었다. 점점 날이 어두워지자 패옥(佩玉) 소리가 들렸고 기이한 향이 진하게 풍겼으며 등불이 환하게 빛났다. 그는 서중산을 데리고 별실로 갔다. 혼례를 치르고 3일 뒤에 서중산은 그곳에 머무는 곳이 마음에 들어 방들을 돌아보았다. 서쪽으로 널찍한 방이 있어 가 보았더니 옷걸이 위에 새 깃털 14개가 걸려 있었는데, 모두 비취새 깃털이었으며 나머지는 까마귀 깃털이었다. 까마귀 깃털 가운데 흰색 까마귀 깃털이 한 장 있었다. 다시 서남쪽으로 가자 또 널찍한 방이 나왔는데, 옷걸이 위에 깃털 49개가 보였는데, 모두 올빼미 깃털이었다. 서중산은 속으로 이상하게 생각하며 방안으로 다시 돌아왔다. 아내가 그에게 말했다.

"당신은 방금 놀러갔다가 무엇을 보셨기에 그런 근심스런 표정을 하고 계십니까?"

서중산이 미처 뭐라 대꾸도 하기 전에 그 아내가 말했다.

"무릇 신선은 가볍게 공중으로 날아오르는데, 그때 새 날개를 빌립니다. 그렇지 않고서야 어떻게 갑자기 만 리나 날아갈 수 있겠습니까?"

그리하여 서중산은 이렇게 물었다.

"까마귀 깃털은 누구 것이오?"

아내가 대답했다.

"그것은 아버님의 옷입니다."

서중산이 또 이렇게 물었다.

"물총새 깃털은 누구 것이오?"

"그것은 이전에 당신을 이곳으로 데리고 온 하녀의 옷입니다."

또 물었다.

"그렇다면 나머지 까마귀 깃털은 누구의 것입니까?"

아내가 말했다.

"저의 오빠와 언니들의 옷입니다."

서중산이 또 물었다.

"그럼 올빼미 가죽은 누구 것이오?"

아내가 말했다.

"밤에 순찰을 도는 사람의 옷으로 바로 감문 소형과 같은 무리들이 입는 것입니다."

아내의 말이 채 끝나기도 전에 갑자기 온 집안이 두려움에 떨었다. 서중산이 그 까닭을 묻자 아내가 이렇게 대답했다.

"마을 사람들이 사냥을 하려고 불을 놓아 온 산을 태우고 있습니다."

순식간에 집안사람들 모두 이렇게 말했다.

"서랑(徐郎: 徐仲山)에게 줄 옷을 미처 다 짓지도 못했습니다. 오늘 이별하더라도 다시 만날 수 있을 것입니다."

그리고는 깃털 가죽을 가져와서 걸치더니 여러 방향으로 날아갔다. 방금 서중산이 보았던 집들은 일순간 사라져 보이지 않았다. 그리하여 사람들은 그곳을 '오군산'이라 부르게 되었다. (『건안기』)

烏君山者, 建安之名山也. 在縣西一百里. 近世有道士徐仲山者, 少求神仙, 專一爲志, 貧居苦節, 年久彌勵. 與人遇於道, 修禮, 無少長皆讓之. 或果穀新熟, 輒祭, 先獻虛空, 次均宿老. 鄉人有偸者坐罪當('罪當'原作'而誅', 據明鈔本改)死, 仲山詣官, 承其偸罪, 白: "偸者不死, 無辜而誅, 情所未忍." 乃免冠解帶, 抵承嚴法. 所司疑而赦之.

仲山又嘗山行, 遇暴雨, 苦風雷, 迷失道徑. 忽於電光之中, 見一舍宅, 有類府州, 因投以避雨. 至門, 見一錦衣人, 顧仲山, 乃稱: "此鄉道士徐仲山拜." 其錦衣人稱: "監門使者蕭衡, 亦拜." 因叙風雨之故, 深相延引. 仲山問曰: "自有鄉, 無此府舍." 監門曰: "此神仙之所處, 僕卽監門官也." 俄有一女郎, 梳縮雙鬟, 衣絳襦裙青文羅衫, 左手執金柄麈尾幢旄. 傳呼曰: "使者外與何人交通, 而不報也?" 答云: "此鄉道士徐仲山." 須臾, 又傳呼云: "仙官召徐仲山入." 向所見女郎, 引仲山自廊進, 至堂南小庭, 見一丈夫. 年可五十餘, 膚體鬢髮盡白, 戴紗搭腦冠, 白羅銀鏤帔. 而謂仲山曰: "知卿精修多年, 超越凡俗. 吾有小女頗閑道教, 以其夙業, 合與卿爲妻. 今當吉辰耳." 仲山降階稱謝拜('階稱謝拜'原作'言謝幾回', 據明鈔本改)起, 而復請謁夫人. 乃止之曰: "吾喪偶已七年. 吾有九子, 三男六女, 爲卿妻者, 最小女也." 乃命後堂備吉禮. 旣而陳酒殽, 與仲山對食訖. 漸夜聞環珮之聲, 異香芬郁, 熒煌燈燭. 引去別室. 禮畢三日, 仲山悅其所居, 巡行屋室. 西向廠舍, 見衣竿上懸皮羽十四枚, 是翠碧皮, 餘悉烏皮耳. 烏皮之中, 有一枚是白烏皮. 又至西南, 有一廠舍, 衣竿之上, 見皮羽四十九枚, 皆鵁鶄. 仲山私怪之, 却至室中. 其妻問其夫曰: "子適遊行, 有何所見, 乃沈悴至此?" 仲山未之應, 其妻曰: "夫神仙輕擧, 皆假羽翼. 不爾, 何以倐忽而致萬里乎?" 因問曰: "烏皮羽爲誰?" 曰: "此大人之衣也." 又問曰: "翠碧皮羽爲誰?" 曰: "此常使通引婢之衣也." "又餘烏皮羽爲誰?" 曰: "新婦兄弟姊妹之衣也." 又問: "鵁鶄皮羽爲誰?" 曰: "司更巡夜者衣, 卽監門蕭衡之倫也." 語未畢, 忽然擧宅驚懼. 問其故, 妻謂之曰: "村人將獵, 縱火燒山." 須臾皆云: "竟未與徐郞造得衣. 今日之別, 可謂邂逅矣." 乃悉取皮羽, 隨方飛去. 卽向所見舍屋, 一無其處. 因號其地爲'烏君山'. (出『建安記』)


462・24(6383)
## 위 령(魏 伶)

당(唐)나라의 위령이 서시현승(西市縣丞)으로 있을 때 주둥이가 붉은 까마귀 한 마리를 길렀다. 그 까마귀는 매번 사람들이 모여 있는 곳에 가서 돈을 구걸했는데, 누군가가 동전 한 닢을 꺼내면 그것을 물고 위령이 있는 곳에 가져다 놓았다. 이렇게 해서 날마다 수백 개의 동전을 거두어 들이자 당시 사람들은 그 까마귀를 '위승오(魏丞烏)'라 불렀다. (『조야첨재』)


唐魏伶爲西市丞, 養一赤嘴烏. 每於人衆中乞錢. 人取一文, 而銜以送伶處. 日收數百. 時人號爲'魏丞烏'. (出『朝野僉載』)


462・25(6384)
## 삼족오(三足烏)

[당나라] 칙천무후(則天武后) 때 한 사람이 삼족오를 바치자, 신하

들 가운데 한 사람이 이렇게 말했다.

"다리 하나는 가짜이옵니다."

그러자 칙천무후가 웃으면서 말했다.

"그저 사관에게 시켜 사서에 기록하면 그 뿐, 어째서 그 진위를 살피려고 하시오?"

『당서(唐書)』에 보면 다음과 같이 적혀 있다.

"천수(天授) 원년(690)에 어떤 사람이 삼족오를 바치자, 칙천무후는 그것을 주(周)나라 왕실의 상서로움이라 생각했다."

예종(睿宗)이 말했다.

"삼족오의 앞다리는 가짜입니다."

칙천무후는 그 말을 듣고는 불쾌해 했는데, 잠깐 사이에 다리 한쪽이 땅에 떨어졌다. (『유양잡조』)


天后時, 有獻三足烏, 左右或言: "一足僞耳." 天后笑曰: "但令史冊書之, 安用察其眞僞?" 『唐書』云: "天授元年, 有進三足烏, 天后以爲周室之瑞." 睿宗云: "烏前足僞." 天后不悅, 須臾, 一足墜地. (出『酉陽雜俎』)


## 462・26(6385)
## 이 납(李 納)

[唐나라] 정원(貞元) 14년(798)에 정주(鄭州)와 변주(汴州) 두 주의 까마귀 떼가 전서(田緖: 魏博節度使 田承嗣의 여섯 번째 아들)와 이

납(李納: 淄靑節度使 李正己의 아들)의 집안으로 날아들어 나무를 입에 물고 와서 성을 쌓았는데, 높이는 2~3척 정도 되었으며 사방 10여 리나 되었다. 전서와 이납은 이 일을 몹시 꺼림칙하게 여겨 그 성을 불태우게 했다. 이틀 뒤에 까마귀 떼가 다시 이전처럼 성을 쌓았는데, 그 주둥이 가에 모두 피가 흐르고 있었다. (『유양잡조』)

貞元十四年, 鄭汴二州群烏飛入田緒・李納境內, 銜木爲城, 高至二三尺, 方十餘里. 緒・納惡而命焚之. 信宿如舊, 烏口皆流血. (出『酉陽雜俎』)

## 462・27(6386)
## 여생처(呂生妻)

동평현(東平縣)의 여생은 노국(魯國) 사람으로 정(鄭) 땅에서 살고 있었다. 그의 아내 황씨(黃氏)는 병이 들어 죽게 되자 시어머니에게 이렇게 말했다.

"저는 병이 들어 곧 죽을 때가 되었습니다. 저는 사람이 죽으면 모두 귀신이 된다고 들었습니다만 사람과 귀신이 서로 통하지 않아 살아 있는 사람들을 더욱 슬프게 만드는 것이 늘 한스러웠습니다. 지금 어머니께서 저를 무척 아끼시니, 제가 죽은 뒤에 틀림없이 꿈에 나타나서 어머니께 알려드리겠습니다."

황씨는 죽고 난 뒤에 시어머니의 꿈에 나타나 울면서 말했다.

"저는 살아생전에 선행을 쌓지 못해 지금 이물이 되었습니다. 저는 정 땅의 동쪽 수풀 속에서 사는데, 검은 날개를 가지고 시끄럽게 울어대는 것이 바로 저입니다. 7일 뒤에 반드시 어머니를 뵈러 올 것이니, 어머니께서는 생전의 저를 생각하시면서 이물이 되었다고 막지 마십시오."

황씨는 이렇게 말하고는 떠나갔다. 7일 뒤에 과연 까마귀 한 마리가 동쪽에서 날아와 여씨 집으로 오더니 정원수에 내려앉아서 한참동안 구슬피 울어댔다. 이를 본 시어머니는 울면서 말했다.

"과연 내 꿈대로구나. 너는 살아생전의 일을 잊지 않고 곧장 내 거처로 날아왔구나!"

까마귀는 곧장 날아서 당(堂) 안으로 들어가 빙빙 돌면서 슬피 울더니 한 식경 뒤에야 비로소 동쪽으로 날아갔다. (『선실지』)

東平呂生, 魯國人, 家於鄭. 其妻黃氏病將死, 告於姑曰: "妾病且死. 然聞人死當爲鬼, 妾常恨人鬼不相通, 使存者益哀. 今姑念妾深, 妾死, 必能以夢告於姑矣." 及其死, 姑夢見黃氏來, 泣而言曰: "妾平生時無狀, 今爲異類. 生於鄭之東野叢木中, 黷其翼, 噭其鳴者, 當是也. 後七日, 當來謁姑, 願姑念平生時, 無以異類見阻." 言訖遂去. 後七日, 果一烏自東來, 至呂氏家, 止於庭樹, 哀鳴久之. 其姑泣而言曰: "果吾之夢矣. 汝無昧平素, 直來吾之居也!" 其烏卽飛入堂中, 廻翔哀唳, 僅食頃, 方東向而去. (出『宣室志』)

## 462·28(6387)
# 양조(梁 祖)

양(梁: 後梁)나라의 태조는 친히 운주(鄆州)를 정벌하러 갔다가 군대를 위남(衛南)에 주둔시켰다. 그때 성의 보루 쌓는 공사가 막 끝났는데, 보루 위에 올라가 주위를 살피다가 보았더니 날아오던 까마귀가 높은 제방 사이에 내려앉아 시끄럽게 울어댔다. 부사(副使) 이번(李璠)이 말했다.

"이것은 까마귀 울음소리인데, 불리하지 않을까요?"

그때 양나라의 선봉부대인 주우유(朱友裕)의 군대가 주선(朱瑄)에게 습격당하여 군사를 빼내 남쪽으로 가고 있었는데, 본 부대는 그 사실도 모른 채 계속 북쪽으로 갔다. 양나라 태조는 주선의 군대가 오는 것을 보고는 곧장 말을 달려 남쪽으로 달아나 어느 한 촌락 사이로 들어갔는데 적에게 쫓기고 있는 상황에서 앞에 아주 깊고 넓은 도랑이 나왔다. 다급하여 경황이 없을 때 갑자기 도랑 안에 있던 옥수수대가 쌓여 길을 만들었다. 그 길은 바로 말 앞에 있었기에 태조는 그것을 뛰어넘어 갔다. 부사 이번과 군장(郡將) 고행사(高行思)는 적들에게 살해당했고, 전기(殿騎: 군대의 후방을 맡은 기병)로 있던 장귀우(張歸宇)는 무기를 들고 목숨을 걸고 싸웠으나 15발의 화살이 몸에 박힌 채 가까스로 살아 돌아왔다. 이를 통해 보건대 위남의 까마귀가 먼저 조짐을 드러낸 것임을 알 수 있다. (『북몽쇄언』)

梁祖親征鄆州, 軍次衛南. 時築新壘工畢, 因登眺其上, 見飛烏止於峻坂之間而噪, 其聲甚厲. 副使李璠曰: "是烏鳴也, 將不利乎?" 其前軍朱友裕爲朱瑄所掩, 拔軍南去, 我軍不知, 因北('北'原作'此', 據明鈔本改)行. 遇朱瑄軍至, 梁祖策馬南走, 入村落聞(明鈔本'聞'作'問', 疑當作'間'), 爲賊所追('追'原作'迨', 據明鈔本改), 前有溝坑, 頗極深廣, 匆遽之際, 忽見溝內蜀黍稈積以爲道. 正在馬前, 遂騰躍而過. 副使李璠・郡將高行思, 爲賊所殺, 張歸宇爲殿騎, 援戈力戰, 僅得生還, 身被十五箭. 乃知衛南之烏, 先見之驗也. (出『北夢瑣言』)

# 효(梟)

### 462・29(6388)
## 명효(鳴梟)

하지가 되면 음기가 움직이기 시작하여 만물을 살생하는데, 이는 만물을 해치는 계절이기 때문이다. 이 때문에 흉조가 인가에서 울면 그 집에 죽음의 징조가 드리운다. 또 이런 말이 있다.

"올빼미는 어미 새의 눈동자를 먹어야 날 수 있다."

곽박(郭璞)은 다음과 같이 말하고 있다.

"복토(大芋: 토란)가 효가 된다[토란의 모습이 땅에 엎어져 있는 蹲鴟와 같아서 이렇게 말한 것임]."

『한서(漢書)』「교사지(郊祀志)」에는 다음과 같이 적혀 있다.

"옛날 천자들은 일찍이 봄에 황제(黃帝)에게 제사지낼 때 올빼미 한 마리와 파경(破獍: 破獍이라고도 하는데, 아비를 잡아먹는 전설 속의 맹수이름) 한 마리를 사용했다."

(조식 「악조론」)

夏至陰氣動爲殘殺, 蓋賊害之候. 故惡鳥鳴於人家, 則有死亡之徵. 又云: "鴟梟食母眼精, 乃能飛." 郭璞云: "伏土爲梟." 『漢書』 「郊祀志」云: "古昔天子, 嘗以春祠黃帝, 用一梟破獍." (出曹植「惡鳥論」)

## 462 · 30(6389)
## 치(鴟)附

전해오는 말에 따르면 송골매는 새끼를 세 마리 낳는데 그 가운데 한 마리가 치(鴟: 올빼미)가 된다고 한다. [唐나라] 숙종(肅宗)의 장황후(張皇后)는 정권을 전횡하면서 숙종에게 술을 바칠 때마다 늘 솔개의 뇌를 술에 넣어 섞어서 마시게 했는데, 그 술은 사람을 오랫동안 취하게 하고 또한 건망증을 가져오게 한다. (『유양잡조』)

또 세상에 전하는 말에 따르면, 솔개는 샘물이나 우물물은 마시지 않고 비가 내려 깃촉에 물이 젖으면 그 물만을 핥아 마신다고 한다. (『유양잡조』)

鴟, 相傳鶡生三子一爲鴟. 肅宗張皇后專權, 每進酒, 常以鴟腦和酒, 令人久醉健忘. (出『酉陽雜俎』)

又世俗相傳, 鴟不飮泉及井水, 唯遇雨濡翮, 方得水飮. (並出『酉陽雜俎』)

## 462・31(6390)
## 휴류목야명(鵂鶹目夜明)

휴류(鵂鶹: 올빼미)는 곧 치(鴟: 올빼미)인데, 이것으로 미끼용 새를 삼으면 새들을 한곳에 모여들게 할 수 있다. 휴류는 대낮에는 아무것도 볼 수 없지만 밤에는 날면서도 모기나 파리를 잡을 수 있다. 휴류는 다름 아닌 귀거(鬼車: 鬼車鳥 혹은 九頭鳥라고도 하는데, 밤에 빛을 내는 전설 속의 怪鳥)의 한 부류로, 모두 밤에 날아다니고 낮에는 숨어 지낸다. 어떤 때는 사람의 손톱을 즐겨 먹는데, 그것을 먹고 나면 길흉을 알 수 있다. 흉한 일이 있을 경우 휴류는 번번이 지붕 위에서 울어대는데, 그러면 장차 재앙이 이른다. 옛 사람들이 손톱을 깎고 나면 집안에다 묻은 것은 대개 이와 같은 일을 꺼려해서이다.

휴류는 '야유녀(夜遊女)'라고도 하며 어린 아이에게 즐겨 해를 입힌다. 아이들의 옷을 별빛이 있는 노천 아래에다 두어서는 안 된다고 하는 것은 야유녀가 해를 입힐까 두려워서이다.

휴류는 또 '귀거(鬼車)'라고도 하는데, 봄과 여름 사이에 조금이라도 어두운 날을 만나면 울면서 지나간다. 휴류는 영외(嶺外: 嶺南)에 특히 많다. 휴류는 인가에 들어가 사람의 혼백을 녹이는 것을 좋아한다. 어떤 사람이 말하기를, 휴류는 머리가 아홉 개인데, [원래 열 개 중에] 하나를 일찍이 개에게 물렸기 때문이라고 한다. 이 때문에 휴류는 늘 피를 흘리는데, 그 핏방울이 떨어져 있는 집에서는 나쁜 일이 생겨난다. 『형초세시기(荊楚歲時記)』에는 다음과 같이 적혀 있다.

"휴류의 울음소리가 들리면 반드시 개를 불러야 한다."

또 이렇게 말하고 있다.

"부엉이는 집새만한 크기에 울음소리가 아주 듣기 싫은데, 날아서 인가에 들어가면 좋지 않은 일이 일어난다."

휴류의 고기는 맛이 있어서 구워먹을 수 있는데, 이 때문에 『장자(莊子)』「제물론(齊物論)」에서는 이렇게 적고 있다.

"탄환을 보면 구운 부엉이 고기가 생각난다."

또 이런 말이 있다.

"옛 사람들은 구운 부엉이 고기를 대단하게 여긴다."

이것은 살지고 맛있는 고기를 높이 산 것이다. 『설문(說文)』에서는 이렇게 적고 있다.

"올빼미는 불효조(不孝鳥)인데, 이는 그 어미를 잡아먹은 뒤에 날 수 있기 때문이다."

『한서(漢書)』에서는 이렇게 적고 있다.

"5월 5일에 올빼미로 국을 끓여 만조백관들에게 하사했다."

사람들은 올빼미를 흉조라고 생각했기 때문에 5월 5일에 잡아 먹은 것이다. 옛 사람들이 부엉이를 구워먹고 올빼미로 국을 끓여 먹는 것은 대개 그 종족을 멸족시키기 위해서였다. (『영표록이』)

또 어떤 사람이 말하기를, 휴류는 사람을 잡아먹고 그 손톱은 남겨둔다고 하는데, 이는 잘못된 것이다. 대개 휴류는 그저 밤에 벼룩이나 이 같은 것을 주워 먹을 뿐인데, 조(爪)와 조(蚤)가 발음이 서로 비슷하기 때문에 잘못 전해진 것 같다. (『감응경』)

僞鸜卽鴟也, 爲鶹, 可以聚諸鳥. 僞鸜晝日, 目無所見, 夜則飛撮蚊蝱. 僞鸜乃鬼車之屬也, 皆夜飛晝藏. 或好食(明鈔本'食'作'拾')人爪甲, 則知吉凶. 凶者輒鳴於屋上, 其將有咎耳. 故人除指甲, 埋之戶內, 蓋忌此也.

亦名'夜遊女', 好('好'字原空闕, 據明鈔本補)與嬰兒作祟. 故嬰孩之衣, 不可置星露下, 畏其祟耳.

又名'鬼車', 春夏之間, 稍遇陰晦, 則飛鳴而過. 嶺外尤多. 愛入人家, 爍人魂氣. 或云, 九首, 曾爲犬嚙其一. 常滴血, 血滴之家, 則有凶咎.『荊楚歲時記』云: "聞之, 當喚犬耳." 又曰: "鴉大如鴞(明鈔本'鴞'作'鴉'), 惡聲, 飛入人家不祥." 其肉美, 堪爲炙, 故『莊子』云: "見彈思鴞炙." 又云: "古人重鴞炙." 尙肥美也.『說文』: "梟不孝鳥, 食母而後能飛."『漢書』曰: "五月五日作梟羹, 以賜百官." 以其惡鳥, 故以五日食之, 古者重鴞炙及梟羹, 蓋欲滅其族類也. (出『嶺表錄異』)

又或云, 僞鸜食人遺爪, 非也. 蓋僞鸜夜能拾蚤虱耳, 爪蚤聲相近, 故誤云也. (出『感應經』)

## 462·32(6391)
# 야행유녀(夜行遊女)

또 이르기를, 야행유녀는 '천제녀(天帝女)'라고도 하고 '조성(釣星)'이라고도 하는데, 귀신처럼 밤에 날아다니고 낮에는 숨어 지낸다고 한다. 깃털 옷을 입으면 새가 되고 털이 빠지면 여자가 된다. 야행유녀는 자식이 없기 때문에 남의 자식 빼앗기를 좋아하며 가슴 앞에 유방이 있다. 대개 사람들이 아이에게 젖을 먹일 때는 아이를 내놓아서는 안 되고, 아이의 옷도 밖에서 말려서는 안 된다. 야행유녀의 털이 아이의 옷 안에 떨어지면 반드시 새가 재앙을 내린다. 야행유녀는 간혹 핏방울을 옷에 뿌려 표식으로 삼기도 한다. 또 어떤 사람이 말하기를, 야행유녀는 아이를 출산하다가 죽은 부인이 변한 것이라고도 한다. (『유양잡조』)

又云, 夜行遊女, 一曰'天帝女', 一名'釣星', 夜飛晝隱, 如鬼神. 衣毛爲飛鳥, 脫毛爲婦人. 無子, 喜取人子, 胷前有乳. 凡人飴小兒, 不可露, 小兒衣亦不可露晒. 毛落衣中, 當爲鳥祟. 或以血點其衣爲誌. 或言産死者所化. (出『酉陽雜組』)

## 462・33(6392)
## 양 효(禳 梟)

상건(常騫)이 제(齊)나라 경공(景公)을 위해 『주례(周禮)』의 예법으로 신에게 제사를 지내 올빼미의 폐해를 제거하자, 올빼미는 곧장 날개를 펴고 땅에 엎드려 죽었다. (『감응경』)

常騫爲齊景公, 以周禮之法禳梟, 梟乃布翼伏於地死. (出『感應經』)

462 · 34(6393)
## 장솔갱(張率更)

  올빼미 한 마리가 새벽에 장솔갱의 정원수 위에서 울자 그의 부인은 불길하다고 생각하여 연신 침을 뱉어댔다. 그러자 장솔갱이 이렇게 말했다.
  "급히 청소하시오. 나는 틀림없이 승진할 것이오."
  장솔갱의 말이 채 끝나기도 전에 축하객들이 이미 문 앞에 와 있었다. (『조야첨재』)

  有梟晨鳴於張率更庭樹, 其妻以爲不祥, 連唾之. 張云: "急灑掃. 吾當改官." 言未畢, 賀客已在門矣. (出『朝野僉載』)


462 · 35(6394)
## 옹주인(雍州人)

  [唐나라] 정관연간(貞觀年間: 627~649) 초에 옹주에 사는 어떤 사람이 밤에 길을 가다가 올빼미가 급하게 울어대는 소리를 들었는데, 올빼미가 왔다 갔다 하면서 그의 머리를 스쳤다. 그 사람은 이를 꺼림칙하게 여겨 채찍으로 올빼미를 때렸다. 올빼미가 죽자 그 사람은 흙으로 올빼미를 덮어버리고 떠나갔다. 몇 리쯤 갔을 때 도적을 체포하는 사람들을 만났는데, 그 사람들은 옹주 사람의 옷에 묻은 피를 보고는 이렇게 물었다.

"웬 피요?"

옹주사람이 사실대로 모두 말했지만 사람들은 그의 말을 믿지 않고 올빼미를 묻은 곳으로 갔다. 그 전에 어떤 도둑이 사람을 살해하고는 머리를 잘라 묻어놓고 도망간 일이 있었는데, 찾을래야 찾을 수 없었다. 그런데 옹주 사람이 흙을 파내고 올빼미를 꺼내자 그곳에서 사람 머리가 나왔다. 사람들이 모두 그를 사람 죽인 도적이라 생각하고 잡아가서 심문하는 바람에 옹주 사람은 큰 고초를 치렀다. (『이문록』)

貞觀初, 雍州有人夜行, 聞梟鳴甚急, 仍往來拂其頭. 此人惡('惡'字原空闕, 據明鈔本補)之, 以鞭擊之, 梟死, 以土覆之而去. 可行數里, 逢捕賊者, 見其衣上有血, 問: "其何血?" 遂具告之, 諸人不信, 將至埋梟之所. 先是有賊殺人, 斷其頭, 瘞之而去, 又尋不得. 及撥土取梟, 遂得人頭. 咸以爲賊, 執而訊之, 大受艱苦. (出『異聞錄』)

## 462・36(6395)
## 위 전(韋 顗)

[唐나라] 대중연간(大中年間: 847~859)에 위전은 진사 시험에 응시했는데, 문장과 학문에는 뛰어났지만 집안이 찢어지게 가난하여 연말에는 추위와 배고픔으로 생활을 해 나갈 수가 없었다. 위광(韋光)이라는 사람은 위전을 종친처럼 대하면서 자신의 거처 밖에 있는 객사에 그를 머물게 했다. 급제자 방이 붙던 날 밤에 눈보라로 날씨는 꽁꽁 얼어

붙었지만 위광의 급제소식을 알리려 사람들이 줄지어 왔다. 그러나 위전에게는 전혀 급제 소식이라곤 없었다. 위광은 당(堂) 사이에 있는 작은 누각으로 위전을 불러들인 뒤 술과 음식을 준비하여 그를 위로했다. 위전은 위광의 하녀들이 의장을 차리고 하인들이 수레와 말을 준비하는 것을 보고는 한밤중에 처소로 돌아와 화로를 안고 탄식하면서 앉아 있었다. 위전은 위광의 급제 소식이 오거든 장차 축하 편지를 쓸 작정이었다. 그가 앉아 있는 곳 가까이에 깨진 창이 있었기 때문에 위전은 대나무 막대기를 자리에 걸어 비바람을 막았다. 그런데 갑자기 처마 사이에서 올빼미 울음소리가 나더니 곧장 올빼미들이 대나무 막대기 위로 모여들었다. 위전은 혼비백산하여 채찍을 들고 문밖으로 나가 올빼미를 쫓아냈었는데, 올빼미는 날아갔다가 다시 돌아와서 한참 만에야 다른 곳으로 날아갔다. 위전이 시종에게 말했다.

"내 평생 동안 실의하여 살았지만 그래도 한스러운 것은 없었는데, 요사스런 날짐승이 이와 같은 해괴망측한 짓을 하는 것을 보니 뜻밖의 화를 당할까 걱정이다."

잠시 뒤에 대궐에서 북이 갑자기 울리더니 합격자의 방이 나 붙었는데, 위전이 급제했다. 위광은 자신의 옷가지와 생활용품 및 거마(車馬)를 모두 위전에게 주었다. (『극담록』)

大中歲, 韋顓擧進士, 詞學贍而貧窶滋甚, 歲暮飢寒, 無以自給. 有韋光者, 待以宗黨, 輟所居外舍館之. 放榜之夕, 風雪凝沍, 報光成事者, 絡繹而至. 顓略無登第之耗. 光延之於堂際小閣, 備設酒饌慰安. 見女僕料數衣裝, 僕者排比車馬, 顓夜分歸所止, 擁爐愁歎而坐. 候光成名, 將修賀禮. 顓坐逼於壞牖, 以橫竹掛席蔽之. 簷際忽有鳴梟, 頃之集於竹上. 顥神魂驚駭, 持策出戶逐之, 飛起復還, 久而方去. 謂('謂'原作'諸', 據明鈔本改)候者曰:"我失意, 亦無所恨, 妖禽作怪如此, 兼恐橫罹禍患." 俄而禁鼓忽鳴, 榜放, 顥已登第. 光服用車馬, 悉將遺焉. (出『劇談錄』)

# 태평광기 권제 463 금조 4

1. 비연조(飛涎鳥)
2. 정 위(精 衛)
3. 인 조(仁 鳥)
4. 적     (鸐)
5. 한 붕(韓 朋)
6. 대 전(帶 箭)
7. 세 조(細 鳥)
8. 왕모사자(王母使者)
9. 원 앙(鴛 鴦)
10. 오 색 조(五 色 鳥)
11. 신유남자(新喩男子)
12. 장 씨(張 氏)
13. 수 금 조(漱 金 鳥)
14. 추     (鶩)
15. 영 도 령(營 道 令)
16. 지연화조(紙鳶化鳥)
17. 순     (鶉)
18. 대 문 모(戴 文 謀)
19. 서 조(瑞 鳥)
20. 보 춘 조(報 春 鳥)
21. 관 부(冠 鳧)
22. 진 길 료(秦 吉 了)
23. 위 씨 자(韋 氏 子)
24. 조 적(鳥 賊)
25. 조 성(鳥 省)
26. 유 경 양(劉 景 陽)
27. 식 황 조(食 蝗 鳥)
28. 노 융(盧 融)
29. 장 씨(張 氏)
30. 왕 서(王 緒)
31. 무공대조(武功大鳥)
32. 관 단(鸛 鶇)
33. 토 수 조(吐 綬 鳥)
34. 두 견(杜 鵑)
35. 문 모 조(蚊 母 鳥)
36. 동 화 조(桐 花 鳥)
37. 진랍국대조(眞臘國大鳥)
38. 백 설(百 舌)
39. 관     (鸛)
40. 감 충(甘 蟲)
41. 대 승(戴 勝)
42. 북해대조(北海大鳥)
43. 아     (鵶)
44. 선거산이조(仙居山異鳥)
45. 앵     (罌)

## 463·1(6396)
## 비연조(飛涎鳥)

　남해(南海)는 회계(會稽)에서 3천 리 떨어져있다. 그곳에 구국(狗國)이 있고 구국 안에는 쥐처럼 생긴 비연조가 있다. 비연조의 양 날개는 새처럼 생겼으나 다리가 붉다. 매일 새벽이면 둥지에 깃든 다른 새들이 아직 흩어져 날아가기도 전에 비연조는 각각 나무 하나씩을 차지하고서 입에 아교 같은 타액을 머금은 채 나무 주위를 빙빙 날아다닌다. 그러면 타액이 비처럼 흩뿌려지면서 많은 나뭇잎들을 적신다. 다른 새들이 그곳으로 날아왔다가 마치 그물에 걸리듯 [타액에] 걸려들면 그때 새들을 잡아먹는다. 만일 정오가 되도록 새를 잡지 못하면 새를 쫓아 공중을 날아가며 타액을 뿌리는데, 그러면 걸려들지 않는 새가 없다. 만일 사람이 비연조를 잡아 포로 만들면 소갈증을 치료할 수 있다. 그 타액은 한번 뿌려진 다음 반나절이 지나면 말라 저절로 떨어지는데, 타액이 땅에 떨어지는 즉시 다시 뿌린다. (『외황기』)

　南海去會稽三千里. 有狗國, 國中有飛涎鳥似鼠, 兩翼如鳥而脚赤. 每至曉, 諸栖禽未散之前, 各各占一樹, 口中有涎如膠, 繞樹飛. 涎如雨('如雨'二字原闕, 據明鈔本補)沾洒衆枝葉. 有他禽之至而如網也, 然乃食之. 如竟午不獲, 卽空中逐而涎惹之, 無不中焉. 人若捕得脯, 治渴. 其涎每布後半日卽乾, 自落, 落卽布之

(出『外荒記』)



## 463・2(6397)
## 정 위(精 衛)

까마귀처럼 생긴 새가 있는데, 머리에는 무늬가 있고 부리는 희며 다리는 붉다. 그 새의 이름은 '정위'이다. 옛날 여형(女娙)이라는 이름의 적제(赤帝: 炎帝)의 딸이 동해(東海)로 가 노닐다가 물에 빠져 죽어 불귀(不歸)의 몸이 되고 말았는데, 그 영혼이 변하여 정위가 되었다. 그래서 정위는 늘 서산(西山)의 나뭇가지와 돌을 물어다가 동해를 메우고 있다. (『박물지』)

有鳥如烏, 文首白喙赤足. 名曰'精衛'. 昔赤帝之女名女娙, 往遊於東海, 溺死而不返, 其神化爲精衛. 故精衛常取西山之木石, 以塡東海. (出『博物志』)


## 463・3(6398)
## 인 조(仁 鳥)

진(晉)나라 문공(文公)은 숲에 불을 질러 개자추(介子推: 介之推. 晉나라 文公이 왕위에 오르기 전 아버지 獻公에게 추방되었을 때, 굶주린 文公에게 자신의 넓적다리 살을 떼어 먹이며 같이 망명생활을 했으나 뒤에 文公이 왕위에 오른 뒤 그의 은혜를 잊자 크게 실망하여 綿山으로 들어가 숨어 살았음. 훗날 문공이 자신의 잘못을 뉘우치고 그를 불렀으나 나오지 않았음. 문공은 그를 나오게 하기 위해 산에다 불을 질렀는데, 그는 끝내 나오지 않고 그대로 타 죽었음. 寒食은 개자추가 타 죽은 것을 기리기 위한 날로서, 이날 사람들은 찬밥을 먹는다고 함)를 얻으려 했다. 그때 흰 갈가마귀 떼가 연기 주위를 맴돌며 시끄럽게 울어대면서 간혹 개자추 옆에 와 앉기도 했는데, 불에도 타지 않았다. 진나라 사람들은 그 뜻을 가상히 여겨 높은 누대를 하나 세운 다음 '사연대(思煙臺)'라 이름 지었다. 또 인수목(仁壽木)을 심었는데, 그 나무는 측백나무처럼 생겼으나 가지가 길고 부드러우며 그 꽃을 먹을 수 있었다. 그래서 『여씨춘추(呂氏春秋)』에서는 다음과 같이 말했다.

"나무 중의 아름다운 것에는 인수목의 꽃이 있다."

여기서 말하고 있는 것이 바로 그것이다.

혹자는 그 갈가마귀에게 인지(認知)가 있었다고 말하는데, 그로 인해 개자추를 태워 죽인 산에서 수백 리에 이르는 곳까지 다시는 그물을 치지 않았다. 갈가마귀는 '인조(仁鳥)'라고 부른다. 민간에서는 '까마귀[본문에는 '仁鳥'라 되어있으나 晉 王嘉의 『拾遺記』「魯僖公」에 의거하여 '烏'로 고쳐 번역함]'라 부르며 그중 가슴 부분이 흰 것은 '자오(慈烏)'라고 부르는데, 역시 같은 종류의 새이다. (왕자년 『습유기』)

晉文公焚林以求介推. 有白鵶繞煙而噪, 或集介子之側, 火不能焚. 晉人嘉之, 起一高臺, 名曰'思煙臺'. 種仁壽之木, 木似柏而枝長軟, 其花堪食. 故『呂氏春秋』云: "木之美者, 有壽木之華." 卽此是. 或云, 此鵶有識, 於焚介之山, 數百里不復識羅網('此鴉有識於焚介之山數百里不復識羅網', 『拾遺記』三作'戒所焚之山數百里居人不得設網羅'). 呼之曰'仁鳥'. 俗亦謂仁鳥', 白臆爲'慈烏', 則此類也. (出王子年『拾遺記』)

## 463·4(6399)
## 적(鸐)

유주(幽州)의 벌판은 우산(羽山) 북쪽에 있다. 그곳에 잘 우는 새가 있는데, 사람 얼굴에 새의 부리를 하고 있으며 날개는 여덟 개이고 다리는 하나이다. 털빛은 꿩과 같으며 걸을 때 땅을 밟지 않는다. 그 새의 이름은 '적[긴 꼬리 산꿩]'이다. 적의 울음소리는 종(鐘)·경(磬)·생(笙)·우(竽)와 비슷하다. 『세어(世語)』에서는 다음과 같이 적고 있다.

"푸른색 적이 울면 태평성세이다."

즉 적은 태평성세가 되면 늪 위를 날아다니며 우는데, 그 소리가 음률에 잘 들어맞는다. 그 새는 날기만 할 뿐 걸어 다니지는 않는다. 우(禹)가 치수(治水)할 적에 적이 산천에 둥지를 틀었는데, 적이 모여드는 곳에서는 반드시 성인이 나온다. 상고시대부터 주조된 여러 정(鼎)이나 기물에는 모두 적의 모습이 새겨져 있으며 명문(銘文)과 찬(贊)은 아직까지도 남아있다. (『습유록』)

幽州之墟, 羽山之北. 有善鳴禽, 人面鳥喙, 八翼一足. 毛色如雉, 行不踐地. 名曰'鸐'. 其聲似鐘·磬·笙·竽也. 『世語』曰: "青鸐鳴, 時太平." 乃盛明之世, 翔鳴藪澤, 音中律呂. 飛而不行. 禹平水土, 栖於川岳, 所集之地, 必有聖人出焉. 自上古鑄諸鼎器, 皆圖像其形, 銘讚至今不絶. (出『拾遺錄』)


## 463・5(6400)
## 한 붕(韓 朋)

한붕조는 물오리나 백구(白鷗)의 일종이다. 이 새는 쌍으로 날아다니며 시냇물에 떠다니기도 한다. 영북(嶺北)에는 비오리・뜸부기・원앙・해오라기 등 물새가 모두 있는데 오로지 한붕조만은 아직 보지 못했다. 살펴보건대 간보(干寶)의 『수신기(搜神記)』에 다음과 같은 이야기가 있다.

"대부(大夫) 한붕(일명 '韓憑'이라고도 한다)은 아내가 매우 아름다웠다. 송(宋)나라 강왕(康王)이 아내를 빼앗자 그는 왕을 몹시 원망했다. 그러자 왕은 그를 가두었고 그는 결국 자살했다. 그의 아내는 몰래 자신의 옷을 썩게 만든 다음 강왕과 함께 누대에 오른 틈을 타 누대 아래로 스스로 몸을 던졌는데, 좌우의 사람들이 그녀의 옷을 잡아당겼으나 [이미 썩어버린] 옷은 손에서 곧 떨어져나가고 말았다. 그녀는 의대에 다음과 같은 내용의 편지를 남겼다. '원컨대 저의 시신을 한씨(韓氏: 韓朋) 있는 곳으로 돌려보내 합장해 주십시오.' 왕은 노하여 그녀를 묻어주되 남편의 무덤과 서로 마주보게 했다. 하룻밤 뒤에 보았더니 두 무덤 위에 각각 가래나무 한 그루가 자라있었는데, 땅 밑에서는 두 나무의 뿌리가 서로 얽혀있었으며 땅 위에서는 가지가 서로 맞닿아 있었다. 또 원앙처럼 생긴 새가 늘 그 나무 위에 머물면서 아침저녁으로 슬피 울었다."

남쪽 사람들은 그 새가 바로 한붕 부부의 영혼일 것이라 생각하여 새에게 한씨의 이름을 붙여주었다. (『영표록이』)

韓朋鳥者, 乃鳬鷖之類. 此鳥爲雙飛, 泛溪浦. 水禽中鸂鷘·鴛鴦·鳲鵲, 嶺北皆有之, 唯韓朋鳥未之見也. 案干寶『搜神記』云: "大夫韓朋(一云'憑'), 其妻美. 宋康王奪之, 朋怨. 王囚之, 朋遂自殺. 妻乃陰腐其衣, 王與之登臺, 自投臺下, 左右提衣, 衣不勝手. 遺書於帶曰: '願以尸還韓氏而合葬.' 王怒, 令埋之以塚相望. 經宿, 忽見有梓木生二塚之上, 根交於下, 枝連其上. 又有鳥如鴛鴦, 恒栖其樹, 朝暮悲鳴." 南人謂此禽卽韓朋夫婦之精魂, 故以韓氏名之. (出『嶺表錄異』)

## 463・6(6401)
## 대 전(帶 箭)

대전조는 그 울음소리가 마치 들까치 같다. 날개 깃털은 황금색과 녹색이 섞여있다. 꼬리가 두 가닥 나 있는데, 길이는 2척 남짓 되며 꼿꼿하나 날카롭지는 못하다. 꼬리 끝에만 털이 조금 나 있는데 그 모습이 마치 새 깃털 장식한 화살 같다하여 '대전조'라 불렀던 것이다. (동상)

帶箭鳥, 鳴如野鵲. 翅羽黃綠間錯. 尾生兩枝, 長二尺餘, 直而不梟. 唯尾稍有

毛, 宛如箭羽, 因目之爲'帶箭鳥'. (同上)

### 463・7(6402)
## 세 조(細 鳥)

한(漢)나라 원봉(元封) 5년(기원전 106)에 늑필국(勒畢國:『洞冥記』권2에 따르면 그 나라 사람들은 모두 키가 3촌이고 몸에 날개가 달려 있으며 언변이 좋아서 '善語國'이라 불린다고 함)에서 세조를 진상해왔는데, 사방 1척으로 된 옥으로 만든 조롱 속에 수백 마리를 담아가지고 왔다. 그 새는 크기가 파리만 하며 모습은 앵무새 같다. 그 울음소리는 몇 리 밖까지 들리는데, 마치 꾀꼬리 소리 같다. 늑필국 사람들은 늘 그 새의 울음소리로 시간을 판단했기 때문에 '후충(候蟲)'이라고도 불렸다. 황제는 그 새를 받은 다음 궁궐 안에 풀어놓았는데, 열흘도 채 안되어 새들은 모두 어디론가 사라져버렸다. 황제는 매우 애석해했으나 다시 구하려 해도 얻을 수가 없었다.

이듬해 그 새가 다시 날아와 휘장 위에 앉았는데, 그중 어떤 것은 옷소매 안으로 들어오기도 했다. 그래서 이름을 '선조(蟬鳥)'라 바꾸었다. 궁녀들과 첩여(婕妤: 漢代 宮女의 官名)는 모두 그 새를 좋아했는데, 이는 그 새가 옷 위에 날아와 앉기만 하면 황제의 총애를 입었기 때문이었다. 무제(武帝) 말년이 되자 그 새들은 차츰 저절로 죽어갔다. 사람들은 또 그 새의 가죽을 매우 좋아했는데, 이는 그 새의 가죽을 몸에 지닌 사람들은 대부분 남자에게 사랑을 받았기 때문이었다. (『동명기』)

漢元封五年, 勒畢國貢細鳥, 以方尺玉籠盛數百頭. 大如蠅, 其狀如鸚鵡. 聞聲數里, 如黃鵠之音. 國人常以此鳥候時, 亦名曰'候蟲'. 上得之, 放於宮內, 旬日之間, 不知所止. 惜甚, 求不復得.

明年, 此鳥復來集於帷幄之上, 或入衣袖. 因更名曰'蟬鳥'. 宮人婕妤等皆悅之, 但有此鳥集於衣上者, 輒蒙愛幸. 武帝末, 稍稍自死. 人尤愛其皮, 服其皮者, 多爲男子媚也. (出『洞冥記』)

## 463・8(6403)
## 왕모사자(王母使者)

제군(齊郡) 함산(函山)에 발이 푸르고 주둥이가 붉으며 날개는 희고 목덜미는 진홍색인 새가 있는데, 그 새는 '서왕모(西王母)의 사자(使者)'라 불린다. 옛날 한(漢)나라 무제(武帝)는 그 산에 올랐다가 길이가 5촌인 옥함(玉函)을 얻은 적이 있었는데, 무제가 산을 내려가자 옥함은 갑자기 한 마리 흰 새로 변하여 날아갔다. 세상에 전하는 말에 따르면 산 위에는 서왕모의 약상자가 있는데, 늘 그 새로 하여금 지키게 한다고 한다. (『유양잡조』)

齊郡函山有鳥足靑嘴赤, 素翼絳顙, 名'王母使者'. 昔漢武帝登此山, 得玉函, 長五寸, 帝下山, 玉函忽化爲白鳥飛去. 世傳山上有王母藥函, 常令鳥守之. (出『酉陽雜俎』)

463・9(6404)
## 원 앙(鴛 鴦)

 한(漢)나라 때에 언현(鄢縣)의 남문 문짝 두개가 갑자기 한 짝은 '원(鴛)!'하고 소리를 내고 다른 한짝은 '앙(鴦)!'하고 소리를 냈는데, 아침저녁으로 문을 열고 닫을 때마다 그 소리가 온 도성에 울려 퍼졌다. 한나라 말제(末帝: 獻帝)는 그 소리가 싫어 사람을 시켜 그 문을 부숴 버리게 했다. 그러자 두짝의 문은 원앙으로 변하여 함께 날아가 버렸다. 그 후 언현을 안성현(晏城縣)으로 바꾸었다. (『조야첨재』)

 漢時, 鄢縣南門兩扇, 忽一聲稱'鴛', 一聲稱'鴦', 晨夕開閉, 聲聞京師. 漢末惡之, 令毁其門. 兩扇化爲鴛鴦, 相隨飛去. 後遂改鄢爲晏城縣. (出『朝野僉載』)


463・10(6405)
## 오색조(五色鳥)

 양진(楊震)이 죽은 뒤 채 매장하기도 전에 높이가 1장도 넘는 커다란 오색조가 하늘에서 내려와 양진의 관 앞에 이르더니 머리를 치켜들고 슬피 울었는데, 흘러내린 눈물이 땅을 적시었다. 새는 그를 땅에 묻던 날 하늘로 치솟아 올라갔다. (사승『후한서』)

 楊震卒, 未葬, 有大鳥五色高丈餘, 從天飛下, 到震棺前, 擧頭悲鳴, 淚出沾地.

至葬日, 沖天上昇. (出謝丞『後漢書』)


## 463 · 11(6406)
## 신유남자(新喩男子)

예장(豫章) 신유현에 사는 한 남자가 밭에 6~7명의 여자가 있는 것을 보았는데, 여자들은 모두 털옷을 입고 있었다. 그는 그 여자들이 새인 줄도 모르고 엉금엉금 기어가 그중 한 여자가 벗어 놓은 털옷을 손에 넣은 다음 가지고 가 몰래 감추어 놓았다. 그런 다음 다시 새들이 있는 곳으로 다시 와 보니 다른 새들은 모두 날아가고 새 한 마리만이 혼자 떠나지 못하고 남아있었다. 남자는 그 여자를 데려와 아내로 삼아 세 명의 딸을 보았다.

어머니[가 된 새]는 딸을 시켜 아버지에게 [자기 옷을 어디에 감췄는지] 물어보게 해 결국 볏짚더미 아래 옷이 있다는 사실을 알아내고는 옷을 찾아 입고 날아가 버렸다. 후에 다시 옷을 가지고 세 딸을 맞이하러 오자 딸들 역시 그 옷을 입고 날아가 버렸다. (『수신기』)


豫章新喩縣男子見田中有六七女, 皆衣毛衣. 不知是鳥, 匍匐往, 得其一女所解毛衣, 取藏之. 卽往就諸鳥, 諸鳥各飛去, 一鳥獨不得去. 男子取以爲婦, 生三女.

其母後使女問父, 知衣在積稻下, 得之, 衣而飛去. 後復以衣迎三兒, 亦得飛去. (出『搜神記』)

## 463 · 12(6407)
## 장 씨(張 氏)

경조(京兆) 사람 장씨가 혼자 방안에 있을 때 비둘기 한 마리가 밖에서 들어와 침상에 앉았다. 그러자 장씨는 이렇게 빌었다.

"이 비둘기가 화를 불러올 것이라면 천장 위로 올라가게 하고 복을 가져올 것이라면 내 품안으로 들어오게 하소서!"

[비둘기는 장씨의 품안으로 날아 들어왔는데], 손으로 비둘기를 더듬어보니 금고리가 하나 나왔다. 그날 이후로 장씨는 자손이 점차 번성하고 재물 또한 만 배나 더 모였다.

촉(蜀) 땅의 한 상인이 장안(長安)에 갔다가 그 소식을 듣고 많은 돈으로 [장씨 집] 하녀를 매수하자 그 하녀는 금고리를 훔쳐다 그 상인에게 주었다. 장씨는 고리를 잃어버린 뒤부터 점점 가세가 기울어갔다. 그런데 촉 땅 상인 역시 액운을 만나게 되었다. 이에 고리를 들고 가 장씨에게 돌려주었더니 장씨의 집안은 다시 일어났다. (『수신기』)

京兆有張氏獨處一室, 有鳩自外入, 止于牀. 張氏祝曰: "鳩爲禍也, 飛上承塵, 爲福也, 卽入我懷!" 以手探之, 而得一金鉤. 是後子孫漸盛, 資財萬倍.

蜀賈客至長安, 聞之, 乃厚賂婢, 婢竊鉤以與客. 張氏旣失鉤, 漸漸衰耗. 而蜀客亦罹窮厄. 於是齎鉤以反張氏, 張氏復昌. (出『搜神記』)

## 463 · 13(6408)
## 수금조(漱金鳥)

위(魏)나라 때 곤명국(昆明國: 古代 中國의 서남쪽에 있던 部族)에서 수금조를 진상했다. 곤명국 사람이 이렇게 말했다.

"연주(然州)에서 9천 리나 떨어진 땅에서 이 새가 살고 있는데, 모양은 참새처럼 생겼고 누런색을 띠고 있으며 깃털은 매우 부드럽고 촘촘합니다. 그 새는 늘 바다 위를 나는데, 그 새를 잡은 사람은 지극히 길한 조짐으로 여깁니다. 듣자니 위대한 위나라의 은덕이 황량한 원방(遠方)까지 미쳤다 하기에 산을 넘고 바다를 건너 와 대국에 [이 새를] 바칩니다."

황제는 그 새를 얻은 다음 영금포(靈禽圃)에서 기르면서 진주를 먹이고 귀뇌(龜腦: 신선들이 마신다는 거북의 腦髓)를 마시게 했다. 새는 늘 좁쌀같이 생긴 금가루를 토해냈는데, 그것을 주조하면 그릇을 만들 수 있었다. 옛날 한(漢)나라 무제(武帝) 때 커다란 참새를 바쳐왔는데, 그것 역시 수금조와 같은 종류였다.

그 새는 눈서리를 두려워했기 때문에 작은 방을 지어주어 그곳에서 살게 했는데, 사람들은 그 방을 '벽한대(辟寒臺)'라고 불렀다. 그 방은 온통 수정으로 문과 창을 만들어 안팎으로 빛이 통하게 했으며 비바람이나 먼지, 안개가 안으로 들어올 수 없었다. 궁녀들은 다투어 그 새가 토해낸 금을 가지고 비녀나 노리개를 장식했으며 그 금을 '벽한금(辟寒金)'이라 불렀다. 그래서 옛날 궁녀들은 서로 비웃을 때 이렇게 말하곤 했다.

"벽한금을 차지 않고서 어떻게 군왕의 마음을 얻을 것이며 벽한전(辟寒鈿)을 차지 않고서 어떻게 군왕의 어여삐 여김을 얻을 수 있단 말인가!"

그랬기 때문에 군왕을 유혹하고자 다투어 그 보물로 몸에 치장했으며 걸을 때건 누워있을 때건 늘 그것을 품에 품고 있으면서 총애를 얻으려 했다. 위나라가 망하고 진귀한 보물로 만든 지대(池臺)에 온통 잡초만 무성해지자 금을 토해내던 새 역시 높이 날아갔다. (『습유록』)

魏時, 昆明國貢漱金鳥. 國人云: "其地去然州九千里, 出此鳥, 形如雀, 色黃, 毛羽柔密. 常翺翔海上, 羅者得之, 以爲至祥('祥'原作'翔', 據明鈔本改). 聞大魏之德, 被於荒遠, 乃越山航海, 來獻大國." 帝得此鳥, 蓄於靈禽之圃, 飴以眞珠, 飮以龜腦. 鳥常吐金屑如粟, 鑄之可以爲器. 昔漢武時, 有獻大雀, 此之類也.

此鳥畏霜雪, 乃起小室以處之, 名曰'辟寒臺'. 皆用水晶爲戶牖, 使內外通光, 而常隔於風雨塵霧. 宮人爭以所吐之金飾釵珮, 謂之'辟寒金'. 故宮人相嘲言曰: "不服辟寒金, 那得君王心, 不服辟寒鈿, 那得君王憐!" 於是媚惑爭以寶爲身飾, 及行臥皆懷挾以要寵也. 魏代喪滅, 珍寶池臺, 鞠爲茂草, 漱金之鳥, 亦自高翔. (出『拾遺錄』)

### 463 · 14(6409)
### 추(鶖)

진(晉)나라 영가(永嘉) 2년(308)에 무수리 떼가 시안현(始安縣)에 모여들었는데, 나무 화살이 무수리 떼의 몸에 관통해 있었다. 쇠로 된 화살촉의 길이가 6촌 반이었는데, 그 화살의 길이로 계산해 보건대 활을 쏜 사람의 키는 분명 1장 5~6척은 될 것이다.

晉永嘉二年, 有鶩集於始安縣, 木矢貫之, 鐵鏃, 其長六寸有半, 以箭計之, 其射者當身長丈五六尺.


## 463 · 15(6410)
## 영도령(營道令)

진(晉)나라 태원연간(太元年間: 376~396)에 영도현령 하해지(何偕之)는 관직을 그만두고 난 뒤 현의 경계에서 새 한 마리를 얻었는데, 그 새는 크기가 해오라기만 했고 청색 깃털에 붉은 눈을 하고 있었다. 또 무릎 위 넓적다리 아래 부분에 구리 고리 모양이 자연적으로 생겨나 있었는데, 크고 작은 고리가 마치 사슬처럼 여기저기 엮여있는 것이 대단히 절묘한 솜씨였다. 이에 온 경읍(京邑)의 사람들이 서로 서로 소문을 내며 구경하러 왔다. 영도는 지금에는 도주(道州)에 속한다. ([『유양잡조』])

晉太元中, 營道令何偕之去職, 於縣界山中得一鳥, 大如白鷺, 靑色赤目. 膝上髀下, 自然有銅環形, 大小刻畫轉輾如('畵轉輾如'四字原空闕, 據黃本補)攬子, 絶妙人功. 於是京邑皆傳觀之. 營道經今屬道州. (原闕出處, 許本·黃本作 '出『酉陽雜俎』')

463 · 16(6411)
## 지연화조(紙鳶化鳥)

양(梁)나라 무제(武帝) 태청(太淸) 3년(549)에 후경(侯景)이 대성(臺城)을 포위하자 먼 곳과 소식이 두절되었다. 간문제(簡文帝)는 종이 솔개를 만들어 공중에 날려 보냄으로써 바깥에 급박한 사정을 알렸다. 후경의 참모(參謀)였던 신하 왕위(王偉)가 후경에게 말했다.

"저 종이 소리개가 가는 곳마다 성 안 사정이 바깥에 전해지고 있습니다."

이에 [후경은] 좌우의 활 잘 쏘는 사람에게 명해 [종이 솔개를] 쏘아 맞추게 했는데, 솔개는 땅에 떨어지자 모두 새로 변하여 구름 속으로 날아 들어가더니 어디론가 사라졌다. (『독이지』)

梁武太淸三年, 侯景圍臺城, 遠不通問. 簡文作紙鳶飛空, 告急於外. 侯景謀臣王偉('偉'字原空闕, 據黃本補) 謂景曰: "此紙鳶所至, 卽以事達外." 令左右善射者射之, 及墮, 皆化爲鳥, 飛入雲中, 不知所住. (出『獨異志』)


463 · 17(6412)
## 순(鶉)

안정(安定)의 평원에 흙으로 성을 쌓을 적에 술잔에 술을 담아 제사를 올리고 있었는데, 갑자기 메추라기 한 마리가 술잔[觚] 위로 날아왔다. 그 일로 인해 그 성을 '순고성(鶉觚城)'이라 이름 지었다. 후위(後魏: 西魏) 문제(文帝) 대통연간(大統年間: 535~551)에 순고현(鶉觚縣)을 세웠다. (『궁신비원』)

安定原土築時, 奠祭以('以'字原空闕, 據明鈔本補)觚爵, 忽有一鶉飛於觚上. 因名'鶉觚城'. 後魏文帝大統中, 立爲鶉觚縣. (出『窮神秘苑』)

## 463・18(6413)
## 대문모(戴文謀)

대문모라는 사람이 양성산(陽城山)에 은거하고 있었는데, 그가 객당(客堂)에서 식사하고 있을 때 홀연 다음과 같은 소리가 들려왔다.

"나는 천제의 사자요. 지금 내려가 그대에게 내 몸을 의탁하려 하는데, 괜찮겠소?"

대문모가 그 소리를 듣고 매우 놀라하자 천제의 사자는 또 이렇게 말했다.

"그대는 나를 의심하는 것이오?"

대문모가 무릎을 꿇고 말했다.

"거처가 너무 빈한하여 신께서 강림하시기에 부족할까 두렵습니다."

대문모는 집안 청소를 하고 신위(神位)를 만든 다음 아침저녁으로 매우 경건히 음식을 바쳤다. 후에 그가 방안에서 아내에게 몰래 사정이야기를 해주자 아내가 말했다.

"이것은 아마도 여우요괴가 붙은 것 같습니다."

대문모가 말했다.

"나 역시 그렇게 의심하고 있소."

대문모가 제사를 올리고 있을 때 신이 말했다.

"그대가 나를 잘 따르기에 이롭게 해줄까 생각했더니, 뜻하지 않게 의심을 품고 엉뚱한 궁리를 하는구려!"

대문모가 사죄하는 중에 갑자가 객당 위에서 마치 수십 명이 지르는 것 같은 소리가 들려왔다. 그가 나가 보니 오색의 커다란 새 한 마리가 보였다. 또 흰 비둘기 수십 마리가 그 새 뒤를 따라갔는데, 동북쪽으로 가더니 구름 속으로 들어가 버렸다. (『궁신비원』)


有戴文謀者, 隱居陽城山中, 曾於客堂食際, 忽聞有呼曰: "我天帝使者. 欲下憑君, 可乎?" 文謀聞甚驚, 又曰: "君疑我也?" 文謀乃跪曰: "居貧, 恐不足降下耳." 旣而洒掃設位, 朝夕進食甚謹. 後謀於室內竊言之, 其婦曰: "此恐是狐魅依憑耳." 文謀曰: "我亦疑之." 乃祠饗之時, 神乃言曰: "吾相從, 方欲相利, 不意有疑心異議!" 文謀辭謝之際, 忽堂上如數十人呼聲. 出視之, 見一大鳥, 五色. 白鳩數十隨之, 東北入雲而去. (出『窮神秘苑』)


## 463·19(6414)
## 서 조(瑞 鳥)

[隋나라] 양제(煬帝)는 요(遼)를 정벌하고 돌아오는 길에 유성군(柳

城郡) 망해진(望海鎭)에 이르렀다. 그는 밖으로 나가 먼 곳을 바라보고 있었는데, 흰 깃털에 붉은 부리를 한 학이나 해오라기처럼 생긴 커다란 새 두 마리가 하늘에서 날아와 쌍쌍이 훨훨 날아 내려오는 것이었다. 그 새들은 키가 1장 4~5척이나 되었고 길이도 8~9척이나 되었다. 두 마리의 새는 잘 길들어진 듯 주위를 맴돌더니 어영(御營)을 날아다니며 춤을 추었다. 양제는 저작좌랑(著作佐郞) 우작(虞綽)에게 명해「서조명(瑞鳥銘)」을 지어 올리게 하고 [새들이 춤추었던] 곳에 비석을 세워 명문을 새겨 넣게 했다. 또 전내승(殿內丞) 염비(閻毗)에게 명해 새들의 모습을 그리게 했다. 비서랑(秘書郞) 우세남(虞世南)이「서조송(瑞鳥頌)」을 바치자 양제는 명을 내려 그림 앞머리에 써넣게 했다. (『대업습유기』)

煬帝征遼回, 次於柳城郡之望海鎭. 步出觀望, 有大鳥二, 素羽丹嘴, 狀同鶴鷺, 出自霄漢, 翩翔雙下. 高一丈四五尺, 長八九尺. 徘徊馴擾, 翔舞御營. 敕著作佐郎虞綽製「瑞鳥銘」以進, 上命鐫於其所. 仍敕殿內丞閻毗圖寫其狀. 秘書郎虞世南上「瑞鳥頌」, 敕令寫於圖首. (出『大業拾遺記』)

## 463 · 20(6415)
## 보춘조(報春鳥)

고저산(顧渚山)에 구관조처럼 생겼으나 몸집이 작은 새가 있는데, 푸른빛에 황금색을 띠고 있다. 그 새는 매년 1월, 2월이 되면 다음과 같은 소리를 낸다.

"봄이 오네!"

또 3월, 4월이 되면 다음과 같은 소리를 낸다.

"봄이 가네!"

차 잎 뜯는 사람들은 그 새를 '보춘조[봄을 알리는 새]'라고 부른다. (『고저산기』)

顧渚山中有鳥如鴝鵒而小, 蒼黃色. 每至正二月, 作聲云: "春起也!" 至三月四月, 作聲云: "春去也!" 採茶人呼爲'報春鳥'. (出『顧渚山記』)


463 · 21(6416)
## 관 부(冠 鳧)

석수어(石首魚: 조기과에 속하는 물고기의 총칭)는 가을이 되면 관부[볏이 있는 오리]로 변한다. 그래서 관부의 머리 가운데에 돌이 있는 것이다. (『해륙쇄사』[『지야기』])

石首魚, 至秋化爲冠鳧. 冠鳧頭中有石也. (出『海陸碎事』, 明鈔本作'出『地野記』')

## 463・22(6417)
## 진길료(秦吉了)

　　진길료는 용주(容州)・관주(管州)・염주(廉州)・백주(白州)에서 난다. 크기는 대략 앵무새만 하며 부리와 다리가 모두 붉다. 두 눈은 뒤통수 양쪽에 달려있으며 황금색의 볏이 있다. 이 새는 사람 말 흉내를 잘 내는데, 말소리가 크고 앵무새보다 분명하다. 삶은 계란을 밥과 섞어 대추처럼 만든 다음 먹인다. 혹자는 말하길, 용주에 순적색과 순백색의 진길료가 있다고 하는데, 둘 다 아직까지 보지 못했다. (『영표록이』)

　　秦吉了, 容・管・廉・白州産此鳥. 大約似鸚鵡, 觜脚皆紅, 兩眼後夾腦, 有黃肉冠. 善效人言, 語音雄大, 分明於鸚鵡. 以熟雞子和飯如棗飼之. 或云, 容州有純赤・純白色者, 俱未之見也. (出『嶺表錄異』)


## 463・23(6418)
## 위씨자(韋氏子)

　　견양군(沔陽郡)에 장여랑(張女郎)을 모신 사당이 있었다. [唐나라 高宗] 상원연간(上元年間: 674~675)에 위씨의 아들은 견양에 갈 일이 있었는데, 길을 가다가 장여랑 사당에 이르렀다. 그는 그곳에서 안장을 내리고 쉬고 있다가 문득 사당 안에 두 개의 나막신이 땅 위에 놓여있는 것을 보게 되었다. 위생(韋生: 위씨의 아들)이 가서 보았더니 그것은 풀을 엮어 만든 신발이었는데, 무늬가 매우 섬세했으며 흰색이었고 만든 솜씨 또한 매우 기묘했다. 이에 위생은 그 신발을 자기 보따리 안에 넣어가지고 그곳을 떠났다.

견양군에 이르니 군수는 그를 관정(館亭)에 머물게 해 주었다. 그날 밤, 위생은 자기가 얻은 신발을 침상 앞에 놓고 잠자리에 들었는데, 이튿날 깨어보니 이미 어디론가 사라지고 없었다. 신발이 어디 있는지 도무지 찾아낼 길이 없었는데, 겨우 한 식경이 지난 뒤에 보았더니 관정의 기와지붕 위에 있었다. 하인이 깜짝 놀라 위생에게 [신발이 지붕에 있다고] 고하자 위생은 즉시 지붕 위로 올라가 가져오라고 시켰다. 그는 신발을 다시 찾은 뒤에 다시 침상 앞에 두었는데, 이튿날 또 사라졌다가 다시 기와지붕 위에서 나타났다. 그런 일이 세 번이나 반복되자 위생은 몰래 하인에게 말했다.

"이는 요괴가 아니겠느냐! 몰래 숨어 살피어라."

그날 저녁 하인이 몰래 문틈으로 엿보았더니 거의 한밤중이 되어서 그 나막신이 홀연 흰 새로 변해 지붕 위로 날아가는 것이었다. 위생이 그것을 가져다 태워버리라고 명하자 신발은 날아가 버렸다. (『선실지』)

汧陽郡有張女郎廟. 上元中, 有韋氏子客於汧陽, 途至其廟. 遂解鞍以憩, 忽見廟宇中有二屐子在地上. 生視之, 乃結草成者, 文理甚細, 色白而製度極妙. 韋生乃收貯於橐中, 旣而別去.

及至郡, 郡守舍韋生於館亭中. 是夕, 生以所得屐, 致於前而寐, 明日已亡所在. 莫窮其處, 僅食頃, 乃於館亭瓦屋上得焉. 僕者驚愕, 告於韋生, 生卽命昇屋而取之. 卽得, 又致於前, 明日又失其所, 復於瓦屋上得之. 如是者三, 韋生竊謂僕曰:"此其怪乎! 可潛伺之." 是夕, 其僕乃竊於隙中伺之, 夜將半, 其屨忽化爲白鳥, 飛於屋上. 韋生命取焚之, 乃飛去. (出『宣室志』)

## 463·24(6419)
## 조 적(鳥 賊)

이정(李靖)의 동생 이객사(李客師)는 우무위장군(右武衛將軍)까지 지냈다. 그는 사시사철 새 사냥을 하느라 잠시도 집에 머물면서 쉬지 않았다. 도성의 서남쪽 예수(澧水) 일대에 살던 새들은 모두 그를 알아보고서 그가 나타나기만하면 앞 다투어 시끄럽게 울어댔다. 사람들은 이객사를 '조적'이라고 불렀다. (『담빈록』)

李靖弟客師官至右武衛將軍. 四時從禽, 無暫止息. 京師之西南際澧水, 鳥獸皆識之, 每出, 鳥鵲競逐噪之. 人謂之'鳥賊'. (出『譚賓錄』)

## 463·25(6420)
## 조 성(鳥 省)

급사(給事) 풍연(馮兗)은 친인방(親仁坊)에 집이 있었는데, 그의 집 남쪽에 있던 산정원(山亭院)에서는 거위, 오리 및 여러 종류의 날짐승들을 잔뜩 기르고 있었다. 그는 늘 집안사람 한 명을 보내 산정원을 관리하게 했는데, 당시 사람들은 그 곳을 일러 '조성'이라 했다. (『노씨잡설』)

馮兗給事, 親仁坊有宅, 南有山亭院, 多養鵝鴨及雜禽之類極多. 常遣一家人掌之, 時人謂之'鳥省'. (出『盧氏雜說』)

## 463・26(6421)
## 유경양(劉景陽)

[唐나라] 칙천무후(則天武后) 때에 좌위병조(左衛兵曹)로 있던 유경양은 영남으로 사신 나갔다가 길료조(吉了鳥) 암수 각 한 마리를 얻었는데, 그 새들은 사람의 말을 할 줄 알았다. 유경양은 도성으로 돌아온 다음 칙천무후에게 [한 마리를] 바치고 암컷은 남겨두었다. 그러자 수컷이 괴로워하고 원망하면서 모이를 먹지 않았다. 칙천무후가 물었다.
"어째서 즐거워하지 않느냐?"
새가 말했다.
"제 짝이 사신에게 잡혀있는데, 지금 너무도 보고 싶습니다."
칙천무후는 유경양을 불러와 이렇게 말했다.
"경(卿)은 어찌하여 새 한 마리를 감춰놓고 바치지 않았소?"
유경양이 머리 조아려 사죄한 다음 나머지 한 마리를 바치자 칙천무후는 그를 벌하지 않았다. (『조야첨재』)

天后時, 左衛兵曹劉景陽使嶺南, 得吉了鳥, 雄雌各一隻, 解人語. 至都進之, 留其雌者. 雄煩怨不食. 則天問曰: "何乃無聊也?" 鳥爲言曰: "其配爲使者所得, 今頗思之." 乃呼景陽曰: "卿何故藏一鳥不進?" 景陽叩頭謝罪, 乃進之, 則天不罪也. (出『朝野僉載』)


### 463・27(6422)
## 식황조(食蝗鳥)

[唐나라 玄宗] 개원연간(開元年間: 713~741)에 패주(貝州)에 누리 떼가 나타나 벼를 갉아먹자 커다란 흰 새 수천 마리, 작은 흰 새 수만 마리가 나타나 누리 떼를 다 잡아먹었다. (『유양잡조』)

開元中, 貝州蝗蟲食禾, 有大白鳥數千, 小白鳥數萬, 盡食其蟲. (出『酉陽雜俎』)


### 463・28(6423)
## 노 옹(盧 融)

[唐나라 현종] 개원연간(開元年間: 713~741) 초에 범양(范陽) 사람 노옹이 병들어 혼자 누워있었는데, 갑자기 커다란 새 한 마리가 멀리서 날아오는 게 보이더니 잠시 후 정원 나무 위에 앉았다. 그 새는 키가 4~5척이나 되었고 모습은 부엉이와 같았으며 눈은 잔[杯]만 했고 부

리는 길이가 1척도 넘었다. 그 새는 땅에 내려앉은 다음 계단을 올라왔다. 잠시 후에 새는 방으로 들어오더니 침상 위로 올라와 양 날개를 들어 올렸다. 날개 있는 데 손이 나 있었는데, 새가 그 손에 작은 창을 들고 노융을 공격하려 하자 노융은 엎드린 채 두려움에 떨며 땀을 뻘뻘 흘렸다. 그때 갑자기 누군가가 후문으로 들어와 새에게 이렇게 말했다.

"이 자는 착한 사람이니 절대 상처를 입혀서는 안 된다."

그러자 새는 날아가 버렸고 그 사람 역시 따라 나갔다. 노융의 병은 그때부터 완전히 다 나았다. (『광이기』)

開元初, 范陽盧融病中獨臥, 忽見大鳥自遠飛來, 俄止庭樹, 高四五尺, 狀類鶚, 目大如杯, 觜長尺餘, 下地上階, 頃之, 入房登牀, 擧兩翅, 翅有手('手'原作'子', 據明鈔本改)持小槍, 欲以擊融, 融伏懼流汗, 忽復有人從後門入, 謂鳥云: "此是善人, 愼勿傷也." 鳥遂飛去, 人亦隨出. 融疾自爾永差. (出『廣異記』)

## 463·29(6424)
## 장 씨(張 氏)

복주자사(濮州刺史) 이전장(李全璋)의 아내 장씨는 우숙(牛肅)의 이모였다. 장씨는 개원(開元) 25년(737)에 이궐(伊闕)에 있는 장원에서 죽었다. 장씨가 병들어 누워 있을 때 새 한 마리가 정원 나무에 날아와 앉았는데, 머리는 희고 다리는 붉었으며 배는 누렇고 날개는 빨갰다. 그 새는 다음과 같은 소리를 내며 울었다.

"회한에 사무치네, 어머니여!"

새는 그렇게 밤낮으로 쉬지 않고 소리를 냈다. 열흘 남짓 만에 장씨가 죽자 새는 마침내 사라졌다. (『기문』)

濮州刺史李全璋妻張, 牛肅之姨也. 開元二十五年, 卒于伊闕莊. 張寢疾, 有鳥止於庭樹, 白首赤足, 黃腹丹翅. 其鳴但云: "懊恨也, 母兮!" 如是晝夜不絶聲. 十餘日, 張殂, 鳥遂不見. (出『紀聞』)

## 463・30(6425)
## 왕 서(王 緖)

[唐나라 玄宗] 천보연간(天寶年間: 742~756) 말에 태주록사참군(台州錄事參軍) 왕서가 병에 걸려 죽어가고 있었는데, 큰 새 한 마리가 왕서의 방으로 날아 들어오더니 침상까지 걸어와 주둥이를 왕서에게 내민 뒤 다음과 같은 소리를 냈다.

"취(取: 거두어가라)! 취!"

왕서는 결국 죽었다. (『광이기』)

天寶末, 台州錄事叅軍王緖病將死, 有大鳥飛入緖房, 行至牀所, 引觜向緖聲云: "取! 取!" 緖遂卒. (出『廣異記』)

## 463・31(6426)
## 무공대조(武功大鳥)

[唐나라] 대력(大曆) 8년(773)에 무공현(武功縣)에 큰 새가 나타나 떼를 지어 시끄럽게 울어댔다. 행영장(行營將) 장일분(張日芬)이 활을 쏴 맞혀 잡았더니 [그 새는 몸에] 날갯죽지가 나 있었고 여우 머리를 하고 있었다. 또 다리가 네 개였는데, 다리에 너비가 4척이나 되는 발톱이 나 있어서 그 모습이 마치 박쥐같았다. (『유양잡조』)

大曆八年, 大鳥見武功, 群噪之. 行營將張日芬射獲之, 肉翅狐首. 四足, 足有爪, 廣四尺, 狀類蝙蝠. (出『酉陽雜俎』)


## 463・32(6427)
## 관 단(鸛 鶉)

관단은 일명 '타예(墮羿)'라고 하는데, 생김새는 까치 같다. 사람이 활을 쏘면 그 화살을 입으로 받은 다음 다시 사람을 향해 쏜다. (『유양잡조』)

鸛鶉, 一名'墮羿', 形似鵲. 人射之, 則銜矢反射人. (出『酉陽雜俎』)

## 463・33(6428)
## 토수조(吐綬鳥)

어복현(魚復縣) 남산(南山)에 구관조만 한 크기의 새가 사는데, 깃털은 대부분 검은 색이고 중간에 누런색과 흰색이 섞여있다. 머리는 꿩처럼 생겼다. 그 새는 간혹 몇 촌 길이의 물체를 토해내는데, 찬란한 붉은 색을 띠고 있는 것이 색이며 모양 모두 인끈처럼 생겼다. 그로 인해 그 새를 '토수조'라 부른다. 또 음식을 반드시 모이주머니에 쌓아두기 때문에 가슴이 말[斗]만 한 크기로 튀어나와 있다. 그래서 혹 그 모이주머니를 건드릴까 걱정되어 다닐 때마다 늘 풀과 나무를 멀리하는데, 그로 인해 '피주조(避株鳥)'라고도 불린다. (『유양잡조』)

魚復縣南山有鳥大如雛鵒, 羽色多黑, 雜以黃白. 頭頗似雉. 有時吐物長數寸, 丹采彪炳, 形色類綬. 因名爲'吐綬鳥'. 又食必蓄嗉, 臆前大如斗. 慮觸其嗉, 行每遠草木, 故一名'避株鳥'. (出『酉陽雜俎』)


## 463・34(6429)
## 두 견(杜 鵑)

두견은 춘분(春分)이 다가오면 차례차례 우는데, 먼저 우는 새가 피를 토하고 죽는다. 어떤 사람이 길을 가다가 한 무리의 두견이 조용히 모여 있는 것을 보았는데, [잠시 후] 두견의 울음소리를 흉내 냈다가 그 역시 즉시 죽고 말았다. 두견이 처음 울 때 그 소리를 가장 먼저 듣게 되는 사람은 이별 하는 일이 생긴다. 또 변소에서 그 소리를 들으면 불길한 일이 생기는데, 그 액운을 막는 방법은 즉시 개 소리를 내 두견의 울음소리에 응하는 것이다. (『유양잡조』)

杜鵑, 始陽相推而鳴, 先鳴者吐血死. 嘗有人出行, 見一群寂然, 聊學其聲, 卽死. 初鳴, 先聽者主離別. 厠上聽其聲, 不祥, 厭之之法, 當爲犬聲應之. (出『酉陽雜俎』)


## 463·35(6430)
## 문모조(蚊母鳥)

문모조는 생김새가 익조(鶍鳥)와 비슷하며 부리가 크고 길다. 그 새는 연못가에서 물고기를 잡아먹는다. 그 새가 한번 울 때마다 파리매가 입안에서 밖으로 날아 나온다. 민간에서 말하길, 그 깃털을 뽑아 부채를 만들면 모기를 물리칠 수 있다고 한다. 그 새는 '토문조(吐蚊鳥)'라고도 불린다. (『영표록이』)

蚊母鳥, 形如鶍, 嘴大而長. 池塘捕魚而食. 每叫一聲, 則有蚊蚋飛出其口. 俗云, 採其翎爲扇, 可辟蚊子. 亦呼爲'吐蚊鳥'. (出『嶺表錄異』)

## 463·36(6431)
## 동화조(桐花鳥)

검남(劍南)의 팽수(彭水)와 촉군(蜀郡) 사이에 손가락만한 크기의 새가 살고 있는데, 오색이 골고루 갖추어져 있으며 봉황 같은 볏이 나 있다. 그 새는 오동나무 꽃을 먹는다. 그래서 오동나무에 꽃이 열릴 때면 나타났다가 꽃이 떨어지면 떠나간다. 그러나 어디로 가는지는 알 수 없다. 민간에서는 그 새를 '동화조'라 부른다. 그 새는 지극히 온순하고 착해서 여인의 비녀 위에 올려두면 손님이 떠날 때까지 날아가지 않는다. 사람들은 그 새를 아끼기 때문에 해를 입히지 않는다. (『조야첨재』)

劍南彭·蜀間, 有鳥大如指, 五色畢具, 有冠似鳳. 食桐花. 每桐結花卽來, 桐花落卽去. 不知何之. 俗謂之'桐花鳥'. 極馴善, 止於婦人釵上, 客終席不飛. 人愛之, 無所害也. (出『朝野僉載』)


## 463·37(6432)
## 진랍국대조(眞臘國大鳥)

진랍국에 갈랑산(葛浪山)이 있는데, 높이가 만 장(丈)이나 된다. 산 가운데에 동굴이 하나 있다. 이전에 그곳에 낭조(浪鳥)가 살고 있었는데, 그 새는 생김새가 솔개 같고 크기가 낙타만했다. 사람이 그곳을 지나가면 낚아채 먹은 뒤에 공중으로 사라져버렸기 때문에 백성들은 낭조로 인해 골치 아파 했다. 진랍국왕은 커다란 소고기를 가져다가 안에 양 끝이 날카로운 작은 검을 집어넣은 다음 사람들로 하여금 그 고기를 지고 다니게 했다. 낭조는 그 고깃덩이를 낚아 채 삼키고는 죽어버렸으며 결국 멸종되고 말았다. (『조야첨재』)

眞臘國有葛浪山, 高萬丈. 半腹有洞. 先有浪鳥, 狀似老鴟, 大如駱駝. 人過, 卽攫而食之, 騰空而去, 百姓苦之. 眞臘王取大牛肉, 中安小劒子, 兩頭尖利, 令人載行. 鳥攫而吞之, 乃死, 無復種矣. (出『朝野僉載』)

## 463·38(6433)
# 백설(百舌)

백설은 봄이 오면 목청 돋워 지저귀고 하지(夏至) 때는 지렁이만 먹는다. 백설은 정월이 지나고 얼음이 녹아 지렁이가 밖으로 나오면 나타났다가 10월이 지나고 지렁이가 숨으면 가버린다. 이는 아마도 만물이 서로 감응하는 것인가 보다. (『조야첨재』)

百舌春囀, 夏至唯食蚯蚓. 正月後凍開, 蚓出而來, 十月後, 蚓藏而往. 蓋物之相感也. (出『朝野僉載』)

## 관(鸛)

 강회(江淮) 일대에서는 황새가 무리지어 빙빙 돌며 나는 것을 '관정(鸛井)'이라 부른다. 황새는 빙빙 돌며 날기를 좋아하는데, 그러면 반드시 비바람이 친다. 만일 사람이 둥지에서 황새 새끼를 꺼내면 60리 이내에 가뭄이 든다. 이 새는 무리지어 날 수도 있는데, 하늘로 올라가 비를 건드리면 그로 인해 빗물이 흩어져 내리는 것이다. (『유양잡조』)

 또 남방에 뱀 잡아먹는 황새가 있다. 그 새는 커다란 돌을 볼 때마다 그 아래 뱀이 있음을 알고 돌 앞으로 가 도사가 우보법(禹步法: 도사가 도술을 행할 때 걷는 걸음걸이)를 행하듯 걸음 걷는다. 그러면 돌이 휙 하고 뒤집어지는데, 그때 뱀을 잡아먹는다. 마을 사람들이 우보법을 배우려면 황새가 새끼에게 먹이 먹일 때를 기다렸다가 나무 위로 올라가 대나무 끈으로 둥지를 묶어 놓는다. 그러면 황새는 반드시 우보법을 행해 끈을 푸는데, 그때 나무 아래 모래를 뿌려놓았다가 거기 찍힌 발자국대로 흉내 내면서 우보법을 배운다. (『북몽쇄언』)


 江淮謂群鸛旋飛爲'鸛井'. 鸛亦好旋飛, 必有風雨. 人探巢取鸛子, 六十里旱. 能群飛, 薄霄激雨, 雨爲之散. (出『酉陽雜俎』)

 又南方有鸛食蛇. 每遇巨石, 知其下有蛇, 卽於石前, 如道士禹步. 其石砉然而轉, 因得而噉. 里人學其法者, 伺其養鶵, 緣樹, 以篾絚縛其巢. 鸛必作法而解之, 乃鋪沙樹底, 俾足跡所印而傚學之. (出『北夢瑣言』)

### 463·40(6435)
## 감충(甘蟲)

[唐나라] 대중연간(大中年間: 847~859) 말에 서주(舒州)에서 다음과 같은 상소문을 올려왔다.

"새 떼가 몰려와 둥지를 만들었는데, 너비가 7척이나 되고 높이는 1장이나 되었습니다. 그런데 제비·참새·송골매·새매 등, 물과 산에서 사는 새들이 한결같이 온순하게 변했습니다. 그중에는 또 어떤 새 한 마리가 있었는데, 사람 얼굴을 하고 있었고 초록색 털을 하고 있었으며 부리와 발톱은 모두 감색이었습니다. 그 새가 '감충(甘蟲)!'하고 울었기에 '감충'이라 불렀습니다."

당시 어떤 사람은 그 새의 그림을 그려 저자거리에서 팔았다. (『두양편』)

大中末, 舒州奏: "衆鳥成巢, 濶七尺, 高一丈. 而燕·雀·鷹·鷂, 水禽山鳥, 無不馴狎如一. 更有鳥, 人面綠毛, 觜爪皆紺. 其聲曰'甘蟲!' 因謂之'甘蟲'." 時人畫圖, 鬻於坊市. (出『杜陽編』)


### 463·41(6436)
## 대 승(戴 勝)

왕촉(王蜀: 前蜀) 때 형부시랑(刑部侍郞)을 지낸 이인표(李仁表)는 허주(許州)에 살고 있으면서 장차 춘관(春官: 禮部)에 들어가 관리 선발에 임하려 하고 있었다. 그때 상서(尙書) 설능(薛能)이 그곳을 진수하고 있었는데, 그는 우선 자신이 지은 시 50편을 상견할 때 예물로 드리려고 종이에 적어 두루마리로 만들었다. 그는 작은 정자에 앉아 책상에 기대 두루마리를 읽어보고 있었는데, 채 3~5수(首)도 못 읽었을 때 대승조[오디새]가 처마에서 정자 안으로 날아 들어와 책상 위에 서더니 온순하게 굴었다. 한참 뒤에는 목을 길게 빼고 날개를 펼쳐 춤을 춘 다음 장차 할 말이 있는 듯 사람을 향해 섰다. 그렇게 한참을 있더니 다시 빙빙 돌며 춤을 추었다. 그러기를 세 차례나 한 뒤에 새는 초연히 날아갔다. 이인표는 속으로 기이하게 여기며 다른 사람에게 말하지 않았다. 다음 날 그가 설능에게 시를 올리자 설능은 큰 예로써 그를 대해주었으며 며칠 뒤에는 딸을 아내로 주었다. (『녹이기』)

王蜀刑部侍郎李仁表寓居許州, 將入貢於春官. 時薛能尙書爲鎭. 先繕所業詩五十篇以爲贄, 濡翰成軸. 於小亭凭几閱之, 未三五首, 有戴勝自簷飛入, 立於案几之上, 馴狎. 良久, 伸頭弾翼而舞, 向人若將語. 久之, 又轉又舞. 如是者三, 超然飛去. 心異之, 不以告人. 翌日投詩, 薛大加禮待, 居數日, 以其子妻之. (出『錄異記』)

## 463・42(6437)
## 북해대조(北海大鳥)

북해에 커다란 새가 한 마리 있는데, 키가 천 리나 된다. 머리에는 '천

(天)' 자 무늬가, 가슴에는 '후(候)' 자 무늬가, 그리고 왼쪽 날개에는 '예(鷖)' 자, 오른쪽 날개에는 '륵(勒)' 자 무늬가 있다. 그 새는 머리를 정동쪽을 향하고 있으며 바다 한 가운데서 물고기를 잡는다. 때때로 날개를 들어올려 날기도 하는데, 그 깃털끼리 서로 부딪칠 때면 마치 번개가 치고 바람이 이는 듯하다. (『신이록』)

北海有大鳥, 其高千里. 頭文曰'天', 胸文曰'候', 左翼文曰'鷖', 右翼文曰'勒'. 頭向東正, 海中央捕魚. 或時擧翼飛, 而其羽相切, 如雷風也. (出『神異錄』)

## 463·43(6438)
## 아(鴉)

온장(溫璋)은 경조윤(京兆尹)으로 있으면서 살육을 자행했기에 온 경읍(京邑)의 사람들이 그를 두려워했다. 하루는 종치는 소리가 들려왔으나 [종 친] 사람은 보이지 않았다. 이러기를 세 차례 거듭한 뒤에 보았더니 그것은 바로 갈가마귀였다. 경조윤이 말했다.

"이는 누군가가 그 새끼를 가져가려 하기에 호소하러 온 것이 분명하다."

그리고는 관리에게 명해 갈가마귀 가는 곳을 따라가 그 사람을 잡아오게 했다. 그러자 갈가마귀는 공중을 빙빙 맴돌더니 관리를 인도해 성 밖 나무숲으로 갔다. 관리가 가보았더니 과연 어떤 사람이 갈가마귀 새끼를 훔친 다음 나무 아래서 잠시 쉬고 있었다. 이에 관리는 그 사람을 잡아다 관부에 넘겼고, 부윤(府尹: 京兆尹)은 이를 보통 일이 아니라고 여기고 새끼 잡아갔던 사람을 사형에 처했다.(『북몽쇄언』)

溫璋爲京兆尹, 勇於殺戮, 京邑憚之. 一日聞挽鈴而不見有人. 如此者三, 乃一鸜也. 尹曰: "是必有人探其鸒而來訴耳." 命吏隨鸒所在而捕之. 其鸒盤旋, 引吏至城外樹間. 果有人探其雛, 尙憩樹下. 吏執送之, 府尹以事異於常, 乃斃捕雛者. (出『北夢瑣言』)

## 463 · 44(6439)
# 선거산이조(仙居山異鳥)

왕촉(王蜀: 前蜀) 영평(永平) 2년(912)에 북망산(北邙山)의 장홍도(章弘道)가 남겨놓은 서문(瑞文)을 습방현(什邡縣) 선거산에서 얻었다. 그런 다음 돈꿰미를 꺼내 한주마보사(漢州馬步使) 조홍약(趙弘約)에게 맡기면서 도관(道觀)을 짓게 했다. 천존전(天尊殿)을 세우는 날이 되자 거대한 목재와 돌이 집결되고 매우 많은 일꾼들이 동원되었다. 그날 장차 거대한 대들보를 올려놓으려고 장인과 노역에 동원된 백성 300여 명이 대들보를 밧줄로 묶고 기합 넣는 소리를 지르니, 그 소리가 원근에 진동했다. 그때 기이하게 생긴 세 마리의 새가 나타났는데, 한 마리는 붉은 색이었고 나머지 두 마리는 모두 순백색이었다. 꼬리는 마치 비단을 끌고 다니는 것처럼 생겼는데, 길이는 각각 2척이 넘었다. 그 세 마리의 새는 대들보 위에 날아 앉아 [대들보를 묶은] 밧줄을 따라 올라갔다 내려갔다 했는데, 사람들 속에 있으면서도 전혀 놀라거나 두려워하는 기색이 없었다. 장인들이 어루만지며 장난을 쳐도 새는 마치 집에서 길들여진 것처럼 온순하게 굴었다. 대들보를 다 올리자 새들도 날아가 버렸다. (『녹이기』)

王蜀永平二年, 得北邙山章弘道所留瑞文於什邡之仙居山. 遂出緡錢, 委漢州馬步使趙弘約, 締搆觀宇. 泊創天尊殿, 材石宏博, 功用甚多. 是日, 將架巨梁, 工巧丁役三百餘人縛拽鼓噪. 震動遠近. 忽有異鳥三只, 一紅赤色, 二皆潔白. 尾如曳練, 各長二尺餘. 栖於梁上, 隨絚索上下, 在衆人中, 略無驚怖. 工人撫搦戲翫之, 如所馴養者. 梁旣上畢, 鳥亦飛去. (出『錄異記』)

## 463·45(6440)
## 앵(鸎)

몇 해 전에 어떤 사람이 누런 꾀꼬리 새끼를 잡은 다음 대나무 조롱 속에 넣고 길렀는데, 어미 새와 아비 새가 나란히 날아다니며 아침저녁으로 조롱 밖에서 슬피 울었다. 그랬더니 새끼 새는 모이와 물을 먹고 마시지 않았다. 이에 새끼 새를 꺼내 조롱 밖에 놓아주었더니 어미 새 아비 새가 다시 날아와 새끼 새를 먹였다. 사람이 그 앞에 가도 새는 전혀 두려워하는 기색이 없었다. 그러던 어느 날 새끼 새를 조롱 밖으로 내보내지 않았더니 어미 아비 새가 조롱 주위를 빙빙 맴돌며 울었는데, 안으로 들어갈 방법이 없자 한 마리는 불 속으로 뛰어들었고 다른 한 마리는 조롱에 머리를 부딪쳐 죽었다. 그 두 마리 새의 배를 갈라보니 창자가 마디마디 끊겨 있었다. (『옥당한화』)

頃年, 有人取得黃䳭鶄, 養於竹籠中, 其雌雄接翼, 曉夜哀鳴於籠外. 絶不飮啄. 乃取鶄置於籠外('絶不飮啄乃取鶄置於籠外'十一字原闕, 據明鈔本補), 則更來哺之. 人或在前, 略無所畏. 忽一日, 不放出籠, 其雌雄繚繞飛鳴, 無從而入, 一投火中, 一觸籠而死. 剖腹視之, 其腸寸斷. (出『玉堂閒話』)

# 태평광기

## 권제 464

## 수족(水族) 1

1. 동해대어(東海大魚)
2. 타 어(鼉 魚)
3. 남해대어(南海大魚)
4. 경 어(鯨 魚)
5. 이 어(鯉 魚)
6. 해 인 어(海 人 魚)
7. 남해대해(南海大蟹)
8. 해 추(海 鰌)
9. 악 어(鰐 魚)
10. 오여회어(吳餘鱠魚)
11. 석 두 어(石 頭 魚)
12. 황 랍 어(黃 臘 魚)
13. 오 적 어(烏 賊 魚)
14. 횡 공 어(橫 公 魚)
15. 골 뢰(骨 雷)
16. 팽 월(彭 蚏)
17. 능 어(鯪 魚)
18. 예 어(鯢 魚)
19. 비 목 어(比 目 魚)
20. 녹 자 어(鹿 子 魚)
21. 자 귀 모(子 歸 母)
22. 후 이 어(鯸 鮧 魚)
23. 즉 어(鯽 魚)
24. 종 어(鱅 魚)
25. 황 홍 어(黃 紅 魚)
26. 주 준(蠩 蠉)
27. 해 연(海 䴏)
28. 교 어(鮫 魚)

### 464 · 1(6441)
# 동해대어(東海大魚)

동방에서 가장 큰 동물은 동해어이다. 항해하는 사람들이 첫날에 동해어의 머리를 보면 7일째에야 동해어의 꼬리를 본다. 동해어가 알을 낳을 때면 100리에 이르는 물이 모두 피로 물든다. (『현중기』)

東方之大者, 東海魚焉. 行海者, 一日逢魚頭, 七日逢魚尾. 魚産則百里水爲血. (出『玄中記』)

### 464 · 2(6442)
# 타 어(鼉 魚)

『박물지(博物志)』에서는 "남해(南海)에 악어가 있는데, 그 머리를 잘라 말린 다음 그 이빨을 빼내면 다시 돋아나고 세 번 그런 뒤에 멈춘다"고 한다. 『남주지(南州志)』에서도 그렇게 말한다. 또 광주(廣州) 사람들이 말하길, 악어는 육지에서는 소나 말을 쫓을 수 있고 물 속에서는 배를 뒤집어 사람을 죽일 수 있다고 한다. 그러나 그물을 만나면 감히 건드리지 못하는데, 이와 같이 두려워하는 것도 있다. 악어는 한 번 새끼를 배면 육지에 수백 개의 알을 낳는데, 그 알이 모습이 갖추어질 때면 뱀이 되는 것, 거북이 되는 것, 자라가 되는 것, 물고기가 되는 것, 악어가 되는 것, 교룡이 되는 것 등 그 종류가 10여 가지나 된다. 악어는 사람들에게 잡혀 죽임을 당할 때면 그 혼령이 천둥 번개와 비바람을 일으킬 수 있으니 아마도 용과 같은 신물(神物)인 것 같다. (『감응경』)

『博物志』云: "南海有鼉魚, 斬其首, 乾之, 琢去其齒, 而更復生者, 三乃已." 『南州志』亦云然. 又聞廣州人說, 鰐魚能陸追牛馬, 水中覆舟殺人. 值網則不敢觸, 有如此畏愼. 其一孕, 生卵數百於陸地, 及其成形, 則有虵, 有龜, 有鼉, 有魚, 有鼉, 有爲蛟者, 凡十數類. 及其被人捕取宰殺之, 其靈能爲雷電風雨, 比殆神物龍類. (出『感應經』)


## 464·3(6443)
## 남해대어(南海大魚)

영남절도사(嶺南節度使) 하리광(何履光)은 주애(朱崖) 사람으로 바닷가에서 살았다. 그는 세 가지 매우 괴이한 일을 직접 보았다고 했다.

그 첫 번째는 다음과 같다. 바다에 두 산이 있는데, 서로 600~700리 떨어져 있다. 맑은 아침에 멀리 바라보면 푸른 산이 가까이 있는 것 같다. [唐나라] 개원연간(開元年間: 713~741) 말에 바다에 큰 천둥이 치며 비가 왔는데, 거품[원문은 '沫'로 되어 있으나 '沫'의 오기로 보임]처럼 생긴 진흙 비가 내렸으며 천지가 캄캄한 날이 7일이나 계속되었다.

산기슭에서 온 사람이 말했다.

"큰 물고기가 파도를 타고 두 산 사이로 들어왔다가 빠져나갈 수 없게 되었습니다. 오랫동안 그 아가미가 절벽 위에 걸렸다가 7일 뒤에 산이 갈라지면서 물고기도 나갈 수 있었습니다."

천둥은 바로 물고기의 소리였고, 진흙 비는 물고기의 입에서 뿜어낸 거품[원문은 '沫'로 되어 있으나 '沫'의 오기로 보임]이었으며, 천지가 캄캄했던 것은 물고기가 토해낸 기운 때문이었다.

그 두 번째는 다음과 같다. 바다에 섬이 있는데, 길이와 넓이가 수천 리에 이른다. 섬에는 두꺼비 같이 생긴 물체가 몇 마리 있는데, 큰 것의 둘레는 400~500리이고 작은 것의 둘레는 100여 리이다. 매월 보름날 밤이 되면 물체들이 입에서 토해낸 흰 기운이 위로 달에 닿아 달과 빛을 다툰다.

그 세 번째는 다음과 같다. 바다에 산이 있는데, 둘레가 수십 리나 된다. 매해 초여름이 되면 100길이나 되는 산 같은 커다란 뱀이 나타나는데, 그 길이는 몇 백 리가 되는지 알지 못한다. 개원연간 말에 그 뱀이 바닷물을 마셨는데, 물이 10여 일 동안 줄어들었다. 뱀은 몹시 목이 마른 것 같았는데, 몸을 산에 수십 번 감은 뒤에 머리를 숙여 물을 마셨다. 한참 후에 바다에서 큰 물체가 나타나 뱀을 삼켜버렸다. 반나절 만에 그 산이 갈라지면서 뱀과 산이 모두 통째로 삼켜졌지만 또한 이것들을 삼킨 것이 어떤 물체인지 알 수 없었다. (『광이기』)

嶺南節度使何履光者, 朱崖人也, 所居傍大海. 云, 親見大異者有三:

其一曰. 海中有二山, 相去六七百里. 晴朝遠望, 靑翠如近. 開元末, 海中大雷雨, 雨泥, 狀如吹沫, 天地晦黑者七日. 人從山邊來者云:"有大魚, 乘流入二山, 進退不得. 久之, 其鰓挂一崖上, 七日而山拆, 魚因爾得去." 雷, 魚聲也, 雨泥是口中吹沫也, 天地黑者, 是吐氣也.

其二曰. 海中有洲, 從廣數千里. 洲上有物, 狀如蟾蜍數枚, 大者周廻四五百里, 小者或百餘里. 每至望夜, 口吐白氣, 上屬於月, 與月爭光.

其三曰. 海中有山, 周回數十里. 每夏初, 則有大蛇如百仞山, 長不知幾百里. 開元末, 蛇飲其海, 而水減者十餘日. 意如渴甚, 以身繞一山數十匝, 然後低頭飲水. 久之, 爲海中大物所吞. 半日許, 其山('爲海中大物所吞半日許其山'十二字原闕, 據明鈔本補)遂拆, 蛇及山被吞俱盡, 亦不知吞者是何物也. (出『廣異記』)

## 464・4(6444)
## 경 어(鯨 魚)

[唐나라] 개원연간(開元年間: 713~741) 말에 뇌주(雷州)에서 뇌공(雷公)과 고래가 싸웠는데, 고래의 몸은 물위로 나왔고 수십 명의 뇌공들은 공중에서 오르락내리락하며 불을 쏘기도 하고 욕을 하며 때리기도 하다가 7일 만에야 끝났다. 바닷가에 사는 사람들이 가서 보았는데, 둘 중에 누가 이겼는지는 알 수 없었으나 바닷물은 온통 붉은 색으로 물들어 있었다. (『광이기』)

開元末, 雷州有雷公與鯨鬪, 身出水上, 雷公數十在空中上下, 或縱火, 或詬擊, 七日方罷. 海邊居人往看, 不知二者何勝, 但見海水正赤. (出『廣異記』)

464・5(6445)
## 이 어(鯉 魚)

[唐나라] 개원연간(開元年間: 713~741)에 태주(台州) 바닷가에서 큰 뱀과 잉어가 싸웠다. 그 뱀의 크기는 집채만 했고 길이는 섬을 몇 번이나 감을 수 있었는데, 머리를 내밀어 물을 향하고 있었다. 그 잉어는 작은 산만 했고 지느러미와 눈이 모두 붉었으며 길이는 5~6리였는데, 싸울 태세를 갖추고 있었다. 잉어는 위에서 비늘과 지느러미로 뱀을 때렸고 뱀은 아래에서 입으로 잉어를 물었다. 이렇게 3일을 싸웠는데, 결국 뱀이 잉어에게 맞아 죽었다. (『광이기』)

開元中, 台州臨海, 大虵與鯉魚鬪. 其虵大如屋, 長繞孤島數匝, 引頭向水. 其魚如小山, 鬐目皆赤, 往來五六里, 作勢交擊. 魚用鱗鬐上觸虵, 虵以口下咋魚. 如是鬪者三日, 虵竟爲魚觸死. (出『廣異記』)


464・6(6446)
## 해인어(海人魚)

해인어(海人魚: 바다 인어)는 동해(東海)에 있는데, 큰 것은 길이가 5~6척이나 된다. 해인어는 사람처럼 생겼는데, 눈썹과 눈, 입과 코, 손과 손톱, 머리가 모두 미인이 되기에 부족함이 없다. 피부는 옥처럼 희고 비늘이 없으며 가는 털이 나 있다. 털은 오색 빛깔을 띠고 가볍고 부드리우며 길이는 1~2촌쯤 된다. 머리카락은 말꼬리 같은데 길이는 5~6척이다. 음부가 남자나 여자의 것과 다르지 않아서 바닷가에 사는 홀아비와 과부들이 대부분 잡아다 연못에서 키운다. 교접할 때도 사람과 다르지 않으며 또한 사람을 다치게 하지도 않는다. (『흡문기』)

海人魚, 東海有之, 大者長五六尺. 狀如人, 眉目・口鼻・手爪・頭皆爲美麗女子, 無不具足. 皮肉白如玉, 無鱗, 有細毛, 五色輕軟, 長一二寸. 髮如馬尾, 長五六尺. 陰形與丈夫女子無異, 臨海鰥寡多取得, 養之於池沼. 交合之際, 與人無異, 亦不傷人. (出『洽聞記』)

## 464・7(6447)
## 남해대해(南海大蟹)

근자에 파사국(波斯國: 고대 페르시아 제국) 사람이 일찍이 이런 이야기를 했다.

그는 배를 타고 바다를 건너 천축국(天竺國)에 간 것이 이미 6~7번이나 되었다. 마지막 항해 때 배가 바다에서 표류하여 몇 천 리를 간 지 모른 채 한 섬에 도착했는데, 섬에는 풀과 나뭇잎으로 만든 옷을 입은 호인(胡人)이 있었다. 사람들이 두려워하며 호인에게 묻자 호인이 말했다.

"옛날에 동료 수십 명과 함께 표류했는데, 저만이 파도에 쓸려 여기로 오게 되었습니다. 그래서 나무 열매와 풀뿌리를 캐서 먹으며 죽지 않을 수 있었습니다."

사람들이 호인을 불쌍하게 여겨 함께 배에 태우자 호인이 말했다.

"섬의 큰 산에는 모두 거거(車渠: 玉石의 종류로 西域의 일곱 가지 보물 중 하나)·마노(瑪瑙)·파려(玻瓈: 유리) 등의 보물들이 셀 수 없이 많습니다."

뱃사람들은 자신들의 보잘 것 없는 물건들을 다 버리고 보물을 가져와서 배를 가득 채웠다. 호인은 빨리 출발하라고 하면서 만약 산신(山神)이 오면 반드시 보물들을 아까워할 것이라고 했다. 이에 순풍에 돛을 달고 40여 리쯤 갔을 때 산봉우리 위에 뱀 같은 붉은 물체가 멀리 보였는데, 시간이 흐를수록 점점 커졌다. 호인이 말했다.

"산신이 보물을 아깝게 여겨 우리를 쫓아오는데 어쩌면 좋겠습니까?"

뱃사람들은 두려워하지 않을 수 없었다. 잠시 후에 바다 속에서 산 두 개가 나타났는데, 높이가 수백 장(丈)이나 되었다. 호인이 기뻐하며 말했다.

"이 두 개의 산은 큰 게의 집게발입니다. 이 게는 항상 산신과 싸우기를 좋아하는데, 산신이 대부분 이기지 못하기 때문에 매우 두려워합니다. 지금 집게발이 나왔으니 걱정 없습니다."

큰 뱀은 곧장 게가 있는 곳으로 가서 서로 엉켜 한참 동안을 싸웠다. 게가 뱀의 머리를 집자 뱀이 물위에서 죽었는데 마치 이어진 산 같았다. 그 때문에 뱃사람들은 살아날 수 있었다. (『광이기』)

近世有波斯常云: 乘舶泛海, 往天竺國者已六七度. 其最後, 舶漂入大海, 不知幾千里, 至一海島, 島中見胡人衣草葉. 懼而問之, 胡云: "昔與同行侶數十人漂沒, 唯己隨流, 得至於此. 因爾採木實草根食之, 得以不死." 其衆哀焉, 遂舶載之, 胡乃說: "島上大山悉是車渠·瑪瑙·玻瓈等諸寶, 不可勝數." 舟人莫不棄己賤貨取之, 旣滿船, 胡令速發, 山神若至, 必當懷惜. 於是隨風挂帆, 行可四十餘里, 遙見峯上有赤物如蛇形, 久之漸大. 胡曰: "此山神惜寶, 來逐我也, 爲之奈何?" 舟人莫不戰懼. 俄見兩山從海中出, 高數百丈. 胡喜曰: "此兩山者, 大蟹螯也. 其蟹常好與山神鬪, 神多不勝, 甚懼之. 今其螯出, 無憂矣." 大蛇尋至蟹許, 盤鬪良久. 蟹夾蛇頭, 死於水上, 如連山. 船人因是得濟也. (出『廣異記』)

## 464·8(6448)
## 해 추(海 鰌)

해추어(海鰌魚: 바닷장어)는 바다에서 가장 큰 물고기로 작은 것도 1000척이 넘는다. 배를 삼켰다는 말도 정말 거짓이 아니다. 매년 광주(廣州)에서는 항상 큰 배를 남안(南安)으로 보내 무역을 했는데, 북방 사람이 우연히 그 항해에 동행하길 청했다가 1년 동안 왕복하는 사이에 머리카락이 반백이 되었다. 그가 말했다.

"조려(調黎)(지명이다. 바다 가운데 산이 있어서 동해의 물결을 막아 험하고 물살이 급한데, 黃河에 있는 三門山과 같다)를 지나다가 깊고 넓은 곳에서 10여 개의 산을 보았는데, 산이 나왔다 들어갔다 해서 처음에는 매우 이상하게 생각했습니다. 뱃사공이 말했습니다.

'저것은 산이 아니라 해추어의 등입니다.'

과연 보았더니 두 눈이 번뜩이고 있었고 지느러미는 쌀을 고르는 키 같았습니다. 위험해지려는 찰라 맑은 하늘에 갑자기 가랑비가 내리자 뱃사람이 말했습니다.

'이것은 해추어가 내뿜는 기운인데 공중에 흩어진 물이 바람이 불어오자 비처럼 내리는 것일 뿐입니다.'

해추어에 가까워지자 사람들은 배를 두드리며 소리를 질렀는데, 그러자 해추어가 갑자기 물 속으로 들어가 버렸습니다. (물고기가 두드리는 소리를 두려워하는 것은 비슷한 물체가 서로 만나면 한쪽이 엎드리는 법이기 때문이다.) 교지(交趾)에서 돌아올 때는 배를 버려두고 고생을 꺼리지 않으며 뇌주(雷州)의 해안을 따라서 돌아왔는데, 이는 해추어의 해를 피하기 위해서였습니다."

그리고는 곰곰이 생각하고 나서 말했다.

"만약 늙은 해추어가 눈을 부릅뜨고 입을 벌렸다면 우리 배는 잎사귀가 마른 우물에 떨어지는 꼴이 되었을 것이니 어찌 흰머리가 생기지 않을 수 있었겠습니까?"

(『영표록이』)


海鰌魚, 卽海上最偉者也, 小者亦千餘尺, 吞舟之說, 固非謬矣. 每歲, 廣州常發銅(『太平御覽』卷九三八'銅'作'桐')船過南安貨易, 北人有偶求此行, 往復一年, 便成斑白. 云: "路經調黎(地名. 海心有山, 阻東海濤, 險而急, 亦黃河之三門也), 深闊處, 又見十餘山, 或出或沒, 初甚訝之. 篙工曰: '非山, 海('海'原作'島', 據明鈔本改)鰌魚背也.' 果見雙目閃爍, 鬐鬣若簸米箕. 危沮之際, 日中忽雨霂霡, 舟子曰: '此鰌魚噴氣, 水散於空, 風勢吹來若雨耳.' 及近魚, 卽鼓船而噪,倏爾而沒去. (魚畏鼓, 物類相伏耳.) 交趾廻, 乃捨舟, 取雷州緣岸而歸, 不憚苦辛, 蓋避海䱐之難也." 乃靜思曰: "設使老䱐瞋目張喙, 我舟若一葉之墜智井耳, 寧得不爲人皓首乎?" (出『嶺表錄異』)

## 464・9(6449)
## 악 어(鰐 魚)

악어는 몸이 황토색이고 발 4개에 꼬리가 길며 악어[鼉]처럼 생겼으나 [그것보다] 행동이 재빠르다. 입안에는 톱날 같은 이가 빽빽하게 있어 종종 사람을 해친다. 남방에는 사슴이 많은데 사슴은 악어를 가장 두려워한다. 사슴이 절벽 위를 뛰어갈 때 악어떼가 그 아래에서 울부짖으면 사슴은 반드시 겁에 질려 절벽 아래로 떨어진다. 이렇게 많은 사슴들이 악어에게 잡히는데, 이 또한 만물이 서로 살아가는 이치이다. 옛 태위(太尉)・상국(相國) 이덕유(李德裕)가 조주(潮州)로 폄적되어 가다가 악어탄(鰐魚灘)을 지나게 되었는데, 배가 부서져 평생 모은 보물과 노리개, 고서와 그림들을 한꺼번에 잃어버리게 되었다. 이덕유는 결국 배 위에 있던 곤륜노(崑崙奴)에게 그것을 가져오게 했는데, 그는 악어가 매우 많은 것을 보고 감히 접근하지 못했다. 그곳은 바로 악어의 소굴이었던 것이다. (『영표록이』)

鰐魚, 其身土黃色, 有四足, 修尾, 形狀如鼉, 而擧止趫疾. 口森鋸齒, 往往害人. 南中鹿多, 最懼此物. 鹿走崖岸之上, 群鰐嘷叫其下, 鹿必怖懼落崖. 多爲鰐魚所得, 亦物之相攝伏也. 故太尉相國李德裕貶官潮州, 經鱷魚灘, 損壞舟船, 平生寶翫, 古書圖畫, 一時沈失. 遂召舶上崑崙取之, 見鱷魚極多, 不敢輒近. 乃是鱷魚之窟宅也. (出『嶺表錄異』)


464 · 10(6450)
## 오여회어(吳餘鱠魚)

  오왕(吳王) 손권(孫權)이 한번은 강길을 가다가 먹다 남은 회를 강물에 버렸는데 회가 물고기로 변했다. 지금도 '오여회'라고 불리는 물고기가 있는데, 길이는 몇 촌이고 굵기는 젓가락만 하며 회 모양과 비슷하다. (『박물지』)


  吳王孫權曾江行, 食鱠有餘, 因棄之中流, 化而爲魚. 今有魚猶名'吳餘鱠'者, 長數寸, 大如筯, 尙類鱠形也. (出『博物志』)


464 · 11(6451)
## 석두어(石頭魚)

  석두어는 미꾸라지처럼 생겼고 그 크기에 따라 뇌 속에 돌 두 개가 들어 있다. 그 돌은 메밀처럼 생겼고 옥처럼 희고 영롱하다. 기이한 것을 좋아하는 어떤 사람이 작은 석두어를 많이 사서 대나무 그릇에 넣어

썩게 내버려두었다가 물로 걸러 석두어 뇌 속의 돌을 얻었다. 그것을 주주(酒籌: 벌주를 세는 산가지)에 박아 놓았더니 자못 탈속적(脫俗的)인 운치가 있었다. (『영표록이』)

石頭魚, 狀如鯔魚, 隨其大小, 腦中有二石子. 如喬麥, 瑩白如玉, 有好奇者, 多市魚之小者, 貯於竹器, 任其壞爛, 卽淘之, 取其魚腦石子. 以植酒籌, 頗脫俗. (出『嶺表錄異』)


## 464・12(6452)
## 황랍어(黃臘魚)

황랍어는 바로 강과 호수에 사는 횡어(橫魚)이다. 머리와 입이 길고 비늘은 모두 황금색이며 저며서 구워 먹으면 비록 맛은 좋으나 독이 있다. 지져서 불에 말리기도 하는데, 밤에 보면 등불처럼 빛이 난다. 남해(南海)에 기거하는 북방 사람이 있었는데, 이 물고기를 사서 먹고 그 머리를 거름 삼태기에 버렸다. 한밤중에 갑자기 빛이 나기에 다가가서 보았더니 더욱 두려웠다. 그래서 등불로 비춰보았더니 물고기 머리일 뿐이었는데, 등불을 치우자 다시 빛이 났다. 그는 불길하다고 여기고 그릇을 모두 열어 남은 고기를 보았는데, 역시 반딧불처럼 빛이 났다. 날이 밝자 그가 그곳 사람들에게 두루 물어보았더니 그 물고기는 원래 그렇다고 했다. 이에 그는 근심과 의심이 순식간에 풀렸다. (위와 같음)

黃臘魚, 卽江湖之橫魚. 頭嘴長. 鱗皆金色. 鬻爲炙. 雖美而毒. 或煎熇乾, 夜卽有光如籠燭. 北人有寓南海者, 市此魚食之, 棄其頭於糞筐. 中夜後, 忽有光明, 近視之, 益恐懼. 以燭照之, 但魚頭耳. 去燭復明. 以爲不祥, 各啓食奩, 窺其餘鬻, 亦如螢光. 達明, 遍詢土人, 乃此魚之常也. 憂疑頓釋. (同上)

## 464 · 13(6453)
## 오적어(烏賊魚)

오적어는 옛말에 따르면 '하백종사(河伯從事)'라고 부른다. 어린 오적어는 큰 물고기를 만나면 곧장 사방 몇 척에 먹물을 뿌려 몸을 숨긴다. 강동(江東) 사람들은 때때로 그 먹물로 계약서를 써서 다른 사람의 재물을 빼앗는다. 글자는 연한 먹물로 쓴 것 같다가 1년이 지나면 없어져 빈 종이만 남는다. 바다사람이 말하길, "옛날이 진시황(秦始皇)이 동쪽으로 유람하다가 산대(算袋: 관리들이 붓과 벼루 등을 보관하던 자루)를 바다에 버렸는데, 그것이 이 물고기로 변했다"고 한다. 오적어는 산대처럼 생겨 두 개의 끈이 매우 길다. 일설에 따르면, 오적어에는 닻이 있어서 바람을 만나면 앞 수염 하나를 내려 닻으로 삼는다고 한다. (『유양잡조』)

烏賊. 舊說名'河伯從事'. 小者遇大魚, 輒放墨方數尺以混身. 江東人或取其墨書契, 以脫人財物. 書跡如淡墨, 逾年字消, 唯空紙耳. 海人言: "昔秦王東遊, 棄算袋於海, 化爲此魚." 形如算袋, 兩帶極長. 一說, 烏賊有矴, 遇風則前一鬚下矴.

(出『酉陽雜俎』)


### 464・14(6454)
### 횡공어(橫公魚)

북방(北方)의 변경에 석호(石湖)가 있는데 사방 천 리이다. 호수 언덕의 깊이는 5장(丈) 남짓으로 항상 얼어 있다가 하지(夏至) 전후로 50~60일만 녹아 있다. 호수에는 횡공어가 사는데, 길이는 7~8척이고 잉어처럼 생겼으며 붉은 색이다. 횡공어는 낮에는 물 속에 있다가 밤에는 사람으로 변한다. 찔러도 들어가지 않고 삶아도 죽지 않지만 오매(烏梅) 2개와 함께 삶으면 죽는다. 횡공어를 먹으면 나쁜 병을 고칠 수 있다. (『신이록』)

北方荒中有石湖, 方千里. 岸深五丈餘, 恒氷, 唯夏至左右五六十日解耳. 有橫公魚, 長七八尺, 形如鯉而赤, 晝在水中, 夜化爲人. 刺之不入, 煮之不死, 以烏梅二枚煮之則死. 食之可止邪病. (出『神異錄』)


### 464・15(6455)
### 골 뢰(骨 雷)

부남국(扶南國)에서는 악어(鱷魚)가 나는데, 큰 것은 2~3장(丈)이나 되고 4발에 도마뱀처럼 생겼으며 항상 사람들을 산채로 삼킨다. 부남국왕은 사람을 시켜 악어를 잡아다가 도랑 속에 두고 죄인을 그 안에 던져 넣었다. 만약 죽어 마땅한 사람이면 악어가 바로 잡아먹었고 죄가 없는 사람이면 냄새만 맡고 잡아먹지 않았다. 악어의 별칭은 '홀뢰(忽雷)'이다. 곰은 악어를 제어할 수 있어서 그 주둥이를 잡고 언덕에 올라가 찢어 먹는다. 또 '골뢰'라고도 부른다. 이것은 가을이면 3개의 발톱이 있는 호랑이로 변한다. 남해(南海)의 사주(思州)와 뇌주(雷州)에서 나고 임해(臨海)의 영반촌(英潘村)에도 많이 있다. (『흡문기』)

扶南國出鰐魚, 大者二三丈, 四足, 似守宮狀, 常生吞人. 扶南王令人捕此魚, 置於濘中, 以罪人投之. 若合死, 鰐魚乃食之, 無罪者, 嗅而不食. 鰐魚別號'忽雷'. 熊能制之, 握其嘴至岸, 裂擘食之. 一名'骨雷'. 秋化爲虎, 三爪. 出南海思雷二州, 臨海英潘村多有之. (出『洽聞記』)

## 464・16(6456)
## 팽월(彭蚏)

게 종류 중에 팽월이라는 것이 있는데, 팽월은 집게발로 흙을 모아 덩어리를 만든다. 조수가 올 때부터 빠질 때까지 300개의 흙덩어리를 만들기 때문에 '삼백환대팽월(三百丸大彭蚏)'이라고 부른다. (『감응경』)

蟹屬名彭蚏, 以螯取土作丸. 從潮來至潮去, 或三百丸, 因名'三百丸大彭蚏'.

(出『感應經』)

## 464・17(6457)
## 능어(鯪 魚)

능어(鯪魚: 穿山甲)는 혀를 내밀었다가 개미가 혀에 붙으면 삼킨다. 또 비늘을 펼쳤다가 개미가 그 안에 들어오면 재빨리 핥아먹는다. (『이물지』)

鯪魚吐舌, 蟻附之, 因吞之. 又開鱗甲, 使蟻入其中, 乃奮迅('迅'原作'近', 據明鈔本改)則舐取之. (出『異物志』)

## 464・18(6458)
## 예 어(鯢 魚)

금의령(金義嶺)의 서남쪽에 반룡산(盤龍山)이 있고, 산에는 종유석 동굴이 있으며 동굴 안을 비스듬히 관통하는 개울 하나가 있는데 '영수계(靈水溪)'라고 부른다. 개울 안에는 물고기가 사는데, 모두 긴 꼬리에 4발이 있고 배가 붉다. 그 물고기는 자유롭게 헤엄쳐 다니지만 어부들은 감히 그것을 잡지 못한다. 『이아(爾雅)』에서는 "예어(鯢魚: 도롱뇽)는 메기처럼 생겼고 발이 4개이며 어린아이처럼 운다"고 한다. 금주(金

州)와 상주(商州)의 개울 안에도 그 물고기가 사는데, '납어(魶魚: 도롱뇽)'라고 부른다. (『영표록이』)

金(宋樂史『太平寰宇記』卷一六二 '金'作'全') 義嶺之西南, 有盤龍山, 山有乳洞, 斜貫一溪, 號爲'靈水溪'. 溪內有魚, 皆修尾四足, 丹其腹. 游泳自若, 漁人不敢捕之. 『爾雅』云: "鯢似鮎, 四足, 聲如小兒." 金商(『太平寰宇記』卷一六二 '金商'作'今高') 州溪內亦有此魚, 謂之'魶魚'. (出『嶺表錄異』)

## 464 · 19(6459)
## 비목어(比目魚)

비목어를 남방 사람들은 '혜저어(鞋底魚)'라고 부르고 강회(江淮) 사람들은 '타사어(拖沙魚)'라고 부른다. 『이아(爾雅)』에는 다음과 같이 기재되어 있다.

"동방에는 비목어가 있는데, 짝을 짓지 않으면 다니지 않는다. 그 이름은 접(鰈: 가자미)이다."

비목어는 소의 비장처럼 생겼으며 비늘이 가늘고 자색이다. [비목어는 원래] 한 쪽 면에 눈이 하나 있으므로 두 면이 서로 만나야만 다닌다. (『영표록이』)

比目魚, 南人謂之'鞋底魚', 江淮謂之'拖沙魚'. 『爾雅』云: "東方有比目魚焉, 不比不行. 其名謂之鰈." 狀如牛脾, 細鱗紫色. 一面一目, 兩片相合乃行. (出『嶺表錄異』)

## 464・20(6460)
## 녹자어(鹿子魚)

　녹자어는 붉은 색이고 그 꼬리와 지느러미에는 모두 적황색의 사슴 무늬가 있다. 『나주도경(羅州圖經)』에는 다음과 같이 기재되어 있다.
　"나주의 남해에 섬이 있는데, 매년 봄여름이면 이 물고기가 섬으로 뛰어올라 사슴으로 변한다."
　한번은 어떤 사람이 그 물고기를 주웠는데, 머리는 이미 사슴으로 변해 있었으나 꼬리는 아직 물고기였다. 남방 사람들은 "물고기가 변한 사슴의 고기는 비려서 먹을 수 없다"고 말한다. (『영표록이』)


　鹿子魚, 頳色, 其尾鬣皆有鹿斑, 赤黃色. 『羅州圖經』云: "州南海中有洲, 每春夏, 此魚跳出洲, 化而爲鹿." 曾有人拾得一魚, 頭已化鹿, 尾猶是魚. 南人云: "魚化爲鹿, 肉腥, 不堪食." (出『嶺表錄異』)


## 464・21(6461)
## 자귀모(子歸母)

　양부(楊孚)의 『교주이물지(交州異物志)』에는 다음과 같이 기재되어 있다.
　"상어 같은 물고기의 경우 그 새끼는 이미 태어난 뒤에도 놀라면 반드시 어미에게 돌아가 그 뱃속으로 들어간다. 어릴 때는 그렇게 하고 크면 돌아가지 않는다."

『반주기(潘州記)』에는 다음과 같이 기재되어 있다.

"상어는 길이가 2장(丈)이고 둘레가 몇 아름이다. 막 태어난 새끼는 아직 어려 어미를 따라다니며 먹을 것을 구하는데, 저녁에 놀라면 어미 뱃속으로 들어간다."

『오록(吳錄)』에는 다음과 같이 기재되어 있다.

"상어 새끼는 아침에 먹을 것을 찾으러 나왔다가 저녁이면 어미 뱃속으로 들어간다."

『남월지(南越志)』에는 다음과 같이 기재되어 있다.

"저녁에는 배꼽으로 들어갔다가 아침이면 입으로 나온다."

(『감응경』)


楊孚『交州異物志』云: "鮫之爲魚, 其子旣育, 驚必歸母, 還其腹. 小則如之, 大則不復." 『潘州記』云: "鯌魚長二丈, 大數圍. 初生子, 子小, 隨母覓食, 暮驚則還入母腹." 『吳錄』云: "鯌魚子, 朝出索食, 暮入母腹." 『南越志』云: "暮從臍入, 旦從口出也." (出『感應經』)


### 464・22(6462)
## 후이어(鯸鮧魚)

후이어(鯸鮧魚: 복어)는 무늬가 호랑이와 같다. 민간에서는 "잘 익지 않은 후이어를 먹으면 반드시 죽는다"고 말하는데, 전해지는 이 말은 당연하게 여겨진다. 요주(饒州)에 오생(吳生)이라는 사람이 있었는데, 집이 매우 풍족하고 처가 역시 부유했다. 부부 사이도 화목하여 불화가 생긴 적이 없었다. 어느 날 오생이 취해 돌아와 침대 위에 눕자 아내가 옷을 정리하고 신발을 벗기려고 그 발을 들었는데, 취한 사람[吳生]이 움직이다 잘못해서 아내의 가슴을 차버렸다. 그의 아내가 꼬꾸라져 죽었지만 취한 사람은 알지 못했다. 오생은 곧 처가의 친척에게 욕을 먹으며 잡혀갔는데, 처가의 친척은 그가 아내를 때려 죽게 만들었다고 말했다. 1년이 넘도록 소송이 계속되었으나 주군(州郡)에서 처리할 수 없자 그 일을 황제께 아뢰었다. 오생의 친족은 칙명이 도착하면 반드시 명확한 판결이 내려져 온 집안에 치욕이 될 것임을 두려워하여 감옥에 있는 오생에게 후이어를 먹였다. 이처럼 서너 번 먹였으나 오생은 결국 죽지 않고 더욱 건강해졌으며, 얼마 후 사면이 내려져 화를 면했다. 오생이 집으로 돌아온 뒤로 자손이 번성했으며 80세까지 살다가 죽었다. 잘 익지 않은 후이어는 사람을 죽일 수 있다고 하지만 오생은 서너 번이나 위험에 빠졌는데도 해를 당하지 않았으니, 이는 그의 운명이 아니겠는가! (『녹이기』)

鮾鮧魚, 文斑如虎. 俗云: "煮之不熟, 食者必死", 相傳以爲常矣. 饒州有吳生者, 家甚豊足, 妻家亦富. 夫婦和睦, 曾無隙('隙'作'戲', 據明鈔本改)間. 一旦, 吳生醉歸, 投身牀上, 妻爲整衣解履, 扶舁其足, 醉者運動, 誤中妻之心胸. 其妻蹶然而死, 醉者不知也. 遽爲妻族所淩執, 云('云'原作'去', 據明鈔本改)毆擊致斃. 獄訟經年, 州郡不能理, 以事上聞. 吳生親族, 懼敕命到而必有明刑, 爲擧族之辱, 因餉獄生鮾鮧. 如此數四, 竟不能害, 益加充悅. 俄而會赦獲免. 還家之後, 胤嗣繁盛, 年洎八十, 竟以壽終. 且烹之不熟, 尚能殺人, 生陷數四, 不能爲害, 此其命與! (出『錄異記』)


## 464・23(6463)
## 즉 어(鯽 魚)

　동남해(東南海)에 조주(祖州)가 있는데 즉어가 여기서 난다. 즉어는 길이가 8척이며, 이 물고기를 먹으면 더위를 잘 견디고 풍랑을 피할 수 있다. 이 물고기의 생김새는 바로 강이나 호수에 사는 작은 붕어와 비슷하다. 심양(潯陽)에 청림호(靑林湖)가 있는데, 그곳에 사는 즉어 가운데 큰 것은 2척 남짓이고 작은 것도 1척은 된다. 그것을 먹어보면 맛이 좋고 또한 추위와 더위를 막을 수 있다.


　東南海中有祖州, 鯽魚出焉. 長八尺, 食之宜暑而避風. 此魚狀, 卽與江湖小鯽魚相類耳. 潯陽有靑林湖, 鯽魚大者二尺餘, 小者滿尺. 食之肥美, 亦可止寒熱也.


## 464・24(6464)
## 종 어(鯶 魚)

　종어. 제남군(濟南郡) 동북쪽에 종갱(鯶坑)이 있다. 전하는 말에 의하면, 위(魏: 北魏)나라 경명연간(景明年間: 500~503)에 어떤 사람이 우물을 파다가 물고기를 얻었는데 그 크기가 거울만 했다. 그날 밤에 강물이 그 구덩이로 넘쳐 들어가 구덩이 속에서 살던 사람들이 모두 종어가 되었다고 한다.

鱅魚. 濟南郡東北有鱅坑. 傳云: 魏景明中, 有人穿井得魚, 大如鏡. 其夜, 河水溢入此坑, 坑中居人, 皆爲鱅魚焉.

## 464 · 25(6465)
## 황홍어(黃魟魚)

황홍어는 황색에 비늘이 없는데 머리는 뾰족하고 몸은 큰 떡갈나무 잎과 비슷하다. 입은 턱 아래에 있고 눈 뒤에 귀가 있으며 칠규(七竅)는 뇌와 통해 있다. 꼬리의 길이는 1척인데 끝에 3개의 가시가 있고 독성이 강하다. (이상 모두 『유양잡조』)

黃魟(音烘)魚, 色黃無鱗, 頭尖, 身似大槲葉. 口在頷下, 眼後有耳, 竅通於腦. 尾長一尺, 末三刺, 甚毒. (並出『酉陽雜俎』)

## 464 · 26(6466)
## 주 준(蟕 蠵)

주준은 민간에서 '자이(茲夷)'라고 부르는데, 바로 산거북 중에 큰 것이다. 사람이 그 등 위에 서면 주준은 사람을 엎고 갈 수 있다. 주준은 조순산(潮循山) 속에서 난다. 마을 사람들은 주준을 잡아 껍질을 벗겨 파는데, 그 껍질을 온전하게 얻으려면 반드시 나무쐐기로 살을 빼내야 한다. 주준은 소처럼 우는데, 그 소리가 산골짜기에 울려 퍼진다. 광주(廣州)의 한 솜씨 좋은 장인이 그 껍질 중에서 밝은 황색에 일각(日脚)(껍질 위에 검은 빛 무리가 흩어져 있는 것을 日脚이라고 한다)이 없는 것을 골라 삶아 부순 뒤 검은 대모(玳瑁) 무늬를 상감하여 빗·참빗·술잔·그릇 등의 물건을 만들었는데, 그 모양이 매우 밝고 아름다웠다. (『영표록이』)

蠵蠵者, 俗謂之'茲夷', 乃山龜之巨者. 人立其背, 可負而行. 産潮循山中. 鄕人採之, 取殼以貨, 要全其殼, 須以木楔出肉. 龜吼如牛, 聲響山谷. 廣州有巧匠, 取其甲黃明無日脚者(甲上有散黑暈爲日脚矣), 煮而拍之, 陷黑玳瑁花, 以爲梳·篦·盃·器之屬, 狀甚明媚. (出『嶺表錄異』)


## 464·27(6467)
## 해 연(海 鷰)

제(齊) 땅 감관현(監官縣) 석포(石浦)에는 해어(海魚)가 있는데, 조수를 타고 왔다 갔다 한다. 해어는 길이가 30여 장(丈)인데, 검은 색에 비늘이 없으며 소와 같은 소리를 낸다. 민간에서는 해어를 '해연(海燕: 바다제비)'이라고 부른다. (『광고금오행기』)

齊監官縣石浦有海魚, 乘潮來去. 長三十餘丈. 黑色無鱗, 其聲如牛. 土人呼爲 '海鶩'. (出『廣古今五行記』)

## 464 · 28(6468)
## 교어(鮫魚)

교어(鮫魚: 상어)는 합포(合浦)에서 난다. 길이는 3장(丈)이고 등에는 껍질이 있는데, 거미줄 같은 무늬가 나 있고 단단하여 칼자루에 장식할 수도 있고 물체를 갈 수도 있다. (『교주기』)

鮫魚出合浦. 長三丈. 背上有甲, 珠(明鈔本'珠'作'蛛')文堅彊, 可以飾刀口, 又可以鑢物. (出『交州記』)

# 태평광기 권제465

수족 2

1. 봉 주 어(峰州魚)
2. 해      하(海 蝦)
3. 와 옥 자(瓦屋子)
4. 인      어(印 魚)
5. 석 반 어(石斑魚)
6. 정      어(井 魚)
7. 이      어(異 魚)
8. 방      회(蚄 蛔)
9. 선      어(鱓 魚)
10. 대     모(玳 瑁)
11. 해     출(海 朮)
12. 해     경(海 鏡)
13. 수     모(水 母)
14. 해        (蠣)
15. 백 족 해(百足蠏)
16. 당     해(螗 蠏)
17. 작     어(鰌 魚)
18. 앵 무 라(鸚鵡螺)
19. 홍     라(紅 螺)
20. 앙     귀(鴦 龜)
21. 예     어(鯢 魚)
22. 후        (鱟)
23. 비     어(飛 魚)
24. 호     해(虎 蠏)
25. 호        (蠔)
26. 적 혼 공(赤鯶公)
27. 뇌 혈 어(雷穴魚)
28. 규     미(虯 尾)
29. 우     어(牛 魚)
30. 추     모(蝤 蝶)
31. 분     부(奔 鰒)
32. 계     비(係 臂)
33. 계 취 어(雞嘴魚)
34. 검     어(劒 魚)
35. 난 부 어(孎婦魚)
36. 황작화합(黃雀化蛤)
37. 천 우 어(天牛魚)

## 465 · 1(6469)
## 봉주어(峰州魚)

봉주(峰州)에 있는 어떤 강은 토번(吐蕃)에서 흘러내려오는데, 여름에도 강물이 얼음이나 눈처럼 차갑다. 그 강에 길이가 1~2촌쯤 되는 물고기가 있어서 계절에 따라 왔다 갔다 하는데, 물 위를 덮을 때는 마치 죽과 같다. 사람들이 그것을 잡아서 삶아 먹는데 천만 가구가 잡아도 다 잡을 수 없을 정도로 많다. 그 물고기가 어디서 오는지는 알 수 없다. (『조야첨재』)

峰州有一道水, 從吐蕃中來, 夏冷如冰雪. 有魚長一二寸, 來去有時, 蓋水上如粥. 人取烹之而食, 千萬家取不可盡. 不知所從來. (出『朝野僉載』)

## 465 · 2(6470)
## 해 하(海 蝦)

유순(劉恂)이란 사람이 한번은 해선에 올라 조타실로 들어갔는데, 문득 보았더니 선창의 덧문에 커다란 새우 껍데기 두 개가 걸려 있었다. 새우의 머리·꼬리·집게발·다리가 온전히 갖춰져 있고 각각 길이가

7~8척쯤 되는데, 그 머리가 [몸 전체의] 10분의 1을 차지했다. 그 주둥이는 칼날처럼 뾰족하고 날카로우며 주둥이 위에 붉은 젓가락 같은 수염이 나 있는데, 각각 길이가 2~3척쯤 되었다. 두 다리에 달려 있는 집게발은 사람 엄지손가락만큼 굵고 길이가 2척을 넘으며, 그 위에 나 있는 가시는 장미 줄기의 가시와 같고 붉으면서 날카롭고 단단하여 손댈 수 없었다. 그 머리통을 불에 그슬리면 1척 남짓 되는 고리 모양으로 오그라드는데, 그 쓰임새가 어찌 술잔이나 사발에만 그치겠는가? 『북호록(北戶錄)』에 이렇게 기록되어 있다.

"등순(滕循)이 광주자사(廣州刺史)로 있을 때, 어떤 손님이 등순에게 '새우 수염 중에 1장(丈)이나 되는 것은 지팡이로 쓸 수 있습니다'라고 했지만, 등순은 그 말을 믿지 않았다. 이에 손님이 동해로 가서 4척이나 되는 새우 수염을 가져와서 등순에게 보여주자, 등순은 그제야 그 기이함에 탄복했다."

(『영표록이』)


劉恂者曾登海舶, 入舱樓, 忽見艙板懸二巨蝦殼. 頭·尾·鉗·足具全, 各七八尺, 首占其一分. 觜尖利如鋒刃, 觜上有鬚如紅筋, 各長二三尺. 雙脚有鉗, 鉗麤如人大指, 長二尺餘, 上有芒刺如薔薇枝, 赤而銛硬, 手不可觸. 腦殼烘透, 彎環尺餘, 何止於盃盂也?『北戶錄』云: "滕循爲廣州刺史, 有客語循曰: '蝦鬚有一丈者, 堪爲拄杖.' 循不之信. 客去東海, 取鬚四尺以示循, 方伏其異." (出『嶺表錄異』)

## 465・3(6471)
## 와옥자(瓦屋子)

와옥자는 대개 방합(蚌蛤: 말씹조개)의 일종으로, 남중(南中)에서는 예로부터 '감자(蚶子)'라고 불렀다. 근자에 상서(尙書) 노균(盧鈞)이 그곳을 진수할 때 마침내 '와옥자'라고 고쳐 불렀는데, 그 껍데기 위에 기왓등처럼 돌출된 것이 있기 때문에 그런 이름을 붙였다. 껍데기 속에 있는 살은 자주색으로 가득 차 있는데, 광주(廣州) 사람들은 여전히 그것을 귀중하게 여기며 대부분 불에 구워 술안주로 삼는다. 그곳 민간에서는 그것을 '천련자(天臠炙: 천상의 구운 고기)'라고 부른다. 그것을 많이 먹으면 숨이 갑갑해지고 등과 팔뚝이 뻐근하고 아픈데, 왜 그런지는 아직 알 수 없다. (『영표록이』)

瓦屋子, 蓋蚌蛤之類也. 南中舊呼爲'蚶(音憨)子'. 頃因盧鈞尙書作鎭, 遂改爲 '瓦屋子', 以其殼上有稜如瓦壠, 故以此名焉. 殼中有肉, 紫色而滿腹, 廣人猶重之, 多燒以薦酒. 俗呼爲'天臠炙'. 食多卽壅氣, 背膊煩疼, 未測其性也. (出『嶺表錄異』)


## 465・4(6472)
## 인어(印魚)

인어(印魚)는 길이가 1척 3촌이며, 이마가 도장처럼 사각형이고 그 위에 글자 같은 것이 새겨져 있다. 다른 큰 물고기가 죽게 되면 인어가 먼저 그것에 도장을 찍는다. (『유양잡조』)

印魚, 長一尺三寸, 額上四方如印, 有字. 諸大魚應死者, 先以印印之. (出『酉陽雜俎』)

## 465・5(6473)
# 석반어(石斑魚)

행유(行儒) 스님이 해준 이야기이다.

건주(建州)에 석반어(石斑魚: 우럭바리)가 있는데, 그것은 뱀과 교배하길 좋아한다. 남중(南中)에는 인가 주변에 벌집이 많은데, 그 벌집이 물병만큼이나 크고 늘 떼 지어 다니며 사람들을 쏜다. 그곳 사람들은 석반어를 잡아 벌집 옆으로 가져가서 구운 다음 장대 위에 매달아 해를 향해서 석반어 그림자를 벌집 위에 드리우도록 한다. 그러면 금세 제비만한 크기의 새 수백 마리가 서로 그 벌집을 쪼아 벌집이 나뭇잎처럼 부서져 떨어지고 벌들도 전부 죽게 된다. (『유양잡조』)

僧行儒言: 建州有石斑魚, 好與虵交. 南中多隔蜂窠, 窠大如壺, 常群螫人. 土人取石斑魚就蜂側炙之, 標於竿上, 向日, 令魚影落其窠上. 須臾, 有鳥大如燕數百, 互擊其窠, 窠碎落如葉, 蜂亦全盡. (出『酉陽雜俎』)

## 465 · 6(6474)
## 정 어(井 魚)

당(唐)나라 단성식(段成式: 『酉陽雜俎』의 撰者)이 말했다.

정어는 머리통에 구멍이 있는데, 매번 바닷물을 들이마셨다가 머리통의 구멍으로 분출시키면 마치 솟구쳐 날리는 샘물처럼 바다로 흩어져 떨어진다. 그러면 뱃사람들은 다투어 빈 그릇으로 그 물을 받는다. 바닷물은 짜고 쓰지만 정어의 머리통 구멍을 통해서 나온 물은 오히려 샘물처럼 담담해진다. 이 이야기는 단성식이 범승(梵僧) 선제승(善提勝)에게서 들은 것이다. (『유양잡조』)

唐段成式云: 井魚腦有穴, 每嗡水, 輒於腦穴蹩出, 如飛泉, 散落海中. 舟人競以空器貯之. 海水鹹苦, 經魚腦穴出, 反淡如泉水焉. 成式見梵僧善提勝說. (出『酉陽雜俎』)

## 465 · 7(6475)
## 이 어(異 魚)

이어는 동해(東海) 사람들이 늘 잡는 물고기인데, 길이가 5~6척쯤 되고 내장이 호록(胡鹿: 미상. '鹿'을 '簏'의 假借로 보면 異國의 대바구니로 해석할 수 있음)이나 칼과 창 같은 모양으로 생겼다. 어떤 사람은 이 물고기를 '진황어(秦皇魚: 秦始皇의 물고기)'라고도 부른다. (『유양잡조』)

異魚, 東海人常獲魚, 長五六尺, 腹胃成胡鹿·刀槊之狀. 或號'秦皇魚'. (出『酉陽雜俎』)


## 465·8(6476)
## 방 회(螃蟾)

바닷가에 있는 어떤 커다란 물고기는 등 위에 12시각을 나타내는 돌이 있는데, '이두뇨(籬頭溺)'라고도 하고 '방회'라고도 한다. 그 오줌은 독성이 매우 강하다. (『유양잡조』)

傍海大魚, 脊上有石十二時, 一名'籬頭溺', 一名'螃蟾'. 其溺甚毒. (出『酉陽雜俎』)


## 4652·9(6477)
## 선 어(鱓 魚)

비현(郫縣)의 후생(侯生)이라는 사람이 구마지(漚麻池: 삼을 물에 담가 섬유질을 쉽게 벗길 수 있도록 부풀리는 데 사용하는 연못) 가에서 선어(鱓魚: 두렁허리)를 잡았는데, 그 굵기가 1척이나 되었다. 그것을 삶아서 먹었더니 흰 머리카락이 다시 검어지고 빠졌던 이가 다시 돌아났으며, 그때부터 몸이 가뿐하고 건강해졌다. (『녹이기』)

郫縣侯生者, 於漚麻池側得鱓魚, 大可尺圍. 烹而食之, 髮白復黑, 齒落復生, 自此輕健. (出『錄異記』)

## 465 · 10(6478)
## 대 모(玳 瑁)

대모는 모양이 거북처럼 생겼지만 배와 등의 껍질에 그슬린 것 같은 반점이 있다. 『본초(本草)』에는 이렇게 기록되어 있다.
"대모는 독을 풀어준다. 그 중에 큰 것은 몸 전체가 파살석(婆薩石)으로 되어 있는데, 벽사(辟邪)의 효과가 있다고 한다."
광주(廣州) 남쪽에 사는 노정(盧亭)(南海의 섬에 사는 彝族人이다)이 살아 있는 대모귀(玳瑁龜: 바다거북의 일종) 한 마리를 잡아 연수(連帥: 節度使 또는 按察使)인 사설왕(嗣薛王: 薛王의 후계자라는 뜻)에게 바쳤다. 설왕은 살아 있는 대모귀에서 작은 등껍질 두 조각을 벗겨내게 하여 왼쪽 팔에 차고서 독을 피하고자 했다. 대모귀는 산채로 그 등껍질이 벗겨지자 고통이 극심했다. 나중에 설왕은 절도사 관저 뒤의 북쪽 연못에 그것을 길러 등껍질이 벗겨진 곳에서 새 껍질이 생겨나길 기다렸다가 다시 노정을 보내 그것을 바닷가로 돌려보내주었다. 어떤 사람이 이렇게 말했다.

"[등껍질을 벗겨낸] 대모가 만약 살아 있을 경우 그 껍질을 차면 효험이 있다. 음식에 독이 들어 있으면 [차고 있는] 대모 껍질이 저절로 흔들린다. 만약 [등껍질을 벗겨낸 대모가] 죽는다면 그런 효험이 없어진다."

(『영표록이』)

玳瑁形狀似龜, 唯腹背甲有烘點. 『本草』云: "玳瑁解毒. 其大者悉婆薩石, 兼云辟邪." 廣南盧亭(海島彝人也), 獲活玳瑁龜一枚以獻連帥嗣薛王. 王令生取背甲小者二片, 帶於左臂上以辟毒. 龜被生揭其甲, 甚極苦楚. 後養於使宅後北池, 伺其揭處漸生, 復遣盧亭送於海畔. 或云: "玳瑁若生, 帶之有驗. 是飮饌中有蠱毒, 玳瑁甲卽自搖動. 若死, 無此驗." (出『嶺表錄異』)

## 465 · 11(6479)
## 해 출(海 㲉)

남해(南海)의 어떤 수생동물은 앞 왼쪽 다리는 길지만 앞 오른쪽 다리는 짧으며, 입이 옆구리 옆의 등 위에 달려 있다. 이것은 늘 왼쪽 다리로 먹이를 잡아 오른쪽 다리에 놓으면 오른쪽 다리 속에 있는 이빨로 먹이를 깨문 다음 입에 넣는다. 그것은 크기가 3척쯤 되고 '출출' 하는 소리를 내기 때문에 남방 사람들은 그것을 '해출'이라고 부른다. (『유양잡조』)

南海有水族, 前左脚長, 前右脚短, 口在脇旁背上. 常以左脚捉物, 寘於右脚,右脚中有齒嚙之, 方內於口. 大三尺餘, 其聲兀兀', 南人呼爲'海兀'. (出『酉陽雜俎』)


## 465 · 12(6480)
## 해 경(海 鏡)

해경(海鏡: 海扇. 가리비)을 광주(廣州) 사람들은 '고엽(膏葉)'이라 부르는데, 쟁반 두 개를 합쳐놓은 모양이다. 껍데기는 둥글며 그 안쪽은 매우 영롱하고 매끄러운데, 햇빛에 비춰보면 운모(雲母)처럼 빛난다. 속에는 방합(蚌蛤)의 살과 같은 소량의 속살이 들어 있다. 뱃속에는 콩만 한 크기의 작은 붉은 게가 들어 있는데, 집게발과 다리가 모두 갖추어져 있다. 해경이 배가 고프면 그 게가 나가서 먹이를 찾아 먹는데, 게가 배불리 먹고 해경의 뱃속으로 돌아오면 해경도 배가 불러진다. 어떤 사람이 해경을 불로 구웠더니 게가 밖으로 나왔는데, 게는 해경의 뱃속을 떠나자마자 곧바로 죽었다. 또 어떤 사람이 살아 있는 해경을 갈라보았더니 게가 그 뱃속에서 살아 있었는데, 잠시 후 역시 죽었다. (『영표록이』)


海鏡, 廣人呼爲'膏葉', 盤兩片, 合以成形. 殼圓, 中甚瑩滑, 日('日'原作'白', 據『太平御覽』卷九四三改)照如雲母光. 內有少肉如蚌胎. 腹中有紅蟹子, 其小如黃豆, 而螯具足. 海鏡饑, 則蟹出拾食, 蟹飽歸腹, 海鏡亦飽. 或迫之以火, 則蟹子走出, 離腸腹立斃. 或生剖之, 有蟹子活在腹中, 逡巡亦斃. (出『嶺表錄異』)

## 수모(水母)

　수모(水母: 해파리)를 광주(廣州) 사람들은 '수모'라 부르고, 민(閩) 땅 사람들은 '타(鮀)'라고 부른다. 그 모양은 한데 응결되어 하나의 물체를 이루고 있는데, 엷은 자주색인 것도 있고 흰 색인 것도 있으며, 큰 것은 엎어놓은 모자만 하고 작은 것은 주발만하다. 창자 아래에는 매달아 놓은 솜 같은 것이 있는데, 그곳 사람들은 그것을 다리라고 한다. 수모에는 입과 눈이 없다. 늘 수십 마리의 새우가 수모의 복부 아래에 기생하면서 그것이 흘리는 점액을 빨아먹는다. 수모가 물 위에 떠 있을 때 어부가 간혹 그것을 만나면 순식간에 물속으로 들어가 버리는데, 이는 [수모에 기생하고 있는] 새우가 보기 때문이다. (『越絶書』에서 "海鏡에 기생하는 게는 그것의 배가 되고 수모에 기생하는 새우는 그것의 눈이 된다"라고 했다.) 남중(南中) 사람들은 수모를 즐겨 먹는데, 그것의 성질이 따뜻하며 민물고기로 인해 생긴 질병을 고칠 수 있다고 말한다. 하지만 비린내가 심하므로 반드시 초목을 태운 재에 생기름을 넣어 두세 번 씻어야 하는데, 그렇게 하면 수정이나 자옥(紫玉)처럼 깨끗하게 빛난다. 수모의 고기 두께는 2촌쯤 되는데 얇은 곳도 1촌이 넘는다. 요리할 때는 먼저 산초나 계피, 또는 두구(荳蔲)를 볶은 다음 생강을 채 썰어 넣어서 [수모와 함께] 데치는데, 혹은 오신채(五辛菜)를 넣은 육젓이나 새우젓과 버무려 회처럼 먹기도 한다. 수모 요리와 가장 잘 어울리는 것은 새우젓인데, 이는 또한 비슷한 부류끼리 상보(相輔)하기 때문이다. 수모는 본래 심해에서 응결된 생물이지만 그것을 먹으면 보난(補

煖) 효과가 있는데, 그 이치는 아직 분명히 알 수 없다. (『영표록이』)

水母, 廣州謂之'水母', 閩謂之'鮀(癡駕反)'. 其形乃渾然凝結一物, 有淡紫色者, 有白色者, 大如覆帽, 小者如碗. 腸下有物如懸絮, 俗謂之足. 而無口眼. 常有數十蝦寄腹下, 哂食其涎. 浮泛水上, 捕者或遇之, 卽欻然而沒, 乃是蝦有所見耳. (『越絶書』云: "海鏡蟹爲腹, 水母蝦爲目.") 南中好食之, 云性煖, 治河魚之疾. 然甚腥, 須以草木灰點生油再三洗之, 瑩淨如水精·紫玉. 肉厚可二寸, 薄處亦寸餘. 先煮椒桂或荳蔲, 生薑縷切而燥之, 或以五辣肉醋, 或以蝦醋, 如鱠食之. 最宜蝦醋, 亦物類相攝耳. 水母本陰海凝結之物, 食而煖補, 其理未詳. (出『嶺表錄異』)

## 465·14(6482)
## 해(蟹)

해(蟹: 여기서는 털 달린 방게를 말하는 것으로 보임)는 8월에 복강 안에서 털이 자라는데, 그 털은 벼의 까끄라기와 흡사하며 길이가 1촌 정도 된다. 그것은 동쪽을 향해 해신에게 그 털을 바치는데, 아직 그 털을 바치지 않은 것은 먹을 수 없다. (『유양잡조』)

蟹, 八月腹內有芒, 芒眞稻芒也, 長寸許. 向東輸與海神, 未輸芒, 不可食. (出『酉陽雜俎』)

## 465 · 15(6483)
## 백족해(百足蟹)

선원국(善苑國: 漢代 서역의 나라 이름)에서 백족해가 나는데, 길이는 9척이며 집게발이 4개이다. 그것을 달여서 '오교(螯膠)'라고 하는 아교풀을 만드는데 봉훼교(鳳喙膠: 봉황새의 부리를 녹여서 만든 아교. 續絃膠와 같은 것으로 추정함)보다 낫다. (『유양잡조』)

善苑國出百足蟹, 長九尺, 四螯. 煎爲膠, 謂之'螯膠', 勝鳳喙膠也. (出『酉陽雜俎』)


## 465 · 16(6484)
## 당 해(螗 蟹)

평원군(平原郡)에서 당해를 공물로 바쳤는데, 그것은 하간군(河間郡)의 경계에서 잡은 것으로 매년 산 채로 바친다. [당해를 잡는 방법은] 얼음을 깨고 불을 비추면서 늙은 개의 고기를 걸어두면 당해가 개고기 냄새를 맡고 곧장 수면으로 떠오르는데 이때 그것을 잡는다. 당해 한 마리의 값은 100냥이다. 담요로 그것을 빈틈없이 싸서 역마(驛馬) 위에 묶어 급히 도성으로 보낸다. (『유양잡조』)

平原郡貢螗蟹, 探於河間界, 每年生貢. 斲氷火照, 懸老犬肉, 蟹覺犬肉卽浮,因取之. 一枚直百錢. 以氈密束於驛馬上, 馳之至京. (出『酉陽雜俎』)


## 465 · 17(6485)
## 작어(鱠 魚)

작어(鱠魚: 나들이상어)는 장안현(章安縣)에서 난다. 작어의 새끼는 아침에 나와서 먹이를 찾다가 저녁에 어미의 뱃속으로 되돌아가는데, 어미의 뱃속은 새끼 4마리가 들어간다. 작어는 아가미가 황금빛처럼 적황(赤黃)색이고 매우 힘이 세서 그물로는 제압할 수 없다. 그래서 민간에서는 그것을 '하백건아(河伯健兒)'라고 부른다. (『유양잡조』)


鱠魚, 章安縣出焉. 鱠子朝出索食, 暮還入母腹, 中容四子. 頰赤如金, 甚健, 網不能制. 俗呼爲'河伯健兒'. (出『酉陽雜俎』)


## 465 · 18(6486)
## 앵무라(鸚鵡螺)

앵무라(鸚鵡螺: 앵무조개)는 나선형의 뾰족한 끝부분이 휘어져 돌출되어 마치 앵무새의 주둥이처럼 생겼기 때문에 그런 이름이 붙었다. 껍데기 위에는 청록색의 반점이 있으며, 큰 것은 용량이 2되가량 된다. 껍데기 안쪽은 운모(雲母)처럼 밝게 빛나는데, 그것으로 장식하여 술잔을 만들면 신기하여 감상할 만하다. (『영표록이』)

鸚鵡螺, 旋尖處屈而味, 如鸚鵡觜, 故以此名. 殼上靑綠斑, 大者可受二升. 殼內光瑩如雲母, 裝爲酒盃, 奇而可翫. (出『嶺表錄異』)

## 465・19(6487)
## 홍 라(紅 螺)

홍라(紅螺: 쇠고둥)는 크기가 앵무라(鸚鵡螺: 앵무조개)와 비슷한데, 껍데기는 얇고 붉으며 역시 술그릇으로 쓸 만하다. 소라(小螺)를 깎아 그것의 다리를 만든 다음 아교로 붙이고 옻칠을 하면 정말 멋진 기물이 된다. (『영표록이』)

紅螺, 大小亦類鸚鵡螺, 殼薄而紅, 亦堪爲酒器. 刳小螺爲足, 綴以膠漆, 尤可佳尙也. (出『嶺表錄異』)

## 465・20(6488)
## 앙 귀(鴦 龜)

초녕현(初寧縣)의 마을에는 앙귀(鴦龜: 거북의 일종으로 呷蛇龜라고도 함)가 많은데, 껍데기가 얇고 좁으며 말라 있다. 머리는 거위와 비슷하며 일반 거북과는 다른데, 개를 물어죽일 수 있다. (『남월지』)

初寧縣里多䲭龜, 殼薄狹而燥, 頭似鵝, 不與常龜同, 而能囓犬也. (出『南越志』)

## 465·21(6489)
## 예 어(鯢 魚)

예어(鯢魚: 도롱뇽)는 메기처럼 생겼는데, 발이 4개이고 꼬리가 길어서 나무에 오를 수 있다. 날이 가물 때 물을 머금고 산으로 올라가 나뭇잎으로 몸을 덮은 채 입을 벌리고 있으면 새가 와서 물을 마시는데, 그때 새를 빨아들여 잡아먹는다. 그것이 내는 소리는 어린아이의 울음소리 같다. 협중(峽中: 三峽) 사람들은 예어를 먹을 때, 먼저 그것을 나무에 묶어놓고 채찍질하면 그것의 몸에서 구수(構樹: 닥나무) 액 같은 흰 액이 나오는데, 그 액을 제거하고 나서야 비로소 먹을 수 있다. 그렇지 않으면 독이 있다. (『유양잡조』)

鯢魚如鮎, 四足長尾, 能上樹. 天旱, 輒含水上山, 以草葉覆身, 張口, 鳥來飮水, 輒吸食之. 聲如小兒. 峽中人食之, 先縛於樹鞭之, 身上白汁出, 如構汁, 去此方可食. 不爾有毒. (出『酉陽雜俎』)

## 후(鱟)

후(鱟: 참게)의 암컷은 늘 수컷을 등에 업고 다니기 때문에 어부는 반드시 그것을 쌍으로 잡을 수 있다. 남방 사람들은 그것을 어물전에 늘 어놓고 파는데, 수컷은 속살이 적다. 예로부터 전해오는 말에 따르면, 그것이 바다를 건너갈 때면 돛을 단 것처럼 1척도 넘는 높이로 서로를 등에 업고서 바람을 타고 헤엄쳐간다고 한다. 지금의 참게 껍데기 위에는 높이가 7~8촌쯤 되는 산호석 같은 것이 있는데, 민간에서는 이를 '후범(鱟帆: 참게 돛)'이라 부른다. 지금도 민령(閩嶺: 지금의 福建과 廣東 지역)에서는 참게장을 중히 여긴다. 그것의 다리는 12개이며, 껍데기로는 관(冠)을 만들 수 있는데 백각(白角: 갈아서 광을 낸 쇠뿔)에 버금간다. 남방 사람들은 그것의 꼬리를 가지고 작은 여의(如意: 일종의 등긁개)를 만든다. (『유양잡조』)

鱟雌常負雄而行, 漁者必得其雙. 南人列肆賣之, 雄者少肉. 舊說, 過海輒相積於背, 高尺('尺'原作'丈', 據明鈔本改)餘, 如帆, 乘風遊行. 今鱟殼上有物, 高七八寸, 如石珊瑚, 俗呼'鱟帆'. 至今閩嶺重鱟醬. 十二足, 殼可爲冠, 次於白角. 南人取其尾爲小如意. (出『酉陽雜俎』)

## 465 · 23(6491)
## 비 어(飛 魚)

비어(飛魚: 날치)는 낭산(朗山)의 낭수(朗水)에 있다. 길이는 1척이고 날 수 있는데, 곧장 구름으로 솟구쳤다가 쉴 때는 깊은 못 바닥으로 돌아간다. (『유양잡조』)

飛魚, 朗山朗水有之. 魚長一尺, 能飛. 卽凌雲空, 息卽歸潭底. (出『酉陽雜俎』)


## 465 · 24(6492)
## 호 해(虎 蟹)

호해는 껍데기 위에 호랑이 가죽 같은 반점이 있으며, 장식하여 술그릇을 만든다. 붉은 게와 함께 경애현(瓊崖縣)의 바닷가에서 나는데, 비록 진기하지는 않지만 그래도 쉽게 잡지는 못한다. (『영표록이』)

虎蟹, 殼上有虎斑, 可裝爲酒器. 與紅蟹皆産瓊崖海邊, 雖非珍奇, 亦不易採得也. (出『嶺表錄異』)

## 호(蠔)

호(蠔: 굴 조개)는 바로 모려(牡蠣)이다. 처음 바다 섬 주변에서 자랄 때는 주먹만한 돌과 같으며 점점 사방으로 자라난다. 높이가 1~2장(丈) 되는 것은 산처럼 높다랗고 가파르다. 하나의 껍데기 속마다 하나의 굴 살이 들어 있는데, 그 자라는 선후에 따라 크기가 다르다. 매번 조수가 밀려올 때면 굴들은 모두 껍데기를 열고 물벌레가 들어오길 기다렸다가 껍데기를 다문다. 남해(南海)의 이민족인 노정인(盧亭人)들은 도끼와 쐐기로 그것을 떼어내 뜨거운 불로 지지면 굴이 즉시 껍데기를 여는데, 그때 그 살을 도려내서 작은 대광주리에 담았다가 집시(集市)로 가져가서 술이나 쌀과 바꾼다. 굴 살 중에서 큰 것은 절였다가 구워먹고 작은 것은 볶아먹는데 그 살에 독특한 맛이 있다. 그것을 너무 많이 먹으면 배가 더부룩해진다. (『영표록이』)

蠔卽牡蠣也. 其初生海島邊, 如拳石, 四面漸長. 有高一二丈者, 巉巖如山. 每一房內, 蠔肉一片, 隨其所生前後, 大小不等. 每潮來, 諸蠔皆開房, 伺蟲蟻入, 卽合之. 海夷盧亭者以斧楔取殼, 燒以烈火, 蠔卽啓房, 挑取其肉, 貯以小竹筐, 赴虛市, 以易醑米. 蠔肉大者腌爲炙, 小者炒食, 肉中有滋味. 食之卽甚, 壅腸胃. (出『嶺表錄異』)

## 465・26(6494)
## 적혼공(赤鯶公)

잉어는 등에 한 줄기 비늘이 있는데, 각 비늘에는 검은 점이 있으며 크고 작은 것이 모두 36개이다. 당(唐)나라의 법률에 따르면, 잉어를 잡으면 즉시 놓아주어야 하며 먹어서는 안 된다. [唐나라의 國姓인 '李'와 '鯉'의 발음이 같기 때문임.] 잉어는 적혼공(赤鯶公: 잉어의 별칭으로 赤驥라고도 함)이라고도 부른다. 잉어를 판 자는 곤장 60대에 처해진다. (『유양잡조』)

鯉脊中鱗一道, 每鱗上有黑點, 大小皆三十六鱗. 唐朝律, 取得鯉魚, 卽宜放, 仍不得喫. 說赤鯶公. 賣者決六十. (出『酉陽雜俎』)


## 465・27(6495)
## 뇌혈어(雷穴魚)

흥주(興州)에 '뇌혈'이라고 하는 곳이 있는데, 평소에는 물이 동굴의 절반쯤 차 있다가 천둥이 칠 때면 물이 동굴을 가득 채워 넘쳐흐르면서 물고기가 그 물을 따라 나온다. 백성들은 천둥이 치길 기다렸다가 나무를 둘러치고 그물을 설치하여 무수히 많은 물고기를 잡는다. 천둥이 치지 않을 때도 어부들이 동굴 입구에 모여서 북을 두드리면 물고기가 역시 나오는데, 잡은 수량이 천둥 칠 때의 절반에 불과하다. 위행규(韋行

規)가 흥주자사로 있을 때 친구에게 편지를 보내 그 일을 말해주었다. (『유양잡조』)

興州有一處名'雷穴', 水常半穴, 每雷聲, 水塞穴流, 魚隨流而出. 百姓每候雷聲, 繞樹布網, 獲魚無限. 非雷聲, 漁子聚鼓擊於穴口, 魚亦輒出, 所獲半於雷時. 韋行規爲興州刺史時, 與親故書, 說其事. (出『酉陽雜俎』)


## 465 · 28(6496)
## 규 미(虯 尾)

동해의 어떤 물고기는 규룡 같은 꼬리에 솔개처럼 생겼는데, 그것이 파도를 일으키면 즉시 비가 내린다. [그래서 그곳 사람들은] 지붕마루에 그것의 형상을 놓아둔다. (『담빈록』)

東海有魚, 虯尾似鴟, 鼓浪卽降雨. 遂設像於屋脊. (出『譚賓錄』)


## 465 · 29(6497)
## 우 어(牛 魚)

바다에서 우어(牛魚: 鱘鰉魚. 철갑상어)의 껍질을 꺼내 걸어두면, 바다 조수가 밀려올 때 즉시 그것의 털이 곤두선다. (『담빈록』)

海上取牛魚皮懸之, 海潮至, 卽毛豎. (出『譚賓錄』)

### 465·30(6498)
# 추모(蝤 蛑)

추모(蝤蛑: 꽃게.『유양잡조』권17에는 '蝤蜶'라 되어 있음)는 큰 것은 길이가 1척도 넘고 두 집게발이 굉장히 강력하다. 8월에는 호랑이와 다툴 수 있는데 호랑이도 그만 못하다. 그것은 큰 조수에 따라 허물을 벗는데, 허물을 벗을 때마다 몸이 자란다. (『유양잡조』)

蝤蛑, 大者長尺餘, 兩螯至彊. 八月能與虎鬪, 虎不如. 隨大潮退殼, 一退一長. (出『酉陽雜俎』)

### 465·31(6499)
# 분 부(奔 鯆)

분부(奔鯆: 海豚. 몰아지. 돌고래)는 일명 '계(䱜)'라고도 하는데 물고기도 아니고 교룡도 아니다. 크기는 작은 배만하고 길이는 2~3장(丈)쯤 되며 메기처럼 생겼다. 배 아래에 2개의 젖꼭지가 있으며 암컷과 수컷의 생식기가 사람 것과 비슷하다. 그 새끼를 잡아서 해안 위에 놓아두면 우는 소리가 갓난아이의 울음소리 같다. 목 위에 나 있는 구멍은 머리와 통해 있다. 숨을 쉴 때 헉헉 하는 소리를 내면 반드시 큰바람이 불기 때문에 행인들은 그것으로 날씨를 점친다. 전해오는 말에 따르면, 게으른 부인이 변한 것이라고 한다. 한 마리를 죽이면 3~4곡(斛)의 기름을 얻어 그것으로 등불을 켜는데, 책을 읽거나 길쌈을 할 때 비추면 어두워지지만 즐겁게 노는 곳을 비추면 밝아진다. (『유양잡조』)

奔䱐, 一名'瀾', 非魚非蛟. 大如舡, 長二三丈, 若鮎. 有兩乳在腹下, 雄雌陰陽類人. 取其子着岸上, 聲如嬰兒啼. 項上有孔, 通頭. 氣出嚇嚇作聲, 必大風, 行者以爲候. 相傳嬾婦所化. 殺一頭, 得膏三四斛, 取之燒燈, 照讀書紡績輒暗, 照懽樂之處則明. (出『酉陽雜俎』)

## 465 · 32(6500)
## 계 비(係 臂)

계비(係臂)는 거북처럼 생겼다. 바다로 들어가 그것을 잡을 때는 반드시 먼저 제사를 지내야 하고 또 잡아야 할 숫자를 아뢰어야 한다. 그러면 그것이 저절로 나오므로 잡을 수 있다. 만약 사람들이 약속을 지키지 않고 많이 잡으면, 그것은 풍랑을 일으켜 배를 뒤집어버린다. (『유양잡조』)

係臂如龜. 入海捕之, 必先祭, 又陳所取之數. 則自出, 因取之. 若不信, 則風浪覆舡. (出『酉陽雜俎』)

## 465·33(6501)
## 계취어(雞嘴魚)

이덕유(李德裕)가 어렸을 때 한번은 명주(明州)에서 어떤 수중생물을 보았는데, 다리가 2개이고 주둥이가 닭과 비슷하며 몸이 물고기처럼 생겼었다. (『유양잡조』)

李德裕幼時, 常於明州見一水族, 有兩足, 嘴似雞, 身如魚. (出『酉陽雜俎』)


## 465·34(6502)
## 검 어(劍 魚)

바닷물고기가 천 년 묵으면 검어(劍魚: 칼상어)가 된다. 일명 '비파어(琵琶魚)'라고도 하는데, 그 모양이 비파와 비슷하고 울기 좋아하기 때문에 그런 이름이 붙었다. 호어(虎魚)가 늙으면 교룡이 된다. 장강(長江) 속의 작은 물고기는 메뚜기로 변하여 오곡을 먹다가 100년 묵으면 쥐가 된다. (『유양잡조』[『술이기』])

海魚千歲爲劍魚. 一名'琵琶魚', 形似琵琶而喜鳴, 因以爲名. 虎魚老則爲蛟. 江中小魚, 化爲蝗而食五穀者, 百歲爲鼠. (出『酉陽雜俎』, 明鈔本作'出『述異記』')

## 465・35(6503)
## 난부어(嬾婦魚)

회남(淮南)에는 난부어(嬾婦魚: 江豚, 상쾡이)가 있다. 그곳 사람들의 말에 따르면, 옛날 양씨(楊氏) 집안의 며느리가 시어머니에게 심하게 야단맞자 물에 빠져죽어 그 물고기가 되었다고 한다. 그것의 기름으로 등촉을 켤 수 있는데, 금슬(琴瑟)을 타거나 박혁(博奕: 雙六과 바둑)을 할 때 비추면 환하게 빛을 내지만, 길쌈할 때 비추면 더 이상 밝아지지 않는다. (『술이기』)

淮南有嬾婦魚. 俗云, 昔楊氏家婦, 爲姑所怒, 溺水死爲魚. 其脂膏可燃燈燭, 以之照鼓琴瑟博奕, 則爛然有光, 若照紡績, 則不復明. (出『述異記』)


## 465・36(6504)
## 황작화합(黃雀化蛤)

회수(淮水)에서는 꾀꼬리가 가을이 되면 방합(蚌蛤)으로 변했다가 봄이 되면 다시 꾀꼬리로 변한다. 꾀꼬리는 500년이 되면 신합(蜃蛤: 대합조개)으로 변한다. (『술이기』)

淮水中, 黃雀至秋化爲蛤, 至春復爲黃雀. 雀五百年化爲蜃蛤. (出『述異記』)

## 465·37(6505)
## 천우어(天牛魚)

천우어는 사방 둘레가 3장(丈)이고 눈 크기가 말[斗]만하며, 입이 옆구리 아래에 달려 있고 드러난 이빨에 입술이 없으며, 2개의 육각(肉角: 기린의 뿔)이 팔처럼 달려 있다. 또 양쪽 날개는 6척이고 꼬리는 5척이다. (『남월기』)

天牛魚, 方員三丈, 眼大如斗, 口在脇下, 露齒無脣, 兩肉角如臂. 兩翼長六尺, 尾五尺. (出『南越記』)

# 태평광기 권제 466

수족 3

1. 하    곤(夏    鯀)
2. 동 해 인(東 海 人)
3. 곤 명 지(昆 明 池)
4. 서 경 산(徐 景 山)
5. 반 혜 연(潘 惠 延)
6. 갈    현(葛    玄)
7. 개    상(介    象)
8. 용    문(龍    門)
9. 지 중 어(池 中 魚)
10. 통 천 하(通 川 河)
11. 행 해 인(行 海 人)
12. 음    화(陰    火)
13. 배    주(裵    伷)
14. 왕 민 지(王 旻 之)
15. 한    유(韓    愈)
16. 운 향 민(鄆 鄕 民)
17. 적 령 계(赤 嶺 溪)

## 466 · 1(6506)
## 하 곤(夏 鯀)

요(堯) 임금이 하(夏)나라의 곤(鯀)에게 물을 다스리도록 명령을 내렸는데, 9년이 지나도록 성과가 없었다. 그리하여 곤은 스스로 우연(羽淵)에 빠져 죽은 뒤에 검은 물고기 변했다. 그때 지느러미를 세우고 비늘을 떨면서 물살을 가로질러 떠다니는 것이 있었는데, 그것을 본 사람들은 모두 곤이 황하(黃河)의 정령이 되었다고 생각했다. 우연은 황하(黃河)·바다와 수원(水源)이 통한다. 상고시대의 사람들은 우산(羽山) 아래에 곤의 사당을 세우고 사시사철 제사를 올렸다. 그때마다 늘 그 검은 물고기와 교룡(蛟龍)이 떠올라 물살을 가르며 밖으로 나왔는데, 그러면 구경하던 사람들은 깜짝 놀라며 두려워했다. 순(舜) 임금이 우(禹) 임금에게 명하여 물길을 트게 하고 오악에 제사지내게 하자 우 임금은 해와 달이 비치는 곳은 모두 돌아다녔지만, 오직 우산의 땅만은 밟지 않았다. 그가 큰 바다를 건너려고 하면 자라와 거북이가 다리를 놓아주었고, 높은 산을 넘으려고 하면 신룡(神龍)이 업어다 주었는데, 이것은 모두 우 임금의 성스러운 덕이 신령을 감화시켰기 때문이다. 곤이 변화한 사실에 대해서는 이설이 있지만, 신비롭게 변화했다는 사실에 대해서는 일치한다. 그러나 그 색깔이나 모습은 서로 다르다. '현(玄)', '어(魚)', '황(黃)', '웅(熊)'의 네 음이 혼동되기 쉽기 때문에 이야기를 전하여 베끼는 과정에서 잘못 전해진 것 같은데, 여기서는 모두 간략하게만 기록한다. (왕자년 『습유기』)

堯命夏鯀治水, 九載無績. 鯀自沈於羽淵, 化爲玄魚. 時揚鬐振鱗橫遊波上, 見者謂爲河精. 羽淵與河海通源也. 上古之人於羽山之下修立鯀廟, 四時以致祭祀. 常見此黑魚與蛟龍溯游而出, 觀者驚而畏之. 至舜命禹, 疏川奠岳, 行遍日月之下, 唯不踐羽山之地. 濟巨海則黿龜爲梁, 踰峻山則神龍爲負, 皆聖德之感也. 鯀之化, 其事互說, 神變猶一. 而色狀不同. 玄魚黃熊, 四音相亂, 傳寫流誤, 並略記焉. (出王子年『拾遺記』)

## 466・2(6507)
# 동해인(東海人)

옛날에 어떤 사람이 동해를 항해하고 있었는데, 잠시 뒤에 바람이 심하게 불어서 배가 부서질 지경이었다. 그러나 그는 배를 통제하지 못한 채 그저 풍랑을 따라 떠다니면서 어디로 가는지 조차 몰랐다. 하루 종일 밤낮으로 떠다니다가 한 외딴 섬에 도착하자 함께 있던 사람들도 모두 기뻐했다. 돌을 내리고 말뚝을 박아 밧줄을 매어 놓은 뒤 섬에 올라가 음식을 익혔는데, 음식이 채 다 익기도 전에 섬이 물 속으로 가라앉는 것이었다. 배 안에 있던 사람들이 닻줄을 자르자 배는 다시 표류하기 시작했는데, 조금 전에 보았던 외딴 섬은 다름 아닌 거대한 물고기였다. 물고기는 파도를 들여 마셨다 내뿜었다 하면서 바람처럼 빨리 떠나갔다. 그 섬에서 죽은 사람만 해도 10여 명이나 되었다. (『서경잡기』)

昔人有遊東海者, 旣而風惡舡破. 補治不能制, 隨風浪, 莫知所之. 一日一夜, 得一孤洲, 共侶懽然. 下石植纜, 登洲煮食, 食未熟而洲沒. 在船者砍斷其纜, 舡復漂蕩, 向者孤洲, 乃大魚也. 吸波吐浪, 去疾如風. 在洲上死者十餘人. (出『西京雜記』)

## 466·3(6508)
## 곤명지(昆明池)

곤명지에는 돌을 조각하여 고래를 만들어놓았는데, 천둥이 치고 비가 올 때마다 고래는 늘 크게 소리를 내면서 지느러미와 꼬리를 모두 움직였다. 한대(漢代)에는 그 고래에게 제사를 지내 비를 빌었는데, 종종 효험이 있었다. (『서경잡기』)

昆明池, 刻石爲鯨魚, 每至雷雨, 魚常鳴吼, 鬐尾皆動. 漢世祭之以祈雨, 往往有驗. (出『西京雜記』)

## 466·4(6509)
## 서경산(徐景山)

위(魏)나라 명제(明帝: 曹睿)가 낙수(洛水) 가를 노닐다가 흰 수달

몇 마리를 보았는데 예쁘고 깨끗한 것이 귀여웠다. 그런데 수달이 사람만 보면 달아났기 때문에 명제는 잡고 싶었지만 끝내 잡을 수가 없었다. 그때 시중(侍中) 서경산이 이렇게 아뢰었다.

"신이 듣건대 수달은 숭어를 좋아해서 죽음도 불사한다고 하니, 그것으로 유인해보시옵소서."

그리고는 곧장 널빤지에 숭어 두 마리를 그려 낙수 기슭에 걸어놓았더니 순식간에 수달이 무더기로 몰려들어 일시에 잡을 수 있었다. 명제는 몹시 기뻐하며 이렇게 말했다.

"그대가 그림을 잘 그린다고 하더니, 어찌 이렇게 오묘하게 그릴 수 있는가?"

서경산은 이렇게 대답했다.

"신은 일찍이 붓을 잡아 본 적은 없지만, 남이 그린 것을 보면 거의 비슷하게 그릴 수는 있습니다."

명제가 말했다.

"경은 자신의 장점을 잘 활용하는 사람이로구나!"

(『속제해기』)


魏明帝遊洛水, 水中有白獺數頭, 美淨可憐. 見人輒去, 帝欲取之, 終不可得. 侍中徐景山奏云: "臣聞獺嗜鱸魚, 乃不避死, 可以此訛之." 乃畫板作兩鱸魚, 懸置岸上, 於是群獺競逐, 一時執得. 帝甚嘉之, 謂曰: "聞卿能畫, 何以妙也?" 答曰: "臣未嘗執筆, 然人之所作, 自可庶幾耳." 帝曰: "是善用所長也!" (出『續齊諧記』)

## 466 · 5(6510)
# 반혜연(潘惠延)

    평원군(平原郡) 고원현(高苑縣)의 동쪽에 '어진(魚津)'이라는 곳이 있는데, 다음과 같은 이야기가 전해진다.

    위(魏)나라 말에 평원군에 자가 혜연인 반부군(潘府君: 府君은 太守의 존칭)이 있었는데, 백마진(白馬津)에서 배를 타고 임지로 가다가 손에 들고 있던 산낭(筭囊: 관리들이 붓이나 벼루를 넣어두던 주머니)을 물 속에 빠트렸다. 본래 주머니 안에는 종유석 한 냥(兩)이 들어 있었다. 그가 평원군을 다스린 지 3년 째 되던 해에 제수(濟水)가 흘러 넘쳤는데, 그 때에 3장 길이에 너비가 5척이나 되는 물고기 한 마리를 잡았다. 그 배를 갈라보았더니 뜻밖에도 이전에 물 속에 떨어뜨렸던 산낭이 나왔는데, 금침(金針)은 그대로 있었지만 종유석은 모두 녹고 없었다. 그 물고기에서 기름 수십 곡(斛)을 얻었는데, 당시 사람들은 모두 이를 기이하게 생각했다. (『유양잡조』)

    平原高苑城東有'魚津', 傳云: 魏末, 平原潘府君字惠延, 自白馬登舟之部, 手中筭囊, 遂墜於水. 囊中本有鍾乳一兩. 在郡三年, 濟水泛溢, 得一魚, 長三丈, 廣五尺. 剖其腹中, 得頃時墜水之囊, 金針尙在, 鍾乳消盡. 其魚得脂數十斛, 時人異之. (出『酉陽雜俎』)

## 466 · 6(6511)
## 갈현(葛玄)

갈현은 누가 큰 물고기 한 마리를 보내오자 이렇게 말했다.

"잠시 이 물고기를 보내 하백(河伯)이 있는 곳까지 다녀오게 합시다."

그리고는 주사(朱砂)로 종이에다 무어라고 쓰더니 물고기의 입안에 넣어서 물 속으로 던졌다. 잠시 뒤에 물고기가 돌아와 강 언덕에 뛰어오르더니 먹으로 쓴 편지 한 통을 토해내었는데, 그것은 검푸른 색이었으며 나뭇잎처럼 날아다녔다.

또 갈현은 오(吳)나라 군주와 누각 위에 앉아 있다가 그곳 사람들이 기우제를 지내는 것을 보고는 이렇게 말했다.

"쉽게 비를 내리게 할 수 있습니다."

그리고는 곧장 부적을 써서 사당 안에 두었더니 순식간에 비가 억수같이 내렸다. 오나라 군주가 말했다.

"물 속에 물고기가 있습니까?"

갈현이 다시 부적을 써서 물 속으로 던지자 순식간에 커다란 물고기 수백 마리가 나타났다. 그리하여 사람들에게 물고기를 잡아서 먹게 했다. (『신선전』)

葛玄見遺大魚者, 玄云: "暫煩此魚到河伯處." 乃以丹書紙內魚口, 擲水中. 有頃, 魚還躍上岸, 吐墨書, 靑墨色, 如木葉而飛.

又玄與吳主坐樓上, 見作請雨土人, 玄曰: "雨易得耳." 卽書符著社中, 一時之間, 大雨流淹. 帝曰: "水中有魚乎?" 玄復書符擲水中, 須臾, 有大魚數百頭. 使人取食之. (出『神仙傳』)



## 466 · 7(6512)
## 개 상(介 象)

개상은 오(吳)나라의 군주와 함께 숭어의 뛰어난 맛에 대해서 이야기하다가 [내친 김에] 대전 뜰에 구덩이를 만들고 물을 길어다 가득 채우고 난 뒤에 함께 낚시를 청했다. 개상이 일어나서 미끼를 걸고 낚시하더니 순식간에 숭어 한 마리를 낚아 올렸다. 오나라 군주는 놀라고 기뻐하며 곧장 요리사에게 썰어 가져오게 해서 먹었다. (『신선전』)


介象與吳主共論鯔魚之美, 乃於殿庭作坎, 汲水滿之, 幷求釣. 象起餌之, 須臾, 得鯔魚. 帝驚喜, 乃使廚人切食之. (出『神仙傳』)



## 466 · 8(6513)
## 용 문(龍 門)

용문산은 하동(河東)의 경계에 있다. 우(禹) 임금이 산을 뚫어 용문을 만들었는데, 그 폭이 1리 남짓 되며 황하(黃河)가 그 사이로 흘렀다. 용문의 양쪽 언덕은 거마가 지나갈 수 없다. 매년 늦봄이면 누런색의 잉어가 물을 거슬러 올라오는데, 용문에 올라오는 잉어는 곧 바로 용으로 변한다. 또 임등(林登)은 이렇게 말했다.

"매년 늦봄에 누런색의 잉어가 바다와 여러 하천에서 다투어 용문 밑으로 몰려드는데, 1년에 용문으로 올라가는 잉어는 72마리에 불과하다. 누런색의 잉어가 막 용문에 올라서면 비구름이 몰려들고 번갯불이 뒤에서부터 그 꼬리를 불태우는데, 그러면 곧장 용으로 변한다."

용문의 물살은 화살처럼 곧장 솟구쳐 흐르는데, 아래로 7리 까지 흐르고 그 깊이는 3리 정도 된다. (『삼진기』)

龍門山在河東界. 禹鑿山斷門, 闊('闊'字據明鈔本補)一里餘, 黃河自中流下. 兩岸不通車馬. 每暮春之際, 有黃鯉魚逆流而上, 得者便化爲龍. 又林登云: "龍門之下, 每歲季春有黃鯉魚, 自海及諸川爭來赴之, 一歲中, 登龍門者, 不過七十二. 初登龍門, 卽有雲雨隨之, 天火自後燒其尾, 乃化爲龍矣." 其龍門水浚箭湧, 下流七里, 深三里. (出『三秦記』)

## 466・9(6514)
## 지중어(池中魚)

『풍속통(風俗通)』에 다음과 같은 기록이 있다.

"'성문에 불이 나면 그 화가 연못 속의 물고기에게까지 미친다.' 예로부터 이런 이야기가 있다.

'지중어는 본래 사람의 이름으로 성(姓)은 지(池)이고 자(字)는 중어(仲魚)인데, 송(宋)나라의 성문 밖에서 살고 있었다. 성문에서 불이 났는데, 불길이 그 사람의 집에까지 번지는 바람에 그만 그는 불에 타 죽고 말았다.'

또 다음과 같은 이야기가 있다.

'송나라의 성문에서 불이 나자 사람들은 못 속의 물을 길어다가 문에 끼얹었는데, 그 바람에 못 속의 물이 모두 바닥나서 물고기가 모습을 드러낸 채로 죽었다.'

이 말은 나쁜 일이 번져 선량한 사람마저 다치게 하는 것을 비유한다."

(『풍속통』)

『風俗通』曰: "'城門失火, 禍及池魚.' 舊說: '池仲魚人姓字也, 居宋城門. 城門失火, 延及其家, 仲魚燒死.' 又云: '宋城門失火, 人汲取池中水, 以沃灌之, 池中空竭, 魚悉露死.' 喩惡之滋, 幷傷良謹也."(出『風俗通』)


## 466 · 10(6515)
## 통천하(通川河)

통천(通川)의 경계에는 수달이 많이 있는데, 각자 기르는 주인이 있으며 주인들은 모두 물가 옆 기슭에서 산다. 만약 수달이 동굴 안으로 들어가면 꿩의 꼬리를 그 앞에다 꽂아놓는데, 그러면 수달은 감히 밖으로 나오려 하지 않는다. 그러다 꿩의 꼬리를 치우면 곧바로 나와 물고기를 잡아서 반드시 기슭 위로 올라오는데, 이때 사람들은 그 물고기를 빼앗아 간다. 물고기를 많이 잡고 난 후에야 비로소 수달은 자기도 물고기를 먹을 수 있다. 수달이 배부르게 먹고 나면 곧장 판을 두드려 수달을 동굴 속으로 몰아넣고 다시 꿩의 꼬리를 그 앞에다 꽂아놓은데, 그러면 수달은 밖으로 나오지 못한다. (『조야첨재』)

通川界內多獺, 各有主養之, 並在河側岸間. 獺若入穴, 揷雉尾於獺孔前, 獺卽不敢出去. 却尾卽出, 取得魚, 必須上岸, 人便奪之. 取得多, 然後自喫. 喫飽, 卽鳴板以驅之, 還揷雉尾, 更不敢出. (出 『朝野僉載』)

## 466 · 11(6516)
## 행해인(行海人)

옛날에 어떤 사람이 항해하다가 한 섬에 이르렀는데 나무가 무성하게 우거져 있는 것을 보고 곧장 배를 묶고 해안에 올라갔다. 물 옆에서 불을 때어 밥을 지었는데, 밥이 반도 익지 않았을 때 갑자기 수풀이 물속으로 가라앉는 것이었다. 그 사람은 급히 닻을 자르고 나서야 그곳을 빠져 나올 수 있었다. 자세히 살펴보았더니 그것은 커다란 바닷게였다. (『이물지』)

昔有人行海得洲, 木甚茂, 乃維舟登岸. 爨於水傍, 半炊而林沒於水. 遽斷其纜, 乃得去. 詳視之, 大蟹也. (出 『異物志』)

## 466 · 12(6517)
## 음 화(陰 火)

바다에서 사는 물고기나 조개는 그늘진 곳에 두면 빛을 내는데, 처음 보면 요괴인 줄 안다. 그곳 사람들이 그 이유를 추측해보니, 아마도 그것이 짠물 때문에 생겨난 빛인 듯했다. 바다가 어두컴컴해지면 온 바다가 마치 불을 피운 것처럼 빛이 나며 바닷물을 내리쳐보면 물이 별빛처럼 흩어진다. 그러다 달빛이 나오면 그 빛은 더 이상 보이지 않는다. 목현허(木玄虛: 木華)의 「해부(海賦)」에 보면 "도깨비불이 사라졌다[원문에는 '退然'이라 되어 있지만, 『文選』 권12에는 '潛然'이라 되어 있음]"란 구절이 있는데, 혹시 이것을 두고 한 말인가? (『영남이물지』)


　海中所生魚蜄, 置陰處有光, 初見之, 以爲怪異. 土人常推其義, 蓋鹹水所生. 海中水遇陰晦('晦'原作'物', 據明鈔本改), 波如然火滿海, 以物擊之, 迸散如星火. 有月卽不復見. 木玄虛「海賦」云"陰火退然", 豈謂此乎? (出『嶺南異物志』)


## 466 · 13(6518)
## 배 주(裵 伷)

당(唐)나라의 배주는 개원(開元) 7년(719)에 광주도독(廣州都督)으로 있었다. 추석날 밤에 물시계의 물이 아직 다 떨어지지 않았을 때 갑자기 날이 밝으면서 별과 달이 모두 지고 새들이 울며 날았다. 군(郡)

전체의 사람들은 깜짝 놀라면서 괴이한 일도 다 있다고 생각했으나, 그 영문을 알 길이 없었다. 그러나 이미 낮이 되었기에 배공(裵公: 裵伷)이 의관을 갖추어 입고 밖으로 나와 살펴보았더니 주(州)의 병사와 하급관리들이 이미 관부의 문 앞에 모여 있었다. 배공이 곧장 보좌관리와 빈객들을 불러들였더니, 모두 이상하다고 하면서 무엇인가에 홀렸을 뿐 진실로 한밤중에 날이 샌 것은 아닐 것이라고 말했다. 그리하여 곧장 설호씨(挈壺氏: 挈壺正이라고도 하는데, 물시계를 담당하던 관리)를 불러 물어보았더니 이렇게 대답했다.

"보통 때 같으면 아직 삼경(三更)도 채 되지 않았습니다."

배공은 그 이유를 알 길이 없어 빈객들에게 그냥 청사(廳事)에 머물게 하면서 함께 해가 떠오르기를 기다렸다. 한참 뒤에 하늘이 어두워지면서 이전처럼 밤이 되자, 관리들은 촛불을 들고 돌아갔다. 이튿날 아침에 배공이 군부(軍府)의 사람들을 크게 불러 모아 그 일에 대해 물어보았지만 그 이유를 알아낼 만한 사람이 없었다. 배공은 곧장 사방으로 사람을 보내 그 일에 대해 물어보니 그곳 경내가 모두 그러했다고 했다. 배공이 곧장 사람을 북쪽 상령(湘嶺: 湘江 嶺北)으로 보내 알아보게 했더니, 상령 이북에는 그런 일이 없었다고 했다. 몇 개월 뒤에 한 상선이 저 멀리 남쪽에서부터 와 그 마을 사람들이게 이렇게 말했다.

"8월 11일 밤에 저희들은 항해를 하다가 갑자기 커다란 거북 한 마리가 물 속에서 나오는 것을 보았는데, 거북은 머리를 들고 북쪽을 바라다 보았습니다. 두 눈은 태양처럼 빛나 천리를 환하게 비추어 터럭 끝까지도 모두 보였습니다. 한참 뒤에 거북이 다시 물 속으로 사라지자 다시 어두컴컴해졌습니다."

그 시간을 확인해보니 배공이 관원들과 빈객들을 모두 불러 모았던 바로 그날 밤이었다. (『집이기』)

唐裴仙, 開元七年, 都督廣州. 仲秋, 夜漏未艾, 忽然天曉, 星月皆沒, 而禽鳥飛鳴矣. 擧郡驚異之, 未能諭. 然已晝矣, 裴公於是衣冠而出, 軍州將吏, 則已集門矣. 遽召粲佐泊賓客至, 則皆異之, 但謂衆惑, 固非中夜而曉. 卽詢挈壺氏, 乃曰: "常夜三更尙未也." 裴公罔測其倪, 因留賓客於廳事, 共須日之昇. 良久, 天色昏暗, 夜景如初. 官吏則執燭而歸矣. 詰旦, 裴公大集軍府, 詢訪其說, 而無能辨者. 裴因命使四訪, 闔界皆然. 卽令北訪湘嶺, 湘嶺之北, 則無斯事. 數月之後, 有商舶自遠南至, 因謂郡人云: "我八月十一日夜, 舟行, 忽遇巨鼇出海, 擧首北向. 而雙目若日, 照耀千里, 毫末皆見. 久之復沒, 夜色依然." 徵其時, 則裴公集賓寮之夕也. (出『集異記』)

## 466・14(6519)
## 왕민지(王旻之)

당(唐)나라 왕민지(王旻之: 唐나라 때의 유명한 도사로, '王旻'의 誤記로 보임)는 뇌산(牢山)에서 수행하다가 사람을 보내 낭야태수(琅琊太守) 허계언(許誡言)에게 이렇게 말했다.

"귀 군(郡)의 임기현(臨沂縣) 기사촌(其沙村)에 역린어(逆鱗魚)가 살고 있는데, 그것을 가져다가 약물과 배합해야만 하니('역린어'는 『仙經』에서 말하는 '肉芝'이기 때문에 선약과 배합하고자 하는 것이다) 나리와 함께 그곳에서 만나 뵈었으면 합니다."

허계언은 이를 허락했다. 허계언은 곧장 기사촌에 제단을 쌓고 태화선생(太和先生: 王롯之의 號)을 기다렸다. 태화선생이 허계언과 만나자 허계언은 어부를 시켜 태화선생이 찾는 것을 잡아오게 했다. 기사촌의 서쪽에 물이 있었는데, 그 크기가 남북으로 수백 보(步) 정도 되고 동서로는 10장(丈) 정도 되었다. 물의 색깔은 검고 아주 깊었으며 언덕에 사당이 있었다. 마을의 한 장로가 허계언에게 이렇게 아뢰었다.

"10년 전에 마을의 한 젊은이가 물에서 한 물체를 낚았는데, 어찌나 컸던지 아무리 잡아당겨도 물 속에서 끌어낼 수 없어서 수십 개의 낚시를 드리운 뒤에야 가까스로 그 물체의 머리를 밖으로 끌어낼 수 있었습니다. 물체는 사나운 짐승처럼 생겼고 눈을 감고 있었으며 그 크기는 수레바퀴만 했습니다. 마을 사람들은 그 물체가 죽었다고 생각하고 밧줄로 묶어 나무를 빙 둘러가며 열 사람이 함께 끌어당겼습니다. 그러자 갑자기 그 맹수가 눈을 뜨고 크게 진노했는데, 그 소리가 마치 벼락 치는 것 같았습니다. 그 근처에 있던 10여 명의 사람이 그 소리에 놀라 죽었고, 두려움에 떨다가 정신이 나가고 병을 얻은 사람이 20명이나 되었습니다. 그 맹수가 물 속으로 들어가자 마을 사람들은 곧장 사당을 세우고 제사를 지내며 기도를 올렸는데, 물난리가 나거나 가뭄이 들면 반드시 응답이 있었습니다. 역린어 같은 것은 일찍이 있지도 않았습니다."

그 말을 들은 허계언은 하려던 일을 그만두었다. (『기문』)

唐王롯之在牢山, 使人告琅琊太守許誡言曰: "貴部臨沂縣其沙村, 有逆鱗魚, 要之調藥物('逆鱗魚', 『仙經』云, 謂之'肉芝', 故是欲以調藥也), 願與太守會於

此." 誠言許之. 則令其沙村設儲峙, 以待太和先生. 先生旣見誠言, 誠言命漁者捕所求. 其沙村西有水焉, 南北數百步, 東西十丈. 色黑至深, 岸有神祠. 鄕老言於誠言曰: "十年前, 村中少年於水釣得一物, 狀甚大, 引之不出, 於是下釣數十道, 方引其首出. 狀如猛獸, 閉目, 其大如車輪. 村人謂其死也, 以繩束縛, 繞之樹, 十人同引之. 猛獸忽張目大震, 聲若霹靂. 近之震死者十餘人, 因怖喪去精魂爲患者二十人. 猛獸還歸於水, 乃建祠廟祈禱之, 水旱必有應. 若逆鱗魚, 未之有也." 誠言乃止. (出『紀聞』)

## 466 · 15(6520)
## 한 유(韓 愈)

 당(唐)나라 이부시랑(吏部侍郎) 문공(文公) 한유는 일찍이 형부시랑(刑部侍郎)으로 있다가 조양태수(潮陽太守: 潮陽은 潮州에 속해 있었음. 여기서는 사실상 潮州刺史를 말함)로 폄적되었다. 이전부터 군(郡)의 서쪽에 큰 늪이 있었는데, 그 안에 약 100여 척이나 되는 악어가 살고 있었다. 악어가 한번 노할 때마다 늪의 물이 솟구쳐 올라 수풀과 산봉우리가 마치 지진이 날 때처럼 흔들렸고, 마을에서 기르던 소와 말들이 그곳에서 물을 마시다가 악어의 입 속으로 빨려 들어가 잡아 먹혀 순식간에 없어졌다. 이렇게 해를 당한 경우만 해도 헤아릴 수 없을 만큼 많아 백성들의 근심거리가 된지 이미 몇 년이었다. 한유가 조주자사로 부임한지 3일 째 되던 날 백성들에게 불편한 일이 없는지 물어보았더니 모두들 이렇게 말했다.

"군의 서쪽 늪 속에 악어가 있습니다."

한유가 말했다.

"나는 지극 정성이면 신령도 감동시킬 수 있다는 말을 들었다. 옛날에 노공(魯恭)이 중모령(中牟令)으로 있을 때 [그의 덕치가 짐승에게까지 미쳐] 꿩이 날아가다가 그의 옆에 내려와 쉬었고 누리 떼가 그냥 지나갔으며, 황패(黃霸)가 구강(九江)을 다스릴 때 호랑이가 모두 달아났다고 한다. 이로 보건대 덕정에 감화되면 짐승들도 변화시킬 수 있음을 알 수 있다."

그리고는 곧장 정연(庭掾: 하급관리)에게 명하여 희생물과 술을 늪 옆에 차리고 이렇게 빌었다.

"너는 수중동물로, 백성들에게 해를 입혀서는 아니 된다."

그러고 나서 술을 뿌렸다. 그 날 저녁 군의 서쪽에서 바람이 불고 천둥이 내리쳐 온 산과 들판을 뒤흔들더니 한밤중이 되어서야 날이 개었다. 이튿날 마을 사람들이 늪을 살펴보았더니 물이 이미 말라 있었다. 한유가 사람을 보내 어찌된 일인지 알아보게 했더니 늪에서 서쪽으로 60리 떨어진 곳의 땅이 늪으로 변했고 큰 악어도 그곳으로 따라 옮겨갔다고 했다. 이때부터 마을 사람들은 악어의 재앙에서 벗어날 수 있었다. 옛 공부낭중(工部郞中) 황보식(皇甫湜)은 [한유가 죽자 그를 위해]「신도비(神道碑)」를 지어 서문에서 다음과 같이 말했다.

"형부시랑 한문공이 조양태수로 있을 때, 동굴 속에 살던 오랑캐와 바닷가에 살던 오랑캐들도 모두 기뻐하며 교화되었고, 늪에 사는 악어나 벼를 먹는 게도 백성들에게 해를 끼치지 않았다."

[이 글은] 아마도 그 일을 두고 말하는 것 같다. (『선실지』)

唐吏部侍郞韓文公愈, 自刑部侍郞貶潮陽守. 先是郡西有大湫, 湫有鱷魚, 約百餘尺. 每一怒則湫水騰溢, 林嶺如震, 民之馬牛有濱其水者, 輒吸而噬之. 不瞬而盡爲所害者, 莫可勝計. 民患之有年矣. 及愈刺郡, 旣至之三日, 問民不便事, 俱曰: "郡西湫中之鱷魚也." 愈曰: "吾聞至誠感神. 昔魯恭宰中牟, 雉馴而蝗避, 黃霸治九江, 虎皆遁去. 是知政之所感, 故能化禽獸矣." 卽命庭掾, 以牢醴陳於湫之旁, 且祝曰: "汝水族也, 無爲生人患." 旣而沃以酒. 是夕, 郡西有風雷, 聲動山野, 迨夜分霽焉. 明日, 里民視其湫, 水已竭. 公命使窮其跡, 至湫西六十里, 易地爲湫, 巨鱷亦隨而徙焉. 自是郡民獲免其患. 故工部郞中皇甫湜撰愈「神道碑」叙曰: "刑部爲潮那守, 云洞獠海蠻, 陶然皆化, 鱷魚稻蟹, 不暴民物." 蓋謂此矣. (出『宣室志』)

## 466·16(6521)
## 운향민(鄖鄕民)

당(唐)나라 원화연간(元和年間: 806~820) 말에 균주(均州) 운향현(鄖鄕縣)에 70세 된 백성이 있었는데, 그는 수달 10여 마리를 기르면서 이것으로 물고기를 잡으면서 살았다. 그는 격일로 수달 한 마리씩을 풀어놓았다. 그는 수달을 풀어놓으려 할 때 먼저 깊은 도랑의 수문 안에 가두어놓고 배를 굶긴 뒤에 풀어놓았다. 그러면 그물을 치는 수고를 하지 않고도 많은 이익을 얻을 수 있었다. 그가 사람에게 박수를 쳐서 수달을 부르게 해보면 수달이 모두 몰려왔다. 수달은 그의 옷깃을 올라타고 그의 무릎을 깔고 앉았는데, 마치 개처럼 잘 길들여져 있었다. 호부낭중(戶部郎中) 이복(李福)이 직접 이것을 보았다. (『유양잡조』)


唐元和末, 均州鄖鄉縣有百姓, 年七十, 養獺十餘頭, 捕魚爲業. 隔日一放. 將放時, 先閉於深溝斗門內, 令飢, 然後放之. 無網罟之勞, 而獲利甚厚. 令人抵掌呼之, 群獺皆至. 緣衿藉膝, 馴若守狗. 戶部郎中李福, 親見之. (出『酉陽雜俎』)


## 466 · 17(6522)
## 적령계(赤嶺溪)

흡주(歙州)의 적령산(赤嶺山) 아래에 큰 시내가 있다. 세상에 전하는 말에 따르면 어떤 사람이 그 시내를 가로질러 어량(魚梁)을 만들었는데, 이 때문에 물고기가 하류로 내려갈 수 없게 되자 한밤중에 날아서 이 고개를 지나갔다고 한다. 그러자 그 사람은 물고기를 잡으려고 고개 위에다 그물을 쳐놓았는데, 어떤 물고기는 그 그물을 넘어 지나갔고, 어떤 물고기는 날다가 그물을 넘지 못한 채 돌로 변했다고 한다. 오늘날 비가 올 때면 그 돌이 붉게 변하기 때문에 사람들은 그 고개를 '적령(赤嶺)'이라 부르게 되었으며, 부량현(浮梁縣)도 이 때문에 생겨난 이름이다. 생각건대 [左思의]「오도부(吳都賦)」에 나오는 "얼룩무늬 날치가 밤에 날다가 그물을 건드렸다"는 구절은 대개 이와 같은 일을 가리키는 것이다. (『흡주도경』)


歙州赤嶺下有大溪. 俗傳昔有人造橫溪魚梁, 魚不得下, 半夜飛從此嶺過. 其人遂於嶺上張網以捕之, 魚有越網而過者, 有飛不過而變爲石者. 今每雨, 其石卽赤, 故謂之'赤嶺', 而浮梁縣得名因此. 按「吳都賦」云: "文鰩夜飛而觸綸", 蓋此類也. (出『歙州圖經』)

# 태평광기

## 권제 467

### 수족 4
(水怪)

1. 곤 (鯀)
2. 환 충(桓 冲)
3. 이 탕(李 湯)
4. 제 한(齊 澣)
5. 자영춘(子英春)
6. 낙수수자(洛水豎子)
7. 조 귀(粗 鬼)
8. 나주적별(羅州赤鼈)
9. 한 순(韓 珣)
10. 봉령진(封令禛)
11. 응진관(凝眞觀)
12. 촉강민(蜀江民)
13. 장호자(張胡子)
14. 백 군(柏 君)
15. 섭랑지(葉朗之)
16. 유종원(柳宗元)
17. 왕 요(王 瑤)
18. 유 기(柳 沂)
19. 최 절(崔 梲)
20. 염 인(染 人)
21. 해상인(海上人)
22. 법취사승(法聚寺僧)
23. 이연복(李延福)

### 467 · 1(6523)
# 곤(鯀)

요(堯) 임금은 곤에게 홍수를 다스리게 했으나 그가 맡은 바 책임을 다 해내지 못하자 주살했다. 곤은 우산(羽山)에서 누런 능(能)으로 변하더니 우천(羽泉)으로 들어갔다. 지금도 회계(會稽) 사람들은 우(禹) 임금을 모신 사당에서 제사지낼 때 능을 쓰지 않는다. 물에 사는 것을 '능'이라 하고 뭍에 사는 것을 '웅(熊)'이라 한다. (『술이기』)

堯使鯀治洪水, 不勝其任, 遂誅之. 鯀於羽山, 化爲黃能, 入於羽泉. 今會稽人祭禹廟, 不用能. 水居曰'能', 陸居曰'熊'也. (出『述異記』)


### 467 · 2(6524)
# 환 충(桓 冲)

진(晉)나라 환충(桓冲)은 강주자사(江州刺史)로 있을 때 사람을 보내 여산(廬山)을 둘러보게 하면서 신령스러운 물체를 목격할 수 있기를 바랐다. 그 사람은 높은 봉우리로 올라갔는데, 그 위에 호수가 하나 있었고 호수 주변에는 뽕나무가 빙 둘러 자라있었다. 호수 안에는 망가진 배와 붉은 비늘을 한 물고기가 있었다. 환충의 사자(使者)는 목이 몹시 말라 호수로 가 물을 마시려했으나 붉은 비늘을 한 물고기가 등지느러미를 쫙 펴고 그를 바라보는 바람에 감히 물을 마시지 못했다. (『법원주림』)

晉桓冲爲江州刺史, 遣人周行廬山, 冀覩靈異. 旣陟崇巘, 有一湖, 匝生桑樹. 湖中有敗艑赤鱗魚. 使者渴極, 欲往飲水, 赤鱗魚張鬐向之, 使者不敢飲. (出『法苑珠林』)

## 467 · 3(6525)
## 이 탕(李 湯)

당(唐)나라 정원연간(貞元年間: 785~805) 정축년(丁丑年: 797)에 농서(隴西) 사람 이공좌(李公佐)는 배를 타고 소상(瀟湘)과 창오(蒼梧) 일대를 돌아다녔는데, 그러다 우연히 오래된 강 언덕에 정박하고 있던 정남종사(征南從事) 홍농(弘農) 사람 양형(楊衡)과 만나게 되었다. [그래서 둘은] 같이 그곳 절에 머물다가 텅 빈 강물에 떠있는 달빛을 보며 서로 기이한 일에 대한 이야기를 주고받았다. 양형이 이공좌에게 말했다.

"영태년(永泰年: 765)에 이탕이 초주자사(楚州刺史)로 있을 때 어떤 어부가 밤에 귀산(龜山) 아래서 낚시를 하고 있었네. 그런데 낚시 바늘이 어떤 물체에 끌려들어가 다시 밖으로 나오지 못하게 되었네. 어부는 헤엄을 잘 쳤던지라 재빨리 50장이나 되는 물 속으로 들어갔다네. 보았더니 커다란 쇠사슬이 산 밑동을 칭칭 감고 있었는데, 끝이 어딘지 찾아낼 수 없었네. 그 어부가 그와 같은 사실을 이탕에게 고하자 이탕은 어부와 헤엄 잘 치는 사람 수십 명에게 명해 그 사슬을 가져오게 했는데, 그들의 힘만으로 도저히 사슬을 끌어당길 수 없자 다시 소 50여 마리를 보태주었네. 그러자 사슬이 움직이기 시작해 조금씩 강 언덕으로 나왔다네. 그때 바람도 물결도 모두 잠잠했었는데, 갑자기 물결이 용솟음치는 바람에 보고 있던 사람들 모두 크게 놀랐다네. 사슬 끄트머리에 원숭이처럼 생긴 짐승 한 마리가 보였는데, 흰 머리에 긴 갈기, 눈처럼 흰 이빨에 금빛 손톱을 하고 있었네. 그 짐승이 갑자기 물 언덕으로 뛰어올라왔는데, 키가 5장도 넘었으며 웅크리고 앉은 모습은 원숭이와 비슷했으나 두 눈을 뜨지 못하고서 그저 정신 나간 듯 멍하니 있었다네. 또 눈과 코에서는 마치 샘솟듯 물이 흘러 나왔는데, 그 침 냄새가 너무 비리고 지독해 사람이 근접할 수 없었다네. 한참 뒤에 그 짐승은 목을 길게 빼고 기지개를 펴며 하품을 하더니 두 눈을 갑자기 번쩍 떴는데, 눈에서 번갯불 같은 광채가 났다네. 그 짐승이 사람들을 돌아보고는 미친 듯 성을 내려하자 보고 있던 사람들은 허겁지겁 도망갔네. 그러자 그 짐승도 천천히 쇠사슬을 끌며 소 한 마리를 잡아가지고 물 속으로 들어가더니 그 후로 다시 나오지 않았다네. 당시 초(楚) 땅에는 이름난 명사(名士)들이 많았으나 이탕과 서로 쳐다보며 놀라 두려워하면서 영문을 몰라 했다네. 그때 어부만은 사슬 있는 곳을 알고 있었으나 그 짐승은 끝내 모습을 드러내지 않았다네."

이공좌는 원화(元和) 8년(813) 겨울에 상주(常州)서부터 출발하여 급사중(給事中) 맹간(孟簡)을 전송하기 위해 주방(朱方)으로 갔는데, 염찰사(廉察使) 설공평(薛公苹)은 객관(客館)에서 극진한 예우로써 그들을 대해주었다. 그때 부풍(扶風) 사람 마식(馬植)과 범양(范陽) 사람 노간능(盧簡能), 그리고 하동(河東) 사람 배거(裴遽)는 모두 그 객사에 머물면서 화로를 에워싸고 저녁 내내 이야기를 나누었다. 이공좌는 전번의 일을 양형이 해 주었던 것과 똑같이 이야기했다.

원화 9년(814) 봄에 이공좌는 옛 동오(東吳)를 찾았다. 그때 그는 태수(太守) 원공석(元公錫)을 따라 동정호(洞庭湖)에서 뱃놀이를 한 후 포산(包山)에 올랐다가 도사(道士) 주초군(周焦君)의 여막에서 하룻밤 묵었다. 그들은 신령한 동굴에 들어가 혹 선서(仙書)가 없나 찾아보았는데, 바위틈에서 오래된 『악독경(岳瀆經)』 제 8권을 찾아냈다. 그러나 문자(文字)가 옛 것이고 기이한데다가 묶어 놓은 책이 좀 먹고 너덜너덜해져서 내용을 이해할 수 없었다. 이공좌가 주초군과 함께 자세히 읽어보니 [내용은 다음과 같았다.]

"우(禹)가 치수(治水)할 때 세 차례나 동백산(桐栢山)에 갔었는데, 심한 바람이 불고 번개가 여기저기 내리쳤으며 돌과 나무가 소리 내 울었다. 오백(五伯: 五嶽의 君長)이 하천을 막고 천로(天老: 天帝)가 사람들을 해치는 바람에 [치수의 공을] 이룰 수 없자 우는 화가 나서 백령(百靈)을 불러 모은 다음 기(夔)와 용(龍)을 찾아오라고 했다. 동백산의 천군장(千君長)이 머리를 조아리며 살려달라고 하자 우는 홍몽씨(鴻蒙氏)·장상씨(章商氏)·두로씨(兜盧氏)·이루씨(犁婁氏)를 가두었다. 또 회수(淮水)와 와수(渦水)의 신 무지기(無支祁)를 잡았는데, 그 신은 묻는 말에 대답을 아주 잘 했으며 강회(江淮)의 깊이와 평원과 습지의 원근에 대해서도 잘 알고 있었다. 그 신은 모습이 마치 원숭이 같았고 납작한 코에 이마가 불쑥 솟아있었으며, 푸른 몸에 흰 머리, 황금색 눈에 눈처럼 흰 이빨을 하고 있었다. 또 목을 길게 빼면 100척이나 되었다. 그 힘은 코끼리 아홉 마리보다 더 셌으며 싸우기도 잘하고 뛰어오르기도 잘 하며 달리는 것 또한 매우 빨랐다. 무지기는 가볍고 날카롭고 동작 또한 민첩해서 오래 지켜볼 수가 없었다. 우가 그를 장률(章律)에게 주었으나 그를 제압할 수 없었고 조목유(鳥木由: '鳥木由'는 '梟由'의 오기로 추정됨)에게 주었으나 역시 제압할 수 없었다. [나중에] 경신(庚辰)에게 주었더니 그제야 제압할 수 있었다. 그러자 올빼미와 비환(脾桓), 목매(木魅)와 수령(水靈), 그리고 산요(山妖)와 석괴(石怪)들이 몰려들어 [무지기] 주위를 에워싼 채 펄펄 뛰며 소리를 질렀는데, 그 수가 천 마리나 되었다. 경신은 싸워 그들을 내쫓은 다음 [무지기의] 목에 커다란 줄을 매고 코를 뚫어 금방울을 단 뒤 회음(淮陰)의 구산 밑동이 아래로 보냄으로써 회수가 영원토록 안전히 바다까지 흘러들어 가게 했다. 경신이 죽은 뒤에도 경신의 모습을 그려놓은 자들은 모두 회수의 풍랑과 비바람으로 인해 겪는 화를 면할 수 있었다."

그런 즉 이탕이 보았던 것과 양형이 말해주었던 것이 『악독경』의 내용과 서로 같다. (『융막한담』)

唐貞元丁丑歲, 隴西李公佐泛瀟湘・蒼梧, 偶遇征南從事弘農楊衡泊舟古岸. 淹留佛寺, 江空月浮, 徵異話奇. 楊告公佐云: "永泰中, 李湯任楚州刺史, 時有漁人, 夜釣於龜山之下. 其釣因物所制, 不復出. 漁者健水, 疾沉於下五十丈. 見大鐵鎖, 盤繞山足, 尋不知極. 遂告湯, 湯命漁人及能水者數十, 獲其鎖, 力莫能制, 加以牛五十餘頭. 鏁乃振動, 稍稍就岸. 時無風濤, 驚浪翻湧, 觀者大駭. 鏁之末, 見一獸, 狀有如猿, 白首長鬐, 雪牙金爪, 闖然上岸, 高五丈許, 蹲踞之狀若猿猴. 但兩目不能開, 兀若昏昧. 目鼻水流如泉, 涎沫腥穢, 人不可近. 久乃引頸伸欠, 雙目忽開, 光彩若電. 顧視人焉, 欲發狂怒, 觀者奔走. 獸亦徐徐引鏁拽牛, 入水去, 竟不復出. 時楚多知名士, 與湯相顧愕慄, 不知其由. 爾時('時'原在'者'字下, 據明鈔本移上), 乃漁者知鏁所, 其獸竟不復見."

公佐至元和八年冬, 自常州餞送給事中孟簡至朱方, 廉使薛公苹館待禮備. 時扶風馬植, 范陽盧簡能, 河東裴蘧皆同館之, 環爐會語終夕焉. 公佐復說前事, 如楊所言.

至九年春, 公佐訪古東吳. 從太守元公錫泛洞庭, 登包山, 宿道者周焦君廬. 入靈洞, 探仙書, 石穴間得古『岳瀆經』第八卷. 文字古奇, 編次蠹毀, 不能解. 公佐與焦君共詳讀之: "禹理水, 三至桐栢山, 驚風走雷, 石號木鳴. 五伯擁川, 天老肅兵, 不能輿, 禹怒, 召集百靈, 搜命夔・龍. 桐栢千君長稽首請命, 禹因囚鴻蒙氏・章商氏・兜盧氏・犁婁氏. 乃獲淮・渦水神, 名'無支祁', 善應對言語, 辨江淮之淺深, 原隰之遠近. 形若猿猴, 縮鼻高額, 青軀白首, 金目雪牙. 頸伸百尺, 力踰九象, 搏擊騰踔疾奔. 輕利倏忽, 聞視不可久. 禹授之章律, 不能制, 授之鳥木由, 不能制. 授之庚辰, 能制. 鴟・脾桓・木魅・水靈・山妖・石怪, 奔號聚遶, 以數千載. 庚辰以戰逐去, 頸鏁大索, 鼻穿金鈴, 徙淮陰之龜山之足下, 俾淮水永安流注海也. 庚辰之後, 皆圖此形者, 免淮濤風雨之難." 卽李湯之見, 與楊衡之說, 與『岳瀆經』符矣. (出『戎幕閑談』)

## 467·4(6526)
# 제 한(齊澣)

　당(唐)나라 개원연간(開元年間: 713~741)에 하남채방사(河南採訪使) 겸 변주자사(汴州刺史) 제한은 [홍수로 인해] 서성(徐城)이 위급해지자 상주문을 올리고 18리에 달하는 물길을 파 물을 청수(清水)로 흘려보냈다. 그 물길은 주현(州縣)을 따라가며 각각 분담해 팠는데, 박주(亳州) 진원현승(眞源縣丞) 최연의(崔延禕)는 현의 죄수들을 조직해 수천 보에 이르는 땅을 파다가 그 안에서 용당(龍堂)을 찾아냈다. 처음 땅을 팔 때는 그저 빈 구덩이이겠거니 했으나 모습이 새로 지어놓은 것같이 깨끗하고 널찍했다. 북쪽 벽 아래에 길이가 1장 남짓 되는 오색의 칩룡(蟄龍)이 있었고 길이가 모두 1척이나 되는 잉어 5~6마리도 있었다. 또 영귀(靈龜) 두 마리가 있었는데, 길이는 1척 2촌이었으며 눈의 길이는 9푼이었다. 최연위가 이와 같은 사실을 개하어사(開河御使) 오원창(鄔元昌)에게 아뢰자 오원창은 용을 회수(淮水)로 옮겨주고 거북은 변수(汴水)에 풀어주도록 명령했다.

　최연위는 용과 물고기를 200여 리 밖으로 옮겨갔는데, 그가 회수 가에 도착하자 물고기 수백 만 마리가 튀어 올라와 용에게로 가느라 물이 들끓었다. 용이 회수로 들어가 물을 내뿜자 순간 구름과 안개가 자욱하게 깔리더니, 용은 더 이상 보이지 않았다. 처음에 용을 옮길 적에 어사(御史) 원석(員錫)은 용의 수염 한 가닥을 뽑았었다. 또 오원창이 사람을 시켜 거북을 송(宋) 땅으로 보내주게 했을 때 웅덩이가 나오자 [심부름 간 사람은] 잠시 거북을 그 물속에 풀어놓았는데, 웅덩이는 너비가 몇 척이고 깊이가 5촌에 불과했지만 그 큰 거북은 오간데 없이 사라졌다. 물을 다 퍼내고 찾아보았으나 역시 찾지 못했으며 공연히 작은 거북들만 잡았을 뿐이었다. (『광이기』)

　唐開元中, 河南探訪使・汴州刺史齊澣以徐城險急, 奏開十八里河, 達於淸水. 其河隨州縣分掘, 亳州眞源縣丞崔延禕紀其縣徒, 開數千步, 中得龍堂. 初開謂是虛穴, 然狀如新築, 淨潔周廣. 北壁下有五色蟄龍, 長一丈餘, 鯉魚五六枚, 各長尺. 有靈龜兩頭, 長一尺二寸, 眸長九分. 禕以白開河御史鄔元昌, 狀上齊澣, 澣命移龍入淮, 放龜入汴.
　禕移龍及魚二百餘里, 至淮岸, 有魚數百萬首, 跳躍赴龍, 水爲之沸. 龍入淮噴水, 雲霧杳冥, 遂不復見. 初將移之也, 御史員錫拔其一鬚. 元昌遣人送龜至宋, 遇水泊, 暨放龜水中, 水濶數尺, 深不過五寸, 遂失大龜所在. 涸水求之, 亦不獲, 空致小龜焉. (出 『廣異記』)

## 467・5(6527)
## 자영춘(子英春)

자영춘은 서향(舒鄕) 사람으로 잠수를 잘했다. 그는 붉은 잉어 한 마리를 잡았는데, 그 빛깔이 너무 좋아 집으로 가지고 돌아온 다음 못 속에 넣어 기르면서 [하루에] 몇 차례씩 쌀을 먹였다. 그렇게 1년이 지나자 잉어는 1장도 넘게 자라나더니 뿔과 지느러미까지 생겨났다. 자영춘이 두려워하며 잉어에게 절했더니 잉어가 이렇게 말했다.

"제가 당신을 맞이하러 왔으니 제 등에 올라타시면 당신과 함께 하늘로 올라가겠습니다."

자영춘은 매년 처자식을 보러 돌아왔는데, 그때마가 잉어가 다시 와 그를 맞이해갔다. 그래서 오중(吳中)의 민가에서는 문에 신어(神魚)를 만들어 달고 자영사(子英祠)를 세웠다. (『신귀전』)

子英春者, 舒鄕人, 善入水. 捕得赤鯉, 愛其色, 持歸, 養之池中, 數以米穀食之. 一年, 長丈餘, 遂生角有翅. 子英怖, 拜謝之, 魚言: "我來迎汝, 上我背, 與汝俱昇." 歲來歸見妻子, 魚復迎之. 故吳中門戶作神魚子英祠也. (出『神鬼傳』)


## 467・6(6528)
## 낙수수자(洛水豎子)

어떤 사람이 낙수(洛水)에서 한 아이가 말을 씻기고 있는 모습을 보았는데, 잠시 후 흰 비단 띠같이 생긴 물체가 매우 영롱한 빛을 발하며 나타나 아이의 목을 두 세 차례 휘감자 아이는 이내 낙수에 빠져 죽었다. 무릇 물 속이나 물굽이와 웅덩이 사이에는 모두 그러한 물체가 있게 마련이다. 사람이 말을 씻기다가 죽으면 모두 자라가 끌고 들어갔다고 들 하나, 이는 잘못된 것이다. 그 물체의 이름은 '백특(白特)'인데, 마땅히 삼가 방비해야 한다. 백특은 교룡의 일종이다. (『조야첨재』)

有人洛水中見豎子洗馬, 頃之, 見一物如白練帶, 極光晶, 緻豎子之項三兩匝,即落水死. 凡是水中及灣泊之間, 皆有之. 人澡浴洗馬死者, 皆謂黿所引, 非也. 此名'白特', 宜愼防之. 蛟之類也. (出『朝野僉載』)

## 467 · 7(6529)
## 조 귀(魊鬼)

　상어(鱨魚: 가자사리)는 모습이 예(鱧: 가물치)처럼 생겼으며 몸에 붉은 점박이 무늬가 있다. 긴 것은 1척도 넘으며 예장(豫章) 경계에서 난다. 상어는 대부분 진흙탕 속에서 사는데, 간혹 수백 마리가 모여 있을 때도 있다. 상어는 조귀(魊鬼)로 변해 환술을 부릴 수도 있고 재앙과 해괴한 일을 일으킬 수도 있으며 또한 사람을 홀릴 수도 있기 때문에 상어가 사는 진흙탕 근처에 있는 모든 토지에는 사람이 감히 범접하지 못한다. 그러나 간혹 상어에게 기도하고 제사를 올리면 토지세를 많이 걷게 해주고 수확을 풍성하게 해준다. 그러나 만일 자신의 이름을 속이고서 소작하는 사람이라면 3년이 지난 뒤에는 그 땅을 버리고 떠나가야만 필히 화를 면할 수 있다. 상어가 사람에게 우환을 끼칠 때는 사람의 얼굴을 비틀고 손발을 꺾기도 하는데, 그럴 때는 제사를 올리며 사죄해야만 화를 면할 수 있다. 상어는 밤에 육지를 다닐 수도 있는데, 상어가 지나간 곳에는 진흙 자국이 남아있다. 또 상어가 지나가는 곳마다 스윽! 스윽! 하는 소리가 난다. 북제(北帝: 黑帝. 신화에 나오는 북방을 다스리는 신) 이십오부(二十五部)의 대장군 중의 한 사람이 '파천조부(破泉魊符)'를 벽돌 위에 적은 다음 못 속에 던지거나, 혹은 판자 위에 써넣고 연못가에 못질해 놓으면 반드시 비바람이 몰아치고 벼락이 치면서 상어가 다른 곳으로 옮겨간다 한다. 그러니 이 주술에 능한 사람은 한번 시행해 보아도 좋겠다. (『녹이기』)

鱣魚, 狀如鱧, 其文赤斑. 長者尺餘, 豫章界有之. 多居汚泥池中, 或至數百. 能爲魁(子故反)鬼, 幻惑祇怪, 亦能魅人, 其汚池側近, 所有田地, 人不敢犯. 或告而奠之, 厚其租直, 田卽倍豐. 但匿己姓名佃之, 三年而後捨去, 必免其害. 其或爲人患者, 能捩人面目, 反人手足, 祈謝之而後免. 亦能夜間行於陸地, 所經之處, 有泥蹤跡. 所到之處, 聞喙喙之聲. 北部(明鈔本'部'作'帝')二十五部大將軍, 有'破泉魁符'書('符書'原作'書符', 據『錄異記』改)於塼石上, 投其池中, 或書板刺, 釘於池畔, 而必因風雨雷霆, 以往他所. 善此術者, 方可行之. (出『錄異記』)

## 467・8(6530)
## 나주적별(羅州赤鼈)

영남(嶺南)의 나주와 변주(辯州)의 경계 안에 있는 물속에는 붉은 자라가 많은데, 그 크기가 숟가락만 하나 매우 선명한 적색을 띠고 있다. 그 자라는 날짐승이건 들짐승이건 혹은 물소이건 간에 일단 물 속에 들어가기만 하면 바로 깊은 연못 속으로 끌고 들어가 피를 빨아먹어 죽인다. 혹자는 말하길 교룡이 자라에게 시켜 끌고 오게 하는 것이라 하는데, 무엇 때문에 그런지는 모르겠다. (『조야첨재』)

嶺南羅州・辯州界內, 水中多赤鼈, 其大如匙, 而赫赤色. 無問禽獸水牛, 入水卽被曳深潭, 吸血死. 或云, 蛟龍使曳之, 不知所以然也. (出『朝野僉載』)


## 467・9(6531)
## 한 순(韓 珣)

당(唐)나라 때 항주(杭州) 부양현(富陽縣) 사람 한순이 장원에서 우물을 팠는데, 겨우 5~6척 깊이 파들어 갔을 때 흙 속에서 수천 마리의 물고기가 나왔으며 흙 역시 약간 촉촉이 젖어있었다. (『광고금오행기』[『조야첨재』])

唐杭州富陽縣韓珣莊鑿井, 纔深五六尺, 土中得魚數千頭, 土有微潤. (出『廣古今五行記』, 明鈔本作'出『朝野僉載』')


## 467・10(6532)
## 봉령진(封令禛)

당(唐)나라 때 봉령진이 상주자사(常州刺史)로 있을 때, 강남(江南) 근수(沂水)에 목재를 띄워 낙양(洛陽)으로 보내 사당을 지었다. 목수가 나무를 자르다가 그 가운데서 길이가 몇 촌인 붕어를 발견했는데, 마치 조각해서 안에 집어넣은 것 같았다. (『광고금오행기』)

唐封令禛任常州刺史, 於江南沂流將木, 至洛造廟. 匠人截木, 於中得一鯽魚 長數寸, 如刻安之. (出『廣古今五行記』)


### 467・11(6533)
### 응진관(凝眞觀)

당(唐)나라 회주(懷州)에 있는 응진관의 동쪽 복도 기둥은 이미 50여 년이나 되었다. 도사(道士)들은 종종 그 기둥 속에서 두꺼비가 우는 듯한 소리를 들었는데, 정확히 어디서 나는지는 알 수 없었다. 후에 기둥이 썩어서 새것으로 바꿨는데, 요리사가 그 기둥을 잘라 땔감으로 만들다가 그 속에서 두꺼비 한 마리를 발견했다. 그러나 기둥에는 이전부터 구멍이라고는 전혀 없었다. (『광고금오행기』)

唐懷州凝眞觀東廊柱, 已五十餘年. 道士往往聞柱中有蝦蟆聲, 不知的處. 後因柱朽壞, 易之, 廚人砍以爲薪, 柱中得一蝦蟆. 其柱先無孔也. (出『廣古今五行記』)


### 467・12(6534)
### 촉강민(蜀江民)

당(唐)나라 때 촉(蜀) 땅에 사는 어떤 백성이 강가에서 커다란 자라를 잡았는데, 보통 것보다 훨씬 커서 길이가 1척도 넘었으며 가장자리는 붉은 색이었다. 자라를 하룻밤동안 삶았으나 아무렇지도 않은 듯 헤엄치고 놀았으며 하루를 더 삶았더니 물이 다 말라버렸는데도 자라는 [본문에는 '斃'라 되어있으나 '斃'는 '鼈'의 오기로 보임] 죽지 않았다. 온 집안 식구가 깜짝 놀라 두려워하며 용이 아닌가 싶어 강에다 던져주었더니 자라는 강물에 둥둥 떠내려가 더 이상 보이지 않았다. (『녹이기』)

唐蜀民, 有於江之上獲巨鼈者, 大於常, 長尺餘, 其裙朱色. 煮之經宿, 遊戲自若, 又加火一日, 水涸而斃不死. 擧家驚懼, 以爲龍也, 投於江中, 浮泛而去, 不復見矣. (出『錄異記』)

## 467 · 13(6535)
## 장호자(張胡子)

당(唐)나라 때 오군(吳郡)에 사는 어부 장호자가 태호(太湖)에서 커다란 물고기 한 마리를 잡았는데, 배 위에 붉은 글씨로 이렇게 적혀 있었다.

"용문산(龍門山)에 아홉 번이나 오르고 태호 물을 세 번이나 마셨어도 끝내 용이 되지 못하고 장호자에게 죽임을 당하는 신세가 된다."

(『영괴집』)

唐吳郡漁人張胡子嘗於太湖中, 釣得一巨魚, 腹上有丹書字曰: "九登龍門山,三飮太湖水, 畢竟不成龍. 命負張胡子." (出『靈怪集』)

## 467·14(6536)
## 백 군(柏 君)

　당(唐)나라 때 금주(金州) 순양현(洵陽縣) 수남향(水南鄉)에 사는 백성 백회(柏懷)가 한강(漢江) 늑막담(勒漠潭)에서 고기 한 마리를 잡았는데, 길이가 몇 척이가 되었으며 몸 위에 다음과 같은 글씨가 적혀있었다.
　"세 번이나 바다를 건너고 두 번이나 한수에 나아갔어도 늑막담에 이르러 백군(柏君: 柏懷)에게 잡히는 운명이 된다."

(『녹이기』)

　唐金州洵陽縣水南鄉百姓柏君懷, 於漢江勒漠潭, 採得魚, 長數尺, 身上有字云: "三度過海, 兩度上漢, 行至勒漠, 命屬柏君." (出『錄異記』)

## 467·15(6537)
## 섭랑지(葉朗之)

　당(唐)나라 건중(建中) 원년(780)에 남강현(南康縣) 사람 섭랑지는 노복에게 집으로 돌아가 수전(水田)을 잘 지키라고 명했다. 수전 하류에 조피(鳥陂)가 있었는데 조피에서 갑자기 어떤 물체가 소리를 질렀다. 그 소리는 거위소리 같기도 했으나 그것보다 더 컸다. 노복은 물 속으로 들어가 [소리 지른 물체를] 찾아보다가 커다란 물체 하나를 발견했는데, 몸은 매끄럽고 둥글었으며 머리를 조피 밑에 쳐 박고 있었다. 노복은 칼을 쥐고 물 속으로 들어가 물체의 뒷부분을 잘라 왔는데, 둘레가 6척 남짓에 길이가 2장 남짓 되었다. 그는 그것을 언덕 위에 올려놓은 다음 껍질을 벗기고 속을 갈랐다. 이웃 사람 수십 명이 함께 그 고기를 구워 먹었는데, 고기가 쫄깃쫄깃하고 기름지며 맛이 좋아서 다른 고기는 따라가지도 못할 정도였다. 등 위에 정강이만 한 크기의 마치 칼철갑상어의 코처럼 생긴 근육이 솟아 있었는데, 먹어보니 유난히 맛이 좋았다. 먹고 남은 고기는 포로 만들었다.

　이 물체가 막 죽은 날 저녁에 섭랑지의 꿈에 기골이 장대하고 [피부가] 검은 어떤 사람이 나타나 이렇게 말했다.

　"나는 장천(章川)의 사자인데, 방금 술에 취해 혼자 헤엄치다가 그만 실수로 못 속에 떨어졌다가 그대의 노복에게 해를 당하고 말았소. 나는 이미 왕명(王命)을 망쳤으며 몸 또한 죽임이라는 치욕을 당했소. 또 살갗이 찢기고 내장이 잘려나갔으며 불에 구워지고 절여져 요리로 충당되는 몸이 되었으니 내 사무친 원통함은 고금을 통틀어 둘도 없을 것이오. 그러나 나는 그대와는 아무런 원한도 없소. 그러니 만일 그대가 그 노복을 죽여 그의 죄를 갚게 한다면 벌은 노복 한 사람의 몸을 죽이는 데 그칠 것이오. 그러나 내가 시킨 대로 처리하지 않는다면 그대의 가문은 모두 화를 입게 될지도 모르오."

　섭랑지는 깜짝 놀라 잠에서 깨어났으나 차마 노복을 죽일 수가 없었다. 노복은 이듬해에 뾰족한 대나무 가지 끝에 배를 찔려 죽었으며 그해 늦여름에 섭랑지의 온 식구는 병을 얻어 여덟 사람이나 죽었다. (『광고금오행기』)

唐建中元年, 南康縣人葉朗之使奴當歸守田. 田下流有鳥陂, 陂中忽有物喚. 其聲似鵝而大. 奴因入水探視, 得一大物, 身滑宛轉, 內頭陂下. 奴乃操刀下水, 截得其後, 圍六尺餘, 長二丈許. 牽置岸上, 剝皮剖之. 比舍數十人咸共食炙, 肉脆肥美, 衆味莫逮. 背上有白筋大如脛, 似鱣魚鼻, 食之特美. 餘以爲脯.

此物初死之夕, 朗之夢一人, 長大黑色, 曰: "我章川使者, 向醉孤遊, 誤墮陂中, 爲君奴所害. 旣廢王命, 身罹戮辱. 又析肌剖臟, 焚焙充膳, 冤結之痛, 古今莫二. 與君素無隙恨. 若能殺奴, 謝責償過, 罪止凶身. 不爾法科, 恐貴門罹禍." 朗之驚覺, 不忍殺奴. 奴明年, 爲竹尖刺入腹而死, 其年夏末, 朗之擧家得病, 死者八人. (出『廣古今五行記』)

## 467 · 16(6538)
## 유종원(柳宗元)

당(唐)나라 때 유주자사(柳州刺史)를 지냈던 하동(河東) 사람 유종원이 일찍이 성랑(省郞)으로 있다가 영주사마(永州司馬)로 나간 일이 있었는데, 가는 도중 형문(荊門)에 이르렀을 때 그는 역정(驛亭)에서 하룻밤 묵었다. 그날 저녁에 유종원의 꿈에 누런 옷을 입은 한 부인이 나타나 재배한 후 눈물을 흘리며 이렇게 말했다.

"저의 집은 초수(楚水)에 있는데, 지금 불행하게도 목숨이 경각에 달려있습니다. 어르신이 아니면 아무도 저를 구할 수 없습니다. 만일 제가 살 수만 있다면 그 은혜를 간직하는 것에만 그치지 않고 어르신의 관록을 높여드릴 것이며 어르신으로 하여금 장상(將相)에 이르게 하는 것 또한 어렵지 않을 것입니다. 현명하신 어르신께서 저를 위해 한번 생각해주시길 바랍니다."

공(公: 柳宗元)은 감사하며 그러겠다고 했다. 유종원은 잠에서 깨어난 뒤 묵묵히 앉아 참 이상한 일도 다 있다 생각했다. 그가 다시 잠들었을 때 그 부인이 다시 꿈에 나타나 빌기도 하고 감사도 하다가 한참 만에 떠나갔다.

이튿날 새벽에 한 관리가 오더니 형주절도사(荊州節度使)가 명령을 내려 장차 유종원에게 연회를 베풀려 한다고 말했다. 유종원은 일단 수레를 준비시킨 뒤 아직 이른 시각이었기에 잠시 눈을 붙였다. 그러자 꿈에 그 부인이 다시 나타났는데, 얼굴을 찌푸린 채 몹시 근심하고 당황해하면서 유종원을 돌아보며 말했다.

"저의 목숨이 심한 바람 속에 매달려있는 실과 같이 위태로이 장차 끊어져 바람에 날아가려 하거늘, 어르신은 어찌하여 일이 그토록 시급하다는 것을 생각지 못하십니까? 어서 빨리 방법을 생각하셔야지 그렇지 않으면 썩은 실들과 함께 끊겨버릴 것입니다. 어르신께서 어서 허락해 주시길 바랍니다."

부인은 말을 마치더니 다시 기원하며 재배한 뒤 이별을 고하고 떠나갔다. 그런데도 유종원은 무슨 일인지 깨닫지 못하고서 머리를 숙인 채 곰곰이 생각하다 이렇게 말했다.

"하루에 세 번이나 꿈에 부인이 나타나 내게 사정을 고했는데, 말이 그토록 애절하니 혹 나의 수하 관리가 사람들을 대함에 있어 공정하지 못함이 있는 것이 아닐까? 아니면 내게 연회를 베푼다는 사람이 물고기를 잡아 요리하려는 것일까? 그 물고기를 살려낼 수만 있다면 그건 내가 마땅히 해야 할 일이겠지."

그리고는 즉시 수레를 몰게 해 군(郡)에서 여는 연회에 참가했다. 유종원은 그곳에 도착한 뒤 간밤 꿈에 대해 형주절도사에게 이야기한 뒤 관리를 불러들여 [그와 같은 사실이 있는지] 물어보았다. 그러자 관리가 대답했다.

"전날 어부가 그물을 쳐 황금색 비늘이 달린 물고기를 잡았기에 지금 요리하려고 이미 머리를 잘랐습니다."

유종원이 놀라며 말했다.

"저녁에 꾸었던 꿈이 과연 그것이었구나."

그리고는 물고기를 가지고 가 강물에 던져주게 했으나 물고기는 이미 죽어있었다. 그날 저녁 유종원의 꿈에 그 부인이 다시 나타났는데, 목이 없었다. [그 모습을 보고] 유종원은 더욱 기이하게 생각했다. (『선실지』)

唐柳州刺史河東柳宗元, 常自省郎出爲永州司馬, 途至荊門, 舍驛亭中. 是夕, 夢一婦人衣黃衣, 再拜而泣曰: "某家楚水者也, 今不幸, 死在朝夕. 非君不能活之, 儻獲其生, 不獨戴恩而已, 兼能假君祿益, 君爲將爲相, 且無難矣. 幸明君子一圖焉." 公謝而許之. 旣寤, 嘿自異之. 及再寐, 又夢婦人, 且祈且謝, 久而方去. 明晨, 有吏來, 稱荊帥命, 將宴宗元. 宗元旣命駕, 以天色尙早, 因假寐焉. 旣而又夢婦人, 顰然其容, 憂惶不暇, 顧謂宗元曰: "某之命, 今若縷之懸甚風, 危危將斷且飄矣, 而君不能念其事之急耶? 幸疾爲計, 不爾, 亦與敗縷皆斷矣. 願君子許之." 言已, 又祈拜, 旣告去. 心亦未悟焉, 卽俛而念曰: "吾一夕三夢婦人告我, 辭甚懇, 豈吾之吏有不平於人者耶? 抑將宴者以魚爲我膳耶? 得而活之, 亦吾事也." 卽命駕詣郡宴. 旣而以夢話荊帥, 且召吏訊之. 吏曰: "前一日, 漁人網獲一巨黃鱗魚, 將爲膳, 今已斷其首." 宗元驚曰: "果其夕之夢." 遂命挈而投江中, 然而其魚已死矣. 是夕, 又夢婦人來, 亡其首. 宗元益異之. (出『宣室志』)

## 467・17(6539)
## 왕 요(王 瑤)

당(唐)나라 회창연간(會昌年間: 841~846)에 왕요라는 사람은 항주도압아(恒州都押衙)로 있었다. 그는 일찍이 혁읍현령(奕邑縣令)으로 있었는데, 장차 임지로 가려할 때 그의 꿈에 갑옷을 입고 모습 또한 위풍당당한 한 사람이 나타나 이렇게 말했다.

"나는 빙이(馮夷: 일설에는 水神 河伯이라고 하고 또 다른 설에는 雨師라고 함)의 후손인데, 장차 해안으로 가는 길에 그물에 걸려 그만 장천(漳川)에 사는 어부에게 잡히고 말았소. 나는 이제 도마 위에 올려져 그대에게 바쳐질 음식으로 충당될 것인데, 목숨이 내일 아침이면 끝장날 판국이 되었기에 이렇게 찾아와 알리는 것이오. 나를 놓아주어 살려만 준다면 반드시 후하게 보답하겠소."

왕요는 꿈에서 깨어난 뒤 좌우의 사람들에게 이렇게 말했다.

"이는 필시 현의 관리가 나를 대접하기 위해 물고기를 잡아 요리하려는 것이다."

그리고는 급히 현으로 사람을 보냈다. [왕요가 보낸 사람이 보았더니] 과연 요리사가 물고기를 자르려고 하면서 회 뜰 도구를 준비하고 있었다. 사자는 왕요의 명령이라 고하면서 물고기를 물 속에 던졌다. 그러자 물고기는 즉시 수염을 흔들고 등지느러미를 떨치며 유유히 떠나갔다. 그날 밤 왕요의 꿈에 이전에 나왔던 그 사람이 다시 나타나 눈물을 흘리면서 감사하며 말했다.

"솥에서 삶겨질 뻔한 화를 면하게 해주시고 삼강(三江)의 물결로 돌아갈 수 있게 해주셨으니, 이로써 장관(長官)님의 인애로움이 유종원(柳宗元)의 은혜[본권 제16조「柳宗元」참조]보다 훨씬 낫다는 것을 알 수 있습니다!"

그러더니 무릎 꿇고 절을 한 뒤 떠나갔다. (『이목기』)

唐會昌中, 有王瑤者任恒州都押衙. 嘗爲奕(明鈔本'奕'作'欒')邑宰, 瑤將赴任所, 夜夢一人, 身懷甲胄, 形貌堂堂, 自云: "馮夷之宗, 將之海岸, 忽罹網罟, 爲漳川漁父之所得. 將寘之刀几, 充膳於宰君, 命在詰朝, 故來相告. 儻垂救宥, 必厚報之." 瑤旣覺, 言於左右曰: "此必縣吏相迎, 捕魚爲饌." 急遣人至縣, 庖人果欲割鮮, 理('理'原作'鯉', 據明鈔本改)鱠具. 以瑤命告之, 遂投於水中. 魚卽鼓鬣揚鬐, 軒軒而去. 是夜, 瑤又夢前人泣以相感云: "免其五鼎之烹, 獲返三江之浪, 有以知長官之仁, 比宗元之惠遠矣!" 因長跪而去. (出『耳目記』)

## 467 · 18(6540)
## 유 기(柳 沂)

당(唐)나라 때 하동(河東) 사람 유기가 낙양(洛陽)에서 타향살이 하고 있었는데, 봄을 맞이하여 이수(伊水)가에서 낚시질하다가 커다란 물고기 두 마리를 잡아가지고 집으로 돌아온 다음 대야 물 속에 넣어두었다. 유기에게는 본디 이제 겨우 6~7살 된 어린아이가 있었는데, 그날 저녁 유기는 물고기가 아이의 가슴을 주둥이로 물어뜯는 꿈을 꾸고서 두려워 떨며 잠에서 깨어났다. 그때 과연 어린아이가 울면서 말하는 소리가 들려왔다.

"아까 커다란 물고기가 내 가슴을 물어뜯는 꿈을 꾸었는데, 참을 수 없이 아파서 울었어요."

그것은 유기가 꾸었던 꿈과 같았다. 유기가 이상한 생각이 들어 아이의 가슴을 살펴보았더니 과연 상처도 나있었고 피도 흐르고 있었다. 이에 유기는 더욱 두려워졌다. 다음 날 아침 그는 물고기를 다시 이수에 던진 다음 스님에게 시켜 물고기의 화상 앞에서 염불하게 했다. 그러자 겨우 열흘 남짓 만에 아이의 상처가 아물었다. 유기는 그 후로 다시는 낚시를 하지 않았다. (『선실지』)

唐河東柳沂者僑居洛陽, 因乘春釣伊水, 得巨魚, 挈而歸, 致於盆水中. 先是沂有嬰兒, 始六七歲, 是夕, 沂夢魚以喙嚙嬰兒臆, 沂悸然而寤. 果聞嬰儿啼曰: "向夢一大魚嚙其臆, 痛不可忍, 故啼焉." 與沂夢同. 沂異之, 乃視嬰兒之臆, 果有瘡而血. 沂益懼. 明旦, 以魚投伊水中, 且命僧轉經畫像. 僅旬餘, 嬰兒瘡愈. 沂自後不復釣也. (出『宣室志』)

## 467 · 19(6541)
## 최 절(崔 梲)

진(晉: 後晉)의 태상경(太常卿) 최절이 외지로 나가 공부하던 시절에 고모 집에 간 일이 있었는데, 밤에 여러 사촌 형제들과 더불어 학원(學院)에서 잠을 잤다. 이튿날 새벽이면 고모 집에 손님들이 모여들 참이었다. 최절은 밤에 꿈을 꾸었는데, 19명의 사람이 모두 청록색의 옷을 입고 찾아와 늘어서서 절한 후 그에게 살려달라고 호소했다. 그 말이 매우 애절하여 최절이 말했다.

"나는 지금 한가로이 거하면서 관부의 일을 맡고 있지 않은데, 무엇 때문에 나를 찾아와 호소하는 것입니까?"

그중 한 사람이 말했다.

"어르신께서 그저 허락해 주시기만 한다면 저희들은 모두 목숨을 부지할 수 있습니다!"

최절이 말했다.

"만일 인연만 있다면 기꺼이 구해드리겠습니다."

그러자 그들은 모두 기뻐 펄쩍펄쩍 뛰더니 재배한 뒤 물러갔다.

최절은 잠에서 깨어나자 세수하고 머리를 빗은 뒤 옷을 차려입고 고모에게 문안 올리러 당(堂)으로 들어갔다. 거기서 그는 항아리에 담긴 물 위에 자라들이 떠있는 것을 보았는데, 몇 마리인가 세어보았더니 크고 작은 것 합해 19마리였다. 그가 다시 [간밤 꿈에 나타났던 사람들의] 옷 색을 생각해보니 자라와 거의 같았다. 이에 그는 고모에게 [자라를 죽이지 말라고] 고하면서 자기가 꾸었던 꿈을 자세히 이야기한 뒤 재배하며 간청했다. 고모 역시 더 이상 말리지 않자 그는 하인에게 명해 자라를 그릇 속에 담게 한 뒤 직접 물가를 찾아가 방생했다. (『옥당한화』)

晉太常卿崔稅遊學時, 往至姑家, 夜與諸表昆季宿於學院. 來晨, 姑家方會客. 夜夢十九人皆衣靑綠, 羅拜, 具告求生. 詞旨哀切, 崔曰: "某方閑居, 非有公府之事也, 何以相告?" 咸曰: "公但許諾, 某輩獲全矣!" 崔曰: "苟有階緣, 固不惜奉救也." 咸喜躍再拜而退.

旣寤, 盥櫛束帶, 至堂省姑. 見缶中有水而泛鼈焉, 數之, 大小凡十九. 計其衣色, 亦略同也. 遂告於姑, 具述所夢, 再拜請之. 姑亦不阻, 卽命僕夫實於器中, 躬詣水次放之. (出『玉堂閑話』)

## 467 · 20(6542)
## 염 인(染 人)

광릉(廣陵)에 한 염색공이 구곡지(九曲池) 남쪽에 살고 있었는데, 꿈에 흰옷 입은 소년이 나타나 그 집에 살게 해달라고 부탁하자 염색공이 대답했다.

"내 집은 너무 좁고 누추하여 그대를 모시기에 부족합니다."

그러자 소년은 부엌으로 들어갔다. 그날 저녁에 온 집안사람이 그와 같은 꿈을 꾸었다. 이튿날 부엌에 흰 자라 한 마리가 나타났는데, 너비는 1척 남짓 되었으며 두 눈은 마치 황금과도 같았다. 염색공은 그 자라를 들고 자극궁(紫極宮) 도사(道士) 이서일(李棲一)의 처소를 찾아간 다음 자라를 주었다. 도사가 자라를 물 속에 넣어두었더니 몸의 빛깔은 황금처럼 변했고 눈은 주사처럼 변했다. 그러나 물 밖으로 꺼내면 다시 이전처럼 흰 색으로 돌아왔다. 이서일이 어찌된 영문인지 헤아릴 길이 없어 다시 못 속으로 돌려보냈더니 그 후 자라는 더 이상 나타나지 않았다. (『계신록』)

廣陵有染人居九曲池南, 夢一白衣少年求寄居焉, 答曰: "吾家隘陋, 不足以容君也." 乃入廚中. 爾夕, 擧家夢之. 旣日廚中得一白鼈, 廣尺餘, 兩目如金. 其人送詣紫極宮道士李棲一所. 置之水中, 則色如金而目如丹. 出水則白如故. 棲一不能測, 復送池中, 遂不復見. (出 『稽神錄』)

## 467 · 21(6543)
## 해상인(海上人)

근자에 어떤 바닷사람이 해변에서 한 물체를 얻었는데, 그것은 바로 사람의 손이었다. 그 손바닥 안에 얼굴이 있었는데, 일곱 개의 구멍이 모두 갖추어져 있었으며 움직일 줄도 알았으나 말을 하지 못했다. 그 손이 이 사람 저 사람의 손을 거쳐 가며 구경거리가 되지 한참이 되었을 때 어떤 사람이 이렇게 말했다.

"이것은 신물(神物)이니 죽여서는 안 됩니다."

그 사람이 손을 물 위에 올려놓아주자 손은 물에 둥둥 뜬 채 떠내려 갔는데, 한 수십 보쯤 갔을 때 갑자기 몇 차례 크게 소리 내 웃으며 뛰어 오르더니 물 속으로 들어가 버렸다. (『계신록』)

近有海上人於魚鼊中得一物, 是人一手. 而掌中有面, 七竅皆具, 能動而不能語. 傳翫久之, 或曰: "此神物也, 不當殺之." 其人乃放置水上, 此物浮水而去, 可數十步, 忽大笑數聲, 躍沒於水. (出『稽神錄』)

## 467 · 22(6544)
## 법취사승(法聚寺僧)

법취사의 한 스님이 계속 방안에 앉아 있다가 밤이 되자 갑자기 문지기에게 이렇게 말했다.

"밖에 수만 명이 머리에 모자를 쓰고 와서 빈도(貧道)에게 살려 달라 하는구나."

문지기가 급히 문을 열고 나가 보니 십여 명의 사람이 소라를 지고 왔다. 이에 스님은 그 소라를 사서 다음 방생해주었다. (『촉기』)

法聚寺內有僧, 先在房, 至夜, 忽謂門人曰: "外有數萬人, 頭戴帽, 向貧道乞救命." 急開門出看, 見十餘人擔螽子. 因贖放生. (出『蜀記』)

## 이연복(李延福)

　위촉(僞蜀: 後蜀) 때 풍자원(豐資院)의 사절(使節) 이연복이 낮에 관청에서 잠을 자고 있을 때 꿈속에 검은 모자를 쓴 사람 30명이 나타나 계단 아래 엎드리더니 그저 살려달라고만 말했다. 그는 놀라 깨어났는데, 하인이 오더니 문 밖에 어떤 마을 사람이 자라 30마리를 바쳐왔다고 보고했다. 그는 그제야 방금 꾸었던 꿈이 무슨 뜻이었는지 깨닫고 자라를 방생했다. (『경계록』)

　僞蜀豐資院使李延福晝寢公廳, 夢裏烏帽三十人伏於堦下, 但云乞命. 驚覺, 僕使報, 門外有村人獻鼈三十頭. 因悟所夢, 遂放之. (出『儆戒錄』)

# 태평광기 권제468

## 수족 5
### (水族爲人)

1. 자 로(子 路)
2. 장 수 현(長 水 縣)
3. 고소남자(姑蘇男子)
4. 영 강 인(永 康 人)
5. 왕 소(王 素)
6. 비 장 방(費 長 房)
7. 장 복(張 福)
8. 정 초(丁 初)
9. 사 비(謝 非)
10. 고 보 종(顧 保 宗)
11. 무 창 민(武 昌 民)
12. 과 부 엄(寡 婦 嚴)
13. 윤 아(尹 兒)
14. 광릉왕녀(廣陵王女)
15. 양 추 노(楊 醜 奴)
16. 사 종(謝 宗)

## 468・1(6546)
## 자 로(子 路)

공자(孔子)가 진(陳)나라에서 고생할 때 객점에서 거문고를 타며 노래를 불렀는데, 밤에 키가 9척 남짓 되는 사람이 검은 옷을 입고 높은 관을 쓰고 와서 좌우사람들을 꾸짖었다. 자로가 그 사람을 끌고 나가서 정원에서 싸우다 땅에 넘어뜨리자 그는 길이가 9척 남짓한 큰 메기로 변했다. 공자가 탄식하며 말했다.

"이 물체가 어찌하여 여기에 왔는가? 나는 물체가 오래되면 정령이 붙어 있다가 사람이 쇠약한 틈을 타서 들어온다고 들었다. 이 물체가 온 것은 어찌 내가 양식이 떨어져 고생하고 따르는 무리들이 병이 났기 때문이 아니겠는가? 대저 육축(六畜: 말・소・양・닭・개・돼지)과 거북・뱀・물고기・자라・풀・나무 등의 혼은 모두 요괴가 될 수 있기 때문에 '오유(五酉)'라고 부른다. 오(五)는 오행의 방향에 모두 그러한 물체들이 있다는 뜻이고, 유(酉)는 오래되었다는 뜻으로 물체가 오래되면 요괴가 된다는 것이다. 오유를 죽이면 그만인 것을 대저 무엇을 근심하겠는가?"

(『수신기』)

孔子厄於陳, 絃歌於館中, 夜有一人, 長九尺餘, 皂衣高冠, 咤聲動左右. 子路引出, 與戰於庭, 仆之('之'原作'一', 據明鈔本改)於地('地'原作'池', 據明鈔本改), 乃是大鯷魚也, 長九尺餘. 孔子嘆曰: "此物也, 何爲來哉? 吾聞物老則群精依之, 因衰而至. 此其來也, 豈以吾遇厄絶糧, 從者病乎? 夫六畜之物, 及龜蛇魚鼈草木之屬, 神皆能爲祅怪, 故謂之'五酉'. 五行之方, 皆有其物, 酉者老也, 故物老則爲怪矣. 殺之則已, 夫何患焉?" (出『搜神記』)

## 468 · 2(6547)
## 장수현(長水縣)

진(秦)나라 때 장수현에 이런 동요가 있었다.

"성문에 피가 있으면 가라앉아 호수가 된다."

한 노파가 그 동요를 듣고 근심하고 두려워하며 매일 가서 성문을 엿보았다. 문지기들이 노파를 잡으려고 하자 노파가 그 이유를 말했다. 노파가 가고 난 후 문지기들은 개를 죽여 그 피를 성문에 발랐다. 노파는 다시 성문으로 갔다가 피가 묻어 있는 것을 보고 도망치며 감히 돌아보지도 못했다. 갑자기 큰 물이 불어나 현을 덮치자 주부(主簿) 하간(何幹)이 현령을 찾아가 아뢰었다. 현령은 하간을 보고 말했다.

"어찌 하여 갑자기 물고기로 변했소?"

하간이 말했다.

"명부(明府: 縣令)께서도 물고기로 변하셨습니다!"

결국 현이 모두 잠겨 계곡이 되었다. (『신귀전』)

秦時, 長水縣有童謠曰: "城門當有血, 則陷沒爲湖." 有老嫗聞之, 憂懼, 旦旦往窺焉. 門衛欲縛之, 嫗言其故, 嫗去後, 門衛殺犬, 以血塗門. 嫗又往, 見血走去, 不敢顧. 忽有大水, 長欲沒縣, 主簿何幹入白令. 令見幹曰: "何忽作魚?" 幹曰: "明府亦作魚矣!" 遂淪陷爲谷. (出『神鬼傳』)

## 468・3(6548)
## 고소남자(姑蘇男子)

후한(後漢) 때 고소(姑蘇)에 어떤 남자가 있었는데, 흰 옷을 입고 두건을 썼으며 매우 훌륭한 용모에 키가 7척이고 눈썹과 눈이 또렷했다. 그는 6~7명의 사람을 거느리고 집집마다 돌아다니며 아녀자들을 간통하면서 낮이고 밤이고 사람들을 두려워하지 않았다. 사람들이 그들을 잡으려고 하면 비바람이 불어와 비록 군(郡)을 지키는 병사들이라 해도 감히 막지 못했다. 그를 욕보인 사람 중에 해를 당하지 않은 자가 없었다.

한달 남짓 뒤에 술사(術士) 조고(趙昊)가 조(趙) 땅에 있다가 오(吳) 땅에 근심거리가 있다는 말을 듣고 배를 타고서 급히 왔다. 조고가 마침 배에서 내려 고소의 북쪽 제방 위를 걷고 있을 때 멀리서 그 요괴가 보였는데, 길 가던 사람들이 좌우로 피해 도망쳤으나 피할 장소를 찾지 못하는 모습이 보였다. 조고가 말했다.

"저것이 오 땅 사람들의 근심거리구나."

당시 회계군수(會稽郡守)가 대사(臺使: 조정의 사신)를 전송하다가 요괴를 만나자 역시 객점으로 피해 들어갔다. 이에 조고가 회계군수를 찾아가자 군수는 평소 조고가 법술을 부린다는 것을 알고 있던 터라 매우 기뻐했다. 조고가 군수에게 말했다.

"당신은 보고 싶지 않습니까?"

그리고는 물을 청한 뒤 향을 사르고 길게 몇 번 휘파람을 불었다. 그러자 하늘에서 갑자기 바람이 불더니 공중에서 수십 명의 사람이 대답했다. 조고가 손에 들고 있던 부적을 던지자 바람처럼 부적이 날아갔다. 잠시 후에 누군가에게 끌려온 것처럼 그 요괴가 나타났는데, 매우 두려워했다. 조고가 말했다.

"어찌 감히 사람들을 미혹시키고도 두려워하지 않느냐?"

그리고는 검을 만지며 말했다.

"죽여라!"

곧 회오리바람이 일어나 요괴를 감싸 올라갔다. 조고가 군수에게 말했다.

"나가 보시지요."

사자가 아직 문을 나서지 않았을 때, 이미 그곳에서 100보(步) 떨어진 곳에 길이가 3장(丈)인 커다란 흰 교룡이 머리가 길가에 잘린 채 있고 나머지 6~7놈도 모두 몸과 머리가 따로 있었는데, 역시 자라나 악어의 무리라는 보고가 들어왔다. 좌우에서 본 사람들이 만여 명이나 되었는데, 모두 이제부터는 근심이 없을 것이라고 말했다. (『삼오기』)

後漢時, 姑蘇有男子, 衣白衣, 冠幘, 容貌甚偉, 身長七尺, 眉目疎朗. 從者六七人, 遍歷人家, 姦通婦女, 晝夜不畏於人. 人欲掩捕, 卽有風雨, 雖守郡有兵, 亦不敢制. 苟犯之者, 無不被害.

月餘, 術人趙昺在趙, 聞吳患, 泛舟遽來. 昺適下舟步至姑蘇北堤上, 遙望此妖, 見路人左右奔避無所. 昺曰: "此吳人所患者也." 時會稽守送臺使, 遇, 亦避之於舘. 昺因謁焉, 守素知昺有術, 甚喜. 昺謂郡守曰: "君不欲見乎?" 因請水燒香, 長嘯數聲. 天風欻至, 聞空中數十人響應. 昺擲手中符, 符去如風. 頃刻, 見此妖如有人持至者, 甚惶懼. 昺謂曰: "何敢幻惑不畏?" 乃按劍曰: "誅之!" 便有旋風擁出. 昺謂守曰: "可視之矣." 使未出門, 已報去此百步, 有大白蛟, 長三丈, 斷首於路傍, 餘六七者, 皆身首異處, 亦黿鼉之類也. 左右觀者萬餘人, 咸稱自此無患矣. (出『三吳記』)

## 468·4(6549)
# 영강인(永康人)

[三國時代] 오(吳)나라 손권(孫權) 때 영강현의 어떤 사람이 산에 들어갔다가 커다란 거북 한 마리를 만났다. 그가 곧장 쫓아갔더니 거북이 이렇게 말을 했다.

"좋지 못한 때에 놀러 나왔다가 그대에게 잡혔다."

그 사람은 매우 괴이해하면서 그 거북을 가지고 산을 나와 오왕에게 바치려고 했다. 그는 밤에 월리(越里)에 배를 정박하고 커다란 뽕나무에 배를 매어놓았는데, 한밤중에 뽕나무가 거북을 부르며 말했다.

"원서(元緖)야, 고생이 많구나! 어쩌다가 이 꼴이 되었니?"

거북이 말했다.

"나는 붙잡혀서 곧 삶아져 탕요리가 되겠지만, 남산(南山)의 나무를 몽땅 땐다 하더라도 나를 익힐 수는 없을 것이다."

뽕나무가 말했다.

"제갈원손(諸葛元遜: 諸葛恪)은 박식하니 필시 너에게 고통을 가져다줄 것이다. 만약 그가 나와 같은 나무를 찾아낸다면 너는 어떻게 화를 벗어날 작정이냐?"

거북이 말했다.

"자명(子明)아, 여러 말 마라. 화가 곧 너에게도 미칠 것이다."

뽕나무는 잠자코 더 이상 말하지 않았다. 영강현 사람이 [그 거북을 가지고 도성에] 도착한 뒤에 손권은 그것을 삶으라고 했는데, 수레 100대의 땔감을 땠지만 여전히 처음 그대로라고 요리사가 보고했다. 그러자 제갈각(諸葛恪)이 말했다.

"그렇다면 오래된 뽕나무로 땐다면 금방 익을 것이다."

거북을 바친 사람이 또한 거북과 뽕나무가 함께 주고받은 말을 해주자, 손권이 곧장 그 뽕나무를 베어오게 하여 거북을 삶았더니 즉시 푹 익었다. 지금도 거북을 삶을 때는 대부분 뽕나무 땔감을 사용하며, 시골 사람들은 거북을 '원서'라고 부른다. (『이원』)


吳孫權時, 永康有人入山遇一大龜. 卽逐之, 龜便言曰: "遊不良時, 爲君所得." 人甚怪之, 載出, 欲上吳王. 夜泊越里, 纜舡於大桑樹, 宵中, 樹呼龜曰: "勞乎元緖! 奚事爾耶?" 龜曰: "我被拘繫, 方見烹腤, 雖盡南山之樵, 不能潰我." 樹曰: "諸葛元遜博識, 必致相苦. 令求如我之徒, 計從安出?" 龜曰: "子明無多辭. 禍將及爾." 樹寂而止. 旣至, 權命煮之, 焚柴百車, 語猶如故. 諸葛恪曰: "然以老桑方熟." 獻之人仍說龜樹共言, 權登使伐取, 煮龜立爛. 今烹龜猶多用桑薪,野人故呼龜爲'元緒'也.(『異苑』)

## 468・5(6550)
## 왕 소(王 素)

 오(吳)나라 소제(少帝) 오봉(五鳳) 원년(254) 4월에 회계군(會稽郡) 여요현(餘姚縣)의 백성 왕소에게 14살 된 딸이 있었는데 용모가 아름다웠다. 그래서 구혼하러 오는 이웃의 젊은이들이 매우 많았지만 부모는 그녀를 아껴 시집보내지 않았다. 어느 날 옥처럼 깨끗한 용모의 20세 남짓 된 소년이 왔는데, 자칭 '강랑(江郞)'이라고 하면서 딸과 결혼하길 바랐다. 부모는 그의 용모를 좋아하여 결국 허락했다. 부모가 그의 가족들에 대해 묻자 그가 대답했다.
 "회계에 살고 계십니다."
 며칠 후에 그는 늙은 부인과 젊은 부인 3~4명과 젊은이 2명을 데리고 왕소의 집에 와서 가지고 온 재물을 예물로 삼아 결국 혼례를 올렸다.
 1년이 지나자 왕소의 딸은 임신해서 12월에 됫박만한 크기의 비단주머니 같은 물체 하나를 낳았는데, 땅에서 움직이지 않았다. 어머니가 매우 괴이하게 여겨 칼로 그것을 갈라보았더니 모두 흰 물고기 알이었다. 이에 왕소가 강랑에게 물었다.
 "낳은 것이 모두 물고기 알인데 어찌된 영문인지 모르겠군?"
 왕소가 아직 깨닫지 못하자 강랑이 말했다.

"내가 불행해서 이런 이상한 물체를 낳았습니다."

어머니는 마음속으로 혼자 강랑이 사람이 아니라고 의심하여 왕소에게 알렸다. 왕소는 몰래 집안사람을 시켜 강랑이 옷을 벗고 잠자리에 들길 기다렸다가 그가 입었던 옷을 가져오게 해서 보았더니 모두 비늘 모양이 있었다. 왕소는 그것을 보고 매우 놀라 커다란 돌로 그것을 눌러두게 했다. 새벽에 왕소는 강랑이 옷을 찾아도 찾지 못하자 평소와 다르게 욕하는 소리를 들었다. 잠시 후에 어떤 물체가 넘어지는 소리가 밖에까지 들리기에 집안사람들이 급히 문을 열고 보았더니 침상 아래에 길이가 6~7척 되는 흰 물고기가 아직 죽지 않고 땅에서 버둥거리고 있었다. 왕소는 그것을 베어 강에 던졌다. 후에 딸은 다른 사람에게 시집갔다. (『삼오기』)

吳少帝五鳳元年四月, 會稽餘姚縣百姓王素, 有室女, 年十四, 美貌. 隣里少年求娶者頗衆, 父母惜而不嫁. 嘗一日, 有少年, 姿貌玉潔, 年二十餘, 自稱江郞, 願婚此女. 父母愛其容質, 遂許之. 問其家族, 云: "居會稽." 後數日, 領三四婦人, 或老或少者, 及二少年, 俱至家('家'字原闕, 據明鈔本補), 因持資財以爲聘, 遂成婚媾.

已而經年, 其女有孕, 至十二月, 生下一物如絹囊. 大如升, 在地不動. 母甚怪異, 以刀割之, 悉白魚子. 素因問江郞: "所生皆魚子, 不知何故?" 素亦未悟, 江郞曰: "我所不幸, 故産此異物." 其母心獨疑江郞非人, 因以告素. 素密令家人, 候江郞解衣就寢, 收其所著衣視之, 皆有鱗甲之狀. 素見之大駭, 命以巨石鎭之. 及曉, 聞江郞求衣服不得, 異常詬罵. 尋聞有物偃踣, 聲震於外, 家人急開戶視之, 見牀下有白魚, 長六七尺, 未死, 在地撥剌. 素砍斷之, 投江中. 女後別嫁. (出『三吳記』)

## 468 · 6(6551)
## 비장방(費長房)

 여남(汝南)에 요괴가 나타났는데, 항상 태수(太守)의 옷을 입고 부문(府門) 앞에서 북을 쳤기 때문에 군에서는 골칫거리로 여겼다. 비장방이 온 후에 요괴의 짓임을 알고 요괴를 꾸짖었다. 그러자 요괴는 의관을 벗고 머리를 조아리며 스스로 잘못을 고치겠다고 빌면서 수레바퀴만 한 크기의 늙은 자라로 변했다. 비장방은 요괴에게 다시 태수의 옷을 입게 하고는 목찰(木札) 하나를 써서 갈피군(葛陂君)에게 전하게 했다. 요괴는 머리를 조아리며 눈물을 흘리더니 목찰을 가지고 떠났다. 후에 보았더니 목찰은 갈피호(葛陂湖) 가에 꽂혀 있고 요괴는 그 목찰에 목을 맨 채 죽어 있었다. (『열이전』)

 汝南有妖, 常作太守服, 詣府門椎鼓, 郡患之. 及費長房來, 知是魅, 乃呵之. 卽解衣冠叩頭, 乞自改. 變爲老鼉, 大如車輪. 長房令復就太守服, 作一札, 敕葛陂君. 叩頭流涕, 持札去. 視之, 以札立陂邊, 以頸繞之而死. (出 『列異傳』)


## 468 · 7(6552)
## 장 복(張 福)

 파양(鄱陽) 사람 장복이 배를 타고 돌아오다가 들의 물가에서 갑자기 용모가 매우 아름다운 한 여인을 보았는데, 그녀는 작은 배를 타고 있었다. 장복이 물었다.

"당신의 성은 무엇이오? 어찌 이리 가벼운 차림으로 외출하여 삿갓도 없이 빗속에 다니시오? 내 배[원문에는 '見'으로 되어 있으나 『搜神記』 권19에 의거해 '船'으로 고쳐 번역함]로 들어와 비를 피해도 좋소."

이에 서로 함께 어울리다가 결국 여인은 장복을 따라 들어가 잤다. 여인이 탔던 작은 배는 장복의 배 옆에 매어두었다. 삼경(三更)쯤 되자 비가 그치고 달이 밝게 비췄는데, 장복이 여인을 보았더니 바로 큰 악어 한 마리였다. 장복이 잡으려고 하자 악어는 급히 달아나 물 속으로 들어갔다. 아까 보았던 작은 배는 바로 1장 남짓한 길이의 뗏목이었다. (『수신기』)

鄱陽人張福, 舡行還, 野水邊忽見一女子, 甚有容色, 自乘小舟. 福曰: "汝何姓? 作此輕行, 無笠雨駛? 可入見就避雨." 因共相調, 遂入就福寢. 以所乘小舟, 繫福舡邊. 三更許, 雨晴明月, 福視婦人, 乃一大鼉. 欲執之, 遽走入水. 向小舟, 乃是一槎段, 長丈餘. (出 『搜神記』)

## 468 · 8(6553)
## 정 초(丁 初)

오군(吳郡) 무석(無錫)에 상호(上湖: 無錫湖)라는 큰 연못이 있었다. 연못의 관리인 정초는 매번 큰 비가 올 때마다 제방을 둘러보았다. 봄에 비가 많이 내리자 정초는 나와서 연못가를 거닐었다. 날이 저물었을 때 뒤돌아보았더니 한 젊은 여인이 아래위로 푸른 옷을 입고 푸른 우산을 쓴 채 그를 뒤쫓아 오며 불렀다.

"정초님, 저를 기다리세요."

처음에 정초는 울적하여 멈춰 서서 그녀를 기다리려고 했지만 다시 생각해 보았더니 본래 그곳에는 여자가 보이지 않았던데다 지금 난데없이 여자가 비를 무릅쓰고 오자 필시 귀신일 것이라고 의심했다. 정초가 빨리 달려가면서 여인을 뒤돌아보았더니 더욱 빨리 쫓아오는 것이었다. 정초가 급히 달려 멀리 떨어져서 여인을 돌아보았더니 그녀는 연못 속으로 뛰어들었다. 첨벙하는 소리가 나며 옷과 우산이 날아가 흩어졌다. 정초가 보았더니 여인은 커다란 푸른 수달이었고 옷과 우산은 모두 연잎이었다. 그 수달은 사람의 모습으로 변하여 젊은이들을 자주 유혹했던 것이다. (『수신기』)

吳郡無錫有上湖大陂. 陂吏丁初, 天每大雨, 輒循隄防. 春盛雨, 初出行塘. 日暮間, 顧後有小婦人, 上下靑衣, 戴靑傘, 追後呼: "初掾待我." 初時悵然, 意欲留伺之, 復疑本不見此, 今忽有婦人冒陰雨行, 恐必鬼物. 初便疾行, 顧見婦人, 追之亦速. 初因急走, 去之轉遠, 顧視婦人, 乃自投陂中. 汜然作聲, 衣蓋飛散. 視是大蒼獺, 衣傘皆荷葉也. 此獺化爲人形, 數媚年少者也. (出『搜神記』)


## 468 · 9(6554)
## 사 비(謝 非)

단양군(丹陽郡)의 도사(道士) 사비가 석성(石城: 石頭城)에 가서 대장장이에게 솥을 사가지고 돌아오다가 집에 도착하기도 전에 날이 저물었다. 사비는 산 속 개울가에 있는 사당에 들어가 묵으면서 큰 소리로 말했다.

"나는 천제(天帝)의 사자인데 이곳에서 묵으려고 한다."

그러나 그는 여전히 사람들이 그의 솥[원문은 '金'이라 되어 있지만 『搜神記』 권19에 의거하여 '釜'로 고쳐 번역함]을 빼앗아갈까 두려워 마음속으로 당황하고 불안해했다. 밤 이경(二更)쯤 되었을 때 어떤 사람이 사당 문에 와서 불렀다.

"하동(何銅)!"

그러자 하동이 "응!"하고 대답했다. [그 사람이 물었다.]

"사당에 사람의 냄새가 나는데 누구인가?"

하동이 대답했다.

"어떤 사람이 천제의 사자라고 하면서 잠시 머물다 가겠다고 했네."

잠시 후에 또 어떤 사람이 와서 하동을 부르고 이전처럼 묻자 하동은 예전처럼 대답했다. 그러자 그 사람은 다시 한숨을 쉬며 떠나갔다. 사비는 놀라고 시끄러워 잠을 잘 수가 없었기에 결국 일어나 하동을 불러 물어보았다.

"아까 왔던 사람은 누구요?"

하동이 대답했다.

"물가의 동굴 속에 사는 흰 악어요."

[사비가 물었다.]

"당신은 어떤 물체요?"

[하동이 대답했다.]

"나는 사당 북쪽 바위굴에 사는 거북이오."

사비는 모두 몰래 기억해 두었다. 날이 밝자 그는 마을사람들에게 알리며 말했다.

"이 사당에는 신은 없고 그저 거북이나 악어 같은 무리만 있을 뿐이니, 괜히 술과 고기를 낭비하며 제사지냈소. 빨리 삽을 가져와서 함께 잡으러 갑시다."

사람들도 자못 의심하고 있던 터라 이에 함께 모여 땅을 파서 그것들을 모두 죽였다. 마침내 사람들은 사당을 허물고 제사도 끊었다. 그 후로 그곳은 편안해졌다. (『수신기』)


道士丹陽謝非往石城冶買釜還, 日暮, 不及家. 山中有廟舍於溪水上, 入中宿, 大聲語曰: "吾是天帝使者, 停此宿." 猶畏人劫奪其金, 意苦搔搔不安. 夜二更中, 有來至廟門者, 呼曰: "何銅!" 銅應諾. "廟中有人氣是誰?" 銅云: "有人言是天帝使者, 少頃便還." 須臾, 又有來者, 呼銅, 問之如前, 銅答如故. 復嘆息而去. 非驚擾不得眠, 遂起, 呼銅問之: "先來者是誰?" 銅答言: "是水邊穴中白鼉." "汝是何等物?" "是廟北巖嵌中龜也." 非皆陰識之. 天明, 便告居人, 言: "此廟中無神, 但是龜鼉之輩, 徒費酒肉祀之. 急具鍤來, 共往伐之." 諸人亦頗疑之, 於是並會伐掘, 皆殺之. 遂壞廟絶祀. 自後安靜. (出『搜神記』)


## 468 · 10(6555)
## 고보종(顧保宗)

고보종은 자(字)가 세사(世嗣)로 강하(江夏) 사람이다. 그는 매일 강가에 가서 낚시를 했다. 그가 한번은 여름밤에 초당(草堂)에서 달을 보며 아직 잠들지 않았을 때, 갑자기 수염과 머리가 새하얀 사람이 스스로 '노인'이라고 말하면서 왔다. 그는 어부 같았는데, 곧장 초당 아래로 오더니 고보종에게 절을 하고는 웅크려 앉아서 울기만 했다. 고보종이 말했다.

"노인은 어디서 왔소?"

노인은 말을 하지 않다가 한참 후에 고보종에게 말했다.

"육지에서는 걷는 것이 몹시 힘들어 빨리 말할 수 없소."

고보종이 말했다.

"노인은 어디서 왔소? 지금 어디로 가시오?"

노인이 대답했다.

"나는 강주(江州)에서 왔는데, 다시 강하(江夏)로 돌아가는 길이오."

말을 마치고는 또 울었다. 고보종이 말했다.

"노인은 이인(異人)이 아니시오?"

노인이 대답했다.

"나는 사실 사람이 아니오. 당신이 한적하게 지내고 있기에 이야기를 나누러 왔소."

고보종이 말했다.

"시골사람이 낚시를 하며 잠시 수고로운 삶을 달래고 있는데 어찌 한적하게 지낸다고 하시오?"

노인이 대답했다.

"세상이 지금 한창 전란으로 어지러운데 한적하게 지낸다는 것이 무슨 말이오?"

고보종이 말했다.

"지금 세상이 태평한데 무슨 난리가 있단 말이오?"

노인이 대답했다.

"당신은 환현(桓玄)의 뜻을 알지 못하는군요."

그러자 고보종이 물었다.

"만약 난리가 일어난다면 언제 일어난단 말이오?"

노인이 말했다.

"지금은 융안(隆安) 5년(401)이 아니오?"

고보종이 말했다.

"맞소."

노인은 또 손가락을 꼽더니 다시 울면서 고보종에게 말했다.

"내후년에 연호가 바뀌고 또 다음 해에 환현이 나라를 찬탈하는데, 찬탈한지 얼마 지나지 않아 묘금(卯金)에게 멸망당하게 될 것이오."

고보종이 말했다.

"묘금은 누구요?"

노인이 대답했다.

"당신은 나중에 알게 될 것이오."

말을 마치고는 다시 고보종에게 말했다.

"20년이 안 되어 나라에 큰 변혁이 일어나는 것을 보게 될 것이오."

고보종이 말했다.

"노인은 먼 곳에서 왔는데 무엇을 드시겠소?"

노인이 대답했다.

"당신이 평소 먹는 음식을 주시오."

고보종은 노인에게 먹을 것을 갖다 주게 했다. 노인은 식사를 마친 뒤 고보종에게 말했다.

"나는 오늘밤에 명령을 받들고 앞에 있는 강을 건너야 하오. 내일 아침에 당신이 와서 봐주었으면 좋겠소."

그리고는 또 말했다.

"100리 안에 오직 나만이 특이하기 때문에 길흉을 알 수 있소. 내가 바로 그것이오."

고보종이 말했다.

"아직 당신의 말을 알지 못하겠는데 어떤 징조를 말하는 것이오?"

노인이 대답했다.

"전쟁의 징조요."

노인은 말을 마치고 나갔다. 고보종이 그를 문밖까지 배웅하자 그는 작별하고 떠나갔다.

새벽에 고보종이 강가로 나가보았더니 풍랑이 점점 급하게 일면서 물고기들이 모두 물결 위로 튀어 올랐는데, 눈에 보이는 숫자만 해도 그 수를 셀 수 없을 정도로 많았다. 구경하던 사람들이 서로 말을 전하길, 물고기들이 앞뒤로 100여 리나 펼쳐져 있고 그 속에 길이가 100여 장(丈)이나 되는 커다란 흰 물고기가 있었는데 머리를 들어 사방을 바라보다가 잠시 후에 사라졌다고 했다. 그때는 융안 5년 6월 16일이었다. 고보종은 매우 기이하게 여겼다. 2년 뒤인 융안 7년[東晉 安帝의 연호인 隆安은 397년에서 401년까지 5년간 사용했으므로 착오가 있는 것으로 보임]에 연호를 원흥(元興)으로 바꾸었고, 원흥 2년(403) 11월 임오일(壬午日)에는 환현이 과연 제위를 찬탈했다. 원흥 3년(404) 2월에 건무장군(建武將軍) 유유(劉裕)가 의병을 일으켜 환현을 멸망시키고 다시 진(晉)나라 안제(安帝)를 제위에 앉혔다. 17년 후에 유유가 진나라의 제위를 물려받았는데, 이 모든 것이 물고기가 한 말과 같았다. (『구강기』)

顧保宗字世嗣, 江夏人也. 每釣魚江中. 嘗夏夜於草堂臨月未臥, 忽有一人鬚髮皓然, 自稱爲翁. 有如漁父, 直至堂下, 乃揖保宗, 便箕踞而坐, 唯哭而已. 保宗曰: "翁何至?" 不語, 良久謂保宗曰: "陸行甚困, 言不得速." 保宗曰: "翁適何至? 今何往?" 答曰: "來自江州, 復歸江夏." 言訖又哭. 保宗曰: "翁非異人乎?" 答曰: "我實非人. 以君閑退, 故來相話." 保宗曰: "野人漁釣, 用釋勞生, 何閑退之有?" 答曰: "世方兵亂, 閑退何詞?" 保宗曰: "今世清平, 亂當何有?" 答曰: "君不見桓玄之志也?" 保宗因問: "若是有兵, 可言歲月否?" 翁曰: "今不是隆安五年耶?" 保宗曰: "是." 又屈指復哭, 謂宗曰: "後年易號, 復一歲, 桓玄盜國. 盜國未幾, 爲卯金所敗." 保宗曰: "卯金爲誰?" 答曰: "君當後識耳." 言罷, 復謂保宗曰: "不及二十稔, 當見大命變革." 保宗曰: "翁遠至, 何所食?" 答曰: "請君常食." 保宗因命食飼('食飼'原作'筆記', 據明鈔本改)之. 翁食訖, 謂保宗曰: "今夕奉使, 須向前江. 來日平旦, 幸願觀之." 又: "百里之中, 獨我偏異, 故驗災祥. 我等是也." 宗曰: "未審此言, 何以驗之?" 答曰: "兵甲之兆也." 言訖乃出. 保宗送之於戶外, 乃訣去.

及曉, 宗遂臨江觀之, 聞水風漸急, 魚皆出浪, 極目不知其數. 觀者相傳, 首尾百餘里, 其中有大白魚, 長百餘丈, 驤首四望, 移時乃沒. 是歲隆安五年六月十六日也. 保宗大異之. 後二歲, 改隆安七年爲元興, 元興二年, 十一月壬午, 桓玄果篡位. 三年二月, 建武將軍劉裕起義兵滅桓玄, 復晉安帝位. 後十七年, 劉裕受晉禪, 一如魚之所言. (出『九江記』)

## 468・11(6556)
## 무창민(武昌民)

[南朝] 송(宋)나라 고제(高帝: 武帝 劉裕의 廟號) 영초연간(永初年間: 420~422)에 장춘(張春)은 무창태수(武昌太守)를 지냈다. 당시 어떤 사람이 딸을 시집보냈는데, 딸이 아직 수레에 올라타지 않았을 때 갑자기 실성하여 밖으로 나가더니 사람을 때리며 말했다.

"저는 시집가고 싶지 않아요."

무당이 말했다.

"이것은 요괴의 짓입니다."

그리고는 딸을 데리고 강가로 가서 북을 두드리고 주문을 외면서 치료했다. 다음 날 푸른 뱀 한 마리가 무당이 앉아있는 곳으로 오자 무당은 큰 못으로 뱀의 머리를 박았다. 정오가 되어 다시 큰 거북이 강에서 나와 무당 앞에 엎드리자 무당은 거북의 등에 붉은 글씨로 부적을 쓰고 강으로 돌려보냈다. 저녁이 되어 커다란 흰 악어가 강에서 나와 가라앉았다 떴다 하자 거북이 그 뒤에서 악어를 내몰았다. 악어는 스스로 죽을 것을 알았지만 죽음을 무릅쓴 채 먼저 장막 안으로 들어가 딸과 이별하고 통곡하며 말했다.

"좋아하는 사람을 잃게 되었구려."

그 후 딸의 병이 점차 나았다. 어떤 사람이 물었다.

"딸을 미혹한 요괴는 하나인데 지금 어찌하여 세 마리를 잡았습니까?"

무당이 대답했다.

"뱀은 소식을 전한 것이고 거북은 중매를 한 것이며 악어는 그 상대였소."

무당은 세 요괴를 잡은 뒤 모두 죽였다. (『광고금오행기』)

宋高帝永初中, 張春爲武昌太守. 時有人嫁女, 未及升車, 女忽然失怪, 出外毆擊人, 仍云: "己不樂嫁." 巫云: "是邪魅." 將女至江際, 遂擊鼓, 以術呪療. 翌日, 有一靑蛇來到坐所, 卽以大釘釘頭. 至日中, 復見大龜從江來, 伏於巫前, 巫以朱書龜背作符, 遣入江. 至暮, 有大白鼉從江出, 乍沈乍浮, 龜隨後催逼. 鼉自分死, 冒來, 先入幔('幔'原作帽, 據明鈔本改)與女辭訣, 慟哭云: "失其同好." 於是漸差. 或問: "魅者歸於一物, 今安得有三?" 巫云: "蛇是傳通, 龜是媒人, 鼉是其對." 所獲三物, 悉殺之. (出『廣古今五行記』)


## 468・12(6557)
## 과부엄(寡婦嚴)

건강(建康) 대하영(大夏營)에 과부 엄씨(嚴氏)가 살았다. [南朝] 송(宋)나라 원가연간(元嘉年間: 424~453) 초에 어떤 사람이 화독(華督)과 엄씨가 서로 좋아지낸다고 말했다. 가졸(街卒: 도로의 치안이나 청소 등을 맡아보던 하급관리)이 밤에 한 남자가 호군부(護軍府)로 가는 것을 보았는데, 호군부는 건양문(建陽門) 안에 있었다. 가졸이 꾸짖으며 묻자 그가 대답했다.

"나는 화독인데 호군부로 돌아가고 있다."

그리고는 서쪽 담장을 끼고 들어가려고 했다. 가졸은 그가 통금을 어겼기에 때려 붙잡았는데, 바로 악어로 변했다. 그가 출입했던 곳을 살펴보았더니 매우 미끈미끈했고 호군부의 연못과 통해 있었다. 연못에는 예전에 악어굴이 있었는데, 세월이 오래되어 요괴로 변할 수 있었던 것이다. 악어를 죽이자 그러한 일이 사라졌다. (『이원』)

建康大夏營寡婦嚴. 宋元嘉初, 有人稱華督與嚴結好. 街卒夜見一丈夫行造護軍府, 府在建陽門內. 街卒呵問, 答云:"我華督還府." 徑沿西墻欲入. 街卒以其犯夜, 遨擊之, 乃變爲鼉. 察其所出入處, 甚瑩滑, 通府中池. 池先有鼉窟, 歲久因能爲魅. 殺之遂絶. (出『異苑』)

## 468 · 13(6558)
## 윤 아(尹 兒)

[南朝] 송(宋)나라 원가연간(元嘉年間: 424~453)에 안성(安城)의 백성 윤아는 아버지가 잠시 외출하자 집을 지키고 있었다. 갑자기 말[斗]만한 우산을 펴고 말을 탄 20세 가량의 한 사람이 황색 옷을 입은 4명의 시종을 거느리고 동쪽에서 왔다. 그는 문에서 윤아를 부르며 잠시 머물러가길 청했다. 그리고는 집 정원으로 들어와 간이의자에 앉자

한 사람이 우산을 들고 그를 가렸다. 윤아가 그들의 옷을 보았더니 모두 바느질 자국이 없고 오색 무늬가 반짝이는 것이 털 같지 않고 비늘 같았다. 잠시 후에 비가 오자 그 사람은 말을 타고 떠나다가 윤아를 뒤돌아보며 말했다.

"내일 다시 오겠소."

그리고는 서쪽으로 가더니 허공을 밟고 하늘로 올라갔다. 잠시 후에 사방에서 구름이 모이더니 대낮인데도 어두워졌다. 다음날 강물이 갑자기 불어나 시내와 계곡에 넘쳐흘렀고 언덕과 골짜기도 잠겼다. 윤아의 집이 잠기려는 찰나 갑자기 3장(丈) 남짓한 길이의 커다란 물고기가 몸을 구부려 물의 흐름을 막았다. 그래서 윤씨(尹氏) 가족은 홍수의 해를 피할 수 있었다. (『광고금오행기』)


安城民尹兒, 宋元嘉中, 父暫出, 令守舍. 忽見一人, 年可二十, 騎馬張斗繖, 從者四人, 衣並黃色, 從東方來. 於門呼尹兒, 求暫寄息. 因入舍中庭下, 坐胡牀, 一人捉繖覆之. 尹兒看其衣悉無縫, 五色爛斑, 似鱗甲而非毛也. 有頃, 雨將至, 此人上馬去, 顧語尹兒曰: "明當更來." 乃西行, 躡虛而昇. 須臾, 雲氣四合, 白晝爲之晦暝. 明日, 大水暴至, 川谷沸湧, 丘壑森漫. 將淹尹舍, 忽見大魚, 長三丈餘, 盤屈當水衝. 尹族乃免漂蕩之患. (出『廣古今五行記』)

## 광릉왕녀(廣陵王女)

천축국(天竺國) 스님 요(瑤)는 신묘한 주술을 부릴 줄 알았는데, 특히 사악한 요괴를 쫓아내는 데 뛰어났다. 광릉왕(廣陵王)의 딸이 요괴에게 홀리자 요 스님은 그녀를 치료하러 갔다. 그는 문을 들어서자 눈을 감고 욕을 해댔다.

"늙은 요괴가 도는 닦지 않고 감히 사람을 해치다니!"

그러자 딸이 크게 울며 말했다.

"저 사람이 내 남편을 죽인다!"

요괴가 그녀의 옆에서 말했다.

"나의 목숨도 오늘로 끝이구나!"

그리고는 흐느끼면서 또 말했다.

"이 신과는 함께 겨룰 수 없다."

요괴는 곧 늙은 악어로 변해 정원으로 도망쳤다. 요 스님은 하인에게 악어를 죽이게 했다. (『지괴』)

沙門竺僧瑤得神呪, 尤能治邪. 廣陵王家女病邪, 瑤治之. 入門, 瞑目罵云: "老魅不念守道而干犯人!" 女乃大哭云: "人殺我夫!" 魅在其側曰: "吾命盡於今!" 因歔欷, 又曰: "此神不可與事." 乃成老鼉, 走出庭中. 瑤令僕殺之也. (出『志怪』)

## 468・15(6560)
## 양추노(楊醜奴)

 하남(河南)의 양추노가 한번은 장안호(章安湖)에 가서 창포를 뽑다가 어두워질 무렵에 옷은 그다지 깨끗하지 않으나 용모가 매우 아름다운 한 여자를 만났다. 그녀는 순채를 실은 배를 타고 양추노에게 다가와서 집이 호수가에 있는데 날이 어두워 돌아갈 수 없으니 배에서 묵어갈 수 있게 해달라고 말했다. 그녀는 그릇을 빌려 식사를 했는데, 쟁반에는 마른 물고기와 생채가 전부였다. 식사를 마치자 둘은 웃으면서 놀았다. 양추노가 노래로 여인을 놀리자 그녀가 대답했다.

  집은 서호(西湖) 가에 있는데,
  날은 저물어 햇빛이 사그러 들었다네.
  좋은 주인을 만나 기탁하게 되었으니,
  나도 모르게 마음이 편안해지는구나.

 잠시 후에 불을 끄고 함께 잠자리에 들었는데, 양추노는 그녀에게서 비린내가 나고 또 그녀의 손가락이 매우 짧았기 때문에 그녀를 요괴라고 의심했다. 그 요괴도 양추노의 마음을 알아차리고 급히 문을 나서 수달로 변한 후 곧장 물 속으로 들어가 버렸다. (『견이지』)

 河南楊醜奴常詣章安湖拔蒲, 將暝, 見一女子, 衣裳不甚鮮潔, 而容貌美. 乘船載蓴, 前就醜奴, 家湖側, 逼暮不得返, 便('便'字原空闕, 據明鈔本補)停舟寄住. 借食器以食, 盤中有乾魚生菜. 食畢, 因戲笑. 醜奴歌嘲之, 女答曰: "家在西湖側, 日暮陽光頹. 託蔭遇良主, 不覺寬中懷." 俄滅火共寢, 覺有腥氣, 又手指甚短,乃疑是魅. 此物知人意, 遽出戶, 變爲獺, 徑走入水. (出『甄異志』)

## 468·16(6561)
## 사 종(謝 宗)

　　회계왕(會稽王)의 국리(國吏) 사종이 휴가를 가다가 오고교(吳皐橋)를 지나게 되었는데, 같은 배에 타고 있던 사람들은 모두 시장으로 놀러갔지만 사종만은 배에 남아 있었다. 예쁘고 정숙한 자태의 한 여인이 배로 오자 두 사람은 서로 농담을 나누었다. 여인이 배에 머무르며 연회를 즐기면서 자신을 계속 배에 태워달라고 청하자 사종은 허락했다. 그때부터 뱃사람들은 밤마다 두 사람이 웃고 떠드는 소리를 들었다. 1년 후에 두 사람은 더욱 자주 왕래했다. 사종과 같은 방을 쓰던 사람이 몰래 엿보았는데 사람이 보이지 않기에 요괴라고 여기고 결국 사종의 이불을 덮쳤다. 한참 후에 베개만한 크기의 한 물체를 잡았고 잠시 후에 또 주먹만한 크기의 두 물체를 잡았는데, 보았더니 바로 거북 세 마리였다. 사종은 슬퍼하다가 며칠 뒤에야 비로소 깨달았다. 그리고는 사람들에게 이렇게 말했다.

　　"이 여인은 1년 만에 두 아들을 낳았는데, 큰 아들의 이름은 '도민(道愍)'이고 작은 아들의 이름은 '도흥(道興)'이오."

　　사종이 또 말했다.

　　"이 여인과 두 아들은 처음 잡혔을 때 매우 두려워하여 몸을 움츠리면서 나에게 '나의 베개를 [물 속에] 던져주세요'라고 말했소."

당시에 사종의 숙부 사도명(謝道明)이 낭중령(郎中令)을 지내고 있었는데 사종이 대그릇에 담긴 거북 3마리를 그에게 보여주었다. (『지괴』)


會稽王國吏謝宗赴假, 經吳臯橋, 同船人至市, 宗獨在船. 有一女子, 姿性婉娩, 來詣船, 因相爲戱. 女卽留宿歡讌. 乃求寄載. 宗許之. 自爾船人夕夕聞言笑. 後逾年, 往來彌數. 同房密伺, 不見有人, 知是邪魅, 遂共掩被. 良久, 得一物, 大如枕. 須臾, 又獲二物, 並小如拳, 視之, 乃是三龜. 宗悲思, 數日方悟. 向說如是云: "此女子一歲生二男, 大者名'道慜', 小者名'道興'." 宗又云: "此女子及二兒, 初被索之時大怖, 形並縮小, 謂宗曰: '可取我枕投之.'" 時族叔道明爲郎中令, 籠三龜示之. (出『志怪』)

# 태평광기 권제469 소족 6

(水族爲人)

1. 장   방(張   方)
2. 종   도(鍾   道)
3. 진 안 민(晉 安 民)
4. 유 만 년(劉 萬 年)
5. 미 생 량(微 生 亮)
6. 노   당(蘆   塘)
7. 팽성남자(彭城男子)
8. 주 법 공(朱 法 公)
9. 왕   환(王   奐)
10. 채   흥(蔡   興)
11. 이   증(李   增)
12. 소   등(蕭   騰)
13. 유   진(柳   鎭)
14. 수 문 제(隋 文 帝)
15. 대 흥 촌(大 興 村)
16. 만 경 피(萬 頃 陂)
17. 장 수 국(長 鬚 國)

### 469 · 1(6562)
# 장 방(張 方)

광릉(廣陵)의 하시(下市: 날품팔이들이 일자리를 얻기 위해 모이는 곳)에 사당이 있었는데, [南朝] 송(宋)나라 원가(元嘉) 18년(441)에 장방의 딸 장도향(張道香)이 북쪽으로 떠나는 남편을 배웅하고 돌아오다가 날이 저물자 그 사당 문 아래에서 투숙했다. 그날 밤에 어떤 물체가 그녀의 남편으로 가장하여 찾아와서 말했다.

"이별의 아픈 마음을 달래기 어려워서 이대로 떠날 수는 없소!"

잠시 후 장도향은 정신이 혼미해지더니 실성하고 말았다. 당시 왕찬(王纂)이라는 사람이 사병(邪病: 귀신이나 요괴 따위가 붙어서 생긴 병)을 잘 치료했는데, 그는 장도향이 귀신에 홀렸다고 의심하여 병을 치료해보겠다고 청했다. 그가 침을 놓자마자 수달 한 마리가 그녀의 이불 속에서 나오더니 앞의 도랑으로 뛰어 들어갔다. 그러자 장도향의 병이 즉시 나았다. (『이원』)

廣陵下市廟, 宋元嘉十八年, 張方女道香送其夫婿北行, 日暮, 宿祠門下. 夜有一物, 假作其婿來云: "離情難遣, 不能便去!" 道香俄昏惑失常. 時有王纂者能治邪, 疑道香被魅, 請治之. 始下針, 有一獺從女被內, 走入前港. 道香疾便愈. (出 『異苑』)

## 469·2(6563)
## 종 도(鍾 道)

　[南朝] 송(宋)나라 영흥현(永興縣)의 관리 종도는 중병에 걸렸다가 조금 차도가 있자 정욕이 평소의 배가 되었다. 종도는 예전에 백학허(白鶴墟)에 있는 여자를 좋아한 적이 있었는데, 그때까지도 여전히 그녀를 그리워하고 있었다. 그런데 어느 날 갑자기 그 여자가 옷자락을 날리면서 오자, 종도는 곧장 그녀와 사랑을 나누었다. 그 후로 그녀는 자주 찾아왔는데, 어느 날 종도가 말했다.

　"나는 계설향(雞舌香: 정향나무의 꽃을 말려서 만든 향으로, 丁香이라고도 함)을 갖고 싶은 생각이 간절하군요."

　그러자 여자가 말했다.

　"그게 뭐 어렵겠습니까?"

　그리고는 이내 두 손 가득 계설향을 담아 종도에게 주었다. 종도가 여자에게 함께 그것을 입에 넣고 씹어보자고 하자 여자가 말했다.

　"저한테서는 원래 좋은 향기가 나기 때문에 그런 것에 의지할 필요가 없답니다."

　여자가 문을 나서자 개가 문득 보고는 그녀를 물어 죽였는데, 그것은 다름 아닌 늙은 수달이었으며 입 안에 있던 향은 수달의 똥이었다. 종도는 갑자기 악취와 더러움을 느꼈다. (『유명록』)


　宋永興縣吏鍾道得重病初差, 情欲倍常. 先樂白鶴墟中女子, 至是猶存想焉. 忽見此女子振衣而來, 卽與燕好. 是後數至, 道曰: "吾甚欲雞舌香." 女曰: "何難?" 乃掬香滿手, 以授道. 道邀女同含咀之, 女曰: "我氣素芳, 不假此." 女子出戶, 狗忽見, 隨咋殺之, 乃是老獺, 口香卽獺糞. 頓覺臭穢. (出『幽明錄』)

## 469 · 3(6564)
# 진안민(晉安民)

진안군(晉安郡)의 어떤 백성이 시냇물을 막고 물고기를 잡고 있을 때, 갑자기 흰 모자를 쓰고 누런 누인 명주 홑옷을 입은 한 사람이 그를 찾아오자 함께 술을 마시고 식사를 했다. 식사를 마치고 나서 그 사람이 말했다.

"내일 물고기를 잡으러 가면 틀림없이 아주 기이한 커다란 물고기가 맨 앞에 있을 것이니 부디 죽이지 마시오."

다음날 [진안군의 백성이 물고기를 잡으러 갔더니] 과연 길이가 7~8장(丈)이나 되는 커다란 물고기가 곧장 와서 그물에 부딪치자, 그는 약속을 어기고 즉시 그것을 죽였다. 그런데 그 물고기의 배를 가르고 보았더니 어제 먹었던 밥이 그대로 들어 있었다. [그 후로] 진안군 백성의 식구들은 거의 남김없이 죽고 말았다. (『광고금오행기』)

晉安郡民斷溪取魚, 忽有一人著白帢, 黃練單衣, 來詣之, 卽同飮饌. 饌畢, 語之曰: "明日取魚, 當有大魚甚異, 最在前, 愼勿殺." 明日, 果有大魚, 長七八丈, 逕來衝網, 其人卽賴殺之. 破腹, 見所食飯悉有. 其人家死亡略盡. (出『廣古今五行記』)

## 469 · 4(6565)
## 유만년(劉萬年)

[南朝] 송(宋)나라 후폐제(後廢帝: 劉昱) 원휘(元徽) 3년(475)에 경구(京口)의 수장(戍將) 유만년이 밤에 북고산(北固山) 서쪽을 순찰하다가 두 남자를 만났는데, 그들은 용모와 행동거지가 단정했으며 살결이 옥처럼 희고 깨끗했다. 그들이 멀리서 유만년을 부르며 말했다.

"그대는 지금 황제의 씨족과 가까운 사이오?"

유만년이 말했다.

"성씨는 같지만 가문은 다르오."

그 중 한 사람이 말했다.

"그대는 비록 황제와 씨족이 다르긴 하지만 아마도 화가 미치게 될 것이오."

유만년이 말했다.

"나에게 무슨 잘못이 있단 말이오?"

그 사람이 대답했다.

"관직을 떠나면 화가 미치지 않을 것이오."

유만년은 두 사람이 하는 말을 듣고 더욱 이상한 생각이 들었다. 유만년이 두 사람에게 말했다.

"[그러한 사실을] 미리 알려주셔서 정말 감사한데 무엇으로 보답해야 할지 모르겠군요?"

유만년이 두 사람을 초청하여 군진(軍鎭)으로 돌아가려 하자 그들이 말했다.

"우리는 인간세상의 사람이 아니니 인간세상의 음식을 먹을 수 없소이다."

유만년이 그들과 이야기하고 있는 사이에 그들은 물고기로 변하여 강 속으로 날아 들어갔다. 유만년은 다음날 병을 핑계대고 마침내 관직을 그만 두었다. 나중에 과연 물고기가 말한 대로 되었다. (『강표이동록』)

宋後廢帝元徽三年, 京口戌將劉萬年夜巡於北固山西, 見二男子, 容止端麗, 潔白如玉. 遙呼萬年謂曰: "君與今帝姓族近遠?" 萬年曰: "望異姓同." 一人曰: "汝雖族異, 恐禍來及." 萬年曰: "吾有何過?" 答曰: "去位, 禍卽不及." 萬年見二人所言, 益異之. 萬年謂二人: "深謝預聞, 何用見醉?" 萬年欲請歸鎭, 二人曰: "吾非世人, 不食世物." 萬年與語之次, 化爲魚, 飛入江去. 萬年翌日託疾, 遂罷其位. 後果如魚所言. (出『江表異同錄』)


## 469·5(6566)
## 미생량(微生亮)

명월협(明月峽)에는 동서로 흐르는 두 계곡이 있다. [南朝] 송(宋)나라 순제(順帝) 승평(昇平) 2년(478)에 계곡 사람 미생량은 3척 길이의 흰 물고기 한 마리를 낚아 배 안에 던져두고 풀로 덮어놓았다. 집으로 돌아와서 그 물고기를 꺼내 삶으려고 보았더니 한 미녀가 풀 아래에 있었는데, 그녀는 희고 깨끗한 피부에 단정하고 고운 용모였으며 나이는 16~17살쯤 되어 보였다. 그녀가 스스로 말했다.

"저는 고당(高唐: 옛날 楚나라의 襄王이 神女를 만나 노닐던 雲夢澤의 누대. 원문은 '高堂'이라 되어 있지만 문맥상 '高唐'의 오기로 보임)의 신녀(神女)인데, 우연히 물고기로 변하여 노닐다가 당신에게 붙잡히게 되었습니다."

미생량이 물었다.

"이미 사람이 되었으니 내 아내가 되어줄 수 있겠소?"

그녀가 말했다.

"운명이 그리 하게 한 것이니 어찌 안 되겠습니까?"

그 후로 3년 동안 그녀는 미생량의 아내로 지내다가 어느 날 갑자기 말했다.

"기한이 이미 찼으니 고당으로 돌아가길 청합니다."

미생량이 말했다.

"언제 다시 오겠소?"

그녀가 대답했다.

"정이란 잊을 수 없는 것이니 당신이 그리우면 다시 오겠습니다."

그 후로 그녀는 1년 동안 서너 차례 왕래했는데, 결국 어떻게 되었는지 알 수 없었다. (『삼협기』)

明月峽中有二溪東西流. 宋順帝昇平二年, 溪人微生亮釣得一白魚長三尺, 投置缸中, 以草覆之. 及歸取烹, 見一美女在草下, 潔白端麗, 年可十六七. 自言: "高堂之女, 偶化魚游, 爲君所得." 亮問曰: "旣爲人, 能爲妻否?" 女曰: "冥契使然, 何爲不得?" 其後三年爲亮妻, 忽曰: "數已足矣, 請歸高唐." 亮曰: "何時復來?" 答曰: "情不可忘者, 有思復至." 其後一歲三四往來, 不知所終. (出『三峽記』)

## 469·6(6567)
## 노 당(蘆 塘)

뇌양현(耒陽縣)의 동북쪽에 8~9이랑쯤 되는 갈대 못이 있었는데 그 깊이를 헤아릴 수 없었다. 그 속에 있는 커다란 물고기가 닷새마다 뛰어 올라 물 밖으로 나왔는데, 그 굵기는 세 아름쯤 되고 모습이 아주 이상했다. 그것이 물 밖으로 나올 때마다 작은 물고기들이 흩어져 달아나 물을 따라 기슭으로 올라왔는데 그 수를 셀 수 없을 정도로 많았다. 또 어떤 사람은 이렇게 말했다.

"이 못에는 교어(鮫魚: 남해에 산다는 전설상의 물고기. 울면 눈물이 구슬로 된다고 함)가 살면서 닷새에 한 번씩 변화하여 아름다운 여인이 되기도 하고 잘생긴 남자가 되기도 하는데, 변괴를 일으키는 경우가 특히 많다. 그곳 사람들은 서로 주의를 주면서 감히 그것을 해칠 마음을 먹지 않는다."

나중에 그 물고기가 벼락에 맞아 죽자 그 못도 마침내 말라버렸다. (『녹이기』)

耒陽縣東北有蘆塘八九頃, 其深不可測. 中有大魚, 當至五日, 一奮躍出水, 大可三圍, 其狀異常. 每出水, 則小魚奔迸, 隨水上岸, 不可勝計. 又云: "此塘有鮫魚, 五日一化, 或爲美婦人, 或爲美男子, 至於變亂尤多. 郡人相戒, 故不敢有害心." 後爲雷電所擊, 此塘遂乾. (出『錄異記』)

### 469 · 7(6568)
## 팽성남자(彭城男子)

　팽성현(彭城縣)의 어떤 남자가 부인을 얻었는데 부인이 마음에 들지 않아서 한 달 넘게 집 바깥에서 숙식했다. 그러자 부인이 말했다.
　"무슨 까닭에 집으로 들어오지 않습니까?"
　남자가 말했다.
　"당신이 밤만 되면 나가기 때문에 내가 들어오지 않는 것이오."
　부인이 말했다.
　"저는 애당초 나간 적이 없습니다."
　남편이 놀라자 부인이 말했다.
　"당신은 본래 딴 뜻을 품고 있기 때문에 다른 것에게 미혹당한 것입니다. 나중에 그것이 오거든 곧바로 붙잡은 다음 등불을 찾아 비춰서 어떤 것인지 살펴보세요."
　나중에 남편이 좋아하는 여자가 또 오더니 그의 부인으로 가장하여 다가왔는데, 멈칫거리면서 들어가지 않고 있었다. 그때 어떤 사람이 뒤에서 그녀를 떠밀어 들어가게 했다. 그녀가 침상으로 올라오자 남편이 그녀를 붙잡고서 물었다.
　"밤마다 나가서 무얼 하는 게요?"
　그녀가 말했다.

"당신은 동쪽 집의 여자와 왕래해놓고는 놀랍게도 귀신의 짓이라고 핑계대면서 이전에 한 일을 덮어두려 하는군요."

남편은 그녀를 놓아주고 함께 잠자리에 누웠다. 한밤중에 남편은 마음에 짚이는 바가 있어서 이렇게 생각했다.

"이 여자는 사람을 홀리는 요괴지 내 부인이 아니다."

그리고는 다가가서 그녀를 붙잡은 뒤 등불을 가져오라고 크게 소리쳤더니 그녀는 몸이 점점 작아졌다. 그래서 이불을 들춰내고 살펴보았더니 다름 아닌 2척 길이의 잉어 한 마리였다. (『열이전』)

彭城有男子娶婦, 不悅之, 在外宿月餘日. 婦曰: "何故不復入?" 男曰: "汝夜輒出, 我故不入." 婦曰: "我初不出." 壻驚, 婦云: "君自有異志, 當爲他所惑耳. 後有至者, 君便抱留之, 索火照視之爲何物." 後所願還至, 故作其婦, 前却未入. 有一人從後推令前. 旣上牀, 壻捉之曰: "夜夜出何爲?" 婦曰: "君與東舍女往來, 而驚欲託鬼魅, 以前約(明鈔本'約'作'納')相掩耳." 壻放之, 與共臥. 夜半心悟, 乃計曰: "魅迷人, 非是我婦也." 乃向前攬捉, 大呼求火, 稍稍縮小. 發而視之, 得一鯉魚長二尺. (出『列異傳』)


## 469・8(6569)
## 주법공(朱法公)

산음현(山陰縣)의 주법공이란 사람이 한번은 외출하여 대성(臺城) 동쪽의 굴나무 아래에서 쉬고 있다가, 갑자기 16~17살의 나이에 용모가 아주 단정하고 아름다운 여자를 만났다. 저물녘에 그녀가 하녀를 보내 주법공에게 알려왔다.

"저녁에 찾아뵙고 밤을 같이 보내고 싶습니다."

사람들이 잠들어 고요해진 후에 그녀가 오더니, 자신의 성은 단씨(檀氏)이고 대성 옆에 살고 있다고 스스로 말했다. 그리하여 두 사람은 함께 잠을 잤다. 새벽이 되자 그녀가 [떠나면서] 말했다.

"내일 다시 오겠습니다."

그렇게 며칠 밤을 함께 보냈다. 그녀가 새벽에 떠날 때마다 하녀가 꼭 마중하러 왔다. 또 6~7살쯤 되어 보이고 용모가 단정하고 잘생겨서 사랑스러운 남자 아이가 있었는데, 그녀는 그를 자기 동생이라고 했다. 그 후 어느 날 새벽에 그녀가 떠날 때 그녀의 치마가 열리면서 거북꼬리와 거북발이 드러나 보였다. 주법공은 그제야 그녀가 요괴인 것을 깨닫고 붙잡아야겠다고 마음먹었다. 저녁 무렵에 그녀가 다시 오자 주법공은 즉시 등불을 켜서 비추면서 찾았지만 그녀는 순식간에 사라져버렸다. (『속이기』)

山陰朱法公者嘗出行, 憩於臺城東橘樹下, 忽有女子, 年可十六七, 形甚端麗. 薄晚, 遣婢與法公相聞: "方夕, 欲詣宿." 至人定後, 乃來, 自稱姓檀, 住在城側. 因共眠寢. 至曉而云: "明日復來." 如此數夜. 每曉去, 婢輒來迎. 復有男子, 可六七歲, 端麗可愛, 女云是其弟. 後曉去, 女衣裙開, 見龜尾及龜脚. 法公方悟是魅, 欲執之. 向夕復來, 卽然火照覓, 尋失所在. (出『續異記』)

## 469 · 9(6570)
## 왕 환(王 奐)

[南朝] 제(齊)나라의 왕환이 건업(建業)을 출발하여 저궁(渚宮)으로 가다가 강주(江州)에 이르러 강기슭에 배를 정박했다. 깊은 밤에 맑은 바람이 불고 달빛이 휘영청 비출 때, 갑자기 앞의 모래섬에서 10여 명이 시끄럽게 떠드는 소리가 들렸는데 모두 여자의 목소리였다. 왕환은 이상해하며 사람들에게 말했다.

"강의 모래섬에 어떻게 사람이 있을 수 있을까요?"

그리고는 혼자 작은 배를 저어 갈대 우거진 곳을 골라 모래섬의 북쪽 기슭을 따라 돌다가 갈대숲 속에서 10여 명의 여자를 보았는데, 어떤 이는 녹색 옷을 입고 어떤 이는 청록색 옷을 입고 있었으며 절반은 앉고 절반은 서 있었다. 앉아 있던 한 여자가 울면서 말했다.

"나는 본디 자매들과 함께 음습(陰濕)한 집에 살면서 장강(長江)과 한수(漢水)에서 자랐는데, 뜻밖에 여러 자매들이 공연히 상협(上峽)의 소년에게 시집가는 바람에 헤어지게 되었군요!"

서 있던 한 여자가 탄식하며 말했다.

"조수는 [물러갔다가] 돌아올 때가 있지만, 나는 지금 떠나면 응당 돌아올 날이 없겠구나!"

말을 마치기도 전에 북풍이 가볍게 불어왔다. 그러자 서 있던 여자가 말했다.

"조수가 밀려왔으니 이제 집으로 돌아가세요."

그때 왕환이 재빨리 갈대 속에서 튀어나와 그녀들을 잡으려 했는데,

모두 거북으로 변하여 물속으로 들어가 버렸다. (『구강기』)

 齊王奐自建業將之渚宮, 至江州, 泊舟於岸. 夜深, 風生月瑩, 忽聞前洲上有十餘人喧噪, 皆女子之音. 奐異之, 謂諸人曰: "江渚中豈有是人也?" 乃獨棹小舟, 取葭蘆之陰, 循洲北岸, 而於蒙葦中見十餘女子, 或衣綠, 或衣靑碧, 半坐半立. 坐者一女子泣而言曰: "我始與姊妹同居陰宅, 長在江漢, 不意諸娘, 虛爲上峽小兒所娶, 乃至分離!" 立者一女子嘆曰: "潮水有廻, 而我此去, 應無返日!" 言未竟, 北風微起. 立者曰: "潮至矣, 可以還家." 奐急從蘆葦中出捕, 悉化爲龜, 入水而去. (出『九江記』)

## 469 · 10(6571)
## 채 흥(蔡 興)

 진릉군(晉陵郡)의 백성 채흥은 갑자기 실성하여 시도 때도 없이 노래하고 흥얼거렸으며, 언제나 허공에 대고 여러 사람들과 말하거나 웃곤 했다. 허공에서 어떤 사람이 말했다.
 "반드시 다시 아무개 집의 딸을 취할 테야!"
 다른 한 사람이 말했다.
 "집에 이미 많이 있잖아."
 그 후 어느 날 밤에 갑자기 10여 명의 사람들이 무언가를 들고 같은 마을에 사는 유여지(劉餘之)라는 사람의 집으로 들어가는 소리가 들렸다. 유여지가 칼을 뽑아들고 뒷문으로 나가서 보았더니, 얼굴이 시커먼

한 사람이 크게 욕하며 말했다.

"나는 호수의 수령으로서 특별히 너를 방문했거늘 나를 죽이려 들다니!"

그리고는 즉시 무리들을 불러 말했다.

"어찌하여 날 돕지 않느냐?"

이에 유여지가 즉시 칼을 휘둘러 마구 벤 끝에 커다란 악어 한 마리와 살쾡이 한 마리를 잡았다. (『유명록』)


晉陵民蔡興忽得狂疾, 歌吟不恒, 常空中與數人言笑. 或云: "當再取誰女!" 復一人云: "家已多." 後夜, 忽聞十餘人將物入里人劉餘之家. 餘之拔刀出後戶, 見一人黑色, 大罵曰: "我湖長, 來詣汝, 而欲殺我!" 卽喚群伴: "何不助余耶?" 餘之卽奮刀亂砍, 得一大鼉及狸. (出『幽明錄』)


## 469·11(6572)
## 이 증(李 增)

영양(永陽) 사람 이증은 커다란 계곡을 지나가다가 교룡 두 마리가 물 위에 떠 있는 것을 보고 화살을 쏘아 그 중 한 마리를 맞혔다. 이증은 집으로 돌아온 후 다시 시장으로 나갔다가 한 여자를 만났는데, 그녀는 소복을 입고 눈물을 머금은 채 이증이 쏘았던 화살을 들고 있었다. 이증이 이상해하면서 물었더니 여자가 대답했다.

"무얼 물으시오? 그와 같은 포악한 짓을 해놓고!"

그리고는 곧장 그 화살을 이증에게 돌려준 뒤 사라졌다. 이증은 몹시 꺼림칙해하면서 황급히 집으로 달려갔는데, 집에 도착하기 전에 갑자기 길에서 죽었다. (『이원』)

永陽人李增行經大溪, 見二蛟浮於水上, 發矢射之, 一蛟中焉. 增歸, 因復出市, 有女子, 素服銜淚, 捉所射箭. 增怪而問焉, 女答之: "何用問焉? 爲暴若是!" 便以相還, 授矢而滅. 增惡而驟走, 未達家, 暴死於路. (出『異苑』)

## 469·12(6573)
## 소 등(蕭 騰)

양양군(襄陽郡) 금성현(金城縣) 남문 밖 거리의 동쪽에 참좌(參佐)의 관아가 있었는데, 예로부터 전하는 말에 따르면 그곳이 몹시 흉하여 그곳에 사는 사람은 죽지 않으면 필경 병이 든다고 했다. [南朝] 양(梁)나라 소명태자(昭明太子: 蕭統)가 양양을 다스릴 때 관부의 관원 여휴천(呂休蒨)에게 그 관아를 주었다. 여휴천이 한번은 청사의 북쪽에서 잠을 자고 있었는데, 귀신이 그를 잡아끄는 바람에 그는 땅바닥으로 떨어졌다가 한참 후에야 깨어났다. 그 후로 얼마 되지 않아서 여휴천은 죄를 지어 처형되었다.

나중에 소등(蕭騰)이 막 부임하여 양구안(羊口岸)에 이르렀을 때, 갑자기 흰 깁 고실모(高室帽: 高屋帽를 말함. 윗부분이 높이 솟아 있는 모자)를 쓰고 검은 베 바지를 입고 도포를 걸친 한 장부가 소등을 찾아왔다. 소등은 그 사람의 기이한 복장이 의심스러워서 그를 물리쳤다. 몇 리를 갔을 때 그 사람이 또 쫓아와서 배에 태워달라고 부탁하자 소등은 더욱 의심했다. 이렇게 부탁하고 거절하길 몇 차례 했다. 그러는 사이에 소등의 기첩(妓妾) 몇 명의 행동거지가 평상시와 약간 달라져 노래하며 웃다가 슬피 울다가 하면서 거의 절제하지 못했다. 소등이 양양에 도착한 뒤로 그 사람은 하루에 한 번씩 찾아오더니 나중에는 며칠 동안 떠나가지 않았다. 그 사람은 도포와 바지를 즐겨 입고 개를 타고 다녔으며, 어떤 때는 순식간에 다른 모습으로 변하기도 했다. 또 시를 읊조리거나 노래를 부르면서 태연자약하게 담소했다. 그 사람은 자신을 주유(周瑜: 三國時代 吳나라의 名將)라고 하면서 늘 소등의 집에 머물렀다. 소등이 요괴를 물리치는 술법을 준비하면, 그 사람은 때때로 잠시 떠났다가 얼마 후 다시 오곤 했다. 소등이 또 문하생 20명을 거느리고 칼을 뽑아 베려고 하면, 그 사람은 집의 대들보로 뛰어올라가거나 숲속으로 도망쳐 들어갔는데, 왔다 갔다 하는 것이 너무 재빨라서 결국 잡을 수 없었다. 이윽고 그 사람은 소등의 기첩의 병풍 속으로 들어가더니 이렇게 노래했다.

> 양구안(羊口岸)에서 기쁘게 만나,
> 도림진(桃林津)에서 사랑을 맺었네.
> 호두를 던지면 알맹이만 까서 먹고,
> 이상하게도 그대는 사람을 알아보지 못하네.

얼마 후에 조담의(趙曇義)라는 도사가 소등을 위해 제단을 차려놓고 재를 올리면서 요괴를 물리치는 술법을 행했다. 도사가 문으로 들어온 후부터 소등의 기첩들은 모두 슬피 울며 소리쳤는데 마치 영원히 이별하려는 것 같았다. 잠시 후 직경이 1척 남짓 되는 거북 한 마리가 스스로 제단으로 와서 죽자 소등의 기첩들도 병이 나았다.

소등의 기첩들은 노래 소리와 용모가 모두 보잘것없었다. 그래서 농담을 잘하는 자의참군(諮議叅軍) 위언변(韋言辯)이 연회석상에서 이렇게 아뢰었다.

"세상 사람들이 '귀신처럼 교활하다'고 하는 말을 늘 들어왔는데, 지금 보니 그 귀신은 바보 귀신임에 틀림없습니다. 만약 교활했다면 응당 소등의 기첩을 홀리지 않았을 것입니다. 이로써 헤아려보건대 그것이 바보 귀신임을 충분히 알 수 있습니다."

(『남옹주기』)


襄陽金城南門外道東, 有參佐廨, 舊傳甚凶, 住者不死必病. 梁昭明太子臨州, 給府寮呂休倩. 休倩常在廳事北頭眠, 鬼牽休倩, 休倩墜地, 久之悟. 俄而休倩有罪賜死.

後今蕭騰初上, 至羊口岸, 忽有一丈夫著白紗高室帽・烏布袴, 披袍造騰, 疑其服異, 拒之. 行數里復至, 求寄載, 騰轉疑焉. 如此數廻. 而騰有妓妾數人, 擧止所爲, 稍異常日, 歌笑悲啼, 無復恒節. 及騰至襄陽, 此人亦經日一來, 後累辰不去. 好披袍縛袴, 跨狗而行, 或變易俄頃, 詠詩歌謠, 言笑自若. 自稱是周瑜, 恒止騰舍. 騰備爲禳遣之術, 有時暫去, 尋復來. 騰又領門生二十人, 拔刀砍之, 或跳上室梁, 走入林中, 來往迅速, 竟不可得. 乃入妾屛風裏, 作歌曰: "逢歡羊口岸, 結愛桃林津. 胡桃擲去肉, 訝汝不識人." 頃之, 有道士趙曇義爲騰設壇, 置醮行禁. 自道士入門, 諸妾並悲叫, 若將遠別. 俄而一龜徑尺餘, 自到壇而死, 諸妾亦差.

騰妾聲貌悉不多. 諮議叅軍韋言辯善戱謔, 因宴而啓云: "常聞世間人道'黠如鬼', 今見鬼定是癡鬼. 若點, 不應魅蕭騰妓('妓'原作'故', 據明鈔本改). 以此而度, 足驗鬼癡." (出『南雍州記』)

### 469 · 13(6574)
# 유 진(柳 鎭)

　하동(河東) 사람 유진은 자(字)가 자원(子元)이며, 젊어서부터 한적하고 조용한 생활을 즐겨 세상의 부귀영화를 흠모하지 않았다. [南朝] 양(梁)나라 천감연간(天監年間: 502~519)에 그는 사주(司州)를 출발하여 상원현(上元縣)을 유람하다가 그곳의 풍경을 너무 좋아한 나머지 종산(鍾山) 서쪽의 건업리(建業里)에 땅을 사서 초가집을 지었으며 우물을 파고 농사를 지으면서 농부처럼 은거했다. 그 부근에 사는 백성들은 모두 그를 '유부(柳父)'라고 불렀다. 그가 사는 곳은 강물 가에 있었는데, 한번은 그가 지팡이를 짚고 강가에서 멀리 바라보고 있을 때, 갑자기 앞의 모래섬 위에서 키가 1척쯤 되는 어린아이 3~4명이 왔다 갔다 하면서 놀고 있는 것이 보였으며, 그들이 서로 부르면서 먹을 것을 찾는 소리가 멀리서 들려왔다. 유진은 이상한 일도 다 있다고 생각했다. 잠시 후 풍랑이 갑자기 솟구치자 커다란 물고기가 놀라 뛰어오르다가 잘못하여 모래섬 위로 떨어졌는데, 아이들이 앞 다투어 달려들어 그것을 먹었다. 또 아이들이 서로 부르며 말하는 소리가 들렸다.

　"비록 [배불리] 다 먹지는 못했지만 남겨두어 유부에게 주도록 하자."

유진은 더욱 놀랐다. 그래서 작은 배를 타고 곧장 아이들을 잡으러 갔는데, 섬 기슭에 도착하기도 전에 아이들은 모두 수달로 변하여 강물 속으로 들어가 버렸다. 유진은 [아이들이 먹다 남긴] 커다란 물고기를 가져와서 마을사람들에게 나눠주었다. 그 후로 얼마 되지 않아서 유진은 북쪽 낙양(洛陽)으로 돌아갔는데, 머물고 있던 서재의 기둥에 다음과 같은 시 한 수를 적어놓았다.

> 강산은 오래 머물 곳이 아니니,
> 모름지기 잠시 동안의 마음을 달래줄 뿐이네.
> 하물며 낙양을 그리는 선비에겐 더 하니,
> 오늘 옛 숲으로 돌아왔네.

그 해는 천감 7년(508)이었다. (『궁괴록』)

河東柳鎭字子元, 少樂閒靜, 不慕榮貴. 梁天監中, 自司州遊上元, 便愛其風景, 於鍾山之西建業里, 買地結茅, 開泉種植, 隱操如耕父者. 其左右居民, 皆呼爲'柳父'. 所居臨江水, 嘗曳策臨眺, 忽見前洲上有三四小兒, 皆長一尺許, 往來遊戲, 遙聞相呼求食聲. 鎭異之. 須臾, 風濤洶湧, 有大魚驚躍, 誤墜洲上, 群小兒爭前食之. 又聞小兒傳呼云: "雖食不盡, 留與柳父." 鎭益驚駭. 乃乘小舟, 逕捕之, 未及岸, 諸小兒悉化爲獺, 入水而去. 鎭取巨魚以分鄉里. 未幾, 北還洛陽, 於所居書齋柱, 題詩一首云: "江山不久計, 要適暫時心. 況念洛陽士, 今來歸舊林." 是歲天監七年也. (出『窮怪錄』)

## 469 · 14(6575)
# 수문제(隋文帝)

　수(隋)나라 문제(文帝) 개황연간(開皇年間: 581~600)에 액궁(掖宮: 妃嬪들이 거처하는 궁)에서 어떤 사람이 궁녀를 유혹했다. 사궁(司宮: 궁궐 내의 일을 주관하는 관리로 환관이 담당했음)이 그 사실을 아뢰자 문제가 말했다.
　"궁문의 수비가 대단히 엄격한데 그 자가 대체 어디로 들어왔단 말이냐? 틀림없이 요괴일 것이다!"
　그리고는 궁녀들에게 주의시키며 말했다.
　"그 자가 만약 다시 오거든 그냥 베어버려라."
　그 후 어느 날 밤에 그 사람이 궁녀의 침상으로 올라오자, 궁녀가 칼을 뽑아 베었는데 마치 마른 뼈에 부딪히는 것 같았다. 그 물체가 침상에서 떨어져 도망치자 궁녀가 뒤쫓았더니 연못 속으로 들어가 사라졌다. 다음날 문제가 연못물을 퍼내게 하여 1척 남짓한 거북 한 마리를 잡았는데, 그 등껍질에 칼자국이 있었다. 그 거북을 죽였더니 마침내 괴이한 일이 일어나지 않았다. (『광고금오행기』)


　隋文帝開皇中, 掖庭宮每有人來挑宮人. 司宮以聞, 帝曰: "門衛甚嚴, 人從何而入? 當妖精耳!" 因戒宮人曰: "若來, 但砍之." 其後夜來登牀, 宮人抽刀砍之, 若中枯骨. 其物走落, 宮人逐之, 因入池而沒. 明日, 帝令涸池, 得一龜尺餘, 其上有刀痕. 殺之遂絶. (出『廣古今五行記』)

## 대흥촌(大興村)

　수(隋)나라 [文帝] 개황연간(開皇年間: 581~600)에 대흥현 성의 서남쪽 마을의 백성들이 불교 법회(法會)를 열었는데, 그때 백발에 흰 바지저고리를 입은 어떤 노인이 음식을 얻어먹고 떠났다. 사람들은 그 노인이 누군지 알지 못하여 뒤쫓아 가면서 살펴보았는데, 노인은 2리쯤 가더니 사라져버렸다. 다만 그곳에 연못 하나가 있었고 그 물속에 1장(丈)도 넘는 흰 물고기가 있었으며 그것을 따르는 작은 물고기가 무수히 많았다. 사람들이 다투어 화살을 쏘았는데, 어떤 사람은 활이 부러지거나 시위가 끊어지기도 했지만 나중에는 결국 그 물고기를 쏘아 맞혔다. 그것의 배를 갈라보았더니 쌀밥이 들어 있었다. 며칠 후에 조운(漕運) 수로의 다리 위로 갑자기 강물이 넘쳐흘러 그 물고기를 쏘았던 사람의 집안사람들이 모두 물에 빠져 죽었다. (『광고금오행기』)

　隋開皇末, 大興城西南村民設佛會, 一老翁皓首白裙襦, 求食而去. 衆莫識, 追而觀之, 行二里許, 遂不見. 但有一陂, 水中有白魚長丈餘, 小而從者無數. 人爭射之, 或弓折弦斷, 後竟中之. 割其腹, 得秔米飯. 後數日, 漕梁暴溢, 射者家皆溺死. (出『廣古今五行記』)

## 469 · 16(6577)
## 만경피(萬頃陂)

　당(唐)나라 제주(齊州)에 둘레가 만 이랑이나 되는 거대한 연못이 있었는데, 물고기와 자라 등 갖가지 수중동물이 모두 그곳에 있었다. [高宗] 함형연간(咸亨年間: 670~674)에 갑자기 한 스님이 발우를 들고 걸식했는데, 마을의 장자(長者)가 소식(蔬食)을 보시하자 그 스님은 그것을 다 먹고 나서 떠났다. 그때 한 어부가 그물로 물고기 한 마리를 잡았는데, 길이는 6~7척이나 되고 아로새긴 갑옷 같은 정교한 비늘이 비단 바탕에 보물 장식한 것처럼 찬란하여 보통 물고기와 너무 달랐다. 어부는 그 물고기를 주부(州府)로 가져가서 바치려고 했는데 마을에 이르렀을 때 죽어버렸다. 그래서 마을사람들이 함께 그것의 배를 갈라보았더니, 장자가 보시한 소식이 뱃속에 고스란히 들어 있었다. 그래서 마을사람들은 연못에서 재를 올려 그 물고기의 혼령을 천도해주었다. 그 후로 그 연못에는 수중동물이 사라졌으며 지금까지도 여전히 그러하다. (『조야첨재』[『오행기』])

　唐齊州有萬頃陂, 魚鼈水族, 無所不有. 咸亨中, 忽一僧持鉢乞食, 村人長者施以蔬供, 食訖而去. 於時漁人網得一魚, 長六七尺, 緝鱗鏤甲, 錦質寶章, 特異常魚. 欲齎赴州餉遺, 至村而死. 遂共剖而分之, 於腹中得長者所施蔬食, 儼然並在. 村人遂於陂中設齋過度. 自是陂中無水族, 至今猶然絶. (出『朝野僉載』, 明鈔本作'出『五行記』')

## 469 · 17(6578)
## 장수국(長鬚國)

　　당(唐)나라 [則天武后] 대족연간(大足年間: 701~702) 초에 어떤 선비가 신라국(新羅國)의 사신을 따라갔다가 풍랑에 떠밀려 한 곳에 도착했는데, 그곳 사람들은 모두 수염이 길고 쓰는 말이 당나라 말과 통했으며 '장수국'이라고 불렀다. 사람들이 아주 많고 물산이 풍성했으며 집 모양과 의관(衣冠)은 중국과 약간 달랐는데, 그 지명은 '부상주(扶桑洲)'라고 했다. 그 나라 관서의 관리 품계에는 정장(正長)·집파(戢波)·일몰(日沒)·도라(島邏) 등의 명칭이 있었다. 선비는 여러 곳을 차례대로 방문했는데 그 나라 사람들은 모두 그를 공경했다. 하루는 갑자기 수십 대의 마차가 오더니 대왕께서 손님을 불러오라 하셨다고 했다. 이틀을 가고 나서야 비로소 커다란 성에 도착했는데 병사들이 성문을 지키고 있었다. 사자는 선비를 인도하여 궁 안으로 들어가더니 땅에 엎드려 대왕을 배알했다. 궁전은 높고 넓었으며 마치 제왕처럼 의장과 호위를 갖추고 있었다. 대왕은 선비를 보더니 엎드려 절하고 약간 몸을 일으킨 다음, 선비를 사풍장(司風長)에 임명하고 아울러 부마(駙馬)로 삼았다. 공주는 아주 아름다웠는데 수십 가닥의 수염이 나 있었다. 선비는 위세가 혁혁해지고 진주와 보옥을 많이 소유했지만, 매번 집에 돌아와서 부인을 보기만 하면 기분이 좋지 않았다. 대왕은 보름날 밤이면 자주 성대한 연회를 열었는데, 나중에 선비도 그 연회에 참석했다가 대왕의 비빈들이 모두 수염을 달고 있는 것을 보고는 이렇게 시를 지었다.

잎이 없는 꽃은 아름답지 않지만,
수염 있는 여자는 정말 추하네.
장인께서 시험 삼아 그녀들의 수염을 모두 없애게 하신다면,
반드시 수염 있는 것만 못하지는 않으리.

그러자 대왕이 크게 웃으며 말했다.

"부마는 공주의 턱과 뺨 사이에 나 있는 수염을 끝내 잊을 수 없는 모양이구려!"

10여 년이 지나는 동안 선비는 아들 하나와 딸 둘을 두었다. 하루는 갑자기 대왕과 신하들이 근심에 싸여 있기에 선비가 이상해하며 물었더니, 대왕이 울면서 말했다.

"우리나라에 재난이 생겨서 화가 조만간 닥칠 텐데 부마가 아니면 구할 수가 없네."

선비가 놀라며 말했다.

"만일 재난을 없앨 수만 있다면 목숨을 내놓는 일도 감히 사양치 않겠습니다."

그러자 대왕은 배를 준비하라 명하고 두 사신을 선비에게 딸려 보내면서 말했다.

"번거롭겠지만 부마는 바다 용왕님을 한 번 알현하고, 동해 제삼차(第三汊: '汊'는 물이 갈라지는 곳을 말함) 제칠도(第七島)의 장수국에 재난이 생겼으니 구원해주시길 청한다고만 말씀드리게. 우리나라는 아주 작으니 반드시 두세 번 말씀드려야만 하네."

그리고는 눈물을 흘리며 선비의 손을 부여잡고 작별했다. 선비가 배에 오르자 순식간에 한 해안에 도착했는데, 그 해안의 모래는 모두 칠보였다. 그곳 사람들은 모두 기다란 옷에 커다란 관을 쓰고 있었다. 마침

내 선비는 앞으로 나아가 용왕을 알현하길 청했다. 용궁의 모습은 불사에 그려진 천궁과 같았으며, 찬란한 빛이 번갈아 반짝여서 제대로 쳐다볼 수 없을 지경이었다. 용왕이 계단을 내려와 영접하자 선비는 계단을 따라 궁전으로 올라갔다. 용왕이 선비에게 찾아온 이유를 묻자 그가 사정을 말씀드렸더니, 용왕은 즉시 명을 내려 속히 조사해보라고 했다. 한참 후에 한 사람이 밖에서 들어와 아뢰었다.

"경내에는 아무 데도 그런 나라가 없사옵니다."

선비가 다시 애원하면서 장수국은 동해 제삼차 제칠도에 있다고 자세히 말씀드리자, 용왕은 다시 사자에게 상세히 조사하여 속히 보고하라고 질책했다. 한 식경(食頃)이 지나서 사자가 돌아와 아뢰었다.

"그 섬의 새우는 대왕님의 이달치 음식물로 바치게 되어 있어서 며칠 전에 이미 잡아왔사옵니다."

용왕이 웃으며 말했다.

"손님은 새우에게 홀린 게 틀림없소. 나는 비록 용왕이지만 먹는 것은 모두 하늘의 명을 받기 때문에 함부로 먹고 안 먹고 할 수가 없소. 하지만 오늘은 손님을 봐서 음식을 줄이겠소."

그리고는 선비를 데려가서 둘러보게 했는데, 집채만 한 쇠 가마솥 수십 개 안에 새우가 가득 들어 있는 것이 보였다. 그 중에서 붉은 색에 팔뚝만한 크기의 새우 5~6마리가 선비를 보고 팔짝팔짝 뛰었는데, 마치 구해달라고 하는 모양 같았다. 선비를 데려왔던 사람이 말했다.

"이것이 바로 새우 왕입니다."

선비는 자기도 모르게 슬피 눈물을 흘렸다. 그러자 용왕은 새우 왕이 들어 있는 가마솥 하나를 놓아주라고 명한 뒤, 두 사자에게 선비를 중국으로 돌려보내주라고 했다. 선비는 하루 저녁 만에 등주(登州)에 도착했는데, 두 사자를 돌아보았더니 다름 아닌 커다란 용이었다. (『유양잡조』)

唐大足('足'原作'定', 據明鈔本改)初, 有士人隨新羅使, 風吹至一處, 人皆長鬚, 語與唐言通, 號'長鬚國'. 人物甚盛, 棟宇衣冠, 稍異中國, 地曰'扶桑洲'. 其署官品, 有正長·戢波·日沒·島邏等號. 士人歷謁數處, 其國皆敬之. 忽一日, 有車馬數十, 言大王召客. 行兩日, 方至一大城, 甲士門焉. 使者導士人入, 伏謁. 殿宇高廠, 儀衛如王者. 見士人拜伏, 小起, 乃拜士人爲司風長, 兼駙馬. 其主甚美, 有鬚數十根. 士人威勢烜爀, 富有珠玉, 然每歸, 見其妻則不悅. 其王多月滿夜則大會, 後遇會, 士人見嬪姬悉有鬚, 因賦詩曰: "花無葉不姸, 女有鬚亦醜. 丈人試遣惚無, 未必不如惚有." 王大笑曰: "駙馬竟未能忘情於小女頤頷間乎!"

經十餘年, 士人有一兒二女. 忽一日, 其君臣憂戚, 士人怪問之, 王泣曰: "吾國有難, 禍在旦夕, 非駙馬不能救." 士人驚曰: "苟難可弭, 性命不敢辭也." 王乃令具舟, 令兩使隨士人, 謂曰: "煩駙馬一謁海龍王, 但言東海第三汊第七島長鬚國, 有難求救. 我國絶微, 須再三言之." 因涕泣執手而別. 士人登舟, 瞬息至岸, 岸沙悉七寶. 人皆衣冠長大. 士人乃前, 求謁龍王. 龍宮狀如佛寺所圖天宮, 光明迭激, 目不能視. 龍王降階迎, 士人齊級昇殿. 訪其來意, 士人且說, 龍王卽命速勘. 良久, 一人自外白: "境內幷無此國." 士人復哀祈, 具言長鬚國在東海第三汊第七島, 龍王復叱使者細尋勘, 速報. 經食頃, 使者返曰: "此島鰕合供大王此月食料, 前日已追到." 龍王笑曰: "客固爲鰕所魅耳. 吾雖爲王, 所食皆稟天符, 不得妄食. 今爲客減食." 乃令引客視之, 見鐵鑊數十如屋, 滿中是鰕. 有五六頭, 色赤, 大如臂, 見客跳躍, 似求救狀. 引者曰: "此鰕王也." 士人不覺悲泣. 龍王命放鰕王一鑊, 令二使送客歸中國. 一夕至登州, 顧二使, 乃巨龍也. (出『酉陽雜俎』)

# 태평광기 권제 470

## 수족 7
(水族爲人)

1. 이 휼(李 鶎)
2. 사 이(謝 二)
3. 형주어인(荊州漁人)
4. 유 성(劉 成)
5. 설이낭(薛二娘)
6. 조평원(趙平原)
7. 고 욱(高 昱)
8. 승법지(僧法志)

# 수족위인(水族爲人)

470 · 1(6579)
## 이 휼(李 鷸)

　당(唐)나라 돈황(燉煌) 사람 이휼은 개원연간(開元年間: 713~741)에 소주자사(邵州刺史)가 되었다. 그는 가솔들을 데리고 부임지로 가던 중에 동정호(洞庭湖)를 건너가게 되었는데, 때마침 날씨가 화창하여 [배에서 내려] 호수 언덕으로 올라갔다. 그런데 코피가 나 모래 위에 떨어지자 악어가 그것을 핥아먹었다. 그러자 잠시 뒤에 또 다른 이휼이 생겨났는데, 그 외모나 옷차림새, 말씨가 본래의 이휼과 차이가 없었다. 본래의 이휼은 악어의 제재를 받아 물 속에 묶여 있었다. 이휼의 처자와 가족들은 악어 요괴를 맞이하여 부임지로 갔으며 소주 사람들 중에 그런 사실을 알아챈 사람은 아무도 없었다.

　악어 요괴가 소주를 다스린 지 몇 년 뒤에 온 천하에 큰 가뭄이 들어 서강(西江: 唐代에는 長江의 중·하류를 일러 西江이라 했음)을 걸어서 건널 수 있었다. 도사(道士) 섭정능(葉靜能)은 현종(玄宗)의 급한 부름을 받고 나부산(羅浮山)에서 도성으로 들어가는 길에 동정호를 지나가게 되었는데, 그때 갑자기 모래 안에 포박당한 사람이 있을 것을 보고 이렇게 물었다.

　"당신은 어떻게 하다 이렇게 되었소?"

　이휼이 그 상황을 설명하자 섭정능은 부적 하나를 써서 커다란 돌 위에 붙였다. 그러자 돌은 곧장 공중으로 날아갔다. 그때 악어 요괴는 한창 책상에 앉아서 신아(晨衙: 이른 아침에 官署에서 長官들을 만나거나 업무를 보는 것을 말함)를 하고 있다가 커다란 돌에 맞고 곧장 본모습을 드러냈다. 당시 악주자사(岳州刺史)로 있던 장열(張說)이 그 사실을 조정에 알리고 이휼을 배에 실어 소주로 데려다 주자 이휼의 처자와 가족들은 그제야 그 사실을 믿게 되었다. 오늘날 배를 타고 가는 사람들은 서로 물에 피를 떨어뜨려서는 안 된다고 주의를 주는데, 이는 바로 이 일 때문이다. (『독이기』)

唐燉煌李鷸, 開元中, 爲邵州刺史. 挈家之任, 泛洞庭, 時晴景, 登岸. 因鼻衄血沙上, 爲江鼉所舐. 俄然復生一鷸, 其形體衣服言語, 與其身無異. 鷸之本身, 爲鼉法所制, 繫於水中. 其妻子家人, 迎奉鼉妖就任, 州人亦不能覺悟.

爲郡幾數年, 因天下大旱, 西江可涉. 道士葉靜能自羅浮山赴玄宗急詔, 過洞庭, 忽沙中見一人面縛, 問曰: "君何爲者?" 鷸以狀對, 靜能書一符帖巨石上. 石卽飛起空中. 鼉妖方擁案晨衙, 爲巨石所擊, 乃復本形. 時張說爲岳州刺史, 具奏, 並以舟檝送鷸赴郡, 家人妻子乃信. 今舟行者, 相戒不瀝血於波中, 以此故也. (出『獨異記』)

## 사 이(謝 二)

당(唐)나라 개원연간(開元年間: 713~741)에 동경(東京: 洛陽)에

사는 한 선비는 승진은 하고 싶었지만 자금이 넉넉하지 않자 남쪽으로 가 강회(江淮) 일대를 돌면서 친구들에게 도움을 청했다. 그러나 힘들기만 할 뿐 아무런 수확이 없이 그는 오랫동안 양주(揚州)에서 떠돌았다. 같은 여관에 사이라는 사람이 묵고 있었는데, 사이는 그가 실의한 것을 안쓰럽게 여기며 늘 그를 도와주고 싶어했다. 사이가 선비에게 말했다.

"당신은 슬퍼하지 마시오. 만약 당신이 북쪽으로 돌아가겠다면 내 틀림없이 당신에게 300민(緡: 1緡은 1000냥)을 드리겠소."

선비가 떠날 때 사이는 편지 한 통을 써서 그에게 주면서 이렇게 말했다.

"우리 집은 위왕지(魏王池: 唐代 名勝古跡의 하나로, 洛水가 洛陽城 내로 흘러 들어가 성의 端門을 지나 尙善·旌善坊의 북쪽을 거치면서 남쪽에 물이 고여 연못을 이루었는데, 貞觀年間에 魏王泰에게 하사되었기 때문에 그 이름을 따서 魏王池라 지었음) 동쪽에 있는데, 위왕지에 도착하거든 커다란 버드나무를 두드리시오. 집안사람이 나오거든 이 편지를 전해주고 돈을 받아 가시오."

선비는 그의 말대로 [위왕지로 가서] 곧장 큰 나무를 두드렸다. 한참 뒤에 계집종이 나와 그 까닭을 묻자 선비가 대답했다.

"사이의 편지 심부름을 왔습니다."

그때 갑자기 붉은 대문과 흰 벽이 나타나더니 계집종은 그 안으로 들어갔다가 다시 나와서 선비를 데리고 안으로 들어갔다. 아주 건강해 보이는 노파가 당(堂)에 앉아서 선비에게 말했다.

"아들의 편지를 가지고 오느라 수고하셨습니다. 편지에 당신에게 300민을 주라고 되어 있으니, 지금 그 아이의 뜻대로 해드리겠습니다."

문밖을 나와 보았더니 이미 돈 300민이 언덕에 놓여져 있었는데, 모두 관가에서 사용하는 '배두전(排斗錢)'으로 색깔만 약간 바랬을 뿐이었다. 선비는 그들이 요괴일지도 모른다는 의심이 들었으며 또한 어디서 그 돈을 가져왔는지도 몰랐다. 선비는 그 돈을 사용하다 불법으로 끌려갈지도 모른다는 생각에 관가에 가서 일의 자초지종을 모두 알렸다. 하남윤(河南尹)이 그 일을 조정에 알리자 조정의 관원들이 모두 이렇게 말했다.

"위왕지에 자라 굴이 하나 있는데, 어쩌면 그 자라의 짓일지도 모릅니다."

이에 사람을 보내 쳐서 없애버리라는 칙령이 내려왔다. 그리하여 곤륜(崑崙: 唐宋시대에 말레이 사람을 부르던 말) 사람 수십 명을 구해 칼과 창을 들려 보내 그 굴 안으로 잠입하게 했다. 그 안에서 크고 작은 자라 수십 마리를 잡았는데, 마지막에 잡은 자라는 큰 침상만큼이나 컸다. 관가의 사람들은 자라를 죽이고 난 뒤에 그 안에서 돈과 비단 수천 가지를 얻었다.

그로부터 5년 뒤에 선비는 강남(江南)의 한 현위(縣尉) 자리를 얻었는데, 부임지로 가던 도중에 양주 시장의 동쪽 여관 앞에 이르렀을 때 갑자기 사이를 만났다. 사이가 화를 내며 말했다.

"나는 당신에게 야박하게 대하지 않았는데, 당신은 어찌하여 나를 저버리고 일을 그 지경에 이르게 했소? 내 노모와 가족들이 모두 비명횡사한 것은 모두 당신 탓이오."

사이는 이렇게 말하고는 떠나갔다. 선비는 몹시 두려운 나머지 10여 일 동안 부임지로 가지 않고 그곳에 있다가 하인들의 재촉에 다시 길을 떠났는데, 100리 남짓 갔을 때 태풍을 만나 일가족이 모두 빠져 죽었다. 당시 사람들은 모두 선비가 사이에게 보복을 당했다고 생각했다. (『광이기』)

唐開元時, 東京士人以遷歷不給, 南遊江淮, 求丐知己. 困而無獲, 徘徊揚州久之. 同亭有謝二者, 矜其失意, 恒欲恤之. 謂士人曰: "無爾悲爲. 若欲北歸, 當有三百千相奉." 及別, 以書付之曰: "我宅在魏王池東, 至池, 叩大柳樹. 家人若出, 宜付其書, 便取錢也." 士人如言, 迺叩大樹. 久之, 小婢出, 問其故. 云: "謝二令送書." 忽見朱門白壁, 婢往却出, 引入. 見姥充壯, 當堂坐, 謂士人曰: "兒子書勞君送. 令付錢三百千, 今不違其意." 及人出, 已見三百千在岸, 悉是官家'排斗錢', 而色小壞. 士人疑其精怪, 不知何處得之. 疑用恐非物理, 因以告官, 其言始末. 河南尹奏其事, 皆云: "魏王池中有一黿窟, 恐是耳." 有敕, 使擊射之. 得崑崙數十人, 悉持刀鎗, 沉入其窟. 得黿大小數十頭, 末得一黿, 大如連牀. 官皆殺之, 得錢帛數千事.

其後五年, 士人選得江南一尉, 之任, 至揚州市中東店前, 忽見謝二. 怒曰: "於君不薄, 何乃相負, 以至於斯? 老母家人, 皆遭非命, 君之故也." 言訖辭去. 士人大懼, 十餘日不之官. 徒侶所促, 乃發, 行百餘里, 遇風, 一家盡沒. 時人云以爲謝二所損也. (出『廣異記』)

### 470·3(6581)
## 형주어인(荊州漁人)

당(唐)나라 천보연간(天寶年間: 742~756)에 형주의 한 어부가 푸른 색 물고기 한 마리를 낚았는데, 길이가 1장 정도 되었으며 비늘 위에 오색 빛깔의 둥근 꽃무늬가 있는 것이 아주 예뻤다. 그러나 어부는 그것이 어떤 물고기인지 몰랐으나 다른 물고기와는 달랐기에 시장에 내다 팔지 않고 직접 삶아 먹었는데, 별다른 맛이 없는 것을 보고는 더욱 이상하게 생각했다. 그로부터 5일 뒤에 느닷없이 수레를 탄 기병 수십 명이 어부의 집으로 찾아왔다. 어부는 놀라고 두려운 나머지 얼른 나와 절을 올렸는데, 수레 안에서 노한 말소리가 들려왔다.

"나의 왕자가 동해(東海)로 가고 있었는데, 너는 무슨 이유로 죽였느냐? 왕자의 행방을 알아보려고 보낸 장군도 네가 죽였지. 내 틀림없이 네 몸을 찢어 죽여 왕자와 장군이 당했던 고통을 똑같이 느끼게 해주겠다!"

그렇게 말하고는 어부에게 고함치자 그 소리에 어부는 뒤로 나자빠졌다. 이 때문에 어부는 몹시 두려워하면서 식은땀을 흘리다가 한참 뒤에야 비로소 정신이 들었다. 가족들이 어부를 부축하여 집안으로 들어온 뒤에 그는 곧 바로 문둥병에 걸렸다. 그로부터 10여 일 뒤에 어부는 몸과 코와 손과 발이 문드러지면서 여기저기서 살점이 떨어져 나가더니 몇 달 뒤에 죽었다. (『광이기』)


唐天寶中, 荊州漁人得釣青魚, 長一丈, 鱗上有五色圓花, 異常端麗. 漁人不識. 以其與常魚異, 不持詣市, 自烹食, 無味, 頗怪焉. 後五日, 忽有車騎數十人至漁者所. 漁者驚懼出拜, 聞車中怒云: "我之王子, 往朝東海, 何故殺之? 我令將軍訪王子, 汝又殺之. 當令汝身崩潰分裂, 受苦痛如王子及將軍也!" 言訖, 呵漁人, 漁人倒. 因大惶汗, 久之方悟. 家人扶還, 便得癩病. 十餘日, 形體口鼻手足潰爛, 身肉分散, 數月方死也. (出『廣異記』)


470 · 4(6582)
## 유 성(劉 成)

　선성군(宣城郡) 당도현(當塗縣)에 유성과 이휘(李暉)라는 백성이 있었는데, 그들은 모두 농사일은 몰랐으며 대신 늘 큰 배에 생선과 바다 게를 싣고 오(吳) 땅과 월(越) 땅 사이로 가서 팔았다. 당(唐)나라 천보(天寶) 13년(754) 봄 3월에 그들은 함께 [배에 생선과 바다 게를] 싣고 신안강(新安江)에서 출발하여 단양군(丹陽郡)으로 가고 있었다. 배가 하사포(下查浦)에 이르렀을 때는 아직 선성군까지 40리나 남았는데, 마침 날이 저물었기 때문에 배를 정박시키고 두 사람은 모두 뭍으로 올라갔다. 그때 이휘는 하사포의 강 언덕에 있는 촌락으로 가고 유성 혼자만 강에 남아있었다. 사방을 돌아보았더니 하사포는 구름이 자욱하게 낀 섬으로 인적이라곤 전혀 찾아볼 수 없었다. 그런데 갑자기 배 안에서 잇달아 '아미타불'을 부르는 소리가 들렸는데, 그 소리가 아주 컸다. 유성이 깜짝 놀라 살펴보았더니 커다란 물고기 한 마리가 배 안에서 수염을 떨고 머리를 흔들면서 사람의 목소리로 '아미타불'을 부르는 것이었다. 유성은 두려워 벌벌 떨며 머리카락이 모두 쭈뼛쭈뼛해진 채 곧장 갈대 사이에 몸을 숨기고 상황을 엿보았다. 잠시 뒤에 배 안에 있던 만 마리의 물고기들이 모두 펄쩍펄쩍 뛰면서 '아미타불'을 부르는 소리가 들렸는데, 그 소리에 땅이 흔들렸다. 유성은 몹시 두려운 나머지 급히 배에 올라 물고기들을 모두 강 속으로 던졌다.

잠시 뒤에 이휘가 돌아오자 유성은 조금 전의 일을 빠짐없이 이휘에게 말해주었다. 그러나 이휘는 도리어 화를 내며 이렇게 말했다.

"야! 이놈아! 어찌 그런 요망한 말로 나를 속이려 드느냐?"

이휘는 침을 뱉고 욕을 해대면서 한참 동안 야단법석을 떨었다. 유성은 스스로를 해명할 길이 없게 되자 곧장 자신의 옷가지와 돈으로 그 값을 물어주었다. 잠시 뒤에 유성은 남은 100냥을 억새 풀 10여 단과 바꾸어서 강 언덕에 놓아두었다. 이튿날 억새 다발을 배 안으로 옮기려고 하는데, 갑자기 무게가 느껴지면서 들 수가 없었다. 유성이 억새 다발을 풀고 보았더니 그 안에서 돈 5민(緡: 1緡은 천 냥임)과 쪽지 하나가 나왔다.

"당신에게 물고기 값을 돌려드리겠습니다."

유성은 더욱 기이하게 생각했다. 그 날 유성은 과주(瓜洲)에서 스님들이 모여 식사를 하고 있는 것을 보고 그 돈꿰미를 모두 스님들에게 시주했다. 마침 만장(萬莊)이라는 사람이 경양현령(涇陽縣令)으로 있다가 물러나 과주에서 살고 있었는데, 그 일을 모두 듣고 나서 기록하여 전했다. (『선실지』)

宣城郡當塗民, 有劉成者, 李暉者, 俱不識農事, 嘗用巨舫載魚蟹, 鬻於吳越間. 唐天寶十三年春三月, 皆自新安江載往丹陽郡. 行至下查浦, 去宣城四十里, 會天暮, 泊舟, 二人俱登陸. 時李暉往浦岸村舍中, 獨劉成在江上, 四顧雲島, 闃無人跡. 忽聞舫中有連呼阿彌陀佛者, 聲甚厲. 成驚而視之, 見一大魚自舫中振鬐搖首, 人聲而呼阿彌陀佛焉. 成且懼且悚, 毛髮盡勁, 卽匿身蘆中以伺之. 俄而舫中萬魚, 俱跳躍呼佛, 聲動地. 成大恐, 遽登舫, 盡投群魚於江中.

　有頃而李暉至, 成其以告暉. 暉怒曰: "豎子! 安得爲妖妄乎?" 唾而罵言且久. 成無以自白, 卽用衣資酧其直. 旣而餘百錢, 易荻草十餘束, 致于岸. 明日, 遷於舫中, 忽覺重不可擧. 解而視之, 得縉十五千, 簽題云: "歸汝魚直." 成益奇之. 是日, 於瓜洲會群僧食, 倂以縉施焉. 時有萬莊者, 自涇陽令退居瓜洲, 備得其事, 傳於紀述. (出『宣室志』)


## 470 · 5(6583)
## 설이낭(薛二娘)

　당(唐)나라 초주(楚州) 백전현(白田縣)에 설이낭이라는 무당이 있었는데, 스스로 금천대왕(金天大王: 華岳神. 唐나라 玄宗 先天 2년에 華岳神을 金天大王에 봉했음)을 섬기며 요괴를 쫓아내 없앨 수 있다고 말했다. 그리하여 마을 사람들은 모두 그녀를 높이 받들었다. 마을에 심(沈) 아무개가 있었는데, 그 딸이 요괴에게 홀려 실성했다. 그녀는 가끔 스스로 자해하기도 하고 불 위를 걷거나 물 속으로 달려 들기도 했는데, 나중에는 배가 점점 커져 마치 임신한 사람 같았다. 부모는 이를 걱정하여 결국 설이낭을 모셔와 어찌된 일인지 알아보고자 했다. 설이낭은 심씨의 집으로 와서는 곧장 방안에다 제단을 만들고 심씨의 딸을 그 위에 눕힌 뒤에 그 옆에 화덕을 놓고 무쇠 솥을 벌겋게 달구었다. 설이낭은 마침내 화려한 옷을 차려 입고 음악을 연주하면서 북을 치고 춤을 추면서 신을 불렀다. 잠시 뒤에 신이 내려오자 이를 구경하던 사람들은 모두 신께 두 번 절했다. 그러자 설이낭은 술을 올리면서 빌었다.

"신께서는 속히 귀신을 불러오십시오."

설이낭은 말을 마친 뒤 화덕 안으로 들어가 앉았는데, 안색이 태연자약했다. 한참 뒤에 설이낭은 옷을 떨치고 일어나서 달구어진 솥을 머리에 뒤집어쓴 채 북을 치고 춤을 추었다. 연주가 끝나자 설이낭은 솥을 치우고 곧장 호상(胡牀: 등받이와 팔걸이가 있고 다리를 접을 수 있는 옛날 의자)에 걸터앉더니 심씨의 딸에게 스스로를 포박하라고 했는데, 그녀는 마치 무엇인가에 묶인 것처럼 손을 뒤로했다. 또 설이낭이 그녀에게 스스로 해명해보라고 하자, 심씨의 딸은 처음에는 울기만 할 뿐 아무 말도 하지 않았다. 설이낭이 몹시 화를 내면서 칼을 들고 그녀를 베었는데, 쓱! 하고 칼은 지나갔지만 몸은 그대로였다. 그러자 심씨의 딸이 곧바로 말했다.

"제가 졌습니다."

그리고는 스스로 이렇게 말했다.

"저는 회수(淮水)에 사는 늙은 수달로 따님께서 옷을 빠는 것을 보고 반했습니다. 그런데 뜻밖에도 성사(聖師)를 만나게 되었으니, 부디 저를 살려주신다면 이후로 더 이상 나타나지 않겠습니다. 그저 배속에 있는 새끼를 아직 낳지 못한 것이 가슴 아플 뿐입니다. 새끼를 낳은 뒤 죽이지 않고 저에게 돌려주신다면 뜻밖의 기쁨을 제게 주는 것입니다."

이렇게 말하고는 목이 메도록 울었는데, 그 모습을 본 사람들은 모두 그를 불쌍하게 여겼다. 심씨의 딸은 마침내 붓을 잡고 작별의 시를 지었다.

조수가 밀려올 때 조수를 따라 왔다가,

조수가 빠져나가니 빈 모래밭만 남았네.
올 때가 있으면 결국 떠나갈 때도 있는 법,
정은 쉽게 생기기 마련이지만 그 정을 다시 떼기란 어렵다네.
뱃속의 새끼들 때문에 애간장 녹는데,
밝은 달 비치는 강은 차갑기만 하네.

심씨의 딸은 본래 글을 몰랐는데, 그녀가 붓을 놓고 난 뒤에 보았더니 시구가 모두 아름다웠다. 잠시 뒤에 심씨의 딸은 혼절했다가 다음날 바로 깨어나서 비로소 이렇게 말했다.

"처음에 빨래를 하고 있을 때 한 미남자가 저를 유혹하여 그 이후로 서로 왕래하게 되었는데, 저 자신도 아무 것도 알 수 없었습니다."

한 달 뒤에 심씨의 딸은 수달 새끼 세 마리를 낳았는데, 그 새끼를 죽이려 하자 누군가가 이렇게 말했다.

"그 수달도 약속을 지켰는데, 우리 사람이 거짓말을 해서야 되겠습니까? 차라리 놓아주는 것만 못합니다."

그 사람이 수달을 호수에 데려가서 풀어놓자 커다란 수달 한 마리가 기뻐 뛰면서 맞이하더니 새끼를 등에 태우고 물 속으로 사라졌다. (『통유기』)


唐楚州白田, 有巫曰薛二娘者, 自言事金天大王, 能驅除邪厲. 邑人崇之. 村民有沈某者, 其女患魅發狂. 或毀壞形體, 蹈火赴水, 而腹漸大, 若人之姙者. 父母患之, 迎薛巫以辨之. 既至, 設壇於室, 臥患者於壇內, 旁置大火坑, 燒鐵釜赫然. 巫遂盛服奏樂, 鼓舞請神. 須臾神下, 觀者再拜. 巫奠酒祝曰: "速召魅來." 言畢, 巫入火坑中坐, 顏色自若. 良久, 振衣而起, 以所燒釜覆頭鼓舞. 曲終去之, 遂據胡牀, 叱患人令自縛. 患者反手如縛. 敕令自陳, 初泣而不言. 巫大怒, 操刀斬之割然刀過而體如故. 患者乃曰: "伏矣!" 自陳云: "淮中老獺, 因女浣紗悅之. 不意遭逢聖師, 乞自此屛迹. 但痛腹中子未育. 若生而不殺, 以還某, 是望外也." 言畢嗚咽, 人皆憫之. 遂秉筆作別詩曰: "潮來逐潮上, 潮落在空灘. 有來終有去, 情易復情難. 腸斷腹中子, 明月秋江寒." 其患者素不識書, 至是落筆, 詞翰俱麗. 須臾, 患者昏睡, 翌日乃釋然, 方說: "初浣紗時, 有美少年相誘, 因而來往, 亦不自知也." 後旬月, 産獺子三頭, 欲殺之, 或曰: "彼魅也而信, 我人也而妄? 不如釋之." 其人送於湖中, 有巨獺迎躍, 負而沒之. (出『通幽記』)

## 470・6(6584)
# 조평원(趙平原)

당(唐)나라 원화연간(元和年間: 806~820) 초에 천수(天水) 사람 조평원은 한수(漢水) 남쪽에 별장을 가지고 있었다. 그는 일찍이 서생 팽성(彭城) 사람 유간사(劉簡辭)와 무위(武威) 사람 단제진(段齊眞)과 함께 이름이 알려지지 않은 한 호수 가에 가서 물고기를 잡아 회를 떴다. 잠시 뒤에 수십 마리의 물고기를 낚아 올렸는데, 그 안에 길이가 3척 남짓 되는 흰색 물고기 한 마리가 들어 있었다. 그 물고기의 비늘은 마치 흰 비단처럼 빛이나 눈이 부시었고, 등지느러미와 수염에서는 오색 빛이 나고 선명한 것이 아주 예뻤다. 유간사와 단제진은 이렇게 말했다.

"이 물고기는 그 모습이 보통 물고기와는 다르니 죽여서는 안 되네."
조평원이 말했다.

"자네들은 고루한 사람들이라 못 먹겠지만 나는 먹을 수 있네."

조평원의 말이 채 끝나기도 전에 갑자기 호수 안에서 아이들이 우르르 나타났다. 아이들은 모두 반팔 옷에 흰색 바지를 입은 채 물위를 빨리 달리면서 소리치고 휘파람을 불며 왔다 갔다 했다. 유간사와 단제진이 더욱 더 두려워하면서 다시 흰 물고기를 놓아주자고 했지만, 조평원은 허락하지 않은 채 요리사를 꾸짖으며 말했다.

"속히 잘라 회를 떠 오너라."

잠시 뒤에 회가 왔다. 조평원과 두 손님이 회를 반 정도 먹었을 때 갑자기 바람이 불고 번개가 치더니 벼락 소리가 한 번 났으며, 호수에 떠 있던 아이들의 발 아래에서 흰 연기가 피어나면서 큰 바람이 따라 일어났다. 두 손님은 날씨가 변하는 것을 느끼고 사방 3리 안을 둘러보았는데, 절이 하나 있는 것을 보고는 얼른 그 안으로 들어가 비바람을 피했다. 조평원이 두 사람을 보고 슬쩍 비웃으며 막 젓가락을 다시 들려고 할 때 모래바람이 불어와 나무를 부러뜨렸다. 비와 불똥이 함께 내리치고 천둥이 치는데 마치 하늘이 무너지고 땅이 갈라지는 듯 했다. 두 손님은 두려움에 떨며 하얗게 질려 바라보면서 조평원이 이미 가루가 되어 있을 거라고 생각했다.

잠시 뒤 비가 개인 후에 두 손님이 회를 먹던 곳으로 급히 달려가 보니 조평원이 인사불성 된 채 멍하니 땅에 앉아 있었다. 두 손님이 그를 부축하면서 이름을 부르고 어찌된 일인지 물어보았더니 한참 뒤에 조평원은 눈을 뜨고 말했다.

"정말 기이한 일일세! 정말 기이한 일이야! 애써 회를 다 먹었건만 푸른 색 적삼을 입은 사람이 내 목안에서 회를 꺼내 조수 속으로 던졌네. 지금 내 뱃속은 텅텅 비어 아무 것도 없다네!"

칼을 잡고 회를 썰던 하인은 온데간데없이 사라졌다가 몇 달 뒤에야 집으로 돌아왔다. 조평원이 그 까닭을 묻자 이렇게 대답했다.

"처음에 보았더니 푸른 적삼을 입은 사람이 번갯불 안에서 제게 화를 내며 뭐라 꾸짖었습니다. 이어서 어떤 사람이 저를 데리고 가면서 제게 옷 보따리를 지게 했습니다. 그렇게 10여 일을 가서 겨우 어떤 곳에 도착했는데, 사람이 오밀조밀하게 많이 모여 있었고 저자거리도 혼잡했습니다. 푸른 옷 입은 사람이 말했습니다.

'이곳은 익주(益州)이다.'

다시 대엿새 걸어가자 또 다른 번화한 곳이 나왔는데, 그 사람이 말했습니다.

'이곳은 담주(潭州)이다.'

그 날 저녁에 저를 아주 너른 들판으로 데리고 가더니 이렇게 말했습니다.

'네가 나를 따라 돌아다닌 지 이미 오래 되었는데, 혹시 고생스럽지는 않았느냐? 이제 너와 이별할 때가 되었구나.'

그러면서 품속에서 말린 포 하나를 꺼내 제게 주며 말했습니다.

'배가 고프거든 먹어라. 집으로 돌아갈 수 있을 것이다.'

또 이렇게 말했습니다.

'살아있는 생명을 함부로 죽이지 말라고 내 대신 조평원에게 전해다오. 천지의 만물을 해치는 것은 신께서 싫어하시는 바이다. 만약 다시 살아있는 생명을 죽인다면 틀림없이 용서하지 않으실 거라고 말이다.'"

그 이후로 조평원은 죽을 때까지 낚시를 하지 않았다. (『박물지』)

唐元和初, 天水趙平原, 漢南有別墅. 嘗與書生彭城劉簡辭, 武威段齊眞詣無名湖, 捕魚爲膾. 須臾, 獲魚數十頭, 內有一白魚長三尺餘, 鱗甲如素錦, 耀人目精, 鬐鬣五色, 鮮明可愛. 劉與段曰: "此魚狀貌異常, 不可殺之." 平原曰: "子輩迂闊不能食, 吾能食之矣." 言未畢, 忽見湖中有群小兒. 俱著半臂白袴, 馳走水上, 叫嘯來往, 略無畏憚. 二客益懼, 復以白魚爲請, 平原不許之, 叱庖人曰: "速斫膾來." 逡巡, 膾至. 平原及二客食方半, 風雷暴作, 霆震一聲, 湖面小兒, 脚下生白煙, 大風隨起. 二客覺氣候有變, 顧望三里內, 有一蘭若, 遂投而去. 平原微哂, 方復下筋, 於時飛沙折木, 雨火相雜而下, 霆電掣拽, 天崩地拆. 二客惶駭, 相顧失色, 謂平原已爲齏粉矣.

俄頃雨霽, 二客奔詣膾所, 見平原坐於地, 冥然已無知矣. 二客扶翼, 呼問之, 良久張目曰: "大差事! 大差事! 辛勤食膾盡, 被一青衫人, 向吾喉中拔出, 擲於湖中. 吾腹今甚空乏矣!" 其操刀之僕, 遂亡失所在, 經數月方歸. 平原詰其由, 云: "初見靑衫人於電火中嗔罵, 遂被領將, 令負衣襆. 行僅十餘日, 至一處, 人物稠廣, 市肆騈雜. 靑衣人云: '此是益州.' 又行五六日, 復至一繁會處, 靑衫人云: '此是潭州.' 其夕, 領入曠野中, 言曰: '汝隨我行已久, 得無困苦耶? 今與汝別.' 因懷中取乾脯一挺與某, 云: '饑卽食之, 可達家也.' 又曰: '爲我申意趙平原, 無夭害生命. 暴殄天物, 神道所惡, 再犯之, 必無赦矣.'" 平原自此終身不釣魚. (出『博物志』)

## 470・7(6585)
## 고 욱(高 昱)

[唐나라] 원화연간(元和年間: 806~820)에 고욱이라는 처사(處士)

는 물고기 잡는 것을 생업으로 삼았다. 한번은 소담(昭潭: 전해오는 말에 따르면 周나라 昭王이 南征갔다가 돌아오지 못한 채 이 못에 빠져죽었기 때문에 그 산을 昭山, 그 못을 昭潭이라 부르게 되었다고 함)에 배를 대놓고 있었는데, 밤이 깊어 3경이 되도록 잠을 이룰 수가 없었다. 그런데 갑자기 물 위로 아주 커다란 연꽃 세 송이가 떠오르는데 붉으면서도 향기로운 것이 자못 기이했다. 세 명의 미녀가 각각 연꽃 위에 앉아 있었는데, 모두 흰색 옷을 입고 있었다. 그녀들은 눈처럼 빛나고 깨끗했으며 용모가 아름답고 고운 것이 마치 신선처럼 빛났다. 그녀들은 함께 이렇게 말했다.

"오늘밤은 물은 드넓고 물결 또한 깨끗하며 하늘도 높고 달빛은 더욱 밝게 빛나니, 즐거운 마음으로 경치를 감상하면서 그윽하고 오묘한 이야기를 나눌 만 하군요."

그러자 그 가운데 한 미녀가 말했다.

"옆에 있는 작은 배에서 우리들의 이야기를 듣지 않을까요?"

그러자 다른 미녀가 말했다.

"듣는다 하더라도 그는 세상을 등지고 고결하게 사는 그런 선비가 아니니 꺼릴 것 없어요."

그러면서 서로 이렇게 말했다.

"소담은 물밑바닥이 보이지 않고 귤주(橘洲)는 물 위에 떠 있다고 하더니, 진실로 거짓이 아닙니다."

또 말했다.

"각자 좋아하는 도가 무엇인지 말해봅시다."

그러자 다음 미녀가 말했다.

"저는 천성적으로 불교를 좋아합니다."

다음 미녀가 말했다.

"저는 도교를 좋아합니다."

그러자 다음 미녀가 말했다.

"저는 유교를 좋아합니다."

그리고는 각자 자신의 교리와 가르침에 대해서 이야기했는데, 논리가 지극히 깊고 오묘했다. 한 미녀가 말했다.

"저는 어제 밤에 불길한 꿈을 꾸었습니다."

두 미녀가 말했다.

"무슨 꿈입니까?"

그러자 그 미녀가 말했다.

"꿈속에서 자손들이 경황없이 집을 떠나 떠돌아 다녔는데, 누군가에게 쫓겨 나 온 가족들이 바쁘게 뛰어다녔습니다. 이것이 어찌 불길한 꿈이 아니겠습니까!"

그러자 두 미녀가 말했다.

"유혼(遊魂: 떠도는 혼. 옛날 사람들은 사람의 몸 안에 혼이 있는데, 사람들이 꿈을 꿀 때 혼이 몸 안에서 빠져나와 떠돌아다닌다고 생각했음) 때문에 우연히 그런 꿈을 꾸었을 뿐, 족히 믿을 바가 못 됩니다."

세 미녀가 말했다.

"각자 내일 아침 어떤 음식을 먹게 될 것인지 한번 알아봅시다."

한참 뒤에 말했다.

"좋아하는 것에 따라 스님, 도사, 유생으로 합시다. 아! 그러고 보니 내가 방금 말했던 것도 어떤 조짐 같은데, 그렇다고 화가 되지 않으리란

법은 없습니다."

그들은 말을 마치고 나서 물 속으로 사라졌다.

고욱은 그녀들의 말을 듣고 분명하게 기억해두었다. 이튿날 아침이 되자 과연 한 스님이 와서 물을 건너다가 중류에 이르렀을 때 빠져 죽었다. 고욱은 깜짝 놀라 말했다.

"어제 밤에 들었던 말이 거짓이 아니구나!"

그 뒤를 이어 곧 바로 도사 한 명이 배를 대고 장차 건너가려 했다. 고욱이 급히 도사를 말리자, 도사가 말했다.

"그대는 참으로 요망하구려. 그 스님은 우연히 그리 된 것일 뿐이오. 나는 친구의 부름을 받고 가는 길인데, 가다가 죽는 한이 있더라도 후회하지 않을 것이오. 신의를 저버릴 수는 없소."

도사는 뱃사공을 꾸짖으며 물을 건너갔는데, 중류에 이르렀을 때 역시 빠져 죽었다. 이어서 한 유생이 책 보따리를 들고 곧바로 물을 건너려고 했다. 이에 고욱은 간절하게 말했다.

"앞서 갔던 스님과 도사가 이미 물에 빠져 죽었습니다."

그러자 유생은 정색을 하며 말했다.

"살고 죽는 것은 모두 운명에 달려 있소. 오늘 우리 집안에 상례(喪禮)가 있는데 그것을 어길 수는 없소."

서생이 노를 저어 출발하려고 하자 고욱은 그의 옷소매를 잡아당기며 말했다.

"팔이 부러지는 한이 있다 해도 이 물을 건너도록 그냥 놔둘 수 없습니다."

서생이 기슭에서 막 고함을 치려는 순간에 갑자기 노끈 같은 물건이 물 속에서 날아오더니 서생을 휘감고는 물 속으로 끌고 들어갔다. 고욱과 물을 건너려던 사람이 급히 앞으로 다가가서 그의 옷깃을 붙잡았지만, 옷에 점액 같은 것이 묻어 있어 미끄러워 손으로 잡을 수 없었다. 고욱은 길게 탄식하며 말했다.

"운명이로다! 순식간에 세 사람이 죽다니!"

잠시 뒤에 손님 두 명이 작은 배를 타고 왔는데, 한 사람은 노인이었고 다른 한 사람은 젊은이였다. 고욱이 노인에게 인사를 하고 이름을 물어보았더니 노인이 말했다.

"나는 기양산(祁陽山)에 사는 당구별(唐勾鱉)이란 사람으로, 지금 장사(長沙)로 위의(威儀: 道觀에서 講經이나 儀式 같은 일을 주관하는 사람) 장법명(張法明)을 찾아가는 길이요."

고욱은 오래 전부터 도사의 명성을 들어왔고, 또한 그가 신령한 술법을 지니고 있다는 것을 알고 있었기 때문에 삼가 예를 갖추어 그를 대했다. 그때 갑자기 강기슭에서 몇 사람이 곡하는 들려왔는데, 다름 아닌 방금 물에 빠져 죽은 세 사람의 친척들이었다. 노인이 무슨 일인지 묻자 고욱은 사실대로 모두 말했다. 그러자 노인은 버럭 화를 내며 말했다.

"어찌 감히 이렇게 사람을 죽일 수 있단 말인가!"

그리고는 곧장 상자를 열고 그 안에서 붉은 붓을 꺼내 전서로 부적을 쓰더니 함께 배를 타고 온 제자에게 이렇게 명령했다.

"내 대신에 이 부적을 들고 물 속으로 들어가 물의 요괴들을 잡아서 속히 다른 곳으로 보내라!"

제자는 부적을 들고 물 속으로 들어갔는데, 마치 평지를 걷는 듯 했다. [물 속에 잠긴] 산 밑동을 따라 수백 장 걸어가자 아주 밝은 커다란 굴이 하나 보였는데, 마치 인간세상의 집 같았다. 그 안에 흰 돼지 세 마리가 돌 평상에서 자고 있었고, 새끼 돼지 수십 마리가 그 옆에서 한창 놀고 있었다. 당구별의 제자가 부적을 들고 안으로 들어가자 돼지 세 마리는 화들짝 놀라 일어나면서 흰색 옷을 입은 미녀로 변했고 새끼 돼지도 모두 어린 소녀로 변했는데, 한 미녀가 부적을 받아들더니 울면서 말했다.

"불길한 꿈이 과연 맞아들었구나!"

또 말했다.

"저희들을 위해 선사(先師)께 말씀 좀 해주십시오. 이곳에서 산지 오래되었으니, 어찌 연연해하지 않을 수 있겠습니까? 3일의 기한을 주신다면 모두 동해(東海)로 돌아가겠습니다."

그러면서 각자 명주 하나씩을 바쳤다. 그러자 제자가 말했다.

"내게는 소용없는 물건이오."

제자는 명주를 받지 않고 돌아와서 모든 사실을 노인에게 아뢰었다. 그러자 노인이 크게 화를 내면서 말했다.

"너는 다시 나를 대신해서 물 속으로 들어가 이렇게 전하여라. '내일 아침 일찍 이곳을 떠나야지. 그렇게 하지 않으면 당장 육정(六丁: 道敎의 신으로 六甲 가운데 丁神에 해당하는데, 五行說에 따르면 丙丁이 불을 대표하기 때문에 六丁은 바로 火神을 가리킴)을 동굴로 보내 너희들을 베어 죽이게 할 것이다.'"

제자가 다시 물 속으로 들어가서 [당도사의 말을 전하자] 세 미녀들은 통곡하면서 말했다.

"삼가 분부대로 하겠습니다!"

그리하여 제자는 돌아왔다.

이튿날 새벽에 검은 기운이 소담의 수면에서부터 올라와 순식간에 세찬 바람이 불고 번개가 치더니 파도가 산처럼 일어났다. 이어서 몇 장이나 되는 커다란 물고기와 이를 에워싼 수많은 작은 물고기들이 물을 따라 그곳을 떠나갔다. 노인이 말했다.

"내 이번 여행길에서 얻은 것이 아주 많소. 그대[여기서는 高昱을 가리킴]가 아니었다면 어찌 소담의 해악을 제거할 수 있었겠소?"

노인은 마침내 고욱과 함께 배를 타고 여러 곳을 돌아다녔다. (『전기』)


元和中, 有高昱處士以釣魚爲業. 嘗艤舟於昭潭, 夜僅三更不寐. 忽見潭上有三大芙蕖, 紅芳頗異. 有三美女各踞其上, 俱('俱'原作'但', 據明鈔本改)衣白. 光潔如雪, 容華艷媚, 瑩若神仙. 共語曰: "今夕澗水波澄, 高天月皎, 怡情賞景, 堪話幽玄." 其一曰: "旁有小舟, 莫聽我語否?" 又一曰: "縱有, 非濯纓之士, 不足憚也." 相謂曰: "昭潭無底橘洲浮, 信不虛耳." 又曰: "各請言其所好何道." 其次曰: "吾性習釋." 其次曰: "吾習道." 其次曰: "吾習儒." 各談本敎道義, 理極精微. 一曰: "吾昨宵得不祥之夢." 二子曰: "何夢也?" 曰: "吾夢子孫倉皇, 窟宅流徙, 遭人斥逐, 擧族奔波. 是不祥也!" 二子曰: "遊魂偶然, 不足信也." 三子曰: "各筭來晨得何物食." 久之曰: "從其所好, 僧・道・儒耳. 吁! 吾適來所論, 便成先兆, 然未必不爲禍也." 言訖, 逡巡而沒.

昱聽其語, 歷歷記之. 及旦, 果有一僧來渡, 至中流而溺. 昱大駭曰: "昨宵之言不謬耳!" 旋踵, 一道士艤舟將濟. 昱遽止之, 道士曰: "君妖也. 僧偶然耳. 吾赴知者所召, 雖死無悔. 不可失信." 叱舟人而渡, 及中流又溺焉. 續有一儒生, 挈書囊徑渡. 昱懇曰: "如前去僧道已沒矣." 儒正色而言: "死生命也. 今日吾族祥齋, 不可虧其弔禮." 將鼓棹, 昱挽書生衣袂曰: "臂可斷, 不可渡." 書生方叫呼於岸側, 忽有物如練, 自潭中飛出, 繞書生而入. 昱與渡人遽前捉其衣襟, 漦涎流滑, 手不可制. 昱長吁曰: "命也! 頃刻而沒三子!"

而俄有二客乘葉舟而至, 一叟一少. 昱遂謁叟, 問其姓字, 叟曰: "余祁陽山唐勾鼈, 今適長沙, 訪張法明威儀." 昱久聞其高道, 有神術, 禮謁甚謹. 俄聞岸側有數人哭聲, 乃三溺死者親屬也. 叟詰之, 昱具述其事. 叟怒曰: "焉敢如此害人!" 遂開篋, 取丹筆篆字, 命同舟弟子曰: "爲吾持此符入潭, 勒其水怪, 火急他適!" 弟子遂捧符而入, 如履平地. 循山脚行數百丈, 觀大穴明瑩, 如人間之屋室. 見三白猪寐於石榻, 有小猪數十, 方戲於旁. 及持符至, 三猪忽驚起, 化白衣美女, 小者亦俱爲童女, 捧符而泣曰: "不祥之夢果中矣!" 曰: "爲某啓先師. 住此多時, 寧無愛戀? 容三日徙歸東海." 各以明珠爲獻. 弟子曰: "吾無所用." 不受而返, 具以白叟. 叟大怒曰: "汝更爲我語此畜生: '明晨速離此, 不然, 當使六丁就穴斬之'" 弟子又去, 三美女號慟曰: "敬依處分!" 弟子歸.

明晨, 有黑氣自潭面而出, 須臾, 烈風迅雷, 激浪如山('山'原作'烏', 據明鈔本改). 有三大魚長數丈, 小魚無數周繞, 沿流而去. 叟曰: "吾此行甚有所利. 不因子, 何以去昭潭之害?" 遂與昱乘舟東西耳. (出『傳奇』)

## 470・8(6586)
# 승법지(僧法志)

대산(臺山)의 법지 스님은 여러 곳을 유랑하다가 회음(淮陰) 땅까지 오게 되었는데, 그곳에서 한사코 예를 갖추며 가르침 받기를 청하는 한 어부를 만났다. 법지 스님이 그를 따라 한 초막에 도착하자 어부는 아주 공손하게 음식을 차려왔다. 법지 스님은 몹시 이상하게 생각하면서 이렇게 물었다.

"제자께서는 물고기 잡는 것을 생업으로 삼고 있으니, 스스로 죄업을 쌓은 사람이오. 그런데 무슨 까닭으로 내게 이토록 정중하게 예를 다하는가?"

그러자 어부가 대답했다.

"저는 지난 날 회계산(會稽山)에서 운원상인(雲遠上人: 上人은 스님에 대한 존칭)께서 중생들을 위해 불법을 강설하는 것을 보았는데, 잠시 그곳에 있으면서 일찍이 불법을 닦아 부처의 가르침을 깨닫게 되었습니다. 지금 또 이렇게 스님을 뵙고 보니 기쁘기 한량없습니다."

법지 스님이 더욱 더 기이하게 생각하면서 그에게 생업을 바꾸어보라고 권하자 어부가 말했다.

"저는 비록 훌륭한 가르침을 듣기는 했지만, 고기 잡는 일에 빠져 있습니다. 스님처럼 중이 되었어도 불교의 계율을 받들 수 없는 것과 마찬가지니, 그 죄는 한가지입니다. 그러니 또 무엇을 의심하십니까?"

스님이 부끄러워하면서 그곳을 나와 뒤를 돌아보았더니, 어부는 한 마리 커다란 자라로 변해 회수(淮水)로 들어갔으며 초막도 사라지고 없었다. (『소상록』)

臺山僧法志遊至淮陰, 見一漁者堅禮而命焉. 法志隨至草庵中, 漁者設食甚謹. 法志頗怪, 因問曰: "弟子以漁爲業, 自是造罪之人. 何見僧如此敬禮?" 答曰: "我昔於會稽山遇雲遠上人爲衆講法, 暫曾隨喜, 得悟聖教. 邇來見僧, 卽歡喜無量." 僧異之, 勸令改業, 漁者曰: "我雖聞善道, 而滯於罟網. 亦猶和尙爲僧, 未能以戒律爲事, 其罪一也. 又何疑焉?" 僧慙而退, 廻顧, 見漁者化爲大黿, 入淮, 亦失草庵所在. (出『瀟湘錄』)

# 태평광기 권제 471 수족 8

### 수족위인(水族爲人)
1. 등 원 좌(鄧 元 佐)
2. 요  씨(姚   氏)
3. 송  씨(宋   氏)
4. 사 씨 녀(史 氏 女)
5. 어  인(漁   人)

### 인화수족(人化水族)
6. 황 씨 모(黃 氏 母)
7. 송사종모(宋士宗母)
8. 선 건 모(宣 騫 母)
9. 강 주 인(江 州 人)
10. 독  각(獨   角)
11. 설  위(薛   偉)

# 수족위인(水族爲人)

471 · 1(6587)
## 등원좌(鄧元佐)

등원좌는 영천(潁川) 사람으로 오(吳) 땅에서 유학했다. 그는 산수를 찾아다니기를 좋아하여 경치 좋은 곳이 있으면 유람하지 않은 곳이 없었다. 그가 장성현령(長城縣令)을 찾아갔더니 현령은 그를 안으로 맞아들인 후 인사를 나누고 옛이야기를 나누었다. 둘은 실컷 술을 마신 다음 헤어졌다. 등원좌는 고소(姑蘇)에 장차 당도할 즈음에 길을 잘못 접어들었는데, 구불구불하고 험준한 산길을 10여 리나 걸었어도 인가라고는 찾아볼 수 없었으며 그저 쑥대만 보일 뿐이었다. 그때 날은 이미 어두워졌는데, 등원좌가 목을 길게 빼고 앞을 바라보니 홀연 등불이 보였다. 그는 인가가 있나보다 생각하고 그 집을 찾아가 하룻밤 묵어가려 했다. 도착하고 보았더니 겨우 한 채의 달팽이집처럼 생긴 둥근 초가집에 한 20살 남짓 되어 보이는 여자 혼자만이 있을 뿐이었다. 등원좌가 그 집에 묵을 것을 청하며 말했다.

"나는 오늘 저녁 장성에 친구를 찾아갔다가 헤어진 뒤 술에 취한 채 돌아오는 길에 그만 이 길로 잘못 접어들었소. 지금 벌써 밤이 되었으니 계속해서 길을 가다가는 사나운 짐승에게 해를 입을까 걱정이오. 낭자께서 하룻밤만 묵어가게 해 주신다면 그 은덕을 내 어찌 감히 잊겠소?"

여자가 말했다.

"아버님이 안 계시니 어찌해야 좋을까요? 게다가 집 또한 빈한하여 손님을 모실 변변한 자리도 없습니다. 하지만 군자께서 마다하지 않으신다면 저는 분부대로 하겠습니다."

등원좌는 배가 고팠기에 그 집에 묵기로 했다. 그러자 여자는 흙 평상을 하나 단정히 가져다 놓더니 그 위에 부드러운 풀을 깔았다. 등원좌가 자리에 앉자 여자는 음식을 내왔는데, 배가 너무 고파 그 음식들을 먹어보았더니 맛이 아주 좋았다. 여자는 등원좌의 자리로 와 잠을 잤다.

이튿날 날이 밝았을 때 등원좌가 갑자기 잠에서 깨어나 보니, 자신은 밭 가운데 누워있었고 그 옆에는 됫박만 한 크기의 소라가 있었다. 등원좌는 어제 먹었던 음식이 생각나 몹시 불안해졌다. 이에 그것들을 다 토해내고 보았더니 모두 푸른 진흙들이었다. 등원좌는 한참동안 탄식했으나 그 소라를 해치지는 않았다. 등원좌는 그때부터 도문(道門)에 귀의했으며 다시는 유람하지 않았다. (『집이기』)

鄧元佐者, 潁川人也, 遊學於吳. 好尋山水, 凡有勝境, 無不歷覽. 因謁長('長下原有'者'字, 據明鈔本刪)城宰, 延挹託舊. 暢飮而別. 將抵姑蘇, 誤入一徑, 其嶮阻紆曲, 凡十數里, 莫逢人舍, 但見蓬蒿而已. 時日色已暝, 元佐引領前望, 忽見燈火. 意有人家, 乃尋而投之. 旣至, 見一蝸舍, 惟一女子, 可年二十許. 元佐乃投之曰: "余今晚至長城訪別, 乘醉而歸, 誤入此道. 今已侵夜, 更向前道, 慮爲惡獸所損. 幸娘子見容一宵, 豈敢忘德?" 女曰: "大人不在, 當奈何? 況又家貧, 無好茵席祇侍. 君子不棄, 卽聞命矣." 元佐餒, 因舍焉. 女乃嚴一土塌, 上布軟草. 坐定, 女子設食, 元佐餒而食之, 極美. 女子乃就元佐而寢.

元佐至明, 忽覺, 其身臥在田中, 傍有一螺, 大如升子. 元佐思夜來所餐之物,意甚不安. 乃嘔吐, 視之, 盡靑泥也. 元佐嘆咤良久, 不損其螺. 元佐自此棲心於道門, 永絶遊歷耳. (出『集異記』)

## 471 · 2(6588)
# 요 씨(姚 氏)

　동주(東州) 정해군(靜海軍) 사람 요씨는 무리를 이끌고 바닷고기를 잡아 그것으로 세공(歲貢: 해마다 屬國으로부터 받아들이던 공물)을 충당하려 했다. 날은 저물어 가는데, 잡은 물고기가 너무 적어 걱정하고 있던 차에 그물에 홀연 어떤 사람이 걸렸는데, 그 사람은 살이 검고 온몸에 긴 털이 나 있었다. 그 사람은 두 손을 맞잡고 서있으면서 묻는 말에 아무런 대답도 하지 않았다. 뱃사람이 말했다.
　"저것은 이른 바 해인(海人)이라는 것입니다. 저것을 보게 되면 반드시 재앙이 있다고 하니 어서 죽여 그 화를 막으십시오."
　요씨가 말했다.
　"저것은 신물(神物)이니 죽이면 길하지 않을 것이다."
　그리고는 그것을 풀어주며 이렇게 기원했다.
　"네가 나에게 고기 떼를 몰아다주어 직분을 다하지 못하는 죄를 면하게 해 줄 수 있다면 네가 신이라는 것을 믿을 것이다."
　털 난 사람은 물 위에서 뒷걸음질로 걸어가더니 수십 걸음 가서 사라졌다. 이튿날 요씨 일행은 평년의 몇 배에 달하는 아주 많은 양의 물고기를 잡았다. (『계신록』)

東州靜海軍姚氏率其徒捕海魚, 以充歲貢. 時已將晚, 而得魚殊少, 方憂之, 忽網中獲一人, 黑色, 擧身長毛. 拱手而立, 問之不應. 海師曰: "此所謂海人. 見必有災, 請殺之, 以塞其咎." 姚曰: "此神物也, 殺之不祥." 乃釋而祝之曰: "爾能爲我致羣魚, 以免厥職之罪, 信爲神矣." 毛人却行水上, 數十步而沒. 明日, 魚乃大獲, 倍於常歲矣. (出『稽神錄』)


## 471・3(6589)
# 송 씨(宋 氏)

강서군(江西軍)의 관리 송씨는 일찍이 나무를 사러 성자강(星子江)에 갔다가 물가에 사람들이 떠들썩하게 모여 있는 광경을 보았다. [그가 다가가 보았더니] 한 어부가 커다란 자라를 잡은 것이었는데, 자라는 송씨를 보자 자꾸 뒤돌아보았다. 이에 송씨는 천 냥을 주고 그 자라를 산 다음 강에 방생했다.

몇 년 뒤에 그가 용사(龍沙)에 배를 정박하고 있을 때, 갑자기 하인 한 명이 나타나더니 원장사(元長史)께서 부르신다고 했다. 송씨는 어리둥절하여 대체 무슨 장사란 말인지 알아듣지 못했다. 그는 [그 하인을 따라] 길을 떠나자마자 순식간에 한 관부에 이르렀는데, 어떤 관리가 나와 그를 맞이한 다음 마주 앉더니 이렇게 말했다.

"당신은 저를 아시지요?"

송씨는 곰곰이 생각해 보아도 그 사람을 본 적이 없었다. 그러자 그 관리가 또 말했다.

"당신은 성자강에 자라를 방생했던 일을 기억하고 있겠지요?"

송씨가 대답했다.

"그렇습니다."

[그 사람이 말했다.]

"제가 바로 그 자라입니다. 이전에 죄를 지은 탓에 천제께서 저를 수중 생물로 폄적시키셨습니다. 저는 어부들에게 잡히는 신세가 되어 당신의 은혜가 아니었다면 이미 죽어 뼈도 썩었을 것인데, 지금은 이렇게 구강장(九江長)이 되었습니다. 당신을 모셔온 것은 은혜에 보답하기 위해서입니다. 당신의 아들 아무개는 물에 빠져 죽을 운명인데, 명부가 여기 있습니다. 며칠 뒤에 명산신(鳴山神)이 여산(廬山)의 사자(使者)를 조알하러 가는데, 그 신은 다닐 때 반드시 거센 비바람을 몰고 다닙니다. 당신의 아들은 바로 그 때 죽게 되어있습니다. 지금 이름이 [당신 아들과] 똑 같은 한 사람이 있는데, 그 사람 역시 물에 빠져죽게 되어있습니다. 그저 기약된 시간의 간격을 앞당기는 것뿐이니, 내 그 사람을 잡아다 당신 아들을 대신하도록 하겠습니다. 그러나 당신 아들은 속히 강기슭으로 올라가 숨어있어야지 그렇지 않으면 화를 면하지 못하게 될 것입니다."

송씨가 감사를 표한 뒤 밖으로 나왔더니 어느새 배 있는 곳에 와 있었다. 며칠 뒤 과연 풍랑의 피해가 생겨나 아주 많은 사람들이 죽었으나 송씨의 아들은 결국 화를 면하게 되었다. (『계신록』)

江西軍吏宋氏嘗市木至星子, 見水濱人物喧集. 乃漁人得一大黿, 黿見宋屢顧. 宋卽以錢一千贖之, 放于江中.

後數年, 泊船龍沙, 忽有一僕夫至, 云元長史奉召. 宋恍然, 不知何長史也. 旣往, 欻至一府, 官出迎, 與坐曰: "君尙相識耶?" 宋思之, 實未嘗識. 又曰: "君亦記星子江中放黿耶?" 曰: "然." "身卽黿也. 頃嘗有罪, 帝命謫爲水族. 見囚於漁人, 微君之惠, 已骨朽矣, 今已得爲九江長. 相召者, 有以奉報. 君兒某者命當溺死, 名籍在是. 後數日, 鳴山神將朝廬山使者, 行必以疾風雨. 君兒當以此時死. 今有一人名姓正同, 亦當溺死. 但先期歲月間耳, 吾取以代之. 君兒宜速登岸避匿, 不然不免." 宋陳謝而出, 不覺已在舟次矣. 數日, 果有風濤之害, 死甚衆, 宋氏之子竟免. (出『稽神錄』)

# 471・4(6590)
# 사씨녀(史氏女)

율수(溧水) 오단촌(五壇村) 사람인 사씨 집 딸은 밭에서 모종하다가 지쳐 나무 아래서 쉬고 있었다. 그때 보았더니 비늘이며 뿔, 손톱 발톱이 모두 무섭게 생긴 어떤 물체가 다가와 그녀의 몸을 덮치는 것이었다. 그 후 그녀는 임신하여 잉어 한 마리를 낳았다. 그 잉어를 대야 속에 넣어 길렀는데, 며칠 뒤 더욱 커지자 금뢰하(金瀨河)에 던져주었다. 얼마 후 어떤 마을 사람이 풀을 베다가 실수로 그 잉어의 꼬리를 잘랐다. 그러자 잉어는 펄떡 뛰어올라 어디론가 사라졌으며 비바람이 뒤이어 일어났다가 잉어가 태호(太湖)에 들어가자 그쳤다. 그 후 사씨 집안은 점점 부유해졌다. 후에 사씨네 딸이 죽자 매년 한식 날 그 잉어가 무리를 몰고 그녀의 무덤 앞을 찾아왔다. 지금까지도 윤년이 될 때마다 한번씩 찾아온다.

또 어부 이흑달(李黑獺)은 늘 강에 그물을 쳐 놓았는데, 한번은 난데없이 3척 정도 되는 갓난아이가 그물에 걸렸다. 그물은 [아기가] 마구 흘려 놓은 침으로 칭칭 감겨 있어서 열흘이 넘도록 풀 수 없었다. 어떤 도사가 그 모습을 보더니 이렇게 말했다.

"쇳물을 가져다 부으시오."

도사의 말대로 했더니 그물이 풀렸다. 어린 아이를 보았더니 입, 코, 눈썹, 머리카락 모두 그려놓은 듯했으나 눈이 없었다. 또 입에서는 그때까지도 술 냄새가 풍기고 있었다. 사람들은 두려운 마음에 아기를 다시 강에 던져주었다. (『계신록』)

溧水五壇村人史氏女, 因蒔田倦, 偃息樹下. 見一物, 鱗角爪距可畏, 來據其上. 已而有娠, 生一鯉魚. 養於盆中, 數日益長, 乃置投金瀨中. 頃之, 村人刈草, 誤斷其尾. 魚卽奮躍而去, 風雨隨之, 入太湖而止. 家亦漸富. 其後女卒, 每寒食, 其魚輒從羣魚一至墓前. 至今, 每閏年一至爾.

又漁人李黑獺恒張網于江, 忽獲一嬰兒, 可長三尺. 網爲亂涎所縈, 浹旬不解. 有道士見之曰: "可取鐵汁灌之." 如其言, 遂解. 視嬰兒, 口鼻眉髮如畫, 而無目. 口猶有酒氣. 衆懼, 復投于江. (出『稽神錄』)


## 471 · 5(6591)
# 어 인(漁 人)

근자에 어떤 어부가 마당산(馬當山) 아래에 배를 정박하고 있었다.

달 밝고 바람 고요한 밤에 커다란 자라 한 마리가 물 밖으로 나오는 모습이 보였는데, 자라는 곧장 산꼭대기까지 올라가더니 머리를 쭉 뽑고 사방을 둘러보았다. 잠시 후 강물 속에서 채색한 배가 솟아올랐는데, 그 안에서 10여 명의 사람들이 모여 술을 마시고 있었으며 벌여 놓은 기녀와 악대가 매우 성대했다. 술자리를 벌인지 한참이 되었을 때 상류에서 거대한 배 한 척이 떠내려 왔다. 그 배의 노 젓는 소리가 [채색한 배에 타고 있던] 사람들 사이에 울려 퍼지자 채색한 배는 물 속으로 들어갔고 방금 전의 자라도 산을 내려갔다. 그러나 물에 채 미치기도 전에 자라는 강기슭에서 갑자기 죽었다. 생각건대, 수신(水神)이 자라로 하여금 망을 보게 시켰으나 거대한 배가 오고 있는 사실을 못 알아차렸기 때문에 죽인 것 같다. (『계신록』)

　近有漁人泊舟馬當山下. 月明風恬, 見一大黿出水, 直上山頂, 引首四望. 頃之, 江水中湧出一彩舟, 有十餘人會飮酒, 妓樂陳設甚盛. 獻醻久之, 上流有巨艦來下. 櫓聲振于坐中, 彩舟乃沒, 前之黿亦下. 未及水, 忽死於岸側. 意者水神使此黿爲候望, 而不知巨艦之來, 故殛之. (出『稽神錄』)

# 인화수족(人化水族)

## 471·6(6592)
## 황씨모(黃氏母)

후한(後漢) 영제(靈帝) 때 강하(江夏) 사람 황씨의 어머니는 목욕을 하다가 자라로 변해 깊은 연못으로 들어갔다. 그 후로도 [자라로 변한] 어머니는 종종 모습을 드러내기도 했다. 처음에 황씨의 어머니는 목욕할 때 은비녀를 꽂고 있었는데, 자라가 되어 나타났을 때에도 여전히 머리 위에 [은비녀가] 꽂혀있었다. (『신귀전』)

後漢靈帝時, 江夏黃氏之母浴而化爲黿, 入于深淵. 其後時時出見. 初浴簪一銀釵, 及見, 猶在其首. (出『神鬼傳』)


## 471·7(6593)
## 송사종모(宋士宗母)

[三國時代] 위(魏)나라 때 청하(淸河) 사람 송사종의 어머니는 황초연간(黃初年間: 220~226)의 어느 해 여름에 욕실에서 목욕을 하다가 자식들 보고 문을 닫으라고 했다. 집안사람들이 벽에 난 구멍으로 보았더니 욕조 안에 커다란 자라 한 마리가 들어있었다. 이에 문을 열고 어

른 아이 할 것 없이 다 욕실 안으로 들어갔으나 자라[로 변한 어머니]는 전혀 사람과 상대하려 하지 않았다. 어머니는 전부터 은비녀를 꽂고 있었는데, 비녀가 그때까지 머리 위에 꽂혀있었다. [송사종의 집안사람들은] 함께 그 자라를 바라보며 소리 내 울었지만 어쩔 도리가 없었다. 자라는 밖으로 나가더니 도저히 따라갈 수 없을 정도로 쏜살같이 달려가 물 속으로 들어갔다. 며칠이 지난 어느 날 어머니는 홀연 집으로 돌아와 살아있을 때와 마찬가지로 집안을 둘러보다가 아무 말도 하지 않고 떠났다. 당시 사람들은 송사종이 장례를 치러야 마땅하다고 말했으나 송사종은 비록 어머니의 모습은 변했어도 여전히 살아 계시다고 여겨 끝내 장례를 치르지 않았다. 이 일은 강하(江夏)의 황씨 모친의 일과 비슷하다. (『속수신기』)

魏淸河宋士宗母, 以黃初中, 夏天於浴室裏浴, 遣家中子女闔戶. 家人於壁穿中, 窺見沐盆水中有一大鼈. 遂開戶, 大小悉入, 了不與人相承. 嘗先著銀釵, 猶在頭上. 相與守之啼泣, 無可奈何. 出外, 去甚駛, 逐之不可及. 便入水. 後數日忽還, 巡行舍宅如平生, 了無所言而去. 時人謂士宗應行喪, 士宗以母形雖變, 而生理尙存, 竟不治喪. 與江夏黃母相似. (出『續搜神記』)

## 471 · 8(6594)
## 선건모(宣騫母)

[三國時代] 오(吳)나라 손호(孫皓) 보정(寶鼎) 원년(266)에 단양

(丹陽) 사람 선건의 모친은 80세에 목욕을 하다가 자라로 변했다. 선건의 형제들은 문을 걸어 잠그고 자라를 지켰는데, 당 안을 파 커다란 웅덩이를 만든 다음 물을 채워 넣었더니 자라는 웅덩이로 들어가 이리저리 헤엄쳐 다녔다. 그러나 며칠이 지나자 자라는 갑자기 목을 빼고 밖을 바라보다가 문이 조금 열려있는 것을 보고는 위로 튀어 올라 [웅덩이 밖으로 나간 뒤] 멀리 있는 못으로 갔다. 그 후로 자라는 다시 나타나지 않았다. (『광고금오행기』)

吳孫皓寶鼎元年, 丹陽宣騫之母, 年八十, 因浴化爲黿. 騫兄弟閉戶衛之, 掘堂內作大坎, 實水, 其黿卽入坎遊戲. 經累日, 忽延頸外望, 伺戶小開, 便輒自躍, 赴于遠潭. 遂不復見. (出『廣古今五行記』)

## 471 · 9(6595)
## 강주인(江州人)

진(晉)나라 말에 강주에 100살도 넘은 어떤 노인이 살고 있었는데, 정수리 위에 뿔이 나 있었다. 후에 그 노인은 집 앞에 있는 강물에 들어갔다가 잉어로 변했는데, 뿔이 여전히 머리 위에 있었다. 그때 이후로 노인은 가끔씩 잠시나마 돌아오곤 했는데, 그 모습이 살아있을 때와 똑 같았으며 자손들과 더불어 술을 마시다가 며칠이 지나면 떠나갔다. 그러나 진나라 말년 이후로 다시는 나타나지 않았다. (『광고금오행기』)

晉末, 江州人年百餘歲, 頂上生角. 後因入舍前江中, 變爲鯉魚, 角尙存首. 自後時時暫還, 容狀如平生, 與子孫飮, 數日輒去. 晉末以來, 絶不夏見. (出『廣古今五行記』)

## 471・10(6596)
## 독각(獨角)

독각은 파군(巴郡) 사람으로 수백 살은 족히 되었다. 세상 사람들은 그의 이름을 이미 알 수 없었으나 그의 정수리 위에 뿔이 하나 나 있었기 때문에 그를 '독각'이라 불렀다. 그는 홀연 몇 년 동안이나 사라지기도 했고 몇 열흘 동안이고 말 한 마디 안하기도 했는데, 말을 했다 하면 의취(意趣)가 깊고 오묘하여 사람들은 모두 그 뜻을 헤아리지 못했다. 그는 집에 있을 때 덕으로 사람들을 감화시켰으며 많은 사람을 가르치고 이끌었다. 그러나 어느 날 가족과 이별하고 집 앞에 있는 강물로 들어가 잉어로 변했는데, 뿔은 여전히 남아있었다. 그 후로도 간혹 잠시 돌아오곤 했는데, 생전과 다름없는 모습을 하고 나타나 그는 자손들과 잔치를 즐기다가 며칠이 지나면 떠나갔다. (『술이기』)

獨角者, 巴郡人也, 年可數百歲. 俗失其名, 頂上生一角, 故謂之'獨角'. 或忽去積載, 或累旬不語, 及有所說, 則旨趣精微, 咸莫能測焉. 所居獨以德化, 亦頗有訓導. 一旦與家辭, 因入舍前江中, 變爲鯉魚, 角尙在首. 後時時暫還, 容狀如平生, 與子孫飮讌, 數日輒去. (出『述異記』)

## 471 · 11(6597)
## 설 위(薛 偉)

　설위는 당(唐)나라 건원(乾元) 원년(758)에 촉주(蜀州) 청성현(靑城縣)의 주부(主簿)가 되어 현승(縣丞) 추방(鄒滂), 현위(縣尉) 뇌제(雷濟) · 배료(裴寮)와 같은 시기에 임직했다. 그해 가을에 설위는 7일 동안 병을 앓더니 어느 날인가는 갑자기 마치 아주 떠나는 듯, 여러 번 불러도 대답하지 않았다. 그러나 가슴에 약간의 온기가 남아있었기에 가족들은 차마 염하지 못하고서 둘러앉아 지켜보았다. 그렇게 20일이 지났을 때 설위는 갑자기 길게 숨을 내 쉬며 일어나 앉더니 집안사람들에게 이렇게 말했다.
　"이 세상에서 며칠이나 지났는지 모르겠구나!"
　집안사람들이 말했다.
　"20일입니다."
　설위가 말했다.
　"어서 가서 여러 관리들이 지금 회를 먹고 있는지 좀 보고 오너라. 그리고 내가 이미 살아났는데, 매우 기이한 일이 있었으니 여러 공들께서는 젓가락을 내려놓으시고 이리로 와 듣기를 청한다 하더라고 말해라."
　하인이 달려가 보니 여러 관리들은 정말로 회를 먹으려 하고 있었다. 하인이 설위가 한 말을 고하자 모두 식사를 멈추고 설위에게로 왔다. 설위가 말했다.
　"여러 공들께서는 사호(司戶) 댁 하인 장필(張弼)을 시켜 물고기를 구해오게 하셨지요?"

관리들이 말했다.

"그렇소."

설위는 다시 장필에게 물었다.

"자네는 어부 조간(趙幹)이 커다란 잉어는 숨겨놓고 작은 것을 바치기에 갈대풀 속에서 숨겨놓은 것을 찾아서 가지고 왔네. 현부에 막 들어서보니 사호의 관리들은 문 동쪽에 앉아 있고 규조(糾曹: 州郡의 屬官. 錄事參軍의 別稱)의 관리들은 문 서쪽에 앉아 바둑을 두고 있었네. 안으로 들어가 계단을 올라가보니 추방과 뇌제는 박희(博戱)를 두고 있고 배료는 복숭아를 들고 계셨네. 자네가 조간이 큰 잉어를 숨겨놓았다고 말하자 배오(裴五: 裴寮)는 매질하라고 명했네. 그리고 식공(食工) 왕사량(王士良)에게 [큰 잉어를] 넘겨주자 그는 기뻐하며 죽였네. 그렇지 않은가?"

사람들에게 돌아가며 물어보니 정말로 그러했다. 그러자 사람들이 말했다.

"당신이 그걸 어떻게 아시오?"

설위가 말했다.

"아까 죽인 잉어가 바로 나요."

모두 놀라하며 말했다.

"그 이야기를 좀 들려주시오."

설위가 말했다.

"나는 처음 병에 걸려 괴로워하고 있을 때 열이 너무 심해 거의 죽을 것 같았소. 그때 갑자기 가슴이 답답하여 병조차 잊어버렸으며, 더운 게 너무 싫은 나머지 시원한 것을 찾아 지팡이를 짚고 집을 떠나갔는데, 그게 꿈인지도 몰랐소. 성곽을 나서자 마치 조롱에 갇혀 있던 새나 우리에 갇혀있던 짐승이 도망쳐 나간 것처럼 마음이 즐거워져 내가 나인 줄도 몰랐소. 나는 점차 산속으로 들어갔는데, 산길을 가다보니 더욱 가슴이 답답해져 강가로 내려가 거닐었소. 보았더니 강물은 매우 깊고 깨끗했으며 가을 경치가 아름다웠소. 또 강물은 가벼운 물결 하나 일지 않아 마치 속이 텅 비고 아득히 깊은 거울 같았소. 나는 문득 목욕을 하고 싶다는 생각이 들어 강기슭에서 옷을 벗고는 펄쩍 뛰어 물 속으로 들어갔소. 나는 어려서부터 물장난을 많이 쳤는데, 성인이 된 이후부터 물놀이를 전혀 하지 않았었소. 그러던 차에 그토록 맘껏 유유자적할 기회를 만나고보니 실로 오래도록 하고 싶었던 일을 이룬 것만 같았다오. 나는 이렇게 혼잣말을 했소. '사람이 헤엄치는 것은 물고기처럼 빠르지 못해. 어떻게 하면 물고기를 잡아타고 쏜살같이 헤엄쳐볼 수 있을까?' 그때 옆에 있던 물고기 한 마리가 말했소. '그건 어르신께서 원치 않을 따름이지요. 완전한 [물고기의 몸을] 주는 것도 어렵지 않은데 잡아타는 것쯤이야 말해 무엇 하겠습니까? 제가 어르신을 위해 한번 방법을 찾아봐 드리지요.' 그리고는 재빨리 떠나갔소. 잠시 후 물고기 머리를 하고 키가 몇 척인 사람이 암고래를 타고 왔으며 길을 인도하거나 그 뒤를 따르는 물고기가 수십 마리 있었소. 물고기 머리를 한 사람이 하백(河伯)이 내린 조서를 선고(宣告)했소. '성에 살며 물에서 노니는 것은 물 속에서 부침(浮沈)하는 것과 그 도리가 서로 다르니, 진실로 좋아함이 없다면 물속과 통할 수 없다. 설주부(薛主簿: 薛偉)는 부침에 뜻을 두고 있으며 평생의 발자취 또한 한적하고 광활한 경지를 사모하고 드넓은 물가를 즐거워하여 깨끗한 강물에서 마음을 던졌다. 또 높은 산의 정서가 싫어져 잠홀(簪笏)을 허망한 세계에 던지고자 했으니 잠시 물고기로 변하게 하되 갑자기 몸마저 완전한 물고기로 변하게 하는 것은 아니다. 그를 동담(東潭)에 있는 붉은 잉어들 속에 넣어 주어라. 아! 높은 파도를 믿고 배를 뒤집는다면 수부(水府)의 죄를 받게 될 것이고 가는 낚시 바늘을 못보고 먹이 욕심만 내다가는 세상 사람에 의해 해를 입을 것이다. 혹시라도 몸가짐을 잘못하여 그 무리를 욕보이지 말라. 너는 이것에 힘쓸 지어다.' 그 말을 듣고 몸을 돌아보니 나는 이미 물고기의 옷을 입고 있었소. 그래서 몸을 움직여 헤엄쳐 보았더니 가고자 하는 곳은 어디든 갈 수 있었소. 물결 위에서건 연못 밑에서건 마음대로 되지 않는 것이 없었기에 삼강(三江: 蜀 지방의 岷江, 涪江, 沱江)과 오호(五湖: 太湖·鄱陽湖·洞庭湖·彭蠡湖·巢湖)를 펄떡 펄떡 뛰어다니며 거의 다 두루 돌아다녔소. 그러나 동담에 머물도록 배치되어 있었기에 매일 저녁이면 반드시 그곳으로 돌아가야 했소. 얼마 후에 나는 몹시 배가 고팠는데 먹이를 찾았으나 구할 길이 없었소. 나는 배를 따라 다니다가 문득 조간이 드리운 낚시 바늘을 보게 되었는데, 미끼 냄새가 너무도 좋아 속으로는 경계해야 한다는 사실을 알고 있으면서 나도 모르게 미끼에 입을 가져갔소. 그러다가 다시 스스로에게 말했소. '나는 사람인데 잠시 물고기로 변했을 뿐이다. 먹을 것을 얻지 못했다하여 낚시 바늘을 삼킬 셈인가?' 그리고는 놓아두고 떠났소. 그러나 잠시 후 배가 몹시 고파오자 또 혼자 이렇게 생각했소. '나는 관리인데 장난삼아 물고기의 옷을 입었을 뿐이다. 내가 낚시 바늘을 삼킨다 하여 조간이 감히 나를 죽일 수 있겠는가? 분명 나를 현으로 돌려보내 줄 것이야.' 그리고는 미끼를 삼켰소. 그러자 조간은 낚시 줄을 감아 올려 나를 꺼냈소. 조간의 손이 내게 미치려할 때 내가 여러 번 소리쳤으나 조간은 그 소리를 듣지 못하고 줄로 나의 아가미를 꿰어 갈대풀 사이에 묶어두었소. 그리고 난 뒤 장필이 와서 말했소. '배소부(裵少府: 裵寮)께서 물고기를 사시려 하는데, 큰 것이 필요하네.' 조간이 말했소. "아직 큰 물고기는 잡지 못했고 작은 물고기만 10여 근 가량 있습니다.' 장필이 말했소. '큰 고기를 가져오라는 명을 받들었는데, 어떻게 작은 것을 쓸 수 있겠나?' 그리고는 스스로 갈대풀 사이를 뒤져 나를 찾아내 가져갔소. 나는 또 장필에게 말했소. '나는 너의 현 주부로 물고기로 변하여 강에서 헤엄치고 있었을 뿐인데, 네가 어찌 내게 절도 안 올릴 수 있단 말이냐?' 그러나 장필은 그 소리를 듣지 못하고 나를 들고 가버렸소. 나는 쉬지 않고 욕을 퍼부었으나 장필은 끝내 뒤도 돌아보지 않았소. 현 문에 들어서 보았더니 현의 관리들이 앉아 바둑을 두고 있었는데, 내가 큰 소리로 그들을 불렀으나 대답하는 자라고는 아무도 없고 그저 웃으며 이렇게 말할 뿐이었소. '아주 무시무시한 물고기인걸! 3~4근도 넘게 나가겠어.' 계단을 올라갔더니 추방과 뇌제는 박희를 하고 있었으며 배료는 복숭아를 먹고 있었소. 그들은 물고기가 큰 것을 보고는 모두 기뻐하며 어서 주방에 가져다주라고 명했소. 장필이 조간이 커다란 물고기를 숨겨놓고 작은 물고기를 바치더라고 하자 배료는 노하여 조간을 매질했소. 나는 여러 공들을 부르며 말했소. '나는 공들과 같은 관부에 있는 사람이오. 내가 지금 죽게 생겼는데, 나를 놓아주지는 않고 어서 죽이라고 하니 인자하다 할 수 있겠소?' 나는 크게 소리치며 울었지만 세 사람은 뒤도 돌아보지 않고 회 뜨는 사람인 왕사량이라는 자에게 나를 넘겼소. 왕사량은 막 칼날을 갈고 있다가 기뻐하며 나를 도마 위에 던졌소. 내가 또 소리치며 말했소. '왕사량, 너는 내가 늘 부리던 요리사였는데 어찌하여 나를 죽이려 하느냐? 어찌하여 어서 나를 가지고 가 관리들에게 고하지 않느냐?' 그러나 왕사량은 아무 소리도 듣지 못한 듯 도마 위에서 제 목을 누르고 내리쳤소. 물고기 머리가 떨어지던 순간이 바로 내가 깨어난 때이기도 하오. 그래서 [깨어나자마자] 여러 분들을 오시라고 했던 것이오."

여러 공들은 모두 크게 놀랐으며 마음속에 측은지심이 생겨났다. 조간이 [큰 물고기를] 잡았을 때나, 장필이 그것을 가지고 갔을 때, 또 현의 관리들이 바둑을 두고 있었을 때나 [추방·뇌제·배료] 세 사람이 계단 가에 있었을 때, 그리고 왕사량이 물고기를 죽이려했던 때 그들은 모두 물고기의 입이 움직이고 있는 것을 보았으나 정말로 아무 소리도 듣지 못했다. 이에 세 사람은 회를 던져버리고 죽을 때까지 회를 먹지 않았다. 설위는 그 후로 몸이 회복 되었으며, 거듭 제수되어 화양현승(華陽縣丞)이 되었다가 죽었다. (『속현괴록』)

薛偉者, 唐乾元元年, 任蜀州靑城縣主簿, 與丞鄒滂·尉雷濟·裴寮同時. 其秋, 偉病七日, 忽奄然若往者, 連呼不應. 而心頭微暖, 家人不忍卽斂, 環而伺之. 經二十日, 忽長吁起坐, 謂家('家'原作'其', 據明鈔本改)人曰: "吾不知人間幾日矣!" 曰: "二十日矣." 曰: "卽('曰卽'二字原闕, 據明鈔本補)與我覘群官方食鱠否. 言吾已蘇矣, 甚有奇事, 請諸公罷筯來聽也." 僕人走視群官, 實欲食鱠, 遂以告, 皆停餐而來. 偉曰: "諸公敕司戶僕張弼求魚乎?" 曰: "然." 又問弼曰: "魚人趙幹藏巨鯉, 以小者應命, 汝於葦間得藏者, 攜之而來. 方入縣也, 司戶吏坐門東, 糾曹吏坐門西, 方奕棊. 入('入'原作'人', 據陳校本改)及階, 鄒雷方博,裴啗桃實. 弼言幹之藏巨魚也. 裴五令鞭之. 旣付食工王士良者, 喜而殺乎?" 遞相問, 誠然. 衆曰: "子何以知之?" 曰: "向殺之鯉, 我也." 衆駭曰: "願聞其說."

曰: "吾初疾困, 爲熱所逼, 殆不可堪. 忽悶忘其疾, 惡熱求凉, 策杖而去, 不知其夢也. 旣出郭, 其心欣欣然, 若籠禽檻獸之得逸, 莫我知(明鈔本'知'作'如')也. 漸入山, 山行益悶, 遂下遊於江畔. 見江潭深淨, 秋色可愛. 輕漣不動, 鏡涵遠虛. 忽有思浴意, 遂脫衣於岸, 跳身便入. 自幼狎水, 成人以來, 絶不復戱. 遇此縱適, 實契宿心. 且曰: '人浮不如魚快也. 安得攝魚而健遊乎?' 旁有一魚曰: '顧足下不願耳. 正授亦易, 何況求攝? 當爲足下圖之.' 決然而去. 未頃, 有魚頭人長數尺, 騎鯢來, 導從數十魚. 宣河伯詔曰: '城居水遊, 浮沉異道, 苟非其好, 則昧通波. 薛主簿意尙浮深, 跡思閑曠, 樂浩汗之域, 放懷淸江. 厭巇嶁之情, 投簪幻世, 暫從鱗化, 非遽成身. 可權充東潭赤鯉. 嗚呼! 恃長波而傾舟, 得罪於晦, 昧纖鉤而貪餌, 見傷於明. 無或失身, 以羞其黨. 爾其勉之.' 聽而自顧, 卽已魚服矣. 於是放身而遊, 意往斯到. 波上潭底, 莫不從容. 三江·五湖, 騰躍將遍. 然配留東潭, 每暮必復. 俄而饑甚, 求食不得. 循舟而行, 忽見趙幹垂鉤, 其餌芳香, 心亦知戒, 不覺近口. 曰: '我, 人也, 暫時爲魚. 不能求食, 乃吞其鉤乎?' 捨之而去. 有頃, 饑益甚, 思曰: '我是官人, 戱而魚服. 縱吞其鉤, 趙幹豈殺我? 固當送我歸縣耳.' 遂吞之. 趙幹收綸以出. 幹手之將及也, 偉連呼之, 幹不聽, 而以繩貫我腮, 乃繫于葦間. 旣而張弼來曰: '裴少府買魚, 須大者.' 幹曰: "未得大魚, 有小者十餘斤.' 弼曰: '奉命取大魚, 安用小者?' 乃自於葦間尋得偉而提之. 又謂弼曰: '我是汝縣主簿, 化形爲魚遊江, 何得不拜我?' 弼不聽, 提之而行. 罵亦不已, 弼('弼'原作'幹', 據明鈔本改)終不顧. 入縣門, 見縣吏坐者奕棊, 皆大聲呼之, 略無應者, 唯笑曰: '可畏(明鈔本'可畏'作'好大')魚! 直三四斤餘.' 旣而入階, 鄒·雷方博, 裴啗桃實. 皆喜魚大, 促命付廚. 弼言幹之藏巨魚, 以小者應命, 裴怒, 鞭之. 我叫諸公曰: '我是公('公'原作'心', 據明鈔本改)同官. 而今見殺, 竟不相捨, 促殺之仁乎哉?' 大叫而泣, 三君不顧, 而付鱠手王士良者. 方礪刃, 喜而投我於几上. 我又叫曰: '王士良, 汝是我之常使鱠手也, 因何殺我? 何不執我白於官人?' 士良若不聞者, 按吾頸於砧上而斬之. 彼頭適落, 此亦醒悟. 遂奉召爾."

諸公莫不大驚, 心生愛忍. 然趙幹之獲, 張弼之提, 縣司之弈吏, 三君之臨階, 王士良之將殺, 皆見其口動, 實無聞焉. 於是三君並投膾, 終身不食. 偉自此平愈, 後累遷華陽丞, 乃卒. (出『續玄怪錄』)

# 태평광기

## 권제 472

## 수족 9

### 귀(龜)

1. 도당씨(陶唐氏)
2. 우　　　(禹)
3. 갈　홍(葛　洪)
4. 장광정(張廣定)
5. 공현리(贛縣吏)
6. 치세료(郗世了)
7. 맹언휘(孟彦暉)
8. 영　릉(營　陵)
9. 흥업사(興業寺)
10. 당태종(唐太宗)
11. 유언회(劉彦回)
12. 오흥어자(吳興漁者)
13. 당명황제(唐明皇帝)
14. 영진민(寧晉民)
15. 사　론(史　論)
16. 서　중(徐　仲)
17. 고숭문(高崇文)
18. 변하고객(汴河賈客)
19. 남　인(南　人)
20. 염거경(閻居敬)
21. 지주민(池州民)
22. 이　종(李　宗)

# 귀(龜)

## 472·1(6598)
## 도당씨(陶唐氏)

도당씨(陶唐氏) 시대에 월상국(越裳國)에서 천년 묵은 신귀(神龜)를 바쳤는데, 사방 3척 남짓이었다. 거북의 등 위에 문자가 씌어 있었는데, 모두 과두(科斗: 蝌蚪) 문자로 천지가 개벽한 이래 제왕의 천명을 기록해 놓은 귀력(龜曆: 거북의 껍질에 적어놓은 曆法)이 기재되어 있었다. [晉나라] 복도(伏滔)의 「술제공덕명(述帝功德銘)」에서 "붉은 글씨로 귀력의 문장을 썼다"고 했다. (『술이기』)

陶唐之世, 越裳國獻千歲神龜, 方三尺餘. 背上有文, 皆科斗書, 記開闢以來, 帝命錄之龜曆. 伏滔「述帝功德銘」曰: "朱書龜曆之文." (出『述異記』)


## 472·2(6599)
## 우(禹)

우가 힘을 다해 도랑을 파서 물길을 트고 산을 고르자 황룡(黃龍)이 앞에서 꼬리를 끌며 일했고 현귀(玄龜)가 뒤에서 푸른 진흙을 지어 날랐다. 현귀는 하신(河神)의 사자였다. 현귀의 턱 아래에는 도장 글씨가 있었는데, 모두 옛 글자로 '구주산수(九州山水)'라는 글자가 새겨져 있었다. 우는 뚫고 파 놓은 곳을 푸른 진흙으로 봉하고 현귀로 하여금 그 위에 도장을 찍게 했다. 지금 사람들이 흙을 쌓아 경계를 만드는 것은 그것의 유풍(遺風)이다. (왕자년 『습유기』)

禹盡力渠溝, 導川夷岳, 黃龍曳尾於前, 玄龜負靑泥於後. 玄龜, 河精之使者也. 龜頷下有印文, 皆古言, 作'九州山水'之字. 禹所穿鑿之處, 皆以靑泥封記其所, 使玄龜印其上. 今人聚土爲界, 此之遺像也. (出王子年『拾遺記』)

## 472 · 3(6600)
## 갈 홍(葛 洪)

갈홍이 다음과 같이 말했다.

"천년 묵은 영귀(靈龜)는 오색이 갖추어져 있다. 그 수컷은 이마 위에 마치 뿔처럼 생긴 두 개의 뼈가 솟아 있다. 미주(未朱: 양의 피를 말함. 『抱朴子』「內篇」 권11 「仙藥」에는 羊血이라 되어 있음)로 씻긴 다음 그 껍질을 벗겨내고 불에 구운 뒤 빻아서 먹는다. 사방 1촌 되는 껍질을 약숟가락[원문에는 '七'이라 되어 있으나 '匕'로 고쳐 번역함]으로 하루 세 번 먹어 한 마리를 다 먹으면 천 년을 살 수 있다."

(『포박자』)

葛洪云: "千歲靈龜, 五色具焉. 其雄, 額上兩骨起, 似角. 以未朱浴之, 乃剔取其甲, 火炙, 搗服. 方寸七日三, 盡一具, 壽千歲."(出『抱朴子』)


## 472・4(6601)
## 장광정(張廣定)

진중궁(陳仲弓)의 『이문기(異聞記)』에는 다음과 같은 이야기가 있다.

장광정이 난리를 피해 도망가야 했는데, 4살 된 딸이 있어서 함께 걸어 갈 수 없었다. 그렇다고 딸을 차마 버리고 갈 수도 없어서 그는 딸을 삼태기에 담아 옛 무덤 속에 걸어놓고 다른 날에 와서 딸의 뼈를 거두려고 했다. 3년이 지나 그가 돌아와 보았더니 딸은 여전히 살아 있었다. 그가 딸에게 물었더니 딸이 대답했다.

"음식을 다 먹고 난 뒤에 배가 고팠는데, 그 옆에 한 물체가 목을 빼고 숨을 쉬고 있는 것이 보였습니다. 그래서 따라했더니 살아날 수 있었습니다."

장광정이 무덤에 들어가 살펴보았더니 바로 한 마리 거북이었다.

진중궁이 한 말은 사실로서 결코 망령된 말이 아니다. (『독이지』)

陳仲弓『異聞記』曰: 張廣定遭亂避地, 有一女四歲, 不能步. 又不忍棄之, 乃縣籠於古冢中, 冀他日得收其骨. 及三年, 歸取之, 見其尙活. 問之, 女答曰: "食盡卽餒, 見其傍有一物, 引頸呼吸. 効之, 故能活." 廣定入冢視之, 乃一龜也.

陳實之言, 固不妄矣. (出『獨異志』)

## 472・5(6602)
## 공현리(贛縣吏)

진(晉: 東晉)나라 의희연간(義熙年間: 405~418)에 범인(范寅)이 남강군수(南康郡守)로 있을 때, 공현(贛縣)의 관리가 다음과 같은 이야기를 해주었다.

그가 예전에 산에 들어가 땔나무를 하다가 거북 두 마리를 잡았는데, 모두 2척 크기의 대야만 했다. 그는 땔나무가 아직 부족했기에 마침 나무 두 그루가 나란히 서 있는 것을 보고 거북을 나무 사이에 옆으로 끼워놓은 뒤 다시 땔나무를 하러 갔다. 거북을 놓아둔 곳과 조금 멀어졌을 때 비가 오자 그는 다시 거북을 가지러 가기가 귀찮아졌다. 12년 뒤에 다시 산에 들어갔다가 예전의 거북을 보았는데, 한 마리는 껍질이 이미 말라버렸지만 한 마리는 아직도 살아서 아주 많이 자라 있었다. 거북이 나무에 끼어 있던 곳은 두께가 4촌쯤 되었고 나머지 양쪽은 1척 남짓의 두께여서 마치 말안장 같은 모습을 하고 있었다. (『유명록』)

晉義熙中, 范寅爲南康郡時, 贛縣吏說: 先入山採薪, 得二龜, 皆如二尺盤大. 薪未足, 遇有兩樹騈生, 吏以龜側置樹間, 復行採伐. 去龜處稍遠, 天雨, 懶復取. 後經十二年, 復入山, 見先龜, 一者甲已枯, 一者尙生, 極長. 樹木夾('夾'原作'所', 據明鈔本改)處, 可厚四寸許, 兩頭厚尺餘, 如馬鞍狀. (出『幽明錄』)

472 · 6(6603)
## 치세료(郗世了)

치세료가 회계(會稽)에서 무덤을 만들었는데 그곳은 돌이 많았다. 후에 큰 돌 하나를 깨뜨렸더니 그 속에 길이가 1척 2촌쯤 되는 거북 한 마리가 있었다. 거북은 돌 속에 있었고 돌에는 조그만 구멍도 없었는데, 설마 거북과 돌이 같이 생겨났단 말인가? 이에 돌을 깨고 거북을 꺼냈는데 거북의 행동은 보통 거북과 다를 것이 없었다. 돌이 거북을 품고 있는 모양은 마치 사람이 돌을 뚫어 거북을 넣은 것 같았다. (『영귀지』)

郗世了在會稽造墓, 其地多石. 後破大石, 得一龜, 長尺二寸許. 在石中, 石了無孔也, 得非龜石俱生乎? 旣破出之, 龜行動如常龜無異. 石受龜, 如人刻安之. (出『靈鬼志』)


472 · 7(6604)
## 맹언휘(孟彦暉)

[五代 前蜀] 무성(武成) 3년(910) 경오년(庚午年) 6월 5일 계해일(癸亥日)에 광한태수(廣漢太守) 맹언휘가 다음과 같이 상주했다.

"서호(西湖)에 지름이 1촌 되는 황금 거북이 연잎 위에서 놀고 있기에 그것을 그림으로 그려 황제께 아뢰나이다."

(『녹이기』)

武成三年庚午六月五日癸亥, 廣漢太守孟彦暉奏: "西湖有金龜徑寸, 遊於荷葉之上, 畫圖以上聞." (出 『錄異記』)

## 472・8(6605)
## 영릉(營 陵)

도주(道州) 영릉(營陵)에 악어가 있는데, 껍질의 길이가 8척이고 그 아래에 저절로 생긴 글씨가 있다. 앞뒤의 4발은 각자 거북 한 마리씩을 밟고 있다. 악어는 거북을 밟고 때때로 다니는데, 산을 넘고 물을 건너기도 한다. 민간에서는 감히 그 악어를 범하지 못한다. (『녹이기』)

道州營陵中鼉, 甲長八尺, 下自然有文字. 前後四足, 各踏一龜. 踏龜有時行, 或踰山越水. 俗莫敢犯. (出 『錄異記』)

## 472・9(6606)
## 흥업사(興業寺)

구곡(九曲)의 영귀지(靈龜池)는 양양현(襄陽縣)에서 동북쪽으로 3리 떨어진 편학사(遍學寺)의 동쪽에 있다. 옛 성에는 이전에 흥업사가 있었는데, 지금은 편학사로 병합되었다. 당(唐)나라 경룡(景龍) 원년(707)에 진류(陳留) 사람 완씨(阮氏)는 양양에 살고 있었는데, 재물을 희사하여 그 절의 동원(東院)에 사당을 지었다. 그 해 날이 가물어 연못이 마르자 연못을 더 넓고 깊게 팠다. 갑자기 폭우가 내려 못에 물이 넘쳤는데, 바로 침대 반만한 크기에 높이가 몇 척인 큰 거북 한 마리가 연못가에서 기어가고 있었다. 사람들이 놀라 소리치자 거북은 연못 안으로 뛰어 들어갔다.

흥업사의 영수(靈岫) 스님이 다음과 같은 이야기를 해주었다.

"정원에 흥업사비라고 하는 쪼개진 비석이 있었는데, 비문은 양(梁)나라 산기상시(散騎常侍) 유원위(庾元威)가 썼다. 비문 중에 다음과 같은 문장이 전해질 만했다.

'이 절에 길이가 3척 5촌인 영귀(靈龜) 한 마리가 있었다. 겨울에는 숨어 있다가 봄에 나타나며 오랜 세월 많은 곳을 돌아다녔다. 사람들을 따라 당에 올라가기도 하고 때에 맞춰 밥도 먹었다.'

안륙(安陸) 사람인 자사(刺史) 왕조(王照)가 자주 그 거북을 보았기 때문에 그로 인해 그 훼손된 비석을 다시 세웠다. 지금은 편학사의 동원에 있다."

완씨가 세운 사당과 정원의 절 앞에 있던 연못은 아직도 있는데, 연못의 깊이는 5척이고 사방 20보(步)이다. (『양면기』)


九曲靈龜池, 在襄陽縣東北三里遍學寺東. 古城舊有興業寺, 今幷入遍學寺. 唐景龍元年有陳留阮氏, 寓居襄陽, 捨財, 於此寺東院, 創造堂宇. 時歲旱池涸, 卽掘廣深之. 急暴雨池溢, 乃是一大龜, 高數尺, 如半張牀大, 岸側而行. 衆卽驚呼, 龜遂躍入池中.

寺僧靈岫云: "院有折碑, 云興業寺碑, 碑文梁散騎常侍庾元威撰. 其文可傳者云: '此寺有靈龜一頭, 長三尺五寸. 冬潛春現, 多歷年所. 隨衆上堂, 應時而食.' 刺史安陸王照頻遇此龜, 其壞碑因卽扶豎. 今在遍學寺東院." 阮氏所修寺堂, 庭中浮屠前池見在, 深五尺, 方二十步. (出『襄沔記』)

## 472・10(6607)
## 당태종(唐太宗)

당(唐)나라 무덕연간(武德年間: 618~626) 말에 태종이 내란을 평정하려고 할 때, 동산의 연못 안에서 흰 거북이 연잎 위에서 놀고 있었다. 태종이 거북을 잡아오자 거북은 흰 돌로 변했는데, 옥처럼 맑고 영롱했다. 태종은 등극한 뒤에 조서를 내렸다.

"하늘이 나를 보우하시어 이 보귀(寶龜)를 내려주셨다."

(『녹이기』)

唐武德末, 太宗欲平內難, 苑池內有白龜, 遊於荷葉之上. 太宗取之, 化爲白石, 瑩潔如玉. 登極之後, 降制曰: "皇天眷祐, 錫以寶龜." (出『錄異記』)

## 472・11(6608)
## 유언회(劉彦回)

당(唐)나라 때 유언회의 아버지가 호주자사(湖州刺史)로 있었는데,

한 하급관리가 은광에서 길이가 1척인 거북 하나를 얻어 자사에게 갖다 바쳤다. 관리들이 축하하며 말했다.

"이 거북을 잡아먹으면 천 년을 살 수 있습니다."

사군(使君: 刺史)은 자신은 그런 사람이 아니라고 거절하면서 직접 말을 타고 가서 거북을 은광에 놓아주었다.

10여 년 후에 자사가 죽었다. 유언회는 방주사사(房州司士)를 맡게 되어 가족들을 데리고 임지로 갔는데, 그때 마침 산의 물이 흘러 넘쳐 평지가 다 잠겼다. 가족들은 당황하고 두려워 어디로 가야할 지 몰랐다. 잠시 후에 큰 거북이 와서 길을 인도하자 유언회와 가족들이 상의하며 말했다.

"거북은 영물(靈物)인데 지금 우리를 인도하러 온 모습이 신과 같군요."

30여 명의 사람들이 거북을 따라 갔는데 모두 물이 얕은 곳이었다. 10여 리를 가자 평지에 도착해서 그들은 홍수를 피할 수 있었다. 온 가족은 놀라고 기뻐했으나 그 이유를 알지 못했다. 그날 밤 유언회의 꿈에 거북이 나타나 말했다.

"저는 이전에 은광에 있다가 [돌아가신] 사군의 은혜를 입은 적이 있습니다. 그래서 이번에 은혜를 갚은 것입니다."

(『광이기』)


唐劉彦回父爲湖州刺史, 有下寮於銀坑得一龜, 長一尺, 持獻刺史. 羣官畢賀云: "得此龜食('食'原作'人', 據明鈔本改), 壽一千歲." 使君謝己非其人, 故自騎馬, 送龜卽至坑所.

其後十餘年, 刺史亡. 彦回爲房州司士, 將家屬之官, 屬山水泛溢, 平地盡沒.

一家惶懼, 不知所適. 俄有大龜來引其路, 彦回與家人謀曰: "龜乃靈物, 今來相導, 狀若神." 三十餘口隨龜而行, 悉是淺處. 歷十餘里, 乃至平地, 得免水難. 擧家驚喜, 亦不知其由. 至此夕, 彦回夢龜云: "己昔在銀坑, 蒙先使君之惠. 故此報恩." (出『廣異記』)

## 472 · 12(6609)
## 오흥어자(吳興漁者)

당(唐)나라 개원연간(開元年間: 713~741)에 오흥(吳興)에 사는 어부가 초계(苕溪)에서 매번 큰 거북을 보았는데, 거북은 네 발에 각각 거북 한 마리씩을 밟고 가고 있었다. 어부는 그 거북이 영귀(靈龜)임을 알고 돌을 집어 던져 거북을 맞쳐서 잡았다. 한참 후에 그는 주(州)의 종사(從事) 배씨(裴氏)에게 거북을 바쳤다. 배씨가 점쟁이를 부르자 점쟁이가 말했다.

"이것은 제왕이 점칠 때 사용하는 거북이니 이것으로 작은 일을 점쳐서는 안 됩니다. [만약에 점을 친다면] 점을 친 대상이 반드시 죽게 됩니다."

배씨는 평소에 함부로 망령된 짓을 했다. 당시 정원에 까치가 있었고 그 새끼들이 아직 어렸는데, 그것을 시험해보기 위해서 점쟁이에게 거북 껍질을 뚫어 점을 치게 했다. 며칠 후 큰 바람이 불어 까치집을 망가뜨려 놓았고 까치새끼들도 모두 죽었다. 얼마 후에 배씨는 또 그의 하녀가 아들을 가졌는지 딸을 가졌는지 점을 쳐보게 했는데, 틀림없이 아들을 낳을 것이라는 점괘가 나왔다. 하녀의 아들은 태어나자마자 곧 죽었다. 후에 배씨는 결국 그 거북을 황제께 진상했다. (『광이기』)


唐開元中, 吳興漁者, 於苕溪上每見大龜, 四足各蹋一龜而行. 漁者知是靈龜, 持石投之, 中而獲焉. 久之, 以獻州從事裴. 裴召龜人, 龜人云: "此王者龜, 不可以卜小事. 所卜之物必死." 裴素狂妄. 時庭中有鵲, 其鷇尙毸, 乃驗誌之, 令卜者鑽龜焉. 數日, 大風損鵲巢, 鵲雛皆死. 尋又命卜其婢, 所懷娠是兒女, 兆云當生兒. 兒生, 尋亦死. 裴後竟進此龜也. (出『廣異記』)


## 472 · 13(6610)
## 당명황제(唐明皇帝)


당(唐)나라 명황제(明皇帝: 玄宗) 때 어떤 방사(方士)가 지름이 1촌인 작은 거북을 진상했는데 황금색으로 예뻤다. 방사가 말했다.

"이 거북은 신령하여 먹이를 먹지 않으며 베개나 상자 속에 놓아두면 거대한 뱀의 독을 피할 수 있습니다."

황제는 항상 거북을 수건 상자 속에 넣어두었다. 황제의 두터운 사랑을 받던 어린 환관이 친척의 죄에 연루되어 남쪽으로 귀향가게 되자, 황제는 법을 바꿔 그의 죄를 풀어줄 수가 없었기에 몰래 그 거북을 주면서 말했다.

"남쪽 변방에는 거대한 뱀들이 많으니 항상 이 거북을 옆에 두면 해를 입지 않을 것이다."

환관은 절을 하고 거북을 받았다. 그가 상군(象郡)의 관할 현에 도착했을 때 마을거리와 객사는 쥐 죽은 듯이 조용해 한 사람도 보이지 않았다. 그는 여관에 투숙했다. 그날 밤은 낮처럼 달이 밝았으나 비바람 소리가 점점 가까이 들려왔다. 이에 그는 거북을 꺼내 계단에 놓아두었다. 한참 뒤에 거북이 목을 빼고 기를 토해냈는데, 실 같은 불꽃이 곧장 3~4척 높이까지 올라가더니 서서히 흩어졌다. 곧 거북의 호흡도 원래대로 회복되었고 종전의 비바람소리도 멈췄다.

날이 밝자 역리(驛吏)들이 조금씩 모여들더니 정원에 늘어서서 절하며 말했다.

"어제 천자의 사자께서 곧 당도하시리라는 것을 알고 맞이할 준비를 해야 마땅했으나, 때마침 한 나그네가 뱀 한 마리를 잘못 죽인 탓에 사람들은 복수하려는 뱀이 그날 밤에 찾아와 해를 입힐 것임을 알았습니다. 그래서 주변에 사는 사람들이 모두 30~50리 밖으로 나가 뱀의 독을 피했던 것입니다. 저희들은 감히 멀리 떠나지 못하고 근처 산의 동굴 속에 숨어 있으면서 아침이 되길 기다렸습니다. 지금 천자의 사자께서 아무 탈도 없으시니 이는 바로 천지신명이 도와주신 것으로 사람의 힘으로 할 수 있는 것이 아닙니다."

한참 후에 떠났던 사람들이 점차 모여들어 말하길, 길에 거대한 뱀 10여 마리가 모두 썩어 문드러졌다고 했다. 그 때부터 다시는 뱀이 복수하는 일이 일어나지 않았는데, 사람들은 그 이유를 알지 못했다. 1년이 지나 환관은 부름을 받고 장안(長安)으로 돌아왔다. 그는 다시 황금 거북을 진상하면서 울며 감사의 말을 했다.

"신의 목숨만 이것에 의지하여 보존할 수 있었을 뿐 아니라 남방 사람들 전체가 그 독으로부터 영원히 벗어나게 되었사옵니다. 보전 받은 사람의 목숨은 헤아릴 수 없을 만큼 많사옵니다. 이는 실로 황제의 성덕(聖德)이 미친 바이자 신귀(神龜)의 힘이옵니다."

(『녹이기』)

　唐明皇帝嘗有方士獻一小龜, 徑寸而金色可愛. 云: "此龜神明而不食, 可置之枕笥之中, 辟巨蛇之毒." 上常貯巾箱中. 有小黃門恩渥方深, 而坐親累, 將竄南徼, 不欲屈法免之, 密授此龜曰: "南荒多巨蟒, 常以龜置於側, 可以無苦." 閹者拜受之. 及象郡之屬邑, 里市館舍, 悄然無一人. 投宿于旅舍. 是夜, 月明如晝, 而有風雨之聲, 其勢漸近. 因出此龜, 置於階上. 良久, 神龜伸頭吐氣, 其火如綖直上高三四尺, 徐徐散去. 已而龜遊息如常, 向之風雨聲, 亦已絶矣.

　及明, 驛吏稍稍而至, 羅拜庭下曰: "昨知天使將至, 合備迎奉, 適緣行旅誤殺一蛇, 衆知報寃蛇必此夕爲害. 側近居人, 皆出三五十里外, 避其毒氣. 某等不敢遠出, 止在近山巖穴之中, 伏而待旦. 今則天使無恙, 乃神明所祐, 非人力也." 久之, 行人漸至, 云當道有巨蛇十數, 皆已糜爛. 自此無復報寃之物, 人莫測其由. 逾年, 黃門召歸長安. 復以金龜進上, 泣而謝曰: "不獨臣之性命, 賴此生全, 南方之人, 永祛毒類. 所全人命, 不知紀極. 實聖德所及, 神龜之力也." (出『錄異記』)


## 472・14(6611)
## 영진민(寧晉民)

당(唐)나라 건중(建中) 4년(783)에 조주(趙州) 영진현(寧晉縣) 사하(沙河)의 북쪽에 큰 팥배나무가 있었는데, 백성들은 늘 그 나무에 기도했다. 어느 날 갑자기 수천 마리의 뱀이 동남쪽에서 와서 북쪽 언덕을 건너 팥배나무 아래에 모이더니 두 더미를 이루었고 남쪽 언덕에 남은 뱀들이 또 한 더미를 이루었다. 잠시 후에 지름이 1촌인 거북 세 마리가 나타나 뱀 더미를 한 바퀴 돌자마자 쌓여있던 뱀들이 모두 죽었다. 그런 다음에 거북들은 각각 그 뱀 더미 위로 올라갔다. 사람들이 뱀의 배를 보았더니 모두 상처가 나 있는 것이 화살을 맞은 것 같았다. 자사(刺史) 강일지(康日知)가 팥배나무와 거북 세 마리를 그려 황제께 바쳤다. (『유양잡조』)

唐建中四年, 趙州寧晉縣沙河北, 有大棠梨, 百姓常祈禱. 忽有群蛇數千, 自東南來, 渡北岸, 集棠梨樹下爲二積, 留南岸者爲一積. 俄見三龜徑寸, 纔繞行, 積蛇盡死. 乃各登積. 視蛇腹悉有瘡, 若矢所中. 刺史康日知圖甘棠梨三龜來獻. (出『酉陽雜俎』)

## 472 · 15(6612)
## 사 론(史 論)

당(唐)나라 때 사론이 장군(將軍)으로 있을 적에 갑자기 아내의 방에서 빛이 나기에 이상해하면서 아내와 함께 방을 뒤져보았지만 아무 것도 발견할 수 없었다. 어느 날 아침에 아내가 화장을 하려고 화장 상자를 열었는데, 상자 안에 갑자기 동전처럼 생긴 황금색 거북이 들어 있었다. 거북이 내뿜는 오색 기운이 온 방안에 가득 찼다. 후에 그들은 항상 그 거북을 길렀다. ([『유양잡조』])

唐史論作將軍時, 忽覺妻所居房中有光, 異之, 因與妻索房中, 且無所見. 一日, 妻早粧開奩, 奩中忽有金色龜, 如錢. 吐五色氣, 彌滿一室. 後常養之 (原闕出處, 明鈔本·陳校本作'出『酉陽雜俎』')

## 472・16(6613)
## 서 중(徐 仲)

당(唐)나라 정원연간(貞元年間: 785~804) 말에 복주(福州)의 어떤 마을 사람이 대그릇에 담긴 거북을 팔았는데 모두 13마리였다. 서중이라는 약 파는 사람이 5환(鍰: 1鍰은 10냥)을 주고 거북들을 사자 마을 사람이 말했다.

"이것은 성스러운 거북이니 죽여서는 안 되오."

서중이 거북을 정원에 놓아두자 한 마리의 거북이 4마리 거북을 밟고 다녔고 나머지 8마리 거북은 앞길을 인도했는데 모두 6촌 크기였다. 마침내 서중이 건원사(乾元寺) 뒤 숲 속에 거북들을 놓아주자 하룻밤 사이에 모두 사라져 버렸다. (『유양잡조』)

福州, 唐貞元末, 有村人賣一籠龜, 其數十三. 販藥人徐仲以五鍰獲之, 村人云: "此聖龜, 不可殺." 徐置庭中, 一龜藉龜而行, 八龜爲導, 悉大六寸. 徐遂放於乾元寺後林中, 一夕而失. (出『酉陽雜俎』)

## 고숭문(高崇文)

당(唐)나라 찬황공(贊皇公) 이덕유(李德裕)가 다음과 같은 이야기를 해주었다.

촉(蜀) 땅에 전하는 말에 따르면, 장의(張儀)가 성도성(成都城)을 쌓을 때 성이 자주 무너졌는데, 당시 거북 한 마리가 돌아다니기에 거북이 다닌 길을 따라 성을 쌓았더니 성이 과연 이루어졌다고 한다. 내가 아직 성도군(成都郡)에 도착하지 않았을 때 거북 껍질이 아직 성안에 있다는 말을 듣고서 어제 노인들을 찾아다니며 물어보았더니, 우문우(宇文遇)라는 군용물자 창고 관리가 말했다.

"예전에는 창고 안에 그것이 있었는데, 원화연간(元和年間: 806~820) 초에 절도사(節度使) 고숭문이 그 사실을 알고 장인에게 껍질을 잘라 허리띠 장식을 만들게 했습니다."

장의부터 고숭문까지 천여 년의 세월동안 거북 껍질이 여전히 있었는데, 한 무관(武官)에 의해 훼손되었으니 매우 안타깝도다!

(『융막한담』)

唐贊皇公李德裕曰: 蜀傳張儀築成都城, 屢有頹壞, 時有龜周行旋走, 至是一龜行路築之, 旣而城果就. 予未至郡日, 嘗聞龜殼猶在城內, 昨詢訪耆舊, 有軍資庫官宇文遇者言: "比常在庫中, 元和初, 節度使高崇文知之, 命工人截爲腰帶胯具." 自張儀至崇文千餘載, 龜殼尙在, 而武臣毁之, 深可惜也! (出『戎幕閑談』)

## 472・18(6615)
## 변하고객(汴河賈客)

당(唐)나라 때 한 상인이 변하(汴河) 가에 배를 정박했다가 커다란 거북 한 마리를 잡아 아궁이에서 불로 구웠다. 그날 밤 그는 구운 거북을 꺼내는 것을 잊어버렸다가 다음날 꺼내 보았는데 껍질이 이미 타 있었다. 그는 재를 털어 내고 식탁 위에 놓고 먹으려 했다. 한참 후에 거북이 목을 빼고 다리를 움직이더니 천천히 식탁 위를 기어 다녔는데, 살아 있을 때와 다름이 없었다. 사람들이 모두 기이하게 여겨 거북을 물 속에 놓아주었더니 헤엄쳐서 떠나갔다. (『녹이기』)

唐有賈客維舟汴河上, 獲一巨龜, 於竈火中煨之. 是夕, 忘出之, 明日取視, 殼已燋矣. 拂拭去灰, 置於食牀上, 欲食. 良久, 伸頸足動, 徐行牀上, 其生如常. 衆共異之, 投於水中, 游泳而去. (出『錄異記』)


## 472・19(6616)
## 남 인(南 人)

남방 사람들은 거북 오줌을 채취하는데, 거북이 질투가 심해 뱀과도 교배하기 때문이다. 때때로 암뱀이 오면 거북끼리 서로 싸우면서 물어뜯다가 힘이 약한 놈을 죽게도 만든다. 거북 오줌을 채취할 때는 숫거북을 그릇이나 작은 대야 속에 넣고 거북 뒤쪽에 거울을 놓고 비추는데, 그러면 숫거북은 거울 속의 거북을 보고 음란한 생각에 오줌을 눈다. 또 종이심지에 불을 붙인 뒤 거북의 꽁무니에 대도 오줌을 누는데, 거울로 비춘 것보다 못하다. 이러한 방법들은 도사(道士) 진교(陳釗)에게서 배운 것이다.

또 바다사람이 다음과 같이 말했다.

"용은 세 개의 알을 낳는데, 그 중 하나가 '길조(吉弔)'가 된다. 길조는 언덕에 올라 사슴과 교배를 하다가 종종 물가에 정액을 남기기도 하는데, 뗏목에 묻으면 포도처럼 나뭇가지에 달라붙는다. 정액의 색깔은 옅은 청황색으로 회색과도 비슷하며 '자초화(紫稍花)'라고 부르는데, 양기(陽氣)를 북돋아준다."

그밖에 다른 방술(方術)도 있다. (『북몽쇄언』)


南人採龜溺, 以其性妬而與蛇交. 或雌蛇至, 有相趁鬪噬, 力小致斃者. 採時, 取雄龜置瓷盌及小盤中, 於龜後, 以鏡照之, 旣見鏡中龜, 卽淫發而失溺. 又以紙炷火上焫熱, 點其尻, 亦致失溺, 然不及鏡照也. 得於道士陳釗.

又海上人云: "龍生三卵, 一爲'吉弔'也. 其吉弔上岸與鹿交, 或於水邊遺精, 流槎遇之, 粘裹木枝, 如蒲桃焉. 色微青黃, 復似灰色, 號'紫稍花', 益陽道." 別有方說. (出『北夢瑣言』)


## 472 · 20(6617)
## 염거경(閻居敬)

신안(新安) 사람 염거경의 집이 산에서 내려온 물에 잠기자 그는 집이 무너질까 두려워 침상을 문밖에 옮겨놓고 잠을 잤다. 꿈속에 검은 옷 입은 사람이 나타나 말했다.

"당신은 물을 피해 여기로 왔고 나도 물을 피해 여기로 왔는데, 내가 당신에게 무슨 해를 끼쳤다고 나를 이토록 짓누르는 것이오? 심히 불쾌하오."

염거경은 잠에서 깨어나서도 그 이유를 알지 못했다. 그날 밤 연이어 3번 꿈을 꾸게 되자 염거경이 말했다.

"내가 여기서 잠을 자면 안 된단 말인가?"

그리고는 침상을 옮기게 했는데, 문지방 밖에 거북 한 마리가 침상다리에 비스듬히 눌려 있었다. 이에 거북을 놓아주자 떠나갔다. (『계신록』)

新安人閻居敬, 所居爲山水所浸, 恐屋壞, 移榻於戶外而寢. 夢一烏人曰: "君避水在此, 我亦避水至此, 於君何害, 而迫迮我如是? 不快甚矣." 居敬寤, 不測其故. 爾夕三夢, 居敬曰: "豈吾不當止此耶?" 因命移牀, 乃牀脚斜壓一龜於戶限外. 放之乃去. (出 『稽神錄』)

## 472・21(6618)
## 지주민(池州民)

지주(池州)의 백성 양씨(楊氏)는 젓갈을 팔며 살았는데, 한번은 잉어 10마리를 삶으면서 아들에게 지키게 했다. 잉어가 익을 무렵 갑자기 솥 속에서 살려달라는 소리가 서너 번 나기에 아들은 놀랍고도 두려워

아버지에게 달려가 알렸다. 그들이 함께 와서 보았더니 솥 속에는 한 마리의 잉어도 없었고 찾아도 찾을 수 없었다. 다음 해에 집에서 기르던 개가 항상 문지방 아래를 보며 짖었는데, 며칠 동안 계속 짖자 집안사람들이 말했다.

"작년에 잃어버렸던 잉어가 혹시 여기에 있는 것이 아닐까?"

이에 문을 뜯고 보았더니 거북 10마리가 있기에 물 속으로 보내주었다. 후에 그의 집에는 아무 일도 일어나지 않았다. (『계신록』)

池州民楊氏以賣鮓爲業, 嘗烹鯉魚十頭, 令兒守之, 將熟, 忽聞釜中乞命者數四, 兒驚懼, 走告其親. 共往視之, 釜中無復一魚, 求之不得. 朞年, 所畜犬恒窺戶限下而吠, 數日, 其家人曰: "去年鯉魚, 得非在此耶?" 卽撤戶視之, 得龜十頭, 送之水中. 家亦無恙. (出『稽神錄』)

## 472 · 22(6619)
## 이 종(李 宗)

이종이 초주자사(楚州刺史)를 지낼 때 군에 한 비구니가 저자거리를 지나다가 갑자기 땅에 주저앉았는데, 밀 수도 잡아당길 수도 없었고 먹지도 않고 말도 하지 않은 채 여러 날이 지났다. 이에 담당관리가 이종에게 아뢰자 이종은 무사(武士)를 시켜 비구니를 잡아 일으키게 하고는 그 땅을 파게 했다. 그곳에서 길이가 몇 척이나 되는 커다란 거북 한 마리가 나왔는데, 물 속으로 보내주자 그 비구니도 나왔다. (『계신록』)

李宗爲楚州刺史, 郡中有尼方行於市, 忽據地而坐, 不可推挽, 不食不語者累日. 所由司以告宗, 命武士扶起, 掘其地. 得大龜長數尺, 送之水中, 其尼乃愈. (出『稽神錄』)

# 태평광기 권제 473 곤충(昆蟲) 1

1. 역 사(蝮 射)
2. 화 선(化 蟬)
3. 읍 노 와(揖 怒 蛙)
4. 괴 재(怪 哉)
5. 소 충(小 蟲)
6. 장 충(蔣 蟲)
7. 원 객(園 客)
8. 오 의 인(烏 衣 人)
9. 주탄급사(朱誕給使)
10. 갈 휘 부(葛 輝 夫)
11. 언 정(蝘 蜓)
12. 육 지(肉 芝)
13. 천세편복(千歲蝙蝠)
14. 승 촉 장(蠅 觸 帳)
15. 창 오 충(蒼 梧 蟲)
16. 책 맹(蚱 蜢)
17. 시 자 연(施 子 然)
18. 방 기(龐 企)
19. 섬 서(蟾 蜍)
20. 승 사(蠅 敕)
21. 발 요(髮 妖)
22. 환 겸(桓 謙)
23. 청 정(靑 蜓)
24. 주 탄(朱 誕)
25. 백 인(白 蚓)
26. 왕 쌍(王 雙)

## 473 · 1(6620)
# 역 사(蜮 射)

『현중기(玄中記)』에서 다음과 같이 말했다.

"역(蜮: 물여우)은 독기를 사람에게 쏘는데, 사람과 30보 떨어져 있어도 그 그림자를 맞힐 수 있다. 역의 독기에 맞은 사람은 10명 중에 6~7명이 죽는다."

『기년(紀年: 竹書紀年)』에서는 다음과 같이 말했다.

"[春秋時代] 진(晉)나라 헌공(獻公) 2년(기원전 675) 봄에 주(周)나라 혜왕(惠王)이 [난을 피해] 정(鄭)나라에 머물고 있을 때, 어떤 정나라 사람이 혜왕의 부고(府庫)로 들어가 옥마(玉馬)를 훔쳤는데, 옥마가 역으로 변하여 그 사람을 쏘았다."

(『감응경』)


『玄中記』: "蜮以氣射人, 去人三十步, 卽射中其影. 中人, 死十六七." 『紀年』云: "晉獻公二年春, 周惠王居于鄭, 鄭人入王府取玉馬, 玉化爲蜮, 以射人也." (出『感應經』)

## 473·2(6621)
## 화 선(化 蟬)

[春秋時代] 제왕(齊王)의 왕후가 왕에게 원한을 품고 분에 못 이겨 죽었는데, 그 시체가 매미로 변하여 정원의 나무로 올라가서 가냘프게 울어댔다. 나중에 제왕은 [자신의 잘못을] 후회하여 매미의 울음소리를 들을 때마다 슬피 탄식했다. (최표『고금주』)

齊王后怨王怒死, 尸化爲蟬, 遂登庭樹, 嘒唳而鳴. 後王悔恨, 聞蟬鳴, 卽悲歎. (出崔豹『古今註』)


## 473·3(6622)
## 읍노와(揖怒蛙)

[春秋時代] 월왕(越王) 구천(勾踐)은 오(吳)나라에게 치욕을 당한 후에 늘 예를 다해 선비들을 접대하여 [그들의 도움으로] 오나라를 평정하고자 했다. 하루는 구천이 나들이하러 나갔다가 분노하는 개구리를 보고 개구리에게 [두 손을 모아] 읍(揖)했더니 좌우 사람들이 말했다.
"대왕께서는 어찌하여 분노하는 개구리에게 읍하십니까?"
구천이 대답했다.
"개구리가 이처럼 분노하니 어찌 감히 읍하지 않을 수 있겠는가?"
그리하여 천하의 용사들이 그 말을 듣고 모두 월나라로 귀복(歸服)

하여 마침내 구천은 오나라를 평정했다. (『월절서』)

　越王勾踐旣爲吳辱, 常盡禮接士, 思以平吳. 一日出遊, 見蛙怒, 勾踐揖之, 左右曰: "王揖怒蛙何也?" 答曰: "蛙如是怒, 何敢不揖?" 於是勇士聞之, 皆歸越, 而平吳. (出『越絶書』)

### 473·4(6623)
## 괴 재(怪 哉)

　한(漢)나라 무제(武帝)가 감천궁(甘泉宮)으로 행차할 때 치도(馳道: 천자나 귀인이 행차하는 길)에 머리·어금니·이빨·귀·코가 모두 갖추어진 붉은색의 벌레가 있었는데, 그것을 본 사람들은 그것이 어떤 벌레인지 알지 못했다. 그래서 무제가 동방삭(東方朔)에게 살펴보게 했더니 동방삭이 [살펴보고] 돌아와서 대답했다.

　"그 벌레의 이름은 '괴재'라고 하옵니다. 옛날 [秦나라 때] 무고한 사람들을 잡아 가두었기에 뭇 백성들이 근심하고 원망하여 모두 머리를 쳐들고서 '괴재! 괴재!' 하며 탄식했사옵니다. 아마도 [그 원성이] 하늘을 감동시켰는지 그 분노로 인해 그것이 생겨났기 때문에 그 이름을 '괴재'라고 했사옵니다. 그 땅은 필시 진(秦)나라의 감옥이 있던 곳일 것이옵니다."

　그래서 즉시 지도를 조사해보았더니 정말로 동방삭이 말한 대로였다. 무제가 또 물었다.

"어떻게 하면 그 벌레를 없앨 수 있는가?"

동방삭이 대답했다.

"무릇 근심이란 술로 해소할 수 있사오니, 술을 그것에 부으면 틀림없이 소멸될 것이옵니다."

그리하여 무제가 사람을 시켜 그 벌레를 가져다 술 속에 넣게 했더니 금세 녹아 흩어졌다. (『소설』)

漢武帝幸甘泉, 馳道中有蟲, 赤色, 頭・牙・齒・耳・鼻盡具, 觀者莫識. 帝乃使東方朔視之, 還對曰: "此蟲名'怪哉'. 昔時拘繫無辜, 衆庶愁怨, 咸仰首歎曰: '怪哉! 怪哉!' 蓋感動上天, 憤所生也, 故名'怪哉'. 此地必秦之獄處." 卽按地圖, 信如其言. 上又曰: "何以去蟲?" 朔曰: "凡憂者, 得酒而解, 以酒灌之當消." 於是使人取蟲置酒中, 須臾糜散. (出『小說』)

## 473・5(6624)
## 소 충(小 蟲)

한(漢)나라 광무제(光武帝) 건무(建武) 6년(30)에 산양현(山陽縣)에서 작은 벌레가 나타났는데, 모두 사람 모습처럼 생겼으며 아주 많았다. 다음날 그 벌레들이 모두 나뭇가지에 매달려 죽어 있었다. (『광고금오행기』)

漢光武建武六年, 山陽有小蟲皆類人形, 甚衆. 明日, 皆懸於樹枝死. (出『廣古

『今五行記』)

### 473 · 6(6625)
### 장 충(蔣 蟲)

장자문(蔣子文)은 광양(廣陽) 사람이다. 그는 술과 여자를 좋아했으며 제멋대로 행동하고 방종했다. 그는 늘 스스로 이렇게 말했다.

"나는 죽으면 분명 신이 될 것이다."

한(漢)나라 말에 장자문은 말릉현위(秣陵縣尉)로 있었는데, 도적을 뒤쫓아 종산(鍾山) 아래까지 갔다가 도적에게 맞아서 이마에 상처를 입었다. 그는 인끈을 풀어 상처를 싸맸지만 얼마 후에 죽고 말았다.

오(吳)나라 선주(先主: 孫權) 초기에 장자문의 옛 부하 관리들이 길에서 그를 보았는데, 그는 백마를 타고 흰색 깃털부채를 들고 있었으며 살아 있을 때처럼 시종들이 따르고 있었다. 장자문을 본 사람들이 놀라서 도망치자 그는 사람들을 쫓아가서 이렇게 말했다.

"나는 분명 이곳의 토지신이 되어서 이곳 백성들에게 복을 내려줄 것이니, 너희는 백성들에게 널리 알려 나를 위해 사당을 지으라고 하여라. 그렇게 하지 않으면 장차 큰 재앙이 있을 것이다."

그 해 여름에 돌림병이 크게 돌자 백성들은 두려움에 떨면서 몰래 장자문에게 제사지내는 사람들이 많았다. 얼마 후 장자문은 또 무당을 통해 이렇게 말했다.

"내가 장차 손씨(孫氏)에게 큰 복을 내릴 것이니 관리들은 마땅히 나를 위해 사당을 세우도록 하라. 그렇지 않으면 장차 벌레를 사람의 귓속에 들어가게 하여 재앙을 내릴 것이다."

얼마 후에 과연 등에처럼 생긴 벌레가 사람들의 귓속으로 들어가자 모두들 즉시 죽었지만 의원도 고치지 못했다. 백성들은 더욱 두려워했지만 손주(孫主: 孫權)는 여전히 믿지 않았다. 그러자 장자문은 다시 무당을 통해 이렇게 말했다.

"만약 나에게 제사지내지 않으면 장차 큰불로써 재앙을 내릴 것이다."

그 해에 수백 곳에서 화재가 크게 일어나서 궁전까지 불이 번지자 손주는 그제야 그것을 걱정했다. 당시 논자들은 귀신에게 돌아갈 곳이 있어야 해로운 짓을 하지 않으니 마땅히 귀신에게 제사를 지내주어야 한다고 여겼다. 그래서 손주는 사자(使者)를 보내 장자문을 중도후(中都侯)에 봉하고 [그의 둘째 동생인] 장자서(蔣子緒)를 장수교위(長水校尉)에 제수한 다음, 도장과 인끈을 더해주고 사당을 세워 그의 혼령을 기렸다. 오늘날 건강(建康) 동북쪽에 있는 장산(蔣山)이 바로 그곳이다. 그때부터 역병이 모두 그쳤으며 백성들도 마침내 장자문을 크게 받들어 모셨다.『유명록(幽明錄)』에도 [이 이야기가] 실려 있다. [이 고사는 本書 권293「蔣子文」에도 실려 있음] (『수신기』)

蔣子文者, 廣陽人也. 嗜酒好色, 挑達無度. 每自言: "我死當爲神也." 漢末, 爲秣陵尉, 逐賊至山下, 被賊擊傷額. 因解印綬縛之, 有傾而卒.

及吳先主之初, 其故吏見子文於路間, 乘白馬, 執白羽扇, 侍從如平生. 見者驚走, 子文追之, 謂曰: "我當爲此地神, 福('福'字原闕, 據本書卷二九三「蔣子文」

條補)爾下民. 可宣告百姓, 爲我立祠. 不爾, 將有大咎." 是歲夏, 大疾疫, 百姓輒恐動, 頗竊祀之者. 未幾, 乃下巫祝曰: "吾將大啓('啓'原作'咎', 據本書卷二九三「蔣子文」條改)福孫氏. 官宜爲我立祠. 不爾, 將使蟲入人耳爲災也." 俄而果有蟲虿, 入人耳卽死, 醫所不治. 百姓愈恐, 孫主尙未之信. 旣而又下巫祝曰: "若不祀我, 將以大火爲災." 是歲, 火災大發百數, 火漸延及公宮, 孫主患之. 時議者以神有所歸, 乃不爲厲, 宜告饗之. 於是使使者封子文爲中都侯, 其子緖爲長水校尉, 皆加印綬, 爲立祠宇以表其靈. 今建康東北蔣山是也. 自是疾厲皆息, 百姓遂大事之『幽明錄』亦載焉. (出『搜神記』)

## 473 · 7(6626)
## 원 객(園 客)

원객은 제음(濟陰) 사람이다. 그는 용모가 준수하고 성품이 어질어 고을의 많은 사람들이 그에게 딸을 시집보내길 원했으나 그는 끝내 장가들지 않았다. 그는 항상 오색 향초를 심어놓고 수십 년 동안 그 열매를 먹었다. 어느 날 오색 나방이 그 향초 옆에 날아와 앉자 원객은 그것을 거두어 자리를 깔아주었다. 누에를 칠 때가 되자 어떤 여자가 한밤중에 찾아오더니 스스로를 원객의 아내라고 하면서 누에의 상태에 대해 설명했다. 원객은 그녀와 함께 누에를 쳐서 120개의 고치를 얻었는데 모두 항아리만큼이나 컸다. 고치 하나를 켜는 데 60일이 걸려서야 비로소 끝났다. 고치 켜는 일을 다 마치고 나서 두 사람은 함께 떠났는데 어디로 갔는지 알 수 없었다. 제음 사람들은 [그들을 위해] 사당을 세우고 제사를 지냈다. [이 고사는 本書 권59 제3조 「園客妻」에도 실려 있음] (『열선전』)

　　園客者, 濟陰人也. 姿貌好而良. 邑人多願以女妻之, 終不娶. 常種五色香草, 積數十年, 服其實. 一旦有五色蛾止其旁. 客收而薦之. 至蠶時, 有女夜半至, 自稱客妻, 道蠶之狀. 客與俱蠶, 得百二十頭繭, 皆如瓮. 繰一頭, 六十日乃盡. 訖則俱去, 莫知所如. 濟陰人設祠祀焉. (出『列仙傳』)


473・8(6627)
# 오의인(烏衣人)

　　[三國時代] 오(吳)나라 부양현(富陽縣)에 동소지(董昭之)라는 사람이 있었다. 그가 한번은 배를 타고 전당강(錢塘江)을 건너갔는데, 강 속을 들여다보았더니 개미 한 마리가 짧은 갈대 하나에 달라붙어 정신없이 버둥거리면서 죽을까봐 두려워하고 있자, 끈으로 갈대를 묶어서 배에 매어놓았다. 배가 기슭에 이른 후에 개미는 물에서 나올 수 있었다. 그날 밤 동소지의 꿈에 검은 옷을 입은 한 사람이 나타나 감사드리며 말했다.

　　"저는 개미 왕입니다. 당신이 절 구해주신 은혜에 감사드리고자 하니, 나중에 당신에게 위급한 일이 생기면 반드시 저에게 알려주십시오."

　　그로부터 10여 년이 지난 후, 당시 동소지가 있던 곳에 도적이 나타났는데 그는 억울하게도 도적의 우두머리로 체포되어 여요현(餘姚縣)

의 감옥에 갇혔다. 동소지가 문득 개미 왕의 꿈을 떠올리며 골똘히 생각하고 있을 때 같이 갇혀 있던 사람이 그에게 [무얼 생각하고 있느냐고] 물었다. 동소지가 사실대로 말해주었더니 그 사람이 말했다.

"두세 마리의 개미를 가져다 손바닥 안에 놓고 말해보시오."

동소지가 그 사람의 말대로 했더니 밤에 과연 검은 옷 입은 사람이 나타나 말했다.

"급히 여항산(餘杭山) 속으로 몸을 피하시오. 천하가 이미 어지러워졌으니 사면령이 머지않아 내려질 것입니다."

동소지가 깨어나서 보니 개미가 그의 형구를 이미 다 갉아놓았기 때문에 그는 감옥을 빠져나와 강을 건너간 뒤 여항산으로 들어갔다. 얼마 후 동소지는 사면령을 받아 마침내 별 탈 없게 되었다. (『제해기』)

吳富陽縣有董昭之者. 曾乘船過錢塘江, 江中見一蟻著一短蘆, 遑遽畏死, 因以繩繫蘆著舡. 船至岸, 蟻得出. 其夜, 夢一烏衣人謝云: "僕是蟻中之王也. 感君見濟之恩, 君後有急難, 當相告語." 歷十餘年, 時所在刦盜, 昭之被橫錄爲刦主, 繫餘姚. 昭之忽思蟻王之夢, 結念之際, 同被禁者問之. 昭之具以實告, 其人曰: "但取三兩蟻著掌中語之." 昭之如其言, 夜果夢烏衣云: "可急投餘杭山中. 天下旣亂, 赦令不久('久'原作'及', 據明鈔本改)也." 旣寤, 蟻齧械已盡, 因得出獄, 過江, 投餘杭山. 旋遇赦, 遂得無他. (出『齊諧記』)

## 473・9(6628)
## 주탄급사(朱誕給使)

회남내사(淮南內史) 주탄은 자(字)가 영장(永長)이며, 오(吳)나라 손호(孫皓) 때 건안태수(建安太守)를 지냈다. 주탄의 급사의 부인이 귀신에게 홀렸는데 그 남편은 그녀가 간통한 것이라고 의심했다. 나중에 급사는 외출하는 척하고 은밀히 벽을 뚫고 집안을 엿보았더니, 부인이 베틀에 앉아 베를 짜면서 멀리 뽕나무 위를 쳐다보며 그곳을 향해 말하고 웃었다. 급사가 올려다보았더니 뽕나무 위에 어떤 소년이 있었는데, 나이는 14~15살쯤 되었으며 옷깃과 소매가 푸른 옷을 입고 푸른 두건을 쓰고 있었다. 급사는 그 소년을 진짜 사람이라고 생각하여 쇠뇌를 당겨 쏘았는데, 소년은 키[箕]만한 크기의 매미로 변하더니 높이 날아갔다. 부인도 그 즉시 놀라며 말했다.

"아이고! 사람이 그대를 쏘았네!"

급사는 그 연유를 몰라 괴이해했다.

그 후로[원문은 '役'이라 되어 있지만 『搜神記』 권17에 의거하여 '後'로 고쳐 번역함] 한참 지났을 때, 급사는 두 소년이 밭두렁에서 함께 얘기하고 있는 것을 보았다. 그 중 한 소년이 말했다.

"어찌하여 [한동안] 너를 볼 수 없었지?"

다른 소년은 바로 뽕나무 위에 있던 그 소년이었는데, 그가 대답했다.

"이전에 조심하지 않다가 사람에게 화살을 맞아 오랫동안 상처로 아팠어."

먼저 물었던 소년이 말했다.

"지금은 어떠니?"

그 소년이 말했다.

"주부군(朱府君: 朱誕) 집의 대들보 위에 있는 고약을 바른 덕분에 나을 수 있었어."

급사는 [그 말을 듣고] 주탄을 뵙고 말했다.

"어떤 자가 당신의 고약을 훔쳐갔는데 알고 계십니까?"

주탄이 말했다.

"내 고약은 오랫동안 대들보 위에 두었는데 다른 사람이 어떻게 [알고] 훔쳐갈 수 있겠는가?"

급사가 말했다.

"그렇지 않을 것이니 부군께서는 살펴보십시오."

주탄은 믿지 않았지만 시험 삼아 살펴보았더니 봉인한 것이 예전 그대였다. 주탄이 말했다.

"소인배가 허튼 소리를 하는구나! 고약은 예전 그대로 있다."

급사가 말했다.

"한번 열어보십시오."

[그래서 주탄이 열어보았더니] 고약의 절반이 없어졌으며 파낸 곳에 발톱자국이 있었다. 그제야 주탄이 깜짝 놀라며 자세히 물었더니 급사가 그 자초지종을 말해주었다. (『수신기』)


淮南內('內'原作'囚', 據明鈔本改)史朱誕字永長, 吳孫皓世, 爲建安太守. 誕給使妻有鬼病, 其夫疑之爲姦. 後出行, 密穿壁窺之, 正見妻在機中織, 遙瞻桑樹上, 向之言笑. 給使仰視, 樹上有年少人, 可十四五, 衣青衿袖・青幧頭. 給使以爲信人也. 張弩射之, 化爲鳴蟬, 其大如箕, 翔然飛去. 妻亦應聲驚曰: "噫! 人射汝!" 給使怪其故.

役久時, 給使見二小兒在陌上共語. 曰: "何以不復見汝?" 其一卽樹上小兒也, 答曰: "前不謹('謹'原作'遇', 據明鈔本改), 爲人所射, 病瘡積時." 彼兒曰: "今何如?" 曰: "賴朱府君梁上膏以傅之, 得愈." 給使白誕曰: "人盜君膏藥, 頗知之否?" 誕曰: "吾膏久致梁上, 人安得盜之?" 給使曰: "不然, 府君視之." 誕殊不信, 爲試視之, 封題如故. 誕曰: "小人故妄作! 膏自如故." 給使曰: "試開之." 則膏去半焉. 所掐刮見有趾跡. 誕自驚, 乃詳問之, 給使具道其本末. (出『搜神記』)

## 473・10(6629)
## 갈휘부(葛輝夫)

진(晉: 東晉)나라 때 오상(烏傷) 사람 갈휘부는 [安帝] 의희연간(義熙年間: 405~418)에 처갓집에서 묵고 있었는데, 삼경에 두 사람이 등불을 들고 계단 앞으로 왔다. 갈휘부는 그들이 흉악한 사람이라고 의심하여 때리려고 가서 막대기로 내려치려 했는데, 순간 그들이 모두 나비로 변하더니 분분히 날아갔다. 그 중 한 마리가 갈휘부의 옆구리 아래를 들이받자 그는 곧바로 땅에 쓰러졌다가 얼마 후에 죽었다. (『수신기』)

晉烏傷葛輝夫. 義熙中, 在婦家宿, 三更, 有兩人把火至階前. 疑是凶人, 往打之, 欲下杖, 悉變成蝴蝶, 繽紛飛散. 有衝輝夫腋下, 便倒地, 少時死. (出『搜神記』)

473 · 11(6630)
## 언 정(蝘 蜓)

『박물지(博物志)』에서 이렇게 말했다.

"언정(蝘蜓: 도마뱀)을 그릇에 넣어 기르면서 주사(朱砂)를 먹이면 그 몸이 온통 붉어진다. [그 몸무게가] 딱 7근이 되었을 때 만 번 절구질해서 빻아 여자의 사지에 바르면 죽을 때까지 그 붉은빛이 없어지지 않는다."

『회남만필술(淮南萬畢術)』에서는 이렇게 말했다.

"막 교접을 끝낸 수궁(守宮: 도마뱀)을 잡아 암컷과 수컷을 각각 다른 항아리 속에 넣어 그늘에서 100일 동안 말린 후에 [가루로 빻아] 여자의 팔에 찍어 바르면 무늬가 생겨나는데, 남자와 합방하면 그 무늬가 즉시 사라진다."

(『감응경』)


『博物志』: "蝘蜓以器養之, 食以朱砂, 體盡赤, 稱滿七斤, 治擣萬杵, 以點女子肢體, 終不滅." 『淮南萬畢術』云: "取守宮, 新合陰陽, 以牝牡各藏之瓮中, 陰乾百日, 以點女臂, 則生文章, 與男子合, 輒滅去也." (出『感應經』)


473 · 12(6631)
## 육 지(肉 芝)

육지는 '만세섬서(萬歲蟾蜍: 만 년 묵은 두꺼비)'라고 하는데, 머리 위에 뿔이 달렸고 목덜미 아래에 붉은 글씨로 '팔(八)'자가 중첩되어 있다. 5월 5일 오시(午時)에 그것을 잡아 그늘에서 100일 동안 말렸다가 그것의 다리로 땅을 그으면 그곳에서 즉시 물이 흘러나온다. 그것을 사람 몸의 왼쪽 손에 차고 있으면 5가지 병기[戈·殳·戟·酋矛·夷矛]를 피할 수 있는데, 만약 적이 그에게 화살을 쏘면 활과 쇠뇌의 화살이 모두 적을 향해 되돌아간다. (『포박자』)

肉芝者, 謂'萬歲蟾蜍', 頭上有角, 領下有丹書'八'字再重. 以五月五日中(明鈔本'中'作'午')時取之, 陰乾百日, 以其足畫地, 卽爲流水. 帶其('其'原作'在', 據明鈔本改)左手於身, 辟五兵, 若敵人射己者, 弓弩矢皆反還自向也. (出『抱朴子』)

## 473 · 13(6632)
## 천세편복(千歲蝙蝠)

천세편복(千歲蝙蝠: 천 년 묵은 박쥐)은 색이 눈처럼 희다. 머물 때는 거꾸로 매달리는데 그것은 머리가 무겁기 때문이다. 이것을 얻어서 그늘에서 말린 다음 가루로 빻아 복용하면, 사람의 수명을 4만 살까지 연장할 수 있다. (『포박자』)

千歲蝙蝠, 色如白雪. 集則倒懸, 腦重故也. 此物得而陰乾, 末服之, 令人壽四萬歲. (出『抱朴子』)

### 473 · 14(6633)
## 승촉장(蠅觸帳)

 진(晉: 東晉)나라 명제(明帝)가 한번은 죄인을 사면해주려 하면서 이를 비밀로 하고 발설하지 않았다. 명제는 깊숙한 방에 병풍을 치고 좌우 사람들을 물리친 뒤 휘장을 내린 채 조서의 초안을 작성했다. 그때 커다란 파리가 휘장을 밀치고 들어와 붓끝에 내려앉았다가 금세 다시 날아나갔다. 명제는 이상해하면서 사람을 시켜 파리가 날아가 앉은 곳을 살펴보게 했는데, 그곳에 곧 사면령이 내려질 것이라는 소문이 왁자지껄하게 이미 퍼져 있었다. (『이원』)

 晉明帝常欲肆眚, 祕而不泄('泄'原作'謀', 據明鈔本改). 乃屛曲室, 去左右, 下帷草詔. 有大蒼蠅觸帳而入, 萃于筆端, 須臾亡出. 帝異焉, 令人看蠅所集處, 輒傳有赦, 喧然已遍矣. (出『異苑』)


### 473 · 15(6634)
## 창오충(蒼梧蟲)

 『박물지(博物志)』에 이런 기록이 있다.

 "창오 지방에서는 사람이 죽으면 곧장 보리알만한 크기에 갑각(甲殼)이 있는 날벌레가 모여들었는데, 어떤 때는 1섬도 넘었고 어떤 때는 3~5말 정도 되었다. 그것은 마치 비바람이 몰아치듯이 달려들어 순식

간에 시체를 완전히 먹어치웠다. 사람들은 그 벌레를 근심거리로 여겼
으나 없앨 수 없었는데, 그것은 유독 가래나무를 두려워했다. 그래서 그
후로 가래나무로 관을 만들었더니 벌레들이 더 이상 몰려오지 않았다."

(『박물지』)

『博物志』云: "蒼梧人卒, 便有飛蟲, 大如麥, 有甲, 或一石餘, 或三五斗, 而來
食之, 如風雨之至, 斯須而盡. 人以爲患, 不可除, 唯畏梓木. 自後因以梓木爲棺,
更不復來."(出『博物志』)

## 473・16(6635)
## 책 맹(蚱 蜢)

서막(徐邈)은 진(晉: 東晉)나라 효무제(孝武帝) 때 중서시랑(中書侍郎)으로 있었다. 서막이 중서성에서 숙직할 때 좌우 사람들은 그가 휘장 안에서 다른 사람과 얘기하는 것을 늘 느꼈다. 그의 오래 된 문하생이 어느 저녁에 엿보았지만 아무 것도 보이지 않았다. 날이 어슴푸레하게 밝아올 때 막 창문을 열었더니, 한 물체가 병풍 속에서 날아 나와 곧장 앞의 쇠 가마솥 속으로 들어가는 것이 언뜻 보였다. 그래서 문하생이 쫓아가서 살펴보았더니 다른 것은 없고 다만 가마솥 속에 창포뿌리가 쌓여 있었으며, 그 아래에 커다란 푸른 책맹(蚱蜢: 벼메뚜기)이 있었다. 문하생은 그것이 요괴일 것이라고 의심했지만 예로부터 그런 일에 대해 들어본 적이 없었기 때문에 그냥 책맹의 두 날개만 떼었다. 밤

이 되자 [어떤 여자가] 서막의 꿈에 나타나 말했다.

"저는 당신의 문하생에게 곤욕을 당하여 오가는 길이 끊어지는 바람에 비록 서로 가까이 있지만 산이나 강이 가로막혀 있는 것과 같습니다."

서막은 꿈을 꾸고 나서 몹시 애처로운 생각이 들었다. 문하생이 서막의 생각을 읽고서 가만히 그를 떠보았는데, 그는 처음에는 주저하며 곧장 말하지 않다가 [나중에 마침내] 말해주었다.

"내가 처음 이곳에 와서 숙직 설 때 푸른 옷을 입은 한 여자가 앞으로 지나갔는데, 그녀는 양 갈래로 머리를 틀어 올리고 자색이 아주 아름다웠다. 그래서 내가 한번 유혹했더니 그녀가 곧장 나에게 다가왔다. 나는 그녀를 사랑하여 그야말로 푹 빠졌다. 하지만 그녀가 어디에서 여기로 왔는지는 알지 못한다."

그리고는 아울러 꿈 얘기까지 해주었다. 그러자 문하생은 지금까지의 일을 서막에게 자세히 아뢰었으며 다시 가서 책맹을 죽이지는 않았다. (『속이기』)

徐邈, 晉孝武帝時, 爲中書侍郞. 在省直, 左右人恒覺邈獨在帳內, 以與人共語. 有舊門生, 一夕伺之, 無所見. 天時微有光, 始開('開'字原闕, 據明鈔本補)窓戶, 瞥觀一物, 從屛風裏飛出, 直入前鐵鑊中. 仍逐視之, 無餘物, 唯見鑊中聚菖蒲根, 下有大靑蚱蜢. 雖疑此爲魅, 而古來未聞, 但摘除其兩翼. 至夜, 遂入邈夢云: "爲君門生所困, 往來道絶, 相去雖近, 有若山河." 邈得夢, 甚悽慘. 門生知其意, 乃微發其端, 邈初時疑不卽道, 語之曰: "我始來直者(明鈔本'直者'作'此省'), 便見一靑衣女子從前度, 猶作兩髻, 姿色甚美. 聊試挑謔, 卽來就己. 且愛之, 仍溺情. 亦不知其從何而至此." 兼告夢. 門生因具以狀白, 亦不復追殺蚱蜢. (出『續異記』)


## 473・17(6636)
## 시자연(施子然)

　진(晉: 東晉)나라 [安帝] 의희연간(義熙年間: 405~418)에 영릉(零陵) 사람 시자연은 한문(寒門) 출신이었지만 총명하고 영민했다. 그의 집에서는 농사를 크게 지었는데 추수하러 밭에 갈 때가 되면 밭가에 작은 초막을 짓고 농작물을 지켰다. 시자연은 늘 그 초막 안에서 잠을 잤는데, 어느 날 밤 혼자서 아직 잠들지 않고 있을 때 중간키에 누런 누인 명주 홑옷을 입은 한 사내가 오더니 곧장 그의 자리로 다가와 두 손을 모은 채 그에게 말을 걸었다. 시자연이 사내에게 성명을 묻자 사내가 곧장 대답했다.

　"저는 성이 노(盧)이고 이름이 구(鉤)이며, 집은 물에서 가까운 종계(椶溪) 가에 있습니다."

　다시 닷새가 지난 후에 어떤 일꾼이 밭두둑 서쪽 도랑 가의 개밋둑을 팠더니, 별안간 커다란 구덩이가 나왔는데 거의 한 말[斗]쯤 되는 땅강아지가 그 속에 가득했다. 그 중 몇 마리는 굉장히 장대했으며 한 마리는 더욱 컸다. 시자연은 그제야 비로소 깨닫고서 말했다.

　"일전에 찾아온 '노구'라는 손님은 [그 성명을] 반어(反語: 민간에서 쓰던 隱語로서 일종의 거꾸로 말하기임. 切語・切口・切脚이라고도 하는데, 魏晉南北朝 시대에 유행했음. '로'의 'ㄹ'과 '구'의 'ㅜ'를 합치면 '루'가 되고, '구'의 'ㄱ'과 '로'의 'ㅗ'을 합치면 '고'가 됨)로 하면 '루고(螻蛄: 땅강아지)'가 되고, 집이 종계에 있다고 한 것은 바로 서쪽 [도랑 가의] 구덩이를 말한다['粽'과 '塚'의 음이 통하고 '溪'와 '西'의 음이 통하기 때문에 이렇게 추론한 것임]."

그리하여 끓는 물을 그 구덩이로 들이부었더니 마침내 그런 일이 일어나지 않았다. (『속이기』)

晉義熙中, 零陵施子然雖出自單門, 而神情辨悟. 家大作田, 至稜時, 作蝸牛廬於田側守視. 恒宿在中, 其夜, 獨自未眠之頃, 見一丈夫來, 長短是中形人, 著黃練單衣袷, 直造席, 捧手與子然語. 子然問其姓名, 卽答云: "僕姓盧名鈎, 家在粽溪邊, 臨水." 復經半旬中, 其作人掘田塍西溝邊蟻垤, 忽見大坎, 滿中螻蛄, 將近斗許. 而有數頭極壯, 一箇彌大. 子然自是始悟曰: "近日客'盧鈎', 反音則'螻蛄'也, 家在粽溪, 卽西坎也." 悉灌以沸湯, 於是遂絶. (出『續異記』)

## 473・18(6637)
# 방 기(龐 企)

진(晉)나라 여릉태수(廬陵太守) 방기가 스스로 다음과 같이 말했다. 방기의 조부가 죄에 연루되어 감옥에 갇혀 있을 때, 땅강아지가 그의 옆을 지나가는 것을 문득 보고 땅강아지에게 말했다.

"너에게 신통함이 있다면 날 죽음에서 살려줄 수 있겠니?"

그리고는 음식을 던져주자 땅강아지가 그것을 다 먹고 떠나갔다. 얼마 후 땅강아지가 다시 왔는데 몸집이 약간 커져 있기에 그는 속으로 이상해하면서 다시 음식을 던져주었다. [이렇게 계속하여] 며칠 사이에 땅강아지는 돼지만한 크기가 되었다. 그가 처형되기 전날 밤에 땅강아지가 벽을 파내 커다란 구멍을 내고 그의 형구(刑具)를 부서뜨린 덕분에 그는 그 구멍을 통해 나와 도망쳤다. 나중에 그는 사면령을 받았다. 그래서 방기의 집안에서는 대대로 땅강아지에게 제사를 지낸다. (『수신기』)

晉廬陵太守龐企自云: 其祖坐繫獄, 忽見螻蛄行其左右, 因謂曰: "爾有神, 能活我死否?" 因投食與之, 螻蛄食飯盡而去. 有頃復來, 形體稍大, 意異之, 復投食與之. 數日間, 其大如豚. 及將刑之夜, 螻蛄夜掘壁爲大穴, 破械, 得從之出亡. 後遇赦免. 故企世祀螻蛄焉. (出『搜神記』)


## 473 · 19(6638)
## 섬 서(蟾 蜍)

진(晉: 東晉)나라 효무제(孝武帝) 태원(太元) 8년(383)에 의흥(義興) 사람 주객(周客)에게 18~19살 된 딸이 하나 있었는데, 그녀는 용모가 단정하고 아름답고 피부가 하얬으며 특히 사리에 밝고 총명했다. 그런데 그녀는 본래 회를 몹시 좋아하여 먹을 때마다 늘 부족함을 아쉬워했다. 허찬(許纂)이란 사람은 어려서부터 학문을 좋아했는데, 그가 그녀를 부인으로 맞이했다. 그녀는 시댁에 가서도 예전처럼 회를 먹었는데 그 때문에 시댁이 가난해졌다. 그래서 시댁의 친척들이 널리 의논한 끝에 그녀가 사람이 아닐 것이라고 의심하여 그녀를 친정으로 돌려보내라고 명했다. 그녀는 수레를 타고 가다가 교남(橋南)에 이르렀을 때, 한 어부가 잡은 물고기로 젓을 담아 탁자 위에 놓아둔 것을 보았는데 그 양이 한 10여 곡(斛: 1斛은 10斗)쯤 되었다. 그녀는 곧장 수레 안에서 돈 천 냥을 꺼내 물고기 주인에게 주면서 물고기를 양념에 버무리라고 했다. 그리고는 수레에서 내려 익힌 것으로 5말과 날 것으로 5말을 먹었다. 그녀는 5곡쯤 먹었을 때 곧장 속이 몹시 답답하여 드러눕더니 잠시 후 땅에 손을 대고 많은 물을 토해냈는데, 갑자기 두꺼비 한 마리가 토한 물에서 나왔다. 그녀는 마침내 절대로 다시는 회를 먹지 않았으며 병도 나았다. 당시 천하에 전란이 크게 일어났다. (『광고금오행기』)

晉孝武太元八年, 義興人周客有一女年十八九, 端麗潔白, 尤辨惠. 性嗜膾, 噉之恒苦不足. 有許纂者, 小好學, 聘之爲妻. 到婿家, 食膾如故, 家爲之貧. 於是門內博議, 恐此婦非人, 命歸家. 乘車至橋南, 見罟家取魚作鮓著桉上, 可有十許斛. 便於車中下一千錢, 以與魚主, 令擣虀. 乃下車, 熟食五斗, 生食五斗. 當噉五斛許, 便極悶臥, 須臾, 據地大吐水, 忽有一蟾蜍, 從吐而出. 遂絶不復噉, 病亦愈. 時天下大兵. (出『廣古今五行記』)

## 473・20(6639)
## 승 사(蠅 赦)

[五胡十六國] 전진(前秦)의 부견(苻堅)이 사면령을 내리고자 하여 왕맹(王猛)・부융(苻融)과 함께 감로당(甘露堂)에서 은밀히 논의하면서 좌우 사람들을 모두 물리쳤다. 부견이 직접 사면령의 문장을 짓고 있을 때, 파리 한 마리가 붓끝에 내려앉았다가 [그들의 논의를] 듣고는 다시 날아갔다. 얼마 후 장안(長安)의 길거리에서 사람들이 이렇게 알리고 다녔다.

"관부에서 오늘 대사면령을 내릴 것이다!"

담당관리가 그 사실을 아뢰었더니 부견이 깜짝 놀라며 말했다.

"궁중에서 훔쳐들었을 리가 없을 텐데 그 일이 어떻게 새나갔을까?"

부견이 어찌된 일인지 조사하라고 명했더니 사람들이 모두 말했다.

"푸른 옷을 입은 어떤 아이가 저자에서 큰소리로 '관부에서 오늘 대사면령을 내릴 것이다!' 라고 외치고는 금세 사라져버렸습니다."

부견이 탄식하며 말했다.

"아까 그 파리 짓이구나!"

(『광고금오행기』)

前秦苻堅欲放赦, 與王猛・苻融, 密議甘露堂, 悉屏左右. 堅親爲赦文, 有一大蒼蠅集于筆端, 聽而復出. 俄而長安街巷, 人相告曰: "官今大赦!" 有司以聞, 堅驚曰: "禁中無耳屬之理, 事何從泄也?" 赦窮之, 咸曰: "有小人靑衣, 大呼於市曰('曰'原作'旦', 據明鈔本改): '官今大赦!' 須臾不見." 歎曰: "其向蒼蠅也!"

(出『廣古今五行記』)

## 473 · 21(6640)
## 발 요(髮 妖)

  진(晉: 東晉)나라 안제(安帝) 의희연간(義熙年間: 405~418)에 낭야군(琅邪郡) 비현(費縣)의 왕씨(王氏) 집에서는 늘 물건을 잃어버리곤 했는데, 다른 사람이 훔쳐갔을 것이라고 생각하여 매번 문단속에 신경 썼지만 계속 물건이 없어졌다. 살펴보았더니 집 뒤의 울타리에 구멍 하나가 뚫려 있었는데, 그 구멍은 사람 팔이 들어갈 만했고 반들반들 매끄러웠다. 그래서 시험 삼아 새끼줄로 그물을 만들어 구멍 입구에 쳐놓았다. 그날 밤에 푸득거리는 소리가 들리자 달려가서 덮치고 보았더니 길이가 3척쯤 되는 커다란 머리카락이었는데 금세 지렁이로 변했다. 그 후로는 [물건을 잃어버리는] 걱정이 없어졌다. (『광고금오행기』)

  晉安帝義熙年, 琅邪費縣王家恒失物, 謂是人偸, 每以扃鑰爲意, 而零落不已. 見宅後籬一孔穿, 可容人臂, 滑澤. 試作繩罝, 施於穴口. 夜中聞有擺撲聲, 往掩得大髮, 長三尺許, 而變爲蟮. 從此無慮. (出『廣古今五行記』)

## 환 겸(桓 謙)

환겸은 자(字)가 경조(敬祖)이다. [東晉 孝武帝] 태원연간(太元年間: 376~396)에 난데없이 키가 1촌 남짓 되는 사람들이 모두 갑옷을 입고 창을 든 채 마구를 갖춘 병마를 타고 구멍 속에서 나왔는데 햇빛처럼 번쩍번쩍 빛났다. 그들은 환겸의 집을 달려 다니며 수백 명씩 무리지어 군진(軍陣)을 펼치고 지휘하면서 서로 돌진하여 싸웠는데, 병마는 날쌔고 사람들도 민첩했다. 그들은 탁자를 타고 부뚜막으로 올라가서 음식 있는 곳을 찾았다. 그러다가 썰어놓은 고기가 있으면 바로 한꺼번에 몰려들었으며, 힘으로 옮길 만한 것은 창으로 찔러서 곧장 구멍 속으로 가지고 들어갔다. 그리고는 고요하니 더 이상 나오지 않았으며 나오더라도 금방 도로 구멍으로 들어갔다. 장산(蔣山)의 도사 주응자(朱應子)가 물을 끓이게 하여 그들이 들어간 곳에 붓고 나서 파보았더니, 1곡(斛)쯤 되는 수많은 큰 개미들이 구멍 속에 죽어 있었다. 환겸은 나중에 주살 당했다. (『이원』)

桓謙字敬祖. 太元('元'原作'原', 據陳校本改)中, 忽有人皆長寸餘, 悉被鎧持槊, 乘具裝馬, 從塯中出, 精光耀日. 遊走宅上, 數百爲羣, 部陣指麾, 更相撞刺, 馬旣輕快, 人亦便能. 緣几登竈, 尋飲食之所. 或有切肉, 輒來叢聚, 力所能勝者, 以槊刺取, 迳入穴中. 寂不復出, 出還入穴. 蔣山道士朱應子令作沸湯, 澆所入處, 因掘之, 有斛許大蟻死在穴中. 謙後誅滅. (出『異苑』)

## 473·23(6642)
## 청 정(青 蜓)

사마표(司馬彪)의 『장자주(莊子注)』에서 이렇게 말했다.

"어떤 동자가 푸른 잠자리 머리를 묻고 나서 밥도 먹지 않고 춤을 추면서 '이것은 장차 진주가 될 것이다!'라고 말하자, 사람들이 그를 비웃었다."

『박물지(博物志)』에서는 이렇게 말했다.

"푸른 잠자리 머리를 서향 문 아래에 묻으면 푸른색 진주로 변한다."

(『감응경』)

司馬彪『莊子注』言:"童子埋青蜓之頭, 不食而舞曰: '此將爲珠!' 人笑之."『博物志』云:"埋青蜓頭於西向戶下, 則化成青色之珠." (出『感應經』)

## 473·24(6643)
## 주 탄(朱 誕)

[南朝] 송(宋)나라 초에 회남군(淮南郡)에서 어떤 요물이 사람들의 상투를 훔쳐갔다. 그러자 태수 주탄이 말했다.

"나는 [그것이 무엇인지] 알고 있다."

그리고는 끈끈이를 많이 사서 벽에 발라놓았다. 저녁에 닭만한 크기의 박쥐 한 마리가 그 벽 위에 앉았다가 [달라붙어서] 떠날 수 없었다.

그래서 그것을 죽였더니 마침내 그런 일이 일어나지 않았다. 살펴보았더니 집의 처마[원문은 '鉤簾'이라 되어 있지만 『太平御覽』권946에 인용된 『幽明錄』에는 '屋簷'이라 되어 있는데 보다 타당함] 밑에 수백 사람의 상투가 있었다. (『유명록』)

宋初, 淮南郡有物取人頭髻. 太守朱誕曰: "吾知之矣." 多買黐以塗壁. 夕有一蝙蝠大如雞, 集其上, 不得去. 殺之乃絶. 觀之, 鉤簾下已有數百人頭髻. (出『幽明錄』)

## 473 · 25(6644)
## 백 인(白 蚓)

유덕원(劉德願)의 형의 아들은 태재종사중랑(太宰從事中郎) 유도존(劉道存)이다. [南朝 宋 前廢帝] 경화(景和) 원년(465)에 난데없이 흰 지렁이 수십 마리가 유도존의 서재 앞 섬돌 위로 올라왔는데, 그것은 몸 전체가 흰색이었으며 사람들이 본 적이 없는 것이었다. 그 지렁이들은 모두 입을 벌리고 혓바닥을 내밀었는데 새빨갰다. 그 해 8월에 유도존은 유덕원과 함께 주살당했다. (『술이기』)

劉德願兄子, 太宰從事中郎道存. 景和元年, 忽有白蚓數十登其齋前砌上, 通身白色, 人所未嘗見也. 蚓並張口吐舌('舌'字原闕, 據明鈔本補), 大赤色. 其年八月, 與德願並誅. (出『述異記』)

## 473・26(6645)
## 왕 쌍(王 雙)

 맹주(孟州) 사람 왕쌍은 [南朝] 송(宋)나라 문제(文帝) 원가연간(元嘉年間: 424~453) 초에 갑자기 빛을 보려하지 않았으며, 늘 물을 가져다 바닥에 뿌리고 줄풀로 그 위를 덮고서 잠잘 때나 음식을 먹을 때나 모두 그 속에 들어가서 했다. 왕쌍의 말에 따르면, 푸른 치마에 흰 두건을 쓴 어떤 여자가 늘 찾아와서 그와 함께 잠을 잤다고 했다. [집안사람들이] 매번 들어보면 왕쌍의 자리 아래에서 분명히 무슨 소리가 났는데, 자리를 들춰내고 보았더니 푸른색에 목덜미가 흰 3척 가량의 지렁이였다. 또 그의 말에 따르면, 그녀가 한번은 한 상자의 향을 보내주었는데 그 냄새가 아주 향기로웠다고 했다. 사실 그 상자는 소라껍질이었고 향은 창포뿌리였다. 당시에 사람들은 모두 왕쌍이 잠시 메뚜기 애벌레와 함께 살았다고 생각했다. (『이원』)


 孟州王雙, 宋文帝元嘉初, 忽不欲見明, 常取水沃地, 以菰蔣覆上, 眠息飮食, 悉入其中. 云, 恒有女, 著靑裙白䙅, 來就其寢. 每聽聞薦下, 歷歷有聲, 發之, 見一靑色白頸('頸'原作'纓', 據明鈔本改)蚯蚓, 長二尺許. 云, 此女常以一奩香見遺, 氣甚精芬. 奩乃螺殼, 香則菖蒲根. 于時咸以雙暫同阜螽矣. (出『異苑』)

# 태평광기 권제474 곤충2

1. 호 충(胡　　充)
2. 노 분(盧　　汾)
3. 내 군 작(來 君 綽)
4. 전 병(傳　　病)
5. 등 정 준(滕 庭 俊)
6. 장 사 공(張 思 恭)
7. 　황　　　(蝗)
8. 냉 사(冷　　蛇)
9. 이 규(李　　揆)
10. 주 부 충(主 簿 蟲)
11. 주 아 지(朱 牙 之)
12. 수 인(樹　　蚓)
13. 목 사 고(木 師 古)

### 474·1(6646)
# 호 충(胡 充)

[南朝] 송(宋)나라 원가(元嘉) 5년(428) 가을 날 밤에 예장(豫章) 사람 호충의 집에서 그의 부인과 누이동생 앞에 2척 길이의 커다란 지네 한 마리가 떨어졌다. 호충은 하녀에게 지네를 잡아 밖에 던져 버리게 했다. 하녀가 지네를 잡아 막 문을 열고 나가는데, 갑자기 한 노파가 보였다. 노파의 옷은 찢어져 있었고 악취가 났으며 두 눈에는 눈동자가 없었다. 이듬해인 원가 6년(429) 3월에 온 가족이 돌림병에 걸려 차례대로 죽었다. (『이원』)

宋豫章胡充, 元嘉五年秋夕, 有大蜈蚣長二尺, 落充婦與妹前. 令婢挾擲. 婢裁出戶, 忽覩一姥. 衣服臭敗, 兩目無精. 到六年三月, 闔門時患, 死亡相繼. (出『異苑』)

### 474·2(6647)
# 노 분(盧 汾)

『요이기(妖異記)』에 다음과 같은 이야기가 실려 있다.

하양(夏陽) 사람 노분은 자가 사제(士濟)로, 어려서부터 배우기를 좋아하여 밤낮으로 쉬지 않고 글을 읽었다. 후위(後魏: 北魏) 장제(莊帝) 영안(永安) 2년(529) 7월 20일에 노분이 장차 낙양(洛陽)으로 가려고 하자 친구들이 그를 위해 연회를 베풀어주었다. 한밤중에 달이 뜬 뒤에 갑자기 대청 앞에 있는 회나무 위의 공중에서 웃고 떠들어대는 소리와 함께 음악소리가 들려왔다. 몇몇 친구들도 모두 그 소리를 듣고서 의아하게 생각하면서 함께 소리 나는 곳을 찾아갔다. 갑자기 검푸른 색 옷을 입은 한 여자가 회나무 안에서 나오더니 노분에게 말했다.

"여기는 당신이 올만한 곳이 아닌데, 무슨 까닭에 이곳에 오셨습니까?"

노분이 말했다.

"방금 잔치를 파했는데, 친구들과 함께 이곳에서 나는 음악소리를 듣고 찾아온 것입니다."

여자가 웃으면서 말했다.

"당신은 성이 노씨가 틀림없군요['姓盧'는 '性鹵'의 諧音임]."

여자는 이렇게 말하고는 곧장 회나무 굴속으로 들어갔다.

잠시 뒤에 미풍이 불어 숲이 흔들렸다. 노분은 탄식하며 이상해하고 있는데, 갑자기 눈앞이 캄캄해지는 것 같았다. 눈을 들어 보았더니 집이 시원스럽게 트여 있었고 대문이 아주 깊었다. 푸른 옷 입은 한 여자가 문을 나와 노분에게 말했다.

"아가씨께서 당신과 여러 나리를 뵙고자 하십니다."

그리하여 노분이 세 친구와 함께 안으로 들어가서 보았더니 스물 살 남짓 된 수십 명의 사람이 커다란 집 안에 서 있었는데, '심우당

(審雨堂)'이라는 편액이 걸려 있었다. 노분과 세 친구는 계단으로 올라가 자색 옷 입은 여자와 만났다. 자색 옷 입은 여자가 노분에게 말했다.

"방금 같은 궁에 사는 여랑들과 모여 노래를 부르고 잔치를 벌이던 차에 여러분께서 찾아오셨다는 말을 듣고 감히 거절할 수 없어 이렇게 뵙기를 청했습니다."

자색 옷 입은 여자는 곧장 노분 등에게 자리에 가서 앉게 했다. 후에 흰옷 입은 여자와 푸르고 누르스름한 옷 입은 여자 7~8명이 당의 동쪽과 서쪽 전각에서 나왔는데, 스무 살 남짓한 나이에 모두 절세미인이었다. 서로 인사를 나눈 뒤에 잔치를 채 즐기기도 전에 서로 좋은 감정이 생겨났다. 그런데 갑자기 태풍이 불어와 심우당의 대들보가 떨어져 부러지자 그 자리에 있던 사람들은 순식간에 흩어졌으며, 노분과 세 친구도 모두 달아났다.

노분이 잠에서 깨어난 뒤에 보았더니 정원에 있던 오래된 홰나무가 바람에 큰 가지가 부러지고 뿌리째 뽑혀 넘어져 있었다. 노분이 횃불을 가져다가 나뭇가지가 부러져 나간 곳을 비추어보았더니 아주 커다란 개미굴에 땅강아지 3~4마리와 지렁이 1~2마리가 있었는데, 모두 굴 안에 죽어 있었다. 노분은 세 친구에게 말했다.

"정말 기이하구나! 만물에게는 모두 신령함이 있구나. 하물며 우리들은 방금 까지도 함께 연회를 즐겼으면서 어떻게 그 안으로 들어갈 수 있었는지도 모르다니!"

날이 밝은 뒤에 노분은 홰나무를 베어버렸는데, 그 이후로 별 다른 일은 없었다. (『궁신비원』)

『妖異記』曰: 夏陽盧汾字士濟, 幼而好學, 晝夜不倦. 後魏莊帝永安二年七月二十日, 將赴洛, 友人宴於齋中. 夜闌月出之後, 忽聞廳前槐樹空中, 有語笑之音, 幷絲竹之韻. 數友人咸聞, 訝之. 俄見女子衣青黑衣, 出槐中, 謂汾曰: "此地非郎君所詣, 奈何相造也?" 汾曰: "吾適宴罷, 友人聞此音樂之韻, 故來請見('見'字原空闕, 據明鈔本補)." 女子笑曰: "郎君眞姓盧耳('耳'原作'甘', 據明鈔本改)." 乃入穴中.

俄有微風動林, 汾歎訝之, 有如昏昧. 及擧目, 見宮宇豁開, 門戶迥然. 有一女子衣青衣, 出戶謂汾曰: "娘子命郎君及諸郎相見." 汾以三友俱入, 見數十人各年二十餘, 立於大屋之中, 其額號曰'審雨堂'. 汾與三友歷階而上, 與紫衣婦人相見. 謂汾曰: "適會同宮諸女, 歌宴之次, 聞諸郎降重, 不敢拒, 因此請('因此請'三字原作'言因拜', 據明鈔本改)見." 紫衣者乃命汾等就宴. 後有衣白者・青黃者, 皆年二十餘, 自堂東西閤出, 約七八人, 悉妖艷絶世. 相揖之後, 歡宴未深, 極有美情. 忽聞大風至, 審雨堂梁傾折, 一時奔散, 汾與三友俱走.

乃醒, 旣見庭中古槐, 風折大枝, 連根而墮. 因把火照所折之處, 一大蟻穴, 三四螻蛄, 一二蚯蚓, 俱死於穴中. 汾謂三友曰: "異哉! 物皆有靈. 況吾徒適與同宴, 不知何緣而('而'原作'不', 據明鈔本改)入!" 於是及曉, 因伐此樹, 更無他異. (出『窮神秘苑』)

## 474・3(6648)
## 내군작(來君綽)

수(隋)나라 양제(煬帝)가 요(遼)를 정벌하자 12군이 모두 전멸했다.

양제는 총사령관 내호(來護)를 법에 따라 사형시킨 뒤에 그의 아들들도 모두 죽이려고 했다. 내군작은 그 일에 연루되어 죽임을 당할까 걱정한 나머지 수재(秀才) 나순(羅巡)·나적(羅逖) 및 이만진(李萬進)과 한 편이 되어 며칠 동안 목숨을 걸고 함께 해주(海州)로 달아났다. 밤은 어둡고 길은 잃어버렸는데, 길옆의 한 곳에서 불빛이 새어나오는 것을 보고는 함께 그곳으로 가 묵으려고 했다. 몇 차례 문을 두드리자 한 하인이 나와 그들을 맞이하며 절을 했다. 내군작이 물었다.

"이곳이 뉘댁이오?"

그러자 하인이 대답했다.

"과두(科斗) 낭군의 집으로 성은 위씨(威氏)이며, 바로 이곳 부(府)의 수재입니다."

마침내 문이 열리더니 다시 저절로 닫혔다. 하인은 중문(中門)을 두드리며 말했다.

"와아(蝸兒)야! 밖에 손님 4~5분이 오셨다."

와아[원문에는 '耶'라 되어 있는데, 今本 『玄怪錄』에 의거하여 '郎'으로 고쳐 번역함]는 또다른 하인이었다. 하인은 중문을 열고 등불을 든 채 그들을 데리고 손님방으로 갔는데, 침대와 이부자리가 잘 갖추어져 있었다. 잠시 뒤에 동자 한 명이 등불을 들고 중문에서 나와 말했다.

"육낭자(六郞子)께서 나오십니다."

내군작 등은 계단을 내려와 주인을 만났다. 주인은 풍채가 빼어나고 목소리가 맑고 낭랑했으며 말솜씨도 빼어났는데, 스스로 이렇게 통성명했다.

"위오확(威汚蠖)이라 합니다."

그리고는 인사를 나눈 뒤에 손님께 읍하고는 동쪽 계단으로 가 앉으면서 말했다.

"외람되게도 저는 본 주(州)의 향부(鄕賦: 鄕貢으로, 지방관의 추천을 거쳐 名帖에 이름을 기록한 사람을 가리킴)로 그대들과 같은 명성을 누리고 있습니다. 오늘 같이 맑은 밤에 좋은 만남을 갖게 되었으니, 흡족하기 그지없습니다."

그리고는 곧장 술상을 차리게 하여 함께 술을 마시기 시작했다. 점점 분위기가 무르익자 농담까지 주고받게 되었는데, 아무도 그의 말에 대꾸하지 못했다. 내군작은 심기가 자못 불편하여 이치 있는 말로 그를 꺾어보려 했지만 아무런 방책이 생각나지 않자 술잔을 들며 말했다.

"제가 주령(酒令: 술을 마실 때 술잔을 돌리는 規則) 하나를 제안할까 하는데, 앉아 있는 사람들의 이름 가운데 쌍성(雙聲: 두 글자 이상으로 된 단어에서 각 글자의 최초의 子音이 같은 것을 말함)인 사람이 규칙에 따라 벌을 받아야 합니다."

내군작이 말했다.

"위오확(威汚蠖)."

이는 사실 그의 성을 비웃는 것이었기에 사람들은 모두 박장대소하며 정말 말 잘했다고 생각했다. 위오확의 차례가 되자 그는 주령을 바꾸며 말했다.

"좌중에 있는 사람들의 성으로 노래를 짓기로 하되, 2자에서 3자까지로 합시오.

"나리(羅李), 나내리(羅來李)."

사람들은 모두 그의 민첩한 언변에 부끄러워졌다. 나순이 물었다.

"그대같이 고아한 선비라면 구름 속의 용과 견주어도 부족함이 없을 텐데, 어찌하여 훌륭한 명성을 스스로 깎아내리고 계십니까?"

위오확이 대답했다.

"저도 오래 전부터 빈흥(賓興: 賓貢이라고도 하는데, 옛날에 지방장관들이 연회를 열어 과거에 응시할 선비를 선발하던 일을 말함)에 참여했지만, 여러 차례 담당 관리들의 무시를 받았습니다. 담당 관리들이 저를 다른 선비들보다 뒤떨어진다고 생각하니 웅덩이[汚池]에 사는 자벌레[尺蠖]와 다를 바가 뭐가 있겠습니까?"

나순이 또 물었다.

"그대는 명문귀족인데, 어찌하여 전적에 그 성씨가 실려 있지 않습니까?"

위오확이 대답했다.

"저는 본래 전씨(田氏)로 제(齊)나라 위왕(威王: 戰國시대 齊나라의 君主로, 성이 田氏임)에서부터 시작되었습니다. 이것은 역시 환씨(桓氏)가 제나라 환공(桓公)에서 시작된 것과 정씨(丁氏)가 은(殷)나라 무정(武丁)에서 시작된 것과 같은데, 그대는 어찌 그런 것도 배우지 못했습니까?"

잠시 뒤에 와아가 사방 1장 정도 되는 쟁반을 들고 왔는데, 그 안에 산해진미가 넘쳐났다. 내군작과 하인들은 모두 물릴 정도로 실컷 먹었다. 그들은 밤이 되자 문을 닫고 불을 끈 뒤에 큰 침상에서 함께 잠을 잤다. 날이 밝은 뒤에 작별 인사를 하고 헤어졌는데, 모두 미련이 남아 있는 듯 몹시 아쉬워했다. 내군작 등은 몇 리를 가도 여전히 위오확이 그리워져 [가던 걸음을 멈추고] 다시 돌아와 어제 모임을 가졌던 곳에

가 보았는데, 인가라고는 전혀 없고 그저 웅덩이 가에 길이가 몇 척이나 되는 커다란 지렁이만이 있을 뿐이었다. 또한 소라와 올챙이도 있었는데, 모두 보통 것보다 몇 배나 컸다. 그때서야 내군작 등은 위오확과 두 하인이 모두 이것들이었음을 알아차렸다. 어제 밤에 먹었던 음식을 생각하니 속이 메스꺼워지기 시작해 각자 푸른 진흙과 진흙탕 물 몇 되씩을 토해냈다. (『현괴록』)

隋煬帝征遼, 十二軍盡沒. 總管來護坐法受戮. 煬帝盡('明鈔本'盡'作'又')欲誅其諸('諸'原作'家', 據明鈔本改)子. 君綽憂懼, 連日與秀才羅巡・羅逖・李萬進, 結爲奔友, 共亡命至海州. 夜黑迷路, 路傍有燈火, 因與共頓之. 扣門數下, 有一蒼頭迎拜. 君綽因問: "此是誰家?" 答曰: "科斗郎君姓威, 卽當府秀才也." 遂啓門, 門又('明鈔本'又'作'忽')自閉('閉'原作'開', 據明鈔本改). 敲中門曰: "蝸兒! 今('今'原作'也', 據明鈔本改)有四五箇客." 蝸兒耶又一蒼頭也. 遂開門, 秉燭引客, 就舘客位, 牀榻茵褥甚備. 俄有一小童持燭自中出門, 曰: "六郎子出來." 君綽等降階見主人. 主人辭彩朗然, 文辯紛錯, 自通姓名曰: "威汙蠛." 叙寒溫訖, 揖客由阼階, 坐曰: "汙蠛忝以本州鄕賦, 得與足下同聲. 靑霄良會, 殊是忻願." 卽命酒洽坐. 漸至酣暢, 談謔交至, 衆所不能對. 君綽頗不能平, 欲以理挫之, 無計. 因擧觴曰: "君綽請起一令, 以坐中姓名雙聲者, 犯罰如律." 君綽曰: "威汙蠛." 實譏其姓, 衆皆撫手大笑, 以爲得言. 及至汙蠛, 改令曰: "以坐中人姓爲歌聲, 自二字至三字." 令曰: "羅李, 羅來李." 衆皆慙其辯捷. 羅巡又問: "君風雅('風雅'原作'聲推', 據明鈔本改)之士('士'原作'事', 據明鈔本改), 足得自比雲('比雲'原作'此雲', 據明鈔本改)龍, 何玉名之自貶耶?" 汙蠛曰: "僕久從賓興, 多爲主司見屈. 以僕後於羣士, 何異尺蠛於汙池乎?" 巡又問: "公華宗, 氏族何爲不載?" 汚蠖曰: "我本田('田'原作'日', 據明鈔本改)氏, 出於齊威王. 亦猶桓丁之類, 何足下之不學耶?" 旣而蝸兒擧方丈盤至, 珍羞水陸, 充溢其間. 君綽及僕, 無不飽飫. 夜闇徹燭, 連榻而寢. 遲明叙別, 恨悵俱不自勝. 君綽等行數里, 猶念汚蠖, 復來, 見昨所會之處, 了無人居, 唯汚池邊有大蝦, 長數尺. 又有蛐蟖・螺・丁子, 皆大常有數倍. 方知汚蠖及二豎, 皆此物也. 遂共惡昨宵所食, 各吐出靑泥及汚水數升. (出『玄怪錄』)


## 474 · 4(6649)
## 전 병(傳 病)

　수(隋)나라 양제(煬帝) 대업연간(大業年間: 605~616) 말에 낙양(洛陽)의 한 인가에서 전시병(傳屍病: 폐결핵)에 걸려 형제 몇 사람이 차례대로 죽었다. 후에 형제 가운데 또 한 사람이 죽었는데, 숨이 아직 끊어지지 않은 상태였다. 가족들은 모두 통곡했다. 그의 동생은 갑자기 어떤 물체가 죽은 사람의 입에서 나와 자신의 입 속으로 뛰어 들어오는 것을 보았는데, 그 날 이후로 그 동생도 곧바로 병이 들어 1년 남짓 뒤에 죽게 되었다. 그는 임종 때가 되자 부인에게 말했다.

　"내 병은 바로 전에 보았던 물체가 해를 입힌 것이오. 내 숨이 끊어진 뒤에 바로 머리와 후두를 갈라 어떤 물체가 있는지 살펴서 반드시 이 병의 근원을 알아내시오."

　이렇게 말하고는 죽었다. 가족들이 그의 유언에 따라 머리를 가르고 보았더니 그 안에 물고기처럼 생긴 한 물체가 들어 있었는데, 머리가 둘 달려 있고 살이 비늘처럼 되어 있었다. 가족들이 그 물체를 꺼내 그릇 안에 놓았더니 물체가 쉬지 않고 펄떡펄떡 뛰었다. 시험 삼아 각종 음식을 그릇 안에 넣자 비록 먹는 모습은 보이지 않았지만 음식들이 순식간에 모두 물로 변했으며, 여러 독약들도 그 물체로 인해 모두 녹아 없어졌다. 당시는 한 여름이라 쪽이 모두 익어서 스님과 일반사람 할 것 없이 모두 물가로 가서 쪽빛 안료를 만들었다. 어떤 사람이 쪽을 들고 [죽은 사람의 집에] 와서 그릇 안에 약간 놓자 그 물체는 황급하게 달아나더니 순식간에 물로 변했다. 그래서 쪽으로 폐결핵을 치료할 수 있다는 말이 전해지게 되었다.[본 고사는 전체적으로 문맥이 잘 통하지 않는데, 서로 다른 고사가 합쳐 이루어진 것으로 보임. 또한 이 고사의 후반부는 본서 권220 제14조「絳州僧」에서 따온 것임] (『광고금오행기』)

隋煬帝大業末年, 洛陽人家中有傳屍病, 兄弟數人, 相繼亡歿. 後有一人死, 氣猶未絶. 家人並哭. 其弟忽見物自死人口中出, 躍入其口, 自此卽病, 歲餘遂卒. 臨終, 謂其妻曰: "吾疾乃所見物爲之害. 吾氣絶之後, 便可開我腦喉, 視有何物, 欲知其根本." 言終而死. 弟子依命開視, 腦中得一物, 形如魚, 而並有兩頭, 遍體悉有肉鱗. 弟子致鉢中, 跳躍不止, 試以諸味致中, 雖不見食, 悉須臾皆成水, 諸毒藥因皆隨銷化. 時夏中藍熟, 寺衆如水次作靛靑. 一人往, 因以小靛致鉢中, 此物卽遽奔馳, 須臾間, 便化爲水. 傳靛以療噎. (出『廣古今五行記』)

## 474・5(6650)
## 등정준(滕庭俊)

[唐나라] 문명(文明) 원년(684)에 비릉(毗陵) 사람 등정준은 열병을 앓은 지 여러 해가 되었다. 그는 발병할 때마다 몸이 불덩이처럼 달아올랐다가 며칠 뒤에야 괜찮아졌는데, 이름난 의원이라 해도 그의 병을 고칠 수 없었다. 후에 등정준은 관리 선발에 참여하기 위해 낙양(洛陽)으로 갔는데, 형수(滎水) 서쪽으로 14~15리 갔을 때 날이 저물어 더 이상 길을 가지 못하고 결국에는 길가의 한 장원에 투숙하게 되었다. 장원의 주인이 잠시 외출하고 아직 돌아오지 않았기에 등정준은 마음이 무료하여 탄식하며 시를 읊었다.

> 나그네 되어 고생이 많은데,
> 날이 저물도록 주인은 돌아오지 않네.

그때 머리가 드문드문 벗겨지고 헤진 옷을 입은 한 노인이 당(堂)의 서쪽에서 나오더니 절하며 말했다.

"이 늙은이는 비록 아는 것은 없으나 천성적으로 문장 짓기를 좋아합니다. 방금 그대가 찾아온 것도 모르고 그저 화차야(和且耶)와 함께 연구(聯句)를 짓다가 그대가 '나그네 되어 고생이 많은데, 날이 저물도록 주인은 돌아오지 않네'라고 읊조리는 소리를 들었습니다. 비록 조비(曹丕)의 '나그네는 늘 사람을 두려워한다네[원제목은 「西北有浮雲」임]'라는 시구라 하더라도 그대의 시보다는 뛰어나지 않을 것입니다. 이 늙은이와 화차야는 모두 혼씨(渾氏) 댁의 객으로, 비록 가난하기는 하지만 그래도 몇 말의 술이 있으니 그대를 모셔 고상한 이야기나 나누었으면 합니다."

등정준은 몹시 이상하게 생각하면서 물었다.

"노인장께서는 어디에 살고 계십니까?"

노인은 화를 내며 대답했다.

"나는 외람되게도 혼씨 댁에서 마당이나 쓰는 객으로 있으며 성은 마(麻)이고 이름은 내화(來和)이며 항렬은 첫 번째입니다. 그대는 어찌하여 나를 '마대(麻大)'라고 부르지 않으십니까?"

등정준은 곧장 자신의 불민함을 사과하고는 그와 함께 당의 서쪽 모퉁이를 돌아갔는데, 문 두 개가 보였다. 문을 열자 화려한 집과 중각(重閣)이 아주 수려했으며 집 안에는 술과 음식이 가득 차려져 있었다. 마대는 등정준에게 인사하고는 함께 자리에 앉았다. 한참 뒤에 중문에서 또 다른 객 한 명이 나오자, 마대가 말했다.

"화군(和君: 和且耶)께서 오셨군요."

마대는 곧장 계단을 내려가 화차야에게 인사하고는 자리를 내어주었다. 화차야가 마대에게 말했다.

"방금 그대와 연구를 지으려고 했는데, 시제는 정하셨습니까?"

마대는 곧장 제목을 쓰면서 말했다.

"「동재혼평원문관련구일수(同在渾家平原門舘連句一首: 함께 혼씨 댁의 객관에서 연구 1수를 짓다)」로 나는 이미 네 구를 지었습니다."

그리고는 다음과 같이 시를 읊었다.

혼씨 댁과 이웃한 이래로,

그윽한 향기가 온 몸에서 나네.
무심히 조용히 지내는 것을 좋아할 뿐인데,
사람들은 나를 이용해 먼지를 쓸어내는구나.

"나는 이렇게 4구를 지었소."

그러자 화차야가 말했다.

"내가 지은 시는 7언시이고 사용한 운(韻)도 다른데, 괜찮겠소?"

마대가 말했다.

"따로 시 한 수를 짓는 것도 나쁘지 않겠지요."

화차야는 한참 있다가 시를 읊었다.

겨울이 되면 떠나가 연기 불에 의지하고,
봄이 되면 다시 돌아와 자손을 기른다네.
일찍이 부왕(苻王: 苻堅)의 붓끝에 앉았으나[前秦의 苻堅이 사면령을 내리려고 문장을 짓고 있을 때 파리 한 마리가 붓끝에 내려앉은 일이 있었는데, 얼마 후 장안의 사람들이 그 사실을 알려 소문을 내고 다녔다고 함. 알아보았더니 푸른 옷 입은 아이가 저자거리에서 알려주고 난 뒤에 사라졌다고 함. 본서 권473 제20조 「蠅赦」 참조],
그 이후로는 혼씨 댁에서 음식을 구하는 신세 되었네.

등정준은 여전히 아무 것도 깨닫지 못한 채 그저 객관이 화려한 것을 보고는 잠시 머물렀다 갈 요량으로 이렇게 시를 지었다.

전문(田文: 孟嘗君)은 식객을 좋아하여 칭송 받았으니,
무릇 얼마나 많은 사람들을 길렀는가?
만약 풍원(馮諼: 孟嘗君의 식객. 『戰國策』「齊策四」에 따르면, 齊나라의 馮諼은 가난하여 살기 어렵자 孟嘗君을 찾아가 食客이 되기를 청하면서 칼자루를 두드리며 노래를 불렀는데, 맹상군이 그를 식객으로 받아주고 음식·수레·집을 주었다고 함)이 없었더라면,

오늘날 측간의 손님들이 드물었을 것이네.

화차야와 마대는 서로를 바라보더니 웃으면서 말했다.

"어찌하여 저희를 놀리십니까? 만약 그대가 혼씨 댁에서 머물겠다면 딱 하루면 질릴 것입니다."

그리고는 맛있는 음식을 먹고 술잔 가득 술을 따라 돌렸다. 주인은 돌아와서 등정준을 찾았지만 그가 보이지 않자 하인을 시켜 그를 불렀다. 등정준이 '예'하고 대답하는 순간 함께 있었던 마대와 화차야 두 사람은 사라지고 없었고, 자신은 측간 안에 앉아 있었는데, 측간 옆에는 큰 파리 한 마리와 털이 빠진 빗자루만이 있을 뿐이었다. ['渾家'의 '渾'은 '溷厠'의 '溷'과 諧音임] 등정준은 본래 열병을 앓고 있었으나, 그날 이후로 갑자기 병이 나아 더 이상은 발병하지 않았다. (『현괴록』)

文明元年, 毗陵滕庭俊患熱病積年. 每發, 身如火燒, 數日方定, 名醫不能治. 後之洛調選, 行至滎水西十四五里, 天向暮, 未達前所, 遂投一道傍莊家. 主人暫出, 未至, 庭俊心無聊賴, 因歎息曰: "爲客多苦辛, 日暮無主人." 卽有老父, 鬢髮踈禿, 衣服亦弊, 自堂西出, 拜曰: "老父雖無所解, 而性好文章. 適不知郞君來, 止與和且耶連句次, 聞郞君吟'爲客多苦辛, 日暮無主人.' 雖曹丕門(明鈔本 '門'作'之')'客子常('常'原作'長', 據曹丕「雜詩」改)畏('畏'原作'異', 據曹丕「雜詩」改)人', 不能過也. 老父與和且耶, 同作渾家門客, 雖貧亦有斗酒, 接郞君淸話耳." 庭俊甚異之, 問曰: "老父住止何所?" 老父怒曰: "僕忝渾家掃門之客, 姓麻名來和, 行一('行一'原作'弟大', 據明鈔本改). 君何不呼爲'麻大'?" 庭俊卽謝不敏, 與之偕行, 遶堂西隅, 遇見二門. 門啓, 華堂複閣甚奇秀, 舘中有樽酒盤核. 麻大揖讓庭俊同坐. 良久, 中門又有一客出, 麻大曰: "和至矣(明鈔本'至矣'作

'君至')."卽降階揖讓坐. 且耶謂麻大曰: "適與君欲連句, 君詩題成未?" 麻大乃書題目曰: "「同在渾家平原門舘連句一首」 予已('予已'原作'使請', 據明鈔本改)爲四句矣." 麻大詩曰: "自與渾家隣, 馨香遂滿身. 無心好淸靜, 人用去灰塵. 僕作四句成矣." 且耶曰: "僕是七言, 韻又不同, 如何?" 麻大曰: "但自爲一章, 亦不惡." 且耶良久吟曰: "冬('冬'原作'終', 據明鈔本改)朝每去依烟火, 春至還歸養子孫. 曾向符王筆端坐, 爾來求食渾家門." 庭俊猶不悟, 見門舘華盛, 因有淹留歇爲之計, 詩曰: "田文稱好客, 凡養幾多人? 如欠馮諼在, 今希廁下賓." 且耶・麻大, 相顧笑曰: "何得相譏? 向使君在渾家門, 一日當厭飫矣." 於是餐饍肴饌, 引滿數十巡. 主人至, 覓庭俊不見, 使人叫喚之, 庭俊應曰"唯", 而館宇幷麻和二人, 一時不見, 乃坐廁屋下, 傍有大蒼蠅禿掃箒而已. 庭俊先有熱疾, 自此已後頓愈, 更不復發矣. (出『玄怪錄』)

# 474・6(6651)
## 장사공(張思恭)

당(唐)나라 칙천무후(則天武后) 때 상식봉어(尙食奉御: 황제의 음식을 관리하던 尙食局의 長官) 장사공이 우굴리(牛窟利: 소고기로 만든 음식의 일종)를 바쳤는데, 그 위에 젓가락만한 크기의 그리마가 올려져 있었다. 칙천무후는 그리마를 옥 상자 안에 넣은 뒤에 장사공을 불러 보여주며 말했다.

"어제 바친 우굴리 위에 이런 것이 놓여 있었는데, 이것은 독성이 아주 강한 벌레이다. 근자에 검은 백족충(百足蟲: 지네)을 먹은 닭이 갑자기 죽은 일이 발생했는데, 배를 가르고 보았더니 그 안에 그리마 1초(抄: 1升의 千分의 1로, 소량을 말함)가 들어 있었다고 한다. 다른 벌레는 모두 죽어 없어졌는데, 이 벌레만은 모양이 변하지 않고 그대로 있었다고 한다. 짐은 어제 이후로 꺼림칙한 생각에 음식을 먹을 수가 없다."

장사공이 머리를 조아리고 죽기를 청했지만, 칙천무후는 그의 죄를 면해 준 뒤에 요리사와 함께 영남(嶺南)으로 귀양 보내라고 명했다. (『조야첨재』)

唐天后中, 尙食奉御張思恭進牛窟利上蚰蜒, 大如筯. 天后以玉合貯之, 召思恭示曰: "昨窟利上有此, 極是毒物. 近有鷄('鷄'字原空闕, 據黃本補)食烏百足蟲忽死, 開腹, 中有蚰蜒一抄. 諸蟲並盡, 此物不化, 朕昨日以來, 意惡不能食." 思恭頓首請死, 敕免之, 與宰夫並流嶺南. (出『朝野僉載』)


## 474 · 7(6652)
## 황(蝗)

당(唐)나라 개원(開元) 4년(716)에 황하(黃河)의 남북으로 메뚜기가 재해를 일으켰다. 메뚜기 떼는 날아오르면 해를 가렸는데, 그 크기가 손가락만 했다. 메뚜기는 벼이삭과 나뭇잎을 먹었는데, 그 뿌리까지 모두 먹어치웠다. 조정에서 사신을 보내 주와 현의 관리와 함께 그 일을 맡아 메뚜기 떼를 몰아내라는 칙령을 내렸는데, 메뚜기를 한 섬 잡은 사람에게는 곡식을 한 섬 주고, 메뚜기를 한 말 잡은 사람에게는 역시 같은 양의 곡식을 주게 했다. 그런데 구덩이를 판 뒤에 메뚜기를 묻었더니 한 섬의 메뚜기를 묻으면 열 섬의 메뚜기가 생겨났다. 메뚜기 알은 그 크기가 쌀알 만했으며 땅을 반 촌(寸) 두께로 덮고 있었다.

부휴자(浮休子: 『朝野僉載』의 撰者인 張鷟의 號)가 말했다.

"옛날 문무성황제(文武聖皇帝: 唐 太宗의 廟號) 때 도성 주위로 메뚜기 떼가 크게 일어나자 황제는 그 메뚜기를 잡아오게 해서 문무백관들을 마주한 채 커다란 메뚜기 한 마리를 고른 다음 이렇게 기도했다.

'짐이 정사를 제대로 보지 못하고 형벌의 형평성을 잃어 어짊과 신의를 아직 널리 펴지 못했으니, 너희들은 마땅히 내 심장을 갉아먹되, 농작물에는 해를 끼치지 말라!'

이렇게 기도하고는 메뚜기를 삼켰다. 잠시 뒤에 황새처럼 생긴 까마귀 백만 마리가 떼를 지어 날아와서는 하루 동안에 메뚜기를 모두 잡아먹어치웠다. 이것은 황제의 지성이 하늘을 감동시킨 결과이다. 만약 하늘이 우연히 그렇게 했다면 더 이상 생겨나게 하지 않았을 것이고, 하늘이 만약 재앙을 내리려고 했다면 메뚜기 떼를 묻어도 그 수는 점점 더 불어났을 것이다. 위정자들이 덕을 밝히고 형벌을 신중하게 다루어서 하늘의 견책에 응답해야지 어찌하여 덕을 베풀어 재앙을 다스릴 생각은 않고 도리어 잔혹하게 죽여서 화를 없애려고 하는가? 이것은 당시의 재상 요원숭(姚元崇)이 재상으로서 정무를 제대로 보지 못했기 때문이다."

(『조야첨재』)

唐開元四年, 河南北螽爲災. 飛則翳日, 大如指. 食苗草樹葉, 連根並盡. 敕差使與州縣相知驅逐. 採得一石者, 與一石粟, 一斗, 粟亦如之. 掘坑埋却, 埋一石則十石生. 卵大如黍米, 厚半寸, 蓋地. 浮休子曰: "昔文武聖皇帝時, 繞京城蝗大起, 帝令取而觀之, 對仗選一大者, 祝之曰: '朕政刑乖僻, 仁信未孚, 當食我心, 無害苗稼!' 遂吞之. 須臾, 有鳥如鸛, 百萬爲群, 拾蝗一日而盡. 此乃精感所致. 天若偶然, 則如勿生, 天若爲厲, 埋之滋甚. 當明德愼罰, 以答天譴, 奈何不見福修以禳災, 而欲逞殺以消禍? 此宰相姚文(明鈔本'文'作'元')崇失燮理之道矣." (出『朝野僉載』)

## 474・8(6653)
## 냉사(冷蛇)

신왕(申王: 唐나라 睿宗의 둘째 아들로, 惠莊太子인 李撝)은 육질(肉疾: 비만증)을 앓아서 뱃살이 무릎까지 늘어져 있었다. 그래서 외출할 때 흰 비단으로 칭칭 감고 나갔는데, 여름이 되면 더워서 숨을 쉴 수조차 없었다. 그리하여 현종(玄宗)은 조서를 내려 남방(南方)으로 사람을 보내 냉사 두 마리를 잡아오게 해서 신왕에게 하사했다. 냉사는 그 길이가 몇 척이나 되었고 흰색이었으며 사람을 물지 않았다. 냉사를 잡고 있으면 마치 얼음을 쥐고 있는 것처럼 몸이 차가워졌다. 신왕은 뱃살이 몇 겹으로 접혔는데, 여름에 그 위에 냉사를 놓아두면 더 이상 더위 때문에 고생하지 않아도 되었다. (『유양잡조』)

申王有肉疾, 腹垂至骭. 每出, 則以白練束之, 至暑月, 骭息不可過. 玄宗詔南方取冷蛇二條賜之. 蛇長數尺, 色白, 不螫人. 執之, 冷如握('握'原作'掘', 據明鈔本改)氷. 申王腹有數約, 夏月 寘於約中, 不復覺煩暑. (出『酉陽雜俎』)

## 474 · 9(6654)
## 이 규(李 揆)

    당(唐)나라 때의 이규는 건원연간(乾元年間: 758~760. 본문에는 '乾天'이라 되어 있지만, '乾元'의 誤記임으로, 고쳐 번역함)에 예부시랑(禮部侍郎)으로 있었다. 어느 날 그는 대낮에 당(堂) 앞 처마에서 앉아 있다가 갑자기 당 안에서 벼락 치는 소리가 나는 것을 들었는데, 마치 담이 무너져 내리는 소리 같았다. 이규가 깜짝 놀라 당 안으로 들어가 보았더니 높이가 몇 척이나 되고, 도깨비처럼 이상하게 생긴 두꺼비 한 마리가 방바닥에 엎드려 있었다. 이규는 놀랍기도 하고 이상하게도 느껴졌지만, 두꺼비가 어떻게 이곳에 와 있는 지 알 길이 없었다. 그리하여 곧장 하인을 시켜 커다란 항아리로 덮어놓게 했다. 어떤 사람이 이규에게 이렇게 풀이해주었다.

    "무릇 두꺼비는 달 속의 동물이니, 또한 하늘의 사자라 할 수 있습니다. 지금 하늘의 사자가 나리의 당에 찾아든 것은 혹 상제께서 나리께 밀명을 내린다는 뜻이 아니겠습니까?"

    날이 밝은 뒤에 항아리를 들어내고 보았더니 두꺼비는 이미 어디론가 사라지고 없었다. 며칠 뒤에 이규는 과연 중서시랑평장사(中書侍郎平章事)에 임명되었다. (『선실지』)

唐李揆, 乾天中, 爲禮部侍郎. 嘗一日, 晝坐於堂之前軒, 忽聞堂中有聲極震, 若牆圮. 揆驚入視之, 見一蝦蟆, 俯于地, 高數尺, 魅然殊狀. 揆且驚且異, 莫窮其來. 卽命家童, 以巨缶蓋焉. 有解曰: "夫蝦蟆月中之蟲, 亦天使也. 今天使來公堂, 豈非上帝以密命付公乎?" 其明啓而視之, 已亡見矣. 後數日, 果拜中書侍郎平章事. (出『宣室志』)

## 474・10(6655)
## 주부충(主簿蟲)

[唐나라] 대력연간(大歷年間: 766~779)에 북쪽 출신의 어떤 사람이 윤주(潤州) 금단현(金壇縣)의 주부가 되었는데, 그는 대나무 통에 전갈 10여 마리를 담아 가지고 와서 청사(廳事) 앞의 나무 위에 놓아두었다. 나중에 전갈은 자라서 100여 마리로 불어났으나 그곳 땅기운에 쐬어 사람에게 침을 쏘지 못했다. 남쪽 사람들은 전갈을 몰랐기 때문에 그것을 그저 '주부충'이라고 불렀다. ([『전재』])

潤州金壇縣, 大歷中, 有北人爲主簿, 以竹筒齎蝎十餘枚, 置於廳事之樹. 後遂孳育至百餘枚, 爲土氣所蒸, 而不能螫人. 南民不識, 呼爲'主簿蟲'. (原缺出處, 明鈔本・陳校本作'出『傳載』')

## 474 · 11(6656)
## 주아지(朱牙之)

[唐나라 德宗] 원흥년(元興年: 784)에 동양태수(東陽太守) 주아지는 어느 날 갑자기 누런 옷을 입고 누런 모자를 쓴 한 노인이 자신의 첩 동씨(董氏)의 침상 아래에서 나오는 것을 보았다. 노인이 나왔던 곳에 작은 구덩이가 있었는데, 그 안에 졸졸졸 흐르는 샘이 하나 있었다. 노인은 급기야 동씨와 교분을 나누더니 집안에 좋고 나쁜 일이 있으면 먼저 동씨에게 그 사실을 알려주었다. 주아지의 아들이 학질을 앓게 되자 노인이 말했다.

"이 병은 반드시 호랑이의 고환을 먹어야만 낫습니다."

그리고는 창을 들고 산의 동쪽으로 가서 아직도 온기가 남아 있는 호랑이의 고환을 구해왔다. 노인이 그것을 구워 아이에게 먹게 했더니 먹자마자 학질이 나았다. 노인은 늘 동씨에게 자신의 머리를 빗게 했는데, 머리카락이 마치 멧돼지의 털처럼 뻣뻣했다. 후에 주아지가 도사를 청해 와 신에게 제사를 지내고 상주문을 올리자 노인은 발길을 끊었다. 물을 펄펄 끓여 시험 삼아 노인이 나왔던 구덩이에 갖다 붓고 그곳을 파 보았더니 그 안에서 몇 곡(斛)의 왕개미가 나왔다. 그로부터 며칠 지나지 않아 한 마을 사람이 커다란 칼을 들고 들판을 가다가 한 남자를 만났는데, 남자는 칼을 보더니 들고 있던 황금 한 덩이와 바꾸자고 했다. 그래서 칼을 주었더니 그 사람은 순식간에 어디론가 사라지고 없었다. 다시 그가 준 황금을 살펴보았더니 그것은 다름 아닌 쇠똥이었다. 생각건대 그 사람은 바로 주아지의 집에 나타났던 그 귀신인 것 같다. (『이원』)

東陽太守朱牙之, 元興中, 忽有一老公, 從其妾董牀下出, 著黃裳衿帽. 所出之 垧, 滑澤有泉. 遂與董交好, 若有吉凶, 遂以告. 牙之兒病瘧, 公曰: "此應得虎卵服之." 持戟向山東, 得虎陰, 尙餘暖氣. 使兒炙噉, 瘧卽斷. 公常使董梳頭, 髮如野猪. 牙後諸祭酒上章, 於是絶跡. 作沸湯, 試澆此垧, 掘得數斛大蟻. 不日, 村人捉大刀野行, 逢一丈夫, 見刀, 操黃金一餠, 求以易刀. 授刀, 奄失其人所在. 重察向金, 乃是牛糞. 計此卽牙家鬼. (出『異苑』)

## 474 · 12(6657)
## 수 인(樹 蚓)

상도(上都: 長安)에 있는 혼감(渾瑊)의 저택 극문(戟門: 宮內 혹은 3품 이상의 벼슬아치의 집문 앞에 창을 세웠음) 밖에는 작은 홰나무 한 그루가 있었는데, 나무 위에 동전만한 크기의 구멍이 하나 나 있었다. 매번 여름날 비가 개고 나면 그곳에서 사람 팔뚝만한 커다란 지렁이 한 마리가 나왔는데, 길이는 2척 남짓이었고 흰 목 부분에는 붉은 반점이 있었다. 커다란 지렁이는 수백 마리의 지렁이를 이끌고 마치 동아줄을 이어놓은 것처럼 나뭇가지와 줄기를 따라 올라갔는데, 날이 밝을 무렵이면 모두 구멍 안으로 들어가고 없었다. 가끔 사람들이 지렁이 떼를 놀라게 하면 지렁이 떼가 놀라 소리를 지르는데, 그 소리가 종종 하나의 곡조를 이루곤 했다.

학사(學士) 장승(張乘)이 말했다.

"혼감이 살아 있을 때 당(堂) 앞의 땅에서 나무 한 그루가 불쑥 튀어

나왔는데, 지렁이가 여기저기에 걸려 있었다. 그 일의 출처를 밝혀 둔 책이 있었는데, 그 책이름을 잊어버렸다."

(『유양잡조』)

　上都渾瑊宅, 戟門外一小槐樹, 樹有穴大如錢. 每夏月霽後, 有蚓大如巨臂, 長二尺餘, 白頸紅斑, 領蚓數百條, 如索, 緣樹枝幹, 及曉, 悉入穴. 或時衆驚, 往往成曲.

　學士張乘言:"渾瑊時, 堂前忽有樹, 從地踊出, 蚯蚓遍挂其上. 已有出處, 忘其書名目."(出『酉陽雜俎』)

## 474 · 13(6658)
## 목사고(木師古)

　나그네 목사고는 [唐나라] 정원연간(貞元年間: 785~804) 초에 금릉(金陵) 경내의 한 마을을 지나가는 길에 날이 저물자 한 오래된 절에 투숙했다. 목사고가 주지스님을 뵙자 주지스님은 곧 그를 누추한 방으로 모셨다. 그 절에는 본래 손님방이 있었는데, 문을 꼭 닫아둔 채 열지 않았다. 목사고가 버럭 화를 내고 그 이유를 따지면서 주지스님을 나무라자 주지스님이 말했다.

　"진실로 저곳이 아까워서 손님을 이곳에 묵게 하는 것이 아니라 사실은 지금까지 저곳에 묵었던 손님들 가운데 죽지 않은 사람이 없었습니다. 제가 이곳에 온지 30여 년이 되었는데, 그 사이에 죽은 사람만 해도

30명이나 됩니다. 그래서 1년이 넘게 저곳을 잠가둔 채 더 이상 사람을 묵지 못하게 한 것입니다."

목사고는 그의 말을 듣지 않고 더욱 더 의심하며 주지스님을 나무랐다. 주지스님은 하는 수 없이 손님방을 열고 청소하게 했는데, 정말 오랫동안 잠가두어서 그런지 방안에서 썩은 냄새가 났다. 목사고는 속으로는 주지스님의 말을 믿었으나 목소리와 얼굴에는 여전히 노기를 띠고 있었다. 목사고는 손님방으로 들어가 잠을 잤는데, 어쩔 수 없이 경계심이 생겨 마침내 상자 안에서 단도 한 자루를 꺼내 침상 머리맡 아래에 두고는 스스로 담력이 있다고 자기 암시를 했다. 잠을 자다가 2경(更) 때 갑자기 한기가 느껴져 깜짝 놀라 일어나 보았더니 마치 누군가가 부채질하듯 찬바람이 일었다. 잠시 뒤에 그 부채가 다시 왔다. 목사고는 휘장 안에 두었던 칼을 몰래 뽑아들고 한번 휘둘렀는데, 무엇인가를 찌른 것 같았다. 곧이어 무엇인가가 침상 왼쪽에 떨어지는 소리가 들리더니 더 이상 별다른 일은 없었다. 그리하여 목사고는 다시 칼을 원래의 자리에 놓은 뒤 편안하게 잠을 잤다. 4경(更)이 지나 앞서 왔던 부채가 다시 왔기에 목사고는 조금 전과 같은 수법으로 칼을 휘둘러 무엇인가를 찔렀더니 또 무엇인가가 땅에 떨어지는 것 같았다. 목사고는 칼을 잡고 잠시 기다렸지만 더 이상 다른 일은 없었다.

잠시 뒤에 날이 밝자 스님과 주위에 살던 사람들은 함께 손님방으로 와서 문을 두드렸다. 목사고가 밝은 목소리로 누구냐고 묻자 스님과 사람들은 목사고가 아직 살아있는 것을 알고 깜짝 놀라 어찌된 영문인지 물어보았다. 목사고는 지난밤의 상황을 자세히 말해주면서 천천히 옷을 털고 일어났다. 사람들은 침상 오른쪽에서 박쥐 두 마리를 보았는데 모두 칼을 맞아 피를 흘린 채 죽어있었다. 박쥐의 날갯죽지는 길이가 1척 8촌이었고 눈동자는 오이씨처럼 둥글고 크며 은색이었다. 『신이비경법(神異秘經法)』에 따르면 다음과 같은 말이 있다.

"백년 된 박쥐는 장생하기 위해 사람의 입가에 붙어서 그 정기를 빨아먹는다. 삼백 년 된 박쥐는 사람으로 변해 천계(天界)를 날아다닐 수 있다."

이에 근거해볼 때 이 박쥐 두 마리는 아직 삼백 년이 되지 않아 신통력이 낮아서 목사고에게 죽임을 당한 것이다. 목사고 역시 이를 통해 복련술(服練術: 道家 長生法의 하나로, 호흡 수련과 육체단련을 말함)이 있다는 것을 알고 마침내 적성산(赤城山)으로 들어갔는데, 그가 어떻게 되었는지는 아무도 모른다. 오래된 집에 묵을 경우 반드시 경계를 해야 한다. (『박이지』)

遊子木師古, 貞元初, 行於金陵界村落, 日暮, 投古精舍宿. 見主人僧, 主人僧乃送一陋室內安止. 其本客廳, 乃封閉不開. 師古怒, 遂詰責主人僧, 僧曰: "誠非悋惜於此, 而卑吾人於彼, 俱以承前客宿於此者, 未嘗不大漸於斯. 自某到, 已三十餘載, 殆傷三十人矣. 閉止已('已'字原闕, 據明鈔本補)周歲, 再不敢令人止宿." 師古不允, 其詞愈生猜責. 僧不得已, 令啓戶洒掃, 乃實年深朽室矣. 師古存心信, 而口貌猶怒. 及入寢, 亦不免有備預之志, 遂取篋中便手刀子一口, 於牀頭席下, 用壯其膽耳. 寢至二更, 忽覺增寒, 驚覺, 乃漂沸風冷, 如有扇焉. 良久, 其扇復來. 師古乃潛抽刀子於幄中, 以刀子一揮, 如中物, 乃聞墮於牀左, 亦更無他. 師古復刀子於故處, 乃安寢. 至四更已來, 前扇又至, 師古亦依前法, 揮刀中物, 又如墮於地. 握刀更候, 了無餘事.

須臾天曙, 寺僧及側近人, 同來扣戶. 師古乃朗言問之爲誰, 僧徒皆驚師古之猶存('師古之'三字及'存'字原闕, 據明鈔本補), 詢其來由. 師古具述其狀, 徐徐拂衣而起. 諸人遂於牀右, 見蝙蝠二枚, 皆中刀狼藉而死. 每翅長一尺八寸, 珠眼圓大如瓜('如瓜'原作'爪如', 據明鈔本改)銀色. 按『神異秘經法』云: "百歲蝙蝠, 於人口上, 服人精氣, 以求長生. 至三百歲, 能化形爲人, 飛遊諸天." 據斯未及三百歲耳, 神力猶劣, 是爲師古所制. 師古因之亦知有服('服'原作'報', 據黃本改)練術, 遂入赤城山, 不知所終. 宿在古舍下者, 亦足防矣. (出『博異志』)

# 태평광기 권제 475 곤충 3

1. 순우분(淳于棼)

475 · 1(6659)
# 순우분(淳于棼)

　동평(東平) 사람 순우분은 오(吳) 땅과 초(楚) 땅 일대의 협사(俠士)로 술을 좋아하고 호기를 잘 부렸으며 자잘한 예절 따위에 구애받지 않았다. 그는 많은 재산을 쌓아두고서 호객(豪客)들을 집에서 길렀다. 그는 무예가 뛰어난 덕분에 회남군(淮南軍) 비장(裨將: 副將)에 뽑힌 적인 있었으나 술김에 절도사(節度使)의 뜻을 거스르고는 결국 내침을 당해 실의에 빠진 채 방탕하게 술 퍼마시는 것을 일삼았다. 그의 집은 광릉군(廣陵郡)에서 동쪽으로 10리 떨어진 곳에 있었다. 그가 살고 있는 집 남쪽에 커다랗고 오래된 홰나무 한 그루가 있었는데, 나뭇가지가 길고도 무성하게 자라있어 그것이 드리운 시원한 그늘이 몇 이랑에 달했다. 순우생(淳于生: 淳于棼)은 매일 호객들과 더불어 그 아래에서 술을 잔뜩 퍼마셨다.
　당(唐)나라 정원(貞元) 7년(791) 9월에 그는 술에 취해 병이 나고 말았는데, 마침 그 자리에 있던 두 친구가 그를 부축하여 집으로 돌아온 다음 동쪽 처마 아래에 뉘었다. 두 친구가 순우생에게 말했다.
　"자네는 잠이나 자게. 우리들은 말에게 꼴을 먹이고 발을 씻은 다음 자네가 조금 나아지거든 떠나겠네."
　순우생은 두건을 풀고 베개 위에 누웠는데, 정신이 몽롱한 것이 마치 꿈인 듯 느껴졌다. 그가 보았더니 두 명의 자주색 옷 입은 사자가 나타나 그에게 무릎 꿇고 절하며 이렇게 말했다.

"괴안국(槐安國)의 왕께서 소신을 보내어 당신을 모셔오라는 명을 전하라고 하셨습니다."

순우생은 자신도 모르게 평상을 내려가 옷을 갖춰 입은 뒤 두 사자를 따라나서 대문으로 갔다. 그가 보았더니 거기에 푸른 기름칠을 한 네 필의 말이 끄는 작은 수레가 있었다. 좌우에 서있던 시종 7~8명이 순우생을 부축하여 수레에 태우더니 대문을 나선 뒤 오래된 홰나무 구멍을 향해 출발했다. 사자가 구멍 속으로 곧장 말을 몰아가자 순우생은 매우 이상한 생각이 들었으나 감히 물어보지는 못했다. 그 앞에 홀연 펼쳐진 산천풍물이며 풀, 나무, 길 등은 인간세상의 것과 아주 달랐다. 다시 수십 리를 가자 외성의 성가퀴가 보였으며 길에는 수레와 사람이 끊이지 않고 다녔는데, 순우생 좌우에서 소리치며 길을 트는 사람들의 호령소리가 쩌렁쩌렁 울려 퍼지자 길 가던 사람들은 앞 다퉈 길 양 옆으로 몸을 피했다. 그들은 다시 붉은 대문에 몇 층으로 된 누각이 있는 커다란 성으로 들어갔는데, 누각 위에는 황금색 글씨로 '대괴안국(大槐安國)'이라 적혀있었다. 문을 지키던 사람이 달려와 절한 후 다시 급히 뛰어가자 잠시 후에는 한 기마병이 나타나 말을 전하며 소리쳤다.

"저희 대왕님께서 부마(駙馬)가 먼 곳에서 왕림해 주셨으니 일단 동화관(東華館)에서 쉬게 하라 하셨습니다."

그리고는 앞장 서 길을 갔다. 잠시 후 문 하나가 활짝 열리자 순우생은 수레에서 내려 그 안으로 들어갔다. 그 곳에는 채색한 난간에 조각해 놓은 기둥이 있었으며, 화려한 나무에 진귀한 과실수가 정원 아래 줄지어 심어져있었다. 또 안석과 상, 자리와 요, 주렴과 휘장, 그리고 훌륭한 요리 등이 정원에 차려져 있는 것을 보고 순우생은 속으로 매우 기뻤다. 그때 누군가가 다시 소리쳤다.

"우상(右相)께서 드십니다."

순우생은 계단을 내려가 공손히 명을 받들었다. 잠시 후 자주색 옷을 입고 상아홀을 든 어떤 사람이 앞으로 걸어와 주인과 손님의 예를 주고받은 뒤 이렇게 말했다.

"저희 대왕님께서는 이 나라가 멀고 외진 곳에 있다는 것도 생각하지 않으시고 군자를 모셔와 혼인을 부탁하시려 합니다."

순우생이 말했다.

"저같이 천하고 보잘것없는 몸이 어찌 그런 것을 바라겠습니까?"

그러자 우상은 순우생에게 왕이 있는 곳으로 함께 가볼 것을 청했다. 한 100보쯤 가서 붉은 대문으로 들어서자 창과 의장용 도끼가 좌우에 줄지어 놓여있었으며 군리(軍吏) 수백 명은 길 한 편으로 비켜섰다. 순우생과 생전에 함께 어울려 술을 마시던 사람 중에 주변(周弁)이라는 자가 있었는데, 그가 무리들 틈에 끼어 걸어가고 있었다. 순우생은 그를 보고 몹시 반가웠으나 감히 앞으로 나아가 물어보지는 못했다.

우상은 순우생을 데리고 널찍한 대전에 올랐는데, 어위(御衛)가 엄숙한 것이 마치 지존(至尊: 황제를 가리킴)이 계신 곳 같았다. 거기에 기골이 장대하고 매우 근엄해 보이는 한 사람이 흰 비단 옷을 입고 붉은 화관(華冠)을 쓴 채 가운데 자리하고 있는 것을 보고 순우생은 두려움에 떨며 감히 올려다보지도 못했다. 그러자 좌우의 시종들이 그에게 절을 하라고 시켰다. 왕이 말했다.

"내 일전에 그대 부친의 명을 받들었는데, 부친께서는 이 나라를 작은 나라라 마다하지 않으시고 작은 딸 요방(瑤芳)으로 하여금 그대를 섬길 수 있도록 허락해 주셨소."

순우생은 그저 엎드려 있을 뿐 아무 말도 하지 못했다. 왕이 말했다.

"일단 빈관(賓館)으로 가시오. 바로 이어 혼례를 치르겠소."

어지(御旨)가 떨어지자 우상이 다시 순우생을 데리고 함께 관사(館舍)로 돌아갔다. 그는 곰곰 생각해보았다.

'아버님은 변방 장수(將帥)의 보좌로[본문에는 '在邊將'이라 되어있으나 뒤에 '佐邊將'이라는 구절이 다시 나오는 것으로 보아 '在'는 '佐'의 오기로 보임] 계시다 오랑캐에게 잡혀 생사조차 모르지 않는가.'

그러다가 그는 다시 이렇게 생각했다.

'그렇다면 아버님이 북번(北蕃)과 내통하여 이런 일을 만드셨단 말인가?'

그는 몹시 어리둥절한 채 어찌된 영문인지 알 수 없었다.

그날 저녁에 고안(羔雁: 어린 양과 기러기)과 폐백(幣帛: 돈과 비단. 이 네 가지는 모두 옛날 상견례나 혼례 때 보내던 예물), 위엄 있는 혼례 절차, 그리고 기녀 악대의 악기 연주와 맛난 요리, 등촉, 수레, 예물 등이 빠짐없이 준비되었다. 거기에는 한 무리의 여자들이 있었는데, 그 중에는 화양고(華陽姑)라 불리는 사람도 있었고, 청계고(淸溪姑)라 불리는 사람도 있었으며, 상선자(上仙子)라 불리는 사람과 하선자(下仙子)라 불리는 사람도 있었다. 그와 같은 여자 수십 명이 모두 수천 명의 시종들을 거느리고서 취봉관(翠鳳冠: 물총새 깃털로 장식한 鳳冠)을 쓰고 금하피(金霞帔: 금실로 짠 노을 빛깔의 어깨걸이)를 걸친 채 채벽

금전(綵碧金鈿: 오색 빛깔 옥석에 금을 상감해 넣은 머리 장식)을 꽂고 있었는데, [그 광채가 너무 눈부셔] 차마 눈을 뜨고 바라볼 수 없었다. 여자들은 맘껏 돌아다니며 즐거워했고 문을 왔다 갔다 하며 앞 다퉈 순우랑(淳于郎: 淳于棼)에게 장난을 쳤다. 그녀들은 요염한 자태에 빼어난 말솜씨를 지니고 있었는데, 순우생은 도저히 상대할 수 없을 정도였다. 그때 또 어떤 여자가 오더니 순우생에게 말했다.

"지난 날 상사일(上巳日: 음력 3월 3일. 이날 사람들은 모두 교외로 나가 물놀이를 하며 사악한 기운을 씻어냈음) 때 저는 영지부인(靈芝夫人)을 따라 선지사(禪智寺)에 갔다가 천축원(天竺院)에서 석연(石延: 石國, 즉 중앙아시아 타시켄트 사람)이 「바라문무(婆羅門舞: 바라문국의 춤. 일설에는 「霓裳羽衣曲」이라고도 함)」를 추는 것을 보았습니다. 저는 여러 여자들과 북쪽 창가 돌 평상 위에 앉아있었습니다. 그때 당신은 소년이었는데, 역시 말에서 내려와 춤을 구경하셨습니다. 당신은 자기 마음대로 저희들에게 다가와 접근하더니 웃고 농담하시면서 저희를 희롱하셨는데, 저와 궁영매(窮英妹)는 진홍색 수건을 매어 대나무 가지 위에 걸어놓았습니다. 설마 기억하지 못하시겠습니까? 또 7월 16일에 저는 효감사(孝感寺)에서 상진자(上眞子)를 모시고 계현법사(契玄法師)께서 『관음경(觀音經)』 강연(講筵: 즉, 불경고사를 이야기해주는 俗講을 말함)하시는 것을 들었습니다. 저는 속강이 끝나자 황금으로 된 봉황 모양의 비녀 두 개를 보시했고 상진자는 무소뿔로 만든 합(盒) 하나를 보시했습니다. 그때 당신께서도 강연 자리에 계셨는데, 법사가 계신 곳을 찾아가 비녀와 상자를 보여 달라 청하시고는 재삼 감탄하셨습니다. 한참동안 기이하다 감탄하다가 저희들을 바라보며 '사람이고 물건이고 모두 인간 세상에 있는 것이 아니구나'라고 하셨습니다. 그리고는 저희에게 어느 나라 사람이냐 묻기도 하시고 사는 곳이 어디냐 묻기도 하셨으나 저희들은 모두 대답하지 않았습니다. 그리고는 애틋한 마음으로 저희에게서 눈길을 떼지 못했는데, 혹 저희를 그리워하지는 않으셨나요?"

순우생이 말했다.

"가슴 속에 묻어두고 어찌 하루라도 잊은 적이 있었겠소."

여러 여자들이 말했다.

"오늘 이렇게 당신과 한 가족이 될 줄은 정말 생각지도 못했습니다."

그때 또 위엄 있어 보이는 관을 쓰고 의대를 맨 세 사람이 앞으로 나와 순우생에게 절하며 말했다.

"명을 받고 부마(駙馬)의 상자(相者: 儐相. 혼례 절차를 도와주는 사람)가 되었습니다."

가운데 있는 한 사람이 전부터 알고 지내던 사람이라는 것을 알고 순우생이 그를 가리키며 말했다.

"그대는 풍익(馮翊)의 전자화(田子華)가 아닌가?"

전자화가 말했다.

"그렇다네."

순우생은 앞으로 나아가 그의 손을 잡고 한참동안 지나간 이야기를 나눈 뒤 이렇게 말했다.

"자네는 무슨 일로 여기 사는가?"

전자화가 말했다.

"나는 내키는 대로 여기저기 노닐며 다니다가 우상 무성후(武成侯)

단공(段公)의 눈에 들어 이곳에 기탁하게 되었네."

순우생이 또 물었다.

"주변이 어디 있다는 사실을 아는가?"

전자화가 말했다.

"주생(周生: 周弁)은 귀인일세. 그는 사례(司隷) 직을 맡고 있는데 권세가 대단하여 나는 여러 차례 그의 보살핌을 받았다네."

매우 기쁘게 담소를 나누고 있던 중에 곧 다음과 같은 소리가 들려왔다.

"부마께서는 들어오시지요."

세 명이 검과 패옥(佩玉), 그리고 면류관과 의복을 가져와 그에게 입히자 전자화가 말했다.

"생각지도 않게 오늘 이토록 성대한 혼례를 보게 되었네. 부디 나를 잊지 말게."

선녀 수십 명이 여러 가지 기이한 음악을 연주했는데, 그 소리가 청아하고 구성지며 곡조 또한 처량하기 그지없는 것이 인간세상에서 들어보던 소리가 아니었다. 이어 등촉을 든 인도자 수십 명이 들어오고 그 좌우로 황금과 비취색 보장(步障: 고대에 귀족들이 출행할 때 바람과 먼지를 막기 위해 사용하던 이동식 병풍)이 보였는데, 알록달록한 옥이 영롱하게 빛났으며 몇 리에 걸쳐 이어져있었다. 순우생은 수레 안에 단정히 앉아 있자니 정신이 어지럽고 매우 심란했다. 그러자 전자화가 몇 마디 우스개 소리로 그의 마음을 풀어주었다. 방금 전에 보았던 여러 자매들이 각각 봉익련(鳳翼輦: 봉황의 날개 장식을 한 가마)에 타고 사람들 사이를 왔다 갔다 했다. 수의궁(修儀宮)이라고 불리는 어떤 문에 도착하니 여러 선녀들이 잔뜩 문 옆에 서 있다가 순우생을 수레에서 내리게 한 다음 절을 하게 했는데 앉았다 일어섰다하며 읍양(揖讓)하는 것이 인간세상과 다를 바 없었다. 보장을 치우고 부채를 거두자 한 여자가 모습을 드러냈는데, 그녀는 금지공주(金枝公主)라 불리었고 나이는 14~15세에 신선처럼 단아했다. 교환(交歡)의 예[방으로 돌아가 交拜와 合졸 등의 예를 치루는 것] 또한 그 절차가 매우 정확했다. 순우생은 그 때부터 아내와 사이가 나날이 좋아졌으며 영화 또한 나날이 커져갔다. 그가 출입할 때 사용하는 수레나 의복, 그리고 유람이나 연회를 열 때의 시위들까지, 그 모든 것이 왕 다음이었다.

왕은 순우생에게 명해 여러 신료들과 호위병을 대동하고 괴안국 서쪽에 있는 영귀산(靈龜山)에서 대대적으로 수렵을 하게 했다. 산과 언덕은 험준하면서도 수려했고 못과 시내는 넓고도 길었으며 숲은 우거져 있어 날짐승과 들짐승 중 그 안에 없는 것이 없었다. 그들 일행은 군사들이 짐승들을 잔뜩 잡아들인 뒤 저녁이 다 지나서 돌아왔다.

순우생이 어느 날 왕에게 아뢰었다.

"신이 일전에 혼인할 적에 대왕께서는 신의 부친의 명을 받았다 하셨는데, 신의 부친은 이전에 변방의 장수를 보좌하다가 전쟁에서 불리해져 호인(胡人)들 손아귀에 포로가 되고 말았습니다. 그 후로 편지마저 끊긴 채 벌써 17~18년이 지났습니다. 대왕께서 부친의 계신 곳을 알고 계신다면 청컨대 신으로 하여금 한번 찾아뵙고 인사드릴 수 있게 해 주십시오."

왕이 다급하게 말했다.

"사돈께서 북쪽 땅을 지키고 계시며 소식 또한 끊이지 않고 있으니 경이 편지를 한번 써서 소식을 알리면 그 뿐, 직접 갈 필요는 없겠소."

그리고는 자신의 아내를 시켜 축하 예물을 보내드리게 한 뒤 한 사람 편에 그것들을 보냈다. 며칠 뒤에 답장이 왔는데, 순우생이 편지의 내용을 확인해보았더니 거기에는 아버지의 일생의 자취가 적혀있었으며 편지 속에 적힌 그리움의 마음이나 가르침의 내용은 그 뜻이 간곡한 것이 예전과 다르지 않았다. [편지에서 아버지는] 또 순우생에게 여러 친척들의 생사에 관해 묻고 마을이 아직 있는지 없어졌는지도 물었다. 그리고는 또 말하길, 길이 너무도 멀고 바람과 연기가 그 사이를 가로막고 있다 했는데, 말의 뜻이 슬펐으며 말투 또한 애달프기 그지없었는데도 아들에게 자기를 보러오지 못하게 했다. 아버지는 정축년(丁丑年)에 너와 만나게 될 것이라고 말했다. 순우생은 그 편지를 움켜쥐고 목이 메어지도록 슬퍼하면서 감정을 주체하지 못했다.

어느 날 아내가 순우생에게 말했다.

"당신은 정치를 하실 생각은 없으신가요?"

그가 말했다.

"나는 방탕한 사람이라 정사(政事)는 잘 모르오."

아내가 말했다.

"당신이 하시겠다고만 하면 저는 당신을 도울 것입니다."

아내는 그렇게 말하고는 왕에게 그와 같은 뜻을 전했다. 며칠 뒤에 왕이 순우생에게 말했다.

"나는 남가(南柯)의 정치가 제대로 다스려지지 않기에 태수(太守)를 파직시켜 쫓아냈소. 이제 경의 재주를 좀 빌리고자 하니 뜻을 굽혀 그 일을 좀 맡아주어 내 딸과 같이 떠나도록 하시오."

순우생은 삼가 왕의 명령을 받았다. 왕은 담당관리에게 명해 태수로 떠날 짐을 챙겨주도록 했다. 그러자 관리는 금과 옥, 비단과 상자, 노복과 하녀를 내어 주어 널찍한 거리에 줄지어 늘어놓고 떠나가는 공주에게 이별의 예물로 주었다. 순우생은 젊은 협사였으므로 그런 것을 감히 바란 적이 없었으나 그때만큼은 매우 기뻐하며 왕에게 다음과 같은 내용의 표문을 올렸다.

"신은 장군 집안의 방계(傍系) 후손으로 재주라곤 아무 것도 없는데도 외람되게 이렇게 커다란 책임을 맡았으니 필경 조정의 법도를 그르치고 말 것입니다. 저는 무거운 책임을 지고 수레에 올라타게 된 탓에[『易』「解卦』六三에 보면 "負且乘, 致寇至"라는 구절이 있는데, 이는 '무거운 짐을 지고 수레에 오르면 도적을 불러들인다'는 뜻으로, 능력도 없는 사람이 막중한 책임을 떠맡으면 화가 생길 것임을 비유함] 곧 솥 안에 든 고기가 쏟아지게 될 것임을 스스로 슬퍼하고 있습니다[『易』「鼎卦」九四에 보면 "鼎折足, 覆公餗"이라는 구절이 있는데, 이는 세발솥의 다리가 하나 부러지면 안에 있는 음식이 쏟아져 나오게 된다는 뜻으로 스스로에게 결점이 있으면 반드시 일을 그르치게 됨을 비유함]. 그래서 지금 널리 현명하고 어진 사람을 구해 저의 부족함을 메울까 합니다. 제가 삼가 보건대 지금 사례로 있는 영천(潁川) 사람 주변은 충성스럽고 곧을 뿐 아니라 법을 잘 지키며 그릇됨이 없으니 저를 잘 보좌할 만한 능력을 지니고 있습니다. 또한 처사(處士) 풍익 사람 전자화는 청렴하고 조심스러우며 사물의 변화에 통달해 있을 뿐 아니라 정치 교화의 근본에도 밝습니다. 이 두 사람은 신과 더불어 10년도 넘게 알고지낸 사이인지라 그들의 재능과 쓰임새를 모두 잘 알고 있는데, 그들에게는 실로 정사를 맡길 만합니다. 청컨대 주변에게는 남가군의 사헌(司憲)을 일단 맡겨주시고, 전자화에게는 사농(司農)을 맡겨주시어 신으로 하여금 훌륭한 치적(治績)으로 칭송받게 하고 법도를 어지럽히지 않을 수 있도록 해 주십시오."

왕은 표문의 뜻을 따라 주변과 전자화를 보내주었다. 그날 저녁 왕과 그의 부인은 괴안국의 남쪽에서 전별연을 베풀었다. 왕이 순우생에게 말했다.

"남가는 우리나라의 대군(大郡)으로 토지가 비옥하고 사람 또한 많아서 자비로운 정치가 아니고서는 다스릴 수가 없소. 하물며 주변과 전자화 두 사람의 보좌가 있을 것이니, 경은 힘써 노력하여 나라의 뜻에 부합하도록 하시오."

부인이 공주에게 주의 주며 말했다.

"순우랑은 성품이 너무 강직하고 술을 좋아하는데다가 나이까지 젊으니 네가 아녀자의 도리로 유순함을 귀히 여기며 잘 모시도록 해야 한다. 그러면 내 아무 걱정 없겠다. 남가가 비록 경내에서 비록 멀리 있지는 않으나 [한 집에 살며] 아침저녁으로 문안인사 드리는 것과는 큰 차이가 있으니, 오늘 이 이별에 어찌 눈물로 손수건을 적시지 않을 수 있겠느냐!"

순우생과 그의 아내는 머리 조아려 절하고 남쪽으로 떠나갔다. 그들이 수레에 오르자 기마병들이 그들을 에워쌌는데, 둘은 매우 즐겁게 담소를 나누며 여러 날을 거친 끝에 남가군에 도착했다.

[도착해보니] 군의 관리와 중, 도사, 그리고 장로들이 나와 있었고 음악을 연주하는 수레와 난령(鑾鈴: 마차 위에 매달아 놓는 난새 모양의

종)을 울리는 호위병들이 앞 다투어 나와 그들을 맞이했는데, 사람들이 거리를 가득 메우고 종과 북소리 또한 떠들썩하니 그치지 않았다. 십여 리 밖에 보이는 성가퀴와 누각 위로 상서로운 기운이 가득 피어올랐다. 그가 다시 커다란 성문으로 들어가 보니 문에 커다란 편액이 걸려있었으며 그 위에 황금글씨로 '남가군성'이라고 적혀있었다. 그 붉은 색의 높은 건물과 계호(棨戶: 문 밖에 검을 차고 나무창을 든 의장대가 줄지어 서있는 문)는 삼엄하고도 깊숙했다. 순우생은 수레에서 내린 뒤 그곳 풍속을 살피고 병들어 고통 받는 이들을 고쳐주었으며 모든 정사를 주변과 전자화에게 위임하니, 이에 군이 크게 다스려졌다. 그가 군의 태수로 있던 20년 동안 그의 교화가 널리 미치자 백성들은 [그의 덕을] 노래했으며 공덕비(功德碑)를 세우고 생사(生祠: 살아 있을 때 그 공덕을 기리기 위해 지은 사당)도 지었다. 그러자 왕은 그를 매우 중임하며 봉지(封地)를 하사하고 작위를 내렸으며, 그의 지위는 태보(台輔: 원래는 三公을 가리키나 당나라 때 台輔는 그저 명목상의 관직에 불과했음)에까지 올랐다. 주변과 전자화도 정치로 크게 일컬어져 거듭 승진한 끝에 높은 관직에 올랐다. 순우생은 5남 2녀를 두었는데, 아들들은 문음(門蔭: 부친이 관직을 지냈으면 그 자식도 그보다 작은 벼슬을 하게 되는 것을 말함)으로 관직에 제수되었고 딸들 역시 왕족들에게 시집갔다. 그의 혁혁한 영화와 일세를 누린 성대함은 대대로 비교할 자가 없었다.

그 해에 단라국(檀蘿國)이라는 나라가 남가군을 치러 오자 왕은 순우생에게 명해 장수를 뽑은 다음 병사들을 훈련시켜 단라국을 토벌하도록 했다. 그러자 순우생은 표문을 올려 주변으로 하여금 병사 3만을 거느리고 가 요대성(瑤臺城)에서 그 많은 적군을 물리치게 할 것을 주청했다. 주변은 용감하게 일어나 경솔하게 적진으로 뛰어들었으나 병사들이 전쟁에서 패하자 벌거벗은 채 혼자 말을 타고 몰래 도망쳤다가 밤이 되어 성으로 돌아왔다. 적군은 치중(輜重: 수레에 실은 양식과 군용물자)과 갑옷을 거두어 돌아갔다. 순우생은 주변을 가둔 다음 [자신에게도] 벌 줄 것을 청했으나 왕은 둘 다 풀어주었다. 그 달에 사헌 주변은 등창이 나 죽었고 순우생의 아내 금지공주도 병에 걸려 열흘 만에 역시 죽었다. 그 일로 인해 순우생이 남가태수 자리를 그만두고 상을 치르러 괴안국으로 돌아갈 것을 청하자 왕은 이를 허락하고 사농 전자화로 하여금 남가태수의 일을 대행하게 했다. 순우생이 애통해하며 영구를 끌며 길을 떠나고 장례 의장이 길에 늘어서자 남녀 모두가 나와 울부짖었고, 백성과 관리들 중에는 제사상을 차린 사람도 있었으며 영구에 매달려 길을 가로막는 자가 이루 헤아릴 수 없었다. 그가 나라에 도착하자 왕과 부인은 소복 차림으로 교외에 나와 울면서 영구가 도착하기를 기다렸다. 왕은 공주에게 '순의공주(順儀公主)'라는 시호를 내린 뒤, 의장과 우보(羽葆: 비취새 깃털로 장식한 수레 덮개. 여기서는 상여의 덮개를 가리킴) 그리고 고취악대(鼓吹樂隊)를 갖추어 공주를 괴안국 동쪽 10리 밖에 있는 반룡강(盤龍岡)에 묻어주었다.

그 달에 이미 고인이 된 사헌 주변의 아들 주영신(周榮信)도 영구를 모시고 괴안국으로 들어왔다. 순우생은 오랜 세월 변방지역을 진수하면서도 나라 안과 좋은 관계를 맺어 놓아 모든 귀문호족(貴門豪族)들과 두루 사이가 좋았다. 그가 남가태수 자리를 내놓고 괴안국으로 돌아온 뒤부터 아무 때나 [궁궐을] 드나들고, 또 함께 어울려 노는 자나 그를 따르는 시위들이 나날이 기세등등해지자 왕은 내심 그를 의심하며 꺼려했다. 그때 어떤 사람이 다음과 같은 내용의 표문을 올렸다.

"천문(天文)에 우리를 견책하려는 조짐이 보이니, 장차 나라에 커다란 재난이 일어나 도읍이 옮겨가고 종묘가 무너지겠습니다. 이와 같은 발단은 바깥에서 온 종족이 일으킬 것인데, 그 일은 내부[蕭墻: '蕭'는 '肅'을 '墻'은 병풍을 가리킴. 옛날에 신이 군왕을 대할 때 병풍 있는 곳으로 가면 엄숙해졌다 해서 '蕭墻'이라 칭했음. 여기서는 병풍 안, 즉 나라의 내부를 가리키는 말로 쓰임]에서 일어날 것입니다."

당시 사람들이 의론하길, 이는 순우생이 참월한데 대한 결과라고 하자 왕은 그의 시위병을 빼앗고 그가 객들과 어울리는 것을 금했으며 사택(私第) 안에 머물게 했다. 순우생은 자신이 군을 다스린 오랜 세월 동안 정치를 그르친 적이 없다고 자부하던 터였기에 떠도는 말이 사람을 원통하게 만들고 일을 어그러뜨렸다고 한다며 답답하고 울적해했다. 왕 역시 그와 같은 사실을 알고 있었기에 그에게 이렇게 명령했다.

"결혼한 지 20여 년 만에 불행히도 딸아이가 요절하고 말아 그대와 해로하지 못했으니, 내 진실로 그 일로 인해 가슴이 아프오. 내 부인이 손자들을 거두어 길러줄 것이오."

그리고 또 말했다.

"경은 집을 떠난 지 오래 되었으니 잠시 고향으로 돌아가 친척들을 한번 만나보시오. 여러 손자들은 이곳에 두고 아무 걱정 마시오. 3년 뒤에 다시 그대를 맞이해 오도록 하겠소."

순우생이 말했다.

"여기가 제 집인데, 어디로 또 돌아간단 말입니까?"

왕이 웃으며 말했다.

"경은 본디 인간세상의 사람이니 집이 여기가 아니오."

순우생은 갑자기 흐릿하게 잠 속으로 빠져드는 듯하더니 한참동안 혼미해 있다가 그제야 예전의 일을 기억해 내고는 눈물을 흘리며 돌려보내 달라고 청했다. 왕이 좌우에게 시켜 그를 돌려보내주게 하자 그는 재배한 뒤 떠났다.

보았더니 이전의 자주색 옷 입은 두 명의 사자가 다시 따라왔으며 대문 밖에 이르러 보았더니 자신이 타고 왔던 수레가 매우 형편없이 변해 있었는데, 좌우에는 가깝게 부리던 심부름꾼과 마부가 단 한 명도 보이지 않았다. 그는 속으로 이상한 일이라고 탄식했다. 그는 수레에 타고 몇 리를 가 커다란 성을 다시 빠져나오게 되었는데, 길은 바로 그가 예전에 동쪽으로 오던 때 보았던 바로 그 길이었으며 산천과 들판 또한 예전과 다름없었다. 그를 전송하러 온 두 명의 사자에게 위엄이라고는 전혀 찾아볼 수 없어 순우생은 더욱 불만스러운 마음에 사자들에게 물었다.

"광릉군에는 언제야 도착할 수 있느냐?"

그러나 두 사자는 태연자약하게 노래만 부르더니 한참이 지나서야 대답했다.

"조금만 있으면 도착합니다."

잠시 후 구멍 하나를 빠져나가자 고향 마을이 보였는데, 옛날 모습 그대로였다. 순우생은 슬픈 마음에 자기도 모르게 눈물을 흘렸다. 두 사자가 그를 수레에서 내려주자 그는 문으로 들어가 계단을 올라갔는데, [보았더니] 자신의 몸이 동쪽 처마 아래 누워있는 것이었다. 그는 놀랍고도 두려워 감히 앞으로 다가가지 못했다. 그때 두 사자가 큰 소리로 그의 이름을 여러 차례 부르자 그는 드디어 처음처럼 다시 잠에서 깨어났다.

보았더니 집의 가동들은 빗자루를 들고 마당을 쓸고 있었으며 두 명의 객은 평상에서 발을 씻고 있었다. 뉘엿뉘엿 저물어가는 해는 아직 서쪽 담 아래로 다 숨어들어가지 않았고 술동이에 남은 술은 그때까지도 동쪽 창 아래에 맑게 놓여져 있었다. 꿈속에서의 한 순간이 마치 한 평생을 보낸 듯 느껴져 그는 생각에 잠겨 탄식하다가 두 객을 불러 꿈 이야기를 들려주었다. 그러자 그들도 크게 놀라 그와 함께 밖으로 나간 다음 홰나무 아래에서 구멍을 찾아보았다. 순우생이 손으로 가리키며 말했다.

"여기가 바로 꿈속에서 놀라 들어갔던 곳일세."

두 객은 여우나 나무 요괴가 저지른 짓이라 여기고 하인에게 명해 도끼를 들고 와 울퉁불퉁한 줄기를 자르게 한 뒤 나뭇가지와 순을 잘라내고 구멍을 찾았다. 나무에서 옆으로 약 1장정도 떨어진 곳에서 커다란 구멍이 하나 나왔는데, 뿌리 밑이 훤하게 뚫려있어 평상 하나는 들어갈 만했다. 그 위에는 흙이 쌓여있었는데, 성곽이나 대전의 모습처럼 보였다. 또 수십 곡(斛)은 될 만큼 많은 개미가 그 가운데 숨어서 모여 있었으며 그 가운데 단사(丹砂)처럼 붉은 색의 작은 누대(樓臺)가 놓여있었다. 커다란 개미 두 마리가 그곳을 차지하고 있었는데, 그 개미는 흰 날개에 붉은 머리를 하고 있었으며 길이는 3촌이나 되었다. 그 좌우에는 또 커다란 개미 수십 마리가 두 마리의 개미를 보좌하고 있어 다른 개미들은 감히 얼씬도 하지 못했다. 그 두 마리의 개미는 바로 왕이었고 그곳은 괴안국의 도성이었던 것이다. 또 다른 구멍 하나를 파들어 가보니 곧장 남쪽으로 난 가지 위 4장이나 되는 곳까지 뻗어있었는데, [墓道처럼] 네모나게 파인 개미굴이 구불구불 나 있었고 흙으로 쌓은 성과 작은 누대까지 있었다. 그곳에도 많은 개미 떼가 살고 있었는데, 이곳이 바로 순우생이 다스렸던 남가군이었던 것이다. 또 다른 구멍 하나가 서쪽으로 2장 떨어진 곳에 있었는데, 널찍하게 속이 텅 비어있었으며 진흙이 발라져있었고 울퉁불퉁 매우 기이한 모습을 하고 있었다. 그 안에 됫박만 한 썩은 거북 껍질이 있었는데, 빗물이 축축이 배어들어 껍질 위에 작은 풀들이 무리지어 자라나 무성하고 빽빽한 그늘을 드리우고 있었으며 해를 가린 채 거북 껍질 위에서 흔들리고 있었다. 그것은 바로 순우생이 사냥을 했던 영귀산이었다. 또 한 동굴 끝까지 따라가 보니 동쪽으로 1장 남짓 떨어진 곳에 있었는데, 오래된 나무뿌리가 칭칭 감겨져있어서 그 모습이 마치 뱀 같았다. 가운데 작은 흙무덤이 1척 남짓 되게 있었는데, 그곳은 바로 순우생이 아내를 묻어주었던 반룡강의 무덤이었다. 그는 지난 일을 돌이켜보며 속으로 감탄했는데, 흔적들을 샅샅이 따라가며 둘러보니 모두 꿈과 맞아떨어졌다. 그는 두 객으로 하여금 그것을 무너뜨리게 하고 싶지 않아 급히 다시 예전처럼 막아놓으라고 시켰다. 그날 저녁에 비바람이 갑자기 일었는데, 이튿날 아침에 가서 구멍을 살펴보니 개미 떼가 모두 보이지 않았으며 어디로 가버렸는지도 알 수 없었다. 그러니 지난번에 말했던 나라에 장차 큰 우환이 생겨 도읍을 옮길 것이라는 예언이 이것으로 입증 된 것이었다. 순우생은 단라국을 정벌했던 일을 또 생각해내고 두 객에게 밖으로 나가 흔적을 좀 찾아보라고 시켰다. 그랬더니 집에서 동쪽으로 1리 쯤 되는 곳에 이미 말라버린 지 오래인 계곡이 있었는데, 그 옆에 커다란 박달나무 한 그루가 서 있었고 등나무 넝쿨이 그 나무를 칭칭 감싸고 있어 위로 해가 보이지 않았다. 바로 그 옆에 작은 구멍이 하나 있었는데, 그 안에도 역시 개미 떼가 숨어서 모여 있었다. 단라국이란 바로 그것이 아니었겠는가!

아! 개미의 신령함과 기이함도 이처럼 끝이 없으니 하물며 산 속에 숨어있는 짐승과 나무 밑에 엎드려있는 새들과 같이 큰 것들의 변화야 말해 무엇 하겠는가! 그때 순우생의 술친구인 주변과 전자화는 모두 육합현(六合縣)에 살고 있었는데, 순우생과 어울리지 않은 지 열흘이나 되었다. 순우생이 급히 가동을 보내 어서 가서 안부를 살피고 오게 했더니 주생(周生: 周弁)은 갑자기 병이 나 이미 죽었고 전자화 역시 침상에 몸져 누워있었다. 순우생은 남가의 허망함을 탄식하고 인생이란 쏜살같이 짧은 것임을 깨닫고서 도문(道門)에 귀의했으며 술과 여색을 끊었다. 그로부터 3년 뒤인 정축년에 집에서 죽으니, 그때 나이 47세였다. 이는 그의 오래 전에 정해진 약속[순우분의 아버지가 정축년에 너와 다시 만날 것이라고 했던 것과 괴안국왕이 3년 뒤에 맞이해 오겠다던 말]에 부합하는 것이었다.

나 이공좌(李公佐)는 정원 18년(802) 가을 8월에 오 땅에서 낙양으로 가다가 잠시 회포(淮浦)에 정박한 일이 있었는데, 그곳에서 우연히 순우생의 아들 순우초(淳于楚: 본문에는 淳于棼이라 되어있으나 그 때 淳于棼은 이미 죽었으므로 연대가 맞지 않음. 『虞楚志』에서는 '偶覯淳于生兒楚'라 되어있는데, 이에 의거해 淳于楚로 고쳐 번역함)를 만나 [개미들의] 유적을 물어 찾아갔다. 그리고는 두 세 차례나 반복해서 확인해본 결과 그 일이 모두 사실임을 발견하고 기록하여 전(傳)을 지음으로 호사가들에게 재미거리를 주고자한다. 이는 비록 황당무계하고 괴이한 이야기일 뿐 아니라 일이 이치에 어긋나는 바도 있지만 관직을 훔쳐 권력에 빌붙어 사는 자들이 이를 보고 장차 경계로 삼기를 바란다. 훗날의 군자들이 남가의 일이 우연일 뿐이라 생각하여 명예와 관직으로써 세상에 교만하지 않기를 바란다. 옛 화주참군(華州參軍) 이조(李肇)가 다음과 같은 찬(贊)을 지었다.

> 부귀와 관직이 지극하고,
> 그 권세가 도성을 기울여도,
> 달관한 사람이 볼 때,
> 저 개미 떼들과 무엇이 다르겠는가?

(『이문록』)

東平淳于棼, 吳楚游俠之士, 嗜酒使氣, 不守細行. 累巨産, 養豪客. 曾以武藝補淮南軍裨將, 因使酒忤帥, 斥逐落魄, 縱誕飮酒爲事. 家住廣陵郡東十里. 所居宅南有大古槐一株, 枝幹修密, 淸陰數畝. 淳于生日與群豪大飮其下.

唐貞元七年九月, 因沈醉致疾, 時二友人於坐扶生歸家, 臥於堂東廡之下. 二友謂生曰: "子其寢矣. 余將秣馬濯足, 俟子小愈而去." 生解巾就枕, 昏然忽忽, 髣髴若夢. 見二紫衣使者, 跪拜生曰: "槐安國王遣小臣致命奉邀." 生不覺下榻整衣, 隨二使至門. 見靑油小車, 駕以四牡, 左右從者七八, 扶生上車, 出大戶, 指古槐穴而去. 使者卽驅入穴中, 生意頗甚異之, 不敢致問. 忽見山川風候, 草木道路, 與人世甚殊. 前行數十里, 有郛郭城堞, 車輿人物, 不絶於路, 生左右傳車者傳呼甚嚴, 行者亦爭關於左右. 又入大城, 朱門重樓, 樓上有金書, 題曰'大槐安國'. 執門者趨拜奔走, 旋有一騎傳呼曰: "王以駙馬遠降, 令且息東華館." 因前導而去. 俄見一門洞開, 生降車而入. 彩檻雕檻, 華木珍果, 列植於庭下. 几案茵褥, 簾幃帟膳, 陳設於庭上, 生心甚自悅. 復有呼曰: "右相且至." 生降階祗奉. 有一人紫衣象簡前趨, 賓主之儀敬盡焉, 右相曰: "寡君不以弊國遠僻, 奉迎君子, 託以姻親." 生曰: "某以賤劣之軀, 豈敢是望?" 右相因請生同詣其所. 行可百步, 入朱門, 矛戟斧鉞, 布列左右, 軍吏數百, 辟易道側. 生有平生酒徒周弁者, 亦趨其中. 生私心悅之, 不敢前問.

右相引生升廣殿, 御衛嚴肅, 若至尊之所. 見一人長大端嚴, 居正位, 衣素練服, 簪朱華冠, 生戰慄, 不敢仰視. 左右侍者令生拜. 王曰: "前奉賢尊命, 不棄小國, 許令次女瑤芳奉事君子." 生但俯伏而已, 不敢致詞. 王曰: "且就賓宇. 續造儀式." 有旨, 右相亦與生偕還館舍. 生思念之, 意以爲: '父在邊將, 因沒('沒'原作'歿', 據明鈔本改)虜中, 不知存亡.' 將謂: '父北蕃交通('通'原作'遜', 據明鈔本改), 而致玆事?' 心甚迷惑, 不知其由.

是夕, 羔鴈幣帛, 威容儀度, 妓樂絲竹, 餚膳燈燭, 車騎禮物之用, 無不咸備. 有群女, 或稱華陽姑, 或稱靑溪姑, 或稱上仙子, 或稱下仙子. 若是者數輩, 皆侍從數千, 冠翠鳳冠, 衣金霞帔, 綵碧金鈿, 目不可視. 遨遊戲樂, 往來其門, 爭以淳于郞爲戲弄. 風態妖麗, 言詞巧艷, 生莫能對. 复有一女謂生曰: "昨上巳日, 吾從靈芝夫人過禪智寺, 於天竺院觀右(明鈔本'右'作'石')延「舞婆羅門」. 吾與諸女坐北牖石榻上. 時君少年, 亦解騎來看. 君獨强來親洽, 言調笑謔, 吾與窮英妹結絳巾, 挂於竹枝上. 君獨不憶念之乎? 又七月十六日, 吾於孝感寺侍('侍'原作'悟', 據明鈔本改)上眞子, 聽契玄法師講『觀音經』. 吾於講下捨金鳳釵兩隻, 上眞子捨水犀合子一枚. 時君亦講筵中, 於師處請釵·合視之, 賞歎再三. 嗟異良久, 顧余輩曰: '人之與物, 皆非世間所有.' 或問吾民, 或訪吾里, 吾亦不答. 情意戀戀, 矚盼不捨, 君豈不思念之乎?" 生曰: "中心藏之, 何日忘之." 群女曰: "不意今日與君爲眷屬."

復有三人, 冠帶甚偉, 前拜生曰: "奉命爲駙馬相者." 中一人, 與生且故, 生指曰: "子非馮翊田子華乎?" 田曰: "然." 生前, 執手敍舊久之. 生謂曰: "子何以居此?" 子華曰: "吾放遊, 獲受知於右相武成侯段公, 因以栖託." 生復問曰: "周弁在此, 知之乎?" 子華曰: "周生貴人也. 職爲司隸, 權勢甚盛, 吾數蒙庇護." 言笑甚歡. 俄傳聲曰: "駙馬可進矣." 三子取劍佩冕服更衣之, 子華曰: "不意今日獲覩盛禮. 無以相忘也." 有仙姬數十, 奏諸異樂, 婉轉淸亮, 曲調悽悲, 非人間之所聞聽. 有執燭引導者亦數十, 左右見金翠步障, 彩碧玲瓏, 不斷數里. 生端坐車中, 心意恍惚, 甚不自安. 田子華數言笑以解之, 向者群女姑娣, 各乘鳳翼輦, 亦往來其間. 至一門, 號修儀宮, 群仙姑姊, 亦紛然在側, 令生降車輦拜, 揖讓升降, 一如人間. 徹障去扇, 見一女子, 云號金枝公主, 年可十四五, 儼若神仙. 交歡之禮, 頗亦明顯. 生自爾情義日洽, 榮曜日盛. 出入車服, 遊宴賓御, 次於王者.

王命生與群寮備武衛, 大獵於國西靈龜山, 山阜峻秀, 川澤廣遠, 林樹豐茂, 飛禽走獸, 無不蓄之. 師徒大獲, 竟夕而還.

生因他日啓王曰: "臣頃結好之日, 大王云奉臣父之命, 臣父頃佐邊將, 用兵失利, 陷沒胡中. 爾來絶書信十七八歲矣. 王旣知所在, 臣請一往拜覲('覲'原作'觀', 據明鈔本改)." 王遽謂曰: "親家翁職守北土, 信問不絶, 卿但具書狀知聞, 未用便去." 遂命妻致饋賀之禮, 一以遣之. 數夕還答, 生驗書本意, 皆父平生之跡, 書中憶念敎誨, 情意委曲, 皆如昔年. 復問生親戚存亡, 閭里興廢. 復言路道乖遠, 風煙阻絶, 詞意悲苦, 言語哀傷, 又不令生來覲. 云歲在丁丑, 當與女相見. 生捧書悲咽, 情不自堪.

他日, 妻謂生曰: "子豈不思爲政乎?" 生曰: "我放蕩, 不習政事." 妻曰: "卿但爲之, 余當奉贊." 妻遂白於王. 累日, 謂生曰: "吾南柯政事不理, 太守黜廢. 欲藉卿才, 可曲屈之, 便與小女同行." 生敦受敎命. 王遂勑有司備太守行李. 因出金玉·錦繡·箱奩·僕妾·車馬列於廣衢, 以餞公主之行. 生少遊俠, 曾不敢有望, 至是甚悅. 因上表曰: "臣將門餘子, 素無藝術, 猥當大任, 必敗朝章. 自悲負乘, 坐致覆餗('餗'原作'棘', 據明鈔本改). 今欲廣求賢哲, 以贊不逮. 伏見司隷潁川周弁忠亮剛直, 守法不回, 有毗佐之器. 處士馮翊田子華淸愼通變, 達政化之源. 二人與臣有十年之舊, 備知才用, 可託政事. 周請署南柯司憲, 田請署司農, 庶使臣政績有聞, 憲章不紊也." 王並依表以遣之. 其夕, 王與夫人餞于國南. 王謂生曰: "南柯國之大郡, 土地豐壤, 人物豪盛, 非惠政不能以治之. 況有周·田二贊, 卿其勉之, 以副國念." 夫人戒公主曰: "淳于郞性剛好酒, 加之少年, 爲婦之道, 貴乎柔順, 爾善事之. 吾無憂矣. 南柯雖封境不遙, 晨昏有間, 今日暌別, 寧不沾巾!" 生與妻拜首南去. 登車擁騎, 言笑甚歡, 累夕達郡.

郡有官吏僧道耆老, 音樂車轝, 武衛鑾鈴, 爭來迎奉, 人物闐咽, 鐘鼓喧譁不絶. 十數里, 見雉堞臺觀, 佳氣鬱鬱. 入大城門, 門亦有大榜, 題以金字, 曰'南柯郡城'. 是朱軒棨戶, 森然深邃. 生下車, 省風俗, 療病苦, 政事委以周·田, 郡中大理. 自守郡二十載, 風化廣被, 百姓歌謠, 建功德碑, 立生祠宇. 王甚重之, 賜食邑錫爵, 位居台輔. 周·田皆以政治著聞, 遞遷大位. 生有五男二女, 男以門蔭授官, 女亦娉于王族. 榮耀顯赫, 一時之盛, 代莫比之.

是歲, 有檀蘿國者, 來伐是郡, 王命生練將訓師以征之. 乃表周弁將兵三萬, 以拒賊之衆于瑤臺城. 弁剛勇輕進('進'原作'適', 據明鈔本改), 師徒敗績, 弁單騎裸身潛遁, 夜歸城. 賊亦收輜重鎧甲而還. 生因囚弁以請罪, 王並捨之. 是月, 司憲周弁疽發背卒, 生妻公主遘疾, 旬日又薨. 生因請罷郡, 護喪赴國, 王許之, 便以司農田子華行南柯太守事. 生哀慟發引, 威儀在途, 男女叫號, 人吏奠饌, 攀轅遮道者, 不可勝數. 遂達于國, 王與夫人素衣哭于郊, 候靈轝之至. 諡公主曰'順儀公主', 備儀仗・羽葆・鼓吹, 葬于國東十里盤龍岡.

是月, 故司憲子榮信亦護喪赴國. 生久鎭外藩, 結好中國, 貴門豪族, 靡不是洽. 自罷郡還國, 出入無恒, 交遊賓從, 威福日盛, 王意疑憚之. 時有國人上表云: "玄象謫見, 國有大恐, 都邑遷徙, 宗廟崩壞, 釁起他族, 事在蕭牆." 時議以生侈僭之應也, 遂奪生侍衛, 禁生遊從, 處之私第. 生自恃守郡多年, 曾無敗政, 流言怨悖, 鬱鬱不樂. 王亦知之, 因命生曰: "姻親二十餘年, 不幸小女夭枉, 不得與君子偕老, 良用痛傷. 夫人因留孫自鞠育之." 又謂生曰: "卿離家多時, 可暫歸本里, 一見親族. 諸孫留此, 無以爲念. 後三年, 當令迎生." 生曰: "此乃家矣, 何更歸焉?" 王笑曰: "卿本人間, 家非在此." 生忽若惛睡, 嶜然久之, 方乃發悟前事, 遂流涕請還. 王顧左右以送生, 生再拜而去.

復見前二紫衣使者從焉, 至大戶外, 見所乘車甚劣, 左右親使御僕, 遂無一人. 心甚歎異. 生上車行可數里, 復出大城, 宛是昔年東來之途, 山川源野, 依然如舊. 所送二使者, 甚無威勢, 生逾怏怏, 生問使者曰: "廣陵郡何時可到?" 二使謳歌自若, 久之(原空一格, 據明鈔本補之'久之'二字), 乃答曰: "少頃卽至." 俄出一穴, 見本里閭巷, 不改往日. 潛然自悲, 不覺流涕. 二使者引生下車, 入其門, 升自階, 己身臥于堂東廡之下. 生甚驚畏, 不敢前近. 二使因大呼生之姓名數聲, 生遂發寤如初.

見家之僮僕, 擁篲于庭, 二客濯足于榻. 斜日未隱于西垣, 餘樽尙湛于東牖. 夢中倏忽, 若度一世矣, 生感念嗟嘆, 遂呼二客而語之. 驚駭, 因與生出外, 尋槐下穴. 生指曰: "此卽夢中所驚入處." 二客將謂狐狸・木媚之所爲祟, 遂命僕夫荷斤斧, 斷擁腫, 折查櫱, 尋穴究源. 旁可袤丈, 有大穴, 根洞然明朗, 可容一榻. 上有積土壤, 以爲城郭臺殿之狀. 有蟻數斛, 隱聚其中, 中有小臺, 其色若丹. 二大蟻處之, 素翼朱首, 長可三寸. 左右大蟻數十輔之, 諸蟻不敢近. 此其王矣, 卽槐安國都也. 又窮一穴, 直上南枝可四丈, 宛轉方中, 亦有土城小樓. 群蟻亦處其中, 卽生所領南柯郡也. 又一穴, 西去二丈, 磅礡空朽, 嵌窞異狀. 中有一腐龜殼, 大如斗, 積雨浸潤, 小草叢生, 繁茂翳薈, 掩映振殼, 卽生所獵靈龜山也. 又窮一穴, 東去丈餘, 古根盤屈, 若龍虯之狀. 中有小土壤, 高尺餘, 卽生所葬妻盤龍岡之墓也. 追想前事, 感歎于懷, 披閱窮跡, 皆符所夢. 不欲二客壞之, 遽令掩塞如舊. 是夕, 風雨暴發, 旦視其穴, 遂失群蟻, 莫知所去. 故先言國有大恐, 都邑遷徙, 此其驗矣. 復念檀蘿征伐之事, 又請二客訪跡于外. 宅東一里, 有古涸澗, 側有大檀樹一株, 藤蘿擁織, 上不見日. 旁有小穴, 亦有群蟻隱聚其間. 檀蘿之國, 豈非此耶!

嗟乎! 蟻之靈異, 猶不可窮, 況山藏木伏之大者所變化乎! 時生酒徒周弁·田子華, 並居六合縣, 不與生過從旬日矣. 生遽遣家僮疾往候之, 周生暴疾已逝, 田子華亦寢疾于牀. 生感南柯之浮虛, 悟人世之倏忽, 遂栖心道門, 絕棄酒色. 後三年, 歲在丁丑, 亦終於家, 時年四十七. 將符宿契之限矣.

公佐貞元十八年秋八月, 自吳之洛, 暫泊淮浦, 偶覿淳于生梦, 詢訪遺跡, 翻覆再三, 事皆摭實, 輒編錄成傳, 以資好事. 雖稽神語怪, 事涉非經, 而竊位著生, 冀將爲戒. 後之君子, 幸以南柯爲偶然, 無以名位驕于天壤間云. 前華州參軍李肇贊曰: "貴極祿位, 權傾國都, 達人視此, 蟻聚何殊?" (出『異聞錄』)

# 태평광기 19

Translation ⓒ 2004 by 김장환·이민숙 外
ⓒ HAKGOBANG Press Inc., 2004, Printed in Korea.

발행인/하운근
발행처/學古房
교정·편집/박분이

첫 번째 찍은 날/2004. 11. 20.
첫 번째 펴낸 날/2004. 11. 30.

등록번호/제8-134호
서울시 은평구 대조동 213-5 우편번호 122-030
대표(02)353-9907 편집부(02)356-9903 팩시밀리(02)386-8308

ISBN 89-87635-95-X 04820

http://www.hakgobang.co.kr
E-mail: hakgobang@chollian.net

값: 30,000원

파본은 교환해 드립니다.